중세 여행 체험과 문학교육

• 한국고전문학교육학회 편

도서출판 월인

머리말

조선 중기 한 선비는 지리산 여행기를 다음과 같은 문장으로 시작하였다. “선비가 세상에 나 박이나 오이처럼 한 고장의 테두리를 벗어나지 못하고 사는 것도 운명이다(士生而瓠瓜一方命也 金馹孫의 〈續頭流錄〉)”. 여기에서 박이나 오이의 비유는 『논어』에서 나온 것이지만, ‘운명’처럼 지역에 얽혀 살던 중세인의 심정을 이것처럼 잘 보여주는 표현이 또 있을까 싶다. 이 시기에는 여행 자체가 운명을 떨치는 것처럼 힘들었고, 그런 만큼 그것을 진지하게 기록하는 전통도 살아 있었다.

그런데 이른바 ‘글로벌’ 시대를 맞이한 요즘, 하루 수만 명이 외국을 다녀오는 시대의 여행이란 ‘운명’을 거슬러가는 듯한 무거움이 없는 그야말로 경쾌한 것이 되었다. 국내 여행은 물론이고 해외 여행조차 우리 삶의 일상으로까지 스며들었고, 이에 따라 각종 여행 안내서를 통한 여행 정보도 풍부해졌다. 그런 가운데 이제 여행은 거대한 ‘관광산업’이 되어버렸고, 관련 기록물은 대개 ‘정보’ 차원의 것으로 내려앉아 버렸다.

이런 시기에 여행문화의 전통을 탐색하는 일은 그 자체로서도 흥미롭지만 근대의 창조적인 여행문화를 모색하기 위해서도 필요한 일이 아닐 수 없다. 여행의 새로움과 낯설음이 생생하게 살아 있던 시대, 실제 여행 대신 ‘와유(臥遊)’라는 독특한 간접 여행까지 향유하던 시대의 여행 체험과 그 여행을 한 사람이 의무감 혹은 책임감을 갖고 기록해놓았던 수많은 텍스트들은 '정보'를 넘어 그 자체로서도 소중한 문화유산인 것이다. 그리고 이들의 현대적 활용 측면에서 볼 때, 그 속에 담겨 있는 수많은 내용은 물론이고 그런 기록의 축적 자체가 중세의 독특한 '기행문화'의 산물이라고도 할 수 있기에 그것은 곧 고전문학교육의 중요한 대상이 될 수도 있다. 여행이 일상화된 요즘의 추세에 맞추어 여행 체험을 다양한 글쓰기 방식으로 기록하면서 타인과 소통하는 데서 문학교육의 가능성도 생각해 볼 수 있기 때문이다.

이런 면들을 학술 및 교육 현장에서 진지하게 논의해보자는 뜻으로 이 책은 기획되었다. 여기에 모은 17편의 논문들은 2006년 2월부터 2008년 8월까지 2년 반 동안 여섯 차례에 걸친 본 학회의 학술발표회에서 기획 발표된 것을 수정한 것들이다. 수록 논문들은 다루는 대상(장르)과 시기에서 다양하게 분포되어 있을 뿐 아니라 그 연구 시각과 방법도 다양하다. 즉 장르상으로는 향가, 가사, 일기, 한문산문, 고전소설, 구술담, 기행 다큐 등이 포함되어 있고, 시기상으로는 조선 후기를 중심으로 한 '중세'에 무게를 두되 그 외연을 확대하여 멀리 신라시대부터 현대에 이르기까지 거의 우리 문학사에 걸쳐 있다. 그야말로 중세를 중심으로 한 우리 문학사의 여행체험을 다룬 텍스트와 담론의 향연장이라 함직하다.

이 책은 한국고전문학교육학회에서 공동으로 간행하는 첫 기획 도서이다. 모쪼록 이 책이 중세 여행과 고전문학교육에 관심을 가진 동학에게 하나의 새로운 자극이 되어 이 방면의 연구가 더욱 활성화되기를 바란다. 그리고 이 책에서 우리가 고민한 것들이 교육 현장에서 조금이라도 쓸모가 있기를 바란다.

끝으로 이 주제를 기획하고 출판에 이르기까지 노력한 학회 임원들, 좋은 글이 될 수 있도록 토론을 해 준 회원들, 그리고 출판을 맡아 준 도서출판 월인의 관계자들에게 감사의 말씀을 드린다.

2012년 3월

필자들을 대표하여 서인석 씀.

목 차

⟩⟩⟩ 제2부

〉〉〉 제3부

〉〉〉 제4부

중세(中世) 여행 체험과 문학교육의 시각

김 종 철

1. 머리말

국내외 여행이 일반화되고, 일정 기간 해외에 체류하는 사람들도 늘어나는 사회 변화는 문학교육과 어떤 관계가 있을까? 다시 말해 많은 국민들이 여행 체험과 해외 생활 체험을 할 수 있게 된 것은 문학교육에 긍정적인 요인이 될 수 있을까?

일상의 테두리를 넘어선 여행 체험과 해외 생활 체험의 증대는 문학 산출의 계기나 기반을 확대한다는 점에서 우선 긍정적이다. 새로운 체험을 한 사람은 그것을 표현하려는 욕구를 갖게 되고, 또 여행자들은 여행 정보를 먼저 다녀 온 사람들의 기록을 통해 얻고자 하기 때문이다. 반면 많은 사람들이 해외 체험을 함으로써 그것이 더 이상 진귀하거나 새로운 것이 못 되고, 그것을 표현하는 일도 그다지 가치 있는 일로 여기지 않는 분위기도 조성될 수 있다. 오늘날 해외여행이 급속도로 확대되었음에도 제대로 된 여행기가 많이 나오지 않은 점이 이를 말해

준다. 조선시대에 중국과 일본에 사행(使行)이 있을 때마다 대부분 견문기가 나온 것[1]에 비하면 매우 빈약한 것이다. 이 점에서 체험의 확대, 또는 체험자의 증대가 곧장 문학 산출의 증대를 보장하지 않는다고 할 수 있다.

특히 오늘날은 방송과 인터넷에서 여행 관련 정보를 쉽게 얻을 수 있고, 영상 체험도 가능하기 때문에 개인의 해외 견문기가 그다지 효용이 없게 되었을 수 있다. 또 해외여행에 대한 전문 저술가도 있고, 해외 견문기를 쓰는 문인이나 학자들도 있어서 조선시대와 비교하여 해외 견문기가 상대적으로 감소한 것을 부정적으로만 보아서도 안 된다. 그러나 누구나 자신의 체험을 표현하고 소통하는 것을 목표로 하는 문학교육의 견지에서는 이러한 상대적 빈곤 현상은 문제적이라 할 수 있다.

국내외 여행 체험의 증대를 기행문학 산출의 증대로 이어지게 하는 것은 단순히 양적 증대를 위한 것은 아니다. 여행 체험이 자신과 세계 및 삶에 대한 성찰로 이어지고, 그것이 다른 사람들과 공유되고 소통되는 공동체적 삶이 기행문학의 산출을 통해 가능하도록 하자는 것이다. 그것은 자신의 체험과 기록을 통한 체험의 소통을 소중히 여기는 데서 실현된다. 중세의 여행 체험과 기행문학이 문학교육의 견지에서 중요한 것은 바로 체험과 기록과 소통을 소중히 여기는 의식의 산물이었기 때문이다.

기행문학 작품은 늘 국어 교과서 및 문학 교과서의 제재로 선정되어 왔다. 제재로 선정한 목적이 기행문학 자체의 교육이 아닐 수도 있으나 제재로 늘 선정되어온 사실 자체는 기행문학이 비교적 우대되어왔음을 뜻한다. 따라서 이러한 여건을 활용하여 기행문학 교육이 오늘날 국내

1) 사절단의 중국 견문기와 일본 견문기의 현황에 대해서는 황원구, 「해제」, 『국역 연행록 선집(1)』(민문고, 1989); 강주진, 「해제」, 『국역 해행총재(1)』(민문고, 1989); 최강현, 『한국기행문학연구』(일지사, 1982), 348:355면 참조.

외 여행이 일반화된 상황 변화에 부응하면서 동시에 '체험 – 표현 – 소통'이라는 문학 활동의 실천을 지향하는 문학교육의 본질에 부응하는 것이 될 필요가 있다. 기행문학 교육을 통해 여행이 유람이면서 동시에 새로운 세계에 대한 탐구와 인식의 기회가 되도록 하고, 여행 체험이 어떤 방식으로든 표현되고 소통될 수 있게 한다면 문학의 생활화, 또는 실천으로서의 문학이 가능해질 것이기 때문이다.

2. 중세 기행문학의 범위와 유형

'여행(旅行)'은 '일이나 유람을 목적으로 다른 고장이나 외국에 가는 일'을 말하고, '기행문학'은 여행하면서 견문하고 체험한 것을 표현한 문학을 말한다. 여행에는 금강산 여행이나 서역(西域) 여행처럼 현실계 속의 여행도 있고, 현실과는 차원이 다른 이계(異界)로의 여행도 있다. 여행을 다룬 문학에도 김인겸(金仁謙)의 〈일동장유가(日東壯遊歌)〉처럼 견문 전달을 중심으로 한 것도 있고, 김시습(金時習)의 〈유관동록(遊關東錄)〉처럼 주관적 감흥 표출이 중심인 것도 있다. 또 〈유산가(遊山歌)〉처럼 산천 유람의 홍취를 표출한 것도 있으며 〈용궁부연록(龍宮赴宴錄)〉처럼 여행을 내적 형식으로 삼은 작품도 있다. 그런데 보통 소설 속에 여행이 들어있다고 해서 기행문학으로 간주하지 않을 뿐만 아니라 산수를 유람하는 내용을 담은 〈유산가〉도 기행문학에 넣지 않는다. 즉 여행이나 유람을 다루었다고 해서 다 기행문학이 될 수 없는 것이다. 이 점에서 기행문학의 범위와 갈래 성격을 검토할 필요가 있다.

일정한 공간적 범위를 떠나면 여행이 된다고 할 때, 그 범위는 대체로 자기 고장을 말하지만, 이것의 공간적 크기를 획정하는 일도 쉽지 않다. 근대 이전으로 본다면 대체로 군현(郡縣) 단위의 지역 공동체를 뜻한다고 할 수 있다.[2] 또 목적을 중심으로 보면 실무를 위한 공간 이동, 유람(遊覽)을 위한 공간 이동, 그리고 조난(遭難) 또는 이계(異界)로의 이동과 같은 비의도적인 공간 이동이 있는데, 실무나 조난으로 인한 이동은 그 이동거리나 이동한 공간의 성격으로 여행 여부를 판단하기 쉬우나 유람의 경우는 까다롭다. 고전문학 중에는 일견 기행문학과 구별하기 어려운 유람을 다룬 작품들이 많이 있기 때문이다.

예컨대 조식(曺植)은 경상도 초계(草溪)에 살 때 지리산을 오르고는 〈유두류록(遊頭流錄)〉을 지었는데, 15일에 걸친 등정(登程)이었다. 이것은 분명 등산을 위한 여행이었다고 할 수 있다. 이에 비해 채제공(蔡濟恭)은 지금의 서울 노량(鷺梁)에 살 때 관악산에 오르고는 〈유관악산기(遊冠岳山記)〉를 남겼고, 이정구(李廷龜)는 서울에 살 때 삼각산의 단풍 구경을 하고는 〈유삼각산기(遊三角山記)〉를 남겼는데, 이 두 산이 두 사람의 일상의 공간에서 크게 벗어나지 않아서 일시적인 나들이의 수준을 넘어섰다고 하기 어렵다. 그렇지만 이 세 사람의 글을 같은 성격의 기행문학으로 보는 것이 일반적이다.

그렇다면, 여행이 아닌 유람은 어떤 기준으로 구별할 수 있는가? 유람은 일정한 시간 동안 어떤 공간을 즐겁게 편력하는 것인데, 이 경우 편력하는 사람이 그 시간과 공간을 즐기는 심리적 태도가 중요하다. 실무 수행이 목적이 아니고 유람이 목적일 경우 유람자는 그 시공간을 일종의 미적 대상으로 보는 것인데, 미적 체험을 위한 시공간은 반드시 생활의 공간에서 멀리 떨어진 것이어야 할 필요가 없다.

> 대저 산수(山水)는 정신을 즐겁게 하고 감정을 화창하게 하는 것이다. 살고 있는 곳에 이러한 산수가 없으면 사람이 촌스러워진다. (…)

---

2) 조선시대에 개인의 거주지를 나타낼 때 대체로 "居京, 居昌原, 居羅州" 등으로 표기한 것이 그 사례이다.

> 그러므로 기름진 땅과 넓은 들에, 지리(地理)가 좋은 곳을 가려 집을 짓고 사는 것이 좋다. 그리고 십리 밖, 혹은 반나절 길쯤 되는 거리에 산수가 아름다운 곳을 사서, 늘 생각이 날 때마다 그곳에 가서 시름을 풀고 혹은 하룻밤 유숙한 다음 돌아온다면 이는 곧 자손 대대로 이어 나갈 만한 방법이다.[3)]

이러한 생활 방식을 고려하면 〈상춘곡〉과 〈면앙정가〉가 산출된 배경을 짐작할 수 있다.[4)] 〈상춘곡〉에서 산천 유람은 〈귀거래사〉처럼 거주지 주변의 공간을 미적 흥취의 공간 또는 소요유(逍遙遊)의 공간으로 전환하는 것이다. 〈면앙정가(俛仰亭歌)〉는 주변에 실재하는 산천을 그린 점에서는 〈상춘곡〉과 다르나 작가가 소요하는 점에서는 마찬가지다. 즉 이 두 작품의 시공간은 작중 화자가 소요유를 일상의 차원에서 실천하고자 선택한 시공간이라는 점에 특징이 있다. 〈상춘곡〉의 공간은 곧 작중 화자의 생활공간이거나 그 주변이다. 여기서의 공간은 일상적으로 인지하고 있는 공간이어서 공간을 기준으로 하면 여행이 될 수 없다. 〈면앙정가〉도 마찬가지이다. 따라서 이 두 작품의 시공간은 작가의 지향이 생활의 차원에서 실현된 곳으로 여행의 시공간이라 하기 어렵다.

한편 〈유산가〉는 제목에서 유람이 목적임을 알 수 있고, 또 "죽장망혜 단표자로 천리강산을 들어가니"라고 했으니 명승지로 이동한 것이 분명하다. 그러나 이 작품에서는 이동한 공간이 특정(特定)되지 않고 있다. 생활공간을 벗어난 것은 분명하나 진입해 간 공간은 편재(遍在)하는 것이며, 상당 부분 상투화된 것이다. 이 작품은 유흥을 즐기기 위

---

3) 李重煥, 이익성 역, 〈卜居總論-山水〉, 『擇里志』(을유문화사, 1987), 263면.

4) 최강현, 앞의 책, 9:11면에서 기행가사 목록을 작성했는데 〈상춘곡〉은 물론 〈면앙정가〉와 〈유산가〉는 포함하지 않았다. 조동일, 『한국문학통사(2)』(지식산업사, 2005), 311:315면에서는 은일가사로 분류했다.

해 인근 산천을 유람하는 것이 도시의 새로운 풍속이 된 18세기 이후의 산물로 특정한 개인의 여행 체험의 표현은 아니다.

한편 우리 국토를 노래한 〈팔역가(八域歌)〉, 〈팔도가(八道歌)〉, 〈호남가(湖南歌)〉, 〈영남가(嶺南歌)〉 등이 있다. 지명을 연결하면서 그 지명의 문자적 의미를 바탕으로 국토 전반 또는 특정 지역을 예찬한 것이다. 또 풍수지리(風水地理)를 노래한 〈답산가(踏山歌)〉 부류의 작품들도 있다. 이들은 지리에 대한 인식과 일정한 범위의 공간을 노래한 점에서는 기행문학에 근접하나 특정한 여행 주체의 개별적 체험이나 인식이 들어있지 않으므로 기행문학이라 할 수 없다.

반면에 보통 실기(實記)문학으로 분류되는 것으로 포로가 되어 적국에 끌려갔다가 돌아온 체험을 기록한 작품들은 기행문학으로 볼 수 있다. 강항(姜沆)의 〈간양록(看羊錄)〉, 정호인(鄭好仁)의 〈정유피란록(丁酉避亂錄)〉 등이 그러한 사례이다. 불의의 조난(遭難)이라는 점에서는 표류와 유사하고, 자유의사에 따라 유람하거나 견문을 할 수 없다는 점에서는 유배와 유사한데, 적국에 잡혀가 억류되었다가 다시 돌아온 체험과 그 사이에 견문한 것은 광의의 여행 체험에 해당한다고 할 수 있다.

따라서 기행문학은 한 인간이 자신의 평소 생활공간을 넘어서 다른 공간으로 이동하여 일정한 시간 동안 편력하거나 체류하는 과정에서 얻게 된 경험을 표현한 것이라 할 수 있다. 여기에는 첫째, 기행문학이 다루는 여행은 허구적인 여행이 아니라 특정한 개인이 실제로 실행한 것이어야 하고, 둘째, 여행의 시·공간은 실제의 시·공간이어야 한다는 조건이 포함된다.

한편 기행문학의 유형은 분류 기준에 따라 다양하게 나뉠 수 있다. 즉 여행 공간에 따라 나눌 수도 있고, 여행의 성격에 따라 나눌 수도 있다. 또 문학 갈래를 기준으로 나눌 수도 있다. 여행 공간의 성격에 따라 나눈다면 크게 국외 기행문학과 국내 기행문학으로 나눌 수 있다.

전자에는 혜초(慧超)의 〈왕오천축국전(往五天竺國傳)〉과 연행록(燕行錄)과 해사록(海槎錄) 등이 여기에 속하고, 후자에는 〈관서별곡〉 등의 많은 작품들이 속한다. 여행 성격에 따라 나눈다면[5] 사행형(使行型), 유배형(流配型), 유람형(遊覽型), 표류형(漂流型), 피로형(被虜型), 구도형(求道型) 등으로 나눌 수 있다. 사행형에는 외국에 사신으로 파견된 경험을 바탕으로 한 조천록(朝天錄), 연행록, 해사록과 국내의 지방에 파견된 경험을 기록한 작품들[6]이 속한다. 유배형에는 〈제주풍토록(濟州風土錄)〉, 〈만언사(萬言詞)〉 등이 속한다. 유람형에는 〈관동별곡〉을 비롯한 많은 작품이 속하고, 표류형에는 최부(崔溥)의 〈표해록〉, 장한철(張漢喆)의 〈표해록〉 등이 속하며, 피로형에는 〈간양록〉 등이, 구도형에는 〈왕오천축국전〉이 속한다. 그리고 문학 갈래로 나눈다면 기행가사(紀行歌辭), 기행시(紀行詩), 기행문(紀行文)으로 대별되며, 예외적으로 안축의 〈관동별곡〉처럼 기행경기체가를 들 수 있다. 즉 기행문학 작품들은 교술, 서정, 교술과 서정의 복합 갈래 등으로 분류될 수 있다.

이 외에 특정한 주제별로 기행문학을 분류할 수 있다. 예컨대 고려시대 이래 국내외에 명승지로 이름을 떨치고 있는 금강산을 주제로 한 기행문학을 설정할 수 있다. 유명, 무명의 여행자들이 금강산 유람 후 수많은 기행문학을 남기고 있기 때문이다. 금강산은 회화를 비롯한 미술의 분야에서도 하나의 주제가 되고 있다.[7] 금강산 외에 백두산, 지리산

---

5) 최강현은 기행가사의 분류를 절충식으로 하여 관유(觀遊)가사, 유배가사, 사행(使行)가사로 나눈 바 있다. 본고에서는 이를 참고하되 표류 체험의 기행문학은 관유 또는 유람과는 그 성격이 다르다고 보아 독립시켰으며, 구도형과 피로형을 추가했다. 최강현, 앞의 책, 31:39면 참조.

6) 박계숙(朴繼叔)의 〈부북일기(赴北日記)〉, 박취문(朴就文)의 〈부방일기(赴防日記)〉, 박만정(朴萬鼎)의 〈해서암행일기(海西暗行日記)〉 등이 이에 속한다.

7) 금강산을 소재로 한 역대 문학·예술의 창작에 대해서는 조동일, 「국문학에 나타난 금강산의 의미」, 간행위원회 편, 『다곡 이수봉선생 회갑기념논총 고소설연구논

등도 그러한 주제가 될 수 있다.[8] 또는 작가가 여성이거나 여성 독자를 위해 쓴 기행문학을 들 수 있다. 〈의유당관북유람일기(意幽堂關北遊覽日記)〉와 〈자경지함흥일기(慈慶志咸興日記)〉 등이 이에 속한다. 또는 역사기행문학을 설정할 수 있다. 유득공(柳得恭)의 〈이십일도회고시(二十一都懷古詩)〉가 그 사례라 할 수 있다.

3. 중세 여행 체험과 기행 문학 산출의 기반

여행은 인간의 삶에서 빼 놓을 수 없는 일이지만 개인이나 집단 또는 국가가 마음대로 할 수 있는 것은 아니다. 여행은 필요에 의해 행해지지만 또한 여건이 갖추어져야 가능하다. 이 필요와 여건 속에는 문명, 제도, 자연 등이 포함된다. 특히 중세에는 교통수단의 발달 정도가 자연의 여러 조건을 충분히 넘어서지 못해서 누구나 도보, 말, 마차, 범선 등의 수단에 의지해서 육로 또는 해로를 이용한 여행을 해야만 했다. 그 결과 지리적 조건을 크게 넘어서지 못해 여행의 범위 또한 지역적으로 국한되기도 했다. 또 세계에 대한 인식이 지구 전체에까지 미치지 못하고 우리의 경우 아시아, 주로 동아시아에 국한되어 여행 또한 이 범위를 크게 벗어나지 못했다. 이러한 조건 속에서 중세 여행이 전개되었고, 여기에 다른 조건들이 개입하면서 고대와 근대와는 다른 특징적인 중세의 여행 체험과 기행문학이 산출되었다고 할 수 있다. 즉 그 시

총』(간행위원회, 1988); 이병태, 「금강산 연표」, 국립중앙박물관 편저, 『아름다운 금강산』(한국박물관회, 1999); 김혈조, 「한문학을 통해 본 금강산」, 『한문학보(1)』(우리한문학회, 1999) 참조.

8) 금강산 외에 조선 중기부터 지리산, 청량산 등 특정한 산들이 유람의 대상으로 부각되고, 그와 관련한 기행문들이 다수 창작되는 경향이 나타난다. 이혜순 외, 『조선중기의 유산기 문학』(집문당, 1997) 참조.

대의 의식, 관습, 제도, 풍조 등이 여행과 기행문학 산출에 큰 영향을 끼쳤던 것이다.

1) 중세의 여행 범위와 문화권

중세의 국외 여행은 문화권의 테두리를 벗어나지 않았다. 이 시기 가장 범위가 큰 문화권은 불교문화권이고 이를 기반으로 산출된 기행문학이 혜초의 〈왕오천축국전(往五天竺國傳)〉이다. 이 작품은 우리 문학사에서 불교문화권의 여행으로서 동아시아를 넘어서 아시아 전체를 여행 공간으로 삼은 것으로는 현존하는 유일한 사례이다. 신라에서 당(唐)으로 유학하고, 다시 인도로 구도(求道) 여행과 순례에 나선 승려들이 적지 않았음은 〈대당서역구법고승전(大唐西域求法高僧傳)〉에 여러 명의 신라 출신 승려들이 입전된 데서도 충분히 알 수 있는데,[9] 이는 불교문화권을 기반으로 한 여행이 상당한 시기 동안 행해졌음을 말해준다.[10]

또 하나의 문화권은 동아시아 문화권으로 이것은 한문문화권이자 유교문화권이기도 했다. 대부분의 중세 국외 여행은 이 테두리 내에서 이루어졌고, 표류 체험을 쓴 기행문학도 거의 이 동아시아권을 벗어나지 않고 있다. 특히 동아시아 네 나라, 즉 중국, 일본, 월남(越南), 유구(流球) 중 중국과 일본과의 외교적 교류를 바탕으로 한 조천록(朝天錄), 연행록(燕行錄), 해사록(海槎錄) 등의 기행문학이 많이 산출되었는데, 월남과 유구와의 교류를 바탕으로 한 기행문학은 없다. 유구와는 통상이 있었고, 월남과는 중국에서 외교사절들 사이의 교류가 있었으나 우리가

9) 의정(義淨), 이용범 역, 『대당서역구법고승전(大唐西域求法高僧傳)』(동국대학교 부설 역경원, 1980) 참조.

10) 구법(求法)에 나선 승려 외에 이른바 견당(遣唐) 유학생들이 있었는데, 이들이 어떤 기행문학을 남겼는지는 알 수 없다.

직접 외교사절을 파견하지 않아 그 기행문학이 산출되지 못했다. 그러나 월남과 유구는 동아시아 인식에서 중요한 대상이었다.[11]

이 공간 인식은 조선시대에 고착된 것이며, 그 경계가 실제로 타파된 것은 대한제국 시기에 와서이다. 유길준(兪吉濬)의 〈서유견문(西遊見聞)〉, 민영환(閔泳煥)의 〈해천추범(海天秋帆)〉, 김득련(金得鍊)의 〈환구음초(環璆吟艸)〉 등에 와서야 서양을 여행하고 견문한 바가 소개되기 시작했던 것이다. 즉 통일신라와 고려시대[12]의 해외여행 공간이 조선시대에 축소되었다가 근대에 와서 다시 확장되었다고 할 수 있다.

2) 외교 활동과 기행 문학

고려 말기 이후의 자료들이 주로 그러하지만 중세의 국외 기행문학은 구도(求道)나 표류(漂流) 및 피로(被虜)를 제외하고는 모두 외교(外交)를 기반으로 산출된 점이 특징이다. 이른바 조천록(朝天錄), 연행록(燕行錄), 해사록(海槎錄)으로 불리는 수많은 기행문학 작품들이 외교사절의 일원이거나 그 비공식 수행원의 작품이다.

중세에는 근대(近代)처럼 상대국에 주재하는 외교사절을 파견하지 않았으므로 빈번하게 사절[13]을 보내 국가 사이의 현안을 해결하거나 화평한 관계를 유지하고, 상대국과 세계에 대한 정보(情報)를 파악[14]하

---

11) 조선시대의 지도를 통한 세계 인식에서 실제로 구체성을 띤 것은 중국, 일본, 유구였다. 민간에 널리 유포된 〈천하도(天下圖)〉에는 이 세 나라의 지도가 나름대로 구체성을 띠고 있을 뿐이다.

12) 원 간섭기에 김구용(金九容)이 중국의 운남(雲南) 대리(大理)에 유배된 사례가 있다.

13) 중국과는 조공(朝貢) 관계의 외교가 전개되었었고 일본과는 교린(交隣) 차원의 외교가 전개되었었다. 한국과 중국의 조공 관계에 대한 개관으로는 전해종, 「한·중 조공관계 개관」, 『한·중관계사연구』(일조각, 1970) 참조.

14) 신숙주의 『해동제국기』에서 일본과 유구의 지도는 물론 일본 국내의 주요 경유지

지 않을 수 없었다. 그러므로 이러한 여행은 대부분 원만한 외교 관계의 유지와 정보 획득이 주목적[15]이었고, 거기에 통상(通商)과 개인의 견문이나 유람 체험이 첨가되었다고 보아도 무방할 것이다. 우연한 사고로 인해 표류(漂流)하여 외국을 경유하여 돌아온 사람들이나 전쟁으로 포로가 되어 적국에 억류되었다가 돌아온 사람들도 표류와 억류에서 귀환할 때까지의 과정을 글로 보고(報告)하고 있으므로 국외 여행은 기본적으로 정보 획득에 있다고 할 수 있다. 그리고 그 정보를 여행기의 형태로 남기는 것이 하나의 관습이 된 점에서 이는 독특한 기행문화라 할 수 있다.

중국과 일본에 파견하는 사절단에 시문(詩文)에 뛰어난 문인을 포함시켜 상대국 문인이나 관료들과의 수창(酬唱)을 통해 교류와 상호 이해를 높이는 한편 상대국에 대한 우리나라의 문화적 자긍심을 드러내려 했던 것도 독특한 문화 관습이라 할 수 있다.[16] 이들의 참여가 방대한 국외 기행문의 산출을 가능케 했던 것이다. 널리 알려진 〈일동장유가〉가 그러한 사례이다. 아울러 사절단 속에 외국 문물에 대한 관심이 높고 학자가 참여할 수 있었던 것도 중요한 기행문학 산출의 기반이 되었다. 박지원의 〈열하일기〉나 홍대용(洪大容)의 〈연기(燕記)〉가 그러한 산물이다.

3) 유배(流配) 제도와 기행문학

중세 기행문학의 또 하나의 특징은 유배(流配) 체험을 표현한 기행문

의 거리와 유구의 언어까지 조사한 것이 그 대표적인 사례이다.

15) 외국의 경우도 마찬가지였다. 송(宋)나라 사신으로 고려에 왔던 서긍(徐兢)의 『고려도경(高麗圖經)』에 '도(圖)'가 든 것이 그 사례이다.

16) 조선 후기 일본에 파견된 사절단의 문학 활동에 대한 전반적인 고찰로는 이혜순, 『조선통신사의 문학』(이화여자대학교 출판부, 1996)이 있다.

학의 존재이다. 죄인은 수도 서울에서 멀리 떨어진 곳에 유배하거나 충군(充軍)하거나 또는 관비(官婢)로 삼았는데, 이러한 원지(遠地) 유형(流刑)이 유배 가사를 비롯한 기행문학을 낳았다. 정치적 이유이든 실정법의 위반이든 법의 처벌을 받는 사람은 항상 나오게 마련이었는데, 사형에 해당하는 죄 다음의 죄는 대부분 유형에 처해졌으므로 이 유형 체험을 한 사람들이 지속적으로 생겼다. 죄의 경중에 따라 2000리 유배, 3000리 유배, 또는 절도(絶島) 정배, 원지(遠地) 충군(充軍) 등과 같은 처벌이 내려졌는데,[17] 감옥에 가두어놓고 직접 교정(矯正)하기보다는 문명세계인 서울에서 멀리 떨어져 있는 하향(遐鄕)으로 내쳐서 고통을 겪게 한 것은 중세 특유의 처벌 방법이자 교정 방법이었다고 할 수 있다.

서울에서 먼 변방이나 섬으로의 유배는 그 자체가 여행이고, 유배지에 국한된 생활은 특정 지역의 풍토와 풍속을 체험하는 체류 생활이었다. 유배지와 유배의 조건에 따라 다양한 유배 체험이 가능했고, 여기서 다양한 기행문학 내지는 유배문학이 탄생했던 것이다. 근대에 와서 감옥 제도가 생기면서 이 유형의 기행문학은 끊어졌다.

유배문학은 고려 때 정서(鄭敍)의 〈정과정곡(鄭瓜亭曲)〉 이래 줄곧 이어졌다. 송주석(宋疇錫)의 〈북관곡(北關曲)〉처럼 양반 계층의 작품도 있고, 대전별감 출신인 안조환(安肇煥)의 〈만언사(萬言詞)〉도 있어 유배 체험의 기행문학에는 여러 계층의 작품이 있고, 유배지도 북쪽의 함경도에서 남쪽의 여러 섬에 이르기까지 다양하다. 또 유배의 사유와 유배지에서의 생활도 다양해서 정치적 맥락과 토속 풍물에 이르기까지 기록문학으로서의 가치를 다양하게 갖추고 있다.

---

17) 『大典通編』(법제처, 1963) 중 「형전(刑典)」 참조.

4) 와유(臥遊) 문화와 기행문학

예나 지금이나 여행을 하는 것은 쉽지 않은 일인데, 중세에는 우선 교통이 발달되지 않아 어려웠다. 외국 여행은 교통의 어려움에다 기회조차 극히 일부의 사람들에게 국한되어 더욱 쉽지 않았다. 또 여행 전문가가 있어서 국내외 여행 욕구를 키우거나 충족시키는 그러한 사회적 체제도 성립되지 않았으므로[18] 여행은 개인의 노력이나 다소 우연한 계기에 의해 이루어졌다. 더구나 국외 여행이든 국내 유람이든 할 수 있고, 경우에 따라서는 공무로 파견되거나 유배를 당할 수 있는 사람은 주로 남성 문인이나 관료에 국한된다. 그러니 여성들에게 여행은 더욱 어려운 일이었다. 여성이 유람의 체험을 기록한 것으로는 〈의유당관북유람일기〉가 유일한데, 그것도 남편의 부임지를 따라가서 가능했다. 따라서 여성의 여행 욕구를 충족하는 읽을거리로서 남성들의 여행 체험을 국문으로 기록하거나 한문으로 된 것을 국문으로 번역했다. 〈자경지함홍일기〉가 전자의 경우라면 〈열하일기〉(국문본)은 후자의 경우이다.[19]

그래도 중세의 여행 중 실천하기가 상대적으로 쉬웠던 것은 국내 산수 유람이었다. 현재 전해지고 있는 수많은 산수유기(山水遊記)들이 이를 말해준다. 그런데 산수유기들이 많이 지어진 데에는 유람의 체험을 표현하고자 하는 욕구 외에 다른 이유도 있었다. 산수 유람이 외국 여행이나 유배보다 그 가능성이 상대적으로 높지만 그렇다고 이 여행 또

18) 조선 후기에 백두산, 칠보산, 경주, 영남 등을 여행하고 기행문학을 남긴 박종(朴淙) 같은 인물도 있었으나 전문적인 여행가가 등장하여 기행문을 쓴 경우는 없었다. 중국의 경우 전문 여행가로서 17세기 전반기에 중국을 편답하고 『서하객유기(徐霞客遊記)』를 남긴 서하객(徐霞客)을 들 수 있다.

19) 국문으로 된 홍대용의 〈을병연행록〉도 한문으로 된 〈연기(燕記)〉와 달리 여성용이었다고 할 수 있다.

한 그리 쉬운 일이 아니었다. 많은 산수유기들이 유람의 기회를 잡는 것이 쉽지 않음을 먼저 말하고 있는 점이 이를 잘 말해준다. 그래서 유람의 기회가 적고, 기회가 생겨 가 본 곳을 다시 가기도 쉽지 않으므로 자신의 유람 체험을 되새기거나 남의 유람 체험을 통해 간접 체험하는 방법을 강구했던 것이다.

명승지 유람을 일회에 그치지 않게 하고, 유람을 하지 못한 사람들도 즐기게 하는 방법으로는 우선 명승지를 그림으로 그려 완상하는 것이 있었다. 곧 와유(臥遊)이다. 우리의 경우 겸재(謙齋) 정선(鄭敾)의 〈해악전신첩(海嶽傳神帖)〉이 대표적인 사례이고, 이외에도 진경산수(眞景山水)는 물론 민화(民畵)로도 많이 그려진 〈금강산도(金剛山圖)〉, 〈관동팔경도(關東八景圖)〉 등이 그러한 와유의 자료이다. 이와 함께 명승지 유람 체험을 시문(詩文)으로 표현하여 뒷날 읽거나 다른 사람의 산수유기(山水遊記)를 읽고 유람의 흥취를 간접적으로 느끼는 방법이 널리 행해졌다. 국내의 산수를 유람하고 쓴 산수유기들이 『와유록(臥遊錄)』이라는 제목의 책으로 거듭 편집되어 읽히거나 금강산 기행문만 모은 『와유록(臥遊錄)』이 편집된 것이 이를 말해준다.[20] 또는 이풍익(李豊翼)이 1825년에 금강산을 유람하고 지은 시문에다 화공으로 하여금 금강산의 실경산수화를 그리게 하여 합쳐 꾸민 〈동유첩(東遊帖)〉[21]의 사례처럼 시문과 그림을 함께 읽고 보면서 와유하는 방법도 있었다.[22]

다른 사람의 산수유기를 읽고 그 산수를 유람하고자 하는 마음을 내거나 그 산수를 직접 답사하는 느낌을 갖는 와유 체험은 일찍부터 있어

---

20) 국내에서 편집된 『와유록(臥遊錄)』에 대해서는 이종묵, 「遊山의 풍속과 遊記類의 전통」, 『고전문학연구(12)』(한국고전문학회, 1997) 참조.

21) 李豊翼, 〈東遊帖〉(성균관대학교 박물관, 1994) 참조.

22) 이정구(李廷龜)의 〈유금강산기(遊金剛山記)〉에 보면 그는 금강산 유람에 적공(篴工)과 화공(畵工)을 대동했다. 적공은 유람하면서 풍류를 즐기기 위한 것이고, 화공은 승경을 그림으로 남기기 위해서이다.

왔다. 예컨대 15세기의 인물 강희맹(姜希孟)은 이곡(李穀)의 〈동유기(東遊記)〉와 안축(安軸)의 〈관동와주(關東瓦注)〉를 읽고는 마음으로 항상 관동(關東) 지역을 유람하기를 염원했으며, 직접 유람하지는 못하지만 이 두 작품을 통해 관동 지역의 아름다움을 보는 것은 가능하다고 했고, 또 성현(成俔)과 성임(成任) 형제가 관동을 여행하고 쓴 〈유관동록(遊關東錄)〉을 보고는 마치 자신이 비로봉에 앉아 온 산기슭을 보는 것 같아 직접 가 보지는 못했지만 얻는 바가 적지 않다고 했다.[23]

이와 관련하여 특정한 산수를 유람하고자 할 때는 그 곳을 먼저 다녀온 선배들의 산수유기를 읽는 것도 하나의 관습이었던 점도 주목할 필요가 있다. 예컨대 관동지방 유람에는 앞에 든 이곡과 안축의 글 외에 남효온(南孝溫)의 〈유금강록(遊金剛山錄)〉, 정철의 〈관동별곡〉 등이, 송도(松都) 지역 유람에는 채수(蔡壽)의 〈유송도록(遊松都錄)〉이, 지리산 유람에는 김종직(金宗直)의 〈유두류산록(遊頭流山錄)〉이 자주 읽혔다.[24] 이는 와유 체험이 실제 여행으로 이어진 결과이기도 한 것이다.

그리고 와유는 와유 자체로 끝나지 않고 훗날 그 현장의 답사로 이어지고, 나아가 새로운 기행문학의 탄생으로 이어졌다.

> 어릴 때부터 나는 금강산 이름을 들어왔고, 그 때마다 문득 한번 유람하고픈 마음이 생기곤 했었다. 그러나 늘 천상에 있는 것인 양 우러러 보았을 뿐 사람마다 다 갈 수 있는 곳이 아니리라고 여겼었다. 신해년(1671년 - 인용자) 초여름에 아우 자익(子益: 金昌翕 - 인용자)이 필마독행(匹馬獨行)으로 떠나 달포 만에 내외 금강산을 두루 보고 돌아왔다고 하니 그 아름다움을 더욱 믿게 되어 한번 유람하지 않을 수 없게 되었으며, 또 유람이 그렇게 어려운 일이 아님을 알게 되었다. (…)

---

23) 이혜순 외, 『조선중기의 유산기 문학』(집문당, 1997), 18:19면 참조.

24) 이종묵, 앞의 글, 390면 참조.

> 드디어 11일 기축(己丑)에 부모님께 인사드리고 떠났다. 종자(從者)는 김성률(金聲律)과 이유굴(李有屈) 두 사람이며, 행장 속에는 다른 것은 없고, 다만『당시선(唐詩選)』몇 권과『와유록(臥遊錄)』한 권뿐이었다.25)

김창협은 여행에 다른 사람이 쓴 〈와유록〉을 휴대하고 있다. 선인(先人)들의 산수 유람기를 읽고, 그것을 가지고 현지에서 확인하며 자신의 체험과 비겨보고, 자신의 견문과 체험을 쓴 것이 〈동유기〉이다.

한편 보통 문인이나 지식인들이 와유의 대상으로 삼은 산수유기(山水遊記)들은 한문으로 된 것인데, 국문 기행문학도 와유의 자료로 삼기 위해 기록되기도 했다.

> 여간 구경한 곳을 대강 좋은 데를 추려 언서(諺書)로 선후도착(先後倒錯)하게 조금 초(草)로 기록하였으니 일일이 눌러 보며, 구경 못한 사람들이 이로조차 완경강산(玩景江山)할지어다.26)

여성들의 와유를 위한 것인데, 여기서 와유의 풍습이 널리 형성되었음을 알 수 있다.

이상과 같은 〈와유록〉 감상의 소통과 재생산의 역할은 주목하여 마땅하다. 명승지를 답사하지는 못해도 다른 사람의 기행문을 읽고 간접체험을 하고, 나아가 직접 유람하고 그 기행문을 쓰고, 또 뒷사람이 똑

---

25) "自兒時已聞金剛名 輒有一游之願 然居常瞻望 如在天上 意非人人所可到也. 辛亥孟夏 家弟子益 匹馬獨行 甫月餘日 徧觀內外山而歸 則益信其勝 不可不一游 而游又非難也. (…) 遂以十一日己丑 拜辭親庭而行. 從者二人 曰金聲律 李有屈 所齎無他物 只選唐詩數卷 臥游錄一卷而已." 金昌協, 〈東游記〉,『農巖集(권23)』,『한국문집총간(162)』(민족문화추진회, 1996), 166면.

26) 작자 미상, 〈금강산유산록〉(국문필사본, 김종철 소장본), 65면. 현대표기와 한자병기는 인용자.

같은 행위를 반복하는 문화적 맥락이 형성되었던 것이다. 이러한 맥락이 두루 형성되었다는 점에서 이를 와유문화(臥遊文化)라 할 수 있을 것이다.

5) 유람 문화(遊覽文化)와 기행문학

산수화나 산수 유람을 표현한 기행문학을 감상하고, 답사하고 또 기행문학을 창작하는 와유문화(臥遊文化)는 유람문화(遊覽文化)를 배경으로 한다. 산수 유람은 일찍부터 교육의 방편으로, 심신 수양의 방편으로, 그리고 여가 활동의 방편으로 활용되어 왔다. 신라 때 화랑(花郎)들의 수련 중에 "산수를 유람하여 먼 곳이라도 가지 않는 데가 없었다."[27]고 했는데 이것이 하나의 원형이라 할 수 있다. 이 뒤에 전개된 산수 유람의 유형을 보면 대체로 세 가지로 나누어 볼 수 있다. 일반인들은 유흥(遊興) 중심의 산수 유람을 했고, 유학자들은 산수 유람을 심성(心性)을 도야하거나 만물의 이치를 인식하는 계기로 삼고자 했고, 문인들은 기상을 함양하여 문학 창작의 바탕을 확충하는 계기로 삼고자 했다.[28]

유흥 중심의 산수 유람을 하나의 유형으로 구분했다고 해서 다른 유형에 유흥이 없었던 것은 아니다. 산수 유람 자체가 즐기는 성격을 내포하고 있으므로 풍류를 동반하는 것은 자연스런 일이다. 성리학자 조식(曺植)은 여러 벗들과 지리산을 유람하면서 기생과 풍악을 동반했고(〈遊頭流錄〉), 문인인 이정구(李廷龜)는 금강산 유람에 피리 부는 악공 함무금을(〈遊金剛山記〉) 대동하여 즐겼다. 다만 유흥 중심의 산수 유

---

27) "徒衆雲集 或相磨以道義 或相悅以歌樂 遊娛山水 無遠不至," 『三國史記』, 〈新羅本紀〉, '法興王 37년 條'

28) 중세의 산수 유람의 정신적 기반에 대해서는 이혜순 외, 앞의 책, 18:26면; 박희병, 「한국산수기 연구」, 『고전문학연구(8)』(한국고전문학연구회, 1993), 213:215면; 이종묵, 앞의 글, 400:406면 참조.

람은 유흥이 산수 유람의 주목적인 경우로 볼 수 있다.[29] 이러한 산수 유람은 금강산과 같은 관광 명승지가 대두하거나 유득공의 『경도잡지(京都雜志)』 '유상(遊賞)' 조(條)에 기록된바 성시(城市) 주변의 명승지를 유람하는 풍속과 관련이 있다.

산수 유람을 심성을 도야하는 계기로 삼은 유학자들은 공자(孔子)의 태산(泰山) 등정, 맹자의 호연지기설(浩然之氣說), 주자(朱子)의 형산(衡山) 등정 등을 범례로 삼아 산수 유람에 나섰고, 후배 유학자들은 선배 유학자들의 산수 유람을 의식하며 유람에 나섰던 것이다. 예컨대 주세붕(周世鵬)은 청량산을 오르면서 김종직의 지리산 유람을 의식했고, 유람 중에 쓴 시를 정리하면서는 주자와 장식(張栻)이 형산을 유람하고 쓴 글을 범례로 삼고 있다.(〈유청량산록(遊淸凉山錄)〉) 권호문(權好文)은 그의 〈유청량산록(遊淸凉山錄)〉에서 주세붕의 〈유청량산록〉을 인용하고 있다. 또 김중청(金中淸)은 청량산을 오르면서 주세붕의 〈유청량산록〉을 소리 내어 외웠다고 〈유청량산기(遊淸凉山記)〉에 적고 있다. 한편 신지제(申之悌)는 〈유청량산록(遊淸凉山錄)〉에서 청량산을 퇴계 이황의 상징으로 보고 있는데 이 점은 김중청도 마찬 가지다.[30] 이처럼 유학자들의 산수 유람은 심성을 도야하면서 선성(先聖)과 선학(先學)의 경지를 우러르며 뒤따르는 정신적 맥락을 바탕으로 이루어졌으며, 이 점에서 하나의 특수한 유람문화를 형성했다고 할 수 있다.

한편 산수 유람이 문인들의 기상을 키우는 방편으로 인식되어왔음은 현전 산수 유람기로는 가장 오래된 임춘(林椿)의 〈동행기(東行記)〉에서부터 볼 수 있다.

---

29) 그 구체적인 사례로 19세기 자료인 〈게우사〉와 안민영의 『금옥총부』에 보이는바 상당한 규모의 기생과 악공들을 대동한 북한산, 남한산성, 한강 등지의 유람을 들 수 있다.

30) 이상의 청량산 유람에 관한 자료는 이혜순 외, 앞의 책, 〈자료편〉에 수록된 것들을 이용했다.

> 옛날 사마천은 일찍이 회계(會稽)에 놀러가 우혈(禹穴)을 들여다봄으로써 천하의 장관을 모두 보았으므로 기상이 더욱 기위하고 문장은 자못 소탕하고 호쾌한 기풍이 있게 되었다. 그러니 대장부가 두루 돌아다니며 먼 데까지 구경하고 온 세상을 자유로이 노닐면 가슴속 빼어난 기(氣)가 넓어질 것이다.[31]

산수유기는 물론 많은 기행문들에서 유람이나 여행을 통해 세상이 넓고 크며, 곳곳에 장관이 있음을 깨닫고, 가슴이 툭 트이고 마음이 상쾌해지는 체험을 했다는 기록을 볼 수 있는데, 이러한 체험과 인식의 저변에는 여행이 사람의 기상을 키운다는 전제가 놓여있다.

이상과 같은 풍습과 의식이 유람 문화를 형성하고 나아가 기행문학 산출의 기반이 되었다고 할 수 있다.

4. 중세 기행문학 교육의 의의와 목표

1) 기행문학교육의 범례로서의 중세 기행문학

중세의 기행문학은 첫째, 양식과 역할, 둘째, 생산과 수용, 셋째 태도의 면에서 기행문학교육의 범례라 할 수 있다.

첫째, 중세의 기행문학은 다양한 양식으로 존재하고 있다. 여행 체험을 노래한 시들의 묶음으로, 가사(歌辭)로, 비교적 짧은 산문으로, 또는 장편(長篇)의 기록물로 창작되었으며, 또는 글과 그림이 합쳐진 양식으

---

31) "昔司馬太史嘗遊會稽 窺禹穴以窮天下之壯觀 故氣益奇偉 而其文頗踈蕩而有豪壯之風 則大丈夫周遊遠覽 揮斥八極 將以廣其胸中秀氣耳." 林椿, 〈東行記〉, 『西河集(권5)』, 『한국문집총간(1)』(민족문화추진회, 1990), 259면.

로도 창작되었다. 이는 여행 체험 자체가 다양하며, 체험의 표현 양식 또한 다양할 수 있음을 말해주는 것으로 기행문학은 기본적으로 여행자의 주체적인 체험과 자유로운 표현 양식으로 성립함을 잘 보여주는 것이다. 즉 여행자의 체험의 성질에 따라 기존의 양식을 활용할 수도 있고, 복합할 수도 있고, 또는 창안해낼 수도 있는 것이다. 그리고 중세의 기행문학은 감흥의 표출, 여정의 기록, 정보의 보고, 와유(臥遊) 등의 역할을 하여 기행문학이 단순히 여행의 기념에 그치지 않음도 잘 보여주고 있다. 그 어떤 역할이든 기행문학의 창작 자체가 가치 있는 문학 활동임을 보여주고 있는 것이다.

둘째, 중세 기행문학의 생산과 수용은 하나의 문화였다는 점에서 기행문학교육의 범례라 할 수 있다. 국내외 여행을 하고나면 어떤 양식이든 기행문학으로 표현하는 것이 하나의 관례였으며, 또 여행을 하기 전에는 여행지와 관련한 기행문학을 미리 읽는 것이 관례였다. 이것은 기행문학 교육이 기행문학의 수용과 생산이라는 활동 자체의 교육, 즉 하나의 사회적 관습의 교육, 나아가 그러한 문화의 교육이어야 함을 잘 보여준다. 앞에서 본 바 와유(臥遊)문화에 기반을 둔 기행문학이 그 좋은 사례이다.

아울러 대부분의 중세 기행문학이 여행지에 대한 사전 조사, 선행(先行) 기행문학에 대한 비판적 검토 및 그것과 비교한 새로운 기행문학의 창조 의식 등의 산물이라는 점에서도 범례로 볼 수 있다. 다음의 두 사례가 이를 잘 보여준다.

> 내가 북경에서 돌아오니 재선(在先:朴齊家)이 자기가 지은 〈북학의(北學議)〉 내외(內外) 2편을 보여 주었다. 재선은 나보다 먼저 북경에 갔던 사람이다. (…) 시험 삼아 책을 한 번 펼쳐 보니 나의 일록(日錄:熱河日記)과 더불어 조금도 어긋나는 것이 없어 마치 한 사람의 손에

서 나온 것 같았다. (…) 아, 이것이 어찌 우리 두 사람이 눈으로만 보고서 그렇게 된 것이겠는가. 진실로 비 뿌리고 눈 날리는 날에도 연구하고, 술이 거나하고 등잔불이 꺼질 때까지 토론해 오던 것을 눈으로 한번 확인한 것뿐이다.[32)]

연경(燕京)에 갔던 사람들이 많이 기행문을 남겼으나 그 중 3가(家)가 가장 저명하니, 곧 노가재(老稼齋) 김창업(金昌業), 담헌(湛軒) 홍대용(洪大容), 연암(燕巖) 박지원(朴趾源)이다. 역사의 체례(體例)를 들어 말해보면 노가재의 글은 편년체(編年體)에 가까운데 평순하고 착실하며 조리가 분명하고, 담헌의 글은 기사체(紀事體)를 따랐는데 전아하고 치밀하며, 연암은 기전체(紀傳體)와 같은데 풍부하고 아름다우면서 해박하다. 모두 스스로 일가(一家)를 이루어 각기 그 장점을 자랑하니, 이들을 이어 연행(燕行)의 기행문을 쓰고자 하는 사람들이 어떻게 더 나은 글을 쓸 수 있겠는가? 다만 그 연혁(沿革)의 변경으로 자연히 그 기록이 맞지 않은 부분이 있고, 같은 내용을 답습하는 것을 서로 피하여 상세함과 간략함이 간혹 큰 차이가 있다. 참으로 두루 찾아보고 이리저리 대보며, 서로 참고하고 절충하지 않으면 그 요령을 얻기 어려워서 읽는 사람들이 많이 이를 결점으로 여긴다.[33)]

앞의 인용문은 박지원의 〈열하일기〉와 박제가의 〈북학의〉가 중국 여행 이전의 국내에서의 사전 조사에 크게 힘입고 있으며, 뒤의 인용문은 19세기 초에 중국을 다녀온 김경선(金景善)의 〈연원직지(燕轅直指)〉가 선행 기행문들에 대한 비판적 검토의 산물임을 잘 보여주고 있다. 요컨대 중세의 기행문학은 여행을 철저히 준비하고 그 체험을 기록

32) 朴趾源, 〈北學議序〉, 신호열·김명호 옮김, 『국역연암집2』(민족문화추진회, 2004), 158:159면.

33) 金景善, 〈序〉, 『燕轅直指』, 민족문화추진회, 『연행록선집(10)』(민문고, 1989), 3면.

으로 남기려는 적극적인 태도의 산물인 점에서 교육적 범례라 할 수 있다.

2) 중세 기행문학 교육의 목표

중세 기행문학교육은 크게 네 가지 목표를 설정할 수 있다고 본다.

첫째, 작품 자체에 대한 정확한 이해를 바탕으로 한 수용 교육을 들 수 있다. 개별 작품의 성격에 따라 구체적인 수용 활동은 다를 수 있으나 여행의 동기, 견문한 내용, 체험의 성질, 표현의 방식 등에 대해 정확히 이해하고 비판적으로 감상할 수 있어야 한다. 선인들의 여행 체험은 과거형으로 존재하지 않고 학습자들이 수용하는 과정에서 현재형이 될 수 있기 때문에 추체험이나 학습자의 여행 체험에 견주어 보는 활동이 동반되어야 한다.

둘째, 선인의 여행 체험을 재현하거나 문화 콘텐츠로 전환하는 교육을 들 수 있다. 중세 기행문학의 향유는 그 자체가 지금・이곳과는 차원이 다른 시・공간으로의 여행이다. 〈열하일기〉를 읽는 것은 18세기 후반의 중국으로의 여행인데, 그것은 오늘날 중국과의 대비 속에서 진행될 수 있다.[34] 즉 과거의 시간과 공간이 현재의 시간과 공간에 중첩되면서 과거와 현재가 기행문학의 향유자를 중심으로 소통되는 것이다. 또 〈관동별곡〉의 여정은 오늘날 금강산 관광의 실제 여정으로 되살릴 수도 있고, 〈관동별곡〉 자체가 금강산 여행의 주제로 될 수 있는 것이다. '금강산' 자체가 하나의 한국 문화 콘텐츠가 될 수 있거니와 금강산 여행이 낳은 〈관동별곡〉이나 정선의 금강산 그림들도 한국 문화콘텐츠

34) 고병익, 『혜초의 길따라』(동아일보사, 1984); KBS 특별취재반・문순태, 『신왕오천축국전 - 혜초의 발길따라 佛跡五萬里』(한국방송사업단, 1983) 등이 그러한 사례이다.

가 될 수 있는 것이다. 이것은 문학 학습이 문학 자체의 수용을 넘어서 문학을 활용한 새로운 생산 활동을 위한 학습이라 할 수 있다.[35)]

셋째, 학습자의 기행문학 생산 능력 교육을 들 수 있다. 학습자는 미래의 여행자이고, 자신의 여행 체험을 문자로 표현할 수 있어야 한다. 특정한 공간의 지리적 조건 위에 형성된 자연과 문물을 일정한 시간 동안 견문하고, 판단하고 느낀 바를 효과적으로 표현할 수 있어야 한다. 그러기 위해서는 중세 기행문학의 학습을 통해 시·공간을 중층적으로 인식할 수 있는 능력을 길러야 하며, 적절한 문학 양식을 선택하거나 복합하여 그 체험을 표현하는 능력을 길러야 한다. 문물(文物)을 이해하고 경물(景物)에 감응할 줄 알아야 하며, 그 시·공간에 존재했거나 존재하고 있는 사상(事象)에 대해 관찰하고 논변할 수 있어야 한다. 중세의 기행문학은 이러한 능력의 산물이었다.

넷째, 기행문학을 향유하고 창조하는 문화 담당자로서의 태도 형성을 들 수 있다. 문학교육의 목표 중의 하나가 문학의 생활화, 즉 문학의 수용과 창작을 생활의 한 방식으로 삼는 것인데, 그것은 문학을 생활화하는 태도가 형성되어야 가능해진다. 이러한 생활화의 범례를 선인들이 실천한 바 기행문학의 수용과 창작 사례들에서 널리 찾을 수 있으므로 이를 통해 학습자들이 그러한 태도 또는 습관을 갖도록 해야 한다. 여행이 생활의 일부인 것처럼 여행 체험의 표현이나 기행문의 향유 또한 생활의 일부로 당연하게 받아들이는 태도를 기른다면 사전에 조사하고, 여행 중에 체험하고 확인하고, 여행 뒤 기록하는 활동이 굳건한 토대를 마련하게 되는 셈이고, 이 토대 위해서 학습자는 기행문학의 주

35) 이는 전통 인문학에서 문화 콘텐츠 자원을 모색하는 것과 궤를 같이 하는 인문교육의 한 방향이라 할 수 있다. 전통 인문학에 기반을 둔 문화 콘텐츠 생산에 대한 최근의 논의로는 문화관광부 국가 경쟁력 제고 전통문화 특별자문위원회 주최 학술 심포지엄, 『21세기 전통 인문학과 문화관광 산업의 만남』, 서강대학교, 2006.11. 17 참조.

체적 담당자가 될 수 있을 것이다.

5. 맺음말

“금강산도 식후경.”이라는 속담이 있는 반면 “소경 관등(觀燈) 가듯 한다.”는 속담도 있다. 경제적 여유가 있어야 여행이 가능하고, 산천과 문물을 통찰해 낼 안목이 있어야 제대로 된 유람이 가능하다. 기행문학 교육은 후자에 관심을 가지며, 나아가 그 안목으로 견문한 바를 표현할 수 있도록 하는 데 하나의 목표를 둔다. 아울러 타인의 기행문학을 수용하여 추체험하고, 여행 체험을 중심으로 문학의 생산과 수용을 생활화하는 데에도 목표를 둔다. 무엇보다 현재의 학습자들이 미래의 여행자들이며, 여행 경험 또한 더욱 많을 것임을 전제한다면 이러한 목표는 중요하다.

중세에는 여행 체험 자체가 대단히 소중히 여겨졌고, 그 체험을 문학으로 표현하는 것이 하나의 문화로 자리 잡고 있었던 점에서 기행문학 교육 내지 문학교육의 범례가 될 수 있다. 이 점에서 중세의 여행 체험과 그것을 표현한 기행문학은 학습자가 미래의 안목 있는 여행자로, 미래의 가치 있는 기행문학 담당자로 성장하도록 하는 데 중요한 제재이다.

【참고문헌】

1. 자료

金景善, 〈序〉, 『燕轅直指』, 『연행록선집(10)』(민문고, 1989)
金昌協, 〈東游記〉, 『農巖集(권23)』, 『한국문집총간(162)』(민족문화추진회, 1996)
朴趾源, 신호열·김명호 옮김, 『국역연암집2』(민족문화추진회, 2004)
義淨, 이용범 역, 『大唐西域求法高僧傳』(동국대학교부설 역경원, 1980)
李重煥, 이익성 역, 『擇里志』(을유문화사, 1987)
李豊翼, 『東遊帖』(성균관대학교 박물관, 1994)
林椿, 〈東行記〉, 『西河集(권5)』, 『한국문집총간(1)』(민족문화추진회, 1990)
작자미상, 『금강산유산록』(국문필사본, 김종철 소장본)

2. 연구논저

강주진, 「해제」, 『국역 해행총재(1)』(민문고, 1989)
김혈조, 「한문학을 통해 본 금강산」, 『한문학보(1)』(우리한문학회, 1999)
문화관광부 국가 경쟁력 제고 전통문화 특별자문위원회 주최 학술 심포지엄, 『21세기 전통 인문학과 문화관광 산업의 만남』, 서강대학교, 2006.11.17.
박희병, 「한국산수기 연구」, 『고전문학연구(8)』(한국고전문학연구회, 1993)
이병태, 「금강산 연표」, 국립중앙박물관 편저, 『아름다운 금강산』(한국박물관회, 1999)
이종묵, 「遊山의 풍속과 遊記類의 전통」, 『고전문학연구(12)』(한국고전문학회, 1997)
이혜순 외, 『조선중기의 유산기 문학』(집문당, 1997)
이혜순, 『조선통신사의 문학』(이화여자대학교 출판부, 1996)
전해종, 「한·중 조공관계 개관」, 『한·중관계사연구』(일조각, 1970)
조동일, 『한국문학통사(2)』(지식산업사, 2005), 311:315면.
조동일, 「국문학에 나타난 금강산의 의미」, 간행위원회 편, 『다곡 이수봉선생 회갑기념논총 고소설연구논총』(간행위원회, 1988)
최강현, 『한국기행문학연구』(일지사, 1982), 348:355면.
황원구, 「해제」, 『국역 연행록 선집(1)』(민문고, 1989)

제1부

화랑의 순유(巡遊)와 향가

신 재 홍

1. 서론

향가는 화랑의 사상 및 활동과 밀접한 관련이 있는 문학 장르이다. 『삼국유사』 소재 14편의 향가 중 〈혜성가〉, 〈모죽지랑가〉, 〈찬기파랑가〉, 〈처용가〉 등 4편이 화랑과 연관되며, 화랑도에 속한 향가 시인 월명과 충담의 작품 4편까지 고려하면 과반수가 넘는 비중을 차지하고 있다. 향가를 이해하려면 화랑에 대해 살펴보는 일이 필수적이다.

화랑의 여러 면모 중에서 '산수에서 노니는[遊娛山水]'[1] 활동을 살펴 향가 이해의 배경 지식으로 활용할 만하다. 명산대천을 유람하며 심신을 단련한 것이 화랑의 주요 활동임은 기존 자료에서도 보이지만, 『화랑세기』를 통해서 더욱 잘 드러난다.[2] 화랑도는 신라 시대에 가장 활발하

---

1) 『삼국사기』 4권, 신라본기, 「진흥왕 37년」, 或相磨以道義 或相悅以歌樂 遊娛山水 無遠不至 因此知其人邪正 擇其善者 薦之於朝.

2) 화랑의 유오산수는 화랑 연구에서 지속적으로 주목받아 왔다(三品彰英, 이원호

게 여행한 집단 가운데 하나였다. 그들은 여행을 하면서 향가를 창작, 향유하기도 했는데, 향가의 창작 및 향유 배경을 살피기 위해서 화랑의 여행 활동을 고찰할 필요가 있다.

본고에서는 화랑의 여행 활동을 통칭하여 '순유(巡遊)'라 하겠다. 여러 곳을 돌아다니며 이런저런 일들을 수행하는 모습이 화랑의 전형적인 여행상이기 때문이다. 우선 현존 자료에 나타난 화랑의 순유 양상을 정리해 보겠다. 그런 다음 화랑의 순유와 관련된 향가를 택하여 여행의 관점에서 작품 내용을 해석해 보겠다. 이를 통해 향가 중 몇 편이 중세 여행 문학적 성격을 지니고 있음을 드러내고자 한다.

2. 화랑의 순유 활동

화랑의 순유의 전반적인 성격을 보여 주는 예로서 응렴(膺廉)의 경우를 들 수 있다.

> 헌안대왕이 낭을 불러 궁전에서 연회를 베풀었다. "낭은 국선이 되어 사방으로 노닐면서 무슨 기이한 일을 보았느냐?" "신은 아름다운 행실을 한 세 사람을 보았습니다." "그 이야기를 듣고 싶구나." "남의 윗자리에 있으면서 겸손히 남의 아랫자리에 앉는 자가 그 하나요, 아주 부자이면서 옷을 검소하게 입는 자가 그 둘이요, 본래 귀족에다가 권

역, 『신라화랑의 연구』, 집문당, 1995, 111~138면; 이기동, 『신라골품제사회와 화랑도』, 일조각, 1984, 346~347면; 김태준, 「화랑과 풍류정신」, 『화랑문화의 신연구』, 문덕사, 1996, 258~262면; 이은창, 「신라 화랑유적과 화랑도사상」, 같은 책, 555~582면; 손인수, 『신라 화랑도의 공간』, 문음사, 1996, 451~538면 등). 『화랑세기』의 사례도 정리된 바 있는데(이종욱, 『화랑』, 휴머니스트, 2003, 258~260면), 본고에서는 이를 아울러서 논의하고자 한다.

세 있는 사람이면서 그 위엄을 부리지 않는 자가 그 셋입니다."3)

응렴이 국선이 되어 '사방으로 노닌[優遊四方]' 것은 화랑의 오랜 전통을 이은 활동이다. 국선은 낭도를 거느리고 여러 곳을 순유하며 사람들을 만났을 텐데, 그러한 여행 경험을 통해 얻은 사람 보는 안목을 왕에게 드러내고 있다. 숫자 3의 설화적 요소에다가 수사적으로 윤색된 말이어서 실제의 여행 경험을 그대로 말했다고 보기는 어렵지만, 적어도 여행 경험을 정리하여 교훈적 덕목을 추출해 내었으리라는 점은 알 수 있다.

그런데 응렴이 만난 사람들은 고위 관리, 부자, 권세 있는 귀족 등 사회의 유력한 지도자들이다. 국선이라는 지위에 걸맞은 인물들을 만났던 것이다. 이는 무명의 여행자가 지방민을 만나는 것과는 성격이 다르다. 국선과 그 낭도들의 순유는 지방관에게는 잘 대접해야 할 중앙 귀족 자제들 위주의 행차였던 것이다.

화랑이 순유한 지역은 시골이나 도회지일 수도 있고, 명산대천일 수도 있다. 모랑은 지방을 순행하였고, 용춘은 미복 차림으로 서라벌 거리를 다녔으며, 부례나 요원 등은 금강산을 유람하였다.

> 모랑공이 비사벌을 순유하다가 병이 들어 도중에서 죽었다. ; 하루는 용춘공이 종자와 함께 미복으로 거리를 돌아다녔다. ; 부례랑이 국선이 되어……계사년 늦봄에 낭도를 거느리고 금란을 유람하다가 북명의 지경에 이르렀다. ; 국선 요원랑, 예흔랑, 계원, 숙종랑 등이 금란을 유람하면서 은밀히 임금을 위하고 나라를 다스릴 뜻을 두어 향가 3수를 지었다.4)

---

3) 『삼국유사』 2권, 기이, 「사십팔 경문대왕」, 憲安大王召郎 宴於殿中 問曰 郎爲國仙 優遊四方 見何異事 郎曰 臣見有美行者三 王曰 請聞其說 郎曰 有人爲人上者 而撝謙坐於人下 其一也 有人豪富 而衣儉易 其二也 有人本貴勢 而不用其威者 三也.

이러한 순유 지역의 차이는 그 목적의 차이를 반영한 것이기도 하다. 모랑이 순유 도중 죽자, 지소 태후의 명을 받아 후임 풍월주로 내정된 이화가 '군현을 순행하였다[巡郡縣]'.[5] 순유의 목적이 군현 곧, 신라의 지방들을 순방하여 군사적, 정치적 상황을 점검하는 일이었던 것이다. 용춘이 종자를 데리고 서라벌을 돌아다니다가 거리에서 풍자의 노래를 듣고 대남보의 어려운 사정을 알게 된다. 이는 화랑이 미복 차림으로 민생을 시찰한 것으로 볼 수 있다. 부례는 국선에 취임한 다음 낭도를 이끌고 금강산 지역을 유람하였다. 신라의 성지인 금강산을 유람함으로써 낭도의 심신 수련을 목적으로 한 여행이었으나, 국경에 이른 것에서 나라의 군사적 경계 태세를 점검해 보려는 의도도 엿보인다. 요원 등은 금강산을 유람하며 향가를 지어 임금과 나라를 위하는 뜻을 드러내었다. 화랑이 명산대천을 유람하며 향가를 지어 심회를 토로하던 정황이 그려진다.

공식적인 순유와 함께 암행을 통한 민생 시찰이 화랑의 주요 활동이었음은 다음 예에서도 확인할 수 있다.

> 무릇 환란을 당한 사람이 있으면 보리공과 만룡 낭주가 함께 가서 위로하고 구호하였다. 당시 사람들이 이성(二聖)의 순치(巡治)에 비겼다. ; 은밀히 도회지나 시골을 다니면서 가난하고 궁핍한 사람을 구휼하니, 인망이 크게 돌아왔다. ; 효종랑이 나가 놀다가 그 경상을 보고 돌아와 부모에게 청하여 집의 곡식 100섬과 옷가지를 보내 주었다. 또 노비로 산 주인에게 보상하고 속량시켜 주었다. 낭도 몇 천 명도 각각

---

4) 『화랑세기』, 4세 「이화랑」, 毛郎公遊比斯伐 得疾途卒 ; 13세 「용춘」, 公一日與從者微服遊街 ; 『삼국유사』 3권, 탑상, 「백률사」, 夫禮郎爲國仙……癸巳暮春之月 領徒遊金蘭 到北溟之境 ; 같은 책 2권, 기이, 「사십팔 경문대왕」, 國仙邀元郎譽昕郎桂元叔宗郎等 遊覽金蘭 暗有爲君主理邦國之意 乃作歌三首.

5) 『화랑세기』, 4세 「이화랑」, 以爲四世風月主 使巡郡縣.

곡식 1섬씩을 내어 주었다.[6]

풍월주와 화주는 이곳저곳 다니면서 어려운 낭도들을 보살피는 일도 담당하였다. 인용문의 '이성의 순치'는 시조 혁거세와 알영[7]을 지칭하는 것으로 생각된다. 국초부터 행해져 온 순치의 임무가 화랑에게 분담되었던 것이다.

화랑의 순유라고 기록되지는 않았지만, 거득의 예를 통해 화랑의 순유 또는 순행의 구체적인 양상을 알 수 있다.

> "폐하께서 소신을 총재로 삼으시겠다면, 신이 국내를 잠행하며 민간의 요역이 심한지 느슨한지, 조세 부담이 가벼운지 무거운지, 관리들이 깨끗한지 부정한지를 살펴본 다음에 취임하겠습니다." 왕이 허락하니, 거득공은 승복을 입고 비파를 가지고 거사의 모습을 하고는 서라벌을 떠났다. 아슬라주, 우수주, 북원경을 경유하여 무진주에 이르러 마을을 순행하였다.[8]

인용문을 보면, 첫째, 순행의 목적이 민간 요역, 조세 부담, 관리의 청탁을 살피는 것이고, 둘째, 순행의 도정이 서라벌 – 아슬라주(명주) – 우수주(춘천) – 북원경(충주) – 무진주(광주) 등 남한 지역을 두루

---

6) 『화랑세기』, 12세 「보리」, 凡有患難之人 公與娘主偕往慰護 時人比之二聖之巡治 ; 25세 「춘장」, 密行都鄙 救恤貧乏 人望大歸 ; 『삼국사기』 48권, 열전, 「효녀지은」, 孝宗郎出遊見之 歸請父母 輸家粟百石及衣物予之 又償買主以從良 郎徒幾千人 各出粟一石爲贈. 『삼국유사』 5권, 효선, 「빈녀양모」에도 같은 내용이 실려 있는데, 서술 방식이나 디테일 면에서 차이가 있다.

7) 『삼국유사』 1권, 기이, 「신라시조 혁거세왕」, 營宮室於南山西麓 奉養二聖兒…… 二聖年至十三歲 以五鳳元年甲子 男立爲王 仍以女爲后.

8) 『삼국유사』 2권, 기이, 「문호왕 법민」, 公曰陛下若以小臣爲宰 則臣願潛行國內 示民間徭役之勞逸 租賦之輕重 官吏之淸濁 然後就職 王聽之 公著緇衣 把琵琶 爲居士形 出京師 經由阿瑟羅州 牛首州 北原京 至於武珍州 巡行里閈.

포괄하며, 셋째, 순행자는 승복에 비파를 든 거사의 모습을 하고 있다.

첫째는 위에서 살핀 화랑의 민간 시찰의 구체적인 내용으로 볼 수 있다. 둘째는 금강산 유람에서 이후 여정이 확장된 것이라고 할 만하다. 셋째에서 비파를 타며 순행하는 것은 화랑의 '청유(淸遊)'와 유사하다.

> 설원의 낭도는 향가를 잘하고 청유를 좋아하였다.[9)]

향가를 지어 부르고 악기를 연주하며 노니는 것이 화랑의 순유의 한 모습인 것이다. 다만, 셋째에서 거사의 모습을 한 것은 화랑의 전통과 거리가 있어 보인다. 그러나 화랑은 불교를 받아들이면서 선불(仙佛) 융합의 사상과 행동 양식을 지니게 되는데,[10)] 이러한 추세가 거득에게 반영된 것으로 생각된다. 화랑의 순유 도중 불도를 닦기 위해 은둔한 보천(보질도)과 효명도 그러한 예로 볼 수 있다.

> 보천과 효명 두 형제가 하서부에 이르러 세헌 각간의 집에서 하룻밤 묵었다. 다음날 큰 고개를 넘어 각각 천여 명의 낭도를 거느리고 성오평에 도착했다. 여러 날 유람하다가 하루 저녁에 홀연 형제가 방외의 뜻을 은밀히 약속하고 사람들이 알지 못하게 해서 오대산으로 들어가 은둔하였다. 시위하던 이들이 간 곳을 알지 못하고 국도(國都)로 돌아갔다.[11)]

---

9) 『화랑세기』, 7세 「설화랑」, 薛原之徒 善鄕歌好淸遊.

10) 『화랑세기』, 14세 「호림」, 公謂郎徒曰 仙佛一道也 花郎亦不可不知佛也 如我彌勒仙花菩利沙門 皆吾師也 公乃就菩利公受戒 以此仙佛漸相融和.

11) 『삼국유사』 3권, 탑상, 「대산오만진신」, 寶川孝明二昆弟 到河西府 世獻角干之家 留一宿 翌日過大嶺 各領千徒 到省烏坪 遊覽累日 忽一夕昆弟二人 密約方外之志 不令人知 逃隱入五臺山 侍衛不知所歸 於是還國. 같은 책, 3권 「명주오대산 보질도태자전기」에도 이와 거의 같은 내용이 기록되어 있다.

보천과 효명이 천여 명의 낭도를 거느리고 명주 성오평에서 유람했다는 것은 화랑의 순유 모습을 잘 보여 준다. 그런 활동의 도중에서 두 사람은 은둔해 버린 것이다. 화랑과 불교의 융합이 상당히 진행되어 나타난 사례라고 하겠다.

한편, 시대의 지도 이념과 정치적 목적이 투영된 순유 활동도 보이는 바, 김유신의 경우가 대표적이다.

> 지혜롭고 용감한 낭도들을 뽑아 천하를 두루 돌아다니며 뜻 높은 선비들과 관계를 맺는 데 힘썼다.……열국(列國)을 돌아다니며 뜻과 기개 있는 선비들을 모아 삼한을 통합하였다. ; 낭이 고구려와 백제를 정벌하려는 일로 밤낮없이 깊이 생각하고 있던 차에 백석이 그것을 알고 낭에게 고하였다. "청컨대 제가 공과 함께 은밀히 저들을 먼저 탐지한 후에 도모함이 어떠합니까?" 낭이 기뻐하여 몸소 백석을 데리고 밤에 출발하였다.[12)]

삼한 통합이라는 시대정신을 앞장서 구현하는 과정에서, 유신은 '주행 천하(周行天下), 순행 열국(巡行列國)'하였던 것이다. 이 역시 화랑의 순유 전통을 충실히 계승하는 한편, 유신 스스로 삼한 통합에 대한 소명 의식을 갖고 의도적으로 추진한 것이기도 하다. 그러한 순유를 통해 '고사(高士)'와 관계를 맺고, '지기지사(志氣之士)'를 모집하였다.[13)]

이러한 대국적인 견지의 순유와 대척되는 사적 영역의 순유로서 '탐

---

12) 『화랑세기』, 15세 「유신」, 乃簡智勇之徒 周行天下 而務結高士……巡行列國 以募志氣之士 統合三韓 ; 『삼국유사』 2권, 기이, 「김유신」, 郎以伐麗濟之事 日夜深謀 白石知其謀 告於郎曰 僕請與公 密先探於彼 然後 圖之何如 郎喜 親率白石夜出行.

13) 황패강, 『신라불교설화연구』, 일지사, 1975, 263면에서 화랑의 유오산수의 목적으로 '輔政的인 의도'와 함께 '불교적 수양과 法化'를 들고 있는바, 여기의 김유신과 위의 보천・효명이 각각의 사례가 될 것이다.

탕지유(貪蕩之遊)'도 나타난다.

> 미실이……미생과 함께 동륜 태자를 외유하도록 하여 유화 중 예쁜 자들을 택해 많이 바쳤다. (…) 태자와 미생의 낭도가 날마다 밖에서 황음(荒淫)을 일삼았다. ; [용춘은] 성품이 온화하고 공손하며 (…)을 좋아하여 음탕한 놀이에는 참여하지 않았다.14)

미생은 낭도를 이끌고 동륜 태자의 외유를 도모하여 음탕한 놀이를 일삼았다. 용춘은 아버지 금륜이 호색 방탕하여 폐위된 점에 회의를 느껴 일체 음탕한 놀이에 참여하지 않았다. 이렇게 화랑의 순유 중에는 도회지에서 엽색 행각을 벌이는 경우도 있었던 것이다.

이와 같이 화랑의 순유는 도회지나 시골을 암행하며 민간을 시찰하는 여행, 음악과 노래를 수반한 낭만적 여행, 명산대천을 누비며 심신을 수련하는 여행, 불교적 색채를 가미한 구도 여행, 국가적 사업을 실현하기 위한 정치적 목적의 여행, 여색을 찾아 쾌락을 즐기는 엽색 여행 등 넓은 편폭을 지닌 것이었다.

3. 순유와 관련된 향가

1) 여행의 출발점에 서서－〈혜성가〉, 〈송사다함가〉

진평왕대(579～632)의 어느 때, 일단(一團)의 화랑이 떠나려던 여행에 이목이 집중되었다. 금강산으로 출발하려던 화랑들이 혜성과 왜군

---

14) 『화랑세기』, 6세 「세종」, 美室……與美生計 太子外遊 擇遊花之美者 多薦之 □□□子與美生之徒 日事外荒 ; 13세 「용춘」, 性溫恭好□ 不與貪蕩之遊.

의 출현으로 의구심이 생겨 여행을 그만둘까 했는데, 승랑(僧郎)인 융천이 불양의 의식을 거행하며 〈혜성가(彗星歌)〉를 지어 불러 흉조를 없앴던 것이다.

화랑의 금강산 여행은 명산대천을 유람하는 순유의 전통에서 가장 중요한 의의를 갖는 것이다. 금강산은 신라인에게 성지로 인식되어 수많은 화랑들이 그곳을 여행하면서 심신을 수련하였고 여러 불승들이 그곳으로 순례의 길을 떠났으며, 신라 이후의 시대에도 끊임없이 순례와 유람의 대상이 된 곳이다. 〈혜성가〉는 화랑의 금강산 여행이 갖는 정신적인 의의를 보여 주는 향가이다.

> 옛날이 새려는 물가에서
> 건달파의 놀던 성을 바라보고
> "왜군도 왔다,
> 횃불 사르라!"는 변방의 무리여.
> 세 화랑의 산 보심을 듣고
> 달도 다좇아 헤아리려는 바에
> 길 쓸 별을 바라보고
> "'혜성이야'라고 사뢰라!"는 사람이 있다.
> 아아, 거리낌 없이 떠나갈 것이라.
> 이야 떨어낼[祓禳] 것인 바의 혜성 따위가 있는 탓.

이 작품에는 지상의 길이 천상에 조응한다는 의식이 전제되어 있다. 제1행의 '날', 제6행의 '달', 제7행의 '별'이 천상에서 지상의 길을 비추는 천체들이다. 제1구(제1~4행)에 날/해가, 제2구(제5~8행)에 달과 별이 나옴으로써, 해가 비추는 낮과 달·별이 비추는 밤을 번갈아 가는 지상의 여행길에 천체가 빛을 비추어 줌을 나타내었다. 또한, '옛날이 새려는', '달도 다좇아 헤아리려는', '길 쓸 별'과 같이 천체가 지상의 일에 우호적으로 활동하는 양상이 그려져 있다. 일월성신이 지상의 길을 비춤으로써 인간은 그 길을 따라 순조로운 여행을 할 수 있는 것이다.

그런데 순조로운 여행을 방해하는 '왜군'과 '혜성'이 나타났다. 화랑의 갈 길을 막는 재액인 것이다. 액을 물리치기 위해 화자는 대상에 대한 인식을 바꿀 것을 요구한다. 왜군이 아니라 '건달파의 성'이요, 혜성이 아니라 '길 쓸 별'이라는 것이다. 이러한 단정은 단순히 주술적인 의도에서 논리를 초월하여 나온 것이 아니라, 화자 자신이 행한 면밀한 천체 관측의 결과를 확신해서 나온 것이다.15)

이에 제3구(9·10행)에서 화자는 '떨어낼 것인 바의 혜성 따위가 있'다는 확신하에 화랑들에게 '거리낌 없이 떠나가라.'며 여행의 출발을 재촉한다. 인간의 노력으로 불양할 수 있는 재액이 있다는 것, 그것은 천상의 질서가 지상의 일과 융화하는 바탕 위에서 이루어진다는 것, 화랑의 여행길은 천상의 가호 아래 순조로우리라는 것 등이 선언된 것이다.

이렇듯 〈혜성가〉는 당대에 화랑의 순유가 성스러운 의례의 하나로 받아들여졌음을 보여 주고 있다. 금강산을 여행하려는 의도 자체가 성스럽고, 거기에 이르는 길이 일월성신의 가호 아래 순조롭게 나아가리라는 믿음이 성스럽고, 갑자기 닥친 재액을 천상과 지상의 융화를 통해 불양한 화자의 의지가 성스럽다. 이 작품을 통해 신라 시대 화랑의 순유에는 천상의 질서와 조응하려는 인간의 신성한 의지가 내포되어 있음을 알 수 있다.

화랑이 여행을 떠날 때 송별의 자리가 마련되었고 거기서 향가가 지어졌다. 561년 신라가 대가야를 정벌할 때, 출정하는 화랑 사다함을 보내며 미실은 〈송사다함가(送斯多含歌)〉를 지었다. 전쟁하러 떠나는 화

15) 신재홍, 「혜성가」, 『향가의 미학』, 집문당, 2006, 298~304면.

랑을 위해 그의 애인이 향가를 지어 송별한 것이다.

화랑의 종군은 순행이나 유람을 통해 훈련된 화랑도의 무사적 역량이 국가적 사업을 위해 집중적으로 분출되는 기회였다. 비상시의 상황이긴 하지만 평상시 순유를 통한 훈련의 연장선상에서 이루어진 화랑도의 활동이었던 것이다. 종군과 순유가 서로 연계되어 있듯이, 향가를 지어 전쟁에 화랑을 내보내고 또 맞이하는 일은 당대의 일상적인 문학 향유 방식이라 하겠다.

> 바람이 분다고 해도
> 낭 앞에 불지 말고,
> 물결이 친다고 해도
> 낭 앞에 치지 말고.
> 어서 어서 돌아와서
> 다시 만나 안아 보려니와
> 이 좋은 낭이 움켜쥔 손을
> 차마 갈라지게 하려나?

행군의 도정과 전쟁의 와중에 생길 고난이 낭을 피해 가기 바라는 마음, 전쟁에 승리하여 곧 돌아올 것을 확신하면서도 낭을 떠나보내기 아쉬운 마음이 제1구와 제2구에 그려져 있다. 떠나는 낭에 대한 개인적인 아쉬움과 나라를 위한 길이기에 붙잡지 못하는 심정이 교차하고 있는 것이다.

낭의 출정은 전쟁을 하러 가는 여행길이요, 여행의 목적은 전쟁에서 승리하는 것이다. '전쟁 여행'이라 할 만한 특수한 성격의 여행이기에 그 길은 바람과 물결이 몰아치는 험난한 여정이 될 것이다. 승리와 패배를 함부로 점치기 어렵고, 삶과 죽음이 어떻게 갈라질지 예측하기 힘들다. 그렇지만 나라와 낭에 대한 신뢰가 곧 다시 만나게 될 것을 기정 사실로 여기게 하였다. 그러면서도 이별의 아쉬움은 그것대로 남는다.

이렇듯 〈송사다함가〉는 화랑의 출정에 즈음한 그 애인의 송별시이다. 전쟁 여행을 떠나는 이에게 무사히 돌아올 것을 빌고 있다. 이별의 정한을 담은 송별의 향가들은 당대에 빈번하게 전쟁을 수행하던 화랑들에게 절실한 위로가 되었을 것이다.

2) 여행지에서 겪은 애환－〈모죽지랑가〉, 〈처용가〉

화랑 출신의 죽지는 김유신을 도와 삼국 통일을 이룩한 명장이다. 그런데 신문왕 원년(681)에 일어난 화랑 김흠돌의 난으로 인해 기존의 화랑 제도가 해체되었고,[16] 그에 따라 이전에 누렸던 화랑들의 명망과 권세가 쇠퇴하였다. 이러한 시대에 죽지가 일개 왕경 귀족에게 자신의 낭도를 차출당하는 모욕을 당하였다.[17]

낭도인 득오가 차출되었다는 말을 듣고는 차출자 익선에게 부탁할 요량으로 낭도와 함께 길을 떠났다. 이러한 죽지의 행동은 낭도를 사랑하는 화랑의 마음을 드러낸 것으로서 화랑과 낭도의 친밀한 관계를 잘 보여 준다. 화랑의 순유는 거의가 낭도들을 거느리고 가는 것이고, 화랑이 민간 시찰 도중 낭도의 생활 형편을 알고 돌보아 주는 사례도 많이 있었다.

죽지는 득오가 부역하고 있는 부산성으로 가서 그를 구해 오려고 했지만 익선이 거부하여 난감하였다. 마침 조세를 수취해 오던 진절의 도움으로 겨우 익선의 허락을 얻을 수 있었다. 이 일이 알려지자 화주와 효소

16) 『화랑세기』, 32세 「신공」, 賊乃捕三奸而進 亂始平 而三徒以此誅戮者 甚多 慈儀太后命罷花郎.

17) 박노준, 『신라가요의 연구』, 열화당, 1982, 135면.

왕이 나서서 익선과 모량부에 징벌을 내리긴 하였으나, 화랑 세력이 침체된 시대에 죽지가 당한 모욕적인 일이었던 사실은 바뀔 수 없었다.

이 사건의 와중에서 득오가 지은 〈모죽지랑가(慕竹旨郎歌)〉는 죽지가 득오를 구해 오는 여행길과 관련된 내용을 담고 있다.

지난 봄 딸리었으매
모두 있어야만 통곡할 이 시름.
얼마 전까지도 좋으신 모습이
연수(年數)에 나아가면서 축나가겠구나.
[죽지랑의] 눈의 돌림 없이 이에
만나기 어찌 지으리?
낭이 그리워할 마음에 오고갈 길
다북쑥 거리에서 잘 밤 있으리.

간절히 구원을 바라면서도 화자는 자기에게로 올 죽지의 여행길이 평탄하지 않을 것임을 예상한다. 죽지의 '눈의 돌림' 곧, 돌봄 없이는 구원받을 수 없다는 사실을 잘 알고 있는 화자이지만, 죽지가 처한 현 상황이 어둡기 때문이다. '얼마 전까지도 좋으신 모습'이 시세에 따라 '축나가'고 있는 것이다.

이러한 현실 인식하에서도 화자는 예전에 함께했던 '모두'를 생각하며 '낭이' 나를 '그리워할 마음에 오고갈 길'에 희망을 건다. 화랑과 낭도, 낭도와 낭도 사이의 동지애를 바탕으로 서로를 위하는 마음에 고난의 여행길을 마다하지 않으리라는 확신을 갖고 있는 것이다. 이러한 희망에도 불구하고 현실은 '다북쑥 거리에서 잘 밤 있'을 길이다. 화자와 죽지 사이에 놓인 장애들이 워낙 완강하여 길을 평탄하게 이을 방책이 쉽지 않다고 생각한 것이다.

여행의 관점에서 볼 때, 〈모죽지랑가〉는 화자와 죽지 사이에 있는 길이 통하기를 바라는 마음을 표현했다고 할 수 있다. 실제로는 서라벌에서 부산성에 이르는 길이고, 관념상으로는 화랑이 낭도를 구원하러 오는 길이다. 익선에 의해 막혀 있는 길이 뚫려 낭도 득오가 화랑 죽지에게 다시 속하게 되기를 바라는 것이다. 죽지가 낭도를 사랑하는 마음에 구원의 여행길을 떠날 것을 확신하며 기다리는 화자의 태도에서 화랑과 낭도 사이의 친밀감, 화랑에 대한 낭도의 충성심이 잘 드러난다.

처용은 동해로부터 서라벌로 들어왔다. 그의 출신지는 알 수 없지만, 그가 바다를 거쳐 왔을 것임을 짐작할 수 있다. 그러기에 그는 어딘가부터 바다를 거쳐 신라에 도착한 여행자의 모습을 띠고 있다.

헌강왕이 처용에게 급간의 벼슬과 아름다운 아내를 하사한 것은 그가 떠날 것을 우려하였기 때문이다.[18] 처용에게 서라벌은 하나의 기착지였을 터인데 헌강왕은 그를 정착시키고자 한 것이다. 그리고 '처용랑'이라는 호칭에서 알 수 있듯이, 처용은 서라벌에서 화랑의 일원이 되었다. 급간과 아내를 준 것도 그렇지만, 진골 귀족 자제들의 특권인 화랑으로 삼은 것은 상당히 파격적인 대우였다.

외래자인 처용은 이와 같은 특혜를 받으며 신라 귀족 사회의 일원으로 살고자 하였다. 무엇보다도 화랑이 됨으로써 귀족 자제들과의 교유가 보장되었다. 그 과정에서 화랑의 전통인 순유 활동에 참여하여 점차 신라의 관습과 문화를 익혀 갔을 것이다. 그러다가 배경기사에 나온 사랑의 스캔들에 휘말리게 됨으로써 정착하는 데 난관에 봉착하였다.

〈처용가(處容歌)〉는 여행자 처용이 기착지인 서라벌에서 겪은 사랑의 아픔을 노래한 작품으로 볼 여지가 있다.

---

18) 『삼국유사』 2권, 기이, 「처용랑 망해사」, 王以美女妻之 欲留其意 又賜級干職.

동경 밝은 달에
밤들도록 놀며 다니다가,
들어서 자리 보니
가랑이가 넷이어라.
둘은 내 것인데
둘은 누구 것인가?
본래 내 것이다마는
빼앗아 옴을 [사람들이] 어떻다 하리오?

처용에게 '동경' 곧, 서라벌은 '밤들도록 놀며 다닐' 만한 큰 도회지이다. 화랑의 순유 전통에 따랐다면, 그 놀이는 민생 시찰에서 탐탕지유까지의 어느 것에 해당할 것이다. 자기 집에 들어와 목격한 광경을 놀라운 눈으로 그리고 있고, 또 끝 행에 나타난 것처럼 손을 더럽히지 않으려는 태도로 보아 그가 서라벌의 밤거리를 노닌 것은 엽색 행각보다는 낭만적 순유에 가까운 것 같다.

외래자인 처용으로서는 이국적인 서라벌의 번화한 거리를 즐겼을 것이다. 또한 헌강왕도 그를 위해 미녀를 아내로 삼게 하고 급간의 관등까지 주었으니, 그는 점차 서라벌 생활에 익숙해지고 그곳에 정착할 뜻을 갖게 되었을 것이다. 그러던 차에, 제3 · 4행에 그려진 것처럼, 아내의 간통 장면을 목격하게 되었다. 서라벌 생활, 화랑의 일, 미녀 아내 등에 두루 만족할 만하였는데, 그만 사랑의 삼각관계에 얽혀 들어가 '본래 내 것'인 아내를 남에게 빼앗겨 버린 것이다.

그러나 화자는 마지막 행에서 사랑싸움에 휘말리지 않으려는 의지를 드러내고 있다. 자신을 따뜻이 맞이하여 정착하도록 도와 준 헌강왕과 신하, 동료 화랑들을 실망시키지 않겠다고 마음먹은 것이다. 더러운 싸움에 말려들지 않고 의연한 자세로 아픔을 이겨내고자 한 것이다.

처용이 이 노래를 부르고 춤추며 물러선 것은 거부감과 분노의 강렬한 표현이다. 힘차고 굳센 춤사위로 더럽고 불순한 것들을 떨쳐내고자 하였던 것이다. 이러한 그의 역동적 면모가 주술적인 능력으로 인식되어, 나중에 처용은 신라인에게 벽사진경의 문신(門神)이 되었다. 그렇지만 그런 일을 겪은 처용이 실제로 서라벌에서 계속 거주하였을지는 의문이다. 바다를 건너 온 처용이 여행지에서 겪은 사랑의 상처를 안고 다시 바다를 향해 나아갔기에, 그의 존재가 신비화되어 문신으로 좌정하게 된 것인지도 모른다.

3) 여행 중 나라를 생각하며—〈현금포곡〉, 〈대도곡〉, 〈문군곡〉

노랫말은 전하지 않으나 경문왕대(861~875) 국선들이 금강산 일대를 여행하면서 지은 3편의 향가 〈현금포곡(玄琴抱曲)〉, 〈대도곡(大道曲)〉, 〈문군곡(問羣曲)〉이 『삼국유사』에 기록되어 있다. 창작 배경만 놓고 본다면, 앞에서 살핀 4편의 향가보다 화랑의 순유의 본령에 속하는 작품들인 셈이다.

> 국선 요원랑, 예흔랑, 계원, 숙종랑 등이 금란을 유람하면서 은밀히 임금을 위하고 나라를 다스릴 뜻을 두어 향가 3수를 지었다. 심필 사지를 시켜 침권(針卷)을 주어 대거 화상의 거처로 보내어 세 노래를 짓도록 하였다. 처음 곡은 현금포곡, 둘째 곡은 대도곡, 셋째 곡은 문군곡이라고 이름 지었다. 궁에 들어가 왕에게 아뢰니, 왕이 크게 기뻐하고 칭찬하며 상을 주었다.[19]

---

19) 『삼국유사』 2권, 기이, 「사십팔 경문대왕」, 國仙邀元郎譽昕郎桂元叔宗郎等 遊覽金蘭 暗有爲君主理邦國之意 乃作歌三首 使心弼舍知 授針卷 送大炬和尙處 令作三歌 初名玄琴抱曲 第二大道曲 第三問羣曲 入奏於王 王大喜稱賞.

이 기록만으로 논하기에는 한계가 있지만, 제목 앞에 '처음[初]', '둘째[第二]', '셋째[第三]' 등이 붙은 것으로 보아 3편은 연작 관계에 있다고 일단 추정된다. 거문고를 안고 향가를 부르는 선비의 모습[玄琴抱], 임금과 나라를 위한 정치의 대도[大道], 여러 사람에게 자문을 얻는 과정[問羣] 등의 내용을 담은 연작 향가로 보이는 것이다.

세 작품에 대한 추정을 좀 더 밀고 나가려면, 이것이 실려 있는 『삼국유사』「사십팔 경문대왕」을 살펴보아야 한다. 이 기사는 ① 응렴의 즉위 과정, ② 잠자리에서 뱀의 수호, ③ 임금님 귀는 당나귀 귀, ④ 국선들의 향가 진상 등 네 가지 이야기로 구성되어 있다. 그중 ①은 본고 제2장에서 살펴본 바 있는 내용을 포함하여 가장 길게 서술되었고, 『삼국사기』에도 비슷한 내용이 기록되어 있다. 그런데 ①은 ④와 함께 국선의 모티프로 연결된다. 국선인 응렴이 왕이 된 것과 국선인 요원 등이 향가를 지어 임금께 올린 것이 관련되는 것이다. 요원 등이 지은 향가가 임금에게 통할 수 있었던 것은 우선 임금과 요원 등이 모두 국선이었기 때문일 것이다.

①에서 순유 도중 만난 고위 관리, 부자, 권세 있는 귀족 등에게서 응렴이 가치를 둔 것은 겸손, 검소, 온화 등의 태도였다. '아름다운 행실을 한 세 사람[美行者 三]'은 이 세 가지 가치의 의인화로도 해석할 수 있다. 그런데 응렴이 순유를 통해 이와 같은 가치를 얻게 되었기에, 나중에 임금이 된 응렴은 ④처럼 순유 도중 향가를 지어 바친 화랑들의 마음을 누구보다 잘 이해하였을 것이다.

한편, ②와 ③은 뱀, 당나귀, 대나무 등 사물을 가져와 구성한 이야기라는 공통점이 있다. 사물이 지닌 상징적 의미를 고려하면서 이 이야기들이 하필이면 경문왕에게 부회되었을까를 생각해 보아야 한다.[20] ②의 뱀 이야기는 궁인들이 뱀을 두려워하여 쫓아내려 했다[21]는 점에서 새 임금의 수호신인 뱀이 신라 궁중에서는 이질적인 신격임을 시사하고 있다.[22] ④의 당나귀 귀 이야기는 임금에게 비밀이 있다는 점, 그리고 큰 귀로 여러 소리를 들을 수 있다는 점을 말하려는 것처럼 보인다. 결국, ②와 ③은 경문왕이 신라 당대에 금기시된 것을 추구하였다는 의미로 해석할 수 있다.

이상의 논의를 통해 「사십팔 경문대왕」에 그려진 경문왕의 성향을 추정할 수 있다. 경문왕은 청년기에 겪은 국선으로서의 경험을 소중히 여겼을 것이고, 순유 활동을 통해 얻은 겸손, 검소, 온화의 덕목을 지켜 나갔을 것이다. 다른 한편으로 그는 신라 궁중에서는 이질적인 신격을 수호신으로 삼고, 왕후나 궁인에게도 알리지 못할 비밀을 지니고 있었다. 그러면서도 이질적인 신격을 옹호하고 큰 귀로 여러 소리를 듣고자 하였다. 이렇게 경문왕 관련 이야기를 종합해 보면, 그의 아들 헌강왕에게 결부된 신령스런 이야기, 그의 딸 진성여왕 시대의 거타지 같은 모험 이야기 등과 유사한 성격의 이야기들임을 알 수 있다. 신비스럽고 금기를 깨는 이야기들이 경문왕의 가문과 결부되어 전승되었던 것이다.

이러한 경문왕의 성향을 고려할 때, 요원 등이 올린 향가 3편의 내용도 순유 활동에서 얻은 겸손, 검소, 온화 등과 공통된 범주의 미덕을 높이는 한편, 신라 사회의 금기에 도전하는 내용이었으리라 추정된다. 요원 등이 순유하며 '은밀히[暗]' 뜻을 두었다고 한 점에 주의하면, 경문왕이 궁중 사람에게 비밀로 했던 것이 궁 밖의 인물로부터 얻은 가치나 정보였을 수 있다. 거문고 타는 선비 모습인 '현금포(玄琴抱)'라는 제목이 검소의 미덕을 드러낸 것이고, 여러 사람에게 묻는다는 뜻의 '문군(問

20) 조동일, 『삼국시대 설화의 뜻풀이』, 집문당, 1990, 147면에서는 '경문왕 때의 정치적 불안과 관련되어 왕을 불신하게 하는 의미를 지녔을' 것으로 해석하였다.

21) 같은 곳, 每日暮 無數衆蛇俱集 宮人驚怖 將驅遣之.

22) 무왕, 견훤 등 백제의 인물이 뱀과 관련된 것으로 미루어 뱀 신앙은 신라권보다 백제권이 기반이었을 것이다. 국선으로서 응렴은 백제 지역도 순유하였을 터이니, 그의 수호신이 뱀인 것은 순유와 관련된 연고가 있었을지 모른다.

輩)'이 큰 귀로 상징되는 경문왕의 열린 태도를 반영한 것일 수 있다.

이와 함께 금강산이 있는 '금란'을 여행하면서 정치적인 뜻을 도모하였다는 점에도 유의할 만하다. 앞서 본 〈혜성가〉에 나타난 금강산 여행은 인간의 신성한 의지가 반영된 것이었는데, 여기서의 향가 3편에서는 정치적 목적을 띤 것이라는 점이 비교가 된다. 왕권은 신성한 것이고 왕권을 실천하는 정치 행위는 신성성에 기초하여 이루어진다. 그러한 왕정을 보좌하는 화랑들의 금강산 여행은 왕권의 신성성을 보증하고 그 정치적 실천을 가능하게 하는 상징적 의미를 지니게 된다.

이러한 배경하에 요원 등은 외래문화나 방외인에 대해 개방적인 태도를 지닌 경문왕에게 보다 자유분방하고 진취적인 정치의 방도를 건의할 수 있었을 것이다. 향가 3편은 당대 정치의 금기들을 깨뜨리고 보다 개방적, 진취적인 방향으로 정치를 이끌려는 뜻을 담아 당대 사회에 새로운 기풍을 불어 넣었을지도 모른다. 이러한 기풍을 조성하는 데 화랑의 순유 활동이 원천이 되었던 것이다.

4. 결론

아주 적은 수의 작품만 남아 있음에도 불구하고 현존 향가는 생각보다 훨씬 다양한 내용을 담고 있다. 중세 여행 문학의 흐름 속에 향가의 위치를 점검할 수 있는 것도 이러한 이유에서이다. 향가를 여행 문학으로 보려면, 향가의 주요 담당층인 화랑의 순유 활동을 고찰할 필요가 있다.

화랑의 순유는 여러 가지 양상으로 나타난다. 화랑들은 국가적 사업, 민생 시찰 등 공적인 목적을 갖고 여러 지역을 도는 순행(巡行), 무리지어 명산대천을 돌아다니며 풍류를 즐기는 청유(淸遊), 궁궐 밖으로 여색을 찾아다니는 외유(外遊) 등 다양한 방식으로 여행을 다녔다. 이러한 화랑의 순유 활동 속에서 향가가 지어지고 향유되었다.

현존 향가 중에서 화랑의 순유와 관련된 작품들을 묶어서 논할 만하다. 본론에서는 작품의 내용을 중심으로 여행의 출발, 여행지에서의 경험, 여행 중의 생각 등으로 구분하여 논하였는데, 여기서는 순유와의 관련 정도에 따라 논의 내용을 요약하고자 한다. 적은 수의 작품을 통해 당대에 향유되었을 수많은 여행 향가들의 일부라도 추측해 보기 위한 편의상의 요약인 셈이다.

먼저, 화랑의 순유와 직접 연관된 작품으로 〈혜성가〉와 〈처용가〉를 들 수 있다. 〈혜성가〉는 화랑도가 금강산 순유를 위해 출발하려는 시점에 만난 액을 떨쳐내기 위해 지어졌다. 천체가 지상의 길을 비추어 여행이 순탄해진다는 것, 화랑의 순유는 신성한 의례라는 것 등의 생각이 담겨 있다. 〈처용가〉는 외래자인 화자가 화랑이 되어 서라벌 거리를 순유하는 모습이 반영되어 있다. 신라 사회에 정착하려 했으나 스캔들로 인해 아픔을 겪는 심정을 그려 내었다.

직접적이지는 않지만 넓은 의미의 순유를 배경으로 한 작품이 〈송사다함가〉와 〈모죽지랑가〉이다. 〈송사다함가〉는 전쟁에 나가는 화랑을 전송하는 노래이다. 전쟁을 수행하는 일은 화랑의 주요 활동 중 하나였는데, 전별의 자리에서 이와 같은 향가가 많이 지어지고 불렸을 것이다. 〈모죽지랑가〉는 화랑이 낭도를 구하기 위해 길을 떠나는 내용이다. 화랑과 낭도의 친밀한 관계, 낭도를 위한 화랑의 여행길, 그 과정에서 겪을 법한 고난 등이 그려져 있다.

노랫말은 전하지 않으나 순유 도중 창작된 작품이 〈현금포곡〉, 〈대도곡〉, 〈문군곡〉이다. 〈혜성가〉가 순유의 출발점에 서 있어 순유의 과정을 담아내지 못한 데 비해, 배경기사로 볼 때 이 3편이 본격적인 순유문학에 해당한다. 연작으로 보이는 이 작품들은 국선으로서 화자가 경문왕의 이념적 지향에 부응하여 개방적이고 진취적인 정치의 방향을 제시하였으리라 추정된다.

이렇듯, 현존 향가나 제목만 전하는 향가 중에서 화랑의 순유와 관련된 작품들이 상당수 있다. 화랑이 즐겨 짓고 부르던 문학이 향가이고, 화랑의 순유는 향가 창작에 중요한 배경이 되었다는 점을 확인할 수 있다. 화랑의 순유는 여행의 일종이기에 본고에서 다룬 작품들을 여행 문학으로 취급하여도 좋을 것이다. 화랑과의 관련을 유보한다면, 관리의 부임길에서 얻은 〈헌화가〉, 승랑의 은둔길에서 지어진 〈우적가〉 등도 여행 문학으로 고찰될 수 있다. 이에 향가는 중세 여행 문학의 흐름에서도 상당한 위상을 차지하고 있음을 알 수 있다.

【참고문헌】

『삼국사기』(정구복 외, 『역주 삼국사기』 1 감교원문편, 한국정신문화연구원, 1999)
『삼국유사』(『한국불교전서』 6, 동국대출판부, 1982)
『화랑세기』(이종욱 역주해, 『화랑세기』, 소나무, 1999, 원문편)
『화랑세기』(필자가 복사해 지닌 모본 및 발췌본)

김태준, 「화랑과 풍류정신」, 『화랑문화의 신연구』, 문덕사, 1996.
박노준, 『신라가요의 연구』, 열화당, 1982.
三品彰英, 이원호 역, 『신라화랑의 연구』, 집문당, 1995.
손인수, 『신라 화랑도의 공간』, 문음사, 1996.
신재홍, 『향가의 미학』, 집문당, 2006.
이기동, 『신라골품제사회와 화랑도』, 일조각, 1984.
이은창, 「신라 화랑유적과 화랑도사상」, 『화랑문화의 신연구』, 문덕사, 1996.
이종욱, 『화랑』, 휴머니스트, 2003.

조동일, 『삼국시대 설화의 뜻풀이』, 집문당, 1990.
황패강, 『신라불교설화연구』, 일지사, 1975.

유거(幽居)와 탐승(探勝), 자연미의 상보적 기반*

권 정 은

1. 머리말

본고는 자연시가의 서자쯤으로 취급받는 산수 기행가사의 자연미를 추출함으로써 궁극적으로 기행문학과 자연미에 대한 이해의 폭을 넓히는 것을 목적으로 마련되었다.

자연미와 자연문학에 관한 연구는 지금까지 폭넓게 진행되었으며, 또 현재에도 활발하게 이루어지고 있다. 초창기에 자연미에 대한 발견과 강호가도의 근본적인 의미를 규명하는 작업에서부터[1] 그 발전상과

---

* 이 글은 『고전문학과 교육』 제12집에 게재되었고, 단행본 『자연시조: 자연미의 실현 양상』에 일부가 수록되어 있다.

1) 강호가도와 자연미라는 개념을 문학사에서 부각시키고(조윤제, 『韓國詩歌史綱』, 을유문화사, 1954; 「국문학과 자연」, 『국문학개설』, 동국문화사, 1955), 강호가도의 특성에 대해 천착하며(최진원, 「강호가도」, 『국문학과 자연』, 성대출판부, 1977), 성리학적 사유(이민홍, 『사림파문학의 연구』, 형설출판사, 1985)와 정치 현실과의 상관성(김흥규, 「강호자연과 정치현실」, 『욕망과 형식의 시학』, 태학사, 1999)을 논하고, 서구의 pastoral과의 비교와(김병국, 「강호가도와 전원문학」, 『한

변이형을 추적하고[2] 또한 정신적 가치나 생명과 관련된 성격을 파악하는 일[3] 등에 이르기까지 꾸준히 연구사는 집적되고 있다. 그런데 이러한 고찰들은 대개 자연시가의 원류와 변이 양상 혹은 핵심적인 성격들에 집중되면서 보다 다양한 성향에 접근하려는 의도는 비교적 변두리로 밀려난 감이 없지 않다. 아울러 자연미에 관한 해명도 주로 관념미 중심으로 추구되는 상황이라고 할 수 있다.

따라서 여행의 노정을 다룬 산수 기행가사로 관심을 돌리는 일은 이 분야에 일종의 자극제가 될 수 있으며, 더불어 기행문학이 지니는 특성에 새로운 시각에서 접근할 수 있는 계기가 될 것으로 기대할 수 있다. 하지만 사실 초창기의 연구를 보면 기행가사는 물론이고 강호가사조차도 자연미의 본류를 설명하는 과정에서 소외되는 감이 없지 않았다. 강호가도 연구가 주로 시조 중심으로 이루어짐에 따라 강호가사라는 대상을 별도로 부각시키고 그 특성에 주목했던 연구사[4]가 이를 대변한다.

그럼에도 불구하고 흥미로운 사실은 이러한 강호가사 연구에서 산수 기행가사와의 비교를 시도함으로써 기행가사[5]를 본격적인 자연문학의

국 고전문학의 비평적 이해』, 서울대학교 출판부, 1995), 산수시 일반론을 통해(조동일, 「산수시의 경치, 흥취, 이치」, 『한국시가의 역사의식』, 문예출판사, 1993) 한국 자연문학과 자연미의 저변을 확대한 연구 등이 이에 해당된다.

2) 강호가도가 17세기 이후 변모했음을 지적하고(신영명, 「16세기 강호시조의 연구」, 고려대 박사학위논문, 1991. 외) 그 구체적인 양상에 주목했던 연구(우응순 외, 『조선중기 시가와 자연』, 태학사, 2002. 외) 등이 해당된다.

3) 넓게는 자연문학에 道라는 정신적인 가치를 부여했던 작업들과(이가원, 「도산잡영과 산수지락」, 『퇴계학보』 46, 1986. 외) 최근에 생태시조에 관한 관심(류수열, 「시조의 자연, 그'말없음'의 의미론」, 『시조학논총』 20, 2004. 외) 등이 해당된다.

4) 강호가사에 관해서 자연문학이라는 보편성과 가사라는 장르의 특수성을 동시에 논하려는 태도를 윤덕진, 「강호가사 연구」, 연세대 박사학위논문, 1988; 임주탁, 「강호가사의 내면세계와 역사적 전개과정」, 『논문집』 31, 공군사관학교, 1992 등에서 살펴볼 수 있다.

5) 이후 '기행가사'는 '산수기행가사'를 의미한다. 산수기행가사란 사행·유배 등 다양한 종류의 노정을 피력하는 기행가사 가운데에서 산수 유람과 관련된 일부 작품만

범주에서 완전히 배제하지 않는 시각이 존재했다는 점이다. 물론 독자적인 기행가사 연구에서 산수자연을 인식하고 표현하는 특성에 대해 관심을 표명하기도 했지만,[6] 자연문학의 적자인 강호가도와 기행가사를 직접 연결하는 끈이 있었다는 사실이 흥미롭다. 예를 들어 〈면앙정가〉와 〈관동별곡〉을 살펴봄으로써 사대부가사의 자연인식의 틀을 규명하고자 하거나,[7] 서경(敍景)가사[8]와 기행가사를 비교 고찰하는 작업[9] 등이 이에 해당한다. 또 한국의 자연시를 통시적으로 살펴보는 과정에서 기행가사를 포함시켰던 연구[10]도 주목할 만하다.

위와 같은 연구들은 산수 유람이 큰 비중을 차지했던 기행가사가 적어도 산수풍경이라는 제재의 차원에서 볼 때 광범위한 자연문학의 범주에서 제외될 수 없다는 사실을 시사한다. 그럼에도 불구하고 자연미는 주로 율・퇴라는 거봉의 성리학적 기반과 맞물리며 물욕과 구분되는 무욕의 경지에서 발현되는 심리적인 안정과 순화, 그리고 인간이 심복할 수밖에 없는 천연의 원리・질서・자족성 등과 결부됨에 따라 산수 유람이라는, 상대적으로 감각적인 체험에 기반하고 있는 기행가사의 자연미가 해명되는 일은 쉽지 않았다.

하지만 기행가사가 자연문학의 일부임이 분명하다면 적어도 그에 따

을 지칭하는데, 자연미에 관한 다루는 본 논문의 특성상 언급되는 기행가사는 대부분 산수기행가사에 해당한다.

6) 염은열, 「대상 인식과 내용 생성의 관계에 대한 표현교육론적 연구」, 서울대 박사학위논문, 2000. 외.

7) 최상은, 「사대부가사에 나타난 자연인식과 서정 - 〈면앙정가〉와 〈관동별곡〉을 중심으로」, 『조선사대부 가사의 미의식과 문학성』, 보고사, 2004.

8) 서경가사라는 용어는 일반적으로 사용되지는 않는데, 김기탁의 논문에서 친자연을 바탕으로 서술하되 情・景・事가 복합된 것이라고 규정한 바 있다(김기탁, 『서경가사연구』, 학문사, 1989, 21면).

9) 김기탁, 「기행가사와 서경가사」, 『서경가사연구』, 학문사, 1989.

10) 엄경희・유정선, 「자연시의 전통과 세계관의 변모」, 『한국시의 미학적 패러다임과 시학적 전통』, 소명, 2004.

른 미적 가치를 소홀히 할 수는 없을 것이다. 그래서 필자는 우선 기행가사를 가사라는 동일 장르에 속하면서도 기존에 자연미와 관련하여 어느 정도 이해의 토대가 마련된 강호가사와 초창기(16세기)의 작품을[11] 중심으로 비교를 시도하여, 기행가사의 자연미를 해명할 수 있는 단초를 마련하고자 한다. 물론 두 장르는 각기 전성기가 다르기 때문에 시기적 편차를 무시할 수는 없다. 하지만 현재로서는 기행가사의 자연미 전반을 본격적으로 논하기에는 역부족이기 때문에 초기 단계의 작품을 살펴봄으로써 이 장르가 지향하는 미적 경향의 단서를 마련하는 것이 우선이라고 판단했다. 이런 작업이 계기가 될 때 보다 광범위한 기행가사의 자연미에 접근할 수 있을 것이다.

2. 자연미와 재현의 의의

'자연미'는 인간의 감각적인 미적체험과 문화적 배경 아래 형성된 미의식을 통해 객관적인 산수자연의 경물에서 찾아낸 아름다움이라고 할 수 있다.[12] 이와 같은 정의를 바탕으로 자연미를 갖추는 작품을 '자연문학'이라 규정할 때, 그 범주는 무한대로 확장될 가능성이 있다.[13] 덕

11) 16세기 산수 기행가사로는 백광홍, 〈관서별곡〉(1556)/ 정철, 〈관동별곡〉(1580)이, 강호가사로는 송순, 〈면앙정가〉(1533)/ 정철, 〈성산별곡〉(1560)/ 허강, 〈서호별곡〉 (1572)/ 고응척, 〈도산가〉(1592)가 해당된다. 이서의 〈낙지가〉는 조선후기의 작품이라는 의심의 여지가 있어서 제외한다.

12) 필자는 자연미에 대해서 '비가시적인 자연의 절대성과 가시적인 자연의 상대성이라는 두 가지 요소가 맞물려 있다'는 지적을 한 바 있는데(권정은, 「자연시조의 구성공간과 지향의식」, 서울대 박사학위논문, 2004, 22면) 본고에서는 그 내용을 풀어서 재진술 했다.

13) 인식, 자연 등과 같이 늘 가변적으로 재탄생할 여지가 있는 개념을 동반하며 시대의 변화에 따라 영역을 확장해 나갈 수 있는 것이 자연문학의 매력이라고도 볼 수 있을 것이다.

분에 자연문학은 동서고금을 통해 그 종류와 가치를 확장하며 발전해 왔는데, 그러한 다양성 속에서도 자연문학의 예술적 실현에는 주로 형상화된 자연물 혹은 경관이 관련된다는 공통점을 간과할 수 없다.[14] 즉 자연문학은 '재현' 혹은 '표현'이라는 장치를 동원함으로써 자연 체험을 현실화 한다는 점을 주목할 수 있다. 따라서 표상성은 자연이 예술화되었음을 단적으로 증명하는 요소가 된다. 소위 물색(物色)을 드러내기 위해 자연경물은 인간의 감정을 변화시키고 그 감정이 기반이 되어 문장을 이루는 과정을 겪는데,[15] 이 때 미적 주체로서의 인간은 자연이라는 객체를 재탄생시키는 것이다.

그런데 예술적으로 탄생된 표상으로서의 경물의 성격에 관해서, 서구인은 실체인 형(形)을 중시한 반면, 중국인은 허체인 상(像)을 중시한 차이가[16] 존재한다.[17] 일반적으로 예술에서는 외적인 사물을 묘사하는 작용을 재현[representation]이라고 하고, 마음속에 있는 것을 밖으로 드러내는 작용을 표현[expression]이라고 하는데,[18] 동북아문화권에 속한 우리에게는 암암리에 표현으로서의 표상이 깊게 뿌리내리고 있는 것이다. 따라서 자연미의 이념과 추상성에 비중을 두는 것은 극히 자연스러운 일이고, 구체적인 산수 노정의 과정을 중시하는 기행가사에 그다지

---

14) 詠物詩나 題畵詩와 같은 경우는 물론이거니와 생명이나 道 혹은 생태적 가치로서의 추상성이 극대화 될 때에도 적어도 그 개념들을 표상하는 이미지나 배경이 등장한다.

15) 劉勰(최동호 역), 「物色」, 『文心雕龍』, 민음사, 1994, 535면.

16) 張法(유중하 외 역), 『동양과 서양, 그리고 미학』, 푸른숲, 1999, 323면.

17) 서양에서는 플라톤이 예술을 현상의 자연주의적 복제, 혹은 이념적 가상으로 환원시킨 이래 모방과 재현으로서의 예술이 자리를 잡았다. 반면에 동양에서는 현실의 景과는 구분되는 境에 비중을 두고, 情景交融의 결과물로서의 意境과 意象을 중시함으로써 예술을 直覺의 부산물인 표현으로 이해했다. 위의 책; 朱光潛(정상홍 역), 『시론』, 동문선, 1991 참고.

18) 김현돈, 「예술모방설과 예술표현설에 관한 비교연구」, 『인문학연구』 3, 제주대 인문과학연구소, 1997, 150면.

주목하지 않았던 결과도 어느 정도 이해가 가능하다.

하지만 잠시 자연문학의 재현의 기능에 대해 다시 생각해볼 필요가 있다. 사실 재현이라는 개념에 단지 단순모방이라는 의미만 포함된 것은 아니다. 인간의 인식은 객체를 그대로 모사하는 것이 아니라 주체가 감각과 사유를 매개로 하여 특정한 대상을 능동적으로 재생산한다는 지적처럼[19] 재현은 표현과 같은 직각(直覺)적 이미지화는 아니더라도 미적 주체에 의한 체험의 환기의 기능이 있고 이와 같은 기능은 자연문학에 개성을 부여함으로써 암암리에 중요한 역할을 담당할 수 있기 때문이다.

예를 들어 중국의 도연명(陶淵明, 365～427)과 사령운(謝靈運, 385～433)은 위진남북조 시대를 기점으로 새로운 자연중심 문화를 이룩하는 깃발을 꽂은 주요 문인이라는 공통점을 지니면서도[20] 구체적인 자연체험의 재현의 양상에 따라 각기 전원시와 산수시의 창시자라는 분리된 수식어가 따라다니고,[21] 우리나라에서도 소위 집경제영시가 소상

19) R. G. 콜링우드, 「예술과 재현」, 『상상과 표현』, 고려원, 1996.

20) 김인화, 「魏晋시대의 예술과 자연」, 한국미학예술학회 편, 『예술과 자연』, 미술문화, 1997, 233～35면.

21) 중국문학사에서 진정한 자연시의 지평을 열었다고 평가받는 육조시대 晉의 陶淵明과 宋의 謝靈運은 현실에 대한 부적응과 불만을 해소할 대안을 자연 체험에서 마련하고 그 결과를 작품으로 남김으로써 자연을 미적 대상화하는 공통적인 역할을 했지만, 전자는 전원에서 무욕을 추구하는 한적한 삶의 즐거움을, 후자는 산수의 아름다움을 직접 목격한 내용과 감상을 드러내어 예술의 풍격과 구현에 있어서 차이를 보이기 때문에 전원시인과 산수시인으로 구분되는 것이다. 즉 그들 작품은 각기 어떠한 체험에서 비롯되었으며 그 체험을 어떻게 재구성했는가에 바탕을 두고 분류되고 있다. 그 이후 孟浩然(689～740)에 이르러서는 사실상 전원시와 산수시의 실질적인 구별이 무색하게 되었고, 관습적으로 자연을 다룬 문학은 크게 산수시 혹은 전원시로 나뉘고 있다. 우리나라에서도 사정은 크게 다르지 않기 때문에 이들 소위 도・사의 근원적 성향에 대해서는 다소 무감각한 상태이다. 하지만 전원, 산수시의 근원에는 실체험의 재현과 환기라는 성향이 자리 잡고 있는 것을 간과할 수 없는 것이다. [최웅혁, 「陶淵明 田園詩 연구」, 한국외대 박사학위논문, 1991; 박미자, 「孟浩然의 自然詩에 관한 일고찰」, 『중국어문학』 21,

팔경(瀟湘八景)이라는 전형에 안주하지 않고 송도(松都), 한도(漢都) 등을 대상으로 하여 지속적으로 재창조의 활로를 모색하거나, 구곡시(九曲詩)가 무이구곡(武夷九曲)에 머무르지 않고 고산구곡(高山九曲)의 경험을 불러들임으로써 환골탈태하는 계기를 마련하는 등의 경우가 모두 재현의 가치를 시사한다고 할 수 있다.

체험의 재조합과 환기로서의 재현은 자연문학 각 장르에 개성을 부여하며, 나아가 작가의 정체성을 실현하는 데에 적지 않은 기여를 한다. 따라서 본고에서 살펴보고자 하는 기행가사와 강호가사의 자연미도 이러한 체험의 재조합과 환기라는 측면에서 접근할 필요성이 있다. 가사의 경우 교술이라 지칭되었던 장르적 특성에 비추어볼 때 상황이나 사물을 서술할 수 있는 기반이 마련되어 있고, 그 위에 강호가사는 거주의 체험과 기행가사는 유람의 체험을 투영했기 때문이다. 전자는 유거(幽居) 즉 그윽한 곳에서 유유자적 머무는 체험을, 후자는 탐승(探勝) 즉 빼어난 경치를 찾아서 이동하는 체험이 기반이 되고, 이들 유거와 탐승의 체험은 각기 다른 풍경을 만든다.

풍경이란 시각체험의 결과물로서 무엇보다도 기행가사에서 자주 등장하는 말이다. 풍경(風景, 〈천풍가〉) 이외에도 형승(形勝, 〈관서별곡〉), 경계(境界, 〈관동별곡〉), 경치(景致, 〈연행별곡〉) 등과 같은 예를 찾아볼 수 있는데, 공통적으로 작자가 기행을 통해 확인하고 즐기는 경치와 조망의 권역을 지칭하고 있다. 하지만 풍경이라는 말은 단순한 경치라는 뜻을 넘어서 재현의 미를 실현시킨 장으로 폭넓게 이해할 수 있다. 풍경에는 기본적으로 시각적 조망권 내의 경치라는 뜻이 포함되어 있지만, 더 나아가 현대 인문학에서는 이것을 인간이 누릴 수 있는 정서와 사고의 열린 범주로 이해하는 것처럼[22] 풍경은 단순히 순간포착

1993] 참고.

22) 풍경에 대한 관심은 1996년 초 Paris의 10대학에서 현대시를 담당하는 교수들이

의 부산물이 아니고 관조하는 주체의 시선과 그 시선에 포착된 대상들이 빚어내는[23] 종합적 결과물이라고 할 수 있다.

예를 들어 백광홍(白光弘, 1522~1556)의 〈관서별곡〉을 보면 소위 '형승'과 '풍경'의 차이점을 한 자리에서 확인할 수 있다. 작자는 약산 동대에 올라가 백두산에서 발원한 물이 굽이굽이 흘러가는 천연의 비경은 형승이라고 표현한 반면에, 그 비경 속에서 기녀들이 노니는 장면은 풍경이라고 했다.[24] 풍경은 보다 능동적인 작자의 시선과 보다 개방적인 시각적 향유 대상을 허용한다는 점을 확인할 수 있는 대목이다.

풍경미는 현상으로의 자연이 이념에 의해 매개되는 구조를 갖는다는 지적에서도[25] 짐작할 수 있듯이, 풍경은 단순히 시선이 머문 찰나에 그치지 않고, 시・공의 이동과 작자의 심리상태의 부산물을 포함하는 재현적 표상의 대표적인 예로 간주할 수 있기에 본고에서는 유거와 탐승의 자연미를 살펴볼 수 있는 대상으로 우선 작품이 빚어낸 재현의 풍경에 주목하고자 하는 것이다.

"지평풍경(Horizon paysage)"라는 학회를 열고 학제간의 소통을 위해 소극적 배경으로서의 풍경이 아니라 인간과 언어를 반영하는 열린 풍경에 관해 관심을 갖으면서 가시화 되었다는 지적이 있다[정선아, 「풍경, 정조(情調)의 형상화 장소」, 『불어불문학연구』 54, 2003, 508면].

23) 위의 논문, 508면.

24) 藥山 東臺에 술을 실고 올나가니…白頭山 너린 물이 香爐峯 감도라/ 千里를 빗기 흘너 臺 압프로 지너가니…<u>形勝도 ᄀ이 업다 風景인달 안니 보랴</u>/ 綽藥 仙娥와 嬋姸 玉鬟이/ 雲錦 端粧ᄒ고 左右의 버려 이셔…

25) 민주식, 「風景의 미학 - 풍경미의 원리와 구조」, 『미학』 31, 2001, 21면.

3. 풍경분석을 통해 본 유거와 탐승

1) 풍경 재현의 양상 비교

탐승 체험의 풍경은 비교적 그 재현 과정을 따라가기가 쉽다. 이동한 경로에 따르는 거점 연결이 작품 구성의 골격이 되기 때문이다. 기행가사가 만들어 내는 풍경은 그 처음과 끝이 분명한 가운데 장시간의 경험을 거점 연결을 통해 재구성하고 있다. 물론 일반적인 기행가사의 전체 구성은 좀 더 복잡하지만,[26] 적어도 산수유람의 재현에 있어서는 장소와 장소를 이어감으로써 새로운 풍경을 창조하는 데에 큰 어려움이 없다.

하지만 실상 여기에서 주목할 점은 거점의 역할을 하는 장소의 독립적인 가치가 크게 부각된다는 사실이다. 예컨대 〈관서별곡〉을 보면 평양의 부벽루(浮碧樓)와 안주의 백상루(百祥樓) 그리고 약산동대가 순차적으로 등장한다. 그런데 동일한 작품 내에 등장한다고 해서 이 지점들이 자연미를 감상하기 위해 통합적으로 인식될 필요는 없다. 그 장소들은 지리적으로 인접해 있으며 인구에 회자된다는 작품외적 공통점이 부각될 뿐, 각 장면마다 다른 감상이 가능하다. 각 장면들은 작자가 방문해서 아름다운 경관을 목격한 체험 덕분에 한 작품 속에 등장했지만, 예컨대 부벽루에서는 능라도와 금수산을 중심으로 한 봄 경치를 그리고 백상루에서는 세 갈래인 물의 형세를 중심으로 한 경관을 각기 부각시키고 있는 것이다.

이와 같이 기행가사의 거점이 되는 장소들은 독자적인 자연미를 구가할 수 있는 기반을 마련하기 때문에 각각의 장소에 따라 개별적으로

---

26) 기행가사의 내용은 출발 동기, 목적지까지의 노정과 느낌, 목적지에서의 체험, 회정의 4단 구성으로 보고 있다. 최강현, 「한국 기행문학 연구」, 고려대 박사학위논문, 1981, 15면.

작자와의 교감을 나눌 수 있는 가능성을 장점으로 하고 있다. 정철(鄭澈, 1536~1593)의 〈관동별곡〉에서 내금강의 만폭동에 이르렀을 때와 정점인 비로봉에 이르렀을 때, 그리고 외금강을 지나 동해의 의상대에 이르렀을 때에 작자가 자연경물에서 발견한 아름다움의 내용도 다르거니와 감정도 다르다. 작자가 자연을 통해 느끼고 인식한 내용도 각 거점을 따라 변화될 수 있기 때문이다. 〈관동별곡〉을 방황과 회귀라는 인간 생애의 보편적 역정으로 파악할 수 있는 것도[27] 거점의 변화에 따라 독립적으로 누릴 수 있는 독특한 미적 체험의 결과라고 할 수 있을 것이다.

반면에 유거에서 비롯된 풍경은 사정이 다르다. 거점 연결이 쉽지 않은 유거의 체험에서는 풍경의 배경이 되는 범주를 설정하는 것이 우선이다. 그래서 작품 서두에 작자가 거주하는 곳을 적극적으로 부각시키는 경우를 쉽게 접할 수 있다. 정극인(丁克仁, 1401~1481)의 〈상춘곡〉만 해도 "數間 茅屋을/ 碧溪水 앏패 두고// 松竹 鬱鬱裏예/ 風月主人 되여셔라"와 같이 간단하게나마 앞에는 푸른 시냇물이 흐르고 초가집에 소나무・대나무 울타리를 한 소박한 경치를 보여주고 있다. 그리고 정철의 〈성산별곡〉에서는 작품의 서두에서 과객이 적막 산중에 숨어서 세상으로 나오지는 않느냐는 질문을 하자 유거하는 곳을 새삼 다시 보게 된다는 언지를 하며 그 곳은 "滄溪 흰 물결이 亭子 알핀 둘러"있는 "선간(仙間)"이라고 언급하고 있다.

이처럼 대부분 유거의 배경으로 제시하는 풍경의 내용은 공식적이라고 할 수 있다. 서유구(徐有榘, 1674~1845)의 『임원경제지(林園經濟志)』에서 공식화된 것처럼[28] 산이 빙 둘러 있고 물과 숲이 좋은 곳에

---

27) 김병국, 「가면 혹은 진실」, 『한국 고전문학의 비평적 이해』, 1996, 57면.

28) 名山에 卜居하는 것이 불가능하다면 그 대신에 언덕이 빙 돌아 겹쳐져 있고, 林水가 아늑한 곳에 여러 畝의 땅을 개간하고 여러 칸을 집을 지은 다음 무궁화를 심

정자를 만들고 대나무와 각종 식물을 심어 놓은 상황이 반복적으로 등장하기 때문이다. 풍수적 상상력과 무관하지 않은 이러한 배산임수의 지형은 그야말로 선간(仙間)으로 오랜 인문적 상상력 아래 형성된 은거 문화의 결정체라고 해도 과언이 아니다. 조선 후기에는 중국 문인이 은거하는 모습에 자신의 생활상을 대치시킴으로써 일종의 알레고리를 형성하는 산거(山居)의 그림이 유행했다는 지적처럼[29] 유거의 공간은 지속적으로 작품 속에서 불변의 이상향으로 공식화되어 있다고 할 수 있다.

그래서 실상 유거의 체험이 빚어낸 풍경의 핵심은 거주지의 제시에 이어 등장하는 자신만의 은거지에서 노니는 유희의 과정에서 더 두드러진다. 물론 이 과정도 어느 정도 예상이 가능하기는 하지만, 유유자적하는 생활상을 바로 목격할 수 있는 단서가 된다. 송순의 〈면앙정가〉에서 "뷤으란 언제 줍고/ 고기란 언제 낙고// 柴扉란 뉘 다드며/ 딘 곳츠란 뉘 쓸려뇨"라는 대목은 무등산 자락의 길지에 자리 잡고 유거하는 작자의 자연체험을 생동감 있게 보여준다. 때문에 대개 유거의 체험에서 비롯된 자연시가는 춘하추동이라는 1년 사시 혹은 하루의 과정을 순차적으로 보여주는 것이 일반적이다. 즉 생활의 단면이 구체적으로 드러날 때 대개 공식적으로 범주화 되는 유거 공간의 틀에 갇히지 않고 자연과 교감하는 과정을 제대로 보여줄 수 있기 때문이다.

따라서 유거의 풍경은 전체적으로 볼 때 은거하는 공간과 그 곳에서의 생활체험으로 구분되는 2단 구성을 보여주는 경우가 많은데, 그럼에도 불구하고 작품의 배경이 되는 많은 요소들은 서로 통합되어 동일한

어 울타리를 만들고 띠를 엮어 정자를 만든다. 一畝의 땅에 대나무를 심어 그늘을 만들고 다른 一畝에는 꽃과 과실수를 심고 二畝의 땅에는 채소를 심는다. 그리고 四壁은 넓게 비워둔다.(不能卜居名山, 卽于岡阜廻複及林水幽翳闢地, 數畝築室, 數楹插槿, 作籬編茅爲亭, 以一畝陰竹樹, 一畝裁花果, 二畝種瓜蔬, 四壁淸曠空) [徐有榘, 「怡雲志」, 『林園經濟志』]

29) 조규희, 「朝鮮時代의 山居圖」, 서울대 석사학위논문, 1998, 6면.

정서를 공유한다. 봄날 죽장(竹杖) 망혜(芒鞋)로 도화(桃花) 핀 냇가를 거닐고, 여름날 소나무 그늘 아래 쉬고, 가을을 지나 겨울에 이르기까지 작자의 생활은 변함 없는 일년 사시의 생활을 암시하는 가운데 은거지를 통해서 재현되는 삶 자체의 즐거움이 고스란히 드러난다.

지금까지 살펴본 바와 같이 풍경 전체가 동일한 성격을 구가하며 궁극적으로 하나로 연결되는 유거의 경우와 비교할 때 탐승의 풍경이 지니는 각 장면마다의 독립성을 보다 쉽게 이해할 수 있을 것이다. 그리고 더 나아가 이 독립성에서 파생되는 각각의 개성에 대해 주목할 수 있다. 유거의 각 장면은 저자가 몸담았던 곳이라는 공통점 아래에서 궁극적으로 같은 성격을 지향하지만, 탐승의 경우 각 거점들은 오히려 제각기 다른 모습을 드러내기 때문에 가치가 있다. 그래서 풍경을 이루는 각 거점들의 독자적인 물성이 두드러지고 나아가 그 물성을 간직한 명칭이 부각되는 점도 간과할 수 없다.

◇ 萬瀑洞 드러가니 銀ᄀᆞᄐᆞᆫ 무지게 玉ᄀᆞᄐᆞᆫ 龍의 초리 섯돌며 뿜ᄂᆞᆫ 소리 …

◇ 외로올샤 穴望峰 하ᄂᆞᆯ의 추미러 므ᄉᆞ 일을 ᄉᆞ로리라
千萬劫 디나도록 구필 줄을 모ᄅᆞᄂᆞ다 …

◇ 衆香城 ᄇᆞ라보며 萬二千峰을 歷歷히 혜여ᄒᆞ니
峯마다 ᄆᆡ쳐잇고 긋마다 서린 긔운 ᄆᆰ거든 조치 마나 조커든 ᄆᆰ지 마나

— 정철, 〈관동별곡〉

◇ 宛轉 龍潭ᄂᆞᆫ 龍門 八折리오
十里平蕪ᄂᆞᆫ 洛陽 天津이오
龍山 落帽臺ᄂᆞᆫ 孟嘉 陣跡이오

撲地 閭閻은　　　騰王 古郡이오
麻浦 牙檣은　　　淇苑 綠竹이오

— 허강, 〈西湖別曲〉

위의 작품은 대표적인 탐승문학인 〈관동별곡〉 가운데 만폭동, 혈망봉, 만이천봉을 읊은 부분이다. 그리고 아래 작품은 허강(許橿, 1520~1592)이 벼슬하지 않고 강호에 은거하면서 서울의 서빙고 부근에서 배를 타고 마포 서강을 유람하며 한강의 풍취를 읊은 〈서호별곡〉의 일부이다. 〈서호별곡〉은 기본적으로 강호가사로 분류되는 작품이지만 유람의 과정을 읊었다는 점에서 일반적인 강호가사와는 달리 탐승의 문학과 일맥상통하는 면이 있지 않을까 하는 호기심을 자극하기도 한다.

그런데 위의 예를 보면 〈관동별곡〉은 만폭동, 혈망봉, 중향성과 만이천봉에서 저자의 시선이 무엇을 포착했는가를 잘 보여주는 가운데 그 명칭들이 부각되는 반면에 〈서호별곡〉은 사정이 다르다. 〈관동별곡〉을 보면 만폭동에 들어섰을 때 접했던 무지개와 뿜는 물줄기 소리는 다른 곳에서는 경험할 수 없는 것이었고, 마찬가지로 혈망봉의 외롭게 우뚝 선 모습과 만이천봉 각 봉우리들에 서린 기운은 제각각 그 어느 것과도 바꿀 수 없는 독자적인 풍경으로 살아 있다. 만폭동에서는 은같은 무지개와 옥같은 물이 낭만적인 정취를 더하고, 혈망봉에서는 홀로 하늘을 찌를 듯 서있는 봉우리에서 굽힐 줄 모르는 기개를 느끼고, 만이천봉을 헤어보면서는 매 봉우리마다 생동하는 생명력을 느낄 수 있다.

하지만 〈서호별곡〉[30]에서 찾아볼 수 있는 용담(龍潭), 용산(龍山), 마포(麻浦) 등에 관해 보자면 그와 결부된 구체적인 풍경을 살펴보기란 사실상 어렵다. 대신 중국의 고사 혹은 지명을 환기시키는 경우가 많다.

---

30) 〈서호별곡〉은 〈서호사〉를 악부에 올리기 위해 개작한 작품이라는 특이성을 지닌다.

용담은 용문(龍門) 즉 우(禹)임금이 하수(河水)를 뚫은 곳으로, 용산은 낙모대(落帽臺) 즉 진(晋)나라의 맹가(孟嘉)가 모자를 떨어뜨린 곳으로, 마포는 기원(淇苑) 즉 위(衛)나라의 동산으로 환원되고 있는 것을 통해서 확인할 수 있다. 이 때 독자는 용산과 마포 주변의 개성적인 모습을 떠올리는 것이 불가능할 뿐만 아니라 더 나아가 그 지명 자체도 사실상 별 의미가 없는 것을 발견할 수 있다. 한결같이 현실의 풍정에 주목하지 않고 중국의 경우에 결부시켜 궁극적으로 동일한 성격을 드러내고 있기 때문이다. 작자는 유람의 결과를 작품으로 남겼다고는 해도 애초 탐승 자체에 비중을 두지 않고 유람을 통해 그저 유유자적 본인이 몸담고 있는 곳이 무엇에 견주어도 부족하지 않은 풍류의 공간임을 확인했던 것이다. 따라서 용담이든 마포든 장면마다의 개성이 드러날 수 없기 때문에 탐승 체험에서 볼 수 있었던 각 거점 중심의 독자적인 풍경이나 명칭이 부각되는 현상을 찾아보기는 힘들다. 때문에 〈서호별곡〉이 강호가사에 속한다는 사실을 실감할 수 있다.

살펴본 바와 같이 탐승의 체험은 각각의 거점에 비중을 두고 그 곳의 물성을 부각시키는 가운데 개개의 인상을 명확히 심어준다. 분산적인 풍경을 형성하는 것이다. 여기에서 우리는 탐승의 재현에서 어떻게 자연미를 추출할 것인가 고민하게 된다. 자연미는 주로 통합적인 이미지 혹은 사유를 통해 전달되기 때문이다. 예를 들어 산수시를 보면 대구를 통해 대립적 양상을 통합하여 미적 감각을 극대화 하는 것이 보편적이고,[31] 시조에서도 마찬가지 현상을 쉽게 확인할 수 있다.

> 쇽니샨 무한경을 곡곡봉봉(曲曲峰峰) ᄎᆞ져보니

31) 王國瓔, 『中國山水詩硏究』, 臺北: 聯經出版事業公司, 1986, 355면.

장송(長松)은 낙낙(落落) 긔암(奇巖)이요 간슈(澗水)난 잔잔(潺潺) 두견(杜鵑)이라
아마도 호즁명산(湖中名山)은 예뿐인가

— 이세보,『風雅 大』

위의 시조는 이세보(李世輔, 1832~1895)가 남긴 남도 기행시조 중의 한 수이다. 그가 남긴 적지 않은 기행시조 가운데에는 풍경을 드러내는 여러 가지 방법이 공존하지만, 위의 예와 같은 대구가 자주 눈에 띈다. 초장에서 작자는 곡곡봉봉(曲曲峰峰)의 무한경을 찾아갔노라고 말하고 있다. 그리고 중장에서 그 무한경을 한 마디로 "장송은 낙낙 긔암이요 간슈난 잔잔 두견이라"고 하며 소나무 드리운 기암괴석과 졸졸 냇물이 흐르는 정취로 압축시켜 보여주고 있다. 중장에서 보여준 수법은 자연을 지각적으로 함축하여 독자들이 쉽게 집중할 수 있는 여지를 마련하는 것으로, 경물의 미를 전달하는 대표적인 방법에 해당한다.

자연미의 전달은 주로 유거의 체험에서처럼 속세와 분리된 아름다운 곳에서 자연에 순응해 살아가는 과정에서 여유를 느끼고 자연의 법칙에 공감하거나, 위에서 예를 든 것처럼 자연이 제공하는 아름다운 장면을 이미지화 하여 순간적으로 몰입하거나 하는 방법을 통해 이루어진다. 하지만 기행가사에서 찾아볼 수 있는 자연미는 이 두 가지와는 별개의 제 삼의 것이라고 하는 것이 옳을 것이다. 위에서 제시한 두 가지의 자연미는 자연의 섭리와 심리적 안정 혹은 시각적인 강렬한 인상이라는 초점을 제시하는 보편적인 방법인 반면에, 탐승의 체험에서 비롯된 기행가사의 자연미는 지속적으로 출몰하는 경관 하나하나에 시선이 머물고 그에 따라 개별적인 의미를 부여하는 과정을 통해 통합되는 것이다. 이 때 주목되는 물상에 따라 나의 감정과 생각 역시 새롭게 대입된다.

〈관동별곡〉을 보면 개심대, 중향성을 지나 만이천봉을 내려다보며 "天地/ 삼기실 제//自然이/ 되연마는// 이제 와/ 보게 되니// 有情도/ 有情홀샤"라는 대목이 나온다. 여기에서 자연(自然)과 유정(有情)이라는 말의 상대성은 탐승에서 비롯된 자연미의 본질을 이해하는 데에 결정적인 단서를 제공한다고 할 수 있다. 자연은 저절로라는 뜻으로 인간사와는 상관 없이 하늘이 정한 원리에 결부되는 경지이다. 여기에 인간은 감히 관여할 수 없다고 생각했는데 막상 와서 보니 유정하다는 것은 곧 무궁무진한 경물의 조화가 작자의 감정을 흥기시킨다고 하고 있다. 따라서 "놀거든/ 뛰디마나// 셧거든/ 솟디마나// 芙蓉을/ 고잣는둧// 白玉을/ 믓것는둧// 東溟을/ 박추는둧// 北極을/ 괴왓는둧"이라고 표현하며 숨가쁘게 따라가는 내금강의 모습은 화려한 수식으로 되살아가는 경물의 재현일 뿐만 아니라 탐승의 과정에서 역동적으로 작용하는 감정의 재현이라 해도 틀리지 않을 것이다.

여기에서 우리는 탐승 체험의 자연미가 제대로 대접받지 못한 이유를 미루어 짐작할 수 있다. 전통적인 관점에서는 '유정(有情)'보다는 '자연(自然)'의 차원에서 자연미를 이해하려고 했기 때문에 저절로 이루어지는 우주의 만법과 연결되는 진정한 자연미를 맛보기 위해서는 순간적으로 그 경지에 접근할 수 있는 의경(意境)과 같은 것에 비중을 두었다. 반면 분산 풍경에서 비롯된 천변만화하는 경물의 아름다움은 자칫 단순한 유미주의로 여겨질 가능성이 없지 않았을 것이다. 송강 정철과 같은 대문호의 작품이야 그 완성도만으로도 높이 평가받을 수 있었지만, 대개의 경우 탐승체험과 자연미가 결부되는 일은 쉽지 않았을 것이다. 하지만 그럼에도 불구하고 분명한 것은 매순간 새롭게 다가오는 경물이 시적 자아와 교감하며 만들어내는 경지가 분명 제 삼의 자연미로 존재하고 있었다는 사실이다.

2) 익숙한 것과 낯선 것의 정서

앞 절에서 살펴본 바와 같이 탐승 체험의 자연미는 각각의 풍경이 부분의 독자성 속에 전체를 이루는 가운데 지속적인 감정의 변화상태를 유도해 낸다. 그래서 송강의 〈관동별곡〉에서는 경치가 곧 홍취로 작용한다는 지적도 있는데,[32] 이번에는 이 홍취의 성격과 내용에 주목할 필요가 있다.

유거의 체험에서도 홍취는 자주 등장한다. "物我一體어니 興이ᄋᆡ 다ᄅᆞᆯ소냐"라는 〈상춘곡〉의 구절은 교태롭게 우짖는 산새와 봄의 정취를 공감하면서 느끼는 감정의 고양 상태를 잘 보여준다. 이뿐만 아니라 "술리/ 닉어가니// 벗시라/ 업슬소냐// 블니며/ ᄐᆞ이며// 혀이며/ 이아며// 온가짓/ 소릐로// 醉興을/ ᄇᆡ야거니// 근심이라/ 이시며// 시롬이라/ ᄇᆞ터시랴"하는 〈성산별곡〉의 대목은 한 잔 술을 기울이며 세상의 근심을 잊고 여유를 부리는 작자의 호탕한 면모를 엿보게 한다. 취흥(醉興)의 홍이든 물아일체(物我一體)의 교감의 홍이든 유거의 체험에서는 느긋하게 밝고 긍정적인 마음으로 현실과 교류하는 즐거움을[33] 곳곳에서 찾아볼 수 있는 것이다.

그런데 탐승 체험의 홍취는 유거 체험의 경우와 같이 편안한 심리적 만족감을 동반하는가 의문이다. 예를 들어 봄을 느끼며 헌사롭게 수풀에서 우는 새는 곧 시적자아로 치환되어 쉽게 교감을 나눌 수 있지만, 거대한 금강산의 비로봉이 곧 나로 치환된다는 것은 웬만한 호연지기로도 감당하기 어려운 노릇이다. 그보다는 오히려 우뚝 선 봉우리를 바라보며 그 경물에 다양한 상상력을 부여함으로써 평상시에 누리지 못

32) 조동일, 「山水詩의 경치, 홍취, 주제」, 『국어국문학』 98, 국어국문학회, 1987, 17면.

33) 신은경, 「홍의 미학」, 『풍류』, 보고사, 1999, 95면.

했던 호사스러운 시각적 쾌감과 심리적 홍분 상태를 즐기는 편이 나을 것이다.

①
藥山東臺에 술을 실고 올나가니 眼底雲天이 一望에 無際로다
白頭山 닉린 물이 香爐峯 감도라 千里를 빗기 흘너 臺 압프로 지닉 가니
盤回屈曲ᄒᆞ야 老龍이 ᄭᅩ리 치고 海門으로 드난 둧
②
形勝도 ᄀᆞ이 업다 風景인달 안니 보랴
綽約仙娥와 嬋姸玉鬢이 雲錦端粧하고 左右의 버려이셔
거믄고 伽倻鼓 鳳笙 龍管을 부르거니 니애거니 ᄒᆞ는 양은
周穆王 瑤臺 上의 西王母 만나 白雲曲 브르난 둧

— 백광홍, 〈관서별곡〉

위의 예를 보면 약산에 술을 싣고 올라가 일망무제의 전망을 내려다 보며 한껏 고양된 시적 자아를 접할 수 있다. 〈관서별곡〉 전체를 놓고 볼 때 흥의 최고조 상태라고 할 수 있는 부분인데, ①에서는 백두산에서 발원한 물이 천리를 흘러 누대 앞을 구불구불 지나가는 모습이 마치 용이 힘차게 바다로 드는 것과 같다고 해서 강줄기로부터 약동하는 생명력을 즐기는 것을 알 수 있다. 하지만 여기에 그치지 않고 ②에서는 화려하게 단장한 기녀들의 풍류 속에서 마치 중국 양대산(陽臺山) 꼭대기 요대(瑤臺)에서 노니는 서왕모(西王母)와 주(周)나라 목왕(穆王)을 연상함으로써 낭만적인 상상력이 작용했음을 엿보게 한다. ①과 ②는 모두 약산 동대에서 느꼈던 감성에서 비롯되는데, 바라보고 있는 대상 그리고 그 대상을 표현하는 방법이 다르다. 아마도 이와 같은 급변하는

상황에서 물아일체의 여유를 찾기는 어려울 것이다.

탐승의 체험은 비단 같은 장소에서도 다른 감성과 표현을 보여줄 수 있는데 하물며 거점이 이동했을 때는 더 말할 필요가 없다. 〈관서별곡〉에서 장소가 이동되어 압록강이 등장했을 때 작자는 "胡地山川을// 歷歷히 지닉 보니// 皇城은 언제 쑤며// 皇帝墓는 뉘 무덤고// 感古興懷ᄒᆞ야 잔 고쳐 부어라"라고 하며 숙연해지는 태도를 보인다. 여기에서의 감성도 역시 흥(興)이라고는 했지만 일반적인 밝고 경쾌한 흥은 아니다. "감고흥회(感古興懷)"는 압록강을 중심으로 한 역사적인 배경과 관료로서의 자신의 직무를 동시에 떠올리며 다소 비장한 감정에 빠져들었음을 암시한다. 그리고 다시 이동하여 기행이 끝나갈 무렵에는 "薄暮寒天의 鼓笛聲이 지지괸다// 天高地逈ᄒᆞ고 興盡悲來ᄒᆞ니 이 ᄯᅡ히 어듸미오"라고 하며 흥이 다했다고 드러내어 작품이 마무리되는 단계임을 알려준다.

거점에 따라 때로는 힘차게 약동했다가, 때로는 숙연해졌다가, 때로는 흥이 다하는 변화하는 감성 중 어느 것도 전체로서의 〈관서별곡〉을 언급하는 데에 빼놓을 수 없다. 반면에 유거의 체험에서는 소요음영하며 누리는 흥의 성격이 일관되게 유지되기 때문에 목가시 [pastoral]에 견줄만한 여유와 평화를 시종 느낄 수 있는 것이다.

위에서 살펴본 바와 같이 탐승의 흥은 분산적인 풍경을 따라가며 시각적인 체험의 여건에 따라 들뜨고 비장하고 아쉬운 각종 감정 상태를 드러내고, 유거의 흥은 통합적인 경향의 풍경 내에서 안락하고 긍정적인 정서를 일관되게 유지한다. 이와 같은 차이는 탐승의 체험이 낯선 경물을 유한한 여건에서 접할 수밖에 없는 한계를 지니는 반면에 유거의 체험은 익숙한 경물을 사시사철 제한 없이 누릴 수 있는 장점을 지닌 것에서 비롯된다.

하지만 이러한 차이를 두고 어느 편이 더 좋고 더 우월하다는 상대적인 가치 평가를 내릴 수는 없다. 자연미에 접근하는 입장에서는 유거의 흥이 일반적으로 산수자연에서 얻고자 하는 것에 가깝다고 할 수도 있겠지만, 사실 유람시는 자연문학의 원형이라고 해도 과언이 아니다. 예를 들어 양(梁)의 소명태자(昭明太子, 501~531)의 『문선(文選)』을 보면 전체 항목 가운데 산수시라는 항목은 없고 산수시라고 할 수 있는 대다수의 작품을 대체로 행려(行旅)나 유람(遊覽)의 항목에 귀속시키는 것을 확인할 수 있다.[34] 산수문학이 정착되기 까지는 도(陶)·사(謝)의 작품이 출발하여 산수시가 보편화되고, 당(唐)의 유종원(柳宗元, 773~819)이 「영주팔기(永州八記)」에서 산수유기의 정형을 마련하고, 송(宋)의 주자(朱子, 1130~1200)가 무이산(武夷山) 경영을 통해 이법을 체험하는 은거문학의 본보기를 수립하는 등 오랜 문학사의 진행이 필요했다. 그 과정에서 가능한 세련되게 인간의 정서를 순화하고 경관을 아름답게 표현하는 기법이 마련되었고, 후대 동양문화권에서는 이러한 혜택을 누리는 데에 익숙하게 되었다고 할 수 있다.

하지만 초기의 작품 선집인 『문선』에서 볼 수 있듯이 본디 인간과 자연의 만남은 유람을 통해서나 가능한, 즉 어느 정도 거리를 두고 유한하게 조우하는 낯선 환경에서 출발한다. 이러한 상태에서는 바로 기행가사에서 살펴본 바와 같이 동적인 활력을 맛볼 수 있다. 풍경이 지속적으로 변모하고 그 풍경을 조망하는 시적 자아의 감정이 변화하는 가운데 단순히 수사적인 화려함을 넘어서는 다양한 상상력이 동원됨으로써 산수경물은 물성 그 자체로 거대하고 신기하며 때로는 거칠고 기괴한 성향을 잃지 않으면서 작품 속에 등장하는 것이다.

산수자연은 근본적으로 아름다운 정서 이전에 외경의 대상으로 인간

---

34) 蕭統, 『文選』, 上海: 上海古籍出版社, 1998 참고.

이 심복할 수밖에 없는 거대하고 무한한 존재였다. 때문에 아무리 자연미라고는 해도 오직 아름답고 안정적인 것만으로는 자연이 갖고 있는 특장을 드러내기에 역부족일 것이다. 그 외의 상반되는 성향도 보여줄 수 있을 때 오히려 풍부한 감상의 여지를 마련할 수 있다. 그리고 이와 같이 아쉬운 측면을 기행가사가 보완하고 있는 것이다. 기행가사는 익숙한 곳을 떠나 낯설지만 새로운 것을 접하고 싶은 인간의 원초적인 성향과 개방적인 자유의지가 빚어낸, 다양한 상상과 발산적인 감정의 결과물로서의 자연미를 구가하기 때문이다.

3) 유거와 탐승의 상보성

지금까지 살펴본 바에 의하면 유거와 탐승의 체험에서 비롯된 자연미는 정반대의 상반적인 성격을 드러낸다. 작품 내적 풍경의 구성은 물론이거니와 감성의 표출과 지향하는 흥취에 이르기까지 대립적이다. 그런데 잠시 이와 같은 유거와 탐승 체험의 대립양상이 조선시대 전·후기의 성리학적 미와 천기론적 미의 대립이나, 서양에서의 고전주의 미와 낭만주의 미의 대립과 같은 대안적이고 절대적인 분리의 형국인지 의문을 가져볼 필요가 있다. 언뜻 보면 유거의 체험은 우주의 원리에 동화됨으로써 변함없이 편안하고 즐거운 감정의 균일 상태를 지향하고, 탐승의 체험은 시시각각 변화하는 시각체험의 양상에 따라 그 감정도 변화하기 때문에 범박하게 전자는 성리학적 미 혹은 고전주의 미에, 후자는 천기론적 미 혹은 낭만주의 미에 견주는 것이 큰 무리는 없다고 생각하게 될지도 모른다. 하지만 여기에서 이런 질문을 던져볼 수 있다. 탐승의 체험에서 비롯된 감정 가운데 공포나 분노와 같은 것도 존재하는가 하는 점이다. 결론부터 말하자면 기행가사에서 극단적이고 소모적인 감정은 찾아볼 수 없다.

천기론과 낭만주의 그리고 탐승체험의 공통점을 꼽으라면 해방이라고 할 수 있을 것이다. 그런데 조선 중기 이후의 천기론(天機論)의 경우를 보면 재도론(載道論)에서 추구했던 절대적 법칙에 반기를 들고 인간의 개성과 꾸밈없는 정감을 옹호하는 가운데 비애나 절망과 같은 감정도 마다하지 않았고,[35] 서구의 낭만주의 운동은 혁명의 부산물로 기성세대에 대한 자유의 투쟁일 뿐만 아니라, 전통과 권위 그리고 규칙이라는 원칙 자체에서 벗어나기 위한 해방 투쟁이 되면서[36] 파격적이고 파괴적인 측면까지 서슴없이 수용했다. 천기론과 낭만주의의 해방은 기존의 보수주의에 대한 반동작용으로서의 해방이기 때문에 때로는 분출하는 인간 정서를 그대로 보여주기도 한 것이다.

하지만 탐승 체험의 해방은 상황이 다르다. 잠시 일상의 단조로움에서 벗어나고자 하는 것뿐이다. 그리고 탐승은 오히려 일상과 거주의 공간이 있기에 가능한 것이지 그렇지 않다면 아예 방랑이 되어버려서 본질이 훼손될 우려마저 있다. 기행가사에서 더 이상 나아갈 곳이 없으니 돌아가는 것이 어떻겠느냐며 아쉬움을 남기면서 끝맺는 것은 완전한 일탈이나 방랑과는 거리가 먼 탐승문학만의 특징을 잘 보여주는 예가 될 것이다.

그래서 탐승의 체험이 추구하는 것은 해방감에 기반하고 있되 극적인 일탈과 방랑은 아니다. 즉 특정 조건에 대한 반응이 아니라 오히려 인간이라면 누구나 간직하고 있는 보편적인 자유에 대한 갈망과 새로운 것에 대한 호기심에 기반하고 있고, 이러한 욕구를 충족시키는 데에 산수자연이 역할을 하는 것이다. 따라서 경물에 따라 감정이 변화한다

---

35) 장원철, 「조선후기 문학사상의 전개와 천기론」, 한국정신문화연구원 석사학위논문, 1982. 참고.

36) 아르놀트 하우저(염무웅·반성완 역), 「낭만주의」, 『문학과 예술의 사회사』 3, 창작과 비평사, 1999, 202면.

고는 해도 극단적인 비애나 원망과는 거리가 먼 비교적 긍정적인 감정이 주를 이루고, 때로 애상감 같은 것이 표현될 때에도 정도가 지나치지는 않는다.

이렇게 보자면 탐승체험과 유거체험에는 공통점이 존재한다. 바로 현실에서 누리지 못하는 아쉬운 면을 충족시키기 위해 산수자연을 선택했고, 산수자연은 만족감을 안겨준다는 점이다. 다만 어떤 방법으로 만족을 주느냐 하는 방법상의 차이로 인해서 유거와 탐승 체험의 자연미는 다른 양상을 드러낼 뿐이다. 그래서 결국 두 자연미는 완전히 별개의 것이 아니라 상호보완적인 측면이 있다고 할 수 있다. 그리고 때로는 하나의 작품 내에 두 정서가 공존하기도 한다.

我行已浹旬　내 집 떠난 지 열흘이 되어
所歷垂五百　지나온 길 거의 오백 리나 되네
豈無鞍馬勞　어찌 말 타는 피로 없겠는가마는
且恢心眼窄　또한 답답한 심안을 활짝 열어주네
峽山多荒峭　골짜기 마다 거칠고 가파른 곳 많고
峽水厲而激　산골짝 물 여울져 일렁이고 있구나
縱未盡佳境　아름다운 경치 다 보진 못했지만
要喜是新觀　새로운 경관보니 즐겁기만 하네.
況逢奇絶處　기이하고 아름다운 경치 만날 때마다
往往副宿昔　가끔 거듭 지난날 꿈이 풀리네
綠潭被古松　푸른 못은 늙은 소나무로 덮여 있고
飛泉墜素石　폭포는 흰 돌에 떨어져 내리고 있네
無人固幽覓　본래 그윽한 경관 찾는 이 없어
有村更寂歷　마을 있어도 다시 조용히 지나간다네
亦復有平川　또다시 넓은 시냇물 유유히 흘러가고
清曠映秋色　맑고 확 트여 가을빛이 어리어 있네

到眼輒欣然　눈 닿는 곳마다 즐겁기만 하네
或欲移室宅　혹 내 사는 집이나 옮겨 볼까
人生各有好　인생살이 누구나 좋아하는 것 있겠지만
山水獨吾癖　산수는 나에게 유일한 버릇이 되었네
仁智則何敢　인자와 지자의 삶 어찌 감히 바라리요
無乃近物役　물욕에 부림을 가까이 하지 않을 뿐
緬然顧寒溪　멀리서 한계산 돌아보다가
更欲紆轡策　다시 말 고삐를 돌려 채찍질하려 하네.

― 김창협(金昌協), 〈원주도중(原州途中)〉, 『농암집(農巖集)』 권4

위의 작품은 조선 후기에 문장으로 이름이 높았던 김창협(金昌協, 1651~1708)의 한시인데 사정상 전문을 실었다. 여기에서 보면 작품 서두에서 집 떠난 지 열흘, 오백 리를 떠나와 몸은 피곤하지만 산골짜기마다 아름다운 경치를 만나 즐겁다고 하면서 탐승의 미를 잘 보여주고 있다. 푸른 연못과 늙은 소나무, 흰 돌에 떨어지는 폭포를 보면서 객수와 피로감을 씻으며 나아가는 작자의 이동이 잘 포착된다. 그런데 이 경관 속에 사는 집을 옮겨오면 어떨까 생각을 하며 유거의 욕구가 이어진다. 여기에서 잠시 경관의 이동이 멈추고 작품에 투영되는 성향도 달라진다. 유유히 흘러가는 시냇물과 맑고 확 트인 가을빛으로부터 물욕에 부림을 당하지 않는 무욕의 삶에 대한 소망으로 작품은 방향전환을 한다. 그러다가 다시 말고삐를 돌려 갈 길을 재촉하며 마무리되고 있다.

이 작품은 작자의 산수벽을 근거로 지어진 한시로서 여러 가지 해석이 가능하다. 그런데 유거와 탐승의 자연미를 대입해 보면, 동시에 실현 불가능한 두 가지가 공존하며 산수자연에서 위안을 받고자 하는 절실함이 배가되는 것을 확인할 수 있다. 물론 이 작품은 탐승체험에 기반하고 있는 것이지만, 자연에 의탁하는 인간의 두 가지 정서가 공존함으로써 색다른 감동을 선보이고 있는 것이다.

이밖에도 옥소(玉所) 권섭(權燮, 1671～1759)의 〈영삼별곡(寧三別曲)〉을 보면 비록 기행가사이지만 탐승과 유거의 자연미가 교차되면서 색다른 느낌을 준다. 우선 〈영삼별곡〉을 접하면서 특이했던 점은 기행가사치고는 각 지점의 지명이 그다지 부각되지 않는다는 점이다. 앞의 1절에서 언급했던 바와 같이 탐승의 문학에서는 각 거점의 명칭이 중요하다. 그런데 〈영삼별곡〉에서는 출발 및 노정의 소상함은 차치하더라도 영월·삼척 지역의 명승지를 부각시키는 일도 인색하다. 대신에 유거의 체험에서 가능할 법한 촌가의 여유와 인심이 섞여 있어서 특이한 미감을 접할 수 있다.

①
운니촌(雲離村) 뫼밋 ᄆᆞ을 일흠도 됴흘시고
산가의 손이 업서 개와 ᄃᆞᆰ 쁜이로라
귀오리 데친 밥의 픗ᄂᆞ믈 술마내여
포단(蒲團) 펴 안쳐 노코 슬토록 권ᄒᆞᆫ다
②
텬변(天邊)의 ᄀᆞᄅᆞ진 뫼 대관녕(大關嶺) 니어시니
위틱코 놉흔 댓대 쵹도란(蜀道難)이 이러턴가
하늘의 도든 별을 져기면 ᄆᆞᆫ질노다

— 권섭, 〈녕삼별곡〉

위의 예 가운데 기행가사의 탐승 체험의 전형적인 성격을 드러내는 것은 ②에 해당한다. 대관령이라는 지명을 부각시키는 가운데 그 위태롭게 높은 모습을 보며 이백(李白, 701～762)의 〈촉도난(蜀道難)〉을 연상하고, 하늘의 별도 손으로 만질 듯하다고 하며 경물로부터 받은 인상을 충실히 전달하고 있다. 그런데 그에 반해 ①은 우연히 발견한 촌가에서 귀리밥에 풋나물을 대접받으며 넉넉한 인심에 마음의 여유를 누리고 있는 대목이다. 이 부분은 비록 작자 자신이 거주한 경험을 옮겨놓은 것은 아니지만 일반적인 유거의 체험에서 볼 수 있는 안빈낙도의 정서와 동일하다. 사실 ①에 해당하는 특이한 성격이 연구자들을 〈영삼별곡〉에 주목하게 하는 대목이기 때문에 조심스러운 면이 없지는 않지만, 본고에서는 단순히 유거와 탐승 체험만을 놓고 살펴볼 때 분명 ①과 ②는 각기 성격이 다르면서도 작품의 완성도를 높이는 데 기여할 수 있다는 점이 흥미롭다.

지금까지 살펴본 바와 같이 유거와 탐승에서 비롯된 자연미는 예술적으로 실현되는 양상과 정서가 다르지만 그럼에도 불구하고 인간이 몸담고 살아가는 문명권이나 일상의 굴레에서 벗어나 누구나 한번쯤 꿈꿔보는 동경의 대상이라는 공통점을 지닌다. 그래서 각기 독자적인 미를 추구하면서도 때로는 공존함으로써 자연과 인간 사이의 미묘한 미감과 정서를 드러내는 데에 일조하기도 하는 것이다.

4. 맺는말

본고는 지금까지 기행가사와 강호가사의 자연미를 유거와 탐승의 체험을 실현시킨 재현적인 풍경의 차원에서 비교 고찰했다. 그 결과 기행가사 즉 탐승 체험의 자연미는 거점 이동에 따른 분산적인 풍경을 형성하는 가운데 각 장소의 물성을 개성적으로 부각시켰고, 아울러 그에 따라 작자의 흥기하는 감정들도 자유롭게 표출한 특성을 추출했다. 이러한 성향은 안빈낙도하는 가운데 물아일체의 교감을 나누는 유거 체험의 자연미와 비교할 때 상반되는 것이었다. 하지만 실질적인 성향에 접근해 보면 유거와 탐승 체험에서 비롯된 자연미는 인간이라는 현실의 불만족에 대한 일종의 대안이자 탈출구라고 할 수 있었다.

이제까지의 연구에서 주목할 점은 기행문학에도 자연미가 존재하고, 그 예술적 실현양상은 독자적일지라도 본원적인 성격을 거슬러 올라가면 자연에 대한 인간의 보편적인 동경이 내재한다는 점이다. 고전시가에서 자연문학은 암암리에 은둔문학과 동일시되고, 자연미 또한 주로 은사의 취미로 이해되었다. 하지만 본 연구에 따르면 보다 자유로운 체험을 허락했던 기행을 통해서도 인간은 자연의 혜택을 맛볼 수 있었고, 또 서경(敍景)적인 물성 하나하나를 통해서도 자연미에 접근할 수 있었다. 따라서 어쩌면 우리 머릿속에 각인되었을지도 모르는 자연미에 대한 편견을 극복하는 일이 우선되어야 할지 모른다. 그리고 아울러 기행문학의 미덕은 멀리 여행을 떠나는 노정보다 인간을 심리적 물리적으로 해방시키는 기능을 함으로써 다양한 예술적 실현을 가능하게 한다는 점에서 찾는 것이 더욱 타당할 것이다.

【참고문헌】

金昌協, 『農巖集』.
徐有榘, 『林園經濟志』.
임기중, 『역대 가사문학전집』, 여강출판사, 1992.
최강현, 『기행가사자료선집Ⅰ』, 국학자료원, 1996.

권정은, 「자연시조의 구성공간과 지향의식」, 서울대 박사학위논문, 2004.
김기탁, 『서경가사연구』, 학문사, 1989.
김병국, 『한국 고전문학의 비평적 이해』, 서울대출판부, 1996.

김인화, 「魏晋시대의 예술과 자연」, 한국미학예술학회 편, 『예술과 자연』, 미술문화, 1997.
김현돈, 「예술모방설과 예술표현설에 관한 비교연구」, 『인문학연구』 3, 제주대 인문과학연구소, 1997.
민주식, 「風景의 미학 - 풍경미의 원리와 구조」, 『미학』 31, 2001.
박미자, 「孟浩然의 自然詩에 관한 일고찰」, 『중국어문학』 21, 1993.
성기옥 외, 『한국시의 미학적 패러다임과 시학적 전통』, 소명, 2004.
신은경, 『풍류』, 보고사, 1999.
염은열, 「대상 인식과 내용 생성의 관계에 대한 표현교육론적 연구」, 서울대 박사학위논문, 2000.
윤덕진, 「강호가사 연구」, 연세대 박사학위논문, 1988.
임주탁, 「강호가사의 내면세계와 역사적 전개과정」, 『논문집』 31, 공군사관학교, 1992.
장원철, 「조선후기 문학사상의 전개와 천기론」, 한국정신문화연구원 석사학위논문, 1982.
정선아, 「풍경, 정조(情調)의 형상화 장소」, 『불어불문학연구』 54, 2003.
조규희, 「朝鮮時代의 山居圖」, 서울대 석사학위논문, 1998.
조동일, 「山水詩의 경치, 흥취, 주제」, 『국어국문학』 98, 국어국문학회, 1987.
최강현, 「한국 기행문학 연구」, 고려대 박사학위논문, 1981.
최상은, 『조선사대부 가사의 미의식과 문학성』, 보고사, 2004.
최웅혁, 「陶淵明 田園詩 연구」, 한국외대 박사학위논문, 1991.
박미자, 「孟浩然의 自然詩에 관한 일고찰」, 『중국어문학』 21, 1993.

R. G. 콜링우드, 『상상과 표현』, 고려원, 1996.
아르놀트 하우저(염무웅·반성완 역), 『문학과 예술의 사회사』 3, 창작과비평사, 1999.
蕭統, 『文選』, 上海: 上海古籍出版社, 1998.
王國瓔, 『中國山水詩研究』, 臺北: 聯經出版事業公司, 1986.
劉勰(최동호 역), 「物色」, 『文心雕龍』, 민음사, 1994.
張法(유중하 외 역), 『동양과 서양, 그리고 미학』, 푸른숲, 1999.
朱光潛(정상홍 역), 『시론』, 동문선, 1991.

기행가사의 '공간' 체험이 지닌 교육적 의미

염 은 열

1. 서론

우리가 문학작품을 감상하거나 감상을 하기 위하여 어떤 내용을 배우는 동기나 이유는 참으로 다양하다. 작가에 대한 개인적인 관심이나 문학작품에 대한 흥미는 물론이고 현학 취미나 발달적 필요, 사회적인 요구 등 수많은 동기나 이유가 있을 수 있다.

제도교육의 장에서 기행가사를 가르치고 배우는 이유나 근거 또한 다양할 것이다. 그러나 그 모든 접근에 전제되어야 할 기본 관점은 기행가사를 가르치고 배워야 할 이유나 근거가 기행가사가 지닌 고유한 '질(質)'로부터 나와야 한다는 점이다. 기행가사라는 텍스트가 지닌 특수성과 역사성으로부터 비롯된 것이라야 하는 것이다. 기행가사 교육의 목표와 내용, 방법 및 평가와 관련된 연구와 실천이 기행가사의 고유한 특성에 대한 성찰로부터 비롯되어야 하고, 그 결과 학습독자들이 기행가사가 지닌 지배적이고 고유한 특성을 '경험'할 수 있어야 한다.

그렇다면 기행가사의 고유한 질을 무엇으로 볼 것인가, 다시 말해 기행가사의 고유하면서도 지배적인 특성을 무엇으로 볼 것인가에 관심의 초점이 놓이게 된다. 이에 대한 하나의 대답이 바로 '기행'이라는 단어와 관련될 것이다. '기행가사'라는 이름 안에 이미 함축되어 있는 것이기도 한데, 기행가사에 대한 지금까지의 논의 역시 이 점을 잊지는 않았다. 기행가사 작품을 대상으로 하여 누가, 언제, 어디를, 누구와 함께, 왜 여행했는지, 그 여행지에서는 무엇을 보고 듣고 느꼈는지, 또 그 경험을 어떻게 언어화하여 표현하고 있는지 연구한 역사가 짧지 않고 그 결과로 축적된 지식 또한 적지 않다. 그러나 이러한 지식들은 기행가사가 지닌 지배적이고 고유한 특성을 학습독자들에게 경험하게 하려고 할 때 우리가 활용할 수 있는 일차적인 질료로서의 중요성만을 지닌다.

여기서 일차적인 질료라 함은, 기행가사에 대한 기존 연구의 목적이 학습독자들에게 무엇을 가르칠 것인지에 놓여 있었던 것이 아니기 때문에 그 결과로 도출한 지식을 활용하기 위해서는 교육적 맥락과 필요의 관점에서 그 지식을 재구성 혹은 재가공해야 함을 뜻한다. 사실 연구의 목적과 교육의 목적은 구분되어야 하며,[1] 연구의 장에서 얻는 지식 체계를 교육의 장으로 들여오기 위해서는 불가피하게 교수학적 변환의 과정을 거쳐야 한다. 교수학적 변환이란, 교육이라는 목적이나 발달적 필요의 관점에서 기존의 지식을 재가공하거나 필요하다면 새로운 지식을 개발함으로써, 새로운 지식의 구조 내지 체계를 창출하는 일이라고 할 수 있다.

---

1) 대체적으로 볼 때 고전시가 연구는 고전시가의 특성 및 시가사적 의미를 밝히는 데 관심을 두는 반면에 고전시가교육 연구는 고전시가가 우리에게 어떤 의미를 지니는가를 따지는 것과 관련된다. 이러한 목적의 차이로 인해 문제 설정 및 해결 방법에 있어서도 차이점을 보인다, 이러한 둘의 차이는 이론적 접근과 공학적 접근의 차이 정도에 비견할 수 있는데, 두 가지 접근 모두 고전시가 작품 혹은 장르라는 실체에 대한 이해를 기반으로 한다는 점에서는 공통점을 지닌다.

교수학적 변환을 위하여 우리는 학습자들이 문학작품을 통해 경험할 수 있고 경험해야 하는 것이 무엇인지, 특히 그 경험과 기행가사가 어떻게 관련될 수 있는지 고민해야 한다.[2] 이와 관련하여 필자는 문학작품이 공간을 구성 내지 창조하는 힘을 가지고 있다는 사실에 주목한다. 나아가 작가가 구성한 공간을 상상적으로 체험하는 것이 문학 이해 및 감상의 한 양상이 되어야 한다고 본다. 그리고 학습자들이 이러한 감상 경험의 의의를 간파하고 적극적으로 이해 및 감상 활동에 참여함으로써 장차 그들이 어떤 상황이나 필요에 직면했을 때 그 경험으로부터 얻은 앎과 감수성, 상상력을 활용할 수 있어야 한다고 본다. 이렇게 보면 문학 작품 속에 형상화된 공간을 상상적으로 체험하는 일은 문학교육의 주요 내용이 되어야 한다. 공간에 대한 상상적 체험은 타자가 놓여 있는 역사적이고 특수한 공간에 대한 이해에 다름 아니라는 점에서, 그간 문학교육에서 강조해 온 타자에 대한 이해와도 밀접하게 관련된다.

이런 점에서 볼 때 기행가사는 매우 흥미로운 텍스트이다. 장르의 특성상 기행가사에는 공간이나 장소 등에 대한 작가의 경험이 주로 기술될 수밖에 없는데, 이때 장소나 공간의 지리적 특성만이 기술되는 것이 아니라 그 장소나 공간에 대한 당대의 해석이 개입되기도 하고 새로운 이미지가 만들어지기도 한다. 공간에 의미를 부여해야만 그 공간이 지각될 수 있기 때문이다.

이런 이유로 우리는 기행가사를 통해 역사적 특수성을 지니는 공간을 체험할 수 있을 뿐 아니라 그 공간에 대한 작가의 인식이나 공간에 투영된 당대 사람들의 삶을 엿볼 수도 있고, 특정 장소나 공간에 대한

2) 국어교육의 내용으로 '경험'의 중요성을 부각시키고 나아가 내용 영역의 구조화를 꾀한 연구는 다음을 참고할 수 있다. 김대행, 「내용론을 위하여」, 『국어교육연구』 제10집, 서울대 국어교육연구소, 2002, 7~38면; 김대행, 「수행적 이론의 연구를 위하여」, 『국어교육연구』 제12집, 서울대 국어교육연구소, 2005, 157~180면.

의미 부여의 역사를 알게 됨으로써 우리 주변의 장소나 공간에 대한 인문적 이해를 넓힐 수 있게 된다. 또 우리가 일상적으로 수행하는 공간 인식이나 공간 체험의 본질에 대해서도 성찰할 수 있게 된다.

이런 관점에서 필자는 '공간'을 단순 배경이나 여정의 문제로 인식하던 기존의 기행가사 교육의 대안을 모색해보고자 한다. 그 출발점으로 물리적 공간이 기행가사 작품 안에서 어떻게 변형되고 가공되어 있는지, 즉 어떤 새로운 공간으로 구성되고 있는지를 구체적으로 살펴보고자 한다. 이를 통해 공간 형상화 및 형상화된 공간의 체험이 지닌 교육적 가치가 드러나고 기행가사 교육의 내용과 방법에 대한 시사점이 도출되기를 바란다. 학습독자들이 기행가사에 형상화된 여러 공간을 제대로 체험할 수 있기를, 그리고 그 체험을 바탕으로 물리적 공간을 인간화하는 언어의 본질에 대해서도 배울 수 있기를 바란다. 나아가 지금도 계속되고 있는 문학작품의 공간 이미지 창출과 관련된 여러 현상들을 깊이 있게 이해할 수 있는 시사점까지 찾아내기를 바란다.

2. 기행가사 교육의 핵심 개념, '공간'

1) 기행가사에 형상화된 공간의 전형성

작가가 자신의 감각 기관에 감지된 공간의 물리적 특성과 정서적인 느낌을 언어로 기술하기란 애초에 불가능하다. 언어 자체가 지닌 분절성과 선조성으로 인해 직관적으로 감지되는 입체적이고 총체적인 상을 그려내는 것이 불가능하기 때문이다. 이런 점에서 일시적으로 현존하는 공간 체험을 언어로 온전하게 기술하는 것은 사실상 불가능하다.

불완전하나마 시도할 수 있는 것은 공간의 특징을 전형화하는 방법이다. 즉, 특징적인 구조물이나 경관만을 선택하여 특정 공간의 이미지를 그려내되 어떤 부분은 세밀하게 묘사하고 어떤 부분은 아예 삭제함으로써 공간을 입체화하는 것이다. 이는 우리가 이미 가지고 있는 공간에 대한 지식이나 경험을 동원하여 하나의 전형을 창조하는 일이며, 언뜻 보기에는 소설의 인물[character] 창조와도 비슷한 면이 있다. 소설의 작가가 인물의 특징적인 면모를 강조하여 기술함으로써 그 인물에게 성격을 불어넣는 것처럼 기행문학의 작가 역시 공간의 특징적인 면모를 선택적으로 부각함으로써 공간에 생명을 불어넣는 일을 하게 된다. 그 결과 소설의 인물이 전형성을 띰으로써 우리에게 친숙한 존재로 인식되는 것처럼, 기행문학의 공간 역시 전형성을 띰으로써 사실적인 공간보다도 더 친숙하고 구체적인 장소로 인식되거나 상상된다.

언어화의 과정에서 실제 공간의 왜곡 및 변형이 일어날 수밖에 없음을 알 수 있다. 이러한 왜곡이나 변형은 특징의 과장이자 초점화라고도 할 수 있는데, 이러한 과장과 초점화로 인해 독자들이 그 공간의 이미지를 떠올릴 수 있게 된다. 물론 작가가 구상화한 공간을 떠올리려면 독자가 어느 정도는 공간화의 능력을 가지고 있어야 한다. 독자 역시도 언어로 표현된 몇 개의 세부 사항들을 조합하여 전체상으로 다시 구성할 수 있어야 하기 때문이다. 이처럼 기행가사의 창작 및 향유의 전 과정에는 언어를 통한 공간화의 능력이 중요하게 작용한다.

여기서 다시 한번 짚고 넘어가야 할 사실은 공간의 세부 사항들을 배제하거나 선택함으로써 공간에 대한 묘사가 가능해지기는 하지만, 동시에 불가피하게 실제 공간을 변형하거나 왜곡할 수밖에 없다는 점이다. 사실상 문학 작품 속에 형상화된 공간은, 당대의 사회 문화적 맥락은 물론이고 그 맥락 속에서 보편성과 특수성을 동시에 지니며 살아가는 작가의 관점과 공간 경험에 의해, 변형되고 왜곡된 결과이다. 장소에 부여된 의미나 공간의 특정한 이미지가, 당대적 특성과 작가 개인의 개성을 동시에 반영하게 되는 것도 모두 이러한 이유에서이다.

기행가사의 교육적 가치는, 이러한 공간의 전형성 때문에 실현될 수 있다. 소설의 관건이 인물의 형상화에 있다면 기행가사의 관건은 여정에 따라 경험 공간을 형상화하는 데 있으며, 소설의 이해를 위하여 인물의 성격을 파악하는 것이 중요한 것처럼 기행가사를 이해하기 위해서는 공간의 성격을 파악하는 것이 관건이 된다. 인물의 성격을 파악하면 플롯, 구체적으로 갈등의 양상과 해결의 방향에 대해 짐작할 수 있듯이 기행가사에 형상화된 공간 및 공간 이미지에 대해 탐구하면 그 공간에 투영되어 있는 지배적인 문화, 대중문화, 그리고 그곳에 살고 있는 사람들을 만날 수 있게 된다. 기행가사에 형상화된 '공간'에 대한 탐구가 공간의 중심에 있는 사람과 그 사람들의 삶, 그리고 당대 문화를 이해하기 위한 출발선이자 중요한 실마리가 되는 것이다.

그렇다면 이제 기행가사에 어떤 공간 이미지가 어떻게 만들어져 있는지, 그리고 그 '공간'을 어떻게 탐구할 것인지의 문제가 우리 앞에 놓인다.

2) 기행가사의 장소 정의적 특성

중세는 물론 20세기 초까지도, 사행이나 유배, 표류 등의 특별한 상황을 제외하고 개인이 여행을 한다는 것은 매우 이례적이고 특별한 행위였다. 그런 이유로 기행가사에는 특정한 공간으로의 여행이 평생의 원(願)이었다는 언급이나 일가친척들이 모두 동구 밖까지 따라 나와 여행 떠나는 사람을 부러움 반 걱정 반으로 배웅하는 장면 등이 자주 등장한다. 여행을 다녀온 사람들이 그 체험을 자랑하는 내용의 결구도 흔히 볼 수 있다. 상황이 이렇다 보니 여행을 다녀온 자 주변에는 언제나 여러 사람들이 모여들고 승경을 그린 그림이나 기행문 등이 인기리에 유통될 수밖에 없었다. 직접 가서 보고 경험하기가 어렵고 지금처럼 동영상을 통해 간접적으로 체험할 수도 없는 상황이다 보니, 나고 자란 곳이나 생활하는 곳이 아닌 공간은 현실 밖의 공간이요, 호기심과 두려움의 공간일 수밖에 없었던 것이다.

기행가사의 작가들은 대개 낯설고 이름조차 알 수 없는 공간이나 풍문으로만 존재하던 공간을 여행하게 된다. 그런데 이름 없는 공간은 방향감각을 작동시킬 수가 없어서 여행자에게 혼란스럽고 두렵게 다가온다. 어떻게든 방향을 정하고 이름을 붙이는 일을 하지 않을 수 없다. 이 점은 지리학자들의 말을 인용하지 않더라도 경험적으로 알 수 있는 사실이다. 사실 탐험되지 않았거나 사람들이 살지 않는 지역에 처음으로 들어간 사람이 제일 먼저 하는 일 가운데 하나가 바로 가장 눈에 띄는 특생(特牲)이나 대상에 이름을 붙이는 일이라고 한다. 이러한 명명을 통해 '황무지'가 '인간화'된다.[3]

기행가사의 작가들 역시 끊임없이 장소에 이름을 붙이는 행위를 반복함으로써 낯선 공간을 자기화하기 위하여 애를 썼다.[4] 기행가사에 지명 등 고유명사들이 자주 등장하고 이름의 의미를 반문하는 수사의 문문이 등장하는 것도 모두 작가가 처한 이러한 실존적 상황에서 비롯된 것으로 이해할 수 있다.[5] 따라서 기행가사의 이름 붙이기는 단순한

---

3) 명명에 의해 황무지가 인간화되기도 하지만, 특정 공간이 유표화(有標化)되기도 한다. 이푸 투안(구동회 외 옮김), 『공간과 장소』, 대윤, 1995, 277면 참고.

4) 필자는 기행가사의 작자들이 이름에 의해 대상을 인식하는 양상을 작품을 통해 확인하였으며 그러한 이름에 의한 인식 방법이 일종의 관념적 인식에 해당한다고 보았다. 염은열, 『고전문학과 표현교육론』, 도서출판 역락, 2000, 75～110면.

5) 지명이 자주 등장하는 것은 현대의 독자들에게 반가운 일이 아니다. 특히 교실에서 경유지나 감상지의 이름을 일일이 확인하는 식의 수업을 경험한 학생들은 지명이 나열되어 있는 것만 봐도 질린다고 말한다. 지명 자체보다는 왜 그렇게 많은 지명들이 등장하는지가 더 중요하게 다뤄질 필요가 있다.

명명 이상의 의미를 지닌다. 이름 붙이기는 자신의 지식 체계나 관념 체계에 비추어 공간의 이미지를 창조하는 행위이며, 때로 공간이나 장소의 기능이나 의미까지 부여하는 일이 되기 때문이다.

이름을 붙일 때는 이미 알고 있는 이름을 적용하여 공간의 의미나 이미지를 확정하는 방법과 새로운 명명으로 새로운 이미지를 더하는 방법이 있다. 그런데 그 어떤 경우에도 작가는 자신이 알고 있는 지식 체계를 동원하여 명명을 하게 된다. 이 점이 중요하다. 이름을 붙일 때 작가의 머릿속에 있는 관념이 투영될 수밖에 없는 것이다. 따라서 작가들의 '이름' 붙이기 양상에 주목하면 기행가사의 작가가 처한 상황, 여행의 성격, 당시의 지배적인 관념이나 대중문화의 양상 등을 체계적으로 연관된 지식으로 이해할 수 있게 된다.

이처럼 기행가사가 장소 정의적 특성을 지니기 때문에, 기행가사 감상의 첫 번째는 바로 누가 어떤 장소를 어떻게 정의하고 있는지 파악하는 일이 되어야 한다. 이러한 감상의 과정에서 독자 역시 작가가 그랬던 것처럼 그 공간에 대한 정의를 의식-무의식적으로 내리게 되고 특정 공간에 대한 이미지를 형성하게 된다. 이렇게 형성된 이미지가 특정 장소나 공간에 역사적 정체성을 더함으로써 실제 공간에 대한 인식을 풍요롭게 하는 것은 물론이다.

3) 기행가사의 공간 형상화 질료로서의 '말'의 특성

정운채는 '흥(興)은 형체가 있는 대상을 출발점으로 하여서는, 그 대상의 형체를 넘어서서 형체를 포착할 수 없는 자아의 의취(意趣)를 지향하고 있다고 하며, 외물(外物)이 정(情)을 움직이는바, 외물이란 묘사되는 대상으로서의 물(物)일 수 있으며 물을 표현해내는 '언어' 역시 물일 수 있다'[6]고 하였다. 기행가사의 언어 역시 일종의 '물'이라고 할 수 있다. 기행가사의 경우에도 일차적으로 묘사의 대상이 되는 물이 공간 구성 및 경험을 결정하는 중요한 질료가 되겠지만 그것을 표현하는 매체로서의 언어 또한 공간을 구상화하는 질료로서 중요하게 개입한다고 볼 수 있다. 기행가사의 내용과 형식이 따로 있을 수 없는 것이다. 이런 관점에서 보면 우리는 공간 형상화의 질료로서 말의 특성에 대해서도 살피지 않을 수 없다.

기행가사의 말은 대체적으로 표현 대상의 특성과 유비적인 관계에 놓여 있는 것이 일반적이다. 그리고 표현 대상에 대한 작가의 태도를 고스란히 반영하고 있는 것이 일반적이다. 구체적으로 고전 기행 문학 작품을 보면, 청량산에 갔을 때의 표현과 금강산에 갔을 때의 표현이 다르며 같은 금강산에 갔더라도 언제 갔느냐 어떤 경로를 통해 가면서 무엇을 보았느냐에 따라 달라지고 그러한 다름이 일정한 경향성을 보이는 것을 발견할 수 있다. 대상에 따라, 혹은 대상에 상응하는 말을 구사한 것으로 볼 수 있다. 가령 화강암으로 구성된 바위들이 야단스럽게 벌려져 있는 금강산의 특성을 표현하는 대목에서는 말 또한 야단스럽게 전개되는 식이다. 금강산처럼 '헌사한' 대상은 '헌사하게' 묘사하는 방식이 바로 그것이다.[7] 눈을 현혹하는 대상을 묘사할 때는 표현 역시 야단스러운데, 여기서 '야단스럽다'는 것은 상대적으로 볼 때 정적이라기보다는 동적이고 과묵하기보다는 수다스럽고 문어적이기보다는 구어적인 특징을 보이는 것을 말한다.

몰아라 어서 보자 총석정(叢石亭) 어서 보자

---

6) 정운채, 「尹善道의 한시와 시조에 나타난 '興'의 성격」, 『고시가연구』 1집, 전남고시가연구회, 1993, 280면.

7) 졸고, 「19세기 금강산 가사의 특징과 문화적 의미」, 『고전문학연구』 제14집, 한국고전문학회, 1998 참고.

총석정(叢石亭) 좋단 말을 일즉이 들었거니
바람 불면 못보려니 몰아라 어서 보자
벽해(碧海) 위에 놉은 집이 저것이 총석정(叢石亭)인가
올나 보니 후면(後面)이라 전면(前面)으로 보오리라
배대여라 사공(沙工)들이 풍낭(風浪)이 있지 아냐
층타(層타)로 돌아 저어 총석 전면(叢石前面) 보게 하라

— 구강, 〈총석가〉

이 짧은 구절에는 총석정을 빨리 보기 위해 서두르는 상황과 먼 거리에서 본 총석정의 전체상, 자세히 둘러보기 위해 사공을 재촉하여 총석정의 후면에서 전면으로 나아가는 모습 등이 야단스럽게 그려져 있다. 내용의 생략과 비약으로 긴장감을 불러일으키고 형식의 반복이나 대구를 통해 율동감을 부여함으로써 공간을 역동적으로 그려내고 있다.

그림으로 본 총석정

한시가 이미지 환기력에 기대어 공간을 장면화하는 특징을 보인다면 기행가사는 풍경을 수다스럽게 말로 들려주는 그런 효과를 낸다. '구어'의 역동성을 최대한 이끌어낸 표현을 구사한다고 하겠다. 결국 기행가사는 표현대상으로서의 물과 표현 매체로서의 물이 어우러져 공간에 대한 이미지를 창조하는 시가라고 말할 수 있으며, 이러한 말의 특성은 독자가 의식하든 의식하지 않든 간에 기행가사의 공간 체험을 흥미롭게 하는 중요한 요인이 된다. 이러한 말의 특성은 기행가사의 감상 체험이 여행 설명서를 읽는 것과는 다른 미적 체험이 될 수 있도록 한다.

3. 기행가사에 나타난 공간의 양상

1) 동경(憧憬)[8]의 공간

(가) 소향노 대향로 (小香爐 大香爐) 눈 아래 굽어보고
정양사(正陽寺) 진헐대(眞歇臺) 고쳐 올나 앉은 말이
여산(廬山) 진면목(眞面目)이 여기야 다 뵈난다.
어와 조와옹(造化翁)이 헌사토 헌사할샤
날거든 뛰지 마라 섯거든 솟지 마라
부용(芙蓉)을 꽂았는 듯 백옥(白玉)을 묶었는 듯
동명(東溟)울 박차는 듯 북극(北極)을 괴였는 듯
높을시고 망고대(望高臺)여 외로울샤 혈망봉(穴望峯)이
하늘을 추미러 무슨 일을 사뢰리라
천만겁(千萬劫) 지나도록 구필 줄을 모르는다

8) 동경이라는 개념과 관련하여, 사대부 가사의 문화적 의미를 '동경의 유통'에서 찾은 다음 논의를 참고하였다. 김대행, 「賞春曲 : 抽象의 의미」, 『남경박준규박사정년퇴임기념논총』, 동간행위원회, 1998.

어와 너여이고 너 같은 이 또 있는가

— 정철, 〈관동별곡〉

(나) 분분세사(紛紛世事) 나도 슬허 풍월주인(風月主人) 되려 하야
명구 선경(名區仙境)이 반공(半空)에 아른아른
명구 선경(名區仙境)에 반세(半世)를 늙어 있다.
전산(前山) 아침 비에 초목(草木)이 만발(滿發)이라
산화(山花) 피온 꽃이 흥미(興味)도 하고 많다
학(鶴) 위의 선자(仙子)들은 이 때에 만나 보아
황금단(黃金丹) 지어내여 삼동계(三同契) 묻쟈 하야
…(중략)…
산형(山形)도 좋거니와 수세(水勢)도 가이 없다
청강(淸江) 백구(白鷗)야 묻노라 가는 길이
삼신산(三神山) 내린 활기 이리로서 어듸 멀며
도원도(桃園島) 지는 꽃은 어느 물로 나리난고…

— 위세직, 〈금당별곡〉

(다) 망군대(望軍臺)가 여기로다 어이하여 망군대뇨
이 뜻을 살피시소 마야검(摩倻劍)을 손의 들고
원각산(圓覺山) 올나가셔 오음 뉵적(五陰六賊) 제 군졸(諸軍卒)과
팔만사천(八萬四千) 마군중(魔軍衆)을 일휘능참(一揮能斬) 염려할까
이러므로 망군대(望軍臺)니…

— 무명씨, 〈금강산유산록〉

(가)에서 작가는 진헐대에 올라 앉아 보니 공자의 여산 등정이 떠오르고 금강산의 진면목이 다 보인다고 말한다. 진헐대에서 바라본 공간의 특성을 '헌사하다'는 형용사로 종합하여 표현한 후, 단단하고 흰 빛깔의

화강암들로 이루어진 봉우리들을 백옥이나 부용을 묶은 듯한 모습으로 인식하였고 그 중에서도 특히 혈망봉의 기개와 곧음에 주목하고 있다. 작가는 실제 공간을 구성하는 여러 빛깔과 형상 중에서 유독 흰색에 주목하고 여러 대나 봉우리 중에서 유독 망고대와 혈망봉에 의미를 부여하고 있는 것이다. 그 결과 진헐대에서 바라본 금강산은 청정과 강직, 충성의 이미지[9]를 지닌 아름답고도 헌사한 공간으로 구성된다.

(나)의 작가는 실제 공간의 여러 구성 요소와 특징들 중에서 선계의 이미지와 부합되는 것에만 의미를 부여하고 있다. 그 결과 금당도의 봄 풍경이 선경(仙境)으로 구체화되고 있다. 작가는 이처럼 금당도를 복숭아꽃이 만발한 신선들의 세계로 형상화하는 데서 한걸음 더 나아가 그 공간 안에 작가 자신의 모습까지 그려 넣고 있다.

(다)에서는 망군대의 뜻을 불교적으로 풀이하고 있다.[10] 자성금강에 이르기까지의 과정을 알레고리화하여 보여주고 있는[11] 〈금강산유산록〉의 한 부분으로, 금강산이라는 공간을 구성하는 여러 요소들 – 유적, 경물, 사람, 설화 등 – 중에서 불교적 의미가 이미 부여된 것들만 선택하거나 혹은 불교적 해석을 덧붙임으로써 금강산을 불교적 공간으로 형상화하고 있다. 그 결과 이 작품에서 금강산은 불교의 성지처럼 그려지고 있다.

---

9) 김병국, 『한국고전문학의 비평적 이해』, 서울대출판부, 1995.

10) 불교적 색채가 농후하고 작품에 형상화된 세계가 성스런 장소로서의 특징을 지닌다는 점, 그 세계에 대한 작가의 태도가 진지하다는 점에서 승려의 작품일 가능성이 있고 이미 승려의 작이라는 의견이 제출된 바 있다. 그러나 불교적 관념에 충실하고 해서 승려의 작으로는 보기 어려운바 이에 대해서는 별도의 신중한 접근이 필요해 보인다.

11) 누구나 자성 금강을 이뤄 스스로 보살의 경지나 부처의 경지에 오르려면 일련의 수련 과정을 거쳐야 하는데, 수련의 과정에서 중시되는 것은 일체의 집을 멸하는 것이다. 집은 색에서 나오는 바, 집으로 인해 고가 생겨난다. 오음과 육적은 색과 관련하여 멸해야 할 일종의 집이라 할 수 있다.

(가), (나), (다)의 작가는 자신의 관점에 부합되는 공간의 세부 사항들만 선택하거나 의미를 부여하여, 각기 다른 색깔로 공간을 형상화하고 있다. 물리적인 장소에 의미를 부여하는 방법, 즉 공간을 인식하는 방법에 있어서는 공통점을 지니며, 하나의 장소나 작품 전체의 공간이 하나의 이미지나 관념에 의해 통어된다는 점도 같다. 공간에 '의도'가 개입되고 있는바, 작가의 세계관이나 관념에 부합하는 공간으로 재창조하고 있다는 점도 공통된다. 그 결과 (가), (나), (다) 모두 비교적 안정적이고 뚜렷한 정체성을 지닌 공간의 이미지를 보여주고 있다.

그런데 이러한 장소의 이미지화, 즉 정체성의 부여가 오로지 관찰과 경험을 통해서만 이루어지는 것은 아니라는 점에도 주목할 필요가 있다. 만약 오로지 관찰과 경험을 통해서만 이루어진다면 동일한 공간에 대한 이미지화가 이렇듯 다를 수는 없을 것이다. 실제로 정체성의 형성 과정은 관찰된 것과 예견된 것, 즉 직접적 경험과 경험 이전에 형성한 관념에 복합적이고 점진적으로 질서를 부여하고 조화를 추구하면서 이루어진다.[12] 여행지의 특정 장소에 대한 뚜렷한 정체성 역시 직접적인 경험은 물론이고 경험 이전에 형성한 여러 관념들의 작용에 의해 만들어지는 것이라 하겠다.

(가), (나), (다)에 형상화된 공간의 이미지 역시 실제 공간에 대한 지각으로부터 촉발되기는 하였지만, 동시에 그 지각에 영향을 미친 작가의 세계관, 즉 유교적 관념이나 선경에 대한 관념, 혹은 불교적 관념 등이 작용한 결과로 볼 수 있다. 그런데 이러한 관념들은, 이미 연구사에서 여러 번 지적된 것처럼, 관련 글이나 지도, 그림, 이야기 등 당대 문화를 통해 형성된 것이라는 점에서 작가 개인의 것으로 보기 어렵다. 차라리 작가가 속한 공동체의 공적 자산에 가깝다. '고인작시무구무래

12) 에드워드 렐프(김덕현 외 옮김), 『장소와 장소상실』, 논형, 2005, 135면.

처(古人作詩無一句無來處)'라는 서거정의 말처럼 공간을 표현하는 방법이나 인식하는 방법은 물론이고 공간을 구획하는 방식, 공간 인식 및 표현을 위해 동원한 관념, 결과로서 형상화된 이미지 등이 공동체의 관습을 철저히 따르고 있다는 점에서 그러하다. 이는 공간을 여덟 개의 승경으로 구획해서 인식하던, 팔경시(八景詩) 혹은 집영제영시(集景題詠詩)의 공간 인식 및 구성 방식과도 같다고 하겠다.[13)]

사람은 누구나 인식의 틀로서의 당대의 문화를 마음 안(culture in mind)[14)]에 지닌 채 그 틀을 통해 대상이나 공간을 인식하게 되는바, (가), (나), (다)는 모두 작가가 속했던 공동체에서 중시되던 관념에 입각하여 실제 공간을 인식하고 공간에 의미를 부여함으로써 그 결과 의도했든 아니든 간에 실제 공간에 대한 기존의 관념을 확인-강화하고 있다. 사실 (가), (나)는 국내외 여러 그림이나 글을 통해 추상해낸, 사대부들이 동경하던 승경의 모습에 다름 아니며, (다) 역시 불자들의 소망이 알레고리화된 전형적인 모습이다.

금강산 등의 명산이나 천자가 사는 중국 등은 조선의 유자(儒者)들에게 물리적으로 실재하는 공간으로서뿐만 아니라 공적인 정체성을 지닌 특별한 공간으로 받아들여졌다. 따라서 그곳으로의 여행은 어떤 식으로든 공간의 공적인 정체성을 확인하는 일이 된다. 지리학자들[15)]은 공간의 공적 정체성이란 특정 사회의 다양한 지식 공동체들이 공유하는 것으로 장소의 물리적 특성과 다른 증명 가능한 구성 요소들에 대해 어

---

13) 소상팔경의 미의식이라는 것이 보편성 공동성에 근거한 중세적 미의식에 다름 아니며 관습성이 강하다는 점은이미 지적된 바 있다. 김성룡, 『여말선초 문학사상』, 한길사, 1995, 221~222면; 김성룡, 「李齊賢 문학의 中世意識 연구」, 『湖西語文研究』 제3집, 호서대학교 국문학과.

14) Bradd Shore는 문화가 인식의 틀로 내면화된 상태를 'culture in mind'로 개념화하였다. Bradd Shore(1996), Culture in Mind, Oxford Uni. Press.

15) 이푸 투안(구동회 외 옮김), 앞의 책, 128~134면 참고.

느 정도 동의된 것들로 구성되는바, 일종의 합의의 산물이라고 한다. 비록 장소에 대한 사실을 제공하는 기술적인 지역지리가 그런 합의된 정체성의 토대 대부분을 구성하고 있을지 모르지만 본질적으로 공적인 정체성은 문화적으로 만들어진다고 한다.

따라서 그 공동체에 속한 개인에게 공적인 정체성을 지닌 공간으로의 여행은 특별한 의식이 될 수 있다. 공적인 정체성을 지닌 공간은 동경의 대상이 되며, 성스런 공간으로서의 특성이 부여된다. 따라서 그 공간을 여행한다는 것은 그 자체로 특별한 의미를 지니며, 때로 이념적 지표가 되거나 이념을 공유하고 있는 이전 사람들의 행적을 따르는 순례의 의미를 지니기도 한다.[16] (가)는 멀리는 공자의 태산 등정과 이어지고, 이른바 향토기행가사인 (나)의 작가는 생활 공간에서 관념적 승경를 발견하고 확인하는 즐거움을 느끼고 있으며, (다)는 금강산을 불계로 형상화함으로써 승려 혹은 독실한 신자로서 종교적 정체성을 실현하고자 하고 있다.

따라서 이러한 공적인 정체성을 지닌 공간으로서의 여행과 여행 체험의 기록은 단순한 유행에의 참여 이상의 의미를 지닌다. 누군가에 의해 만들어진 공간의 이미지를 소비하고 마는 것이 아니라 작가 자신이 속한 공동체 안에서의 보편화된 문화에 참여하는 일이 되며 그 일을 통해 자신의 정체성을 실현한다는 의미까지 지니기 때문이다. 동경의 공간을 구상화하고 있는 작품들 – 조선 중기까지의 사대부 작품들의 대부분과 조선 후기의 일부 작품들 – 에서 진정성이 드러나는 것은 모두 이러한 공간의 의미에서 비롯된 것이다.

---

16) 이푸 투안(앞의 책)이 말한 '신화적 공간과 장소'로서의 특징을 보인다. 이푸 투안(구동회 외 옮김), 앞의 책, 141~165면.

2) 풍문의 공간

(라) 헐성루 올라앉아 사면을 바라보니
금강산 모든 봉이 역력이 다 보인다
장경봉 관암봉은 장안사세 먼저 보고
우뚝한 석가봉은 석가여래 모양이요
삐죽삐죽 십왕봉은 영 대왕이 저러하여
불쌍하다 죄인봉은 무삼 죄를 못 씻어서
저처럼 뒤결박에 비는 모양 참혹하다.
엄연한 판관봉은 최판관이 저러한가
어여쁘다 동자봉은 희미하게 우뚝 섰다.
영악하다 사자봉은 네 굽을 한데 모으고
등성이를 쭈그리고 소리를 지르는 듯
웅장하다 백마봉은 은안장 금채촉에
오릉소년 어디 두고 이곳에 혼자 있노
…(중략)…
이상하다 혈망봉인 봉우리 가운데에
구멍이 뚫렸으니 천지개벽 하는 날에
저 구멍의 끈을 꿰어 공중에 달아놓고
오대산 옮겨다가 그 밑에 지대 놓고
보개산 떠어다가 그 위에 덮어 놓아
천지가 다시 되어 세상배판 다시 하면
유리대 금옥산천 극락세계 된다하데
…(중략)…
옥 같이 흰 봉우리 중양성이 예 안이며
만이천봉 제일 높은 비로봉이 제러구나.

— 조윤희, 〈관동신곡〉

(가)와 견주어 볼 때 (라)에서는 묘사되고 있는 전체 공간의 지배적인 이미지나 관념이 포착되지 않는다. (라)의 작가는 공간을 구성하는 여러 요소들이나 부분들에 대한 설명을 나열하고 있으며, 혈망봉에 대해 들은 이야기까지 소개하고 있다. 누군가로부터 전해 들었을 이름에 의지하여 공간의 세부를 인식하고 또 누군가에게 들은 이야기로 세부에 대한 설명을 대신하고 있다는 점에서 보면, 이 작품 역시 이미 만들어진 관념에 의지하여 공간을 인식하고 있다고 볼 수 있다. 그러나 (가)~(다)와 견주어볼 때, 세부 이미지와 관념들을 자신의 의도나 관점에 따라 지배적인 공간 이미지로 수렴하거나 통어하지 못하고 있다는 차이가 있다. 이념적 지향이 분명한 공동체의 구성원들 사이에서 암묵적으로 유통되던 관념이나 꿈꾸던 이미지들이 아니라, 누군가에게 들었거나 어디에서 본 이름들이 공간 인식에 대거 동원되고 있다는 점에 보면, (라)의 작가는 일종의 바람에 실려온 소문, 즉 '풍문(風聞)'에 의지해 대상을 인식하고 표현하고 있다고 볼 수 있다.

유산의 풍습이 대중화되고 지도나 그림, 관련 작품들이 널리 유통되기 시작하면서 금강산 등의 유명 여행지는 풍문의 공간이 된다. 부족한 정보와 풍부한 상상력으로 인해 풍문이 풍문을 낳고 그 풍문은 발행(發行)의 동기가 된다. 위 작품의 작가 조윤희는 과거에 급제하지 못한 시골의 선비로서, 그에게 금강산행은 사대부적 정체성을 확인하기 위한 것이기도 하지만 풍문으로 접한 공간을 직접 여행한다는 의미가 더 컸음을 짐작할 수 있다.[17)]

그 기원은 언제나 정확하지 않지만 그럼에도 불구하고 도처에 존재하는 것이 풍문이다. 풍문을 듣고 전하는 일에는 어떤 철학이나 세계관도 개입하지 않는다. 따라서 풍문의 공간은 작가의 특별한 관념이나 이

17) 그 증거는 화자의 어조와 공간 인식 태도에서도 드러나지만, 작품 서두 발행의 동기를 설명한 부분에서도 잘 드러난다.

〈민화〉 풍문의 공간, 금강산

념에 의해 특징 지워진 공간이 아니라 당대에 대중적으로 유통되던 여러 이질적인 관념들과 담론들이 함께 존재하는 그런 공간으로서의 성격을 지닌다. 조선 후기 기행가사에서 흔히 찾아볼 수 있는 다성적인 목소리 등도 이러한 공간의 성격과 무관하지 않음을 알 수 있다.

풍문의 공간이란 굳이 밝히자면 대중적 정체성을 지니는 공간이다.[18] 대중적 정체성은 집단과 개인의 경험으로부터 발전해 왔다기보다는, '여론을 주도하는 사람'에 의해 주어지며 사람들에게 기성품으로 공급되고 대중 매체를 통해 살포된다. 때로 가짜 장소들로 이루어진 가짜 세계가 만들어지기도 하지만, 이러한 조작된 정체성과 상투성을 접한 사람도 대부분 불가피하게 실제 장소를 그런 식으로 경험하고 싶어 하게 된다고 한다. 그리고 공간의 대중적 정체성만을 알고 있는 사람에게는 그 정체성과 관련된 선입견이나 기성의 태도가 직접 경험보다도 더 중시된다고 한다. 그 결과 이들은 대중 매체가 제공해온 기성의 정체성이나 선험적인 정신적 도식의 틀에 사로잡혀 장소를 관찰하며, 이것과 실제 장소가 불일치할 경

18) 이러한 공간의 성격과 공간 인식의 방식에 대해서는 다음 책을 참고할 수 있다. 에드워드 랠프(김덕혁 외 옮김), 앞의 책 참고.

우는 아예 무시하거나 아무렇게나 설명해 버린다고 한다. 여기서 우리는 후기 기행가사, 특히 금강산 기행가사의 특징을 이해하는 데 유용한 시사점을 찾을 수 있다. 후기 기행가사에 나타나는 공간 인식의 몰개성성이나 그와 관련하여 여러 관념들을 도식적으로 오려 붙이는 식의 표현 양상, 그럼에도 불구하고 수다스럽게 자랑하는 듯한 화자의 말투 등[19]은 모두, 이와 같은 풍문의 공간을 직접 여행한다는 사실로부터 비롯된 특성이라고 볼 수 있다.

오늘날에도 풍문은 그 자체로 호기심의 대상이며, 대중문화의 창작 및 향유의 동인이 되기도 한다. 말로만 듣던 작품을 직접 봤을 때의 기쁨과 무성하게 말해지는 작품은 반드시 봐야 한다고 말하는 여러 사람들을 떠올려 보면, 풍문이 단순히 지나가는 바람이 아님을 알 수 있다. 문학 행위와 밀접하게 관련된 중요한 '말'임을 알 수 있으며, 그 '말'에 주목할 때 당시 대중적으로 유통되던 관념과 그것을 형성한 대중문화에 대한 이해를 깊게 할 수 있다.

3) 실존 공간

수로천리 다 지나고 추자섬이 여기로다
사면을 돌아보니 날 알 리 뉘 있으리
뵈나니 바다해요, 들리나니 물소리라
벽해 가른 위에 모래 모여 섬이 되니
추자섬 생길 제는 천작지옥 여기로다
해수로 성을 쌓고 운산으로 문을 지어
세상을 끊쳐시니 인간이 아니로다

---

19) 19세기 무명씨 금강산가사를 대상으로 이러한 특징을 분석한 바 있다. 졸고, 「19세기 무명씨 금강산가사의 생활문화적 의미」, 『고전문학연구』 별집 8호, 한국고전문학회, 2001 참고.

풍도섬이 어디메뇨 지옥이 여기로다.

— 안조원, 〈만언사〉

유배지는 유배자에게 절망의 공간이다. 위 인용구만 보더라도 넓은 바다가 안조원에게는 이전에 살던 친숙한 공간과 앞으로 살아가야 할 시련의 공간을 확실하게 가르는 성으로 인식되고 있다. 〈만언사〉의 이후 내용은 해수와 운산으로 둘러싸인 천작지옥 추자도에서의 고난과 시련의 이야기라고 할 수 있으며, 추자도라는 공간은 안조원에게 고난 및 시련의 현실 공간 혹은 생존을 위해 고투해야 하는 생활 공간이라 할 수 있다.

이처럼 기행가사에는 생활 공간이자 실존 공간으로서의 공간 또한 형상화되어 있다. 생활공간이자 실존 공간은 관념보다는 사실이나 현실이, 공적인 정체성보다는 사적인 정체성이 강조되는 특징을 지닌다. 따라서 우리는 실존 공간에 대한 분석을 통해 인간 개인의 심리와 정서, 삶의 모습 등에 대한 탐색을 시도할 수 있다. 사실 실존 공간 또는 생활 공간은 공간의 내부 구조이며, 우리가 한 문화 집단의 구성원으로서 세계를 구체적으로 경험하는 과정에서 드러나게 된다. 위의 예에서 보듯이 유배가사에는 자신의 실존 공간 내지 생활 공간을 형상화한 부분이 자주 등장하며 그 공간에서의 비참한 삶이나 처지를 과장하는 것이 일반적이다. 이러한 과장이 일종의 정치적 수사라고는 하지만 그럼에도 불구하고 유배가사에는 작가가 처한 현실과 그 현실을 둘러싼 생활 공간 및 실존 공간이 잘 드러나게 된다.

물론 기행가사에 작가의 실존 공간 내지 생활 공간만이 구체화되는 것은 아니다. 여행지는 작가에게는 지나가는 길에 불과할 수 있지만 그 길 위에 사는 사람들에게는 생활의 공간이자 실존의 공간이 된다. 즉 작가에게 지각 공간은 그곳에 사는 사람들에게는 실존 공간이요 생활

천작지옥 추자도의 오늘 모습

공간이 된다. 사대부들의 유산놀음에 동원되었던 지로승이나 관동 지방의 농민들이 금강산을 천하의 승경으로 보지 않고 고역의 장소로 인식한 것도 결국에는 지각 공간과 생활 공간으로서의 의미가 다른 데서 비롯된 것이라 할 수 있다. 이처럼 기행가사에는 다양한 생활 공간이 등장할 수밖에 없다. 사실성을 띠는 후기의 관유가사는 물론이고 새로운 사태를 계속해서 체험해야 하는 사행가사의 대부분에서 잘 드러나는 것처럼, 작가의 실존 공간에 대한 묘사와 여행지 사람들의 공간에 대한 묘사가 함께 드러나게 된다.

그런데 이러한 실존 공간 혹은 생활 공간은 일체의 관념을 벗어버렸을 때 비로소 발견된다. 관념의 눈을 벗어 버렸을 때 공간의 물리적 특성이나 현실적인 측면이 보이고 이러한 발견이 때로 새로운 인식으로 이어지기도 한다.[20] 잘 알려지지 않은 곳을 여행하게 되었을 때는 외관을 즉물적으로 인식하는 경향이 두드러지게 되는데 이때에는 공간의 물리적 특성을 발견하고 그 공간과 대비하여 자신이 지금까지 살았던 생활 공간의 특성을 자각하게 되기도 한다. 사행가사의 작가들이 여행 체험을 통해 인식의 확장을 경험했던 것은 이와 같은 맥락에서 이해될 수 있다.

물리적 공간이 그 공간 안에 있는 사람들에게는 실존의 공간이요 생활의 공간이기도 한 까닭에, 우리는 물리적 장소에 대한 여행 체험을 서술하고 있는 기행가사를 통해 작가는 물론이고 여러 사람들과 그들의 삶을 만날 수 있다. 작가의 눈을 통해서 작가와 여러 사람들을 만나는 것이기는 하지만, 이러한 만남이 인식의 지평을 확장하는 계기가 될 수 있음은 물론이다.

4) 동경·풍문·생활 공간의 교차

기행가사는 떠나고 돌아오는 이야기이다. 그 과정에서 많은 것을 보고 듣고 경험하고 그 체험을 기술한 것이 바로 기행가사이다. 견문의 대상이 되고 경험의 대상이 되는 공간이나 사물이 하나일 리 없고 또 그 공간이나 사물에 대한 앎이나 기대의 정도 역시 천차만별 다를 수밖에 없다. 따라서 그 사물이나 공간에 대한 인식 내지 자기화의 정도와 양상 역시 다를 수밖에 없다. 한 편의 기행가사에 나타나는 다양한 공간 인식의 수준과 인식 및 표현의 양상은 이런 점에서 볼 때는 불가피한 면이 없지 않다.

한 편의 기행가사 작품 안에 구상화된 공간 역시 다성적인 면모를 보인다. 유자(儒者)라고 해서 유교적 관념으로 일관하여 공간을 인식한 경우는 찾아보기 어려우며, 풍문의 공간을 형상화한 작품이라고 해서

---

20) 필자는 이를 '즉물적 인식'이라고 명명한 바 있다. 졸고, 「대상 인식과 내용 생성의 관계에 대한 표현교육론적 연구」, 서울대 박사학위논문, 1999 참고.

대중적인 관념들로만 짜깁기가 되어 있는 것도 아니고, 사실주의적인 성향의 작품이라고 해서 실존적 공간 혹은 생활 공간에 대한 묘사로만 일관한 기행가사는 존재하지 않는다.

물론 시대, 작가, 여행 동기 등에 따라 실존적 공간이 강조되기도 하고 동경의 공간이 보다 지배적으로 드러나기도 하며, 풍문의 공간이 부각되기도 한다. 대체적으로 전기와 중기 가사에서 후기로 넘어갈수록 동경의 공간이 풍문의 공간이나 실존의 공간으로 바뀌어가는 양상을 확인할 수 있다. 그러나 시대와 작가, 여행 동기 등에 따라 비중이 다르게 드러나기는 하지만, 대체적으로는 앞에서 언급한 세 가지 공간이 한 작품 안에 공존하는 것이 일반적이다. 사실 사행가사의 작가에게 중국은 동경의 대상이자 풍문의 대상이고 그리고 내가 걷고 먹고 잠자는 공간이자 나와 같은 중국 사람들이 사는 공간이기도 한 것이다.

중요한 점은 기행가사에 형상화된 여러 공간들의 성격을 충분히 파악한 후, 그 각각의 공간들이 어떤 비중을 가지고 한 작품 안에 직조되어 있는지 그 결과 전체적인 공간의 이미지가 어떻게 창조되고 있는지 살피는 일일 것이다. 그럴 때 기행가사 자체에 대한 이해의 폭이 넓어지는 것은 물론이고 지리적 공간에 대한 정서적-인지적 앎 또한 풍성해질 수 있다.

4. 결론

자연의 모든 외적 아름다움의 내부에는, 그 아름다움이 더욱 완전한 의미를 지니게 하고, 그것을 더욱 매력적인 것으로 만들어주는 역사가 있다.

— Archbold Geikie[21]

〈나의 문화유산답사기〉 시리즈가 유행한 이래로, 여행과 관련된 여러 책들이 봇물처럼 쏟아져 나왔다. 최근에는 한시나 이전의 기행문학 등에 언급된 지역을 따라가며 그 감회를 읊고 체험을 기술하는 에세이들이 대거 인기를 끌고 있다. 이는 그 자체로 자연물을 포함한 특정 공간을 즐기는 방법이자 그 공간을 더욱 의미 있게 만드는 '역사에의 참여'로서의 의미를 지닌다. 그 결과 실제 공간에 대한 개인적 - 사회적 의미가 더욱 풍성해지는 것은 물론이고, 경우에 따라서는 실제 공간의 이미지를 강화하거나 바꾸는 등 현실적인 영향을 미치기도 한다. 〈나의 문화 유산답사기〉에서 새롭게 구획되고 붙여진 '남도'라는 명명이, 책의 유행으로 말미암아 실제 지리적 공간에서의 삶의 모습과 경관을 바꾸기도 했다는 연구 결과[22]는 공간의 이미지화가 실제 공간의 특성을 강화하거나 새롭게 구성하는 면이 있음을 증거해 준다.

이러한 관점에서 볼 때 우리 주변, 나아가 우리가 속한 공동체의 공간의 역사를 알고 또 의미를 부여하고 이미지를 창조하는 일은 문학교육의 중요한 내용임에 분명하다. 내가 사는 지역, 우리가 속한 공동체의 공간을 자기화하는 과정이자 그 구체적인 공간 안에 살아 있는 사람들을 만나는 일이라는 점에서 그러하다. 여기서 우리는 문학교육이란 결국에는 '타자'에 대한 이해를 통해 결국에는 나와 내가 사는 세상에 대한 이해를 도모하는 인문학적 기획이며, 따라서 문학작품의 존재 의의는 타자성이나 이러한 인문학적 기획 의도를 인정하는 데서 출발해야 한다는 점을 거듭 확인할 수 있다. 이 점은 제도교육의 장에서 기행가사를 가르치거나 가르치는 문제에 대해 논의할 때도 견지되어야 한다.

---

21) 이은숙, 「지리학과 문학의 만남」, 『문학 지리 - 한국인의 심상 공간』(김태준 편저), 논형, 2005, 21면 재인용.

22) 심승희, 「문화관광의 대중화를 통한 공간의 사회적 구성에 관한 연구」, 서울대 박사학위논문, 2000.

이 글의 실제적인 목표는, 교실에서 단순한 경유지나 견문 및 감상의 배경으로만 다뤄지던 공간을, 기행가사 감상의 핵심 지식이자 코드로 자리매김하려는 것이다. 이러한 목표에 따라, 여기서는 기행가사에 형상화된 '공간'의 특성을 살피고 그 공간을 경험하는 것이 어떤 인문적 혹은 교육적 의미를 지니는지에 대해 생각해 보았다. 그러나 그 공간을 어떻게 경험하도록 할 것인가에 대해서는 구체적으로 논의하지 못했다. '무엇'에 대한 성찰이 있은 연후에 '어떻게'에 대한 성찰이 시작될 수 있다는 사실을 앞세워, 기행가사의 '공간'을 어떻게 경험하도록 할 것인가와 관련된 논의는 일단 우리 모두의 과제로 남겨둔다.

【참고문헌】

김대행, 「賞春曲 : 抽象의 의미」, 『남경박준규박사정년퇴임기념논총』, 동간행위원회, 1998.

김대행, 「내용론을 위하여」, 『국어교육연구』 제10집, 서울대 국어교육연구소, 2002.

김대행, 「수행적 이론의 연구를 위하여」, 『국어교육연구』 제12집, 서울대 국어교육연구소, 2005.

김병국, 『한국고전문학의 비평적 이해』, 서울대출판부, 1995.

김성룡, 「이제현 문학의 중세의식 연구」, 『湖西語文硏究』 제3집, 호서대 국문과, 1995.

김성룡, 『여말선초 문학사상, 한길사, 1995.

이은숙, 「지리학과 문학의 만남」, 『문학 지리 - 한국인의 심상 공간』(김태준 편저), 논형, 2005.

심승희, 「문화관광의 대중화를 통한 공간의 사회적 구성에 관한 연구」, 서울대 박사학위논문, 2000.

안장리, 「한국팔경시연구」, 한국정신문화연구원 박사학위논문, 1996.

염은열, 「표현 자료로서의 〈관동별곡〉 연구」, 『독서연구』 제4호, 한국독서학회, 1999.

염은열, 「대상 인식과 내용 생성의 관계에 대한 표현교육론적 연구」, 서울대 박사학위논문, 1999.

염은열, 「19세기 금강산 가사의 특징과 문화적 의미」, 『고전문학연구』 제14집, 1998.

염은열, 「19세기 무명씨 금강산가사의 생활문화적 의미」, 『고전문학연구 별집』 8호, 한국고전문학회, 2001.

염은열, 「금강산 가사의 지리적 상상력과 장소 표현이 지닌 의미」, 『고전문학연구』 제38집, 한국고전문학회, 2010.

염은열, 「자기 위안의 이야기로 본 〈만언사〉의 특징과 의미」, 『문학치료연구』 19집, 한국문학치료학회, 2011.

이규일 편집, 『한국의 미 - ⑧민화』, 중앙일보, 1995.

이상태, 『한국고지도발달사』, 혜안, 1999.

정운채, 「尹善道의 한시와 시조에 나타난 '興'의 성격」, 『고시가연구』 제1집, 전남고시가연구회, 1993.

조세형, 「후기 기행가사 〈동유가〉의 작자 의식과 문체」, 『선청어문』 21집, 서울대 국어교육과, 1993.

존 듀이(엄태동 편저), 『경험과 교육』, 원미사, 2001.

이푸 투안(구동회 외 옮김), 『공간과 장소』, 대윤, 1995.

에드워드 렐프(김덕현 외 옮김), 『장소와 장소상실』, 논형, 2005.

M. 바흐친(여홍상 엮음), 『바흐친과 문학이론』, 문학과지성사, 1997.

Denis E. Cosgrove, Social Formation and Symbolic Landscape, Sydney: Croom Helm, 1984.

Yi-Fu Tuan, Escapism, The Johns Hopkins University. Press, 1998.

Bradd Shore, Culture in mind, Oxford University. Press, 1996.

* **그림-사진 출처**

1. 그림으로 보는 총석정

정선, 「총석정」, 『풍악도첩』, 비단에 엷은 색, 1711, 국립중앙박물관 소장

김홍도, 「총석정」, 『해산도』 8첩병풍, 비단에 엷은 색, 18세기, 국립중앙박물관 소장

2. 〈민화〉 풍문의 공간, 금강산

호암미술관 소장

(http://blog.naver.com/bulgogi_bros?Redirect=Log&logNo=20068783893)

3. 천작지옥 추자도의 오늘 모습

Doopedea(http://www.doopedia.co.kr/doopedia/master/master.do?_method=PhotoView2&MAS_IDX=101013000861381&MIM_IDX=101014002280145)

19세기 금강산 기행가사에 나타난 사경(寫景)의 문학교육적 의의

정 한 기

1. 머리말

작자의 여행 경험을 표현한 기행가사에는 작자가 여행 중에 겪은 일 · 여행지에 얽힌 이야기 · 여행지의 경치 등이 포함된다. 이 가운데 경치에 대한 표현이 높은 비중을 차지한다. 이러한 기행가사의 경치에 대한 표현은 시기별로 그 양상이 다르다. 특히 19세기에서 그 차이가 두드러진다. 전대(前代) 기행가사에서 작자는 정감이나 이념을 경치에 투사하여 표현한다. 이에 비하여 19세기 기행가사에서는 작자가 경치와 일정한 거리를 두어 경치에 작자의 정감이나 이념이 배제된다.[1] 이러한 19세기 기행가사에 나타난 경치에 대한 표현 즉 사경(寫景)[2]은

1) 19세기 기행가사와 전대의 기행가사의 다른 점은 염은열, 「19세기 금강산 가사의 특징과 문화적 의미」, 『고전문학연구』 14집, 한국고전문학회, 1998와 유정선, 「18 · 19세기 기행가사의 작품세계와 시대적 변모 양상」, 이화여대 박사학위논문, 1999와 졸고, 「기행가사의 진술방식 연구」, 서울대 박사학위논문, 2000 등에서 언급한 바 있다.

기행가사의 시대적 변모를 살펴 볼 수 있는 중요한 기준이 된다. 시대적 변모는 작품이 창작 유통된 배경과 밀접한 관련이 있을 것이다. 따라서 창작배경과 사경의 관련성을 살펴보는 것이 기행가사의 시대적 면모와 그 원인을 해명하는 데 관건이 된다.

이러한 창작배경과 사경과의 관련성은 문학적 의의뿐만 아니라 문학교육적 의의도 있다. 기행가사는 선인(先人)들의 여행 생활을 표현한 것이므로 창작배경과 사경의 관련성을 앎으로써 선인들의 생활과 표현의 관련성을 알 수 있다. 그 관련성을 앎으로써 고전문학을 현대적 의미로 재해석하기에 용이하다. 이 글은 이런 점에서 19세기 금강산 기행가사에 나타난 사경에 주목하게 되었다.

19세기 기행가사에는 외국을 여행하고 지은 사행가사(使行歌辭)·여성이 여행하고 지은 여성기행가사·국내의 산수자연을 여행하고 지은 관유가사(觀遊歌辭) 등이 있다. 이 가운데 사경이 부각된 것은 관유가사이다. 관유가사 가운데 작자가 알려져 있거나 작자미상이지만 창작연대를 알 수 있어 19세기 작품임이 확실한 것[3])이 12편이다. 이 12편

---

2) 사경(寫景)이란 '경치를 그린다' 또는 '그려진 경치'라는 뜻이다. 경치에 대한 표현과 관련된 용어로는 '경치에 대한 묘사'·'서경(敍景)'이란 용어가 있다. '묘사'는 주로 서사학에서 쓰인 용어이고, '서경'은 주로 가사의 하위 장르를 구분하는 데에 쓰인 용어이다. 두 용어를 사용하기에 주저된다. 이에 비하여 사경이란 용어는 산수유기(山水遊記)를 다룬 글에서 언급된 바 있다. 사경에 대한 것은 졸고, 「박순우의 〈金剛別曲〉에 나타난 寫景의 의미」, 『고전문학과 교육』 8집, 한국고전문학교육학회, 2004, 197면 참조.

3) 작자 또는 창작연대를 알 수 있는 19세기 금강산 기행가사는 작자미상으로 창작연대를 알 수 없는 19세기 금강산 기행가사와 차이가 있다. 19세기 작자미상의 금강산 기행가사는 단편으로 여정이 경유지 내지 목격지로 언급되는 정도로 축약되었고, 사경에서 비유적 표현이 이름에서 연유하거나 설명적인 인문지리적 지식을 소개하거나 다른 시가에 자주 등장하는 상투적인 표현을 사용하여 도식적인 성격이 강하다. 이에 비하여 작자 또는 창작연대를 알 수 있는 19세기 금강산 기행가사는 장편으로 여정이 상세하고, 사경에서 새로운 표현들이 보인다. 작자미상의 19세기 금강산 기행가사에 대한 것은 염은열, 「19세기 무명씨 금강산가사의 생활 문화적

가운데 정현덕(鄭顯德, 1810~1883)이 1869년 동래부사로 부임하여 동래를 여행하고 쓴 〈봉래별곡(蓬萊別曲)〉은 "소하정 드러가니 처사난 간곳 없고/ 유선대 올나가니 도사난 어대간고"와 같이 지명과 작자의 단평으로만 이루어져 사경이 소략하고, 구강(具康, 1757~1832)이 1813년 암행어사로 관북의 육진(六鎭)을 여행하고 쓴 〈북새곡(北塞曲)〉은 북관민의 생활과 풍속·여행의 어려움을 서술한 것이 대부분이고, 조희백(趙熙百, 1825~1900)이 1875년 호남지역의 세곡(稅穀)을 운반하는 일을 지휘·감독하는 성당창령운관(聖堂倉領運官)으로서의 체험을 기록한 〈도해가(渡海歌)〉는 공무수행의 어려움을 서술한 것이 대부분이다. 이 세 작품을 제외한 9편이 주된 대상인데 9편은 주로 금강산을 여행하고 지은 점이 공통된다.[4] 9편을 표로 제시하면 다음과 같다.[5]

순번	작품명	작자	창작 연대	수록문헌	작품 분량
1	〈금강곡(金剛曲)〉·〈총석가(叢石歌)〉	구강(具康, 1757~1832)	1820년	『북새곡(北塞曲)』	51행·57행
2	〈번천 봉래곡(樊泉 蓬萊曲)〉	김재화(金在華, 1768~1841)	1824년	필사본 단권	482행
3	〈지헌 금강산유산록(止軒 剛山遊山錄)〉	박희현(朴熺鉉, 1814~1880)	1855년	필사본 단권	675행
4	〈어당 금강별곡(峿堂 金剛別曲)〉	이상수(李象秀, 1820~1882)	1856년	필사본 단권	562행
5	〈동유가(東遊歌)〉	홍정유(洪鼎裕,	1856	필사본 단권	1092

의미」, 『국문학과 문화』, 한국고전문학회, 2001, 221~250면 참조.

4) 19세기 기행가사의 작품 수에 대한 것은 유정선, 앞의 논문, 4~10면과 졸고, 앞의 논문, 2000, 4~16면 참조.

5) 9편의 작품에서 〈지헌 금강산유산록(止軒 金剛山遊山錄)〉·〈어당 금강별곡(峿堂 金剛別曲)〉·〈번천 봉래곡(樊泉 蓬萊曲)〉 등은 작자미상의 동일한 제목의 작품들과 구별하기 위하여 원제목에 작자의 호를 필자가 첨부한 것이고, 〈금강산가(金剛山歌, 1816)〉는 원제목에 창작연도를 첨부한 것이다.

		1829~1879)	년 경		행
6	〈관동신곡(關東新曲)〉	조윤희(趙胤熙, 1854~1931)	1894년	필사본 단권	619행
7	〈금강산가(金剛山歌, 1816)〉	작자미상	1816년	『장편가집(長篇歌集)』	359행
8	〈관동장유가(關東壯遊歌)〉	작자미상	1859년	『관동장유가(關東壯遊歌)』	800행
9	〈동유금강록(東遊金剛錄)〉	작자미상	1868년	필사본 단권	742행

2. 19세기 금강산 기행가사에 나타난 사경(寫景)

19세기 금강산 기행가사 9편은 왜 창작되었는가? 작자는 관북암행어사·회양부사 등의 고위관직을 역임한 구강(具康), 사족으로 미관말직을 역임하거나 벼슬을 하지 못한 김재화(金在華)·박희현(朴熺鉉)·이상수(李象秀)·조윤희(趙胤熙), 중간계층이거나 몰락한 사족으로 추정되는 작자 등으로 그 편차가 다양하다.[6] 이러한 다양한 편차로 보아 작자의 성향으로 창작배경을 찾기에는 무리가 있다. 또한 19세기 기행가사에 대한 실증적 자료가 있는 것도 아니다. 따라서 창작배경을 온전히 살피기는 어렵다. 다만 19세기 기행가사가 수록된 문헌의 특징과 19세기 기행가사의 서두와 말미에 있는 기록을 통하여 대략적인 윤곽을 살펴볼 수 있다.

18세기 기행가사에 비하여 19세기 금강산 기행가사의 독자는 일반대중으로 확대되었을 가능성이 크다. 18세기 기행가사는 주로 개인 문집이나 문중의 가집에 수록된 것이 대부분임[7]에 비하여 19세기 기행가

---

6) 19세기 기행가사의 작자에 대한 것은 유정선, 앞의 논문, 1999, 145~154면과 졸고, 앞의 논문, 2000, 158~163면 참조.

사 9편은 필사본 단권이거나 당대의 가사들을 모은 가사집에 수록된 것이 대부분이다. 전술한 표에서 보듯이 필사본 단권으로 된 것이 6편이고 가사집에 수록된 것이 2편[8]이다. 이러한 사실로 보아 18세기 기행가사는 문중 내에서 유통되었을 가능성이 큼에 비하여 19세기 기행가사는 문중을 벗어나 일반 대중에게 유통되었을 가능성이 크다. 이와 관련하여 19세기 금강산 기행가사의 서두 또는 말미의 기록이 주목된다. 대표적인 것은 다음과 같다.

> 귀경 경(景) 아니라 곡경(哭景)이 정영(丁寧)항에/ 소견(所見) 업ᄉᆞᆫ 자식 두 니 이 말삼 헐이 마소/ 한 번 경쳐(景處) 보ᄅᆞ 하니 쥭을 지경 몃번인고/ 도라서 ᄉᆡᆼ각하니 부모(父母)임씌 득죄(得罪)로다/ 관히(觀海) 귀경 조티 마소 졔존귀예 물이 죠타/ 유ᄉᆞᆫ(遊山) 귀경 죠타 마소 져 밧긔예 졔일 일쇠/ ᄉᆡᆨ쥬가(色酒家) 반치 마소 져 부인(夫人) 일식(一色) 일쇠/ 이 말을 쳔히 보면 정영이 오입이라/ 마소 마소 셰ᄉᆞᆼ ᄉᆞ람 ᄌᆞ세이 명염(銘念)ᄒᆞ소/ 이 가ᄉᆞ(歌辭) ᄌᆞ시 보면 금강(金剛) 귀경 안ᄌᆞ보리/ ᄃᆞᆫ문 졸필(短文拙筆) 이 ᄲᅮᆫ이라 그만 져만 쥬리치니/ 을묘

7) 18세기 기행가사는 모두 9편이다. 개인 문집에 수록된 것은 권섭(權燮, 1671~1759)의 〈영삼별곡(寧三別曲)〉(『옥소고(玉所稿)』)·황전(黃纏, 1704~1771)의 〈피역가(避疫歌)〉(『만은집(晩隱集)』)·박순우(朴淳愚, 1686~1759)의 〈금강별곡(明村金剛別曲)〉(『명촌유고(明村遺稿)』)·정언유(鄭彦儒, 1687~1764)의 〈탐라별곡(耽羅別曲)〉(『우헌집(迂軒集)』) 등 4편이고, 문중의 가집에 수록된 것은 노명선(盧明善, 1647~1715)의 〈천풍가(天風歌)〉(『삼족당가첩(三足堂歌帖)』)·위세직(魏世稷, 1655~1721)의 〈금당별곡(金塘別曲)〉(『삼족당가첩(三足堂歌帖)』) 등 2편이다.

8) 작자미상의 〈관동장유가〉가 〈도해가(渡海歌)〉·〈함라별곡(咸羅別曲)〉 등과 함께 『관동장유가』에 수록된 것, 작자미상의 〈금강산가(1816)〉가 〈만고명장가(萬古名將歌)〉·〈어부사(漁父詞)〉·〈역대가(歷代歌)〉·〈검부가〉·〈운림쳐사가〉·〈은군ᄌᆞ가〉·〈낙빈가(樂貧歌)〉·〈계우사〉·〈녹의ᄌᆞ탄가〉·〈사인곡〉·〈사미인곡(思美人曲)〉·〈상사가(相思歌)〉·〈상사별곡(相思別曲)〉·〈춘면곡(春眠曲)〉·〈월봉산최일졍은셔상ᄉᆞ가〉·〈추풍감별곡(秋風感別曲)〉 등과 함께 『장편가집』에 수록된 것이 그 예이다.

(乙卯) 숨월일(三月日) 박지헌희현(朴止軒熺鉉)은 셔(書)ᄒᆞ노라[9]

— 박희현, 〈지헌 금강산유산록〉

위 구절은 〈지헌 금강산유산록〉의 말미이다. 독자에게 가사를 읽음으로써 금강산 구경을 대신하라고 한다. 이와 유사한 언급이 〈관동장유가〉[10] · 〈관동신곡〉[11] · 〈번천 봉래곡〉[12] 〈동유가〉[13] 등에서도 확인된다. 독자는 "금강산을 못 본 사람, 남녀노소, 슬하의 여손들, 세상의 호걸" 등이다. 기행가사의 유통이 문중에만 국한된 것이 아니라 평서층의 남녀노소 등으로 확대된 것을 알 수 있다. 이러한 독자층의 확대와 더불어 인용문의 "금강 구경 안ᄌᆞ보리"라는 구절이 주목된다. 이것과 유사한 구절이 "못본 ᄉᆞ람 이것 보면 ᄃᆡ강(大綱) 짐작(斟酌)ᄒᆞ오리

9) 최강현, 『기행가사자료선집Ⅰ』, 국학자료원, 1996, 359면. ( ) 안의 한자는 최강현, 앞의 책을 따른 것이고, 빗금과 밑줄은 필자가 한 것으로 이하 같다.

10) "평싱(平生)의 별넛더니 뉵순(六旬)니 거의 되어/ 구경ᄒᆞ고 도라가니/ 못본 ᄃᆡ로도 의논(議論)ᄒᆞ면 십분(十分)의 이삼(二三)이라/ 벼르다가 육순이 거의 되어 구경ᄒᆞ고 도라가니/ 장유가(壯遊歌) 지엇으니 못본 ᄉᆞ람 이것 보면 ᄃᆡ강(大綱) 짐작(斟酌)ᄒᆞ오리다/ 셰신ᄒᆞ(歲辛亥) 초동(初冬) 월일(月日) 일감정필셔(一鑑亭畢書) 안혼부실(眼昏不實)ᄒᆞ여 쥰풍 낙ᄌᆞ(落字) 만하 슈괴(羞愧)ᄒᆞ나 우리 형뎨(兄弟) 좌셕(座席)의셔 팔경(八景) 묵견(默見)ᄒᆞ쇼셔 초(草)ᄒᆞ노라" 작자미상, 〈관동장유가〉 (최강현, 앞의 책, 393면)

11) "구경ᄒᆞ던 경기쳐(景槪處)를 모두 긔록(記錄) ᄒᆞ여씨면 가사(歌辭) 한 권 너무리라/ 난필(亂筆)로 젹어씐니 그 사셜(辭說) 우숩도다/ 노쇼남여(老小男女) 보시난니 눌러 보고 곳쳐보와/ 과희 비소(鼻笑) 안니할가" 조윤희, 〈관동신곡〉(최강현, 앞의 책, 451면)

12) "슬하(膝下)의 녀손(女孫)들이 금강산(金剛山) 말ᄒᆞ라니/ 노정긔(路程記) 번역(飜譯)ᄒᆞ미 실(實)업고 ᄯᅩ 실(實)업ᄂᆡ" 김재화, 〈번천 봉래곡〉(김기영, 『금강산기행가사 연구』, 아세아문화사, 1999).

13) "금강 ᄂᆡ외형승 눈압회 삼삼ᄒᆞ여/ 쑴인듯 진경인듯 외신간 되거고나/ 듯고 보온 조흔 경기 ᄃᆡ강 젹어 긔록ᄒᆞ고/ 연로의 우ᄉᆞ온일 요초ᄒᆞ여 너러시니/ 아모나 보시ᄂᆞ니 짐작ᄒᆞ여 주오실가/ 일국지명산이오 삼한적 고찰드리/ 한곳의 모히여셔 쳔하의 유명ᄒᆞ다/ 셰상 호걸님ᄂᆡ 다 ᄒᆞᆫ번 보오소셔" 홍정유, 〈동유가〉(하버드대 소장본)

다……좌셕(座席)의셔 팔경(八景) 묵견(默見)ᄒᆞ쇼셔"(〈관동장유가〉)이다. 작자는 금강산을 보지 못한 사람들에게 이 한 편의 가사로 앉아서 구경하라고 권유한다. 여행지에 대한 정보를 제공하기 위하여 창작하였을 가능성이 크다. 19세기 금강산 기행가사가 400행 이상의 장편으로 정보량이 확대된 점도 이와 무관하지 않다. 그 확대된 정보들은 주로 여행지를 빠짐없이 제시한 것, 여행지에서 보고 들은 이야기나 민생에 대한 것을 제시한 것, 여행지와 관련된 설화를 제시한 것 등이다. 이러한 정보들은 작자가 독자들에게 여행지의 정보를 빠짐없이 제공하려는 의도가 강하게 작용한 결과이다.

확대된 독자들에게 정보 제공의 자료로써 19세기 금강산 기행가사가 창작되었다면 이러한 성격은 19세기 금강산 기행가사에 나타난 사경과 어떤 관련이 있는가? 19세기 금강산 기행가사에서 여정이 빠짐없이 제시된 것, 여행지에 있는 특정 승경의 위치가 주변 경관과 관련하여 세밀하게 설명된 것 등은 여행지에 대한 정보 제공이란 목적에 충실한 것이다. 하지만 산문과 크게 구별되지 않는다. 가사로 지은 것은 그 이유가 있을 것이다. 경치에 대한 장황한 표현은 산문과는 다른 19세기 금강산 기행가사의 특징이다. 9편의 금강산 기행가사에서 경치에 대한 장황한 표현이 나타난 대목을 찾아 표로 제시하면 다음과 같다.

작품	산봉우리	바위	기타
〈금강곡〉·〈총석가〉	정양사(正陽寺) 헐성루(歇惺樓)에서 본 봉우리	총석정	
〈번천 봉래곡〉		수미탑	해산정(海山亭)에서 본 일출
〈지헌 금강산유산록〉	영원동·영원암(靈源庵)에서 본 경치 장안사(長安寺) 범종루(梵鐘樓)에서 본 경치	가섭동의 경치	

	정양사 헐성루에서 본 봉우리		
〈어당 금강별곡〉	장안사 신선루에서 본 봉우리 영원암에서 본 시왕봉 백운대에서 본 중향성 만물초	백탑의 바위 총석정 청령뢰(淸泠瀨)의 바위	
〈관동신곡〉	정양사 헐성루에서 본 봉우리 만물초		
〈금강산가(1816)〉	정양사 헐성루에서 본 봉우리 시왕대(十王臺)에서 본 봉우리 은선대(隱仙臺)에서 본 봉우리 만물초		팔담
〈관동장유가〉	정양사 헐성루에서 본 봉우리 문답(門塔) 주위의 봉우리 만물초	해금강의 바위 총석정	구룡연
〈동유가〉	정양사 헐성루에서 본 봉우리		
〈동유금강록〉	만물초		금란굴

위의 표로 보아 19세기 금강산 기행가사에 나타난 사경은 주로 산봉우리・바위를 대상으로 하고 있음을 알 수 있다. 이것은 산봉우리와 바위라는 대상이 지닌 다양한 모습을 담아내면서 전대와는 다른 사경이 나타나게 된 것으로 보인다. 위의 자료를 토대로 19세기 금강산 기행가사에 나타난 사경의 특징적인 면을 제시하면 다음과 같다.

첫째, 작자는 대상을 일상생활의 상황에 의존하여 사경한다.

> 청용노(淸泠瀨)와 강션ᄃᆡ(降仙臺)의 다 각각 삼겻더라/ 괴이면 소(沼)가 되고 ᄯᅥ러지면 폭포(瀑布)되어/ 한 줄노 나린 물이 가지가지 다르도다/ 수목(樹木)이 자옥ᄒᆞ다 일광(日光)을 가리엿고/ 나무틈의 뵈는 돌이 긔이(奇異)ᄒᆞ고 수상(殊常)ᄒᆞ다/ 물 잇기가 밋그러워 너머지기 념녀(念慮)되고/ 무근 눈이 층층(層層) 잇셔 발목이 ᄲᅡ지것다/ 이상ᄒᆞ고 야단일셰 져러ᄒᆞᆫ 돌 ᄯᅩ 잇는가/ 물근 인졀미 고물 읍시 고은 드시/ 둥그러이 놉흔 거동 팔십길은 되오리라[14]

— 이상수, 〈어당 금강별곡〉

슈삼니(數三里) 올나가셔 구룡연(九龍淵) 다다르니/ 우흐로 층암절벽(層巖絶壁) 쟝셩(長城) 굿티 둘너잇고/ 팔담(八潭)으로 누린 물이 그 우흐로 써러지니/ 비류직하 삼천척(飛流直下三千尺)호니 은하 의시은하낙구천(銀河 疑是銀河落九天)니라 하미 이를 두고 일음인가/ 완연(宛然)니 은하수(銀河水) 써러지고/ 진주(眞珠) 몇 섬 쏟아진 듯 기절(奇絶)하고 웅장(雄壯)하다/ 절벽(絶壁) 밋 반석상(盤石上)의 구멍 크게 뚤렸는데 둥그렇게 되었구나/ 가마 솥 아가린가 슈레박회 모양일세/ 폭포가 써러지며 그 못술 급히 찟니/ 못 물이 쒸놀면셔 셩니는 모양이니/ 그 소릐 진동하여 벽력(霹靂)같이 무서우니[15]

— 작자미상, 〈관동장유가〉

〈어당 금강별곡〉에서는 청령뢰 주위에 있는 바위를 표현하였다. 높이 쌓은 돌을 '고물을 묻히지 않은 깨끗한 인절미'에 비유하였다. 고물이 묻지 않은 인절미는 일상생활과 관련된 것이다. 이러한 일상생활의 상황에 의존한 사경은 해학을 유발하기도 한다. 〈관동장유가〉에서는 구령연의 폭포를 표현하였다. 폭포의 물줄기는 은하수를 걸어 놓고 진주를 쏟아놓은 듯이 빼어나고 웅장한 모습이며, 이러한 거센 물줄기 때문에 폭포 아래의 넓은 바위에는 구멍이 생긴다. 폭포의 빼어나고 웅장한 모습은 이백의 〈망여산폭포(望廬山瀑布)〉에 있는 구절을 인용하여 그 기절(奇節)함과 웅장(雄壯)함을 진지하게 표현하였다. 그런데 이러한 비유와는 다르게 폭포 아래 생긴 구멍은 '가마 솥 아가리'에 비유하였다. 진지한 표현에서 일상생활에 의존한 표현으로의 급격한 변화이다. 이러한 급격한 변화로 독자는 이질감을 느낄 것이며 그 이질감으로

14) 김기영, 앞의 책, 287면.

15) 최강현, 앞의 책, 378면.

해학이 유발된다. 이와 같은 예는 〈번천 봉래곡〉에서 수미탑을 '누룩을 포개 놓은 것 · 맷돌을 쌓아 놓은 것'으로 표현한 것[16], 〈어당 금강별곡〉에서 백탑을 서책을 쌓은 것 · 두지와 함롱을 고은 것 · 삼대를 묶은 것으로 표현한 것[17] · 백운대에서 본 중향성을 파뿌리와 마늘쪽을 묶은 것으로 표현한 것[18] 등이 있다.

이것과 더불어 경치에 대한 장황한 표현이 이루어지다가 특정 대목에서 노랫말이 확장되고 그 확장된 노랫말은 인간의 성격과 관련된 것이 있다. 다음 구절이 그 예이다.

> 영원암(靈源庵) 올나셔니 도인(道人)의 득도쳴(得道處)다/ 영원조ᄉᆞ(靈源祖師) 발근 도를 이곳의 어듯도다/ 젼후좌우(前後左右) 긔절경(奇節景)은 금병풍(金屛風) 둘이인 ᄃᆞᆺ/ 져 건너 ᄇᆡᆨ마봉(白馬峯)은 안ᄌᆞᆼ 벗고 셧ᄂᆞᆫ ᄃᆞᆺ/ 우두봉(牛頭峯) 마면봉(馬面峯)은 글ᄂᆡ 버ᄉᆞᆫ 거동 보소/ ᄯᅩᄒᆞᆫ 져편 ᄎᆞ일봉(遮日峯)은 혼인ᄃᆡᄉᆞ(婚姻大事) 쓴 거신가/ 안ᄉᆞᆫ(案山)의 소신 봉(峯)은 시왕봉(十王峯) 일넛구나/ 져 십왕 거동 보소

---

16) "수미통(須彌洞) 드러가니 수미탑(須彌塔)이 신긔(神奇)ᄒᆞ다/ 누룩을 포가인 듯 밋돌을 ᄲᅡ앗ᄂᆞᆫ ᄃᆞᆺ" 김재화, 〈번천 봉래곡〉(김기영, 앞의 책, 268면)

17) "그만 보고 이러나셔 ᄇᆡᆨ탑(百塔)을 차지리라/ 차잠차잠 드러가니 돌 구경(求景)이 더욱 장(壯)타/ 여릭탑(如來塔)과 다진탑(多珍塔)과 증명탑(證明塔)과 다보탑(多寶塔)과/ 문탑(文塔) 은탑(銀塔) 여러 탑은 돌 모양이 방불(彷佛)ᄒᆞᄃᆞ/ 셔ᄎᆡᆨ(書冊)을 싸은 모양 두지 함농 고인 모양/ 갓 모양 우산 모양 돌마다 물형(物形)일세/ 삼ᄯᅢ를 무ᄭᅳᆫ 드시 층층(層層)이 드러셔니/ 압뒤으로 각각 모양 엽흘 본즉 ᄯᅩ 다르고/ 갓가이 보던 거동 멀니 보니 ᄯᅩ 다르다." 이상수, 〈어당 금강별곡〉(김기영, 앞의 책, 280면)

18) "이거시 ᄇᆡᆨ운ᄃᆡ(白雲臺)라 얼ᄉᆞ절ᄉᆞ 경(景)이로다/....../즁향셩(衆香城) 갓흔 거시 쳔ᄒᆞ(天下)의 ᄯᅩ 잇슬가/ 큰아 큰 골목 안에 흰돌이 모를 부어/ 상상부터 그 밋ᄶᅡ지 층층겹겹 가득ᄒᆞ니/ 셔역국(西域國) 영산회(靈山會)의 팔만(八萬) 부쳐 안졋ᄂᆞᆫ가/ 셕왕ᄉᆞ(釋王寺) 법당(法堂) 속에 오ᄇᆡᆨ나한(五百羅漢) 모앗ᄂᆞᆫ 듯/ 파부리를 셰윗ᄂᆞᆫ지 마날쪽을 묵건ᄂᆞᆫ지/ 초목(草木)도 아니 ᄂᆞ고 혹 한 쥼도 읍겟고나/ 보던 ᄇᆡ 쳐음이요 ᄉᆡᆼ각ᄒᆞ니 별닐일다." 이상수, 〈어당 금강별곡〉(김기영, 앞의 책, 290면)

> ᄎᆞ례로 느러션니/ 송졔봉 도사봉은 슈염도 엄젼ᄒᆞ다/ 진광ᄃᆡ왕(眞光大王) 염ᄂᆞ봉(閻羅峯)은 인물(人物)도 거록할ᄉᆞ/ 젼윤ᄃᆡ왕(轉輪大王) 초ᄉᆞᆫ봉은 위엄(威嚴)도 ᄌᆞᆼ할시고/ 그 겻ᄒᆡ 동ᄌᆞ봉(童子峯)은 어엿부고 남젼ᄒᆞ다/ ᄉᆞᄌᆞ봉(獅子峯) 압ᄒᆡ셔니 십왕 위의(十王威儀) ᄌᆞᆼ(壯)할시고/ 그 겻ᄒᆡ 판관봉(判官峯)은 모ᄃᆡ(帽帶)ᄒᆞ고 국궁(鞠躬)ᄒᆞᆫ 닷/ 져편의 죄인봉(罪人峯)은 무ᄉᆞᆫ 죄로 나립(羅立)ᄒᆞᆫ고/ 치죄ᄒᆞᄂᆞᆫ 거동보소 불ᄉᆞᆼᄒᆞ고 알씁웁다/ 마소마소 셰ᄉᆞᆼ 사람 그른 일 부디 마소[19]
>
> ― 박희현, 〈지헌 금강산유산록〉

〈지헌 금강산유산록〉의 위 구절은 작자가 장안사를 지나 옥경대(玉鏡臺)・업경대(業鏡臺)・황천문(黃泉門)이 있는 영원동(靈源洞)을 구경한 다음 영원조사(靈源祖師)가 도를 닦았던 영원암(靈源庵)에 올라 아래에 펼쳐진 봉우리를 보고 표현한 것이다. 4음보 1행을 단위로 하여 '대상 - 사경'이 장황하게 나열되어 있다. 한 가지 이미지로 수렴되는 것이 아니다. 독립적으로 각각의 대상에 대한 비유에 초점을 두고 있다. 그 비유는 주로 대상의 이름에서 연유한 것이다. 백마봉・우두봉・마면봉은 말과 소라는 봉우리의 이름에서 '안장을 벗고 선' 모습・'굴레를 벗은' 모습으로, 차일봉은 차일이란 이름에서 연상된 것으로 표현된 것이 그 예이다. 이러한 대상의 이름을 풀이하는 식으로 사경된 것[20]은 19세기 금강산 기행가사의 특징 가운데 하나이다.

그런데 위 인용 구절에서 동자봉의 경우는 그 성격을 달리한다. '얌전하고 예쁘다'고 한 것은 동자봉을 '어린아이 모양'이라고 이름을 풀이한 것이 아니라 동자의 성격을 제시한 것이다.[21] 마찬가지로 판관봉과

---

19) 최강현, 앞의 책, 342면.

20) 이름에서 연상된 사경은 염은열, 『고전문학과 표현교육론』, 역락, 2000, 101면에서 언급한 바 있다.

21) 이러한 예는 김재화의 〈번천 봉래곡〉에서 만물초의 봉우리를 '곳갈 벗은 늙은 중'

죄인봉도 판관과 죄인이라는 이름에서 벗어나 심판관이 모대(帽帶)하여 위엄이 있는 자세로 죄인을 치죄하고 있으며 죄인은 판결을 기다리며 나립한 모습이다. '판관'과 '죄인'의 이름을 풀이한 것이 아니라 '심판관이 죄인을 치죄하는' 상황에 의존하여 표현한 것이다. 이러한 표현은 죄인이라는 봉우리의 이름에서 연상하여 봉우리를 그리던 것에서, 죄인의 모습을 구체화하는 것으로 초점이 이동된 결과로 보인다. 이때 작자는 "무슨 죄로 나립하여는고"라며 개입하여 청자들에게 호기심을 유발하거나 "불쌍하고 불쌍하다"라며 죄인에 대한 감정을 개입시킨다. 죄인봉이라는 봉우리의 모습보다는 죄인의 상황을 핍진하게 그려 독자의 흥미를 유발하는 데에 초점을 두고 있다. 이러한 사실로 보아 일상생활의 상황에 의존한 사경은 경치의 모습에서 표현 자체의 흥미로 초점이 이동하였다고 볼 수 있다. 이러한 예는 〈관동신곡〉에서 작자가 정양사 헐성루에서 본 봉우리를 사경[22]한 것에서도 확인할 수 있다. 사자

'팔이 짧은 어린 아이'로 비유한 것에서도 확인할 수 있다. "만물초(萬物肖)가 분명하다/ 온정령(溫井嶺) 한 줄기가 북으로 둘넜는데/ 구름이 연송이가 닷토아 빼어낫네/ 기(奇)한 형용(形容) 괴(怪)한 모양(模樣) 같은 것도 많을 시고/ 곡갈 벗슨 늙은 듕과 팔쟝 지른 어린 아희/ 날즘싱의 날고 셔며 길즘싱의 긔고 안즌/ 져러틋 각각(各各) 형상(形象) 의희(倚稀)ᄒᆞ고 방불(彷佛)ᄒᆞ다." (김기영, 앞의 책, 268면)

22) "홀셩누(歇星樓)에 올나 안져 ᄉᆞ면(四面)을 바라본니/ 금강산 모든 봉이 녁녁(歷歷)이 다 보인다/ 장경봉(長慶峰) 관암봉(冠巖峰)은 장안ᄉᆞ세(長安寺勢) 먼져 보고/ 웃뚝ᄒᆞᆫ 셔가봉(釋迦峰)은 셕가려ᄅᆡ(釋迦如來) 모양이요/ 쎄쑥쎄쑥 십왕봉(十王峰)은 열ᄃᆡ왕(大王)이 져러ᄒᆞ며/ 불숭ᄒᆞ다 죄인봉(罪人峰)은 무삼 죄르 못씨지어/ 져ᄃᆡ지 뒤결복의 비난모양 참혹(慘酷)ᄒᆞ다/ 엄연(儼然)ᄒᆞᆫ 판관봉(判官峰)은 최판관(崔判官)이 져러ᄒᆞᆫ가/ 어여ᄲᅮᄃᆞ 동자봉(童子峰)은 희미ᄒᆞ게 웃둑 셧다/ 영악(獰惡)ᄒᆞ다 사자봉(獅子峰)은 네굽을 ᄒᆞᆫᄃᆡ 모고/ 등셩이를 쥬구리고 소ᄅᆡ를 지르난듯/ 웅장(雄壯)ᄒᆞ다 ᄇᆡᆨ마봉(白馬峰)은 은안장(銀鞍裝) 금치촉의/ 오릉소연(五陵少年) 어ᄃᆡ 두고 이곳의 혼ᄌᆞ 잇노/ 마면봉(馬面峰) 우두봉(牛頭峰)은 말얼굴 쇠머리요/ 천연(天然)ᄒᆞ다 차일봉(遮日峰)은 차일친 모양이요/ 쑈쭉ᄒᆞᆫ 세 봉우리 삼인봉(三人峰)이 져안니며/ 영특(英特)ᄒᆞᆫ 미륵봉(彌勒峰)은 미륵보살(彌勒菩薩) 형상(形象)이요/ ᄇᆡᆨ람봉 슈렴봉은 마조셔셔 웃둑ᄒᆞ고/ 네모번듯 승상봉(丞

봉의 경우에는 '등성이를 굽혀 소리를 지'른다고 하여 봉우리의 모습보다 사자의 모습에 초점을 두고 있다. 그리고 죄인봉에 대해서도 "불상하다 죄인봉(罪人峰)은 무삼 죄를 못씨지어/ 져덕지 뒤결박의 비난모양 참혹(慘酷)ᄒᆞ다"라고 하여 봉우리의 모습보다는 죄인의 모습에 초점을 두고 있다. 작자는 "불쌍하다"라고 감정을 개입시켜 일상생활에서 볼 수 있는 죄인의 상황을 핍진하게 그려 독자의 흥미를 유발한다.

둘째, 작자는 당대 유행하던 글을 차용·변개하여 사경한다. 유행하던 글을 차용·변개하는 것은 19세기 기행가사만의 특징은 아니다. 19세기 기행가사에서는 이러한 글귀를 차용하여 표현 자체에서 흥미가 유발되도록 변개한다. 다음 구절이 그 예이다.

> 범종누(梵鐘樓) 올나셔이 일만 이천봉이로다/ 쳘쥭화 진달닉난 슈풀 쇽의 반만 웃고/<u>안기 거더 빅운(白雲)되고 빅운거더 다긔봉(多奇峰)ᄒᆞ니</u>/ 이골 져골 단중일다[23)]
>
> — 박희현, 〈지헌 금강산유산록〉

〈지헌 금강산유산록〉의 위 구절은 화자가 장안사의 범종루에서 본 금강산의 진면목을 표현한 것이다. 철쭉꽃 진달래가 피어 있고, 안개가 걷혀 봉우리들이 드러나자 단장한 봉우리의 진면목이 보인다. '안기 거더 빅운되고 빅운거더 다긔봉ᄒᆞ니'라는 구절이 주목된다. 주지하듯이 도연명(陶淵明)의 〈사시(四時)〉에 나오는 "춘수만사택, 하운다기봉(春水滿四澤, 夏雲多奇峰)"을 차용한 것으로 잡가 등에 두루 쓰이는 시구이다. 봄과 여름의 대구가 원래의 뜻이다. 이러한 원래의 뜻과는 달리

相峰)은 평상(平床)노은 모양이요/ 셕응봉(席鷹峰)이 긔이(奇異)ᄒᆞ다 미안진 모냥이요/ 법긔봉(法起峰) 팔을봉은 모다 보살 일홈이요/ 다섯봉이 나른ᄒᆞ니 오션봉(五仙峰)이 이 아닌냐." 조윤희, 〈관동신곡〉(최강현, 앞의 책, 438~439면)

23) 최강현, 앞의 책, 340면.

위 구절은 '안개 걷혀 백운'되고 '백운 걷혀 다기봉'이라는 꼬리따기식의 어희적(語戱的)인 변개를 보인다. 어희적이란 점에서 시구의 원래의 뜻보다는 표현 자체에서 오는 흥미에 초점을 둔 것이다. 이와 같은 예는 소설을 차용한 것에서도 확인할 수 있다. 다음 구절이 그 예이다.

> 그 이튿날 발힝ᄒᆞ여 만물쵸(萬物肖) 구경가자/ 은징영 놉흔 고기 사십이(四十里) 올나간니/ 만물쵸(萬物肖) 이러구나 구경을 ᄌᆞ셰ᄒᆞᄌᆞ/ 긔긔괴괴(奇奇怪怪) 만학쳔봉(萬壑千峰) 가진 물형(物形) 다 잇도다/ 쳔틱산(天台山) 옥동자(玉童子)가 학을 타고 져를 불며 구름 속의 달리난 듯/ 월즁선여(月中仙女) 나려와셔 칠보단장(七寶丹粧) 갓게 ᄒᆞ고 단정(端正)이 안잔난 듯/ 상산사호(商山四皓) 모여 안져 바둑두며 노이난 듯/ 셔가여릭(釋迦如來) 붓쳐님 오빅나한(五百羅漢) 거나리고/ 여하딕(蓮花臺)의 올나안자 셜법ᄒᆞ난 모양이요/ 장판교(長坂橋)의 장익덕(張益德)이 쟝창금(長槍劍) 빗겨들고/ 고리눈을 부릅쓰고 호령ᄒᆞ난 모양이요/와농션싱(臥龍先生) 졔갈양(諸葛亮)이 빅우션(白羽扇) 학창의(鶴敞衣)로/ 신륜거(神輪車)의 올라안ᄌᆞ 쳔병만마 두르난듯/……/ 광한루(廣寒樓) 리도령(李道令)이 난간의 의지하여/ 춘향이 바라보고 정신 릅시 안즌난 듯/ 육관딕ᄉᆞ(六觀大師) 승진(性眞)의가 팔션여(八仙女) 만나보고/ 쏫가지 셔로 쥐며 반기여 노이난 듯/ 청용황용(青龍黃龍) 넘느려셔 여의줄(如意珠)을 희롱ᄒᆞ나/ 월궁(月宮)의 옥톳기 불사약(不死藥) 방아찐나/ 쇼샹동졍(瀟湘洞庭) 달발근밤 쎄기럭이 나려오나[24]
>
> — 조윤희, 〈관동신곡〉

위 〈관동신곡〉의 인용 구절은 금강산의 만물초를 표현한 것이다. 봉우리의 모습이 천태산(天台山)의 옥동자(玉童子)·월중선녀(月中仙

24) 최강현, 앞의 책, 447~448면.

女)·상산(商山)의 사호(四皓)·석가여래(釋迦如來) 등 익히 아는 인물들로 비유된다. 이러한 익히 알려진 인물에는 장비·이도령·성진과 팔선녀 등 당대에 유행하였던 소설의 인물들도 있다. 익히 알려진 인물로 사경되었다고 하여 표현 자체로 흥미를 유발하였다고 주장하려는 것은 아니다. 작자는 익히 알려진 인물로 사경하면서 노랫말을 확장하여 표현 자체의 흥미에 초점을 둔다. 위 인용 구절의 밑줄 친 부분을 보기로 하자. "장익덕이 장창금을 빗겨드는 모습"까지는 봉우리의 모습이 될 수 있지만 "고리눈을 부릅뜨는" 것은 봉우리의 모습이라기보다는 장익덕이란 인물의 성격을 나타낸 것이다. 바위를 이도령의 모습에 비유한 것도 같은 예이다. "이도령이 춘향을 보는 모습"이라고 하면 바위의 모습이 될 수 있지만, "정신없이 앉은" 것은 이도령이 춘향을 보고 반한 인물의 심리이다. 따라서 이 구절은 대상의 모습을 익히 알려진 인물로 비유하다가 노랫말이 확장되어 대상의 모습에서 벗어나 인물의 묘사에 초점을 둔 것이다. 표현 자체의 흥미를 지향한 것이다.

이와 같은 예는 구강의 〈금강곡〉에서도 확인할 수 있다. 작자는 정양사 헐성루에서 본 경치를 석가모니의 영산회(靈山會)의 모습·순임금과 공자의 온화하고 다기한 모습뿐만 아니라 홍문연(鴻門宴)의 광경·조자룡과 관우의 기세 등 〈초한지〉와 〈삼국지연의〉에 등장하는 인물과 내용 등으로 표현하고 있다.[25] 특히 경치를 홍문연의 광경으로

25) "정양사 헐성누의 셕양의 다시 올나/ 만이쳔봉 진면목을 앏히노코 바라보니/ 민심이 버리시시 빈희불측 ᄒᆞ다ᄒᆞ야/ 텬하긔관 도온일을 내잠간 의논ᄒᆞ리/ 쵸한건곤(楚漢乾坤) 보앗더냐 홍문연(鴻門宴) 옥당앏히/ 항장(項莊)이 칼춤츄어 패룡(沛龍)을 찌르랴며/ 번쾌(樊噲)는 방픠찌고 놀라쒸여 드러와셔/ 댱(帳)헤치고 셔향(西向)ᄒᆞ야 목지진렬(目在瞋洌) 분ᄒᆞᆫ거동(擧動)/ 진평(陳平)이 좌침(挫沈)ᄒᆞ고 범증(范增)의 거결(据抉)ᄒᆞ던/ 참담위름(慘憺危懍) 일장풍우(一場風雨) 홀연이 빗츨고쳐/ 금속아란(金粟阿蘭) 가셥존쟈(迦葉尊者) 년화ᄃᆡ(蓮花臺)의 쳥법(聽法)ᄒᆞ고/ 총녕항ᄉᆞ(葱嶺恒沙) 오ᄇᆡᆨ나한(五百羅漢) ᄇᆡᆨ팔념쥬 목에메고/ 금노(金爐)의 단향(檀香)퓌며 니마로 녜슈ᄒᆞ데/ 시방(時方)보던 이모양(模樣)이 홀연(忽

표현한 경우에는 경치의 모습보다는 항장(項莊)이 검무를 하며 유방을 찌르려 하자 번쾌(樊噲)가 방패를 끼고 뛰어 들어 두 눈을 부릅떠 위기를 모면하는 서사적 긴장감에 초점을 두고 있다. 표현 자체에서 오는 흥미이다.[26)]

셋째, 작자가 사경한 본문에 개입한다.

> 옥경ᄃᆡ(玉鏡臺) 귀경ᄒᆞ소 뉘가 보든 거울인고/ 업경ᄃᆡ(業鏡臺) 더욱 죠타 파쇄(破碎)ᄒᆞ여 바려 둔 듯/ ᄌᆞ시 보고 다시 보니 바회가 분명ᄒᆞ의/ <u>이 압히 보든 거동 실업다고 부ᄃᆡ마소</u>/ 셩문(城門)이며 황천문(黃泉門)은 뉘 긔셰로 셩을 쏜고/ 황청각(黃淸閣) 극낙문(極樂門)은 구비구비 닷기엿고/ 연석문 지옥문(地獄門)은 뉘가 져리 졔목(題目)혼고/ 금ᄉᆞ굴(金蛇窟) 흑ᄉᆞ굴(黑蛇窟)은 젼ᄉᆡᆼ 줴인(前生罪人) 갓치연ᄂᆡ/ ᄇᆡ

然)이 간곳업고/ 댱양댱탄(長養長灘) ᄇᆡᆨ만듕(百萬中)의 츙돌(衝突)ᄒᆞ던 죠ᄌᆞ룡(趙子龍)과/ 오관참장슈(五關斬將帥) 엄칠군(嚴七郡) 승승당당(勝勝堂堂) 관운댱(關雲長)은/ 경각의 감취이고 엇더ᄒᆞ니 뵈시던고/ 남훈젼상(南薰殿上) 탄월팔괘(彈月八卦) 오현금(五絃琴) 남풍가(南風歌)와/ 슌임금 뫼셔안져 ᄀᆡᆼᄌᆞ가(賡載歌)로 화답하며" 구강, 〈금강곡〉(최강현, 앞의 책, 263~266면)

26) 구강의 〈총석가〉에서 총석정을 소설 『숙향전』에서 마고할미가 떡가래를 만져 이선에게 먹이려고 한 대목으로 비유한 것도 같은 예이다. "텬ᄐᆡ산(天台山) 마고(麻姑) 한미 니션(李仙)을 먹이랴고/ ᄒᆡᆫ 쩍가릐 마고만져 층층(層層) 괴얏다가/ 먹고 남은 여러 갈ᄋᆡ ᄒᆡ포 되야 이러ᄒᆞᆫ지/ ᄒᆡᆫ 빗ᄎᆞᆫ 검어시나 모양은 의구(依舊)ᄒᆞ다." (최강현, 앞의 책, 268면). 작자미상의 〈금강산가(1816)〉에서 만물초의 선녀봉을 사경한 대목도 표현 자체의 흥미에 초점을 둔 것이다. "조도리 쓴 듯 선여봉(仙女峰)은 후셰남ᄌᆞ(後世男子) 발원(發願)인가/ 지성봉공(至誠奉供) ᄒᆞ온 공(功)니 영업부모 죠슉이라/ 가리마쓴 기ᄉᆡᆼ(妓生)인지 은안ᄇᆡᆨ마(銀鞍白馬) 칩더탄듯/ 무산낙죠(巫山落照) 선녀(仙女)련가 인물(人物)죳코 ᄆᆡᆸ시잇다/ 명산승지(名山勝地) 구경ᄒᆞ여 풍뉴호걸(風流豪傑) 보려ᄒᆞ나"(최강현, 앞의 책, 251면). 선녀봉을 남자 되기를 발원하는 여인·기생·선녀 등의 여인들로 비유하였고, 이러한 비유에서 지성봉고하여 부모에게 공이 돌아가는 것, 기생으로 은안백마를 탄 것, 선녀로 인물이 좋고 맵시 있어 명산승지를 구경하여 풍유호걸을 보려하는 것 등으로 각각의 여인에 대한 묘사가 이어진다. 경치를 표현하려던 것에서 다양한 여인과 그 특징을 제시하는 것으로 초점이 바뀌었으며 이러한 다양한 여인들의 모습에서 오는 흥미에 초점을 두고 있다.

> ᄇᆞ드러 ᄆᆡ든 바회 어늬 ᄉᆞ공 정영ᄒᆞ고/ 널셕바회 기던 바회 빈 틈 읍시 일홈일쇠/ 이편 저편 둘너 보니 선경(仙境)이 여긔로다[27)]
>
> — 박희현, 〈지헌 금강산유산록〉

> 통쳔읍(通川邑) 지ᄂᆞ와셔 십이(十里)을 더 ᄂᆞ가니/ 금ᄂᆞᆫ굴(金幱窟) 거긔로다 풍낭(風浪)이 ᄃᆡ작(大作)ᄒᆞ여/ ᄇᆡ타기 위ᄐᆡ(危殆)ᄒᆞ다 오후(午後)의 ᄇᆡ의 올ᄂᆞ/ 믈결을 거슬이니 파도(波濤)의 출몰(出沒)ᄒᆞ여 의상(衣裳)이 다 져젓데/ 안을 들러가니 쥬홍(朱紅)을 ᄲᅮ리온 듯/ 광치(光彩)가 황홀(恍惚)ᄒᆞ고 너르기 방 안 갓데/ ᄇᆞ회 우의 젼복 ᄶᅡ기 슐 안쥬 제일이요/ 쳔장의 푸른 풀은 불노초(不老草)라 ᄒᆞᄂᆞᆫ고ᄂᆞ[28)]
>
> — 작자미상, 〈동유금강록〉

작자의 개입이란 사경한 본문에 작자의 육성(肉聲)이 드러난 것을 말한다. 작자의 육성은 작자가 독자와 대면하듯 말하거나 본문을 어희적으로 해석한 대목에서 보인다.

〈지헌 금강산유산록〉의 위 인용 구절은 작자가 독자와 대면하듯 말한 경우이다. 영원동에 있는 경치인 업경대(業鏡臺)・황천문(黃泉門)・금사굴(金蛇窟)・흑사굴(黑蛇窟) 등을 차례로 표현하였다. 이러한 사경 속에서 작자는 "이 압히 보든 거동 실업다고 부듸마소"라며 독자에게 양해를 구한다. "이 앞의 거동"이란 작자가 업경대의 바위가 너무 깨끗하여 거울을 벌인 듯하다고 비유한 것이다. 이후 작자는 자세히 보니 거울이 아니라 바위라는 것을 알게 된다. 거울을 파쇄(破碎)하여 벌인 듯이 깨끗한 표면의 업경대・굽이굽이 닫힌 극락문 등은 사경으로 본문에 해당한다. 작자가 독자를 향하여 본문에 표현된 것에 대하여

---

27) 최강현, 앞의 책, 342면.

28) 김기영, 앞의 책, 321면.

양해를 구한 것이다.

〈동유금강록〉의 위 인용 구절은 작자가 본문을 어희적으로 해석한 경우이다. 통천(通川)의 금란굴(金蘭窟)을 사경하였다. 금란굴은 "주홍을 뿌린 듯"하고 "광채가 황홀"하고 그 안의 바위 위에는 문어와 전복이 붙어있다. 금란굴의 아름다움을 진지하게 표현한 것이다. 이에 대하여 작자는 "술 안주 제일이다"고 하였다. 대상에 대한 작자의 일상생활의 경험에 근거한 해석이다. 진지한 표현과는 이질적이다. 다음에 제시하는 구절들도 그 예이다. "부상(扶桑)의 오쉭(五色) 구름 치홍(彩虹)쳐로 빗기 펴면/ 됴요(照耀)훈 블근 빗치 윈 바다히 뒤눕더니/....../이윽고 불깃튼 둥군 박희/ 토홀 듯 못 토홀 듯 씰는 물결 탕양(蕩瀁)ᄒ며/ ᄒ놀의 쒸여 올나"(〈번천 봉래곡〉)[29]. 작자가 고성(高城)의 해산정(海山亭)에서 본 일출을 표현한 것이다. 해가 뜨기 전 수평선에 채색 무지개가 펴지고 바다가 붉은 색으로 덮이다가 이윽고 불같은 둥근 박이 이글거리며 하늘로 솟아오른다. 이후에 바다가 둥근 박을 토하여 박이 하늘로 솟아오른다고 하는 것이 자연스럽다. 그런데 "토할 듯 못 토할 듯"이라고 하였다. 마치 어른이 어린아이에게 줄듯 말듯 장난치는 듯한 모습이다. 자연스런 연결보다 어희적 면이 개입된 것이다. "꾀고리 복골시는 가지 가지 실피 울고/ 호반식 목탁식는 썩 마초아 졸도 운다/ 무당시 할미시는 망영시리 소릭혼다/....../낙낙 장송(落落長松) 느러진디 져 식솔이 슬피 우다/ 방정 마즌 할미시 뉘게 마즈 져리 알노/ 두견(杜鵑)의 실푼 소릭 천츄(千秋) 눈물 블거구나/ 녹슈음농(綠水陰濃) 져 꾀고리 쳡의 쑴을 놀니엿다."(〈지헌 금강산유산록〉) 앞의 인용 구절은 작자가 가섭동에서 본 경치를 표현한 것이다. 촉의 망제 고사와 관련된 두견·이별한 여인에 비유된 꾀꼬리 등은 이별·상실 등으로 인한 슬

29) 김기영, 앞의 책, 269면.

픔을 형성한다. 그런데 "때 맞추어 잘도 운다"·"망영스럽게 소리한다"·"방졍 마즌 할미식 뉘게 마주 져리 알노"라는 작자의 해석은 새의 울음에서 형성된 '슬픔'과는 이질적이다.

작자가 본문에 개입한 것은 작품 내에서 어떤 기능을 하는가? 작자의 개입으로 독자는 작자의 개성적인 면을 경험할 것이고, 대상의 표현에서 유발되었던 아름다움이나 황홀감과는 다른 이질성을 느낄 것이다. 그 개성적인 면과 이질성으로 단조롭기 쉬운 경치에 대한 표현에 변화를 주어 독자에게 흥미를 준다.

3. 문학교육적 의의

19세기 기행가사 9편을 대상으로 창작배경과 사경의 관련성을 살펴보았다. 그 결과 19세기 기행가사는 그 독자가 양반사대부에 국한된 것이 아니라 평서층의 남녀노소로 확대되었으며 독자들에게 여행지의 정보를 제공하려는 것이 그 창작배경이 된다. 이러한 창작배경에서 보면 19세기 기행가사에서는 여행지에 얽힌 전설·여행자가 겪은 일·여행지에 대한 것 등이 상세하게 소개되어 정보 제공에 충실한 면이 있다. 그런데 상세한 정보의 제공은 산문도 마찬가지이다. 가사로 지은 것은 그 이유가 있을 것이다. 19세기 기행가사에 사경이 확장되었다는 점에서 그 이유를 찾을 수 있을 듯하다. 경치에 대한 장황한 표현과 관련된 19세기 금강산 기행가사에 나타난 사경의 특징은 다음과 같다.

첫째, 작자는 일상생활의 상황에 의존하여 사경한다. 이러한 사경은 진지한 표현과는 이질감이 있어 해학이 유발되고 표현 자체에서 흥미가 유발된다. 둘째, 작자는 당대 유행하던 글을 차용·변개하여 사경한다. 유행하던 글을 차용하되 표현 자체에서 흥미가 유발되도록 변개한다. 셋째, 작자는 사경한 본문에 개입한다. 이러한 표현은 단조롭기 쉬운 사경에 변화를 주어 흥미를 유발한다. 이러한 특징은 독자층의 확대와는 어떤 관련이 있는가?

독자층의 확대로 그에 걸맞은 표현 수단이 필요하다. 독자층의 확대는 기행가사가 양반사대부들을 주된 독자로 하던 것에서 부녀자와 평서층으로 독자가 확대되었음을 말한다. 양반사대부층이 오랜 동안 한문의 문어체에 익숙하였다면 부녀자를 포함한 평서층의 독자들은 구어체에 익숙할 것이다. 이러한 가정에서 Walter J. Ong의 구술문화에 대한 논의가 참고가 된다. 주지하듯이 Walter J. Ong은 구술문화에 대하여 "구술문화란 전혀 쓰기를 알지 못하는 문화 내지는 쓰기라는 수단이 있다는 것조차 알지 못하는 문화"라고 한 다음 구술문화에 입각한 표현의 특징들을 첨가적·집합적·장황 다변적·보수 전통적·인간 생활세계에 밀착·논쟁적 어조·감정이입 또는 참여적·항상성·상황의존적이라고 하였다.[30] 이 개념을 19세기 금강산 기행가사에 그대로 적용하기는 어렵지만, 독자층을 양반사대부와 평서층으로 양분한다면 구술문화는 양반사대부에 비하여 평서층에 적합할 것이다. 19세기 금강산 기행가사에 나타난 '일상생활의 상황에 의존한 사경'은 구술문화의 '인간 생활세계에 밀착·상황의존적'이란 특징과, '작자가 본문에 개입한 표현'은 구술문화의 '감정이입 또는 참여적'이란 특징과 일치한다.

독자층의 확대로 그에 걸맞은 표현 효과도 필요하다. 일상생활의 상황에 의존한 사경은 독자에게 경치에 대한 모습뿐만 아니라 흥미와 해학을, 당대에 유행하던 글을 차용·변개한 사경은 독자에게 경치에 대한 모습뿐만 아니라 흥미를, 작자가 본문에 개입한 표현은 독자에게 경치에 대한 모습뿐만 아니라 흥미를 제공한다. 독자층의 확대로 진지함

30) Walter J. Ong, 이기우·임명진 옮김, 『구술문화와 문자문화』, 문예출판사, 1997, 60~92면.

뿐만 아니라 흥미가 필요하다. 사경이 그 흥미를 제공한다. 이러한 결과로 보았을 때 19세기 금강산 기행가사에 나타난 사경의 특징은 평서층으로 독자층이 확대된 것에 기인한다.

이러한 결과는 어떤 문학교육적 의의를 지니는가? 문학이란 "인간 삶의 모든 것"이고 "문학교육은 인간의 삶을 총체적으로 이해하는 것"31) 이란 점에서 보면 문학교육적 의의는 '인간 삶'에서 살펴보는 것이 적당할 것이다. 19세기 금강산 기행가사에 나타난 인간의 삶이란 작품 자체에서 찾기는 용이하지 않다. 작품이 유통되는 사실에서 찾을 수 있다. 그 사실은 기행가사의 향유층이 상층사대부에서 하층으로 확대되었다는 점이다.

19세기 금강산 기행가사가 하층의 향유물로 그 독자층이 확대되었다는 것은 문학이 상층의 전유물이 아니라 하층의 향유물로 보편화되었음을 의미한다. 문학의 보편화와 관련하여 19세기 금강산 기행가사의 사경은 '문학의 보편화'에 따른 표현 수단을 제공한다. 즉 문학을 생활 속의 문화로 보았을 때, 19세기 금강산 기행가사에 나타난 사경은 생활 속의 문화로써 여행에 대한 글을 쓸 때 그 글쓰기 방법을 제공할 수 있다는 것이다. 여행 문학에서 표현 주체는 다양한 경험과 지식을 통하여 대상을 표현할 것이다. 이러한 다양한 경험과 지식 가운데는 고차원적인 비유나 상징 등이 있을 수 있으나, 생활 속의 문화로써의 글쓰기에서는 생활에서 쉽게 접할 수 있는 재료를 취하는 것이 적절할 것이다. 이때 표현 방법으로 제시될 수 있는 것이 대상과 비유어를 상황의존적으로 결합하기 · 일상생활에서 얻은 재료를 비유어로 활용하기 · 표현 주체가 본문에 개입하기 등이 될 것이다.

31) 김대행『문학교육 틀짜기』, 역락, 2000, 63~89면.

4. 맺음말

기행가사는 사경(寫景)이 확장된 점이 특징이다. 이러한 사경은 기행가사의 시대적 양상을 드러낸다는 점에서 문학적 의의뿐만 아니라 선인들의 여행 생활과 관련된 표현이란 점에서 문학교육적 의의도 지닌다. 이러한 의의는 모든 기행가사에 해당되지만, 19세기 금강산 기행가사는 전대의 기행가사에 비하여 표현과 독자층에서 특징적인 면이 있어 그 의의가 두드러진다. 이 글에서는 19세기 금강산 기행가사 9편을 대상으로 사경의 특징과 문학교육적 의의를 살펴보았다. 그 결과를 요약하면 다음과 같다.

19세기 금강산 기행가사는 확대된 독자들에게 여행지에 대한 정보를 제공하기 위하여 창작되었다. 이러한 배경에서 19세기 금강산 기행가사는 전대와는 다른 사경의 특징을 보인다. 첫째, 작자는 인간의 일상생활의 상황에 의존하여 사경한다. 이러한 사경은 독자의 해학과 흥미를 유발한다. 둘째, 작자는 당대 유행하던 글을 차용·변개하여 사경한다. 이러한 사경은 표현 자체에서 독자의 흥미를 유발한다. 셋째, 작자는 본문에 개입한다. 이러한 표현은 단조로운 표현에 변화를 주어 독자의 흥미를 유발한다. 이상의 표현은 구술문화의 구어체에 바탕을 둔 것이다.

결국 작자는 확대된 독자를 의식하여 그들에게 익숙한 표현 수단으로 사경하였고, 그들이 요구하는 표현 효과를 제공하였다. 이러한 결과를 보았을 때 19세기 금강산 기행가사에 나타난 사경은 기행문학이 상층의 전유물이 아니라 하층의 향유물로 보편화됨에 따른 표현 수단과 표현 효과를 제공한다는 점에서 문학교육적 의의를 지닌다.

【참고문헌】

1. 자료

『關東壯遊歌』(서울대학교 규장각 소장본)

〈東遊歌〉(하버드대 소장본)

『長篇歌集』(서울대학교 규장각 소장본)

최강현, 『기행가사자료선집Ⅰ』, 국학자료원, 1996.

2. 참고논저

김기영, 『금강산 기행가사 연구』, 아세아문화사, 1999.

김대행, 『문학교육틀짜기』, 역락, 2000.

김대행, 「국문학의 문화론적 시각을 위하여」, 『국문학과 문화』, 한국고전문학회, 2001.

김대행, 「문학 생활화의 패러다임」, 『문학교육학』 7, 한국문학교육학회, 2001.

김대행, 「국어교과학의 과제」, 『청람어문교육』 17, 청람어문교육학회, 2002.

김대행, 「내용론을 위하여」, 『국어교육』 10, 서울대학교 국어교육연구소, 2002.

김종철, 「문학교육의 문화론적 관점」, 『국문학과 문화』, 한국고전문학회, 2001.

유정선, 「18·19세기 기행가사의 작품세계와 시대적 변모양상」, 이화여대 박사학위논문, 1999.

서유경, 「문학을 활용한 말하기 교육 내용 연구」, 『국어교육』 114호, 한국어교육학회, 2004.

염은열, 「19세기 금강산 가사의 특징과 문화적 의미」, 『고전문학연구』 14집, 한국고전문학회, 1998.

염은열, 「19세기 무명씨 금강산가사의 생활 문화적 의미」, 『국문학과 문학』, 한국고전문학회, 2001.

염은열, 『고전문학과 표현교육론』, 역락, 2000.

임경순, 「문학 표현 교육의 기반 탐색」, 『선청어문』 33, 서울대학교 국어교육과, 2005.

정한기, 「기행가사의 진술방식 연구」, 서울대 박사학위논문, 2000.

정한기, 「박순우의 〈金剛別曲〉에 나타난 寫景의 의미」, 『고전문학과 교육』 8, 한국고전문학교육학회, 2004.
조세형,「가사와 민요의 장르 교섭 양상과 그 문화적 의미」,『장르교섭과 고전시가』, 월인, 1999.
최미숙,「표현교육 연구의 반성과 제언」,『국어교육학연구』 14, 국어교육학회, 2002.
최인자,「표현교육 연구의 동향과 과제」,『선청어문』 31, 서울대학교 국어교육과, 2003.

Ong, Walter J., 이기우·임명진 옮김,『구술문화와 문자문화』, 문예출판사, 1997.

제2부

혜초 〈왕오천축국전〉의 기행문학적 고찰

박 기 석

1. 머리말

1908년 프랑스의 동양학자 펠리오(P. Pelliot, 1878~1945)는 중국 감숙성(甘肅省) 돈황(敦煌) 막고굴(莫高窟)에서 가져온 고문서를 정리하다가 앞뒤가 떨어져나가 제목과 지은이를 알 수 없는 8세기경의 두루마리로 된 인도 여행기 필사본 하나를 발견하였다. 그는 이 필사본의 어휘들을 혜림(慧琳)의 『일체경음의(一切經音義)』 제100권에 수록되어 있는 〈혜초왕오천축국전(惠超往五天竺國傳)〉의 어휘들과 비교하고는, 이것이 그간 내용을 알 수 없었던 〈혜초왕오천축국전〉임을 학계에 발표했다.[1] 그 후 1909년 중국학자 나진옥(羅振玉)은 이 필사본을 「돈황석실유서」에 영인하여 수록하였고, 이 필사본이 혜초의 〈왕오천축국전〉 원본이 아니라 절약본(節略本)이라고 했다. 이후 후지타(藤田豊

1) P. Pelliot, *Une Bibliothèque Médiévale retrouvée au Kan - sou*, Bulletin de l'Ecole Française d'Extrême-Orient, Tome8, 1908.

八), 다카쿠스(高楠順次郎), 오오타니(大谷勝眞), 하네다(羽田亨) 등 일본 학자들에 의해서 다각도로 연구되었고,[2] 독일의 동양학자 훅쓰(W.Fuchs)는 이 필사본을 독일어로 번역하기도 하였다.[3] 우리나라 학자로는 홍순혁이 『한글』이라는 잡지에 '세계 학계에 대경이(大驚異)를 준 신라승 혜초에 대하여'라는 글을 1928년에 발표한 것이 처음이다. 1943년에는 홍이섭이 혜초의 전기(傳記)를 『조광』에 소개하였고, 1946년에는 최남선이 〈왕오천축국전〉 원문을 『증보 삼국유사』의 '부록'으로 수록하였다.[4]

해방 이후 학자로 〈왕오천축국전〉에 대해 많은 관심을 가지고 연구・소개한 학자는 고병익이다. 그는 〈왕오천축국전〉의 연구 성과를 정리한 '혜초왕오천축국전연구사략(1958)'[5]을 비롯한 여러 편의 글을 학계에 발표하였다. 그러나 고병익은 사학자였으므로 〈왕오천축국전〉의 가치를 8세기경의 인도와 중앙아시아 각국의 정치와 정세, 불교의 성행 여부, 제도, 풍속, 산물, 음식, 의상, 기후 등을 알 수 있는 자료적 측면에 관심을 두었다. 그는 특히 8세기 서역지방을 연구하는 데 중요한 사료적 가치에 주목하였다. 〈왕오천축국전〉의 한글 번역은 양한승

---

2) 羅振玉, 『敦煌石室遺書』 제1책, 1909. 藤田豊八, 「慧超往五天竺國傳箋釋」, 1911(『大日本佛教全書』 권13, 「遊方傳叢書」 제1책, 佛教刊行會, 大正4年(1915)에 수록. 1931년에는 북경에서 錢稻孫校印에 의해 재판). 高楠順次郎의 「慧超傳考」와 「慧超往五天竺國傳殘釋」考訂은 『大日本佛教全書』 권13, 『遊方傳叢書』 제1책, 佛教刊行會, 大正4年(1915)에 수록되었음. 大谷勝眞, 「慧超往五天竺國傳の一二に就いて」, 『小田先生頌壽記念朝鮮論集』, 京城, 1934. 羽田亨, 「慧超往五天竺國傳迻錄」, 『京都大學史學科紀元二千六百年記念史學論文集』, 1941.

3) Walter Fuchs, *Huei-Chao's Pilgerreise durch nordwest−Indien und zentral Asien um 726*. Berlin, 1939.

4) 홍순혁, 「세계학계에 대경이를 준 신라승혜초에 대하여」, 『한글』, 1928. 홍이섭, 「인도에 구법한 신라승의 전기잡초」, 『조광』 9-4, 1943. 최남선, 『증보 삼국유사』, 민중서관, 1946. 부록.

5) 고병익, 「혜초왕오천축국전연구사략」, 『백성욱박사송수기념불교학논문집』, 1958.

의 번역본[6] 등 몇 편 있으며, 본격적인 역주(譯註)는 이석호와 정수일에 의해 이루어졌다.[7] 1970년대 중반에는 〈왕오천축국전〉을 기행문학으로 다룬 장덕순의 글이 『수필문학』에 수록되었다.[8] 이 글은 그 간 〈왕오천축국전〉을 8세기 초 인도 및 서역지방을 연구하기 위한 사료적 가치와 불교성지 순례자인 승려 혜초라는 인물에 대한 관심에서 벗어나, 한 편의 훌륭한 기행문학 작품으로 조명한 것이다. 이후 〈왕오천축국전〉을 기행문학으로 다룬 논문이 몇 편 더 발표되었다.[9]

이상에서 살펴본 바와 같이 펠리오에 의해 〈혜초왕오천축국전〉의 필사본이 세상에 알려진 이래 국내외 학자들에 의해 많은 연구가 있었음을 알 수 있다. 그러나 현재 남아 있는 필사본이 원래는 상, 중, 하 세 권이었던 것을 한 권으로 줄인 절약본(節略本)으로 추정되며, 그것도 앞부분이 심하게 훼손되어 있을 뿐만 아니라, 전반적인 내용에 있어서도 오자와 탈자가 적지 않기 때문에 혜초의 천축여행 동기와 목적은 물론이고, 전체 여행경로 등에 대한 것을 정확히 알 수 없다.

본고에서는 〈왕오천축국전〉의 여행경로와 기술 방식, 그리고 견문한 내용을 분석하여 이 작품의 기행문학적 가치를 고찰하고자 한다.

---

6) 양한승 역, 『왕오천축국전혜초기행문』, 통문관, 1961.

7) 이석호 역, 『왕오천축국전』(외), 을유문화사, 1970; 정수일, 『혜초의 왕오천축국전』, 학고재, 2004.

8) 장덕순, 「최초의 이역기행문」, 『수필문학』 38호, 1975.7.

9) 박기석, 「왕오천축국전의 몇 가지 문제」, 『선청어문』 10, 서울사대국어교육과, 1979.
김일열, 「왕오천축국전에 관한 문학적 연구」, 『어문론총』 15, 경북대학교, 1981.
김석회, 「왕오천축국전 어떻게 가르칠 것인가」, 『고전문학 어떻게 가르칠 것인가』, 이상익 외, 집문당, 1994.

2. 〈왕오천축국전〉의 여행경로

만약 펠리오가 발견한 〈왕오천축국전〉 필사본이 온전한 모습이었다면, 또는 혜초가 쓴 원본이 존재하거나 혜초의 생애에 대한 자료가 좀 더 많이 남아 있었다면, 혜초가 중국을 출발하여 인도까지의 여행경로와 인도에 상륙한 후 구시나국(拘尸那國, Kuśinagara)까지의 여행경로를 밝혀보는 노력은 불필요할 것이다. 그러나 불행하게도 현존하는 필사본으로는 혜초의 여행경로를 자세히 알 수 없다. 그런데 여행기를 감상하는 데 여행경로는 매우 중요하다. 따라서 혜초의 여행경로를 탐색해보는 것은 〈왕오천축국전〉의 이해를 위해 매우 중요한 과정이 아닐 수 없다.

지금까지 밝혀진 바에 의하면 혜초(慧超)는 704년에 출생하여 780년에 입적(入寂)한 것으로 추정되고 있다. 혜초가 신라를 떠나 당나라에 들어간 때는 719년(신라 성덕왕 18년), 그의 나이 열여섯 살 쯤으로 추정된다. 당나라로 건너간 혜초는 중국 광주(廣州)에서 금강지(金剛智 Vajrabodihi, 671-741, 天竺(천축)에서 중국에 온 密敎僧(밀교승))를 만나 불교를 공부하던 중, 금강지의 권유로 개원(開元)11년(723년)에 광주를 떠나 인도로 구법순례여행(求法巡禮旅行)을 떠났다. 개원15년(727년) 11월 상순 오천축과 서역 지방을 여행하고 안서도호부(安西都護府)가 있는 쿠차(龜玆 Kucha)를 거쳐 장안(長安)으로 돌아왔다. 그 후 733년부터 741년 금강지가 입적할 때까지 약 8년간 장안 천복사(薦福寺)에서 스승 금강지와 함께 밀교를 연구하고 한역(漢譯) 작업을 하였다. 773년부터는 다시 금강지의 제자였던 불공(不空)과 함께 밀교를 연구하였고, 불공이 입적하자 그의 유언에 따라 그의 6대 제자 중 한 명이 되었다. 건중 원년(建中 元年)(780) 오대산(五臺山) 건원보리사(乾元菩提寺)에서 입적하였다.

〈왕오천축국전〉

현재 남아 있는 혜초의 〈왕오천축국전〉 필사본은 앞부분이 심하게 훼손되어 있어서 여행의 목적은 물론이고, 중국 어디서부터 여행을 시작했는지, 인도 어디에 상륙했는지 등등 출발지로부터 인도에 도착할 때까지의 여행경로를 자세히 알 수 없다. 또한 남아 있는 필사본의 내용만으로는 인도에 상륙하여 어떤 경로를 거쳐 동천축(東天竺:東印度)에 이르렀으며, 어떤 경로를 거치면서 성지순례를 하였는지 알 수 없다. 현재 남아 있는 필사본은 앞부분이 결락(缺落)되어 있고, 남아 있는 앞부분도 글자들이 많이 결락되어 있거나 훼손되어 있어서 그 견문 내용이 어느 곳을 여행한 것인지 분명하게 알 수 없다. 다만 구시나국 이후의 기술된 내용을 가지고 대비하여 대강 추정해 볼 수 있을 뿐이다. 현존 〈왕오천축국전〉의 앞부분 내용은 다음과 같다.

> "…(缺落)… (三)寶 赤足裸形 外道不著衣 …(缺落)… 逢食則喫 亦不齋也 地皆平 …(缺落)… (無)有奴婢 將賣人罪與煞人罪不殊 …(缺落)[10]

---

10) "三寶(삼보)를…맨발에 알몸이다. 外道(외도)라 옷을 입지 않는다. …음식을 보자마자 먹어치우며 齋戒(재계)도 하지 않는다. 땅은 모두 평평하고…노비는 없으며 사람을 파는 죄와 사람을 죽이는 죄는 다르지 않다.(…缺落… (三)寶赤足裸形 外道不著(衣)〈約十三字 缺落〉…逢食卽喫 亦不齋也 地皆平〈約十六字 缺落〉(無)有奴婢 將賣人罪不與煞人罪不殊〈約十五字 缺落〉"

여기서 '寶' 앞의 훼손된 글자를 유추해보면 '三' 자로 추정된다. 왜냐하면 〈왕오천축국전〉에서 불교와 관련된 사항을 언급할 때 자주 보이는 단어가 삼보(三寶)이기 때문이다. 따라서 첫 단어는 '三寶'로 읽는 것이 올바르며, 삼보 앞의 단어는 '不信', 또는 '不敬'일 것으로 추정된다. 따라서 결락된 단어는 '不信三寶', 또는 '不敬三寶'로 추정된다.[11] 이렇게 추정할 수 있는 것은 다음에 이어지는 '赤足裸形 外道不著衣', '逢食則喫 亦不齋也' 등 여러 정황으로 볼 때에도 그렇다. 혜초가 여행한 이곳은 자이나교도들을 쉽게 만날 수 있는 지역이다. '맨발에 옷을 입지 않고 벌거벗은 채로 돌아다니며, 먹을 것을 보면 즉시 먹어버리고, 재도 올리지 않는 이교도(異教徒)' 들은 당시 동천축을 중심으로 세력을 떨치던 자이나교도들일 가능성이 많다. 다음 '有奴婢'에 대한 해석이다. 혜초는 북천축의 가라국(迦羅國)[12]에 도착한 후, 그곳의 견문을 피력한 다음에 오천축 여행에서 견문한 바를 간단히 종합적으로 기술하였다. 그 내용 중에 오천축에는 '사람을 사거나 팔지도 않으며, 노비도 없다(爲五天不賣人 無有奴婢)'라는 구절이 있다. 이와 같은 오천축에 대한 종합적인 기술 내용을 가지고 현재 〈왕오천축국전〉의 앞부분에 남아 있는 "有奴婢 將賣人罪與煞人罪不殊"와 관련지어 보면, 혜초가 견문하고 기술한 앞부분의 내용은 '有' 앞에 '無'자를 넣어 '無有奴婢'로 읽어야 할 것 같다. 왜냐하면 당시 오천축에는 노비를 소유하는 풍습이

---

11) 현재 남아 있는 동천축 견문을 통해 우리는 혜초가 여행할 당시의 동천축은 부처와 관련된 불교유적이 가장 많이 있는 곳임에도 불구하고 불교가 쇠퇴하고 불교유적이 황폐하였음을 알 수 있다. 당시 동천축은 삼보를 공경하는 자보다는 이교도가 더 많았음을 알 수 있다. 그러나 중천축, 남천축, 서천축, 북천축, 중앙아시아 쪽으로 가면서 대부분의 나라가 삼보를 공경하고('甚敬信三寶', '極敬三寶', '大敬信三寶', '供養三寶'… 등등) 소승불교 또는 대승불교, 또는 둘이 함께 행해지고 있음을 알 수 있다.

12) '가라국'은 '가미라(迦彌羅)'라고도 표기하였는데, 이곳은 오늘날 카슈미르, Kashmir) 지방을 가리키는 것 같다.

없었기 때문이다.[13] 물론 혜초가 여행한 이곳이 동천축이 아닐 가능성도 있다. 그렇게 되면 '有奴婢(노비가 있다)'라고 할 수 있다. 그렇다면 〈왕오천축국전〉 첫머리에 기술되어 있는 내용은 인도에 상륙하기 전 다른 곳일 가능성도 있다.[14] 그러나 위 문장에 이어지는 다음 문장, 즉 구시나국(拘尸那國, Kuśinagara)에 도착했다는 내용을 놓고 볼 때, 인도가 아닌 다른 나라일 가능성은 매우 적다. 또 '땅이 평평하다(地皆平)'고 했는데, 이러한 지형은 동천축국 중에서도 부다가야, 왕사성, 나란다 등이 있는 지형이 그렇다.[15] 따라서 현재 남아 있는 필사본의 첫 부분은 부다가야를 비롯한 왕사성, 나란다, 파트나 등이 있는 동천축의 불교성지를 순례하면서 견문한 내용임이 분명하다.

지금까지 밝혀진 바에 의하면, 혜초는 중국 남쪽에 위치한 광주에서 금강지로부터 밀교를 공부하다가 바닷길을 따라 인도에 갔을 것으로 추

13) 혜초가 가섭미라국(카슈미르)을 끝으로 오천축여행을 마치고, 오천축에서의 견문을 요약하는 자리에서"…몸소 경영하여 얻은 재물을 삼보에 공양한다. 오천축국에서는 사람을 팔지 않으며 노비도 없다.(以自經紀得物 供養三寶 爲五天不賣人 無有奴婢)"라고 했다.

14) 여행기 첫머리 의 기술 내용에 대해서, 오오타니(大谷勝眞)는 그의 논문에서 '赤足裸形'이라는 단어를 가지고 종래 인도양의 Nicobar 群島일 것이라는 주장을 부정하고, 이곳이 말레이 반도 북부해안일 가능성이 크다고 했다(각주 5) 고병익의 논문, 306면 참조). 또한 정수일은 자이나교(Jainism)를 홍성시킨 마하비라(Mahāvīra, B.C. 540~468))의 출생지며, 불교와 자이나교의 성지인 인도 동북쪽의 바이샬리(Vaiśālī) 지역으로 추정하였다(정수일, 앞의 책, 124~6면). 그러나 이와 같은 주장은 어디까지나 추정일 뿐이다. 왜냐하면 벌거벗은 이교도를 본 후 한 달 만에 도착한 곳이 구시나국이기 때문이다. 혜초가 대체로 걸어서 여행을 했다고 할 때, 구시나에 한 달 정도 걸어서 도달할만한 불교성지는 왕사성이나 파트나 지역일 가능성이 가장 크다.

15) 석지현, 『혜초의 길을 따라서』, 열화당, 1978, 264~265면 참조("보디가야(Bodhigaya- qnekrkdi). 불교의 가장 중요한 성지로 간다. 붓다의 깨달음이 있는 곳, 혜초(慧超)스님의 염원이 머문 곳, 보디가야로 가고 있다. 길의 좌우는 끝없이 펼쳐지는 들판, 그리고 들판, 그리고 또 들판뿐이다. 그들의 사이사이로 나무들이 평화롭게 서 있다. …")

정된다. 혜초 이전에도 수많은 구법 행렬이 해로와 육로를 통해 인도로 갔다. 지금 남아 있는 구법승의 대표적인 인도 여행기로는 육로로 갔다가 해로로 귀환한 법현(法顯, 337?~422?)의 〈불국기(佛國記)〉, 육로로 갔다가 육로로 돌아온 현장(玄奘, 602~664)의 〈대당서역기(大唐西域記)〉, 해로로 갔다가 해로로 돌아온 의정(義淨, 635~715)의 〈남해기귀내법전(南海寄歸內法傳)〉, 〈대당서역구법고승전(大唐西域求法高僧傳)〉[16] 등이 있다. 따라서 인도로의 구법 순례여행길은 육로와 해로가 있었으며, 혜초의 경우는 그가 머물었던 곳이 중국의 동남해안에 위치한 광주였으므로, 해로를 이용하였을 가능성이 크다. 그렇다면 혜초는 남지나해를 거쳐 말레이 반도를 돌아 벵골(Bengal)만을 거쳐서 인도 동북부 갠지스(Ganges)강을 따라 인도 내륙으로 들어갔을 것으로 추정된다. 그가 인도를 찾은 주목적이 불교성지의 순례를 통한 구법여행이었을 것이므로, 부처가 깨달은 진리를 맨 먼저 5명의 제자에게 설교했다는 녹야원(鹿野苑, Sārnāth)과 그 동쪽에 있는 부다가야(Buddha Gayā, 부처가 득도한 곳)의 마하보리(摩訶菩提, Mahabodhi), 마가다국(摩揭陁國, Magadha)의 수도였으며 죽림정사(竹林精舍, 최초의 불교 정사)가 있는 왕사성(王舍城, Rājgir), 녹야원의 북쪽에 위치한 부처의 입멸지인 구시나(拘尸那, Kuśinagara, 현재 kasiā) 등 동천축 지역이 혜초의 구법여행의 중요한 지역이었을 것이다. 부다가야, 왕사성, 구시나, 녹야원은 과거와 현재 모두 불교성지 순례자들이 반드시 들르는 4대 불교성지이기 때문이다. 그런데 현재 남아있는 필사본에는 이 동천축 여정 중 구시나와 녹야원에 대한 견문 내용과 부다가야의 마하보리사를 보았을 때의 감회를 적은

16) 혜초의 구법여행은 대략 4년 정도(723~727)이다. 그러나 법현은 11년(399~410), 현장은 16년(627~643), 의정은 18년(671~689) 동안이나 천축에 머물며 성지 순례 여행과 불법을 공부했다. 따라서 그의 여행은 앞 시대에 천축을 다녀온 선배들과는 그 여행 목적과 경로가 달랐던 것 같다.

오언으로 된 한시가 한 편 제시되어 있을 뿐이다. 이 오언시를 제외하고는 부다가야에서 얼마 떨어지지 않은 곳에 있는 왕사성, 당시 세계 최대의 불교대학이 있었다고 하는 나란다와 현재 비하르주의 주도인 파트나 등을 여행한 견문이 나타나 있지 않다.

마하보리사

〈왕오천축국전〉에서 혜초가 어느 한 여행지에 도착하였을 때의 기술방식은 대체로 '어느 방향(또는 지역, 나라) ―에서(從), ―까지(行), 얼마동안 걸려서(日, 또는 月), 어디에 이르렀다(至)'는 기술방식을 취하고 있다.[17] 그 다음에는 그곳의 정치, 의복, 언어, 풍속, 산물, 음식, 법률, 용세(庸稅), 빈부 정도, 가옥, 소송방법, 나라의 위치 및 지형, 기후 등을 기술하고 있다. 그러나 이와 같은 모든 사항을 반드시 모두 기술한 것은 아니다. 이 중에서 거의 빼놓지 않고 관심을 보인 것은 정치상황, 의복, 언어, 풍속, 산물, 음식, 지형 및 기후 등이다. 이러한 일반적인 기술이 끝난 후에는 반드시 불교적 관심을 기록하고 있다. 즉, 삼보(三寶)의 숭상여부, 사원·승려의 유무, 대승불교와 소승불교의 시행에 관한 것 등이 그것이다. 불교적 관심은 한 여행지의 견문 마지막 부분에 기술되어 있다. 대승불교와 소승불교에 대한 기술로 일단

17) 한 두 예를 들면, "又卽從彼羅捺痆斯國〈約三字 缺落〉月至中天竺國王住城…", "又從南天北行兩月 至西天國王住城…" 등 23개 지역의 첫 부분이 이와 같은 문장기술 방식으로 되어 있다.

한 여행지의 기본적인 기술은 끝난다. 그러나 그 지역에 유명한 불교 유적이나 사원 등이 있거나, 특별한 풍속이 있으면 그 다음에 첨가하여 기술하고 있다.

이와 같은 기술 방식과 내용을 통해 볼 때, 현존 필사본 여행기의 앞 부분은 어느 한 지역에 대한 여행 견문의 일부다. 그렇다면 혜초가 여행한 이곳은 어디일까? 아마도 이곳은 혜초가 부다가야와 왕사성 등을 여행하고 구시나국에 이르기 전의 불교성지를 순례하고 쓴 견문일 것이다.[18] 이후 혜초는 한 달 걸려 구시나국에 도착하였고, 구시나국을 여행한 후에 피라날사국(彼羅痆斯國, Vārāṇasī)으로 이동했다.[19] 이곳은 오늘날 비나레스(Benares)로서 이곳에서 약 이십 여리 떨어진 곳에 사르나트(Sārnāth), 즉 녹야원이 있다. 혜초는 이 지역 여행을 마치고 동천축의 불교성지 순례여행에서 가장 감회가 깊었던 마하보리사에서 읊은 오언시를 제시해 놓는 것으로 동천축 여행을 마무리한 것이다.

그런데 남아 있는 내용만 본다면 혜초는 녹야원의 불교성지를 찾기 전에 그 동쪽 지역에 자리하고 있는 불교성지들, 부다가야와 왕사성, 그리고 나란다, 파트나 등을 여행하지 않은 것이 된다. 그러나 혜초의 천축여행이 일차적으로는 불교성지를 순례하는 데 있었을 터이므로, 이와 같은 중요한 불교성지를 들르지 않았을 리가 없다. 또한 혜초는 피라날사국을 여행하고 쓴 견문 끝에 부다가야에 있는 마하보리사를 보았을 때의 환희를 적은 오언시를 제시하고 있다. 그렇다면 혜초가 마하보리사에 간 것이 분명하다. 혜초는 구시나국에 이르기 전에 이미 부다가야를 비롯하여 왕사성, 나란다, 파트나 등을 이미 여행하였음이 분명

18) "한 달 걸려 구시나국에 이르렀다. 부처가 열반하신 곳이다. 성은 이미 황폐하여 아무도 살지 않는다.(一月 至拘尸那國 佛入涅槃處 其城荒廢 無人住也…)"

19) "며칠 걸려서 피라날사국에 이르렀다. 이 나라 또한 황폐하여 왕이 없다. …(日 彼羅痆斯國 此國亦廢無王…)

하다. 그리고 그곳을 순례 여행하면서 견문한 내용이 분명히 있었을 것이다. 그러나 현존하는 필사본에는 나타나 있지 않다. 훼손된 여행기 앞부분에는 아마도 이곳을 여행한 견문 내용이 있었을 것으로 추정된다. 따라서 혜초는 녹야원에 오기 전에 이미 부다가야와 왕사성 등을 순례하고 구시나를 거쳐 녹야원에 이르렀음이 분명하다. 따라서 혜초의 동천축 여정은 지금까지의 주장, 즉 구시나, 녹야원을 거쳐 왕사성 마하보리사를 여행하고 다시 녹야원으로 되돌아와 중천국으로 이동했다는 추정은 잘못된 것이다.[20] 혜초는 인도양을 건너 갠지스강과 그 지류를 따라 동인도 내륙으로 들어오다가 동천축 불교성지에 가까운 곳에 상륙하여 불교성지가 몰려 있는 동천축의 부다가야를 비롯하여 왕

---

20) 동천축국의 여행경로에 대한 추정을, 고병욱은 그의 「혜초왕오천축국전연구사략」(『백성욱박사송수기념불교학논문집』, 1958)'에서 "혜초의 여정을 현존 잔권에 의해서 대략 더듬어 보면 그는 먼저 남해로부터 중인도로 들어가서 석가의 입열반처인 拘尸那國(Kuśinagara)를 지나 彼羅痆斯國(Varanasi 現今의 Benares)를 거쳐 摩揭陀國(Magadha)에 이르러 녹야원, 구시나, 사성, 마하보리사 등의 4대영탑을 순례하고 또 중천축의 4대탑인 舍衛國給孤薗塔, 毘耶離城菴羅薗塔, 迦毘耶羅國塔, 三道寶階塔을 보고서 南印度로 들어갔다."라고 하였다. 그러나 여기서 고병욱은 혜초가 남해로부터 중인도로 들어가서 구시나에 이르렀다고 했는데 지리적으로 볼 때 도저히 납득할 수 없다. 또한 혜초는 그의 여행기에서 녹야원, 구시나, 사성, 마하보리사의 사대 영탑이 마게다국 영역 안에 있다고 했는데 착각한 것 같다. 왜냐하면 마게타(Magadha) 왕국은 고대인도 16대국 중 하나로, 그 영토는 오늘날 북방주인 파트나(Patna), 비하르(Bihar), 가야(Gaya) 일원이고, 6세기 말에 멸망한 나라로서 혜초가 여행했던 8세기 초에는 존재하지 않았다. 물론 예전의 마가다왕국이 있었던 곳이라고 말했다손 치더라도 녹야원을 마가다왕국에 속한 것으로 기술된 것은 착오다. 녹야원은 피라날사국에 속한 곳이고, 구시나는 독립국이었기 때문이다. 또한 혜초가 걸어서 여행했던 1300여년전, 그가 인도에 상륙하여 구시나를 거쳐 녹야원에 이르렀다가 마하보리사가 있는 부다가야와 왕사성 등 불교유적지를 순례하고 다시 녹야원으로 돌아왔다는 것은, 오언시에서도 혜초가 말한 것과 같이 도로 사정이 지극히 열악하고, 대부분 걸어서 다녔던 사정을 고려한다면 도저히 이해가 안 된다. 또한 사성으로 기술된 왕사성은 고대 마가다왕국의 수도였고 부처가 오랫동안 설법한 靈鷲山과 죽림정사가 있는 곳이며, 자이나교의 창시자 마하비라가 열 네 차례 雨安居를 지낸 자이나교의 성지이기도 하다.

사성, 나란다, 파트나 등을 여행하고 북쪽으로 구시나를 거쳐 다시 남쪽의 녹야원에 이른 것으로 추정된다. 이후 혜초의 여행경로는 중천축, 남천축, 서천축, 북천축을 거쳐 중앙아시아, 더 나아가서 아랍지역까지 여행하고 당나라에 귀환하게 된다. 혜초가 천축을 향해 중국 남동쪽에 위치한 광주에서 배를 타고 천축으로 떠난 것이 개원11년(723)이고, 중아시아를 거쳐 파미르 고원을 넘어 당나라 안서도호부가 있는 구자(龜玆, Kucha)에 도착한 것이 개원 11월 상순이므로, 여행기간은 대략 4년 동안이었다. 혜초는 이 기간에 인도와 서역지방을 여행하면서 견문한 바를 객관적으로 기술한 것이다.

4년간의 혜초의 여행경로 전모를 파악하기 위해서는 좀 더 많은 노력이 필요하다. 먼저 중국 광주에서 남지나해를 거치면서 견문한 내용은 물론이고, 그 경로를 탐색해보는 작업이 필요하고, 동천축의 여행경로를 비롯하여 중천축, 남천축, 서천축, 북천축, 즉 인도 여행경로와 카슈미르를 지나 중앙아시아 지방의 여행경로 탐색과 귀환경로 등을 탐색할 필요성이 있다. 즉, 먼저 혜초가 출발한 곳으로 추정되는 중국 광주에서 동천축까지의 여정을 비롯하여 북천축 이후의 여정, 특히 혜초가 실제로 파사국(波斯國, 페르시아), 대식국(大寔國, 아랍), 소불림(小拂臨, 다마스쿠스를 중심으로 한 시리아)과 대불림(大拂臨, 콘스탄티노플을 수도로 하는 동로마제국, 빈잔틴 제국) 등을 직접 여행하였는가의 여부, 전해들은 내용을 기록한 것인지의 여부와 아울러 귀환 경로에 대한 것 등을 당시의 역사적 사실과 지리적 지식을 동원해 탐색해야 할 것이다.

3. 〈왕오천축국전〉의 기술방식과 혜초의 관심사

혜초의 천축여행의 목적은 불교 성지 순례와 구법여행이었던 것으로 추정된다. 따라서 부처와 관련된 유적이 많이 남아 있는 동천축이 가장 중요한 여행 목적지였을 것임은 당연하다. 그러나 현존하는 필사본에는 이 지역을 여행하고 기술한 것으로 추정되는 내용 중 많은 부분이 훼손되어 있어서, 혜초가 순례한 동천축의 불교성지가 어디였는지 또한 그 불교성지를 여행하면서 견문하고 느낀 감회가 어떠하였는지 현재 남아 있는 기록만으로는 자세히 알 수 없다. 그러나 현존하는 내용으로 미루어 볼 때, 동천축 여행에서의 혜초의 일차적 관심사가 불교성지에 있었음은 분명하다. 남아 있는 필사본 첫머리는 아마도 인도에 상륙한 후, 동천축의 어느 지역을 지나면서 견문한 내용으로 추정되는 부분이다. 내용은 이교도의 모습과 그들이 사는 지형 및 제도에 대한 기술이다. 그리고 한 달 뒤, 황폐하여 지금은 사람이 살지 않는 구시나성(城)과 부처가 열반한 곳에 세운 불탑의 쓸쓸한 모습, 녹야원의 불탑과 불상, 그리고 옷을 걸치지 않고 온 몸에 재칠을 한 이교도의 모습, 부처가 득도한 부다가야의 마하보리사를 본 감회를 읊은 오언시 등을 통해 동천축 순례 여행의 여정과 감회와 관심사를 대략 알 수 있다. 이 구시나국을 거쳐 피라날사국(彼羅痆斯國, Vārāṇasī, 오늘날 Benares)의 녹야원을 끝으로 혜초의 불교성지 순례는 끝난다. 이후 혜초는 중천축, 남천축, 서천축, 북천축을 여행한 후 서역 지방을 거쳐 육로로 귀로에 오르게 된다. 이제 여행기 내용과 기술 방식을 통해 혜초의 관심사를 살펴보기로 하겠다.

〈왕오천축국전〉의 내용은 혜초의 여행 경로를 따라 기술되어 있다. 현재 남아 있는 내용의 첫머리는 동천축 여정 중의 견문으로 추정된다. 인도에 상륙한 혜초는 먼저 동천축의 불교성지를 먼저 찾았을 것이다. 동천축 불교성지의 순례 여행을 마친 후 혜초는 중천축, 남천축, 서천축, 북천축을 거쳐 서쪽으로 대식국(아랍)까지 여행하고는, 중앙아시아를 거쳐 파미르 고원을 넘어 당나라로 이동해가면서 견문한 내용을 매우 간략하게, 그리고 객관적으로 기술하였다. 그 대부분의 내용은 그가 직접 여행하면서 견문한 것으로 보인다. 그러나 어떤 곳은 혜초가 직접 여행하지 않고 사람들로부터 전해들은 바를 기록한 것도 있는 것 같다.

〈왕오천축국전〉의 기술 내용은 여행한 나라와 지역에 따라서 그 내용과 기술방식, 그리고, 그리고 분량에 있어서 차이가 있다. 오천축의 경우에는 각 나라마다 여행경로를 따라 기술하는 방식을 썼다. 그리고 한 나라를 여행하고는 각 천축국간의 특색을 비교하기도 하고, 종합적으로 기술하기도 하였다. 그러나 북천축 이후의 여행에서는 기본적으로는 각 나라별로 구분하여 기술하려고 하였다. 그러나 경우에 따라서는 지역을 한데 묶어 기술하는 방식을 쓰기도 하였다.

혜초의 천축여행이 구법 순례여행이었기 때문에 동천축국 여행에서의 주된 관심은 물론 불교성지의 모습을 비롯한 불교에 관련 된 것이었다. 그러나 중천축을 거쳐 남천축, 서천축, 북천축으로 여행지를 옮겨가면서 그의 관심은 불교에 대한 것 못지않게 정치, 경제, 사회를 비롯하여 의식주와 언어, 지리와 기후 등 자연환경에도 관심을 깊은 관심을 기울였다. 그는 인간의 삶과 관련된 정치, 경제, 사회, 지리, 문화, 군사, 종교 등을 가급적이면 빼놓지 않고 모두 기술하고자 하였다. 그 중에서 가장 큰 관심은 불교와 관련된 것임은 물론이다. 혜초는 동천축을 비롯하여 중천축, 남천축, 서천축, 북천축과 서역지방, 즉 중앙아시아, 페르시아와 아랍지방을 여행 하면서 왕과 수령 및 백성들이 삼보를 숭상하는가의 여부, 절과 탑의 유무(有無)와 그 모습, 승려의 많고 적음, 소승불교가 행해지고 있는가? 대승불교가 행해지고 있는가? 또한 아랍의 침략여부 및 이슬람세력의 확산에 대해서도 깊은 관심을 가지고 기술하고 있다. 이렇게 혜초는 오천축은 물론이고, 그가 여행한 지역, 나라들의 정치, 외교, 군사, 경제, 형법, 자연환경 등을 비롯하여 의식주 등 인간의 삶과 관련된 총체적인 문제에 관심을 가지고 객관적 시각에서 간결한 문장으로 기술하였다. 그러나 혜초는 기나긴 여행을 하면서 그 자신은 무엇을 먹고, 무엇을 입고, 어떤 운송수단을 이용했는지 또 어떠한 신체적 고통과 고난을 당하면서 여행하였는지 등 자신의 여행 모습에 대해서는 일체 언급하지 않았다. 여행에서의 그의 모습을 알 수 있는 것은 오로지 삽입된 오언시에 나타나 있는 여행지에서의 감회일 뿐이다. 그는 여행에서의 감회를 다섯 편의 시로 압축하여 피력했다. 이와 같은 기술 방식은 절제된 마음에서 비롯된 것으로서, 구도승으로서 천축을 순례 여행한 혜초의 자세와 관련이 있다고 하겠다.

현재 남아있는 〈왕오천축국전〉의 필사본은 원래 상, 중, 하 3권으로 되어 있었던 내용을 필사자가 자신의 판단 기준에 따라 간추려 엮은 절약본이라는 나진옥의 주장이 가장 설득력을 얻고 있다. 그는 혜림의 『일체경음의』[21]에 수록되어 있는 〈왕오천축국전〉의 어휘와 돈황 막고굴에서 발견된 혜초의 인도여행기를 비교하고는, 이것은 원본을 그대로 필사한 것이 아니라 '절약본'일 가능성이 크다고 했다. 이후 이 견해는 대다수 학자들에 의해 받아들여지고 있다. 그러나 일부 학자는 지금 남아 있는 〈왕오천축국전〉이 원본의 일부, 즉 인도에 상륙한 후, 즉 동천축 여행 이후의 내용만을 필사한 것이라고 주장하기도 한다.[22] 그

21) 혜림이 지은 『一切經音義』는 불교와 관련된 1,300여권의 불전 속에 들어 있는 어려운 어휘를 풀이한 일종의 주석서이다. 景審의 『一切經音義序』에 의하면 혜림은 737년(건원25년)출생하였으며, 783년부터 817년까지 西明寺에서 『일체경음의』를 찬술하였다고 한다. 이 책 卷第一百 第七張부터 十三張 사이에 '惠超往五天竺國傳'이라고 명시하고, 상권, 중권, 하권 별로 구분하여 난해한 어휘 85개(상권 39개, 중권18개, 하권28개)를 골라서 음과 뜻을 풀이하였다. 이 중에서 현존하는 혜초의 〈왕오천축국전〉의 어휘와 배열순서가 대체로 일치하는 것이 17개정도이다. 상권에 있는 어휘와 일치하는 것은 없고, 중권의 4개, 하권의 13개가 부합한다. 따라서 현존하는 잔간본은 절약본일 가능성이 크다.

22) 현존 필사본이 축약본이 아니고 원본의 일부를 그대로 베낀 것이라는 주장을 한 학자는 오타니 가츠마(大谷勝眞)다. 그는 원본의 중권 후반부와 하권을 그대로 베낀 이른바 '不分卷'이라는 견해를 밝혔다(大谷勝眞, 「慧超往五天竺國傳の一二

돈황 막고굴

러나 많은 학자들은 현존 필사본을 원본 내용을 간추려 만든 절약본으로 보는데 대체로 동의하고 있다. 만약 세 권으로 되어 있는 원본이 남아있다면, 『일체경음의』에 나타난 어휘를 통해 볼 때, 그 내용은 지금

に就いて」, 『小田先生頌壽記念朝鮮論集』, 京城, 1934, 143~160면). 이러한 주장이 전혀 가능성이 없는 것도 아니다. 왜냐하면 혜림이 『일체경음의』에 상권, 중권, 하권으로 구분하였지만, 혜림이 본 원본이 분권하지 않은 단행본이었는가, 아니면 따로 따로 분권된 것인가에 대해서도 현재로서는 알 수 없는 것이기 때문이다. 따라서 현재 남아 있는 내용이 『일체경음의』에 수록된 상권의 어휘와 일치하는 것이 없고, 중권의 어휘 4개와, 하권의 13개 정도가 일치하는 것으로 미루어볼 때, 현재 남아 있는 〈왕오천축국전〉의 내용은 원본의 내용을 중간 이후 부분만 베꼈을 가능성이 없는 것도 아니다. 또는 인도에 상륙한 후 동천축 여행에서부터 중국 安西에 이르는 여행기의 초고본일 가능성도 또한 없지 않다. 그러나 어떻든 현재 남아 있는 내용이 본래의 〈왕오천축국전〉의 내용은 아니라는 것은 분명하다.

남아 있는 내용보다 훨씬 많은 분량일 것이다. 그렇다면 어떠한 방식으로 줄였을까? 먼저 생각해볼 수 있는 것은 중국을 출발하여 인도에 상륙할 때까지의 내용, 즉 동천축 이전 내용은 생략하고 동천축 여행부터 기술하였을 가능성, 또 하나는 필사자가 판단하기에 중요치 않은 내용을 삭제하거나 문장을 간략하게 다듬어 한 편으로 축소하였을 가능성이 있다. 그리고 현재 남아 있는 다섯 편의 오언 한시도 원본에 있던 시 중 일부에 불과하다고 추정해볼 수 있다. 그렇다면 원래 혜초의 여행기에는 남아 있는 오언시 이외에 여행에서의 감회를 읊은 시가 더 많이 존재하였을 수도 있다. 현재 남아 있는 오언 한시는 동천축 여행에서 가장 중요한 불교성지라고 할 수 있는 부다가야의 마하보리사를 본 감회, 남천축 여행길에서의 고향 생각, 북천축 여행길에서 고향으로 돌아가려다가 병이 들어 죽은 승려에 대한 애도, 그리고 오천축을 거쳐 서역 여행을 마치고 파미르고원을 넘어 중국으로 귀환하기 전, 봄을 기다리며 토화라(吐火羅)에 머물면서 앞으로 거쳐야 할 험난한 귀환 길을 걱정한 시와 파밀 고원을 지나면서 쓴 다섯 편의 시가 있다. 이렇게 현재는 5편만 남아 있지만, 〈왕오천축국전〉의 기술방식을 미루어 볼 때, 원본에는 더 많은 시가 삽입되어 있었을 가능성도 없지 않다.

그런데 이 필사본을 처음 학계에 소개한 펠리오의 〈왕오천축국전〉에 대한 평가와 같이,[23] 현재 남아 있는 여행기가 문학적으로 감동을 줄만한 문장이라고는 할 수 없다. 그러나 이와 같은 문장은 여행지에서의 견문을 객관적으로 기술하고자 한 기술 태도에 기인한 것으로서, 이 여

23) "1908년 새로 發見된 이 遊行記는 法顯의 佛國記와 같은 文學的 價値도 없고, 玄奘의 大唐西域記와 같은 精密한 敍述도 없다. ……그의 文章은 平版스럽고…… 몇 수의 시가 들어있지만, 그것은 아예 수록하지 않은 것만 못하다. 그의 敍述은 絶望的으로 簡單하고 單調롭다. 그러나 그것은 도리어 同時代的 記錄이라는 證左일 것이다."(P. Pelliot. 앞의 책, 512면. 高柄翊, 「慧超往五天竺國傳研究史略」, 『白性郁博士松壽記念佛教學論文集』, 1958, 308면 참조.)

행기의 기술 방법상의 특징으로 볼 수 있다. 간결하고 단조로운 문장이기 때문에 이 여행기의 가치가 훼손되는 것은 아니다. 사실에 입각한 간결한 문장은 읽는 이로 하여금 여행기 내용을 객관적 사실로 받아들이게 하는 긍정적인 작용을 한다. 이 여행기가 당시 인도를 비롯한 서역사(西域史) 연구에 중요한 자료로 쓰이게 된 것도 이와 같은 문장 기술에 말미암은 것이다. 그런데 펠리오는 삽입되어 있는 다섯 편의 오언한시에 대해서 '아예 수록하지 않은 것만 못하다'고 했다. 매우 잘못된 평가가 아닐 수 없다. 현존 〈왕오천축국전〉의 문장 기술이 건조하고, 단조롭고, 용어의 사용이나 어법이 세련되지 못한 것은 사실이다. 그러나 삽입되어 있는 오언시는 이와 같은 단점을 극복하고 있다. 〈왕오천축국전〉은 이 다섯 편의 시가 있기 때문에 단순한 여행기록에 머무르지 않고, 문학적 가치를 지닌 기행문으로 평가받을 수 있게 된 것이다.

4. 〈왕오천축국전〉의 삽입시

기행문에서 글쓴이는 여행에서 느낀 감회를 여러 방식을 통해 나타낸다. 〈왕오천축국전〉에는 오언으로 된 한시 다섯 편이 삽입되어 있다. 비록 5편밖에 안되지만, 이 시가 있음으로써 이 여행기는 훌륭한 기행문으로 손색이 없게 된 것이다. 혜초가 이 여행기를 쓴 동기나 목적이 작품에 제시되어 있지는 않다. 하지만 우기국(于闐國, Khotan)에 대한 기술을 마친 다음의 기술에서 혜초가 이 글을 쓰게 된 동기를 대략 추측해 볼 수 있겠다.

> …從此已東 並是大唐境界 諸人共知 不言可悉 開元十五年十一月上旬 至安西…

(여기서부터 동쪽은 모두 당나라 경계다. 모든 사람이 잘 알고 있으므로 말하지 않아도 될 것 같다. 개원15년 11월 상순에 안서에 이르렀다.)

즉 안서 이동은 중국 땅이므로 더 이상 언급하지 않아도 알 수 있다고 했다. 이로 보아 혜초가 이 여행기를 쓴 목적이 그가 견문한 천축국을 비롯한 서역지방에 대한 다양한 지식을 전하기 위한 것이었음을 알 수 있다. 그래서 혜초는 그가 견문한 여행지의 사실들을 객관적으로 기술함으로써 주관적 편견을 제거하기 위한 문장 기술 방식을 수용한 것이다. 따라서 건조한 문장이 될 수밖에 없었다. 그러나 견문한 사실을 객관적으로 전달하기 위한 문장 기술방식으로는 여행에서의 감회를 나타낼 수 없다. 혜초는 객관적 기술과 함께 여행에서의 자신의 감회를 나타내기 위한 방법으로 오언시를 삽입하는 서술방식을 취했던 것이다. 이 시가 있음으로써 이 여행기는 이역의 흥미 있는 단순한 사실의 기록에 그치지 않고 문학적 향취도 지닐 수 있게 되었다. 만약 다섯 편의 시마저 없었다면 〈왕오천축국전〉은 매우 건조하고 단조로운 문장에 의한 미지의 세계에 대한 여행기록에 머물렀을 것이다. 그러나 이 시가 있음으로써 이 여행기는 문학성을 지닐 수 있게 되었으며, 읽는 독자로 하여금 이역의 흥미 있는 사실 외에 여행에서의 감흥을 작자와 더불어 맛보게 되는 효과를 얻게 된 것이다. 〈왕오천축국전〉에 삽입되어 있는 오언시는 한 여정이 끝나고 다음 여정으로 넘어가기 전에 위치한다. 그것은 하나로 묶어 볼 수 있는 여정에서의 감회를 한 편의 시로 압축한 것이다. 혜초는 여행 중 가장 인상 깊었던 것을 한 편의 시로 나타냄으로써 그 여정에서의 감회를 대신하고자 하였던 것이다.

첫 번째 시가 나타나는 곳은 동천축의 마지막 여정인 녹야원의 기술 다음에 있다.

不慮菩提遠 焉將鹿苑遙
只愁懸路險 非意業風飄
八塔誠難見 (參)差經劫燒
何其人願滿 目覩在今朝

보리사(*마하보리사)가 먼 것을 근심치 않았는데,
어찌 장차 녹야원이 먼 것을 걱정하리오.
단지 근심되는 것은 낭떠러지 험한 길,
업연(業緣)의 바람 몰아쳐도 개의치 않는다.
불적의 여덟 탑은 진정 보기 어려운 일,
오랜 세월 지나며 어지럽게 타버렸도다.
어찌 그 소원 다 이룰 수 있으리오 마는,
오늘 아침 내 두 눈으로 보았도다.

이 시는 마하보리사를 보았을 때의 환희를 五言으로 표출한 것이다.[24] 마하보리사는 부다가야에 있는 불교 최대의 성지로써 부처가 득도한 곳이다. 불교도이면 누구나 한 번 가보고 싶은 곳이다. 혜초는 그의 오천축여행에서 가장 보고 싶었던 소원을 이루면서 그 감격을 이렇게 시로 나타냈던 것이다. 험난하고 고통스러웠던 천축까지의 여행이었지만, 오늘 아침 두 눈으로 직접 마하보리사를 보고는 그 모든 괴로움을 잊을 수 있었던 것이다. 혜초는 동천축 여행에서의 견문을 모두 기술하고는 중천축에서의 견문을 기술하기에 앞서서 동천축 여행에서 가장 감격스러웠던 부다가야의 마하보리사에서의 감격을 오언시에 담아 놓음으로써 동천축 성지순례의 감회를 피력해 놓은 것이다. 험난하고 고통스러웠던 여행에서의 괴로움을 엿볼 수 있지만, 시 전체의 분위

24) "…得達摩訶菩提寺 稱其本願 非常歡喜 略題述其愚志 五言"

기는 부처가 득도한 성지를 보는 즐거움과 감격으로 충만하다.

두 번째 시는 남천축에서 서천축으로 가기 전, 즉 중천축과 남천축 여정이 끝나는 곳에 삽입되어 있다.[25]

月夜瞻鄕路 浮雲颯颯歸
(緘)書忝去便 風急不聽廻
我國天岸北 他邦地角西
日南無有雁 誰爲向林處

밝은 달 밤 고향 길 바라보니,
뜬 구름 바람결에 돌아가네.
가는 편에 소식 적어 부탁 좀 하렸더니,
바람은 갈 길이 급해 들으려 돌아보지도 않네.
내 나라는 하늘 북쪽 끝,
남의 나라는 땅 끝 서쪽.
무더운 남쪽 나라에는 기러기도 없으니,
누가 나를 위해 숲을(鷄林)[26] 향해 날아가려나.

그의 동천축 여정의 마하보리사에서의 시가 불교성지를 본 감격과 보람으로 표현되었음에 비해, 이 시는 고향에서 수만리 떨어진 타향에서의 고독한 여행에서 느껴지는 달랠 길 없는 향수를 읊고 있다. 시 전편에 흐르고 있는 정조는 오직 쓸쓸하고 외로운 나그네의 모습이다. 시구에 나타난 어휘들조차 하나 같이 나그네의 심회를 대변해 줄 뿐이다. 이역에서 누구나 느낄 수 있는 향수다. 여기서 우리는 구도승으로

25) "… 于時在南天路爲言曰 五言"
26) 向林을 '鷄林을 向해서'로 해석하기도 한다(高柄翊, 앞의 논문, 〈硏究史略〉, 309면).

서의 혜초가 아닌 지극히 인간적인 20대초 청년 혜초의 모습을 대할 수 있다.

세 번째 시는 서천축을 거쳐 북천축의 여정을 끝마치면서 북천축의 자란달라국(闍蘭達羅國) 산 속에 있는 나게라타나사(那揭羅馱娜寺)에서 한 중국인 승려가 고향에 돌아가지 못하고 갑자기 병이 들어 세상을 떠났다는 말을 듣고 마음이 쓸쓸하여 죽은 승려의 명복을 빈 시이다.[27]

故里燈無主 他方寶樹摧
神靈去何處 玉(貌)已成灰
憶想哀情切 悲君願不隨
孰知鄕國路 空見白雲歸

고향 마을의 등불은 주인을 잃고,
타향에서 보배로운 나무 꺾였네.
신령이 간 곳은 어느 메인고,
옥 같던 얼굴은 이미 재가 되었구나.
생각하니 애처로운 마음 간절하고,
그대 소원 못 이룸을 슬퍼하노라.
그 누가 고향 길을 알리오.
공허하게 흰 구름만 돌아가네.

오천축 여정을 모두 마치고 귀로에 오르면서 쓴 시다. 이 시에서 우리는 여로에 지친 혜초의 모습을 엿볼 수 있다. 그는 고향에 돌아가지 못하고 죽은 한승(漢僧)의 이야기를 전해 듣고 남의 일처럼 느낄 수 없

27) "…又山中有一寺 名那揭羅馱娜 有一漢僧於此寺身亡 彼大德說 從中天來 明閑三藏聖教 將欲還鄉 忽然違和 便卽化矣 于時聞說 莫不傷心 便題四韻 以悲冥路 五言"

었을 것이다. 이제 오천축 여정이 끝나가고 있다. 험난한 앞길이 가로막고 있다. 지금까지의 천축여행은 죽음과 싸운 고행이었다. 이제 앞으로 남은 여정 또한 언제 죽을지 모르는 위험한 여정이다. 구도승이었으니 죽음에 초연했었을지도 모른다. 그러나 이제 그가 목적했던 성지순례와 천축여행이 끝나가고 있다. 남은 소원은 고향에 무사히 돌아가고 싶은 마음뿐이었으리라. 이 시에서 그는 고향에 돌아가지 못하고 타향에서 객사한 중국인 승려의 모습에 은연중 자신의 모습을 비추어 보았던 것 같다. 어쩌면 고향에 무사히 돌아가지 못할 것 같은 불안감을 시에서 느낄 수 있다.

이상 세 편의 시가 오천축 여정의 감회를 읊은 시다. 첫 시에서의 마하보리사를 비롯한 불교성지를 순례할 때의 힘 있고 발랄한 시적 분위기가 남천축을 지나면서 향수에 젖기도 하고, 북천축을 지나면서 죽음까지 생각해보는 나약한 인간의 모습을 보여주고 있다. 그는 한 승려의 죽음 앞에서 구법의 어려움과 인생무상을 느꼈을지도 모른다.

나머지 두 편의 시는 파미르고원의 험난한 여정을 읊고 있다.

네 번째 시는 그가 토화라(吐火羅)에서 파미르고원 중간에 위치한 호밀(胡密, Wakhan)로 오는 도중 서번으로 가는 한나라 사신을 만나서 쓴 시이다. 앞길에 대한 근심과 험난한 파미르고원의 모습이 실감나게 그려져 있다.[28)]

君恨西蕃遠 余嗟東路長
道荒宏雪嶺 險澗賊途倡
鳥飛驚峭嶷 人去(難)偏樑
平生不捫淚 今日灑千行

28) "… 又從吐火羅國 東行七日 至胡密王住城 當來於吐火羅國 逢漢使入蕃 略題四韻取辭 五言"

그대는 서번 길이 먼 것을 한탄하고,
나는 동쪽길이 먼 것을 탄식하네.
길은 거칠고 굉장한 눈이 산마루를 덮었고,
험한 골짜기에는 도적떼가 많다네.
새도 날다 놀라는 험하고 가파른 뫼부리,
외나무다리는 사람이 지나가기 어렵다네.
평생 눈물 흘린 적 없었는데,
오늘만은 천 줄기 눈물 뿌리네.

이 파미르고원만 넘으면 당나라다. 이제 혜초의 긴 여행이 끝나고 있다. 그는 파미르고원의 험난한 여정을 절실하게 표현하고 있다. 산마루에 쌓인 눈, 험한 골짜기의 도적떼, 깎아지른 절벽, 험한 산길, 여기서 그는 평생에 한 번도 흘린 적 없는 눈물을 천 갈래나 흘렸다 했다. 험난한 파미르 여정이 눈에 보는 듯하다. 그는 하나의 시로는 모자라 한 편의 시를 덧붙였다. 이것도 파미르 여정을 근심한 시인데, 이 시는 파미르고원의 여정을 앞두고 토화라(吐火羅)에서 쓴 시이다.[29)]

冷雪牽冰合 寒風擘地(裂)
巨海凍墁壇 江河凌崖囓
龍門絶(瀑)布 井口盤蛇結
伴火上(陔)歌 焉能度播密

차가운 눈은 얼음을 끌어 합쳤고,
찬바람은 땅이 갈라지도록 매섭구나.
거대한 바다는 얼어 편편한 단(壇)이 되었고,
강물은 낭떠러지를 멋대로 갉아 먹는구나.

---

29) "…冬日在吐火羅 逢雪述懷 五言"

용문(龍門)엔 폭포수마저 끊어지고,
정구(井口)는 서린 뱀처럼 얼어붙었네.
불을 벗 삼아 위로 오르며 노래 부른다마는,
어찌 능히 파미르 고원을 넘어갈 것인가.

이 시는 여정의 순서로 보아 네 번째 시이다. 이 시 또한 주된 정조가 앞의 시와 같다. 마지막 구절 '焉能度播密'에서 험난한 여정을 앞둔 혜초의 심정이 너무나 절실하다. 그의 여행경로를 보아 그는 이 토화라에서 한참 머물렀던 것 같다. 계절적으로 겨울이었기 때문에 봄을 기다렸던 것 같다. 여하튼 여기서 그는 주위의 많은 나라들에 관한 지식을 얻었음에 틀림없다. 이 토화라는 서역과 중국의 통로였으므로 많은 나라 사람들이 왕래하는 곳이었다. 그래서 그는 파사(波斯, 페르시아), 대식((大寔, Arabia), 소불림국(小拂臨國), 대불림국(大拂臨國), 그리고 안국(安國), 조국(曹國) · 사국(史國) · 석라국(石騾國) · 미국(米國) · 강국(康國) · 퍼르간나국(跋賀那國) 등에 대해 듣고 그의 여행기에 기록해 놓을 수 있었던 것 같다.

이상에서 살펴 본 다섯 편의 시에서 혜초는 동천축의 불교성지순례의 희열, 이역에서의 향수, 구법의 어려움, 귀로의 마지막 여정인 파미르고원의 험난한 여정을 절실하게 묘사하고 있다. 마지막 시로 올수록 나약한 인간 본연의 모습이 나타나고 있다. 얼마나 힘들었기에 수만리 천축여행에서도 꿋꿋이 견딘 그가 이렇게 나약해졌단 말인가? 그러나 그는 파미르고원의 여정을 무사히 마치었다. 그것은 불심의 도움이 있었기에 가능하였을 것이다. 비록 겉으로는 드러나지 않았으나, 그의 5편의 시 속에서 우리는 그의 숭고한 구도자의 정신세계를 또한 느껴볼 수 있다. 삽입된 시가 5편밖에 안 되지만, 이 시가 있음으로써 「왕오천축국전」이 객관적이고 간결한 문장의 여행기록에 머물지 않고 기행문으로서의 문학적 향취를 느낄 수 있게 된 것이다.

5. 맺음말

〈왕오천축국전〉은 한국문학사에서 가장 오래된 기행문이라는 데 큰 의미가 있다. 그러나 불행하게도 현재 남아 있는 것이 혜초에 의한 원본이 아니라, 원본을 간략하게 줄여 필사한 절약본이다. 또한 현존하는 필사본은 앞부분이 심하게 훼손되어 있어서 혜초의 천축여행의 동기나 목적, 출발지와 동천축까지의 여행경로를 알 수가 없다. 또한 남아있는 동천축 여정도 내용이 많이 훼손되어 있어서 완전하게 알 수 없다. 따라서 기행문을 이해하기 위해서 중요한 요건인 여행경로에 대한 검토가 필요하다. 혜초는 중국 광주를 출발하여 바닷길로 남지나해를 거쳐 벵골만을 항해한 다음 갠지스강을 따라 인도 내륙으로 들어가 동천축에 도착한 것으로 추정된다. 그는 부처가 득도한 부다가야의 마하보리사와 왕사성, 나란다 등 불교 성지가 산재한 곳을 먼저 순례한 다음 구시나를 거쳐 녹야원에 이른 것으로 추정된다.

혜초의 일차적 관심사는 삼보(三寶) 숭상여부, 사원과 승려의 유무, 대승불교와 소승불교의 시행 여부 등 불교에 대한 것이었다. 그러나 당시 오천축과 중앙아시아의 정치 외교 및 군사력에 대한 관심을 비롯하여 법, 소송, 용세(庸稅), 경제, 문화, 의식주(衣食住), 언어, 산물, 기후, 지형 등 중생의 일상적인 삶과 관련 있는 모든 것, 그리고 이슬람 세력의 동진(東進)에 대해서도 세심하게 관찰하였다. 혜초는 여행지에서 본 견문을 매우 객관적으로 기술하려고 했다. 따라서 이 작품에는 8세기 초 인도와 서역사(西域史)를 연구하는 데 귀중한 자료가 많이 들어 있다. 이것은 기행문이라는 문학양식이 실제로 여행하고 견문한 바를 바탕으로 이루어진 글이기 때문에 가능한 것이다. 그런데 객관적 사실을 기술하다보니 문장이 매우 건조하고 간결할 수밖에 없었다. 이와 같은 문장으로는 여행에서의 자신의 감회를 드러낼 수 없다. 그래서 혜초는 오천축을 여행하며 느낀 바를 5편의 시로 나타낸 것이다. 이 시가 있으므로 해서 〈왕오천축국전〉은 인도와 서역사 연구의 사료적 가치뿐만 아니라 문학적 향취를 지닌 훌륭한 기행문이 된 것이다.

【참고문헌】

往五天竺國傳, 羅振玉, 『敦煌石室遺書』 第一冊, 1909.
慧琳・希麟, 『一切經音義』, 大通書局, 中華民國59年(1970年)

高柄翊, 「慧超往五天竺國傳硏究史略」, 『白性郁博士松壽記念佛教學論文集』, 1958.
朴箕錫, 「往五天竺國傳의 몇 가지 문제」, 『先淸語文』, 서울사대국어교육과, 1979.
釋智賢, 『慧超의 길을 따라서』, 悅話堂, 1978.
李錫浩 譯, 『往五天竺國傳』(外), 乙酉文化社, 1970.
張德順, 「最初의 異域紀行文」, 『隨筆文學』 38호, 1975.
정수일, 『혜초의 왕오천축국전』, 학고재, 2004.
崔南善, 『增補 三國遺事』, 民衆書館, 1946.

高楠順次郎, 「慧超往五天竺國傳殘釋」考訂, 『大日本佛教全書』, 『遊方傳叢書』第一, 佛教刊行會, 大正4年(1915년)
高楠順次郎, 「慧超傳考」, 『大日本佛教全書』, 『遊方傳叢書』 弟一, 佛教刊行會, 大正4年(1915년)
大谷勝眞, 「慧超往五天竺國傳の一二に就いて」, 『小田先生頌壽記念朝鮮論集』, 京城, 1934.

P.Pelliot, *Une Bibliothèque Médiévale retrouvée au Kan - sou*, Bulletin de l'Ecole Française d'Extrême-Orient, Tome8, 1908.

* **그림-사진 출처**

1. 왕오천축국전
파리국립도서관 소장
(Newsen, http://www.newsen.com/news_view.php?uid=201012171756551001)
2. 마하보리사
'ailli님의 블로그
(http://blog.naver.com/PostView.nhn?blogId=ailli&logNo=70025346299&redirect=Dlog&widgetTypeCall=true)'
3. 돈황막고굴
'세계일주의 꿈
(http://blog.naver.com/PostView.nhn?blogId=jason1976&logNo=60019369000&parentCategoryNo=6&viewDate=&currentPage=1&listtype=0)'

최부의 〈표해록〉에 나타난 해외 체험과 체험의 대화적 재구성

서 인 석

1. 머리말

중세의 해외 체험이란 지극히 제한된 것이어서 중국이나 일본과 같은 나라의 공식 '사행'으로 다녀오는 경우 외에는 '표류'와 같은 예기치 않은 상황에서나 가능한 것이었다. 그런데 '사행'으로 중국을 다녀올 만한 관료가 '표류'를 통해 동아시아 바다를 체험하고 중국 내륙까지 여행하는 특이한 사례가 있었다. 성종 때의 최부(崔溥: 1454～1504)가 바로 그런 체험을 한 인물인데, 그의 〈표해록〉(1488)은 조선에서는 드문 15세기 중국 강남권의 기록으로 일찍부터 주목을 받았거니와 오늘날에도 중국사 연구자들을 포함한 많은 이들에게서 각별한 관심을 받고 있다.

사실 오늘날의 관점에서 보면 이 〈표해록〉은 중세 동아시아 여러 나라의 '고립'과 '교류'라는 이중적 체제를 가로지르는 것이어서 새로운 관심을 받을 만하다. 당시 중국만 해도 천하의 중심이라는 의식 때문에 다른 나라 체험을 한다는 것이 그리 흔한 일은 아니었고, 각 나라마다 변방 수비에 신경을 쓰며 어느 정도는 고립적인 관계 속에 공식 사행을 통한 제한된 교류만이 인정되던 시절이었다. 따라서 최부의 중국 체험은 그의 일방적인 중국 기행에 그치는 것이 아니라 중세 문명권 내부에서 갇혀 살던 조선과 중국의 두 나라 사람들이 다양한 층위에서 만나는 상호 체험이기도 했던 것이다.[1] 즉 당시로서는 조선인만 문명권의 주변부에 갇혀 살았던 것이 아니었기에, 중세문명권의 중심에 있다고 생각하면서 역으로 중심에 갇혀 살던 중국인들에게도 최부와의 만남은 최부 못지 않은 인상 깊은 것이었을 것이다.

이 〈표해록〉에 대한 연구는 상대적으로 제한된 교류만 하던 15세기 말에 중국 내부 깊숙이 들어다 본 보기 드문 체험의 기록이라는 점 때문에 동아시아사를 연구하는 학자들에게 우선적으로 관심을 받았다. 예컨대 미국 메스킬(Meskill, John)의 연구와 영역본 간행(1958), 일본 마키타 타이료(牧田諦亮)의 『당토행정기(唐土行程記)』(18세기 『표해록』의 일본 축약 번역본)와의 개략적인 비교 연구(1959), 중국 북경대 갈진가(葛振家) 교수의 편저 『崔溥漂海錄硏究』(1995) 간행 등의 해외 연구와, 고병익 교수의 「成宗朝 崔溥의 漂流와 漂海錄」(1964) 이후의 국내 연구가 그런 것들이다.[2] 아울러 국내의 한글 번역도 19세기에 일부가 번역된 것이 하나 있고, 1960년대 이후 것도 6종이나 될 정도로 많다.[3] 그런데 이들 연구의 대부분은 형성한 역사 분야의 것이었다. 그 결과 〈표해록〉은 대체로 '역사 기록'으로 다루어져 대체로 그 내용 분석 위주로 연구가 이루어져왔다.

---

1) 졸고, 「최부의 『표해록』과 사림파 관료의 중국 체험」, 『한국문화연구』 10, 이화여자대학교 한국문화연구원, 2006, 100면.

2) 〈표해록〉에 대한 연구에 대해서는 다음 논문을 참조하기 바란다. 박원호, 「최부 〈표해록〉 연구 술평」, 『사총』 56, 2003.

3) 번역본에 대한 종합적 검토는 다음 논문에 자세하다. 박원호, 「최부 〈표해록〉 번역 술평」, 『한국사학보』 21호, 2005.

그런 가운데 문학 쪽에서도 '기행문학'으로 다루는 시도가 몇 차례 있었는데, 최강현, 윤치부, 최래옥 교수 등의 논문이 그러한 예라 하겠다.[4] 그러나 이들 논문은 모두 다른 표해록들과 함께 다룬 것이고, 최부의 〈표해록〉만을 다룬 논문으로는 최주현의 석사 논문과 필자의 것이 있을 뿐이다. 최주현의 논문에서는 '표해록의 문학적 특성'이라 하여 기록의 사실성, 심리 및 갈등 묘사의 치밀성, 전거 인용의 해박함, 15세기말 중국 풍물의 사실적 소개를 들고 있다.[5] 이 중 '심리, 갈등 묘사의 치밀성' 부분이 주목되기는 하나 다소 성긴 면이 있다. 필자의 논문 역시 〈표해록〉을 기행문학적 관점에서 접근하려는 시도의 하나인데, 최부의 '중국 체험'이 최부의 일방적인 체험이 아니라 중국인과 조선인의 상호 체험이었다는 것, 사림파 관료로서 상당히 억제된 기록 정신의 산물인 〈표해록〉을 문학적으로 생동감 있게 만든 요소는 '대화(필담)'이라는 '글쓰기 방식'이라는 것, 최부의 의식에 나타난 유교적 문명의식에서 중세적 주체성이라는 것을 추출할 수 있다는 것 등에 대해 논의한 바 있다.

이에 본고에서는 필자의 앞 논문의 시각을 이어 최부의 〈표해록〉을 15세기말 조선 선비의 동아시아 체험을 다룬 문학적 텍스트로 보되, '표류 체험' 부분과 '중국 체험' 부분을 통합적으로 보면서 앞 논문에서 미진했던 '체험의 대화적 재구성' 측면에 대해 좀더 깊이 있게 살펴보고자 한다. 이 후자의 측면은 달리 보면 당대 문인 지식인의 자기 체험을 텍스트화하는 '글쓰기 방식'의 한 측면을 〈표해록〉을 통해 살펴보는 것이기도 할 것이다.

텍스트는 가장 최근에 나온 박원호 역주본[6]을 이용하되 간혹 번역을

4) 최강현, 『한국기행문학연구』, 일지사, 1982, 55~70면; 윤치부, 『한국해양문학연구』, 학문사, 1994, 64~76면; 최래옥, 「표해록 연구」, 『비교민속학』 10집, 1993.

5) 최주현, 「최부의 〈금남표해록〉 연구」, 한양대 교육대학원 석사학위논문, 1994.12.

고친 곳이 있다. 그리고 원문은 꼭 필요하다고 생각되는 경우만 괄호 속에 넣어 인용하기로 한다.

2. 〈표해록〉에 나타난 해외 체험

1) 표류 체험: 동아시아의 바다 체험

〈표해록〉의 머리말에 의하면, 필자는 제주 3읍 추쇄경차관으로 임명받아 임무를 수행한 지 두 달이 채 못 된 1488년 1월 30일에 부친상 소식을 듣고 임무와 관련된 서류를 정리하여 넘기고 육지로 출발하였다.

일행은 집안 종 막쇠를 포함하여 육지에서부터 따라온 배리(陪吏) 등 7명, 제주목사가 보낸 진무(鎭撫) 안의(安義) 등 5명과 곁군(格軍) 17명, 호송군 9명, 관노 4명으로 최부 본인까지 해서 모두 43명이었다. 이 중 종자를 뺀 제주 사람이 35명이었다.

날이 안 좋은 관계로 출발 시기를 놓고 의견이 분분한 가운데 윤 1월 3일 출발하였다. 그러나 추자도 근처에서 바다가 어두워지고 비까지 내리면서 사실상 표류의 조짐을 보이기 시작하였다. 결국 추자도 근처에서 닻줄도 끊어지고 북풍을 맞아 표류하다가 다음날 항로에서 크게 일탈하여 서해로 들어가고 말았다. 본격적인 '표류'가 시작된 것이다.

이후 1월 16일 중국 태주부(台州府) 임해현(臨海縣)의 우두(牛頭) 앞바다에 상륙하기까지의 14일 동안 최부 일행은 동아시아 바다를 표류하게 된다. 이 예기치 못한 표류의 노정은 조선의 흑산도에서 중국 영파부(寧波府)의 어느 섬을 거쳐 태주부의 임해현 앞 바다에 이르는 것

6) 박원호, 『최부 표해록 역주』, 고려대출판부, 2006.

으로, 오늘날의 지도로 보면 거의 남쪽으로 내려가는 길이다. 물론 이 중에서 앞이 깜깜한 진짜 표류는 윤 1월 4일부터 중국 영파부의 어느 섬에 잠시 기착했던 윤 1월 11일까지의 8일간이었다. 그러나 중국인 해적을 만나 목숨까지 잃을 뻔하고 또다시 며칠 동안 중국 연해에서 죽을 고비를 넘긴 것을 고려하면, 나머지 기간도 생사가 엇갈리는 표류였던 것은 마찬가지라 하겠다.

따라서 이 표류 기간 중에는 '기행문학'의 일차 요소라 할 수 있는 '노정'이라 할 만한 것이 없다. '기행'이 그러하듯 '표류' 역시 시간보다도 공간이 우세를 보여주는 체험이기는 하지만, 이 '표류'는 '기행'에 비해 예기지 못한 공간 속으로 사람을 몰아넣고 그 속에서 다양한 체험을 하게 만든다.[7] 그리고 그 공간은 때로는 너무나 난폭하여 사람을 죽음의 공포로 몰아넣기도 하고, 때로는 너무나 낯설어서 인식 너머의 세계로 밀려나지 않을까 하는 두려움을 주기도 한다. 그것은 삶과 죽음의 경계에서 표류하는 체험이다. 그런 가운데 구성원 개개인의 성격이나 사회적 위치에 다른 의식의 편차가 적나라하게 드러나기도 하고 그에 따라 서로 갈등을 하기도 한다. '표류'라는 일탈적 상황에서 인간의 자연스러운 약점이나 갈등이 드러나는 것이다.

〈표해록〉에는 이런 점들이 잘 나타나 있는데, 먼저 죽음의 공포 체험을 살펴보기로 하자. '바람을 따라 나아가기도 하고 물러서기도 하면서, 동, 서, 남, 북으로 부평초처럼 표류하여 정처가 없었'(윤 1월 16일)기에, 위험은 파도처럼 밀려왔고, 파도 위에서 오르락내리락하는 배처럼 일행의 마음도 이에 덩달아 흔들려 마음 속으로 죽었다 싶은 순간도 여러 번이었다. 급기야는 윤 1월 4일 강풍과 폭우 속에 배가 '반쯤 가라앉아 의복과 행장이 모두 물에 젖'으면서 자포자기하는 사람들이 나오기 시

7) 졸고, 「장한철의 〈표해록〉과 수필의 서사적 성격」, 『국어교육』 67, 68호, 한국국어교육연구회, 1989, 157면.

작하였다. 많은 사람들이 죽기를 기다렸고 목을 매 죽으려는 사람도 있었다. 윤 1월 5일 짙은 안개와 비 속에 표류하며 성난 파도 위를 오르내릴 때는 최부조차도 '의복을 갈아입고' 죽을 준비를 할 정도였고, 또 윤 1월 7일에 밤에 또 바람이 세게 불자 몸을 이불로 배에 묶어 다시 한번 죽음을 준비하기도 하였던 것이다. 그러나 다행히 배가 부서진 것은 아니어서 물을 퍼내며 새는 것을 막는 등 사투를 벌인 결과 죽음으로부터는 벗어나게 되었다.

그러나 죽음의 공포와는 다른 또 다른 공포가 있었으니, 그것은 그들의 배가 어디로 표류하고 있는지를 잘 모른다는 데서 오는 것이었다. 출발한 지 6일째인 윤 1월 8일 서북풍을 받아 동남쪽으로 가게 되자 최부는 혹시 중국 방면으로 가는 것이 아닌가 생각하여 일행에게 다음과 같이 말한다.

> 내가 일찌기 지도를 훑어보니 …(중략)… 지금 배가 풍랑에 표류된 지 닷새 동안 밤낮으로 서쪽을 향하여 왔으니, 거의 중국의 땅에 닿았을 것으로 생각된다. 불행하게도 또 이 서북풍을 만나서 동남방으로 거슬러 가게 되니, 만약 유구국과 여인국에 이르지 않는다면 반드시 천해(天海) 밖으로 흘러나가서, 위로 은하수에 닿게 되어 가이 없는 곳에 도달하게 될 것이니 어찌할 것인가? 너희들은 내 말을 기억하고서 키를 바로 잡고 가야만 한다.(윤 1월 8일)

중국으로 가게 될 가능성이 크지만, '천해 밖으로 흘러나가서 위로 은하수에 닿게 되어 가이 없는 세계'로 갈지 모른다는 두려움도 만만치 않았다는 것이다. 이는 지구가 네모져서 바다로 계속 가면 낭떠러지로 떨어진다는 생각과 비슷한데, 중세인의 우주 속으로 던져지는 두려움을 잘 보여주고 있는 인상적인 대목이다.

최부의 두려움이 독서 체험에 의한 것이라면, 제주 사람의 두려움은 좀더 현실적인 체험에 근거한 것이었다. 제주 출신의 기관(記官) 이효지가 말했듯이, 조신(朝臣)들이 타고 다니는 배가 아닌 일반 배를 타고 제주에서 육지로 오가는 경우 '표류되고 침몰되는 것이 10에 5, 6'(윤 1월 13일)이나 되었다면, 비록 배가 튼튼하다 해도 표류는 죽음에 그만큼 가까이 가는 것이었을 것이다.

이처럼 표류하는 바다란 '죽음'으로 혹은 '천해 밖'으로 이끄는 어둠의 세계였다. 그것은 삶과 죽음의 경계를 넘나드는 존재의 두려움이자, 동아시아적 세계조차 벗어나 '인식의 경계'를 넘어가버릴 지도 모른다는 의식의 두려움이었다.

이런 세계는 조선의 정치적 사회적 질서가 일시 정지될 수도 있는 세계이기도 하다. 그리하여 표류 중에 일행 사이의 갈등이 표출되는 것은 당연하다. 전면적인 도전이나 반항까지는 없었지만, 각자 자기식의 불평이나 소극적 반항을 하는 사람들이 나오기 시작한 것이다. 그리하여 출발 시기에 대한 불만, 출발할 때 신사(神祠)에서 제사를 지내지 않은 것 등을 두고 구성원들 사이에 갈등이 생기고 최부의 명을 듣지 않는 경우도 생겼다.

제일 먼저 문제가 된 것은 역시 출발 시기에 대한 불만이었다. 출발을 앞두고도 논쟁이 있었거니와, 5리쯤 갔을 때부터 벌써 상황이 안 좋아져서 되돌아가기를 권하는 사람도 있었다. 그러나 사선(私船)은 뒤집힌 사례가 많지만 조신(朝臣)들이 탄 배는 5년 전의 정읍현감 이섬(李暹)의 경우를 제외하고는 표류한 바가 없음을 예로 들어 계속 가자는 의견도 있어 그대로 갔다. 그러나 불만을 품은 격군(格軍)들이 "이 같은 날씨에 배를 출발시킨 것은 누구 잘못입니까?"(윤 1월 3일)라며 거역하는 마음을 먹고 힘껏 노를 젓지 않는 일이 생겼다.

이렇게 시작되어 누적된 불만은 출발 다음날, '끝없는 바다'로 표류하면서 절정에 올랐다. 고회(高廻) 등의 군인들이 자포자기 상태에 빠져 '이런 극한 상황(此極)'을 자초한 사람들을 원망하기까지 이른 것이다. 이에 최부 또한 이들을 '게으르고 사나운 자들'로서 '사지에 이르면 통곡소리만 더할 뿐'(윤 1월 4일)이라며 속으로 불만을 토로한다.

그러나 중국 땅에 정박한 날, 표류에 대한 간단한 정리를 하는 과정에서 최부 스스로가 인정했듯이 항해 시기는 확실히 문제가 있었다. '매년 정월은 바로 한창 추울 때로서 매서운 바람이 거세게 불고 큰 물결이 진동하여 부딪치게 되니, 배를 타는 사람들이 꺼리는 때'(윤 1월 16일)였던 것이다.

두 번째로 문제가 된 것은, 출발할 때 신사(神祠)에서 제사를 지내지 않은 것을 두고 벌어진 갈등이었다.

> 안의는 신이 들을 수 있도록 군인 등에게 말하기를,
> "이번 행차에서 표류하여 죽게 된 까닭을 나는 안다. 옛날부터 제주도에 가는 사람들은 모두 광주 무등산의 신사와 나주 금성산의 신사에서 제사를 지냈으며, 제주도에서 육지로 나오는 사람들은 모두 광양(廣壤), 차귀(遮歸), 천외(川外), 초춘(楚春) 등의 신사에서 제사를 지내고 나서 떠났던 까닭에 신령님의 도움을 받아 큰 바다를 순조롭게 건너갈 수가 있었다. (그런데) 지금 이 경차관은 특별히 이를 잘못이라고 큰소리치며 비난하며, 올 때도 무등산과 금성산의 신사에서 제사를 지내지 않았고, 갈 때도 광양 등 여러 신사에서 제사를 지내지 않았다. 신령님을 업신여겨 공경하지 않았으므로, 신령님 또한 돌보지 아니하여 이러한 지경에 이르게 되었으니 또한 누구의 잘못이겠는가?" 라고 하였습니다. 군인들은 동조하며 모두 신을 탓하였습니다."(윤 1월 14일)

안의(安義)는 제주 출신 진무(鎭撫)로서, 그 전(윤 1월 6일)에도 용신(龍神)에게 행장의 물건들을 바쳐 무사하기를 빌었던 사람이다. 그가

이렇게 주장한 것은 출발 때 과감한 출발을 주장했던 것에 대한 무안함을 가리기 위한 이유도 있을 것이다. 그러나 일반 제주민의 정서를 어느 정도는 대변하고 있다고도 본다. 유교적 합리주의로 무장한 조정 관리 최부와 항상 죽음의 위험을 느끼며 살아온 제주인 사이의 대립이라는 좀더 근본적인 차이가 바탕에 깔려 있었을 것이다.

따라서 최부가 그것은 '예에 어긋난 음사(淫祀)'라며 반박하였으나, 그들을 설득하지는 못한다. '천지는 사사로움이 없고 귀신은 말없이 운행한다(天地無私, 鬼神默運)'(윤 1월 14일)는 유교적 논리로는 늘 위험에 사는 사람들을 설득시키지 못한 것이다. 결국 최부는 '뱃사람들 마음이 흩어진 것'을 잡기 위해 솔선수범하여 일부 지지자들과 물을 퍼내며 노력한 결과 침몰을 면하게 된다. 이념보다는 행동이 효과적이었던 것이다.

이런 갈등 과정에서 부각된 고회나 안의라는 인물은 흥미롭다. 그들은 최부의 충실한 대리인 역할을 하는 정보(程保) 등과는 달리, 특정 집단을 대변하는 점에다 반항적 기질로 인해 역설적으로 〈표해록〉에서 생생한 인물로 나오고 있는 것이다. 그리고 이 '표류 체험' 부분의 인물 관계를 평면적이지 않은 다소 입체적인 것으로 만들어주고 있다.

그러나 아무리 고회나 안의 등이 반발을 하고 인물 간의 대립이나 갈등이 드러났다 해도, 그것은 어차피 제한적일 수밖에 없었다. 표류 중에도 그들은 여전히 조선적 질서 안에 사는 조선인들이었기 때문이다. 삶과 죽음의 경계선에서 죽음을 생각하면 얼마든지 무너질 수 있는 조선적 질서였지만, 나머지 절반인 삶을 생각하면 결코 무너뜨릴 수 없는 것 또한 조선적 질서였을 것이다. 즉 그들은 죽을 가능성만큼 반항하고 살아날 가능성만큼 따랐던 것이다

결국 총체적으로 보면, '표류 부분'은 고난 극복의 드라마이다. 고난과 절망 속에서도 '진인사대천명(盡人事待天命)'의 정신으로 일행을 격

려한 최부의 지도와 총체적 무질서까지는 안 간 일행의 자제력, 그리고 배를 고치고 물을 퍼내는 고생을 마다한 많은 사람들의 힘으로 일행은 한 명도 죽지 않는 기적을 연출하였던 것이다. 물론 조선 배의 견고함도 큰 도움이 되었지만, 중요한 것은 끝까지 포기하지 않고 고난을 극복해 낸 인간의 의지와 그 승리인 것이다. 그들은 극한 상황에서 음식(황감, 술, 쌀 등)을 나누어 먹고, 물이 귀해 마른 쌀을 잘게 씹어 먹으며 버텼다. 뿐만 아니라 제 오줌을 받아 마시다가 오줌마저 안 나오자 옷을 비에 적셔 짜낸 물을 마시면서 끝까지 버텼던 것이다.

14일 동안 최부 일행이 표류한 것도 일종의 '해외 체험'일 텐데, 그것을 좀더 구체적으로 말하면 동아시아 바다 체험이라 할 수 있다. 이 바다는 표류 이전의 최부와 같은 사람에게는 그야말로 '천해 밖'과 연결된 대단히 낯선, 지도를 통한 대략적인 지식밖에 없는 그런 세계였을 것이다. 그러나 그는 '표류'를 통해 그리고 제주인 일행 등을 통해 그 바다가 텅 빈 공백과 같은 세계가 아닌 공식/비공식 교류가 일어나는 곳임을 실감했을 것이다. 그리고 중국 땅에 표착하여 왜구로 오인 받아 죽을 고비를 넘기면서 그런 점을 더욱 절실하게 느꼈을 것이다.

실제로 제주 사람이나 제주와 육지를 장사를 위해 오가는 사람들에게 그 바다는 어떤 면에서 위험하지만 익숙하기도 한, 또 다른 삶의 현장이었을 것이다. 이 현장은 조선, 명, 일본 등이 각각의 고립적 상황에서도 공식 비공식적인 교통로로 활용했던 곳이었기 때문이다. 즉 일본의 중국 사행단과 장사꾼, 왜구 등이 다니던 길이었고, 수많은 표류민이 흘러 다니던 곳이었던 것이다.

이 점을 표류민에 대한 이웃 국가 간에 송환이 정례화되는 17세기 이후의 조선의 통계만 보더라도 알 수 있는데, 1646년부터 1881년까지 중국 표류민 기록이 168건, 1627년부터 1870년까지 일본 표류 기록이 844

건이나 된다고 한다.[8] 최부보다 5년 전에 표류했던 정읍 현감 이섬(李暹)이 최부와 비슷하게 표류하다 영파(寧波)에 표착한 바 있고, 반대로 최부 당시보다 30여 년 뒤의 일이기는 하지만 중국인 중에도 이 바다를 통해 조선에 표류한 사람이 있었다.[9]

이처럼 표류가 잦다 보니 나중에는 조선인이라는 신분만 확실하다면 중국 쪽으로의 표류를 겁내지 않은 사람들도 나오게 되었다. 어숙권의 『패관잡기』에 보면, 최부의 표류 이야기를 간략히 언급한 뒤, 최부와 거의 같은 경로로 표류했다 돌아 온 조선인 이야기를 다음과 같이 덧붙이고 있다.

> 그 뒤 제주의 백성들이 표류하여 영파부에 이르렀다가 전송(轉送)되어 풀려나와 모인 자가 6, 7기(起, 次)에 이르렀으므로, 우리나라에서 곧 사신을 보내어 감사의 뜻을 표하였다. 가정 정미년(1547년-필자 주)에 내가 주문사(奏聞使)를 따라 연경에 갔을 적에 제주 사람 김만현 등 64명이 사관에 이르렀는데 역시 표류하여 영파부에 닿은 사람들이었다. …(중략)… 대저 제주는 먼 바다 남쪽에 있으니 표류하여 살아 돌아오는 사람이 근래와 같이 잦은 적이 없었다. 이것은 목사 된 사람이 쉽사리 증명서를 발급해 주었으므로, 배를 탄 사람이 표류하여 중국에 가 닿으면 다행으로 여기고 '구태여' 순풍을 기다리지 않았기 때문이다. …(중략)… 김만현 등이 말하기를 "만약 15말의 쌀과 몇 항아리의 물만 있으면, 비록 구풍(颶風:강한 바람)을 만나도 불과 며칠 사이에 곧 영파부에 닿으니 무슨 걱정이 있겠는가. 바다에 표류하는 폐단이 장차 그치지 않으리라." 하였다.[10]

---

8) 고동환, 「조선 후기 상선 활동과 포구간 상품 유통의 양상-표류 관계 기록을 중심으로-」, 『한국문화』 14집, 서울대 한국문화연구소, 1993, 286~287면.

9) 『조선왕조실록』 중종 18년 7월 갑오조. 이런 점에 대해서는 무라이 쇼스케(村井章介), 이영 역, 『중세 왜인의 세계』(소화, 2003)에 『조선왕조실록』 등에서 뽑은 사례가 많이 소개되어 있어 참조할 만하다.

이와 관련하여 〈표해록〉에는 흥미로운 대목이 있다. 중국에서 1차 신문을 마친 윤 1월 19일, 최부는 이 날의 일지 뒤에 자기가 겪은 것을 토대로 일종의 '제언'을 덧붙였다. 즉 그 동안 제주를 왕래하다가 행방불명이 된 사람 중에는 이웃 나라에 표착했다가 왜적으로 무고 당해 죽었을 수도 있으니, 신분을 증명할 만한 '호패' 들을 소지하게 하자는 것이다. 최부보다 약 60년 뒤의 기록에 제주목사가 '증명서'를 발급해주었다는 것을 보면 이런 조처는 최부 등의 제언이 유효했음을 보여주는 것인지도 모른다.

최부의 〈표해록〉은 이런 동아시아 바다 체험을 기록한 조선의 주요한 텍스트이다. 최부 이전에 중국이나 유구, 일본으로 표착했던 사람에 대한 기록이 『조선왕조실록』에 몇 건 있고, 이 중에는 최부와 비슷한 경로로 표류했던 이섬(李暹)의 것도 있다. 그러나 이들 기록은 본인이 기술한 것이 아니거나 내용이 소략한 것이어서 독자적인 텍스트라 할 수가 없다.[11] 적어도 '표해록' 전통에서 본다면 최부의 〈표해록〉은 후대에 나온 장한철의 〈표해록〉과 더불어 대표적인 작품이라 할 수 있다.

기행문학 작품으로서의 〈표해록〉은, 그 '표류 체험' 부분을 보건대 '표류'라는 체험의 특수성 때문에 '노정'이 불분명하고 '견문'이 단순한 편이다. 게다가 사실 기록을 지향한 비허구적인 산문이다. 그러나 한편으로는 서사적 체험의 형상화 측면에서 문학적 성격을 강하게 띠고 있다. 한치 앞도 내다 볼 수 없는, 그래서 다음이 계속 궁금해지는 표류 체험의 서사적 성격을 바탕에 깔고, 인물들이 느끼는 공포 의식, 인물 사이의 갈등과 몇몇 인물의 개성적 부각 등을 이룩하고 있는 것이다. 그런 가운데 인물들의 의식과 갈등 관계를 보여주는 '대화' 부분은 특히 주목할 만한데, 이 대화 자체가 작품을 생동감 있게도 해주지만, 비허

10) 어숙권, 『패관잡기』, 『국역 대동야승1』, 민족문화추진회, 1971, 474면.
11) 이들에 대한 종합적 검토는 윤치부, 앞 책에 상세하게 되어 있다.

구적 산문 속에 들어 있는 '직접 인용'된 대화란 어느 정도의 허구적 재구성에서 벗어날 수 없다는 사실 때문이기도 하다.

2) 중국 체험: 중국 대륙의 현실 체험

'표류 체험' 부분이 극한 상황에서의 고난과 극복, 인간 사이의 갈등을 담고 있어 흥미롭다면, '중국 체험' 부분은 중국 강남권과 북경 및 동쪽의 요동 지역을 전체적으로 체험한 독특한 견문이 흥미롭다. 즉 최부는 강남권 체험을 함으로써 북경과 요동 지역만을 체험한 그 이전과 이후의 중국 사행길에 다녀온 사람보다 중국을 비교적 전체적으로 볼 수 있는 독특한 체험을 한 것이다. 이는 후대에 연암 박지원이 '열하'까지 가 본 것과 비교되는 독특한 체험인데, 특히 그의 강남 체험은 거의 독서 체험에 만족해야 했던 강남에 대한 현실 체험이라는 점에서 의미가 크다.

그의 중국 체험은 초기의 고난을 빼면 중국 관리의 보호를 받는, 그야말로 안정된 여행이었다. 그러나 중국 표착 후 며칠 동안은 '표류의 연장'이나 마찬가지로 고난의 연속이었다. 왜적으로 몰려 죽을 뻔한 최부 일행은 그야말로 육지를 다시 '표류하듯', 빗속에서 이 마을 저 마을을 사람들에게 쫓기다시피 도망다니다가 18일에서야 처음으로 제대로 된 관리를 만났다. 그들의 호송으로 생명의 위협으로부터는 벗어났지만, 해문위(海門衛) 도저소(桃渚所)까지 120리 정도를 빗속에 진흙탕길을 걷느라 갖은 고생을 했다. 그리고 도저소에서는 3일간 머물며 정식으로 신문을 받았는데, 인신(印信)과 마패(馬牌)로 신원이 증명되어 북경으로 전송되어 본국으로 보내진다는 말을 듣게 된다.

그리하여 1월 23일 가마를 타는 조그만 호사를 누리며 도저소를 떠나 북경을 향하게 된다. 중국 관인 적용(翟勇)을 비롯하여 군리(軍吏)

20여 명의 호송도 있어 그때그때 궁금한 것을 물어볼 수도 있었는데, 완전히 자유롭지 못한 최부로서는 이들 호송인들과의 '필담'을 통해 중국을 이해하는 데 상당한 도움을 얻었다.

엄격한 의미에서 본다면 이제부터 본격적인 중국 체험, 즉 '기행'이 시작된다고 할 수 있다. 따라서 이제부터는 '노정'과 '견문'이 분명하게 드러나는데, 그의 노정은 크게 둘로 나눌 수 있다. 하나는 도저소에서 북경에 이르기까지이고, 다른 하나는 북경 체류 및 동으로 북경에서 의주에 이르기까지이다. 전자를 간략히 살펴보면, 우선 항주(杭州)까지 가는 이십 일의 노정은 육로로 갔는데, 도중에 영파(寧波)와 소흥(紹興)을 경유하였다. 그리고 항주부터 북경에 가는 한 달 보름 정도의 노정은 운하를 따라 배를 타고 갔는데, 주요 경유지는 소주(蘇州), 양주(陽州), 서주(徐州), 덕주(德州), 천진(天津) 등이었다. 그는 4월 1일까지 북경에 호송되어야 했기에 달밤을 이용해가면서까지 이동하여 3월 28일 북경의 숙소인 옥하관(玉河館)에 도착하였다. 후자의 경우는 비교적 간단해서, 북경에서 25일을 머무르고, 4월 23일 북경을 떠나 산해관(山海關), 광녕(廣寧), 요양(遼陽)을 거쳐 6월 4일 의주(義州)에 이르는 노정이었다.

그는 이 노정을 따라 움직이면서 비록 제한된 범위에서나마 중국의 현실을 직접 볼 수 있었고, 자신을 수행하던 관리 및 그를 찾아 온 중국인들과의 필담을 통해 궁금한 점을 보완할 수도 있었다. 그리고 일회적이기는 하지만 중국인들과의 교류도 할 수 있었다.

이 중 먼저 중국 체험 부분의 2/3를 차지하는 북경까지 가는 길의 견문과 교류를 살펴본다.[12] 두 달 이상이나 걸린 길고 긴 여정 중에, 그는 이동 경로와 이동 거리와 방향, 지명, 지형, 건물, 풍속 등을 꼼꼼하게

12) 이하 '중국 체험' 부분은 필자의 〈표해록〉에 대한 앞 논문에서 자세히 다루었는바, 여기에서는 본 논문의 체제에 맞추어 그 내용의 일부를 따왔음을 밝힌다.

보고 기록을 했다. 심지어는 도시의 규모 등에 대해서도 가능한 한 기록을 해두었다.

그러니 경로에 있는 수많은 역사 유적과 중국 당대의 현실적인 모습이 빠질 리가 없다. 소흥과 소주에서는 본 왕희지의 〈난정집서(蘭亭集序)〉로 유명한 난정(蘭亭), 시인 하지장(賀知章)이 살던 천추관(千秋觀) 옛터, 고소대(姑蘇臺), 한산사(寒山寺)와 풍교(楓橋) 등이 전자의 예라면, 대운하의 역사와 운영 방식 등을 포함하여 강남의 현재 번영상과 강남 사람들에 대한 관심, '수차'에 대한 관심 등은 후자의 예들이다. 뿐만 아니라 관료답게 중국의 정치적 동향에 대해서도 관심을 보여주어, 그 전 해에 새로 즉위한 황제(弘治帝)가 개혁 정책을 펼치고 있다는 것도 알게 되어 그 실상을 간단히 기록해두기도 했다.

이처럼 다양한 체험을 기록할 수 있었던 것은, 물론 그의 꼼꼼한 기록 정신에도 기인하지만 그가 육로든 수로든 일반인들이 사는 삶의 현장을 직접 관통해서 이동했다는 데서도 기인한다. 오늘날처럼 기차나 비행기 등으로 순식간에 이동하는 게 아니라 두 달 이상이나 걸려 거의 도보 여행자의 속도로 중국 강남권을 통과하였던 것이다.

그는 조선인으로서는 거의 처음으로 강남권을 경유하면서 북경 중심의 사행 길에서는 볼 수 없었던 풍요롭고 활기 넘치는 새로운 세계를 보고 기록을 했다. 그리하여 명대에 남겨진 문집 중에도 이 최부의 것만큼 명 중기의 시대 상황을 극명하게 보여주는 자료가 없다는 평가를 받을 정도였다.[13] 예를 들어 항주에 대해 그는 다음과 같이 말했다.

> 항주는 곧 동남방의 큰 도회로서, 가옥이 잇달아 행랑을 이루고 치맛자락처럼 이어져 장막을 이뤘으며, 저자에는 금은이 쌓여 있고 사람

---

13) 서인범, 「조선 관인의 눈에 비친 중국의 강남-최부의 〈표해록〉을 중심으로-」, 『동국사학』 37집, 동국사학회, 2002, 706면.

> 마다 비단옷을 걸쳤습니다. 그리고 만장(蠻檣: 많은 돛대), 해박(海舶)이 빗살처럼 쭉 늘어서 있고, 거리에는 주렴(酒帘: 술집 깃발)과 가루(歌樓)가 가깝게 서로 마주 보고 있었으며, 사철에 시들지 않은 꽃이 있고, 팔절(八節)에 늘 봄과 같은 경치가 있으니, 참으로 별천지라 할 만했습니다.(2월 12일)

경제적 풍요와 온화한 기후 속에서 그는 마치 '별천지'를 보는 듯했다. 하긴 시기적으로도 추운 겨울에 제주에서 출발하여 표류 중에 폭우와 추위 속에서 고생하다가 맞이한 강남의 봄이었다. 그리고 중국인들조차 천당 같다고 하는 소주와 항주를 지나고 있었으니, 위와 같은 감탄이 날 만도 했다.

그는 〈표해록〉의 마지막 총괄 부분에서 다시 한번 강남과 강북을 인가의 성쇠, 주택, 복식, 인심과 풍속, 무기 등등 여러 면에서 비교하면서 강남의 융성을 이야기하고 있는데, 그만큼 강남이 '살기 좋은 아름다운 땅'임은 이미 알고는 있었지만, 현실에서 직접 본 강남은 그 정도가 생각 이상이었던 것이다.

이런 '견문' 외에 그는 강남에서 만난 사람에 대한 기록도 남겼다. 호송 중임에도 불구하고 제법 많은 사람을 만났고 또 필담까지 나누었다. 강남은 문화적 중심답게 강북에 비해 문자를 아는 사람이 많아 비교적 필담이 용이했던 것이다.

그가 만난 사람들은 크게 공적으로 만난 사람들과 사적으로 만난 사람으로 나눌 수 있다. 공적으로 만난 사람들은 물론 그를 호송하거나 심문한 관리들인데, 그들과의 필담은 공적인 심문을 하는 것이 주이지만 자주 사적인 필담이 끼어들었다. 그들 역시 공인이면서 아울러 외국인과의 접촉에서 호기심을 느끼는 한 사람이기도 했던 것이다.

예를 들어 2월 4일 소흥부에서 만난 관리는 최부에게서 신원 확인을 위해 조선의 역대 연혁과 도읍, 산천, 인물 등에 대해 물어본 뒤 음식 예물을 내리는데, 이후 다음과 같은 필담이 오간다.

> 신이 곧 사례하는 시를 지어 두 번 절하니 세 使相들도 일어나 공손히 답하였습니다. 또 신에게 말하기를
> "당신의 사례하는 시를 보건대 이 지방 산천을 어찌 그리도 자세히 알고 있소? 이는 필시 이곳 사람이 말해 준 것이겠지요?"
> 라고 하였습니다.
> "사방을 돌아봐도 친한 사람이라곤 도무지 없고 말도 통하지 않는데 누구와 얘기하겠습니까? 내가 일찍이 중국의 지도를 훑어보았기 때문에 이곳에 도착하여 기억나는 대로 적었을 뿐입니다."(2월 4일)

이런 필담은 사적인 성격이 강한 것으로, 최부의 중국 문화에 대한 교양에 놀라는 중국 관리의 모습을 최부는 놓치지 않고 기록한 것이다.

그러나 이런 공적인 만남과 필담보다는 그를 만나러 일부러 찾아온 지식인들과의 사적인 필담도 있는데, 사실 관료들과의 필담보다는 자발적으로 찾아온 사람들과의 필담이 더 흥미롭다. 그들 자신부터가 호기심어린 열망과 그에 따른 인간적 성의를 갖고 있었기 때문이다. 그들에게 최부라는 존재는 외국에서 온 보기 드문 지식인, 즉 그들과 필담을 통한 대화를 하여 이웃 세계의 소식이나 문화를 간접 체험할 수 있는 좋은 상대였던 것이다. 그만큼 중국인들 역시 최부를 통해 조선 체험, 즉 해외 체험을 하고 싶었던 것이다.

이런 사람들은 최부와의 만남을 '천재일우'(千載一遇)로 생각할 정도로 외부와의 소통에 감격하던 역승(驛丞)부터 조선에 사신으로 왔던 사람이나 그 친척, 조선 표류민과 접촉했던 사람들까지 다양했다. 그들의 조선에 대한 관심은 대개 조선과의 외교적 교류나 표류민을 통한 직간

접 체험에 근거한 것인 경우가 많았지만, 간혹 기자(箕子)나 당과 고구려의 전쟁 등 양국 관계사에 대한 독서 체험인 경우도 있었다. 경우야 어쨌든 이들은 조선에 대해 최소한의 관심이나 지식이 있었던 사람들로서, 최부를 통해 새로운 것을 얻고자 했다.

이상 최부의 강남 체험을 통해 주목할 것은 역사 유적이든 현실의 모습이든 그것이 '현실' 속에서 이루어진 직접 체험이었다는 것이다. 따라서 독서 체험을 통한 관념적 체험과는 달리 현실의 부정적인 면까지 곁들여 체험할 수 있었다. 그리하여 비판할 것은 비판하고 있었는데, 특히 유교적 문명 의식에 비춰 본 '현실' 중국의 평가는 냉철한 데가 있다.[14] 그리하여 강북은 물론이고 강남 역시 '귀신을 숭상하고 도교와 불교를 존중'했으며, '사람들이 모두 상업을 직업으로 삼아 비록 고관이나 거가대족의 사람일지라도 몸소 저울을 소매 속에 넣고 다니면서 사소한 이익을 따집니다.'(6월 4일)라고 비판했던 것이다.

물론 최부의 이런 비판은 유교적 문명의식이라는 좁은 시야에서 나온 것일 수도 있다. 특히 중국의 사회경제적 발전에 대한 이념적 재단의 혐의에서 자유로울 수는 없을 것이다. 그러나 그는 17세기 이후 사대의식과는 다른, 연실 중국에 대한 냉철한 모습을 보여주고도 있는 것이다. 이 시기 중국 왕조가 청이 아닌 명이라는 점을 생각해본다면, 이는 임진왜란 이전의 명에 대한 조선 지식인의 태도를 보여주는 한 사례가 아닌가 싶기도 하다.

강남권 체험이 끝나면서 최부의 중국 체험은 그 독특한 맛이 줄어든다. 그리고 강남의 변영과 풍요로움마저 없는 강북과 북경 동쪽에 대한 그의 평가는 더욱 비판적이다. 분량도 북경에 이르는 여정에 비해 1/2

---

14) 〈표해록〉에 나타난 중국 비판에 대해서는 다음 논문에서 자세히 다루고 있다. 조영록, 「근세 동아 삼국의 전통사회에 관한 비교사적 고찰-최부의 〈표해록〉과 일역 〈당토행정기〉를 중심으로-」, 『동양사학연구』 64집, 1998, 11~15면.

밖에 안 되는데, 그만큼 강남권에 비해 기록할 것도 기록할 활력도 줄어든 것 같다.

그는 북경에서 25일을 머물렀다. 이곳에서 공적으로는 병부상서 여자준(余子俊)을 만났고, 황제에게 사은하기 위해 조정에 나아가 조회에 참석하기도 했다. 이 중 황제와의 만남에 대한 부분을 보기로 하자. 상복을 입지 말라는 것 때문에 옥신각신하다가 축시(새벽 1시~3시)부터 서두르는 통역관의 설득으로 할 수 없이 길복(吉服)을 입고 만나는 순간의 기록은 다음과 같다.

> 이 때 황성의 바깥문이 열려, 상참(常參)하는 조관들이 쭉 늘어서서 들어갔습니다. 신은 시세에 몰려 길복(吉服)을 입고 대궐에 들어갔습니다. 1층 문과 2층 두 대문을 지나서 들어가니 또 2층 대문이 있었는데 바로 오문(午門)이었습니다. 군대의 위용은 엄정하였고 등불은 휘황하였습니다. 이상(李翔: 조선통사-필자 주)이 신을 중정(中庭)에 앉혔습니다. 조금 있으니 오문의 왼쪽에서 북을 치고 오른쪽에서 종을 치자 홍문(虹門) 셋이 활짝 열렸습니다. 문마다 두 마리의 큰 코끼리가 지키고 있었는데 그 모습이 매우 기이하였습니다. 먼동이 틀 때 조관들이 차례대로 문 앞에 늘어섰습니다. 이상이 신을 인도하여 조관의 반열에 나란히 서게 하고 또 정보(程保:최보를 수행한 아전-필자 주) 등을 인도하여 별도로 한 대오를 만들어 국자감생의 뒤에 서게 하였습니다. 다섯 번 절하고 세 번 머리를 조아리고 난 뒤에 단문(端門)으로 나오고, 또 승천문(承天門)으로 나오니 승천문은 대명문(大明門)의 안쪽에 있었습니다. 다시 동쪽으로 장안좌문(長安左門)으로 나와서 다시 상복을 입고는 장안가(長安街)를 지나서 옥하관으로 돌아왔습니다.(4월 20일)

새벽에 가서 여러 신하들 사이에 서서 먼발치로 황제를 보며 '다섯

번 절하고 세 번 머리를 조아리고 오는 이 간단한 행사. 그것은 표류민을 잘 보호하여 먹이고 재워준 뒤 고국으로 돌려보는 데 대한 제국의 은혜를 과시하는 대단히 '의례적인' 것으로서, 중국에서 볼 때는 최부 일행의 처리 과정의 정점에 있는 것이었다. 그러나 최부에게는 홍분도 영광스럽다는 의식도 없다. 아니 오히려 상복 문제로 관리들과 실랑이까지 벌였다. 역사의 뒤안길에서 일어난 조그만 '예송(禮訟)'이라고나 할까?

이런 단조로운 일정에서 필자에게 흥미를 일으키는 것은 북경에서 다양한 사람들을 사적으로 만나는 대목들이다. 예를 들어 고려인 출신 관리, 유구인, 중국인 통역관 등과의 대화는 비교적 간단하지만 생생한 맛이 있다. 특히 유구국 사신 일행 둘이 '떡과 음식을 풍성하게 준비해 와서' 대접을 하며 친근한 면을 보인 것은, 조선-유구의 관계를 보여주는 하나의 따스한 에피소드라 하겠다. 그러나 전반적으로 북경에서의 나날은 통제가 된 탓에 상당한 기간 머물렀음에도 불구하고 강남에서처럼 다양한 만남과 필담이 이루어질 수 없었다.

그리하여 4월 23일 고국으로 가는 날. 그는 출발을 앞두고 북경이라는 도시의 성 내부 구조와 북경의 연역을 정리하는데, 대대로 '이적(夷狄)의 군주가 서로 잇달아 도읍을 세워 그 민풍과 토속 모두가 오랑캐의 풍속을 이어받게 되었'는데, 명 건국 이후 그 풍속을 고치고 있는 중이나 아직 민간 풍속은 여전하다고 하고 이어 다음과 같이 서술하고 있다.

> 조정의 문물의 성대함은 볼 만하였습니다. 그러나 민간에서는 도교와 불교를 숭상하지 유학은 숭상하지 않고, 장사를 직업으로 삼지 농사를 짓지 않으며, 의복은 짧으면서도 좁고 남녀의 차이가 없었으며, 음식은 누린내 나는 것을 먹고 애어른이 한 그릇을 같이 쓰며, 아직도 오랑캐 풍속이 없어지지 않았으니 유감스러운 일이었습니다. 또한 북

> 경의 산은 민둥산이고 냇물은 더러웠으며, 땅은 모래 섞인 흙이 날려 먼지가 하늘까지 차고 오곡은 풍성하지 않았습니다. 그곳의 사람과 물자의 많음과 누대와 저자의 풍성함은 소주와 항주에 미치지 못 하는 듯했습니다. 성 안에서 필요로 하는 물품은 모두 남경과 소주 항주로부터 온 것이었습니다.(4월 23일)

'조정의 문물'은 성대하나 민간은 그렇지 않다는 것. 문명권의 정치적 중심지가 보여주는 황량한 현실을 이 정도로 보여준 우리의 기록이 있을까 싶다. 물자도 빈약하고 황사까지 날리는 황량한 모습인 데다 유교적 문명 의식에 비추어보아도 누추한 곳. 최부가 본 15세기말 '천하'의 정치적 중심지는 이러했던 것이다.

이런 모습은 동쪽으로 가면서 더욱 심했는데, 북경 동쪽은 강남의 풍요와 북경의 문물의 성대함, 그 어느 것도 없는 그야말로 변방이었던 것이다. 이는 연암 등이 조선을 벗어나 중국 대륙의 광활함에 감격하던 것과는 사뭇 다른데, 이는 중국 강남권을 경유한 최부와 중국을 처음 밟은 연암 등의 차이이기도 하고, 그들이 살던 조선 내부의 분위기에 대한 긍정/부정의 차이이기도 할 것이다. 15세기 조선 내부에서 상승하는 사림의 일원이었던 최부는, 연암 등과는 달리 조선에서 갇혀 산다는 답답함이 거의 없었을 것이다.

어쨌든 북경을 떠나 6월 4일 의주까지 오는 여정의 기록은 중국과 조선을 오가는 사행 일행과 만나 대화를 나누는 경우를 빼면 상당히 소략하다. '노정' 및 몇 유적에 대한 '견문'이 있기는 하지만, 낯선 인물간의 만남과 그에 따른 대화(필담)는 크게 줄었다. 그런 가운데 요양(遼陽)에서 만난 조선인 계통의 승려 계면과의 우리말 대화가 흥미롭기는 하지만, 아쉽게도 최부에게 불교는 배척 대상이었으므로 대화가 진지하게 이어지지 못하였다. 그러나 이곳이 외교 루트로 부산한 곳이라는 것 외에, 중국인과 조선인들이 섞여 사는 경계 지역이라는 점을 이 대화는 잘 보여주고 있다.

〈표해록〉의 '표류 체험' 부분이 동아시아 바다 체험을 기록한 최초의 주요한 텍스트라면, '중국 체험' 부분은 중국 강남권 체험을 기록한 보기 드문 텍스트라고도 할 수 있다. 한국 문학은 고려와 남송의 교류 이후 사실상 강남권과의 교류가 끊어져 버렸다. 즉 사회문화적 선진 지역과의 교류가 없어지고 청의 등장과 함께 북경만 오가는 최소한의 외교적 관계만 유지되었던 것이다. 이 점 중국 강남을 경유하여 북경으로 오가던 일본이나 유구 등에 비해 아쉬운 면이 없지 않다. 이런 점에서 최부의 〈표해록〉은 중국 강남을 이해하는 가장 주요한 텍스트인 셈이다.

기행문학 작품으로 볼 때 〈표해록〉의 '중국 체험' 부분은 '노정'이 자세하고 '견문'도 풍부하다는 점에서 그 내용의 충실성을 높이 평가할 만하다. 그런 가운데 강남의 풍요로움과 북경에서 조선에 이르는 길의 황량함에 대한 현실 체험은 중국 기행 텍스트 중 어느 것에서도 볼 수 없는 독특한 것이라 할 수 있다. 그러나 '표류 체험' 부분에 비해 하루하루의 기록이 상호 관련성 없이 단편적으로 이어지고 고난 극복의 드라마와 인물간의 갈등 같은 것도 없어 문학적 색채가 약해진 것은 아쉬운 점이다. 기록의 충실함이 문학적 형상화를 눌러버린 감이 있는 것이다.

그러나 여기에서도 문학적인 면을 찾아볼 수 있으니, 그것은 '표류 부분'에서도 주목했던 비허구적 산문 속의 '대화(필담)'의 생동감과 그 재구성된 대화(필담)의 허구적 성격이다. 지루하고 평면적인 산문 속에 박힌 생생한 대화(필담)는 역설적으로 더욱 독특하게 보일 정도이다.

3. 체험의 기록과 대화적 재구성

1) 체험과 기록의 이중적 성격

〈표해록〉은 '표류' 체험을 기록한 것이지만, 당시의 '기행문화'적 산물이라고도 할 수 있다. 중세에는 사적인 외국 여행이라는 것이 흔하지 않아 여행 체험 자체가 공적 성격이 강한 데다가 그 여행 체험의 재구성 역시 시대적 특성을 보여주게 되는 것이다. 이 점은 공식 사행뿐 아니라 '표류'의 경우도 마찬가지이다. "우연한 사고로 인해 표류(漂流)하여 외국을 경유하여 돌아온 사람들이나 전쟁으로 포로가 되어 적국에 억류되었다가 돌아온 사람들도 표류와 억류에서 귀환할 때까지의 과정을 글로 보고(報告)하고 있으므로 국외 여행은 기본적으로 정보 획득에 있다고 할 수 있다. 그리고 그 정보를 여행기의 형태로 남기는 것이 하나의 관습이 된 점에서 이는 독특한 기행문화라 할 수 있다."15)

〈표해록〉에서 문학적 성격을 살필 때 우리가 먼저 주목할 것은, 바로 이 사적인 것과 공적인 것 사이의 이중적 공존 양상이다. 〈표해록〉의 문학적 성격은 바로 이 공적 기록의 틈새를 뚫고 나온 것이기 때문이다.

최부의 체험은 왕명으로 다녀온 공식 사행은 아니었지만, 그렇다고 사적인 여행인 것만도 아닌, 이중적인 것이었다. 최부 일행 43명은 그 규모부터가 사적 여행과는 거리가 멀었고, 중국 대륙에 표착하여 일단 외교적 차원이라는 공적인 영역 속으로 들어갔다 온 체험을 하였다. 이 점을 최부는 인식하고 있었기에, 그는 개인으로는 상복을 입고 있었어도 항상 외국에 사행 간 관료처럼 행동했던 것이다.

---

15) 김종철, 「중세(中世) 여행 체험과 문학교육의 시각」, 『고전문학과 교육』 13집, 한국고전문학교육학회, 2007. 14면.

이런 이중적 성격은 〈표해록〉에서도 그대로 나타나, 형식은 사적인 일기(日記)이지만, 내용상으로는 수신자가 공적 영역의 최고권자인 임금으로 설정된 독특한 일기인 것이다. "삼가 전지를 받들어 이번 길의 일록을 편집하여 바치나이다(敬奉傳旨, 一行日錄撰集以進)."라는 첫머리가 그런 점을 보여준다. 이 독특한 형식이 〈표해록〉의 전반적 서술을 그만큼 독특하게 만들었다. 보통 어떤 기록을 할 때는 불특정 다수의 독자를 염두에 두기 마련인데, 〈표해록〉은 임금이라는 강력한 독자를 1차적 수신자로 설정하고 기록을 한 것이다. 수신자가 임금이면 발신자는 '신하'로서의 위치를 잊어버릴 수가 없고, 그 기록은 수신자를 강력하게 의식한 결과 상당히 공적인 성격을 띠게 된다.

그리하여 그는 일기 형식을 통해 그의 체험을 상당히 공적으로, 거의 하루도 빠짐없이 기록하고 있다. 그리하여 날씨는 기본이고 중국 땅에 상륙한 이후 의주까지의 이동 방법과 이동 수단(가마, 배, 교자, 당나귀 등), 여정에 따른 지명, 유적과 건물, 인물과 풍속 등등을 자세히 기록하고 있는 것이다. 즉 주관적 판단에 다른 취사선택보다는 가능한 대로 망라하는 관점을 취한 것이다.[16]

따라서 비교적 사적인 영역에 속하는 시적 충동은 상당히 억제되어 있다. 실제로 최부가 중국인들과 만났을 때 그가 필요에 의해 시를 지었음은 앞서 인용했던 2월 4일자 내용 등을 통해서도 알 수 있다. 그러나 그는 인용된 남의 것 둘을 빼고는 자신의 한시를 비롯한 다른 시문을 인용하지 않았다. 이는 상당히, 아니 철저히 의도된 것이라 할 수 있다. 대신 그는 다음과 같은 필담 내용을 넣어 자신의 시에 대한 태도

16) 〈표해록〉의 이런 점이 정부에서 공식적으로 간행을 요청한 이유가 되었다. "최부의 〈표해록〉은 금릉(金陵)에서 제도(帝都)에 이르기까지의 산천, 풍속, 습속을 갖추어 기록하지 않은 것이 없으니, 우리나라 사람들이 비록 중국을 눈으로 보지 않더라도 이것으로 하여 알 수 있습니다. 청컨대 함께(박연의 樂詞와 함께-필자 주) 개간 전파하게 하소서."(『조선왕조실록』 중종 6년 3월 14일조)

를 보여준 바 있다.

> "당신은 시를 지을 줄 아오?"
>
> "시사(詩詞)는 곧 경박한 사람이 풍월을 농하는 것으로 도학을 배운 돈독한 군자가 할 짓은 아니오, 나는 격물, 치지, 성의, 정심을 공부하였지 시사를 배우는 일에는 마음을 쓰지 않았소. 먼저 시를 지어 부르는 사람이 있으면 화답 정도는 하지 않을 수 없을 뿐이오."(윤 1월 19일)

이 대목은 의례적으로 한 말이거나 아니면 〈표해록〉을 편찬할 때 일종의 자기 검열을 거친 결과 의도적으로 부각시킨 것일 수도 있다. 그는 귀국하는 도중 요동의 어느 지점에서 '사모(紗帽), 낭패(囊佩), 강남 사람이 지어 준 시고(詩藁)'를 잃어버렸다고 했다.(5월 29일) '사모' 등은 몰라도 '시고'까지 도둑맞았다는 것은, 혹 억제된 무의식과 관련된 것은 아닐까?

그러나 그의 체험이 모두 공적인 것 또한 아니었듯, 그가 〈표해록〉을 편찬하면서 공적인 의식으로만 일관했다고 보기도 어렵다. 그에게도 공적인 기록 이상의 욕구가 있었을 것이다. 표류 부분에 비해 공적 기록의 성격이 강한 중국 체험 부분에서도 그런 것은 드러나는데, 예컨대 강남을 지나면서 보여주는 역사 유적이나 문인을 포함한 역사적 인물들에 대한 관심 역시 억제된 가운데 사적인 문화 체험을 살짝 드러낸 것으로 보인다. 뿐만 아니라 다음과 같은 대목은 보기 드물게 시가 인용된 대목인데, 억제된 기록 가운데서 살짝 내민 솟구치는 감흥을 느낄 수 있다.

> 양주부는 곧 옛 수(隋)나라 강도(江都)의 땅으로서 강좌(江左)의 큰

> 진(鎭)이었습니다. 10리 주렴(珠簾)과 24교(橋), 36피(陂)의 경치는 여러 군(郡) 중에서 으뜸이고, 이른바 '봄바람은 온 성 안을 넘실대는데(春風蕩城郭)/귓전엔 가득한 풍악 소리여(滿耳是笙歌)'이라는 곳이었습니다.(2월 23일)

당 시인 요합(姚合, 779~846)의 〈양주춘사(揚州春詞)〉 시의 일부를 읊은 것인데,[17] 그야말로 적절한 인용이 아닐 수 없다. 그러나 이런 점은 임금에게 보고해야 할 공적 영역은 아닐 것이다.

뿐만 아니라 그는 상중인데도 8일 동안이나 청파역에 머물며 〈표해록〉을 편찬했다. 나중에 이 문제로 비판을 받았을 때, 대사헌 이세좌의 말 중에 "일기를 찬수하는 일이 비록 군명이 있었다 하더라도 마땅히 전말만을 대략 기록하고 사직하고 돌아갔어야 옳을 것입니다. (그런데) 그 일기를 살펴보니, 필묵에 마음을 두고 문자에 뜻을 다하였습니다. 최부가 곡읍하는 가운데 있으면서 어느 틈에 이와 같이 하였겠습니까?"[18] 운운한 것은, 비록 비방하는 뜻으로 확대해석된 면이 있을지라도, 〈표해록〉이 상당히 세심한 데까지 신경을 쓴 것임을, 그야말로 '필묵에 마음을 두고 문자에 뜻을 다한(留心筆墨, 致意於文字)' 것임을 보여주고 있다.

이런 점들로 보건대, 최부는 〈표해록〉을 쓰면서 자신의 사적인 체험을 공적인 형식에 어떤 식으로 재구성해 넣느냐를 가지고 어느 정도는 고민을 했을 것 같다. '공적'인 '기록'에 충실하되 그 틀 안에서 나름대로 '문자에 뜻을 다한' 결과 우리는 〈표해록〉에서 공적 기록을 넘어선 문학적 성격을 논할 수 있게 된 것이다. 그런데 이 문학적 성격은 특히 표류 부분의 고난과 극복의 드라마에서도 볼 수 있지만, 〈표해록〉 전체를 볼

---

17) 서인범, 주성지 역주, 『표해록』, 한길사, 2004. 277면의 주 637) 참조.

18) 『조선왕조실록』 성종 24년 4월 19일조.

때는 건조한 '기록'의 지대에 오아시스처럼 들어 있는, 생생한 대화(필담)를 재구성한 부분들에서 볼 수 있다.

따라서 필자는 〈표해록〉을 기행문학적 텍스트로 보려할 때, 이 다양한 인물들과의 관계(대립 혹은 만남) 속에서 나온 대화(필담)의 생생한 재구성이야말로 가장 먼저 주목해야 할 요소라고 생각한다. 이 대화(필담) 부분의 생동감이 그 이전의 전통에는 없던 것이라고는 할 수 없겠지만, 어쨌든 〈표해록〉을 생동감 있게 해 준 일차적 요소는 바로 이 대화적 재구성 부분인 것이다. 이 체험의 대화적 재구성을 통해 최부는 유교적 지식인으로서의 자기 억제를 유지하면서도 그의 평소 기질을 은연중에 발휘한 것인지도 모른다.[19]

2) 체험의 대화적 재구성과 그 의미

〈표해록〉을 보면, '대화'와 '필담(筆談)'이 상당히 많이 나온다. 가끔씩 나오는 것이 아니라 대부분의 날에 들어 있어 〈표해록〉 전체에서 차지하는 비중도 아주 크다. 이는 최부가 자신의 체험을 문자로 옮길 때, '여정'과 '견문'의 서술 외에 '대화(필담)'을 중요한 축으로 하였음을 보여주는 것이기도 하다.

그런데 이 대화(필담)는 노정이나 견문을 사후에 기록하는 것과는 달리 이미 발화된 것을 다시 반복하는 것이기에, '필담'한 기록 자료를 그대로 옮기지 않은 이상 항상 재구성된 것일 수밖에 없다. 또 원래는 '대화(필담)'이었으나 '대화(필담)'로 재구성되지 못하고 정보 전달을 위한 일반 서술로 정리된 것들도 있을 것이기에,[20] '대화(필담)' 기술 여부가

---

19) 그가 죽은 뒤 『조선왕조실록』에서는 그에 대해 "술 먹기를 좋아하고 담론을 좋아하였다."(好飮酒, 善談論)(연산군 10년 10월 25일조)고 했다.

20) 인간 관계는 어차피 대부분 '대화'나 '필담'을 통해 이루어진다. 더구나 최부처럼

실제를 정확히 반영하는 것도 아니다. 즉 '대화(필담)'으로 재구성할 것들과 일반 서술로 기술할 것들이 갈라진다는 것이 이미 글쓰기 차원에서 공을 들인 재구성된 것임을 보여주는 것이다. 그리고 이런 이 과정들에서 어느 정도의 허구성이 개입되게 된다. 요컨대 '대화(필담)'의 재구성은 어느 정도는 허구적 재구성인 것이다.

물론 최부 자신은 이런 점에 대해 심각하게 생각하지는 않았을 것이다. 그는 가능하면 대화의 사실적 재구성 측면에 무게를 두고 썼을 것이고, 그런 만큼 이는 일종의 '기록정신'의 소산이었을 것이다. 그리하여 기록정신에 투철한 것이면서도 허구적 재구성까지 이루어진, 어떻게 보면 서로 안 맞는 듯한 두 특징이 공존하는 〈표해록〉을 낳게 한 것이다.

따라서 이 체험의 재구성을 '대화'를 축으로 한 경우를 '체험의 대화적 재구성'이라 하고 이에 대해 살펴보고자 한다. 이 때의 '대화적 재구성'이란 현장의 '대화(필담)'을 사후에 기록하면서 이루어지는 측면을 강조한 것이지, '대화(필담)'가 아닌 것을 '대화(필담)'로 바꾸었다는 뜻은 아니다. 이 '대화적 재구성'은 〈표해록〉의 전부를 포괄하는 것은 아니지만, 〈표해록〉에서 큰 비중을 차지하고 또 문학적 생동감을 주는 부분이기에 주목할 필요가 있는 것이다.

이런 점을 보기 위해 앞에서 든 단편적인 사례와는 다른, 좀더 긴 '대화(필담)' 부분을 보기로 하자. 먼저 '표해' 부분에서는 출발 시기가 잘못이었다며 불만을 품은 군인과 곁군들의 불만이 고조된 대목을 본다.

낯선 중국을 기행하는 경우 자신이 직접 보고 베낀 것을 빼면 나머지는 다 이 '필담'을 통해 얻어진 것들일 것이다. 그런데 〈표해록〉에는 이런 모든 것을 '필담'으로 보여주지는 않고 있다. "물어보니 도지휘사, 포정사, 안찰사 등 삼사에서 새로 쌓은 것이라 하였습니다."(2월 14일) 같은 것이 그런 예인데, 이런 표시도 없는 경우도 많을 것이다.

군인 고회(高廻)란 자가 소리를 질러 말하기를,

"제주는 바닷길이 매우 험난해서 왕래하는 사람들은 누구나 여러 달씩 순풍을 기다려! 전 경차관 같은 분으로 말하면 조천관(朝天館)에 있다가 수정사(水精寺)에 있다가 하며 모두 합쳐 석 달이나 기다린 뒤에야 길을 떠났거든. 지금 이 행차는 비바람이 고르지 않은 때 하루의 날씨도 살펴보지 않고 이러한 극한의 상황에 이르게 되었으니, 이것은 모두 자초한 일이야!"

라고 하였습니다. 나머지 군인들은 모두

"상황이 이미 이렇게 되었으니 취로(取露)를 하고 배를 수리하는 데 몸과 마음을 다하더라도 끝내는 반드시 죽고 말 것이야. 애를 쓰다가 죽는 것보다는 차라리 편안히 누워서 죽음을 기다리는 편이 나아."

라고 말하였습니다. 모두 귀를 막고 명령에 따르지 않았으며, 혹은 때려도 일어나지 않았습니다. (곁군) 송진(宋眞)은 모자라고 어리석기 그지없는 자라, 맞으면서 성내 말하기를,

"명도 길구나. 이 배는! 파선되기만을 기다리는데 왜 빨리 파선되지 않는 거야! 어차피 부서지게 될 것이라면 왜 빨라 부서져버리지 않는 거야?"

라고 하였습니다. (윤 1월 4일)

거의 통제 불능이 된 상황. 대화를 통한 생생한 기록은 인물의 성격 및 인물 간의 갈등까지 보여주고 있다. 그리고 이 대목에 이어 "지금 이 배를 탄 사람은 게으르고 사나운 자들로서 인원수만 늘려놓았지 그 실속이 없다. 배가 표류되어 사지에 이르게 되면 통곡 소리만 더할 뿐이다."(윤 1월 4일)라며 자기 생각을 토로하는데, 여기에선 일행들 사이의 출렁이는 관계에 멀미(?)가 난 최부의 심정이 그대로 보이는 듯하다.

중국 대륙 체험 부분의 경우는 소주를 떠난 지 얼마 안 되어 배 위에서 중국인 3명과 필담을 한 내용의 일부를 들어 본다.

어사(御使) 세 대인(大人)이 와서 배 위에서 전송하다가 신을 맞이하여 앞에 오게 하고는 예절로 대우하고 신에게 말하기를,

"당신은 예의를 숭상하는 나라의 좋은 사람이므로, 우리들은 모두 당신을 존경합니다."

라고 하고, 이어서 묻기를

"천순(天順), 성화(成化) 연간에 태감이 칙서를 받들고 당신 나라에 사신 갔었는데, 당신은 (그분들의) 성명을 차례대로 댈 수 있습니까?"

라고 하였습니다. 신이 대답하기를,

"천순 연간에는 제가 강보 속에 싸여 있었던 까닭에 나랏일을 알지 못합니다. 성화 연간에는 태감 정동(鄭同), 강옥(姜玉), 김흥(金興)이 서로 잇달아 사신으로 왔었습니다."

라고 하였습니다. (그러자 그들이) 또 글을 써서 보이기를,

"정태감과 강태감은 모두 이미 작고하였고, 김태감만이 북경에 있습니다."

라고 하였습니다. 신이 말하기를

"'작고(作故)'란 두 글자는 잘 모르겠습니다."

라고 하였습니다.

"중국 사람은 죽은 사람을 일러 '작고'라 하니, 이미 고인이 되었음을 이르는 말입니다."

이어서,

"당신 나라에서는 무엇이라 합니까?"

라고 물었습니다.

"'물고(物故)'라고 합니다."

"'물고'는 무슨 뜻입니까?"

"'물'은 일이고 '고'는 없음이니, 죽은 사람은 다시 일을 할 수 없음을 말하는 것입니다."(2월 18일)

'또 글을 써서 보이기를(于書示曰)'에서 분명히 드러나듯, 말이 통하

는 일반 '대화'가 아닌 '필담'임에도 끊임없이 오가는 대화의 생생함을 느낄 수 있다. 아울러 번역문에도 드러나지만 원문의 '제신왈(諸臣曰)', '인문왈(因問曰)', '신답왈(臣答曰)', '우서시왈(于書示曰)', "신왈(臣曰)', '답왈(答曰)', '인문왈(因問曰)', '신왈(臣曰)', '문왈(問曰)'로 이어지는 끝없는 '왈(曰)의 변주'는, 최부가 얼마나 생생한 대화임을 드러내기 위해 노력하고 있는가를 보여주는 것이기도 하다. 대화를 생생하게 드러내고자 하는 의식이 없었다면, 간략한 서술 형태로 그 내용만 전달할 수도 있었을 것인데, 최부는 일부러 '필담'의 현장을 다큐멘터리 형식으로 보여주고 있는 것이다.

물론 대화와는 달리 필담은 항상 서로를 대면한 채 즉각적으로 이루어진 것은 아니었다. 때로는 종이에 쓴 글이 중간의 심부름꾼을 통해 전달되는 식으로 필담이 이루어지는 수도 있었다. 윤 1월 12일 영파부 경계에서 도적을 만났을 때, 최부는 그들의 떠들썩한 소리를 듣고 중국인임을 알아본 뒤, 정보에게 '종이에 글을 써서 보내었는데', 이것도 필담이라 할 수 있다. 뿐만 아니라 윤 1월 19일 도저소(桃渚所)에서 만난 어떤 사람이 최부 일행이 왜적으로 오인 받고 있는 상황을 '손바닥에 글을 써서' 말해주었고, 윤 1월 20일 어떤 중국인이 '탁자 위에 젓가락으로 글씨를 쓰며' 물었듯이 종이를 쓰지 않고도 다양한 방식으로 이루어졌다. 그러나 최부는 흔적 없이 사라진 이 필담들도 마치 종이 위에 써놓은 '필담'과 다름없이 그 대화 내용을 기록해놓고 있다.

이러한 필담을 통한 대화는 외국어로서의 회화적 대화가 아닌, 문명권 내부의 독득한 대화 방식이라는 점에서 문화사적 의미가 있다. 그러나 필자가 여기서 주목하는 것은, 이러한 대화(필담)의 '직접 인용' 형식이 갖는 의미이다. 즉 비허구적 산문 속의 대화(필담)의 의미라는 점에서 주목할 필요가 있다는 것이다. 앞에서도 언급했듯이, 비허구적 산문에서 '대화(필담)'이란 희곡의 '지문'과 '대화'처럼 고심어린 선택이 필요한 것이다. 중요하고 인상적이라 생각했던 것이 우선적으로 선택될 것이지만, 그 비중을 어느 정도로 하느냐의 또다른 선택도 해야 한다. 그러니 '대화'란 허구적 산문(소설 등)에서만이 아닌, 비허구적 산문에서도 중요한 선택의 문제인 것이다.

물론 〈표해록〉과 같은 비허구적 산문이 이처럼 '대화'적 재구성을 중시한다는 것은, 가능한 대로 생생하게 대화적 상황을 재구하여 대화 내용을 생동감 있게 전달하려는 목적에서이다. 허구적 산문과는 달리 실제 상황을 생생하게 표현하려 한다는 점에서 다르지만, 그 근본 목적에서는 거의 같은 것이다.

허구적 산문에서 '대화'적 형상화가 미학적 문제라면 비허구적 산문에서도 마찬가지일 것이다. 그런 의미에서 〈표해록〉은 전통적인 비허구적 산문에서 '대화'의 중요성을 보여주는 텍스트이기도 한 것이다. 최부는 여정이나 견문을 서술적으로 꼼꼼하게 기록하면서 아울러 대화(필담)를 통한 생동감 넘치는 실제 상황을 '보여주기' 위해 많은 노력을 기울였던 것이다. 사실 단순한 요약 정리보다 이러한 '대화의 재구성'이 더 많은 노력을 요한다는 것은 분명하다.

그런데 우리 기록문학 전통에서 볼 때 이러한 대화의 생생한 재현은 상당히 중시된 것이 아니었나 싶다. 우리 기록 문화 유산의 대표격인 〈조선왕조실록〉부터가 역사 자료집으로서 생생한 대화로 구성되어 있다. 실록은 비록 '사론'이 있기는 하지만 그 자체가 체계적으로 저술한 역사서가 아니라 생생한 원자료를 가능한 대로 그대로 편집한 역사 편찬을 위한 자료집에 가까운 것이다.[21] 그리고 이 자료집의 중요한 기술형태가 '대화'였던 것이다.

뿐만 아니라 조선 시대의 수많은 사행록들-'조천록', '연행록', '해사록'

21) 조병석, 『이조실록은 어떤 책인가』, 여강출판사, 1993, 23면. 이 소책자는 조병석의 「〈이조실록〉의 편찬과 그 사료적 특성」을 발췌 요약한 것이다.

등-역시 그 기록의 충실성 차원에서 대화(필담)을 상당히 비중 있게 넣고 있다. 이들은 모두 허구를 내세우는 양식들이 아닌, 사실의 기록을 표방하는 '비허구적 산문'인데도 '대화'를 통해 문학적 묘미를 얻고 있는 것이다.[22]

비허구적 산문에서의 '대화'의 비중은 여기에서 그치지 않는다. 시야를 넓혀보면, 고려 시대 〈파한집〉이나 〈보한집〉과 같은 산문집도 대화의 비중이 만만치가 않고, 조선 시대의 수많은 패설이나 일화집에도 이 대화의 비중과 묘미는 만만치가 않다. 이런 점에 비추어 보건대 우리 산문 기록 전통에서 '대화'의 재구성은 뿌리도 깊고 비중도 큰 중요한 표현 방식이 아닌가 싶다.[23]

이런 점은 고전문학교육에도 상당한 시사를 주는 것이라 생각하는데, 문체나 수사 혹은 장르적 바탕의 고전문학교육 못지 않게 '대화'를 방법론적 중심에 놓고 다양한 고전산문의 표현 전략 혹은 글쓰기 전략에 대한 탐구로 나아갈 수도 있겠기 때문이다. 그리고 한 걸음 더 나아가 '대화적 재구성'이란 '객관적 기록'과 '허구적 재구성'의 선택적 결합이기 때문에, 고전산문의 글쓰기 방식의 무의식 층위까지도 엿볼 수 있는 중

---

22) 정훈식, 「건정동필담(乾淨衕筆談)과 사행문학의 전환」, 『배달말』 30, 2002는 홍대용의 〈건정동필담〉이 필담이라는 독특한 문답체 산문 형식으로 된 처음 사례로서, 사행문학에서 필담의 비중이 커지는 양식적 전환에 크게 기여했다고 보고 있다. 확실히 〈건정동필담〉은 필담의 비중이 대단히 크다는 점에서 유례가 없을 정도이다. 그러나 사행문학에서 필담의 비중이 큰 것이 〈건정동필담〉에서 처음 나타난 것은 아니므로 이 점은 실록을 포함한 좀더 거시적인 고전산문 전통에서 보아야 한다고 본다. 최부의 〈표해록〉에 나타난 필담이나 방대한 〈조선왕조실록〉에 있는 일종의 변형된 필담도 주목할 필요가 있는 것이다.

23) 이강엽은 비서사적인 '문답체 산문'이 서술자 개입에 의해 서사화되는 양상을 살펴본 바 있는데, '대화' 내부의 서술적 특성 분석에 주력하고 있지만 고전산문에서 '대화'의 중요성을 인식하고 있다는 점에서는 필자의 관심과 통한다.(이강엽, 「문답체 산문의 서술자 개입 양상과 서사화」, 『한국한문학연구』 19집, 한국한문학회, 1996 참조.)

요한 지점을 보여주는 것이기도 할 것이다.

4. 맺음말

이 논문은 그 동안 역사적 자료로 주로 연구되어 오던 최부의 〈표해록〉에 나타난 해외 체험을 문학적 전통에서 살피려는 몇몇 선행 연구의 뒤를 이어 가능한 한 기행문학적 관점에서 살펴보고자 하였다. 그리하여 우선 해외 체험을 표류 체험과 중국 체험으로 나누어 살펴보고, 그것이 갖는 기행문학적 텍스트로서의 면모를 간단하게 살펴본 뒤, 표류와 중국 체험 부분을 통괄하는 문학적 형상화 측면으로 특히 대화(필담)에 무게를 두어 그것이 보여주는 특징과 그 의미에 대해 살펴보았다.

〈표해록〉의 '표류 부분'은 서사적 체험의 형상화 측면에서 문학적 성격을 강하게 띠고 있다. 한치 앞도 내다 볼 수 없는, 그래서 다음이 계속 궁금해지는 표류 속에서 인물들이 느끼는 심리적 고통과 내부적 갈등, 자연의 횡포에 대한 인간적 사투 등이 그야말로 한 편의 드라마를 연상시킨다. 반면 '중국 체험' 부분은 중국 강남권과 북경 및 동쪽의 요동 지역을 전체적으로 체험한 독특한 견문이 흥미롭기는 하지만, 여정에 따른 느슨한 구성도 그렇거니와, 제한된 인물 간의 지속적인 관계나 갈등이 거의 없다. 임금에게 바치는 글의 성격상 상당히 억제된 기술로 말미암아 문학적 성격이 약한 교술산문의 모습을 보여주고 있었다. 그럼에도 불구하고 중국 대륙 체험 부분에도 문학적 생동감을 부여하는 부분이 있으니, 그것은 '표류' 부분에서도 이미 부각된 것, 즉 다양한 인물과의 만남과 그들과 나눈 생생한 대화(필담)를 재구성한 부분들이다

최부는 표류 중에 일행들과 했던 대화와 중국에서 만난 중국인들(관료와 지식인들)과의 필담-동아시아 공동문어인 한자를 이용하여 종이

위에 쓰는 것-을 가능한 한 상세하게 재구성하여 기술하였다. 이 대화 부분은 그 자체로서 재구성을 통한 문학적 생동감을 얻고 있는 바, 이로 인해 〈표해록〉은 딱딱하고 건조한 텍스트를 넘어서고 있다. 이 필담이야말로 최부가 자기 체험을 텍스트화하는 글쓰기 방식의 한 중심에 있는 것으로 보이는 것이다.

그는 〈표해록〉 전체를 통하여 단순한 기록 이상의 '문자에 뜻을 다한(致意於文字)' 노력을 기울였는 바, 이는 〈표해록〉이 임금의 명제 따라 수동적으로 기술한 것은 아니었음을 보여준다. 최부는 〈표해록〉을 쓰면서 자신의 사적인 체험과 견문을 공적인 형식에 어떤 식으로 재구성해 넣느냐를 가지고 어느 정도는 고민을 했을 것인 바, 이것이 '대화(필담)'의 생생한 재구성에 반영된 것으로 보이는 것이다.

그런데 이 대화(필담)은 그 자체로서 작품을 생동감 있게도 해주지만, 비허구적 산문 속의 대화(필담)의 의미라는 점에서도 주목할 필요가 있다. 비허구적 산문에서 '대화(필담)'이란 희곡의 '지문'과 '대화'처럼 고심어린 선택이 필요한 것이므로, '대화'란 허구적 산문(소설 등)에서만이 아닌, 비허구적 산문에서도 중요한 선택의 문제인 것이다. 허구적 산문에서 '대화'적 형상화가 미학적 문제라면 비허구적 산문에서도 마찬가지일 것이다.

그런 의미에서 〈표해록〉은 전통적인 비허구적 산문에서 '대화'의 중요성을 보여주는 텍스트이기도 한 것이다. 이 '대화(필담)' 부분의 생동감이 그 이전의 전통에는 없던 것이라고는 할 수 없겠지만, 어쨌든 〈표해록〉을 생동감 있게 해 준 1차적 요소는 바로 이 대화적 재구성 부분인 것이다.

〈표해록〉에서 보여주는 이런 글쓰기 방식은 한국고전산문의 글쓰기 방식에서 대화적 재구성이 갖는 비중과 그 특성에 대한 우리의 새로운 연구를 요청하는 것이기도 하다. 아울러 이런 점은 고전문학교육에도 상당한 시사를 주는 것이라 생각하는데, 문체나 수사 혹은 장르적 바탕의 고전문학교육 못지 않게 '대화'를 방법론적 중심에 놓고 다양한 고전산문의 표현 전략 혹은 글쓰기 전략에 대한 탐구로 나아갈 수도 있겠기 때문이다.

이상과 같은 내용은 〈표해록〉을 가능한 한 문학적 텍스트로 보려는 노력의 산물이면서 아울러 고전산문의 글쓰기 방식과 교육에 대한 하나의 전망을 담고자 하는 것이었다. 그러나 〈표해록〉과 같은 텍스트에서 문학적 면모를 추출한다는 것이 쉽지 않아서 '대화(필담)'를 중시한 본 논문에는 미진한 면이 많다. 특히 '조천록'이나 '연행록' 전통에서 거시적으로 보지 못한 것이 아쉽게 생각되는데, 이 점은 후속 연구를 통해 보완하고자 한다.

【참고문헌】

박원호, 『최부 표해록 역주』, 고려대출판부, 2006.
서인범 · 주성지 옮김, 『표해록』, 한길사, 2004.
이재호 역, 『표해록』, 『국역연행록선집1』, 민족문화추진회, 1976.
최기홍 역, 『금남선생 표해록』, 교양사, 1989.
어숙권, 『패관잡기』, 『국역 대동야승1』, 민족문화추진회, 1971.
윤치부, 『한국해양문학연구』, 학문사, 1994.
조병석, 『이조실록은 어떤 책인가』, 여강출판사, 1993.
최강현, 『한국기행문학연구』, 일지사, 1982.

고동환, 「조선 후기 상선 활동과 포구간 상품 유통의 양상-표류 관계 기록을 중심으로-」, 『한국문화』 14집, 서울대 한국문화연구소, 1993.
고병익, 「최부의 금남표해록」, 『동아교섭사의 연구』, 서울대출판부, 1970.

김종철, 「중세(中世) 여행 체험과 문학교육의 시각」, 『고전문학과 교육』 13집, 한국고전문학교육학회, 2007.

박원호, 「최부 〈표해록〉 연구 술평」, 『사총』 56, 역사학연구회, 2003.

박원호, 「최부 〈표해록〉 번역 술평」, 『한국사학보』 21호, 2005.

서인범, 「조선 관인의 눈에 비친 중국의 강남-최부 〈표해록〉을 중심으로-」, 『동국사학』 37집, 2002.

서인석, 「장한철의 〈표해록〉과 수필의 서사적 성격」, 『국어교육』 67, 68호, 한국국어교육연구회, 1989.

서인석, 「최부의 〈표해록〉과 사림파 관료의 중국 체험」, 『한국문화연구』 10, 이화여대 한국문화연구원, 2006.

이강엽, 「문답체 산문의 서술자 개입 양상과 서사화」, 『한국한문학연구』 19집, 한국한문학회, 1996.

정훈식, 「건정동필담(乾淨衕筆談)과 사행문학의 전환」, 『배달말』 30, 2002.

조영록, 「근세 동아 삼국의 전통사회에 대한 비교사적 고찰-최부의 〈표해록〉과 일역 〈당토행정기〉를 중심으로-」, 『동양사학연구』 64집, 1998.

최래옥, 「표해록 연구」, 『비교민속학』 10집, 1993.

최주현, 「최부의 〈금남표해록〉 연구」, 한양대 교육대학원 석사학위논문, 1994.12.

무라이 쇼스케(村井章介) 지음, 이영 옮김, 『중세 왜인의 세계』, 소화, 2003.

『조선왕조실록』(http://sillok.history)

〈간양록(看羊錄)〉의 피로(被虜) 체험 글쓰기와 그 문학교육적 의미

정충권

1. 특별한 체험으로서의 피로(被虜)

기행문(시)이란 지금 '내'가 살고 있는 '일상의 공간'이 아닌, '다른 공간'을 접하면서 얻은 체험을 언어로 형상화한 문학 양식을 말한다. 이때의 체험은 보고 들은 것과 겪은 것을 포괄한, 주체로서의 '나'와 그 '다른 공간'이 상호 조응하여 이루어낸 결과물일 것이다. 기행문을 쓰는 일은 그러한 체험에 기행자 나름대로의 의미를 부여하여 다른 누군가와 공유하려는 의지의 발현이다. 가치 있는 기행문은 독자로 하여금 기행자의 체험을 공유하게 하면서 그들의 경험의 폭을 확장하고 궁극적으로는 자신도 모르게 정신적 성장을 맛보게 하게 하는 글이어야 할 것이다.[1)]

1) 자신의 일상 공간을 쉽게 벗어나기 어려웠던 시대에 이러한 가치 있는 기행문은 특히 필요했다. 간접적으로나마 견문과 지식을 넓힐 수 있는 흔치 않은 방법 중 하나였기 때문이다. 아마 당시 기행문을 읽는 독자들은 언젠가는 그것을 직접 체

그런데 기행문 제재로서의 체험 중 그 누구도 의도적으로 체험하기 어려울 뿐 아니라 대개의 경우 직접 겪고 싶어 하지 않는 체험도 있을 수 있다. 바로 자신의 의지와 무관하게 겪는 피로(被擄)와 표류(漂流)가 그것이다.[2] 피로와 표류는, 그것을 체험이라고 하기 무색할 정도의 극한 상황 속으로 자신이 내던져지는 사건이기 때문이다. 다만 피로와 표류는 그러한 체험을 하게 되는 계기와 그 구체적 양상이 서로 다르다. 표류는 그 계기가 당대 역사와 밀접한 관련을 맺고 있지는 않으며 또한 체험의 실제적 양상도 역사성을 띤다고 하기는 어려우나,[3] 피로는 그 체험 자체가 역사성을 띠는 경우가 많다. 특히 피로 체험은 그 생사의 여부가 전적으로 타인에게 달려 있는 극단적 공포를 전제한다. 본고에서 관심을 두고자 하는 것은 바로 이, 본인의 의사와 무관하게 갑작스레 닥친 체험이자 그 누구도 겪고 싶어하지 않는, 그러면서도 강한 역사성을 띤 체험인, 피로 체험을 담은 실기류 기행문학이다. 좌절과 공포를 겪고, 그래도 피로자가 살아 돌아와 전해 주는 기록에는, 관련 정보가 거의 없다시피 한 낯선 곳의 견문들과, 역사적 · 실존적인 체험들이 담겨 있을 뿐 아니라, 삶의 소중함에 대한 일깨움까지 담고 있어 그 의의가 적지 않을 것이라 판단되기 때문이다. 더구나 문학교육의

험해 보리라는 소망을 가졌을 것이다. 중세 기행문학의 생산과 수용이 하나의 문화적 현상(김종철, 「중세 여행 체험과 문학교육의 시각」, 『고전문학과 교육』 13, 한국고전문학교육학회, 2007, 22면)이었다고 할 수 있는 것도 이 때문일 것이다.

2) 피로와 표류 외에 유배 역시 이러한 부류의 체험에 포함된다. 유배지에서의 생활이 형벌을 받는 죄인의 처지에서 서술되므로 다른 기행문학과 구별되는 독특한 성격을 지닐 수밖에 없기 때문이다. 유배체험에 대해서는 이승복, 「유배체험의 형상화와 그 교육적 의미 - 조선후기 국문 일기 자료를 중심으로」, 『고전문학과 교육』 14, 한국고전문학교육학회, 2007 참조.

3) 물론 당대 외국의 문물과 풍속의 역사성을 중요시한다면 그렇게만 볼 수 없는 측면도 있기는 하다. 최부(崔溥)(1454~1504)의 〈표해록〉이 그 예이다. 서인석, 「최부의 〈표해록〉에 나타난 해외 체험과 체험의 대화적 재구성」, 『고전문학과 교육』 13, 한국고전문학교육학회, 2007 참조.

측면에서 볼 때에도, 특별한 체험이라 할만한 이 실기물들에 내포된, 피로자의 실존적 문제와 가치 있는 삶에 대한 고뇌는, 그것을 통해 오늘날 독자들이 자신의 삶을 성찰하게 하는 긍정적인 의의가 있으리라 생각한다. 본고의 궁극적인 목적도 그러한 의의를 찾아 보는 데 있다.

중세의 피로 체험을 담은 기행 실기류들로는 임란을 배경으로 한 것들이 많다. 강항(姜沆)의 『간양록(看羊錄)』, 노인(魯認)의 『금계일기(錦溪日記)』, 정경득(鄭慶得)의 『만사록(萬死錄)』, 정희득(鄭希得)의 『월봉해상록(月峯海上錄)』, 정호인(鄭好仁)의 『정유피란기(丁酉避亂記)』 등이 바로 그것들이다. 이들 중에는, 가장 널리 알려져 있으며 또한 여타 실기류와 다른 독특한 면모를 지닌 『간양록』이 특히 주목된다. 이들 실기류를 집중적으로 살핀 한 연구자에 따르면, 여타 실기들은 "포로생활의 일들을 기록함으로써 참담한 처지를 잊지 않고 보존하며, 이를 통해 다른 사람에게 감계적 교훈을 주려는 개인적 차원의 기록 정신이 강하게 드러"나는 반면, "『간양록』은 그날그날의 파편적인 개인적 감정의 기록보다는 적중에서 탐지한 각종 정보들을 조선에 알려야 겠다는 목적의식이 우선되기 때문에 사소한 개인적인 정감은 다른 작품에 비해 상대적으로 절제되어"[4] 있다고 한다. 하지만 그렇다고 해서 『간양록』이 담고 있는 한 개체의 실존적 내면 표출 부분이 지닌 비중이 결코 낮다고 평가할 수는 없다. 『간양록』의 독특함은, 피로의 상황에 몰린 평범한 한 인간의 실존적 체험과, 조선 관료이자 사대부로서의 유자적(儒者的) 체험이 한데 얽혀 있으면서, 그 와중에서도 가치 있는 삶에 대한 깊은 고

4) 이채연, 『임진왜란 포로실기 연구』, 박이정, 1995, 207면. 그리고 " 『월봉해상록』, 『만사록』, 『정유피란기』는 내용의 일부가 『간양록』을 모방한 부분이 있을 뿐 아니라, 세 작품 간에도 유사점이 많다는 점에서 작품성이 떨어"지며, "현전하는 『금계일기』는 앞 뒤 부분이 떨어져 나가버린 관계로 노인이 중국에서 머물 때의 체험이 주로 서술되어" 있다고 한다. 이채연, 「『간양록』의 실기문학적 특징」, 『한국문학논총』 13, 한국문학회, 1992, 52면 참조.

민이 묻어나고 있다는 점에 있다. 바로 이 점이 우리가 『간양록』을 주목하지 않을 수 없게 하는 점이다. 기존 연구에서 『간양록』에 나타난 작자 의식 및 서술 특성으로 계속 지적해 온 사항도, 논의의 초점에 따라 차이가 있기는 하나, '전쟁의 실상(비참상), 포로 생활의 체험, 적에 대한 관찰, 애국충정의 발현',[5] '고향을 그리는 마음, 울분의 달램',[6] '체험의 사실성과 감정의 일체감, 정보 전달의 목적의식',[7] '저항적 자세, 애국, 인간주의적 의식',[8] '객관적 시각의 견지, 포로 생활 속의 비통과 분노'[9] 등과 같이, 결국 한 인간의 실존적 의식과 조선 사대부로서의 자각적 의식 등으로 수렴된다.[10]

하지만 기존 연구에서는 이 두 의식을 각각 따로 추출하여 거론할 뿐 서로 어떻게 얽혀 있는가 하는 점에 대해서는 그리 깊이 있게 따지고 있지 않다. 정보 전달의 목적의식이 앞서 있기 때문에 개인적인 정

---

5) 김명식, 「간양록 연구 - 전쟁문학적 관점에서」, 서울대 석사학위논문, 1982.

6) 소재영, 「임란피로들의 해외체험 - 금계일기 · 간양록 · 해상일록을 중심으로」, 『건국어문학』 9 · 10합집, 건국대 국어국문학연구회, 1985.

7) 이채연, 앞의 글, 60, 65면.

8) 김기빈, 「임란시 피부 문인의 체험적 문학의 고찰 - 『간양록』과 『월봉해상록』을 중심으로」, 『한국한문학연구』 21, 한국한문학회, 1998.

9) 임치균, 「『간양록』 연구 : 사실 제시와 체험의 형상화」, 『정신문화연구』 83, 한국정신문화연구원, 2001 여름.

10) 이외에 강항 및 『간양록』에 대한 연구로는 작자 강항이 일본에 주자학을 전수했다는 사실에 초점을 맞춘 것들도 적지 않다. 이민호, 「임진왜란기 강항의 적중생활과 일본유학」, 『학술논총』 9, 단국대 대학원, 1985; 박균섭, 「강항이 일본 주자학에 끼친 영향」, 『일본학보』 37, 한국일본학회, 1996; 이동영, 「강항의 일본에서 유학전수와 그의 시세계」, 『새국어교육』 54, 한국국어교육학회, 1997; 이동희, 「수은 강항의 애국정신과 일본에의 주자학 전파」, 『유교사상연구』 12, 한국유교학회, 1999 등 참조. 근래에는 『간양록』을 포괄한, 시인으로서의 강항의 작품 전반에 대한 연구로 이어지고 있다. 이혜순, 「수은 강항의 시적 사유와 그 의미 - 귀환 이후의 시작을 중심으로」, 『한국한문학연구』 27, 한국한문학회, 2001; 채승훈, 「수은 강항의 시세계 연구」, 경상대 석사학위논문, 2002; 김동준, 「수은 강항의 삶과 시」, 『한국한시작가연구』 8, 한국한시학회, 2003 참조.

감이 상대적으로 절제되어 있다는 논의도 있기는 하나 그 정도로는 충분치 않다. 게다가 이러한 이원론적 접근은 『간양록』 체험 인식의 본질을 놓칠 수 있다고 본다. 그의 실존적 고뇌와 상흔은 개인적 차원을 넘어 국가적 차원의 것들이기도 하므로, 근원적으로는 그것의 수용에 있어 관료로 살아온 체험자의 이념이 게재되지 않을 수 없기 때문이다.

더욱이 『간양록』에는 갑작스레 운명처럼 닥쳐 온 피로 체험을 자신의 삶 속에서 의미 있는 것으로 만드려는 작자의 처절한 고투(苦鬪)가 배어 있다. 본고에서 『간양록』을 체험의 단순 기록이 아닌, 체험적 글쓰기의 산물로 보고자 하는 이유가 바로 여기에 있다. 그렇게 볼 때, 우리는 『간양록』으로부터, "인간이 폭력에 직면하여 어떻게 스스로를 방어하며 인간의 품격을 갖추어 나가는지를 상징적으로 보여주는 예"[11]와 같은 평이한 의미 이상의 것을 발견할 수 있을 것이며, 오늘날 독자의 관점에서 그 거리도 가늠해 볼 수 있을 것이다. 이를 위해, 우선, 강항에게 있어 피로 체험은 무엇이었는지, 갑작스레 닥친 사건과 낯선 공간 일본은 그에게 어떻게 인식되어 갔는지 살피지 않을 수 없다.

2. 강항과 피로 체험

강항(1567~1618)은 고향인 전라도 영광군에 휴가차 와 있다가 정유년(1597년) 난리를 만났다. 그는 참판(參判) 이광정(李光庭)의 종사관(從事官)으로 부임하여 양곡 운반을 최촉했으나, 이미 남원이 함락되었다는 소식을 듣고는 고향에 돌아와 의병을 모집했다. 그러나 적병이 노령(蘆嶺)을 넘었다는 소식에 의병도 흩어져버려 이순신이 있는 통제영

11) 김동준, 앞의 글, 383면.

강항(姜沆, 1567~1618)

(統制營)으로 갈 계획 하에 배를 타고 가다가 두 형 및 가족 십여 명과 함께 왜적의 포로가 되고 말았던 것이다. 그 뒤 강항 일행은 일본 이예(伊豫)로 압송되었다가 대판(大阪)으로, 다시 경도(京都)의 복견(伏見)으로 이송되었다. 강항은 근 4년의 곤욕과 고초를 겪은 후 1600년 5월에 가족과 함께 경도를 떠나 부산에 도착했다. 『간양록』은 이 기간에 보고 들은 것, 겪은 것들을 쓴 글을 모아놓은 것이다.[12)]

조선의 관료로서 녹을 먹다가 왜적의 포로가 되어 산다는 것은 강항에게 있어 참을 수 없는 굴욕이었다. 그러한 굴욕은 물론 본인으로서는 어찌 해 볼 수 없는 사태에 기인한 것이지만, 명분을 중요시하는 사대부의 일원이라면 죽음을 통해서만 씻을 수 있는 죄일 수도 있었다. 강항이 자신의 기록을 죄인의 기록, 곧 『건차록(巾車錄)』[13)]이라고 한 것도 그 때문이다. 그럼에도 불구하고 자신이 살아남아야 했던 이유에 대해 강항은 다음과 같이 말한다.

> 홍모(鴻毛)와 같은 목숨을 어찌 감히 아끼며, 잠시의 고통을 견디지 못하겠습니까마는, 돌이켜 생각하면 일시에 이름을 없애버리고 마치 저 구독(溝瀆)에서 스스로 목매어 남모르게 죽는 사람과 같게 되어, 위로는 능히 충절(忠節)을 세워 국가에 보답하지 못하고 아래로는 분명

12) 이상은 민족문화추진회, 『국역 해행총재』 II, 민문고, 1967, 109~111면의 신호열의 해제를 참조함.

13) 『간양록(看羊錄)』은 후에 그의 제자인 윤순거(尹舜擧)가 19년간 흉노의 포로가 되었던 소무(蘇武)의 경우에 빗대어 붙인 이름이다.

> 하게 죽음을 처리하여 영예스러운 이름을 남기지도 못하고, 어린 아이와 어리석은 부녀들과 함께 칼머리의 해골이 되게 되었으니, 누가 알았겠습니까? (…) 신이 고루하고 용렬하여 비록 옛사람의 만분의 일도 못 됩니다만, 그 충성을 다하고 싶은 마음만은 옛사람에게 조금도 양보할 수 없으니, 개미[螻蟻]같은 목숨일망정 일식(一息)이라도 붙어 있는 동안에는 견마(犬馬) 같은 정성이, 만번 꺾어도 꺽일 수 없습니다. 즉시 마땅히 온갖 계책을 다하여 탈출하여 돌아가 왕부(王府)의 뜰에 나아가 죽임을 받아, 비록 몸과 머리가 두 동강이가 되더라도 오히려 왜의 땅에 묻히는 것보다 나을 것입니다. 하물며, 추한 놈들의 정보가 이미 신의 눈 안에 들어 있으니, 만일 하늘이 편리한 기운을 빌려주어 틈을 탈 기회가 생긴다면 곧 마땅히 변변치 못한 이 몸을 가지고 삼군(三軍)에 앞장서서 국가의 위령(威靈)에 의지하여, 위로는 산릉(山陵)과 묘사(廟社)의 수치를 씻고 아래로는 진대(秦臺)와 연옥(燕獄)의 쓰라림을 갚은 후에, 사패(司敗)의 처벌을 받아, 오늘날 구차스럽게 산 죄를 갚겠습니다. 이야말로 신이 한밤중에 칼을 만져보며, 하루면 창자가 아홉 번씩이나 뒤틀리고 있는 까닭입니다. (「적중봉소」, 118~119면)[14]

적중(賊中)에서 올린 상소문의 한 부분이다. 목숨이 아까운 것은 아니지만 자신이 죽는다면 그것은 아무 의미 없는 죽음일 것이라고 한다. 왜냐하면 포로 생활을 하면서도 절의를 지키려는 마음은 변함이 없고, 혹 죽지 못한 죄에 상응하는 벌을 받더라도 고국에서 받고 싶기 때문이며, 더구나 자신의 손에 왜적에 관한 정보가 있으므로 수치를 씻고 쓰

14) 민족문화추진회, 『국역 해행총재』 II, 민문고, 1967 소재 『간양록』 영인본과 국역본을 참조하여 소폭 수정함. 이하 마찬가지임.
『간양록』 이본에 대해서는 김명식, 앞의 글, 14~16면; 변동명, 「강항의 필사본 『간양록』 고찰 - 영광 내산서원 소장본을 중심으로」, 『아시아문화』 12, 한림대 아시아문화연구소, 1996; 임치균, 앞의 글, 110~114면 참조.

라림을 갚기 위해서라도 살아야 하기 때문이라는 것이다. 하지만 그럼에도 불구하고 한밤중이면 칼에 손이 가고 하루에도 창자가 아홉 번씩이나 뒤틀렸었다고 한다.

강항의 이 구구한 변명은 실은 자신은 떳떳하다는 것의 우회적 표현이다. 설혹 죄인이라 하더라도 절의를 지키고 국가에 조금이라도 이익이 되는 일을 할 수 있다면 결코 버려서는 안 된다는 주장이 담겨 있는 것이다. 당시 피로자들 그 누구도 쉽게 제기할 수 없었던 문제이자, 그것을 언급한다는 것 자체로 인해 자신이 속박당할 수도 있는 문제를 오히려 과감하게 제기하고 있는 셈이다.

그러나, 포로들이 그 어떤 극한 상황에 놓여 있었든 그것과 무관하게, 포로로 잡혀 왔다는 사실 자체가 죄 아닌 죄라는 것도 부정할 수는 없었다. 포로로 잡혀 와 그곳에 눌러 앉아 사는 사람들이[15] 고향을 그리워하지 않았을 리 없다.

강항이 귀국 후 부딪쳤던 문제도 바로 그것이었다. 『간양록』 발문을 쓴, 그의 제자 윤순거(尹舜擧)는, 귀국한 강항을 위로해주지는 못할 망정 도리어 "함정에 빠지게 하고 돌까지 던지는" 시류를 강하게 비판한 바 있다. 이 점은 선조가 그에게 벼슬을 주고자 했으나 조정의 의론에 꺾여서 관리의 자격 자체가 박탈되고 말았던 일도 있었다[16]는 데서 충분히 짐작된다. 『현종실록』에서도 '왜적에게 포로가 되어 고용살이를 한 사람, 왜적의 자제에게 글을 가르쳐주고 쌀을 받아 배를 훔쳐 온 사람'이니 '왜적에게 항복하였다고 하기는 지나치지만 그에게 무슨 칭찬

15) 강항은 「적중봉소」에서, 이예주(伊豫州) 대진현(大津縣)에 당도하여 보니 우리나라 사람들 중 먼저 온 사람들 반쯤은 아예 돌아갈 생각이 없어진 경우도 있었다고 보고하고 있다. 이긍익은 『연려실기술(燃藜室記述)』 권26에서 임병 양란으로 적병에게 끌려 갔다가 속환(贖還)된 여인들이 예전의 가문으로부터 받아들여지지 않는 문제를 사회적 문제로서 제기한 바 있었다.

16) 김기빈, 앞의 글, 88~89면.

할 만한 절의가 있겠는가'라며 부정적인 평가가 가해져 있다. 물론 『현종개수실록』에서는 오히려 그가 높이 평가되고 있으며, 윤순거를 비롯하여 김장생과 같이 그를 긍정적으로 평가하는 이들도 있기는 했다. 하지만 그가 제공한 정보의 가치 자체를 낮게 여기는 이들도 적지 않았던 데서 알 수 있듯, 그는 귀국 후 당시 조정과 여론으로부터 결코 환대를 받은 것 같지는 않다.

강항은 귀국 후 박동설(朴東說)이 찾아와 지어준 시에 화답하면서 지난날의 한번 욕됨을 서글피 여기며 시에 마음을 둘 뿐 죽는 날까지 세상에 나아가지 않겠노라고[17] 한 바 있다. 실제로 그는 1602년에는 대구교수(大邱敎授)에 임명되었으나 스스로 죄인이라 하여 곧 사직했고, 1608년에도 순천교수(順天敎授)에 임명되었으나 아예 부임하지 않았다. 그는 향리에서 독서와 후진 양성에 힘을 쏟으며 여생을 보냈다고 한다. 그의, 귀국 후 시를 연구한 논자에 따르면 "강항이 과거 자신이 감내했던 일본 체험의 의의를 인식하지 못하는 당시의 상황에 안타까움을 갖고 있었던 점"을 간과할 수는 없으나, 대체로 강항은 "거역이사명(居易以俟命)"의 군자적 태도로 살아가면서 시비를 포용하는 노력을 보여주었다고 진단한다.[18] 하지만 삶과 죽음의 기로에 놓였던 포로 체험의 외상은 쉽게 떨쳐버리기 어려웠을 것이다. 더구나 자신의 진정성을 알아 주지 못하는 세태가 원망스럽기도 했을 것이다. 그는 「유계(瘤戒)」(『수은집(睡隱集)』 권3)라는 글에서 벼슬길에 나아가 폐기(廢棄)된 수치를 씻어버리라는 어떤 이의 권유에 대해 '혹 떼러 갔다 혹 붙이고 온 영감 이야기'를 들려주며 '벼슬을 구한다고 한들 누가 주겠으며, 전날의 수치도 씻지 못했는데 다시 훗날의 수치를 불러들일 수 있겠느냐'며 거절한 일을 적고 있다.[19]

---

17) 김동준, 앞의 글, 385~386면.

18) 이혜순, 앞의 글, 211~220면.

강항에게 있어 피로의 체험은 분명 부끄럽고도 치욕스러운 일이었다. 하지만 강항은 그때 자신이 취했던 행동은 오히려 떳떳한 일이었다고 생각했다. 다만 강항 자신은 피로의 체험을 겪은 그가 예전의 그와 다른 이가 아님을 알아주기를 원했으나 사람들은 그 점을 인정하지 않았을 뿐이다.

사실, 그는 예전의 그가 아니었다. 극한 상황에서의 정신적 외상을 겪은 후의 그였기 때문이다. 더 구체적으로 말한다면, 그 와중에서도 어떠한 것이 진정으로 나를 위하고 나라를 위하는 일인지 고뇌하며 가치 있는 삶을 살아가려고 했던 근 4년을 보낸 후의 그였기 때문이다. 체험 글쓰기는 그로서는, 그러한 고뇌를 어느 정도는 객관화할 수 있는 유일한 방법이었는지 모른다. 『간양록』은 바로 그 체험 글쓰기의 산물임을 유념해야 할 것이다.

3. 공간 인식에 따른 피로 체험 글쓰기의 양상

『간양록』은 「적중봉소(賊中封疏)」, 「적중문견록(賊中聞見錄)」, 「고부인격(告俘人檄)」, 「예승정원계사(詣承政院啓辭)」, 「섭란사적(涉亂事迹)」 등 각각 따로 지은 글 다섯 편으로 이루어져 있다. 따라서 본래는 중복되는 부분도 있었으나 후대의 편찬자가 좀더 자세한 쪽을 취하여 재편한 것이 전한다. 이 중 「고부인격」은 귀국하던 강항이 대마도에 이르러 다른 포로들에게 의(義)의 중함을 강조하며 힘을 모으기를 당부한 격문이다. 그리고 「예승정원계사」는 선조의 명을 받아 서울에 도착한 후 적중 사정에 대해 답하여 올린 글인데, 왜적의 재침 문제와 대마도,

19) 김동준, 앞의 글, 375~376면.

왜적의 풍습 등에 관한 견문이 담겨 있다. 「적중봉소」는 피로의 경위, 옮겨 다니던 과정, 탈출 실패 등의 체험과, 왜의 지리적 정보, 왜의 군사 운용과 우리나라와의 비교, 대마도주에 대한 비판, 왜의 성터와 우리나라의 성터 비교 등의 견문과 왜적을 물리치는 세 가지 계책에 대한 건의 등으로 이루어져 있다. 「적중문견록」은 「적중봉소」에서 올린 정보에다 그때 미처 적지 못했던 정보들을 덧붙인 글이다. 후대의 편찬자가 좀더 자세한 쪽을 취하여 재편한 현전 「적중문견록」에는 왜국백관도(倭國百官圖), 곧 왜국의 관제, 왜국팔도육십육주(倭國八道六十六州)의 지리적 정보, 임진·정유란 때의 왜장들에 대한 정보 등이 실려 있다. 「적중문견록」이 대부분 견문으로만 이루어져 있는 반면, 「섭란사적」은 피로되기 전 정유년 5월 17일부터 귀국한 날인 경자년 5월 5일까지의 개인적 체험을 위주로 하여 기술되어 있다. 피로 당할 때의 급박했던 상황, 가족을 잃은 애통함, 포로로 있을 때의 체험이 그 주 내용들이다. 대체로 「적중문견록」와 「예승정원계사」가 견문 위주의 글이라면 「섭란사적」은 체험 위주의 글이고 「적중봉소」는 견문을 위주로 하면서 자신의 체험도 섞은 글이라 할 수 있다. 따라서, 피로 과정 및 포로로서의 삶이 집중적으로 담긴 「섭란사적」을 상대적으로 더 중요시해야 하지만, 강항의 피로 체험에 제대로 다가가기 위해서는 이 다섯 편의 글 모두를 살펴 보아야 한다.

피로 체험도 넓게 보면 기행 체험에 포함된다. 기행 체험이란 일종의 공간 체험인 바, 그 공간에 대한 인식(정체성 형성)은, 직접적인 경험은 물론 경험하기 이전부터 지니고 있던 관념들의 작용에 의해 이루어진다.[20] 익히 들어서 잘 알고 있는 곳의 기행 체험의 경우 대체로 대상 공간에 대한 기존 관념을 확인하고 강화하는 결과를 낳는 경우가 많을

20) 에드워드 렐프(김덕현 외 옮김), 『장소와 장소상실』, 논형, 2005, 135면.

것이다.[21] 그렇게 되지 않을 경우라 하더라도 최소한, 대상 공간과의 상호 작용을 통해 체험 주체는 서서히 공간적 정체성을 획득해 간다.

하지만 피로 체험은 이와는 다른 특성을 지닌다. 대상 공간에 대한 기존 지식이나 관념으로서의 정보가 거의 없을뿐더러 대상 공간과의 조우가 전적으로 타의에 의해 강제적으로 이루어짐으로써 체험 주체의 공간 인식이 제대로 수행되기 어려운 상태에 놓이기 때문이다. 이때 체험 주체가 놓이게 되는 공간은 낯선 공간이며 생존의 문제가 걸려 있는 두려운 공간이다. 그때의 체험을 집중적으로 기록한 글이 바로 「섭란사적」이다.

1) 실존적 공간

정유년 9월 23일 아침 강항 일행은 논잠포로 가려고 했다. 부친이 탄 배가 거기 있을까 해서였다. 한 뱃사공 때문에 길이 어긋난 터다. 그때 왜선을 만난 것이다. 강항 일행은 차라리 죽는 것이 낫겠다는 생각에 물 속으로 뛰어들었다. 하지만 바닷물이 얕아 왜적에 의해 구출되어 포로가 되었다. 기나긴 포로 생활의 시작이었다. 강항은 이때 자신의 아이들을 잃었다. 그리고 이어서 도착한 무안현에서는 쌓인 시체와 울부짖는 울음 소리를 들었다. 그 후 9일 간 물 한 모금도 마시지 못했다. 스쳐 지나가는 왜선으로부터 첩의 울부짖음을 듣기도 했다. 그녀가 이렇게 몸부림치다가 굶어죽었다는 소식을 뒤에 듣게 된다. 자신이 탄 배에서는 병을 얻어 토하고 설사하는 여덟 살 된 조카가 바다에 던져지는 것도 보았다.

---

21) 기행가사의 경우 이에 속하는 경우가 있음은 염은열, 「기행가사 '공간' 체험이 지닌 교육적 의미」, 『고전문학과 교육』 12, 한국고전문학교육학회, 2006, 101~102면 참조.

그가 처음 부딪친 공간은 이처럼 생존 문제가 걸린 공간이었다. 인간 실존에 대한 근원적인 물음을 던지게 하는 비장한 공간이었던 것이다. 강항은 이때의 사건을 다음과 같이 돌이키고 있다.

> 23일 (…) 어린아이 용(龍)과 첩의 소생 딸 애생(愛生)을 모래 밭에 버려 두었는데, 조수가 밀려 떠 내려가느라 우는 소리가 귀에 들리더니 한참만에야 끊어졌다. 나는 나이가 30세에야 이 아이를 얻었는데, 태몽에 새끼 용이 물 위에 뜬 것을 보았으므로 드디어 이름을 용이라 지었던 것이다. 누가 그 아이가 물에 빠져 죽으리라 일렀겠는가? 부생(浮生)의 온갖 일이 미리 정해지지 않은 것이 없는데, 사람이 스스로 깨닫지 못하는 모양이다. 왜적이 내가 타고 가던 배를 저희들 배의 꼬리에 달고 바람을 따라 남으로 내려가는데 배가 살과 같이 빨랐다.
>
> 24일 무안현(務安縣)의 한 해곡(海曲)에 당도하니, 땅 이름은 낙두(落頭)라 하였다. 〈이곳에는〉 적의 배 수천 척이 항구에 가득 차서 붉은 기・흰 기가 햇볕 아래 비치고, 반수 이상이 우리 나라 남녀로 서로 뒤섞여 있고, 양옆에는 어지러히 쌓인 시체가 산과 같고, 울음 소리가 하늘에 사무쳐 바다 조수도 역시 흐느꼈다. 살아도 무슨 생각으로 살며 죽으려 해도 무슨 죄 때문인가. 나는 평생에 뭇 사람 중에서 가장 나약하고 겁이 많은데도, 이 때만은 매양 살려고 하지 아니하였다. (「섭란사적」, 207~208면)

삶에 대해 그 누구 못지 않게 애착을 가졌던 강항도 이때만큼은 죽음을 생각할 수밖에 없었다. 두 아이의 죽음 앞에서, 그리고 수많은 시체와 울부짖음 앞에서는 그 어떤 생각도 사치였을 것이다. "살아도 무슨 생각으로 살며 죽으려 해도 무슨 죄 때문인가(生之何心 死也何罪)" 하며 되뇌이는 것으로 미루어, 이때 강항은 인간에 대한 깊은 절망에 이르렀을 것이다. 그러나 그것은 운명이었다. 운명이라 생각하는 것 외에는 달리 받아들일 방법이 없었다. 아들의 태몽을 떠올린 것은, 그렇게라도 하지 않으면 그때의 기억으로부터 도저히 벗어날 수 없었기 때문일 것이다.

포로가 되어 끌려가던 때의 이러한 체험은, 이처럼 그것을 떠올리고 또한 말한다는 것 자체가 아픔이요 고통이다. 그럼에도 불구하고 그때의 기억은 떠올려져야 했고 또한 말해져야 했다. 참혹했던 상황을 가슴에 담아 둘 경우 그것은 악몽으로 남을 것이었으며, 그라도 말하지 않는다면 그때의 일은 그 누구도 알아 주지 않을 것이었다.

그러나 그는 다음과 같이 긴박했던 상황은 의외로 무덤덤하게 그리고 마는 것을 볼 수 있다.

> 우리들은 목을 내밀고 칼날을 받으려고 하자, 적은 졸왜로 하여금 붙잡아 끌게 하였다. 〈우리들이〉 판도 시문(市門) 밖에 당도하니, 긴 나무 십여 개에 죽은 사람의 머리를 많이 달아 놓은 것이 있었다. 바로 적중의 고가(藁街)였다.
>
> 우리들을 그 아래에 앉히고 목을 벨 시늉을 하더니, 한 왜적이 칼을 끌어 당겨 정지시키고 우리들을 성중으로 보냈다. 길이 시문을 거치자 한 왜인이 문 안으로부터 돌연히 나와서 끌고 들어가는데 바로 우리 집안을 사로잡은 신칠랑(信七郎)이라는 자였다. 곧 차 · 술 · 국 · 밥 등을 먹여 주고 3일을 머물게 하고는 강제로 대진성(大津城)으로 보냈다. (「섭란사적」, 218면)

탈출하다 잡혀 죽을 뻔했던 위기 상황이었다. 하지만 강항은 마치 제3자가 사건을 전달하듯 담담히 그려내고 있다. 자기 집안 사람들을 사로잡아 이곳으로 데리고 온 자를 보고 특별한 감정이 없었을 리 없지만 더 이상의 언급은 없다. 기존 연구에서 지적한 것처럼 개인적인 정감이

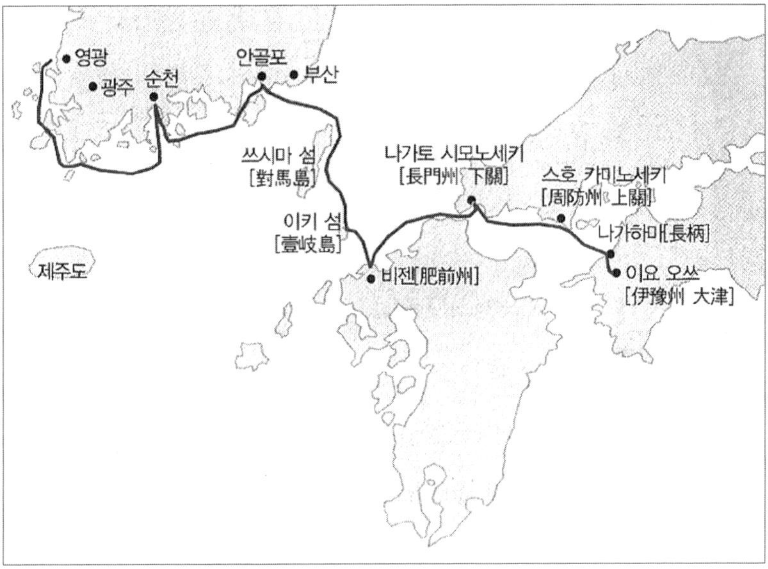

강항이 일본에 끌려가기까지의 행로(이을호 옮김, 『간양록』(서해문집, 2005, 22쪽))

절제되어 있는 것이다. 여기에는 다음과 같은 이유가 있었으리라 짐작된다.

그는 탈출하려 했다 실패한 뒤 전라 좌병영 우후(虞侯)였던 이엽(李曄)에 관한 소식을 듣게 된다. 이엽은 탈출에 실패하여 자결하고 그 나머지 사람들도 잡혀 환괘(轘掛)의 형에 처해졌다는 소식이었다. 강항은 그 소식을, 탈출하면서 이엽 당사자가 지은 시와 함께 전해 듣고는 이마에 진땀이 흐르는 것을 느꼈다. 탈출하려다 잡혀 살아난 자신과, 떳떳이 자결한 이엽은 극명하게 대조되었기 때문이다. 그는 무사(武士) 가운데서도 이런 사람이 있는가 생각하며, 시를 지어 글 읽은 선비로서 면목이 없다(萬卷書生無面目)고 했다. 또한 '성인취의(成仁取義)'라는 자신의 가훈을 상기하고 부끄러움을 느꼈다. 애초에 포로가 되었다는 것 자체부터가 그리 떳떳한 일은 아니었던 터다. 내면의 감상은 몰아내어야 했다.

그가 자신의 포로 생활에 대해 특별히 구체적인 언급을 하지 않고 있는 것도 이와 관련하여 이해해야 한다. 강항의, 일본에서의 생활이 내일의 안녕을 기할 수 없는 긴장된 삶의 연속이었던 것은, 포로로 잡힐 때와 별반 다르지 않았을 것이다. 조선의 관료로서 그런 대로 대우를 받았다고는 하나, 낯선 공간에서의 포로 생활이 편안했을 리 없다. 그럼에도 불구하고 그는 「섭란사적」 뒷부분에 집중 배치한, 그때 지은 한시를 통해 포로 생활의 고통을 간접적으로 드러내고 있을 뿐이다. 그리고 그는 자신의 포로 생활이 초수(楚囚)의 간양(看羊)에 대응하는 것이라 여겼다. 예기치 않게 맞닥뜨리게 된 일본이라는 공간은 인간 실존의 문제를 되새기게 하는 폭력적인 공간이면서 또한 조선 사대부로서의 정체성을 위협하는 부끄러움의 공간이기도 했던 것이다.

돌이켜 보면 그의 불행은 민족의 불행이었으며, 그의 체험은 역사적 체험이기도 했다. 민족적 역사적 차원의 체험적 글쓰기가 작자의 이념과 무관하게 이루어질 수는 없는 법이다. 그가 처음 맞부딪친 일본이라는 실존적 공간은 사는 것도 죽는 것도 마음대로 할 수 없었던 모순의 공간이었던 것이다.

2) 인지 대상 공간

낯선 공간의 풍경과 풍물은 이국적 정취를 자아낸다. 그것은 호기심을 유발하는 대상이자 인간 내면의 막연한 동경을 충족시켜 주는 매개체이다. 낯선 곳을 체험하는 그 누구이든 이러한 인간 본연의 감정으로부터 자유로울 수 없을 것이다. 포로로 끌려가던 강항 역시 예외일 수는 없었다.

이튿날 또 하나의 큰 바다를 건너 한 육지에 당도했는데, 곧 일기도(壹岐島)였다. 이튿날 또 한 바다를 건너서 장산(長山)과 큰 관시(關市)에 당도했는데 곧 장문주(長門州)의 하관(下關)이었다. 이튿날에 또 하나의 바다를 건너 언덕을 따라 가서 또 하나의 큰 관시에 당도했는데 곧 주방주(周防州)의 상관(上關)이었다. 〈이곳은〉 바다와 산이 그림과 같고 감귤이 아름답게 빛났는데, 귀신의 소굴이 된 것이 애석하다. (「섭란사적」, 212면)

배에 실려 일본으로 가는 도중 그는 잠시나마 풍경을 감상한다. 그곳은 바다와 산이 그림 같고 감귤이 아름답게 빛나는 곳이었다. 그러나 그는 더 이상 이러한 감상을 밀고 나갈 수 없었다. 애초에 그에게 있어 일본이라는 낯선 공간은 정서적 공감의 공간일 수 없었다. 그에게 일본이란 풍정의 공간이 아니라 차라리 인지의 대상이라 해야 되었다. 「적중문견록」과 「적중봉소」를 대부분 일본에 대한 정보로 채운 것은 그러한 의식적 노력의 소산이다. 풍정을 절제한 곳에 견문 위주의 글쓰기가 놓이고 있는 것이다. 예컨대 다음과 같은 기록이 그것들이다.

(가) 화천(和泉) 천주(泉州) 하(下)이다. 관할은 3개소이다. (대조(大鳥), 화천(和泉), 일근(日根)). 남북이 백여 리이다. 산을 지고 바다를 안고 있기 때문에 오곡(五穀)이 냉삽(冷澁)한 기운을 띠어 맛이 없다. 나라가 넓다. 장혜(醬醯) · 어별(魚鱉)이 많다. 크나, 하에 드는 나라이다.)소출파마수(小出播摩守)와 석전목공두(石田木工頭)가 받아 먹는다.) (「적중문견록」, 151면)

(나) 내란이 겨우 평정되고, 우리 나라를 침구한 군사가 또 아무런 공이 없자, 가강(家康) 등은 두 번째 〈군사를〉 일으킨 것을 실책으로 여겼다.

석전 치부(石田治部)란 자가 늘 말하기를,

“66 주를 가졌으면 만족한데, 다른 나라에 군사를 이토록 내보내어 어디에 쓸 것인가?”

하였는데, 유독 청정(淸正)만이 두 번째 〈군사를〉 일으키는 것을 편하게 여겼었다. (수길은 말하기를, ‘해마다 군사를 일으켜 조선의 인물을 모두 죽이고 조선을 공지로 만든 후에 서로(西路)의 사람을 옮겨서 조선에 살게 하고, 동로(東路)의 사람은 서로에 살게 하면, 10년 뒤에는 반드시 성공이 있을 것이다’ 하였다 한다.)

다시 싸움을 일으키자는 의론이 마침내 결정되자, 우리 나라를 침구해 들어오는 여러 왜노에게 영을 내려 이르기를,

“사람이 귀는 둘이 있지만 코는 하나이니, 마땅히 조선 사람의 코를 베어서 머리로 대신하게 하라. (군사 하나 앞에 각각 한 되씩으로 하여 그 코의 수효가 채워진 연후에야 생포를 인정한다.)”

하였다. 여러 왜노가 명령에 의하여 각각 우리 나라 사람의 코를 베어서 소금에다 절여 수길에게 보냈다. (수길은 이것을 열어 본 뒤에 모아서 북쪽 들판 10리쯤에 있는 대불사(大佛寺)의 곁에 묻었는데, 높이가 한 언덕을 이루었다 한다. 혈육의 참화는 이를 들어서 가히 알 수 있다.) (「적중문견록」, 175~176면)

(다) 식읍(食邑)을 가진 사람은 또한 그 토지를 나누어 부곡(部曲)의 공 있는 사람에게 허급하면, 부곡은 또 그 토지의 소출을 가지고 정예(精銳)의 용력(勇力) 있는 사람을 수양(收養)하되, 칼쓰기를 배운 자, 포(砲)를 잘 쏘는 자, 활을 잘 쏘는 자, 수영을 잘 하는 자, 군법(軍法)을 잘 아는 자, 달음질 잘 하는 자 등, 다소라도 한 가지 예(藝)와 한 가지 능이 있는 사람이면 모두 망라하여 받아들이므로, 큰 주(州)의 수(守)는 그 수효가 여러 만 명으로 계산되고 작은 주의 수는 여러 천 명으로 계산됩니다. 한 번 공격전이 벌어지면 적괴는 여러 장수에게 명령하고, 여러 장수는 부곡(部曲)에게 명령하고, 부곡은 가정(家丁)에

게 명령하여 오(伍)·양(兩)이 군사를 거느리게 되어 있으므로, 정병(精兵) 건졸(健卒)을 좌우에 취하여도 남음이 있습니다. 그 농민(農民)은 1년 동안 농사에 전력하여 그 양도(糧道)를 지급하므로, 한 장수의 부하는 한 장수의 사졸(士卒)이 되어, 급작스럽게 징발하는 노고가 없고, 한 주(州)의 창고는 한 주의 군량을 공급하므로 군량이 결핍될 염려가 없으니, 비록 이적(夷狄) 부락의 상태이지만 그 부오(部伍)가 항상 일정하고 훈련이 되어 있기 때문에, 움직이기만 하면 공이 있는 것입니다. (「적중봉소」, 128면)

(가)는 현재 오사카의 일부인 화천 지역의 지리와 풍물에 대한 정보로서 강항이 특정 문헌을 보고 직접 베낀 것이다. 그리고 (나)는 풍신수길(豊臣秀吉)의 야만성과 함께 우리 민족의 희생이 얼마나 컸던가 하는 것을 알 수 있는 정보로서 강항이 일본인에게 전해들은 바를 적어 둔 것일 것이다. (다)는 일본의 군사 편제에 대한 정보를 토대로 하여 강항이 그 나름대로 판단한 사항을 적은 부분이다. 강항의 문견은 이러한 세 유형의 정보와 지식으로 이루어져 있다. 당시 조선의 입장에서 볼 때 이 정보들의 가치는 매우 높았다. 후대에 『간양록』이 계속 간행되어 지식인들 사이에 읽힌 것도 이 때문이다.

강항이 이러한 정보를 얻을 수 있었던 것은, 그가 조선 관료 출신이었으므로 일본인과의 교유가 어느 정도는 허용되었기 때문이다. 지식층 승려 중 순수좌(舜首座) 곧 일본 주자학의 창시자인 등원성와(藤原惺窩)와 강항의 교유는 이미 널리 알려진 바와 같다. 강항은, 등원성와와 그의 후원자인 적송광통(赤松廣通) 등에게 유교 의식에 대해 가르쳐 주었고 또한 신주(新注)에 의한 사서오경의 훈점본(訓點本) 간행에 큰 도움을 주었다고 한다.[22] 그러한 도움 때문에 결국 귀국할 수 있었지만

22) 이동희, 앞의 글, 192~193면.

또한 그 역시 도와준 댓가로 그들로부터 얻은 정보들이 적지 않았을 것이다.

정보를 얻기 위한 그의 노력은 필사적이었다. 중요한 문헌들이 있으면 직접 가서 베꼈으며 만약 자신이 갈 수 없으면 통역을 시켜 베껴오게 하였다. 일본의 지리와 관제에 관한 정보도 금산(金山) 출석사(出石寺)의 중 호인(好仁)에게서 얻은 문헌으로부터 옮긴 것이다. 만약 반드시 가야 할 곳이 있으면 위험을 무릅쓰고 가기도 했다. 풍신수길이 죽은 후 한 일본 승려의 도움을 받아 복견성(伏見城)에 잠입한 것이 그 한 예가 되겠다.

그가 이토록 정보에 집착한 것은 그러한 일이 조선 관료로서 해야 할 당연한 책무라 여겼기 때문이다. 그렇다면 비록 포로이기는 하나 그가 일본에 머무르는 한, 그 순간순간이 오히려 소중한 시간이 될 수 있었다. 이러한 태도는 그로 하여금 일본 생활을 견뎌낼 수 있게 한 이유이기도 했을 것이다. 그리고 그러한 가치 있는 일이 있는 한, 살아야 할 명분도 있었다.

이처럼 그에게 있어 일본은 풍정(風情)을 절제한, 인지 대상으로서의 공간이기도 했었다. 그가 『간양록』 글쓰기에서 특히 유념한 점도 이 점일 것이다.

3) 공간의 주체적 점유

앞서 언급했듯 강항에게 있어 일본이란 곳은 폭력적 공간이자 실존적 공간이었으며 보고 들은 것을 조직하여 의미 있는 정보를 끌어내야 할 적대적 인지 공간이었다. 그에게 있어 그곳은 아무리 시간이 흐른다 하더라도 동화되거나 그 타자성을 극복할 수 없는 저들만의 공간이었다. 이때는 그곳을 벗어나는 것이 제일 좋은 방법이다. 그러나 만약 그

곳을 벗어날 수 없다면 어떻게 해야 할 것인가. 타자적 공간을 주체적으로 점유하는 방법, 곧 낯선 공간을 자신에게 의미있는 공간으로 만드는 방법 외에는 다른 길을 찾기 어렵다. 그 중 가장 일반적인 방법은 잃어버린 일상의 공간을 재현하는 것이다.

> 봄비가 내리는 가운데 또 연시(聯詩) 한 수를 지었다.
>
> 봄비가 한 번 지나고 나면　　春雨一番過
> 돌아갈 생각 배나 많아진다오　　歸心一倍多
> 어느 때나 우리 집 담장 밑에　　何時短墻下
> 손수 심은 꽃 다시 볼거나　　重見手栽花
>
> 4월 27일은 바로 돌아가신 어머님의 기일(忌日)이다. 의복이 갖추어지지 못하고 제수가 조촐하지 못해도 오히려 제사를 못 모시는 법인데, 하물며 왜적이 주는 남은 음식으로 감히 소고(昭告)의 정성을 바치겠는가? 그렇지만 차마 그저 넘길 수도 없어서 간략히 메 올리는 의식을 갖기로 하고, 가진 물건을 팔아서 제수를 장만하여 축(祝)하였다. (…) (「섭란사적」, 214~215면)

통역자로부터 항복하는 왜군들이 잇따르고 있다는 말을 듣고 지은 시 한 편을 내세운 후, 어머니 기일에 맞추어 제를 올렸다는 내용을 덧붙인 부분이다. 전쟁이란 평범한 사람들로부터 일상을 빼앗아가는 폭압이자 횡포이다. 사람들은 매일 반복되는 일상의 소중함을, 그것을 잃고서야 비로소 뼈저리게 느끼곤 한다. 강항은 포로로 끌려 와 잊어버리다시피 했던 일상 공간을 이제서야 떠올린다. 하지만 일상을 기억 속에만 묶어두는 것은 또다른 고통을 낳을 수 있다. 강항은 이국 땅에서 어머니 제를 올린다. 고국에서의 일상을 재현함으로써 조금은 위안이 되었을 것이다.

그러나 타자적 공간을 주체적으로 점유하는 방법 치고 일상 공간의 재현은 소극적인 방법에 해당한다. 강항은 더 적극적인 행동을 취하기도 하였다.

> 낮에는 대밭 속에 숨어 있다가 이튿날 밤에 판도현(板島縣)을 지나가면서, 성문에다 큰 글씨를 써서 붙이기를,
>
> "(…) 환해(環海, 해내(海內)와 같은 말)의 바깥도 다 내가 덮어 주는 바요, 조선의 백성도 역시 나의 적자(赤子)인데, 너희 나라의 군신이 그들을 진멸(殄滅)하고 살상하여 씨를 남기지 아니하려고 하는데, 일월이 어찌 너를 위하여 사정을 두겠으며 석가가 어찌 옳지 못한 너희들을 복되게 해 주겠느냐. 지난 해 경사(京師)의 성이 무너져 백성과 가축을 누르고 빠지게 했는데도, 너희는 깨닫지 못하고, 금년에는 동남방에 큰 수재가 나서 보리와 벼가 전혀 없게 하였는데도 너희는 징계(懲戒)되지 아니하니, 너희 나라의 맹롱(盲聾)이 이 지경에 이르렀단 말이냐? 지금 동방을 맡은 석가모니의 불서(佛書)로써 너희 군·신에게 고하여, 조선 혈유(孑遺)의 백성을 위해서 너희 군신에게 명을 내리는 것이다. 그러니 너희 군신이 만약 깨닫지 못한다면 나는 장차 크게 너희 한 지방에 해(害)를 내리되 조금도 늦추지 아니할 것이니, 너희는 명념하라. 나는 말을 두 번 다시 아니할 것이니, 너희는 후회하지 말라." (「섭란사적」, 216~217면)

탈출하는 도중 한 현의 성문에다 붙인 글의 일부이다. 왜적의 횡포와 우리 백성들의 고통은 하늘도 공감하는 바이며 곧 그에 상응하는 천벌이 내릴 것이라는 저주의 말이다. 그가 석가모니를 끌어들인 것은, 왜인들이 귀신을 숭상하여 음식을 대할 때 반드시 일월(日月)에 제(祭)하고 자나 깨나 범패(梵唄)를 외기 때문에 그들의 믿는 바에 따라 하늘의 명과 부처의 말을 빌어서 경고하면 깨달음이 있을 것이라 여겼기 때문이라 하였다. 일본은 강항이 보기에 야만의 나라였던 것이다. 작자에

따르면 그 저주는 실현되었다. 이때가 5월말인데 그 후 얼마 안 되어 풍신수길이 병이 들었고 그 해 가을에 죽었기 때문이다. 그는 이 저주의 말이 징험이 없지 않았을 것이라 한다.

그가 이 글을 써 붙인 곳은 성문이었음을 유념해야 한다. 성문은 한 고을의 얼굴이다. 소위 상징적 공간에 해당한다. 이러한 공간을 점유한다는 것은 그것만으로도 의미 있는 행위가 될 수 있다. 그는 풍신수길이 매장된 곳으로 가서 그 문에 새겨져 있는 글 옆에다 풍신수길을 조롱하는 자신의 글을 써 붙여 놓기도 했다. 그로 인해 순수좌에게 핀잔을 듣기도 하지만, 그것은 강항 나름대로의 왜적에 대한 적개심의 표현이자 분풀이였다.

그는 이렇게 일상 회복에 대한 소망을 품으면서 상처를 어루만지는 한편, 자신의 가문을 짓밟고 조선 강토를 유린한 왜적에 대한 적개심을 표출함으로써 심리적 위안을 얻고자 했다. 그러한 행위는 이국적 공간을 자신에게 의미 있는 공간으로 만듦으로써 이루어졌다. 특히 상징 공간에 대한 공략은 그 나름대로는 적극적인 의사 표현이었다.

4. 피로 체험 글쓰기와 그 문학교육적 의미

좋은 기행 체험문을 읽는 것은 소중한 문학적 '경험'[23]이 될 수 있다. 글쓴이의 새로운 견문과 정보는 독자로 하여금 자신이 속한 공간적 제

23) 직접적 성격을 내포하는 '체험'이라는 용어와 간접적인 것까지 포괄하는 '경험'이라는 용어는 그 함의에 차이가 있다. 여기서는 '경험'을 실제 체험을 적은 글을 읽는 독자의 행위를 지칭하는 말로 사용하고자 한다. 경험은 문학 감상의 핵심 범주이기도 한데 근래에 경험 교육에 초점을 맞추어 고전기행 문학을 다룬 연구로는 주재우, 「고전기행문학과 경험 교육 - 〈열하일기〉를 중심으로」, 『고전문학과 교육』 15, 한국고전문학교육학회, 2008가 있다.

한성을 뛰어넘게 해 주며, 글쓴이가 체험 공간에 부여한 의미와 가치는 독자의 잠재적 충동을 고양시켜 자신의 삶을 되돌아보게 하는 계기가 될 수 있기 때문이다.

그런데 피로는 앞서 언급했듯, 기행 체험 중에서도 특수한 부류에 속한다. 모든 체험이 그 나름대로 특수한 체험일 수 있지만, 피로 체험은 체험자 자신의 의지와 무관하게 어느 날 갑자기 주어지는 체험이며 낯선 공간에서 죽음을 앞에 둔 극한 상황의 체험이라는 점에서 여타의 기행 체험과는 다르다.

그렇다면 이러한 특수한 체험을 읽는다는 것은 어떠한 의미를 지니는가. 우리는 앞서 이 점을 염두에 두면서 『간양록』의 피로 체험에 대해 살펴 보았다. 그 결과, 『간양록』의 체험 주체는 자신이 맞닥뜨린 낯선 공간을 실존적 공간과 인지 대상 공간으로 인식했으며, 그 속에서 죽음에 대한 공포와 살아 있음의 부끄러움을 느끼는 한편, 풍정을 누르면서 견문을 최대한 확장하여 정보화하는 데 온갖 노력을 기울였음을 알았다. 그리고 일상의 회복을 갈망하고 왜적에 대한 적개심을 표출함으로써 현 상황을 정신적으로 이겨내고자 했는데, 그것은 주어진 공간을 주체적으로 점유함으로써 이루어졌음도 알 수 있었다.

따라서 『간양록』 체험은 예기치 않은 폭력적 상황에 직면한 한 개체로서의 인간이 실존적 위기를 극복하고 새로운 자신을 발견하는 탐색의 과정으로 읽힐 수 있다. 독자는 강항의 체험을 통해 전쟁의 폭력성과 인간의 실존적 물음을 동시에 떠올릴 것이다. 그리고 극한 상황에서도 정신적 고통을 추슬러 가며 내면을 다져 나가는 강항의 의지에 긍정적인 가치를 부여할 것이다. 독자의 관점에서 볼 때 그러한 숭고한 체험의 '경험'은, 감동과 공감을 통해 자아 심화의 계기로 삼을 수 있고, 인간에게 있어 가치 있는 삶이란 어떤 것인지 사유하는 기회가 될 수 있다. 그렇게 볼 때 『간양록』의 특별한 체험 읽기는 소중한 문학적 '경험'이 될 수 있다. 『간양록』의 교육적 의의도 이러한 데서 찾을 수 있을 것이다.

어차피 인간이란 살아가며 낯선 대상을 접하게 마련이다. 삶이란 그 대상에 대해 알아가는 과정이라 할 수도 있다. 이때 대상을 받아들이는 내면의 깊이를 갖추는 일은 매우 중요하다. 『간양록』류의 작품을 읽는 일은 그 깊이의 장을 확장하는 일이 되기도 하면서 결국 타자에서 주체로 나아가는 체험의 '경험'이 될 것이다.

그러나 이러한 식의 읽기는 그 나름대로의 의의가 분명히 있지만, 『간양록』의 특수성을 고려하지 않은 상투적인 감상과 이해에 머무를 수 있다는 점을 고려해야 한다. 체험 그 자체와 체험 글쓰기는 구별할 필요가 있을 것이기 때문이다. 『간양록』 체험 읽기는 특히 이 점을 유의할 필요가 있다. 애초에 피로와 같은 극한 상황의 체험은 그것 자체에 대해서는 함부로 재단할 수 있는 성격의 것이 아니다. 그 체험 자체가 이미 역사적 무게와 숭고미를 갖추고 있으므로, 앞서 언급한 것과 같은 의의가 있음을 부정할 수는 없으나, 결국에는 읽기 전의 생각을 재확인하는 정도에서 더 나아가지 못할 가능성이 높다. 그리고 우리는 체험을 기록한 글을 읽을 때 마치 우리가 체험 주체가 된 듯한 느낌을 갖지만 실제로 우리가 읽는 글은 체험 주체인 작자의 글쓰기에 의해 재구성된 글이라는 점도 아울러 고려해야 한다. 우리는 체험 그 자체를 읽는 것이 아니라 체험 주체의 의식을 읽는 것이다.

따라서 『간양록』 읽기는 '글쓰기'를 유념한 읽기가 되어야 한다. 그렇게 할 때 『간양록』 읽기는 그 특수한 국면을 제대로 포착할 수 있다. 『간양록』 작자의 체험은 최소한 그가 생각하기에는 개인적인 체험이 아니었다. 민족적 체험이자 역사적 체험이었다. 앞 장에서 살핀 바와 같이, 체험 주체인 작자는 죽음의 두려움과 가족을 잃는 아픔을 토로하면서도 살아 있음의 부끄러움을 감당하기 어려워했다. 그는 자신의 포로 생활을 초수(楚囚)의 간양(看羊)에 비유하기도 하였다. 또한 풍정에 젖기보다는 조금이라도 정보를 더 모으려 했고 그것을 기록으로 남기고자 했다. 나아가 일본의 상징 공간을 점유함으로써 자존심을 잃지 않으려 했다. 그 자존심이란 바로 조선의 사대부이자 유자로서의 그것이었다. 그러한 의식적 글쓰기가 『간양록』 전반에 걸쳐 배어 있는 것이다. 따라서 『간양록』은 그 체험 주체이자 글쓰기 주체로서의 조선 사대부를 상정하지 않는다면 제대로 읽어낼 수 없다. 『간양록』은 중세적 글쓰기의 특성을 잘 담고 있는 작품인 것이다.

글쓰기는 그 글을 읽는 이들을 상정하게 마련이다. 강항이 이러한 체험 글쓰기를 시도한 것은 그 나름대로의 의도가 있었다고 보아야 한다. 자신의 포로로서의 삶이 비록 부끄럽지 않았던 것은 아니나 떳떳했다는 것, 이 점을 사람들이 알아주기를 원했던 것이다. 혹 알아주지 않더라도 스스로 위로는 될 수 있으리라는 생각이 작용했을 수 있다. 체험 글쓰기는 체험을 논리화하고 객관화함으로써 자신을 의식의 힘으로 제어할 수 있게 하기 때문이다.[24)]

결국 『간양록』 읽기는 오늘날과는 다른 시대에 살며 다른 가치를 추구하던 자의 특수한 체험 읽기로 접근할 필요가 있다. 고전문학 교육에 있어 작자 및 작품과 오늘날의 시간적 거리가 가늠되어야 한다는 점은 이미 상식이 되어 있다. 오늘날의 독자가 『간양록』의 체험을 '경험'하는 의의는, 폭력적 상황에 직면한 한 인간의 정신적 승리의 과정을 통해 자신을 되돌아보는 데 있기도 하지만, 중세 전란을 배경으로 하여 포로 체험을 겪은 한 사대부의 내면적 고뇌에 공감하면서 당대의 특수한 글쓰기를 맛보는 데 있기도 하다고 본다.

물론 그 시간적 거리에도 불구하고 변하지 않는 점이 있음은 인정해

---

24) 김윤식, 『일제말기 한국인 학병세대의 체험적 글쓰기론』, 서울대 출판부, 2007, 223면 참조.

야 한다. 극한 상황 하에 인간으로서의 최소한의 존엄성마저도 무시당한, 그래서 충격과 두려움으로 뇌리에 남아 있는 사건을 기억해야 하는 일은 오늘날 우리 주변에서도 발견할 수 있기 때문이다. 과연 그러한 사건을 기억한다는 것은 무엇인가, 그것을 기억해야 하는가, 만약 기억해야 한다면 어떻게 해야 하는가. 아마 적지 않은 사람들이 치욕스런 사건을 기억하여 표현하느니 아예 말을 아끼거나 침묵하려 할 것이다. 그로 인한 상처가 치유되지 않는 한 차라리 기억하지 않는 편이 나을 수도 있기 때문이다. 『간양록』의 작자 강항은 차라리 기억하고 말하는 것이 상처를 치유할 수 있고 과거로부터 빠져나올 수 있는 방법이었다고 생각했는지도 모른다. 그 진정성은 그가 사대부이자 유자의 가면을 썼다 하더라도 결코 부정적으로 평가할 일은 아닌 것이다.[25] 강항의 피로 실기이자 기행 작품인 『간양록』은 이러한 문제들을 오늘날에까지 던져 주고 있는 작품이다.

【참고문헌】

민족문화추진회, 『국역 해행총재』 II, 민문고, 1967.
김기빈, 「임란시 피부 문인의 체험적 문학의 고찰 - 『간양록』과 『월봉해상록』을 중심으로」, 『한국한문학연구』 21, 한국한문학회, 1998.
김동준, 「수은 강항의 삶과 시」, 『한국한시작가연구』 8, 한국한시학회, 2003.
김명식, 「간양록 연구 - 전쟁문학적 관점에서」, 서울대 석사학위논문, 1982.

25) 김동준은 "「섭란사적」은 강항의 관료적 소임에 따라 事後에 합리화된 문맥을 적지 않게 지니고 있다."고 하며 이는 "자신을 의심스럽게 보는 타인의 시각을 의식하고 있다는 반증일 수 있다."고 한 바 있다(김동준, 앞의 글, 383면). 그러나 '합리화'라는 용어는 여기서는 적절하지 않다. 강항은 그 나름대로의 글쓰기를 한 것이고, 글쓰기에는 그 주체의 관점이 개입되게 마련이기 때문이다.

김윤식, 『일제말기 한국인 학병세대의 체험적 글쓰기론』, 서울대 출판부, 2007.
김종철, 「중세 여행 체험과 문학교육의 시각」, 『고전문학과 교육』 13, 한국고전문학교육학회, 2007.
박균섭, 「강항이 일본 주자학에 끼친 영향」, 『일본학보』 37, 한국일본학회, 1996.
변동명, 「강항의 필사본 『간양록』 고찰 - 영광 내산서원 소장본을 중심으로」, 『아시아문화』 12, 한림대 아시아문화연구소, 1996.
서인석, 「최부의 〈표해록〉에 나타난 해외 체험과 체험의 대화적 재구성」, 『고전문학과 교육』 13, 한국고전문학교육학회, 2007.
소재영, 「임란피로들의 해외체험 - 금계일기 · 간양록 · 해상일록을 중심으로」, 『건국어문학』 9 · 10합집, 건국대 국어국문학연구회, 1985.
염은열, 「기행가사 '공간' 체험이 지닌 교육적 의미」, 『고전문학과 교육』 12, 한국고전문학교육학회, 2006.
이동영, 「강항의 일본에서 유학전수와 그의 시세계」, 『새국어교육』 54, 한국국어교육학회, 1997.
이동희, 「수은 강항의 애국정신과 일본에의 주자학 전파」, 『유교사상연구』 12, 한국유교학회, 1999.
이민호, 「임진왜란기 강항의 적중생활과 일본유학」, 『학술논총』 9, 단국대 대학원, 1985.
이승복, 「유배체험의 형상화와 그 교육적 의미 - 조선후기 국문 일기 자료를 중심으로」, 『고전문학과 교육』 14, 한국고전문학교육학회, 2007.
이채연, 「『간양록』의 실기문학적 특징」, 『한국문학논총』 13, 한국문학회, 1992.
이채연, 『임진왜란 포로실기 연구』, 박이정, 1995.
이혜순, 「수은 강항의 시적 사유와 그 의미 - 귀환 이후의 시작을 중심으로」, 『한국한문학연구』 27, 한국한문학회, 2001.
임치균, 「『간양록』 연구 : 사실 제시와 체험의 형상화」, 『정신문화연구』 83, 한국정신문화연구원, 2001 여름.
주재우, 「고전기행문학과 경험 교육 - 〈열하일기〉를 중심으로」, 『고전문학과 교육』 15, 한국고전문학교육학회, 2008.
에드워드 렐프(김덕현 외 옮김), 『장소와 장소상실』, 논형, 2005.

* **그림-사진 출처**

1. 강항(姜沆, 1567~1618)
'굿맨이 열어가는 세상
(http://blog.naver.com/hwan0822?Redirect=Log&logNo=70021014935)'

2. 강항이 일본에 끌려가기까지의 행로
이을호 옮김, 『간양록』, 서해문집, 2005.

김기수의 『일동기유(日東記游)』에 나타난 대외 공간 인식 연구

배 수 찬

1. 서론

일찍이 프랑스의 현상학자 메를로 퐁티는 진리의 절대성을 부정하고 인간이 놓인 실존적 좌표를 중시하면서, '공간'을 절대적으로 정의하는 대신 인간에게 공간이란 무엇으로 지각되는가를 있는 그대로(현상학적으로) 설명하고자 했다. 현상학은 객관적 과학주의의 절대 진리관에 대한 비판에서 시작된 것이므로, 메를로 퐁티의 철학은 진리의 절대성을 부정하며 기존 형이상학의 고귀한 테마를 물리친다. 그는 강아지와 인간이 눈을 마주칠 때도 작동하는 사소한 문제, 즉 '注意(attention)'의 문제에서 시작한다.

> 주의(主意)는 지향성(志向性)의 한 양식이고, 세계-내-존재의 한 방식이다. 그러므로 세계와 몸의 대화로서 형성된 몸의 공간성은 하나의 지평이고, 그 지평이 없이는 무늬나 거점이 성립할 수 없다. 결코 몸의

> 운동신경이 먼저 무늬와 거점들을 단세포적인 요소들로서 추상해서 먼저 지각하는 것이 아니다. 그래서 몸과 세계가 함께 형성하는 '포장 싸기'와 같은 스타일의 공간성은 객관적인 '위치(la position) 설정'과 다른 '상황(la situation)'이다. 즉 몸의 공간성은 위치 설정의 성질이 아니고, '상황의 공간성'인 것이다.[1)]

근대 이전의 대외 공간 인식에 대한 비판적 이해를 위해서도 현상학은 쓸모가 있다. 인간의 몸은 어떠한 인식의 기준이 될 수는 있다. 그러나 그것은 *xy*축의 교차 지점인 원점처럼 기계적・추상적으로 존재하는 것이 아니라, 살아 있는 상태로 존재한다. 위 인용문에서 말하고 있는 '상황'의 의미가 그러한 것이다. 메를로 퐁티는 인간의 몸을 기준으로 삼아 시간과 공간에 대한 인식의 현상학을 전개한다. 그런데 그 몸이라는 것은 '지점이면서 지평'인 애매성을 띤다.

인간의 몸은 이 세계의 크기에 비해 거의 점이나 다름없다. 높은 곳에 올랐을 때 우리는 인간이 미물이라는 것을 깨닫는다. 그러나 그러한 순간 우리는 존재감의 상실을 느끼고 공포에 떨기보다는, 역설적으로 내가 세계에 굳게 연결되어 있다는 안정감을 갖는다. 공포는 오히려 폭력과 같은 존재의 절멸에 대한 실존적 압박에 기인하는 경우가 많다. 우리는 작아진다고 해서 무조건 두려운 것이 아니다. 예컨대 종교는 개별 존재를 축소하면서도 역설적으로 그를 통해 절대적 안정을 얻는 한 방법이라고 볼 수도 있다.

즉 우리의 몸은 하나의 작은 지점일 뿐만 아니라, 이 세계가 끝없이 뻗어 나가는 한 출발점, 아니 출발점이라고 하는 분별조차 필요하지 않은 연속적 지평으로 이해될 수 있는 것이다. 이것이 메를로 퐁티가 말한 '몸은 지점이면서 지평'이라는 애매성에 대한 한 가지 풀이

---

1) 김형효, 『메를로-뽕띠와 애매성의 철학』, 서울: 철학과현실사, 1996, 121면.

의 방법일 것이다.

우리가 근대 이전의 공간 인식을 이해한다고 할 때, 생각할 수 있는 하나의 실마리도 여기에 있지 않을까 한다. 중세와 근대의 구별은 단순한 시간 개념이라고도 볼 수 있지만, 발전사관에 입각한 허구라고 볼 수도 있다. '중세적 공간 인식'이라는 관념의 허구성을 지적하고자 하는 것은 아니다. 다만 중세인의 공간 인식은 중세에만 한정되는 어떠한 변별적 인식이 아니라, 인간이(구체적으로 말하자면 인간의 몸이) 특정하게 제도적·정치적·문화적으로 놓여진 상황의 산물이라고 볼 수 있다는 것이다.

이 연구는 인간의 인식이 상황의 산물이라는 전제에서 출발하여, 조선 말기 조선-일본간 병자수호조규(丙子修護條規)(흔히 강화도 조약이라고 한다) 체결의 결과로 수신사(修信使)에 발탁된 김기수의 저술 『일동기유(日東記游)』에 나타난 저자의 대외 공간 인식에 대해 살펴보기로 한다. 김기수의 수신사행에 대한 평가는 대체로 적임자가 아니었으며 일본의 근대 문물을 배워 오려는 적극적인 자세보다는 중세적 소극성과 사대부식 명분·체면에 얽매여 정보 파악을 충분히 하지 못했다는 부정적인 평가가 지배적이다.[2] 이러한 평가는 객관적 사실의 지적으로서 물론 타당하며, 정치 지향적이었던 당시의 정황을 보건대 인문학적 접근이 가질 수 있는 한계 또한 명백할 것이다.[3]

그러나 130년의 세월이 흘러 해외 여행이 거의 일상화되다시피 한

2) 김용구, 『세계관 충돌과 한말 외교사 1866~1882』, 서울: 문학과지성사, 2001, 216면.

3) 예컨대 김기수의 대일관이 안이하다는 지적에 대해, 사대부의 명분론은 인간의 정신적인 측면과 대인(對人)의 문제를 고려한 중세적 합리성을 갖고 있다는 반박이 가능하겠지만, 이러한 인문학적 접근은 변명 이상의 것이 되기에는 조금 부족한 면이 있다. 이를 조금 더 고차원적인 방법으로 지양하여 상대화하고, 단순히 김기수를 옹호하는 것도 아니고 일본식 서구화를 비판하는 것도 아닌, 지양(止揚)된 관점이 나와야 할 것으로 생각한다.

오늘날의 현실에서는, 해외에 대한 정보도 늘고 시각도 늘어나, 단순히 선진국 중심·근대 중심의 시각이 전부가 아니라는 비판론 또한 심심찮게 나오고 있다. 현상학이 서구 유럽에서 시작된 철학임은 분명하지만, 이는 19세기 이래 영미권을 중심으로 세계에 보급된 근대성을 초극하고자 하는 노력의 하나로도 볼 수 있다. 이러한 관점에서 김기수와 같은 중세 사대부의 대외 공간에 대한 인식을 연구하는 것은 필요하고 의미 있는 일이라고 생각된다.

2. 수신사 파견의 배경

1876년 4월 김기수가 수신사로 파견된 사실은 시기면에서도 극적이며 인물면에서도 극적이다. 그러나 그에 비해 결과는 미미하고 보잘 것 없었다. 1867년 일본은 세계사에 유례가 없는 기이한 혁명인 메이지 유신을 통해 근대 국가의 건설과 왕정복고(王政復古)라는 모순된 목표를 동시에 추진해 나아가게 된다. 임란(壬亂) 이후(以後) 1867년까지 공식적인 일본의 정부 형태는 일왕(천황)이 있는 쿄토와 쇼군이 있는 에도(오늘날의 토쿄) 막부로 이원화되어 있었고, 실질적인 권력은 후자에게 있었다. 그런데 1867년의 왕정복고 혁명인 메이지 유신으로 인해 에도 막부가 무너졌고, 혁명의 주체인 일본 서남(西南)의 일부 번벌(藩閥)들의 연합 정권이 수립되었다. 이들은 자신들의 정권 취득을 합리화하고 근대 국가의

김기수

1876년 김기수 수신사 행렬

새로운 구심점을 마련하기 위해 일본의 전통적 조정인 토쿄의 일왕을 유일한 국가 주권의 원천으로 규정하였다.

따라서 이후 에도 막부 시대의 유산이 전면적으로 재조정될 필요가 있었다. 외교도 마찬가지였다. 메이지 유신 이듬해인 1868년, 에도 시대의 전통이었던 통신사를 포함한 대 조선 외교가 전면적으로 재검토될 필요가 생겼고, 국서의 양식에 '황(皇)'과 '칙(勅)' 등을 적어 문제가 된 변형된 서계(書契)의 문제가 발생한 것은 주지의 사실이다. 황이니 칙이니 하는 글자를 사용한 것은 사실 다음과 같은 맥락이며, 읽기에 따라서는 그다지 거슬리지 않는 문맥상의 관습일 수도 있다고 보여진다.

일본국 좌근위소장 대마수 헤이(平) 조신(朝臣) 요시아키(義達)
정서 조선국 예조참의공 합하(閤下)

> 아뢰올 바는 우리나라의 시세가 크게 바뀌어서 정권이 황실에 돌아갔다는 것입니다. 제가 지난번에 쿄토에서 조정의 칙명을 받아, 특별히 상을 받고 작위를 올려 받아 좌근위소장으로 진관하였습니다.[4]

메이지 정부가 이처럼 호기있게 중세적 질서를 참월(僭越)한 것에 대해서, 일본은 애당초 중세에 중국과 수교해 있지 않았고, 이로 인해 중세적 질서로부터 벗어나는 것이 쉬웠다는 점을 지적할 수 있다. 즉, 일본은 외부의 인정과 상관없이 고래부터 황실의 존재를 유지하고 있었는데,[5] 실무적 무인정권인 막부(幕府)가 붕괴하면서 메이지 유신의 엘리트들이 황실을 근대 국가 수립의 한 구심점으로 활용하게 된 것이다.[6] 즉 이는 우리로서는 중세적 질서의 참월로 여겨질 수 있으나, 일

---

4) 韓國日本問題硏究會 編, 『朝鮮外交事務書 / 日本國外務省原案』, 서울: 成進文化社, 1974, 211~213면.

5) 물론 일본의 황실(皇室) 개념은 중국의 그것과는 다르다. '황(皇)'이란 천하에 하나밖에 없는 절대 권력인데, 일본에 皇이 존재한다는 것은 사실이 아니라 일본인의 폐쇄적 의식을 보여주는 증좌로 볼 수 있을 것이다. 일본은 특히 '텐노(天皇)'의 개념을 쓰는데, 이 용어는 7세기 후반 율령제, 일본의 국호와 함께 정식으로 정해졌다는 것이 정설이다. 일본식 율령제 하의 천황은 중국의 황제와 비슷하지만 기본적으로 다른 점이 있다. '텐노(天皇)'는 특정한 가계가 세습하고 텐노가의 조상신을 비롯한 일본 고유의 모든 신들을 제사지내는 제사장이었던 것이다. 그리고 역성(易姓) 혁명(革命)이 인정되지 않았기 때문에 텐노에게 정치적 책임을 묻는 데는 한계가 있었다. 박경희, 『연표와 사진으로 보는 일본사』, 서울: 일빛, 1998, 46면. 사실 이는 '텐노(天皇)'과 '황제(皇帝)'의 차이이기도 할 터인데, '천황(天皇)'의 '천(天)'에서 어떠한 종교성을 읽을 수 있다는 것은 천황제의 명분하에 이루어져 온 비합리적 행동들에 대한 설명의 실마리가 된다는 점에서 주의해 볼 가치가 있다고 생각된다.

6) 이러한 참월의 문제를 둘러싸고 벌어진 서계(書契)의 접수 문제를 둘러싼 논란에서, 박규수는 일본에는 일찍이 천황제를 자신들의 관습으로 활용하고 있었다는 점을 들어 문제될 것이 없다고 일관되게 주장하였다. 이는 조선 조정에서 사실상 소수 의견이었으며, 이 때문에 박규수는 대원군의 세력하에 있는 중신들을 설득하는 데 실패했다. 그러나 이는 당시 조선 관리 가운데 박규수의 일본에 대한 인식이 가장 정확했음을 보여주는 증좌이기도 하다.

본으로서는 자신들이 중국의 천자에 소속된 바 없으므로(물론 이는 일본이 중세적 질서 하에서 이적(夷狄)이라는 의미이다) 다소 맹랑하긴 하지만 또다른 '황(皇)'을 내세워 왔던 자신들의 관습을 계승한 것일 따름이다. 위 글에서도 분명히 '정권이 황실에게 돌아갔다'고 하여 메이지 유신의 본질을 비교적 객관적으로 다루고 있다는 점을 알 수 있다.

이 서계(書契)의 접수를 둘러싸고 1868년부터 벌어진 수 해 동안의 조선-일본 간의 실랑이는, 1876년의 조일수호조규(朝日修好條規)(강화도조약) 체결과 같은 해에 이루어진 김기수의 수신사 파견으로 매듭지어지게 된다. 1868년 일본이 보내 온 서계를 접수하는 문제를 놓고 명분론에 얽매인 조정이 서계의 접수를 거부하는 쪽으로 논의를 정리했으며, 대원군과 박규수 등 소수파의 실용적 접근론은 묵살되었다. 그러나 이러한 조선의 대응은 당시의 국제 정세상 러시아의 남하로 자극받고 있던 일본 조정과 여론에 정한론(征韓論)의 한 빌미를 제공하였고, 일본 해군은 조정의 사실상 묵인하에 강화도에서 군함 운요호에 의한 무력 충돌을 유발, 이를 빌미로 조선을 근대적 국제 공법질서의 한 지점으로 편입시키게 되는 것이다. 시간 순서대로 중요한 사건을 정리해 보면 다음과 같다.

> 1868.5.12~17. 오사카의 외국관에서 회의, 조선에 보내는 국서(서계) 양식의 변경을 결정함
>
> 9.7. 일본국 간사재판(幹事裁判) 카와모토 큐자에몬(川本九左衛門), 조선에 메이지 정부의 성립을 통보 (천황의 명칭 사용, 외교관계를 쓰시마번에서 정부로 귀속할 것, 대수대차사의 파견)
>
> 12.18. 부산 초량에서 훈도 안동준이 서계 및 그것을 가지고 온 대수대차사[7] 히구치 테츠지로(樋口鐵次郎)에게 항의함

7) 과거의 쓰시마 번의 관리가 아닌 새로운 관리.

1869.11.9. 조선 정부의 구체적 반박문 제출(안동준이 작성하며 각서 형식)

1870.2~3. 외무성 조사원 모리야마 시게루(森山茂) 등이 쓰시마번의 관리를 가장하여 초량의 왜관에서 머무르며 조선 사정을 정탐함

4. 외무성이 태정관에 조선 정책을 보고함 (중국과 조약을 체결하여 조선을 한 등급 낮게 취급하고 유사시 중국의 개입을 방지할 수 있는 장치를 마련한 뒤 조선과 수교할 것을 제안)

1871.7. 메이지 정부, 폐번치현(廢藩置縣) 단행 (천황제 통일 중앙집권국가의 경제적 기반 확립)

7.29. 메이지 정부, 중국과 수호조약 체결 (에도시대에 중국과 일본은 수교관계가 없었음)

8. 외무성이 對조선 외교 업무를 쓰시마에서 접수함 (번주 소우 시게마사[宗重正]를 외무대승에 임명, 이에 대해 조선은 쓰시마 관리 이외에는 교섭하지 않겠다고 고집)

1872. 일본에 징병령 반포 (무사계급의 특권 폐지)

1872.5.26~6.6. 외무성 출사 사가라 마사키(相良正樹), 왜관을 나와 동래 부사의 면담을 요구함 (왜관 난출사건)

1873. 대원군 일선에서 퇴진

1874. 박규수, 대원군에게 서한을 보내 "일본이 천황(天皇)을 자칭한 것은 이미 천년이 지난 유래있는 일"이라 하여 서계 접수의 당위성을 주장

1875.2.23. 모리야마 시게루, 외무대승 소우 시게마사가 예조참판에게 보내는 서계(書契)를 갖고 입국 (이때 모리야마는 왜관을 거치지 않고 군함으로 동래부에 입경하여 사실상 군사행동에 돌입)

4.23. 히로즈 히로노부(廣津弘信), "교섭 촉진을 위한 군함 파견에 관한 建議書"를 정부에 제출

5.25. 일본 군함 운요(雲揚)호, 부산에 입항하여 무력시위한 뒤 귀국 (외교 사신을 호위하고 교섭이 진전되지 않는 이사관을 문책한다는 명분)

1875.6.13. 조선 조정에서 일본의 서계를 접수치 않는다는 최종 결정을 내림

1875.9.19. 운요 호, 강화도 앞바다에 도달하여 측량을 빌미로 접근, 포격을 받자 초지진을 공격, 초토화함 (운요 호 사건)

1875.10.5. 일본 참의 키도 타카요시(木戶孝允), 태정대신 산조 사네토미에게 건의서를 제출하여 운요 호 사건에 대한 종주국 중국의 책임을 추궁하여 중국이 이 문제를 외면할 경우 한국과 교섭하여야 한다는 내용의 건의서 제출

11.20. 외무경 테라시마 무네노리(寺島宗則), 모리 아리노리(森有禮)를 중국공사로 파견

1876.1. 모리 아리노리, 중국 정부 최고의 실력자인 북양통상대신 이홍장과 면담하여 '중국은 조선의 내정과 외국 교제에는 직접 간여하지 않지만 종주국으로서 깊은 도덕적인 책임을 지고 있다'는 점을 확인함. 이에 모리는 중국과 교섭하는 것을 종료할 필요가 있다고 판단함

1.15. 일본이 조선과 수호조약 체결을 위한 특명전권판리대신 쿠로다 키요타카(黑田淸隆), 특명전권부판리대신 이노우에 카오루(井上馨) 군함 닛신(日進)호 등 4척을 타고 부산항에 도착

1.19. 이홍장, 조선이 일본과 수호조약을 체결하면 전쟁을 방지할 수 있다고 보고 조선에 대해 일본의 요구를 수락하도록 권고하는 내용을 총서에 전달

1.30. 닛신 호 인천앞 대부도에 도착. 사역원 당상 오경석, 훈도 현석운이 미야모토 코이치(宮本小一), 모리야마 시게루 등과 사전 협의를 함

2.11~2.27. 강화도에서 어영대장 신헌이 판중추부사에 차함(借銜)하여 접견대신의 자격으로 쿠로다와 교섭, 조일수호조규를 체결함

4.29~윤5.7. 수신사 김기수 일본에 체류 (메이지 정부 이후 첫 수립 이후 첫 조일관계 공식 사절)

7.30~8.26. 조일수호조규 부록과 무역규칙 성립[8]

3. 수신사행의 의미와 사행자의 태도

1) 조선측의 수신사행에 대한 이해

위에서 알 수 있듯이 김기수의 수신사행에는 1876년 조일수호조규(朝日修好條規)의 체결이라는 역사적 배경이 있었다. 조일수호조규는 근본적으로 일본의 메이지 유신으로 인한 조·일 관계의 재조정이 필요하다는 직접적 원인이 있는 것이지만, 동시에 메이지 정부의 근대적 팽창 지향성으로 인해 강제된 것이기도 하였다. 당시 일본은 1858년의 미일 수호 통상조약과 잇따른 안세이 5개국 조약(네덜란드·러시아·영국·프랑스)의 체결을 통해 중세적 국제 질서에서 벗어나 이른바 유럽식 국제공법의 질서에 편입된 상태였던 것이다.

따라서 조일수호조규에 대한 조선과 일본의 생각은 동상이몽(同床異夢)과 같은 것이었다. 조선은 당대의 유럽 공법질서가 지닌 폭력성과 팽창성을 충분히 알지 못하고 있었고, 이를 오로지 '수호(修好)'내지 '수신(修信)'의 중세적 관념 하에서만 이해하고 있었다. 반면 일본은 이 조약을 통해 한국을 국제 공법상의 독립국으로 규정하고자 하였고, 청국의 속방(屬邦)이라는 중세적 책봉체제에서 조선을 분리하여 향후 사태의 전개에 따라서 연합이냐 침략을 통한 병합이냐를 선택하고자 하는 기로에 서 있었다. 어쨌든 조일수호조규의 체결로 조선의 우호를 표시하여야 한다는 문제가 외교의 현안으로 부각하게 되었다. 다음 자료는

---

8) 이상의 내용은 이하의 책들에서 정리한 것이다. 모리야마 시게노리(森山茂德) / 김세민 옮김, 『近代 韓日關係史 硏究: 조선식민지화와 국제관계』, 서울: 玄音社, 1994; 許東賢, 『近代韓日關係史硏究 : 朝士視察團의 日本觀과 國家構想』, 서울: 國學資料院, 2000; 나카오 히로시(仲尾宏) / 유종현 옮김, 『조선통신사 이야기: 한일 문화교류의 역사』, 서울: 한울, 2005; 손승철, 『조선통신사, 일본과 通하다: 우정과 배신의 오백 년 역사』, 서울: 동아시아, 2006.

수신사의 파견에 대해서 조선측이 어떤 의미를 부여하고 있었는가를 알 수 있게 한다.

> 조정에서 생각하기를, "저들이 비록 기뻐하면서 돌아갔으나 그 속마음은 끝내 우리에게 의심이 확 풀리지는 않았을 것이니 우리가 저들보다 먼저 사신을 보낸다면 저들은 반드시 지나치게 기뻐할 것이다. 우리는 이에 은혜(恩惠)로써 저들을 회유하고 의(義)로써 저들을 제재하고 정(正)으로서 저들을 굴복시키고 신(信)으로서 저들과 화호를 맺는다면 우리에게 더욱 가까웁고 또 울타리가 될 것이라"하여 여러 사람들의 의견이 다 같아 계획을 정하였다.
>
> 이에 의정부(議政府)에서 아뢰기를 "지난번에 일본 사선의 우리나라에 온 것은 오로지 수호(修好)하기 때문이니 우리가 이웃나라와 의좋게 지내려면 또한 마땅히 이 시기에 전권(全權) 사신(使臣)을 보내어 국제간의 신의를 닦을 것입니다. 사신의 칭호는 수신사(修信使)라 일컫고 응교 김기수를 특별히 벼슬 품계를 올려 임명하여 당해 관청으로 하여금 말로서 전하여 단망으로서 임명하고 수행하는 인원은 일을 잘 아는 사람으로서 적당히 골라서 보낼 것입니다."[9)]

김기수의 개인적 사행 기록인 『일동기유』에 포함된 이 자료는, 수신사행의 필요성이 일본이 아닌 우리 정부에서부터 시작되었다는 점을 증명하고 있다. 다년간의 준비를 통해 황실의 인정과 근대적 세계질서의 확장이라는 목표를 가지고 치밀하게 준비해 온 일본 측의 태도에 비

9) '朝廷念: '彼雖歡喜而去, 究其中, 終不釋然我, 我苟先彼而使, 彼必望外喜之. 我乃惠而懷之, 義而制之, 正而服之, 信而結之, 不害爲脣齒我, 屛翰我.' 詢謀同而措劃定. 於是政府啓: "向者日本使船之來 專由於修好 則在我善隣之意 亦宜及今專使 以爲修信 使號以修信使稱 應敎金綺秀 特爲加資差下 令該曹口傳單付 隨帶人員 以解事者 量宜擇送事."' 김기수/이재호 옮김, 『譯註 日東記游』, 부산: 부산대학교 한일문화연구소, 1962, 3면.

해, 조선측은 '어찌됐건' 저들과 수호를 맺었으니 앞으로 신의를 회복할 필요가 있다는 정의에 입각한 소박한 판단에 입각해 수신사행을 결정한 것이 아닌가 하는 느낌을 갖게 한다. 실제로 수신사행은 공식적인 어떠한 업무도 포함하고 있지 않았으며, 그 중요성 또한 높지 않았다. 응교 벼슬의 인물을 대표로 보낸 것도 그렇거니와, 인원의 규모 또한 통신사 시절에 비하면 매우 적었다. 따라서 일본인들이 기술의 전수와 문물의 소개에 의욕을 보일 때, 김기수가 다음과 같은 태도를 보인 것은 결코 놀라운 일이 아니다.

> 두 나라가 오랫동안 서먹해진 끝에 다행히 춘간의 일(강화도조약 체결)이 있었으니 일찍 와서 사례하지 않을 수 없습니다. 6개월 뒤에는 반드시 귀국 사신이 올 것이므로 우리 조정에서는 이보다 먼저 수신하고자 하여 갑자기 행장을 차렸으니 실로 이런 일(기술을 전수받는 것-인용자)에 생각이 미칠 겨를이 없었습니다. 또한 우리 나라의 성규는 신의를 먼저하고 사공은 뒤로 하기 때문에 먼저 수신으로써 일삼는 데만 급급하였던 것입니다.[10]

2) 수신사의 여정과 김기수의 태도

『일동기유』에 입각하여 수신사의 여정을 정리하면 다음과 같다.

> 1876.4.29. 화륜선으로 부산을 출발 5.1. 시모노세키(下關) 5.4. 코베(神戶) 5.7. 요코하마 (橫浜) 5.7. 기차[화륜채]로 토쿄(東京) 도착

10) "兩國許多年疑阻之餘, 幸有春間之擧, 則今日急務, 不可不早自來謝, 而六個月後, 必有貴价之來, 故我朝廷, 期欲先此修信, 卒卒治行, 實無暇念及于此, 此鄙國成規, 先信義而後事功, 所以汲汲乎先以修信爲事者也." 김기수, 위의 책, 122면.

5.7~25 토쿄에서 수신사 업무 5.26. 요코하마(橫浜), 요코스카(橫須賀) 윤5.1. 코베(석탄 적재를 위해 1박)[오사카(大阪)에 들를 것을 제안받았으나 거부] 윤5.4. 시모노세키 영복사 5.5. 쓰시마 5.7. 부산

김기수의 여정은 그 파견단의 규모도 수십인에 지나지 않았던 데서 짐작할 수 있듯이 실무방문의 성격을 띠고 있으며, 유일한 실무란 '신뢰를 닦는다(修信)'이란 애매한 것이었다. 따라서 그 사행의 속도도 대단히 빨랐다. 실제로 임금은 15일 정도를 언급했다 하니 조정에서도 대단한 의의를 부여한 사행은 아니었다. 김기수도 『일동기유』의 곳곳에서 엿볼 수 있듯이 임금의 걱정이 있으니 빨리 귀국해야 한다는 점을 일본인들에게 누차 밝히고 있다. 그러한 만큼 김기수의 기본 태도는 유교적 명분에 입각하여 이적의 나라에 치례(致禮)하고 오겠다는 의식에서 비롯된 점이 강하였다. 다음은 김기수의 사행 태도에 대한 전제가 될 수 있는 언급이다.

> 예(禮)는 정(情)에서 나오는 까닭으로 정(情)을 인(因)하여 예(禮)를 만들었다. 또 예(禮)는 체(體)이니, 그 사체(事體)를 얻는 것이 예(禮)라 한다. 맹자(孟子)는 말하기를 '예(禮)는 인심의 인의를 인하여 모든 사물을 품질(品秩)(차등을 둠)하여 각기 극치(極致)를 얻는 것을 이름이라'고 하였다. 이제 우리의 일본 사신 가는 데 있어 사람들이 모두 예절로써 의심하였다. 나는 진실로 예절을 알지 못하는 사람이지만, 그러나 인정(人情)에 배반되지 않고 사체(事體)에 어기지 않으며 나의 인의(仁義)를 독실히 하고 저들의 품질(品秩)을 살펴서 행한다면 비록 남은 예(禮)가 아니라 하더라도 나는 반드시 예(禮)라고 이르겠도다.[11]

11) "禮者出乎情, 故曰緣情制禮, 又禮者體也. 得其事體也. 孟子云 禮者因人心之仁義, 而爲之品秩, 使各得其致之謂也. 今我之使日東也, 人咸以禮節疑之, 余

김기수는 본디 사행에 임할 때 정(正) 사품(四品) 응교(應教)였으며, 응교의 주된 업무는 학문 연구와 교명(教命)의 제찬(制撰)이었다. 조선시대 양반 사대부로서 유교적 학식의 전형으로 볼 수 있는 만큼, 일본에 사행 가는 태도에서도 예(禮)를 중시하고 있다. 수신이 목적인 사행이라는 점에서 이 점은 당연한 것이지만, 사행의 배경이 된 역사적 사건의 중대성과 자신의 사명에 대한 인식이 거의 보이지 않는다는 점은 유감스럽다. 그러나 위 인용문에서 볼 수 있듯이 당대 조정에는 일본으로 사행을 가는 것 자체가 예가 아니라는 극단적인 주장도 있는 듯하여, 김기수로서는 예를 가지고 대응하면 된다는 일종의 유화적 신중론을 내세워 이들 주장을 무마하려 한 노력이 엿보인다.

그러나 근본적으로 김기수의 태도 또한 일본에 대한 이해의 필요성이나 실질적 경계심 같은 것에서 비롯된 것은 아니었고, 이적(夷狄)에 대해 감화적 태도를 보여야 한다는 수준에 머물러 있다는 점에서는 사행 반대자들과 크게 다를 것이 없다. 김기수의 이러한 형식적 태도는, 서양식 문물로 개편된 구체적 · 물질적 현실에 대한 소개에 주력하고 향후의 실질적 외교관계 심화를 추구하던 일본 측 인사들의 태도와는 처음부터 합치할 수 없는 것이었다. 토쿄에 도착하여 외무성을 방문했을 때, 김기수는 메이지 정부의 최고 실력자들과 직접 대면할 기회를 얻게 되는데, 거기에서 김기수는 자신의 주장을 당당히 밝힌다.

> 외무성으로 나아가니, (…) 대승 미야모토 코이치는 이번 봄에 강화도에 왔던 사람이었다. (…) 대승은 "멀리 바다를 건너왔으니 진실로 수고하였습니다. 몇 날 동안 휴양하고 조용히 서로 만납시다." 하거늘 나는 "이번 걸음은 오로지 올 봄 귀국 사신이 우리 나라에 온 것에 대

固不知禮者, 爾然不反乎情, 不倍乎體, 篤我仁義, 視彼品秩, 雖曰非禮, 吾必謂之禮也." 김기수, 위의 책, 52면.

한 회사(回謝)의 예입니다. 수신(修信)의 의의도 실로 여기에 있으며 다른 공무는 없으므로 빨리 돌아가지 않을 수 없으니 잠간 돌아가 몇 시간만 쉬게 되면 조용히 가르침을 받겠습니다." 대승은 "그렇지 않습니다. 이번 행차가 어찌 그리 쉽겠습니까. 적어도 몇 달 동안 푸근히 쉬고 마음대로 유람하기를 바랍니다. 진실로 그렇게 하지 않는다면 매우 섭섭하겠습니다." 하거늘 나는 "우리 주상께서 바다길 만리에 나를 보내시고 날마다 (…) 돌아오기를 기다리며, (…) 우리 주상께서 걱정하고 계실 것을 알겠으므로 내가 매우 급히 돌아가고저 하는 것은 이 때문입니다.[12)]

위 내용은 김기수가 일본 외무대승 미야모토 코이치와 대담한 것이다. 미야모토는 조일수호조규 체결 당시 실무진으로서 강화도에 들어와 사전협의도 했던 인물로서, 전형적인 조선통이었다. 미야모토로서는 통신사 이후 조선으로부터 온 최초의 사행인 김기수에게 큰 관심을 갖고 있었을 뿐만 아니라, 향후의 관계 설정을 어떻게 할 것인가를 두고 탐색전을 벌일 생각이었을 것이다. 그런데 김기수는 회피적 태도로 일관하여 미야모토는 크게 실망하고 있음을 알 수 있다. 미야모토는 견문을 넓힐 것을 요청한 데 반해, 김기수는 이번 사행의 목적은 신의를 돈독히 하는 데 있다는 기존의 주장을 되풀이하는 것이다. 사실 이러한 김기수의 태도는 외무성 밖에서 벌어진 다음과 같은 소소한 사건들에서도 이미 예고된 것이었다.

(ㄱ) (일본 화륜선의-인용자) 배 만든 기술은 자세히 보더라도 또한 설명할 수 없는 것인데 하물며 나는 몸가짐을 진중히 함으로써 마음대로 구경하지도 못하였다.[13)]

12) 김기수, 위의 책, 115면.
13) "船制諦視之, 亦不可辭, 況余持重, 不可恣意探翫" 김기수, 위의 책, 28면.

(ㄴ) (코베에서 시모노세키로 돌아가는 길에) 배가 떠날 때에 배 위에 한 사람이 서 있는 것을 보았는데 洋人과 같았다. 그 사람이 배에서 내리지도 않았는데 갑자기 닻줄을 거두고 닻을 올리거늘 나는 그 사람이 참으로 양인인 것을 탐지하고 護送官에게 말을 전하기를, '이 배가 비록 일본선이지마는 지금의 일은 우리의 행차를 전송하는 것이라면 우리가 배에서 내리기 전에는 이것은 우리의 배인데 우리의 배에 어찌 양인을 태울 수 있는가. 빨리 이 사람을 배에서 내려보내고 머물지 못하게 하라.'[14]

(ㄷ) 어느날 외무성에서 돌아오는데 오정 때에 출발하였으나 해가 석양이 되어도 아직 노상에 있었다. 한 네거리를 나오면 또 한 네거리가 있고 한 골목을 나오면 또 한 골목이 있으니 네거리마다 새로 대하는 것이고 골목마다 처음 보는 것이었다. 생각건대 저들이 매양 나에게 구경하기를 요청하였으나 나는 한결같이 허락하지 않으니 저들은 반드시 나를 괴이히 여겨 이제 내가 길을 모른다고 나를 속여서 마음대로 나를 끌고 가기를 무소부지(無所不至)하는 형편이니 마음속으로 매우 원망스러웠다.[15]

김기수의 사행단은 일본이 운항하는 화륜선에 탑승하여 도일하였다. 이는 증기선으로서 영국 등 구미 열강에서 기술을 수입하여 제작한 것들이다. (ㄱ)에서 김기수는 이러한 새로운 문물에 대해서 '몸가짐을 진중히 함'을 이유로 내세워 마음대로 구경하지 못하였음을 밝히고 있다.

---

14) '發船之時, 見船上立一人, 似洋夷, 未見其下, 而遽收纜擧碇, 探知其眞爲洋人, 傳語護送官曰: "此雖日本船, 今日之役, 傳送我行, 則我未下船之前, 是我船也. 我之船何爲乎洋之人也? 亟下之勿留也."' 김기수, 위의 책, 37면.

15) "一日自外務省還, 日中而發, 日西昃, 尙在路上出一街, 又有一街出一巷, 又有一巷, 街街新面, 巷巷初見, 意彼每要我遊覽, 我一直不許, 則彼必怪我, 今詐我不識路逕, 恣意引我, 無所不至, 心甚可恨." 김기수, 위의 책, 47~8면.

연암 박지원의 실학적 태도와 대조되는 것을 알 수 있다. (ㄴ)은 화륜선에 타고 있을 때 나타난 서양인에 대한 배척의 태도가 나타나 있다. (ㄷ)은 '보여주려는' 일본과 '보지 않으려 하는' 김기수의 갈등이 극적으로 폭발한 장면이다. 김기수가 견물에 관심을 보이지 않자 일본측의 사주를 받은 수레꾼이 이곳저곳을 강제로 보여주는 것이다. 김기수는 이에 대해 하인을 매질하는 등 신경질적으로 반응하고 있다[16]

4. 대외 공간 인식의 특성

사실 보여주려는 일본과 보지 않으려는 김기수의 대립은 김기수 개인의 특성에서 비롯되는 것이 아니다. 당대의 문헌을 검토해 보면, 중세와 근대, 조선과 일본, 동양과 서양의 대립이라는 일반적인 대립 구도와 공간 이해의 특성이 대조적으로 명백하게 드러난다. 관계 중심적이고 예(禮)를 중시하는 동양에서는 의사 결정이 느리고 신중한 반면 구체적 현실 문제에 대한 정보에 대해서는 비교적 무관심하다. 반면에 외부 중심적이고 실질을 중시하는 서양식 사유는 구체적 현실에 대한 정보를 바탕으로 신속한 의사결정을 내리는 것을 중시한다. 아편전쟁에서 패한 중국 황실이 영국과 교섭할 때 영토의 상실은 염두에 두지 않고 영국 사절의 황제에 대한 예법 문제에만 골몰했다는 에피소드는 매우 유명하다.

당대 중세 질서의 대변자였던 조선 측은 일본과 교섭하는 데서 몇 가지 특징적인 인식을 보여주고 있다. 외국 문물을 보지 않으려 할 뿐만 아니라, 자기의 것을 외부로 보여주려는 생각도 없다. 기존의 중세적

16) 김기수, 위의 책, 48면.

공간인식 속에 머물러 있으려는 의지가 강했던 것이다. 이는 수신사행의 직접적 계기가 되었던 조일수호조규를 위한 교섭에서 조선측 대표(대관)였던 신헌과 일본측 대표(전권대신)였던 쿠로다 키요타카(黑田淸隆) 사이의 발언에서 극명하게 드러난다고 본다. 사실상 신헌의 인식은 김기수를 포함한 당대 조선인 대부분이 공유하고 있었던 것으로 보아도 크게 틀리지 않을 것이다.

> 대관이 말하기를, '우리나라는 바다 동쪽에 치우쳐 있어 갈대만 무성하고 척박한 땅으로써 단 한 곳도 물품이 집결되는 곳이 없습니다. 토산물로 말하더라도 곡식과 무명뿐이며 금 · 은 · 진주 · 옥 같은 보물이나 능라(綾羅)나 금수(錦繡) 같은 사치품은 전혀 없습니다. 나라의 풍속이 검박하여 옛 습관에 푹 빠져 있고 새로운 법령을 귀찮아하니 설사 조정에서 강제로 명령을 내려 실행하도록 하더라도 반드시 따르지 않을 것입니다. (…) 일본 전권 대신이 말하기를, '두 나라의 관계가 그간에 막혔던 것은 바로 조례(條例)가 분명하지 못하였기 때문입니다. 조약을 체결해서 영원히 변치 않는 장정(章程)으로 삼지 않을 수 없으니, 그렇게 된다면 두 나라 사이에는 다시 교류가 끊어질 일은 없게 될 것이며 또 이것은 모두 없앨 수 없는 만국의 공법(公法)입니다. 이렇게 결정하는 것이 좋을 것입니다.'[17]

일본인들이 1868년부터 서계를 변경한 이래로 문제되었던 것은 황(皇)과 칙(勅) 등의 용어 문제였다. 그런데 막상 무력 시위가 있고 나서 서계의 접수 문제가 사실상 해결되었다는 확신이 서자, 일본인들은 수

17) '大官曰: "我邦僻在海左, 濱海蘆葦, 荒寒斥鹵, 一無財貨湊集之地. 土産則穀綿而已, 絶無金銀珠玉之富、綾羅錦繡之侈. 國俗儉嗇, 狃於舊習, 厭苦新令, 雖或朝家强令行之, 必不樂從." (…) 日本全權曰: "兩國之這間阻隔, 卽條例不明故也. 不可不講定約條, 以爲永久不渝之章程, 則兩國必無更阻之端. 而此皆萬國公法之不可廢者也. 以此決定爲可."' 『朝鮮王朝實錄』 1876.1.20조(條).

호를 넘어서 통상(通商)과 교역(交易)이라는 새로운 쟁점을 들고 나온다. 이에 대해 우리 측은 당황하는 기색이 역력하게 드러나고 있다. 일찍부터 사농공상(士農工商)이라 하여 상업을 천시해 온 전통도 그러하거니와, 금번의 통상 요구는 단순한 중세적 교역이 아니라 근대적 외교 질서에 편입되는 것이라는 점이 분명하였기 때문이다. 아니나 다를까 일본 측의 전권대신 쿠로다는 조약 체결과 국가 간 관계의 수립은 '만국공법의 기본'이라 하여 조선 측을 압박해 들어가고 있다.

쿠로다 키요타카(黒田清隆)

'만국공법'은 19세기 초 미국에서 간행된 국제법 서적의 한역본(漢譯本)으로서, 재중 미국인 선교사인 마틴(Martin)에 의해 한역(漢譯)되어 당시 동아시아에 널리 보급되고 있던 책이다. 이 책의 가독성 여부와 상관없이, 이 책이 중세적 책봉체제에 입각한 공간적 질서에 대체될 새로운 개별 국가들 간의 근대적 외교 질서를 상징하는 것임은 명백했다. 쿠로다는 이 점을 명확히 인식하고 있었다. 이러한 공법 질서의 연원은 다름아닌 19세기의 유럽이었고, 더 나아가 중세 이후 유럽의 감성적 문화에 기인한다는 주장이 있다.

> 현대 서유럽 사회의 문화 유형인 감성적 문화의 특징은 오로지 감각기관에 표현된 것만을 현실이라고 인식하는 태도이다. 감각적인 현실을 초월한 것은 아무것도 믿지 않는다. 추구하는 목적은 주로 물질적인 것이다. 이를 추구하는 수단은 인간의 내면 생활의 변경에서 구하지 않고 외부 세계의 변경 또는 개발에서 구하려고 한다. 이들 감성적인 문화 유형 중에서 적극적인 감성 문화는 외부 환경을 효과적으로

재조정 또는 변경함으로써 그 목적과 필요를 충족하는 문화 유형인데, 위대한 정복자 그리고 제국의 건설이 이들 문화 유형의 대표자들이다.[18)]

쿠로다가 내세운 만국공법의 질서는 유럽 국가의 세계 팽창을 합리화하는 질서였으며, 그들의 목표는 경제적 영향권의 확대였다. 쿠로다는 이 점을 서양으로부터 그대로 배워 조선에 적용한 것이다. 일본은 중세적 책봉체제라는 공간적 질서에 애당초 포함되어 있지도 않았고, 미국을 비롯한·영·불 등의 제국과 소규모 군사 분쟁까지 치르고 그들의 위력을 실감했던 터라,[19)] 이들이 제시한 질서를 받아들이고 새로운 근대적 국제관계 속에 포함되는 것밖에 다른 대안이 없었다.[20)] 물론 그들은 나름의 무사 전통에 입각하여 결코 서양 세력에게 지지 않고 그들과 경쟁적으로 공존할 수 있는 물리적 실력을 비교적 일찍 양성하였다는 점이 우리와 다른 점이다.

중세적 공간 인식의 파탄, 근대적 공법 질서에 의한 그것의 대체는 오늘날의 시각에서 본다면 지극히 당연한 흐름으로 여겨진다. 그러나 다시 서론의 문제의식으로 돌아가서 생각해 본다면, 중세적 공간 인식

---

18) 김용구, 『세계관 충돌과 한말 외교사 1866~1882』, 서울: 문학과지성사, 2001, 61~62면.

19) 1863년 쵸슈 번에서 외국선을 포격하고 사츠마 번이 카고시마에서 영국함대와 교전한 사실이 있다.

20) 서양이 제시(사실상 강요)한 질서가 어떠한 것이었는지를 알기 위해서는 다음의 언급을 참조할 수 있다: "팽창과 제국주의의 본질을 알기 위해서는 국가 승인의 창조적인 효과설과 無主地를 언급하면 충분하다. 어떠한 정치 집단이 문명국이냐 아니냐를 판단하는 것은 기존 문명 국가들, 즉 유럽 국가들의 권리라는 것이 팽창에 적합한 법적 도구였다. 토착민은 야만이며 따라서 재산권을 행사할 법적 능력이 없다는 무주지의 개념은 제국주의를 합리화하는 법 논리였다." 김용구, 앞의 책, 63~64면. 국가 승인과 무주지는 통상의 이익을 최대화하기 위해서도 매우 편리한 논리였다는 점은 두 말 할 것도 없다.

이든 근대적 공법 질서이든 인간의 특정한 주의에서 파생된 지각 구조일 따름이다. 문제는 후자에 과학기술의 발달을 동반한 무력(武力)이 동반되었다는 점이며, 이는 현실적 승자를 결정할 수는 있을지언정 궁극적으로 어떠한 공간 인식이 다른 것보다 우월하다는 것을 판결하는 준거가 될 수는 없다. 어떠한 공간 인식의 방법에도 문제는 있을 수밖에 없다. 더 중요한 것은 그것이 외적 조건과 약점의 작용에 의해 패했다고 해서 전면적으로 철회할 필요는 없다는 점이다. 일본인들 또한 동양인이었기에 이 점을 어느 정도 알고 있었고, 말의 진정성을 인정한다면 그들의 서구적 질서 수용은 잠정적이었다는 것을 알 수 있다.

> 대승(미야모토 코이치-인용자)은 "(…) 근일에 제작한 의복, 궁실은 모두 서양식입니다. 일본인의 심리는 본시 경박하여 다른 사람이 새로 만든 기물을 보면 반드시 이것을 사랑하고 모방하는 까닭으로 그 좋아하는 대로 맡겨 두어서 익히게 하였을 뿐입니다. 또한 <u>군진에 나가고 배를 타는 데는 이 옷이 아니고는 될 수 없으므로 그 의제를 따른 것이니 이것도 또한 그렇지 않을 수 없는 것입니다."</u> (…) "우리 나라는 사면에 적국이 있으니 또한 이것은 귀국의 비교가 아니됩니다. 우리가 고심하면서 이것을 하는 것은 내외의 산하를 보수하고자 할 뿐이오니 우리 나라인들 또한 어찌 이런 것 하기를 좋아하겠습니까?"[21]

외무성을 방문한 김기수에게 미야모토 코이치는 이렇게 말했다. 자신들이 서양을 따르는 것은 원해서 그런 것이 아니라 사세(事勢)가 그

---

21) '大丞曰: "近制之衣服宮室, 皆洋制也. 日本人心, 本自輕薄, 見人新樣器物, 必愛之而欲之也. 故任其所好, 枯與之習焉而已. 且臨陣乘船, 非此衣莫可, 所以故從其制, 此又不得不然者也. (…) 我國四面受敵, 又非貴國之比也. 所以苦心爲此者, 表裏山河, 苟得無失焉已也. 吾國豈樂爲此也."' 김기수, 앞의 책, 120면.

러하니 살아가기 위해 부득이했다는 것이다. 실제로 오늘날 일본인들의 행동이나 생활 양식을 살피건대 서양식 개인주의로는 도저히 파악되지 않는 엄격한 관계적 질서가 수립되어 있는 것이 사실이다. 물론 그들은 국외 질서에 대해서는 서구 제국주의자 못지않은 침략을 자행하였지만, 그것 또한 어느 정도까지는 '협화(協和)'와 '황은(皇恩)' 등의 전근대적 명분으로 수식되어 왔다. 결국 일본의 서구적 공간 질서 수용은 실용적인 사고에서 유래한 것이며, 본질적인 서구화와는 구별되어야 할지도 모른다.

『일동기유』에는 김기수가 서양식 공법 질서를 어떻게 이해하고 있는지를 보여주는 자료가 있어 흥미가 있다. 김기수는 서양식 근대 공법 질서를 춘추전국시대의 합종·연횡에 빗대어 이해하고 있는데, 이는 편협한 사전 지식이 지각의 왜곡을 가져오는 대표적인 사례일 것이다. 일본인들이 만국공법을 편의를 위해 받아들였음에도 그 본질을 간파하고 있는 반면, 비교적 중세 질서의 자기화 정도가 심했던 조선의 지식인에게 근대적 공법 질서는 정보 부족과 체질상의 특성이 결합하여 사실상 그 이해를 불가능하게 하였다.

> 이른바 만국공법이란 것은 여러 나라가 맹약맺기를 옛날 육국연형법(합종법)과 같았으니 <u>한 나라가 간난한 일이 있으면 여러 나라가 구원하여 주고 한 나라가 맹약을 어긴 일이 있으면 여러 나라가 攻伐하게 되어 한 나라를 치우치게 사랑하고 미워하는 일도 없으며 한 나라를 치우치게 공격하는 일도 없었다.</u> 이것은 서양인의 법인데 지금 대단히 놀랍게 보고 받들어 행하여 감히 어기는 일이 없었다.[22]

---

22) '其所謂萬國公法者, 諸國締盟, 如六國連衡之法, 而一國有難, 萬國救之, 一國有失, 萬國攻之, 無偏愛憎無偏攻擊, 此西人之法, 而方規規奉行, 不敢有失.' 김기수, 위의 책, 179면.

김기수는 공법 질서를 힘의 균형에 입각한 정치적 질서로 파악하고 있다는 점에서는 핵심을 파악했다. 그러나 이는 대립자의 존재가 문제되는 지상에서는 동서고금을 막론하고 공통되는 사실일 뿐이다. 근대적 공법 질서는 서유럽에서 생겨난 '국민 국가'라는 정치 주체의 활동을 규제하고 이를 비유럽권으로 팽창해 나가는 물질주의 · 제국주의적 성격을 띤 것이었다. 김기수는 이러한 점을 파악하기에는 힘이 부쳤고, 아직 서양의 실체를 감각적으로 실감할 수 있는 기회도 없었고, 그런 것을 심각하게 받아들일 마음의 준비도 되어 있지 않았던 것이다.

5. 결론

중세의 대외 공간 인식은 전적으로 책봉 체제에 의존하고 있었다. '공법 질서가 병렬적인 것이었다면 사대 질서는 천자, 제후, 배신으로 이어지는 서열적이고 수직적인 질서이다. 다시 말하자면 종주국과 조공국간의 불평등 국제 정치 질서이다. 이러한 불평등 관계의 명분이 곧 사대자소의 예였으며, 제후간의 관계는 교린의 규칙으로 규율되었다'[23) 그리고 이러한 명분론적 책봉 체제는 세계에 대한 물리적 실측을 결여하고 있었기 때문에 과학적 지식과 공간에 대한 극복 장치로 무장한 서구의 침략과 그들의 통상적 의도에 굴복할 수밖에 없었다. 이는 중세적 공간 이해의 한계로 볼 수 있으며, 거기에는 공간의 확장과 개척이 바람직하지 않다는 자연중심주의적 세계관이 깔려 있다.

오늘날의 관점에서 중세적 대외 공간 인식을 비판하는 것은 쉽다. 조선은 무력하였고 과학적 탐구를 게을리한 것처럼 보인다. 실제로 그것

23) 김용구, 앞의 책, 64~65면.

이 우리 민족에게 정체성의 위기를 가져올 만큼의 대격변과 고통을 초래하기도 하였다. 그러나 방법의 차이는 있을지언정 이러한 변혁을 통한 근대적 대외 인식의 획득은 세계사의 불가피한 흐름이었다. 오히려 오늘날에는 세계를 실측하고 대상을 변형하여 자기화하는 근대적 공간 인식의 문제점이 드러나고 있는 형편이다.

사실 명분론에 입각하여 사회의 정체를 초래한 것으로 단죄되는 성리학(性理學)은 외부 세계를 실측되는 공간이라는 관점에서 지각하지 않았다. 성리학은 인간과 인간의 관계를 테마로 지향하였으며, 그것을 통해 인간과 자연의 관계를 유추해 나아갔다. 이에 입각하면 인간은 결코 세계의 중심에 서지 않는다. 세계의 중심은 자연스럽게 천리(天理)가 되며, 인간의 욕망은 하찮은 것이 된다. 전통 사회에서 사농공상(士農工商)이라 하여 '상(商)'을 경시한 것도 이러한 욕망에 대한 절제가 인간의 바람직한 삶의 자세였다는 믿음 때문이었던 것이다. 앞서 신헌과 쿠로다의 논쟁은 이러한 관점에서 재검토할 필요가 있다고 생각된다.

상업을 경멸한 것은 하나의 세계관일 뿐 절대적 진리일 수 없다. 그러나 전통 사회에서 상업을 천시하고 공간의 실측을 경시한 데는 분명 일말의 진실이 있다. 따지고 보면 상업과 돈의 위력을 경고한 것은 동양(東洋)만이 아니었다. 일찍이 니체는 자본주의적 상업은 세계를 표준화하고, 인간의 욕망을 천박한 것으로 만들어 노예적 삶으로 전락케 한다고 갈파하였다.24) 우리는 무심결에 니체는 숭배하면서 조선시대의 양반 사대부는 비판하고 있지 않았는가? 아니, 물질적인 조건에 대해 반성하지 않으면서 니체의 말을 이론으로만 학습하고 있지 않았는

24) '근대 사회의 지배계급인 부르주아지는 귀족적인 덕성을 혐오하고 무절제한 자유를 열망하게 되었으며, 이에 따라 물질주의와 회의주의가 만연하게 된다. 정치적인 형식도 무의미하게 되어 이른바 의회주의라는 것은 금전의 승리를 호도하는 것이다. 민주주의, 입헌주의, 그리고 사회주의까지도 금융자본의 월급쟁이로 전락하였다. 이 불행한 시기를 대변하는 것이 바로 니체이다.' 김용구, 위의 책, 59면.

가? 근대적 공간 인식이 주차난, 환경 문제, 인구 문제, 쓰레기 문제 등으로 또다른 장애에 부딪친 오늘날의 현실에서 우리는 대답을 요구받고 있다.

이 문제에 대해 '사대부들의 전통적인 대외 공간 인식을 본받자'는 식의 천박한 뒤집기를 대책으로 내세우는 것을 원하지 않는다. 사대부들의 대외 공간 인식이 그 얼마나 고상한 것이었을지 모르지만, 그들은 결국 자신의 정치적 주권 하나도 제대로 지켜내는 데에 실패하였다는 냉혹한 평가가 가능하기 때문이다. 그 원인이 무엇이었을까? 이 문제를 탐구하는 것은 아마도 본 연구의 범위를 넘어서는 것일 것이다. 그러나 역시 김기수의 다음 언급을 통해 한 가지 암시를 얻을 수는 있을 것이다.

> 우리나라의 규모는 원래 귀국처럼 전권대신이 있는 것이 아닙니다. 대신도 딱 결단하고 실행하지는 못하였는데 하물며 소관 따위입니까. 그러므로 소관은 대관에게 알리고 아랫사람은 윗사람에게 아뢰게 되니 허다한 지연이 없을 수 없습니다. 또한 조심하고 근신하여 방종하고 멋대로 하지 않는 것은 이것이 모두 우리나라 하나의 구규(舊規)이므로 뒷날 일에도 당신들의 말을 일마다 듣고 따른다고 보장하기는 어려우니 이것은 미리 양해하여야 할 것입니다. <u>대체로 세상에 어떤 일이라도 어찌 다 자기 뜻대로 되겠습니까. 귀국에서 어떤 말이 있더라도 우리가 반드시 다 들어주지는 못할 것이며, 우리 나라에서 어떤 말이 있더라도 귀국에서도 또한 다 시행하지는 못할 것</u>이니 이것은 대체로 그런 것입니다.[25]

---

25) '我國規模 元自如此, 非如貴國之有全權大臣, 大臣不得斷行, 況小官乎, 所以小達于大, 下稟于上, 不得不有許多遲捱也. 且小心謹愼, 不縱不恣, 自是我國一副素規, 則公等他日之役, 難保其事事聽從, 此則預爲諒會可也. 槪言天下甚事, 豈可盡如我意, 貴國有言, 我未必盡從, 我國有言, 貴國亦未必盡施, 此則大率然耳.' 김기수, 앞의 책, 123면.

한용운 선생은 일제 강점이라는 불우한 상황을 견디면서 '타고 남은 재가 다시 기름이 된다'는 시편을 남겼다. 위의 인용문은 『일동기유』의 전체 문맥에서 김기수가 일본을 타이르는 보기 드문 장면이다. 일본인들이 성급하게 교역을 주장하고, 책임 있고 신속한 협상을 요구한 데 대해 전통적인 태도로 설득한 것이다. '세상에 어떤 일도 자기 뜻대로만 되지는 않는다'거나 '타고 남은 재가 다시 기름이 된다'거나, '인간의 성품(性品)은 하늘의 이치(理致)다'는 식의 논의는 모두 일종의 중세적 초월성을 염두에 둔 발언들이다. 근대 이후 이러한 담론의 영향력은 쇠퇴하였다. 그러나 이러한 담론은 사실상 절대 진리의 영역이어서 근대라고 해서 바뀌는 것은 아니다. 서론에서 언급한 메를로 퐁티의 현상학식으로 말한다면 이러한 담론들은 더 이상 근대인의 주의(主意)와 지향(志向)의 대상이 되지 못할 뿐이다.

근본적으로 주의와 지향의 변화는 세계 질서의 변화에 따른 종속변수일 것이다. 이 점을 염두에 둔다면 어떠한 연구도 문제를 최종적으로 해결하지는 못한다. 지각이 종속변수일진대 지각에 대한 연구는 종속변수의 종속변수일 것이기 때문이다. 김기수로 대표되는 중세적 대외 인식은 이후 쿠로다로 대표되는 근대적 질서에 의해 철저히 짓밟혔다. 어찌 보면 비관적인 탐구 주제를 소극적으로 다루었다고도 볼 수 있는 본 연구의 의의는 주의와 지향의 변화라는 보편적 시각을 통해 중세 사대부의 공간 인식 변화를 탐구하였다는 데에서 찾을 수밖에 없을 것이다.

【참고문헌】

김기수/이재호 역, 『譯註 日東記游』, 부산: 부산대학교 한일문화연구소, 1962.
김용구, 『세계관 충돌과 한말 외교사 1866~1882』, 서울: 문학과지성사, 2001.
김형효, 『메를로-뽕띠와 애매성의 철학』, 서울: 철학과현실사, 1996.
박경희, 『연표와 사진으로 보는 일본사』, 서울: 일빛, 1998.
손승철, 『조선통신사, 일본과 通하다: 우정과 배신의 오백 년 역사』, 서울: 동아시아, 2006.
韓國日本問題硏究會 編, 『朝鮮外交事務書 / 日本國外務省原案』, 서울: 成進文化社, 1974.
許東賢, 『近代韓日關係史硏究 : 朝士視察團의 日本觀과 國家構想』, 서울: 國學資料院, 2000.

나카오 히로시(仲尾宏) / 유종현 옮김, 『조선통신사 이야기: 한일 문화교류의 역사』, 서울: 한울, 2005
모리야마 시게노리(森山茂德) / 김세민 옮김, 『近代 韓日關係史 硏究: 조선식민지화와 국제관계』, 서울: 玄音社, 1994.

* **그림-사진 출처**

1. 김기수
'자동차생활(http://www.carlife.net/bbs/board.php?bo_table=information&wr_id=2044)'
2. 1876년 김기수 수신사 행렬
'프레시안(7월 19일, 성난 조선 군인은 왜 지석영을 공격했나?(http://www.pressian.com/article/article.asp?article_num=50100718150008&Section=04)'
3. 쿠로다 키요타카(黑田淸隆)
'近代日本人の肖像(http://www.ndl.go.jp/portrait/datas/71_2.html)'

고전기행문학과 경험 교육

–〈열하일기〉를 중심으로

주 재 우

1. 문제 제기

국어과 교육과정은 크게 교육의 목표·내용·방법·평가 등으로 구분되며, 이 중에서 교육 내용은 지식과 기능, 그리고 태도 등으로 구분된다. 그런데 이러한 구분의 틀에서 벗어나 새롭게 국어 교육의 내용론을 제시한 연구가 있었는데, 이 논문에서는 국어 교육의 내용 영역을 크게 지식과 수행, 경험과 태도로 나누고 있다.[1] 여기에서 수행은 종래의 기능과 대응된다고 볼 때, 새롭게 제시되었다고 볼 수 있는 영역이 바로 경험이다.

고전 문학을 대상으로 교육한다고 할 때, 고전문학사에 대한 앎은 지식 영역에 해당하겠고 고전문학의 개작 원리를 오늘날 '다시 쓰기(rewriting)' 교육 내용으로 삼는다면 이는 수행 영역에 해당한다고

---

1) 김대행(2002:7~37), 「내용론을 위하여」, 『국어교육연구』 10집, 서울대 국어교육연구소, 2002.

볼 수 있겠다. 그렇다면 고전 문학을 통한 경험 교육은 어떠한 형태로 가능하며 다른 영역과 변별될 수 있을까?

국어 교육 중 문학 교육의 핵심은 작품 감상이라 할 수 있고, 작품 감상이야말로 경험 영역의 주요한 내용이라 볼 수 있다. 경험 영역의 교육 내용을 간단히 말하면 문학 작품을 접하고 향유하는 일련의 과정과 그 과정으로 획득된 결과라고 할 수 있다. 예를 들어 〈춘향전〉을 감상한 경험이 있는 사람과 없는 사람은 그 경험의 유무에 있어서 차이가 존재한다. 단순히 작품의 줄거리, 등장인물을 아는 것에서부터 작품을 즐기고 향유하며 비판하는 모든 과정과 결과가 경험에 포함된다고 할 수 있다. 이러한 의미에서 볼 때, 문학 교육에서 경험 범주는 사실 중핵을 이룬다고 본 것이다. 문학과 관련한 '지식'을 습득하고 문학을 매개로 하여 '수행'하는 활동에 비할 수 없을 정도로 많은 양적·질적인 노력과 시간을 문학 작품을 '경험'하는 데 할애하고 있기 때문이다.

그럼에도 불구하고 지금까지의 문학교육에서는 경험으로서의 문학교육에 대한 고려가 부족했다.[2] 한 때는 문학의 지식적인 측면을 과도하게 강조했으며, 최근에는 문학을 활용하여 특정 능력을 길러내는 수행을 강조하는 경향이 있다. 교육을 인간의 성장을 목적으로 하는 일련의 기획이라고 볼 때, 교육 활동을 실시한 이후 어떠한 결과가 산출되었는가에 관심을 집중하게 된 것이 이러한 경향을 만들어내었다고 본다. 교육이라는 메커니즘 속에서 투입과 산출이 분명할 때 교육의 정당성이 보장될 수 있기 때문이다.

물론 교육에서 평가 결과 예상했던 목표치에 도달했는지 혹은 예상한 목표와 일치했는지 확인하는 과정은 필요하다. 그러나 문학교육 감상의 경우 그 결과가 무엇으로 산출될 수 있을지 가시적으로 나타내기

2) 김대행(2002)은 국어교육에서, 고광수(2005)는 문학교육에서 경험 교육이 소홀히 다루어졌음을 지적하였다.

가 어렵다. 특히 실용적인 목표를 추구하는 오늘날의 교육 경향에서 문학 감상이 추구하는 인격의 도야, 심성의 수양 등의 목표는 측정 불가능한 경우가 많다. 이러한 이유로 고전 문학의 경험 교육은 중요성을 공감하면서도 그 이론적인 틀을 만들어 내기가 어렵다.[3] 경험의 교육과정을 제시하고 그 결과가 무엇이라고 단언할 수 없기 때문이다.

이러한 문제의식에서 경험교육의 가능성을 고전기행 문학을 통해 살펴보고자 한다. 기행문학은 작가의 여행 체험[4]이라는 직접적인 경험을 다루고 있다는 점에서 주목할 만하다. 즉 기행문학을 둘러싼 두 가지 층위의 경험이 존재하는데, 그 하나는 작가가 여행하면서 체험한 그 무엇이고, 또 한 층위는 그렇게 해서 기록된 기행문학 작품을 통해 간접적으로 여행 체험을 접하는 독자의 경험이다. 경험은 의미(meaning)를 낳는다고 할 때 여행자로서의 작가가 체험한 여행의 의미가 있었다라고 한다면 기행문학을 감상한 독자는 독서를 통해 또 나름의 의미를 도출해 낼 수 있을 것이다.

이 연구에서는 중세 기행문학 중에서 〈열하일기〉를 주목하고자 한다. 박지원의 〈열하일기〉는 오늘날 비교적 잘 알려진 고전문학 작품이면서 기행문학의 장르적 성격을 지니고 있다. 〈열하일기〉는 교과서에 수록된 빈도수가 높은 작품 중 하나[5]이며, 교과서 이외에도 오늘날 중고등학생을 위한 명작 고전 중 한 작품으로 읽히고 있다. 하지만 그동안 〈열하일기〉와 관련된 국어교육 연구는 글쓰기와 관련이 깊다(최미

3) 최홍원(2007)은 경험을 둘러싼 텍스트와 독자의 가변성과 다양성이 경험 교육을 어렵게 한다고 분석한 바 있다.

4) 경험은 체험보다는 간접적·이지적인 인식의 함축성을 지닌다고 할 수 있다. 체험은 '몸소'라는 부사와 잘 결합한다는 점에서 알 수 있듯이 경험보다는 개인적·직접적인 성격을 지닌다고 할 수 있다.

5) 건국기~7차교육과정까지 7차례(〈허생전〉 3차례 포함) 수록되어 있으며, 수록 부분은 도강록, 일야구도하기, 허생전이다. 조희정(2005:295) 참조.

숙(1996), 이지호(1997), 이영호(2005)). 박지원의 글쓰기 방식이 독특하여 당대뿐 아니라 오늘날까지 그 글쓰기의 방법이나 원리 등을 활용해 볼 수 있다는 점에 착안한 연구들이다. 하지만 본 연구는 기존의 연구와 달리 〈열하일기〉가 기행문학이라는 점에 초점을 맞추어 문학교육으로서 경험이라는 측면에서 진행하고자 한다.

다른 장르와 구별되는 기행문학으로서의 정체성을 '낯선 공간에 대한 체험'[6]이라고 할 때, 〈열하일기〉를 둘러싼 낯선 공간은 두 층위로 구별해 볼 수 있다. 먼저 작가 연암이 경험한 중국이라는 공간이다. 조선 땅을 떠나 중국에서 밟는 모든 지역, 모든 대상은 연암의 호기심을 불러일으키기에 충분한 것이었다. 이렇게 해서 기록된 〈열하일기〉를 읽는 오늘날의 독자가 체험하는 중세 고전 문학은 그 시대적 배경의 차이에서 기인하는 낯섦뿐 아니라 표기된 한문 문체나 어휘 등에서도 낯선 대상일 수밖에 없다. 〈열하일기〉를 둘러싼 이중의 낯섦이 존재하며 이러한 낯섦을 경험함으로써 얻는 의미들을 살펴봄으로써 오늘날 고전문학교육에서 경험 교육의 윤곽을 그려보고자 한다.

2. 경험 교육과 〈열하일기〉

현장 실습, 답사 등의 활동에서 알 수 있듯이 경험 교육은 학생들이 몸소 체험하게 됨으로써 얻는 삶의 지혜나 교훈이 교육적으로 유의미함을 보여준다. 직접 가보지 않거나 참여해 보지 않으면 알 수 없는 많은 것들을 실제 체험을 통해 얻게 된다는 것이다. 이러한 점에서 여행

6) 염은열(2007:63)은 문학 감상의 본질이 결국에는 문학작품 속에 형상화된 공간의 아우라를 체험하는 일이며, 그러한 점에서 기행가사가 매우 흥미로운 텍스트임을 강조하였다.

은 한 개인의 성장에서 중요한 사건이 됨을 경험적으로 알 수 있다. 여행은 익숙해져 있던 일상 공간에서 벗어나야 하기 때문에 그 자체가 새로운 경험이며 여행자가 만나는 낯섦은 여행자에게 새로운 의미를 계속 생성해 내게 한다.

그래서 직접 여행을 다녀본 사람은 여행의 경험을 누군가와 나누고 싶어 한다. 특히 오늘날은 인터넷이라는 새로운 표현 매체가 발달해 있다 보니 여행 동호회 카페나 개인 블로그 등을 활용하여 자신의 여행담을 나누는 일이 흔하게 되었다. 온라인상이 아니더라도 여행 경험을 나누는 일은 일상의 중요한 부분이 되었다. 오프라인의 표현 매체가 모여 있다고 할 수 있는 서점에 가보면 여행이라는 테마로 독립적인 코너가 마련되어 있음을 알 수 있다. 또한 주말이면 신문이나 방송을 통해서 여행지를 소개하고 여행담을 전하기도 한다.

즉 현대인에게 여행과 관련된 이야기를 읽고 쓰고 나누는 활동은 너무나 자연스러운 일이 되어 있다. 이렇게 여행담을 지어내고 나누며 향유하는 세대에게 고전 문학으로서의 기행 문학은 무엇을 제공할 수 있을까? 이러한 물음은 현대에 향유되는 여행 관련 책자와 고전 문학으로서 기행 문학은 어떤 차별성을 가지며 어떤 교육적 의미를 생성해 내는가에 대한 답변에서 찾을 수 있을 것이다.

현대인이 접하는 여행 관련 책자나 인터넷 게시판의 글 등은 대부분 여행과 관련된 실제적 정보를 제공하기 위한 것이다. 기행문이 일차적으로 갖는 장르적인 특성이 새로운 지역에 이르는 여정과 그곳에 대한 소개라고 한다면 기행문을 통해 낯선 곳에 대한 정보를 기대하는 것은 당연한 이치라고 볼 수 있다. 그러나 단순히 낯선 장소라는 공간이 기행문학의 소통을 이루어내지는 못한다. 기행문학의 독자는 그 낯선 곳에 대한 동경과 호기심을 가지고 있어야 하기 때문이다. 이러한 낯섦과 호기심이 만날 때 비로소 기행문학은 소통되게 된다.

그렇다면 〈열하일기〉는 현대인에게 '기행문학'으로서 어떠한 정보를 제공할 수 있을까? 정보를 단순히 여행과 관련해서 정리된 자료나 지식이라고 본다면 〈열하일기〉는 '중세 기행 문학'으로서 중국 북경과 열하를 중심으로 여행하는 여행객들에게 참고해 볼 만한 제한된 여행 정보를 제공해 줄 수 있을 것이다. 즉 〈열하일기〉에 나타난 18세기 후반의 중국 풍경과 오늘날의 중국의 풍경이 얼마나 달라졌으며, 무엇이 사라지고 무엇이 남아 있는지 확인해 볼 수 있는 자료로 활용될 수 있다.[7)]

그러나 〈열하일기〉가 오늘날 독자에게 제공할 수 있는 정보는 단순히 정리된 여행 자료나 지식을 뛰어넘는 무엇이 있다. 그것은 〈열하일기〉가 갖는 기행문학으로서의 장르적 특성과 또한 고전(古典)으로서 갖는 전범으로서의 특성을 포괄하는 것이 되어야 할 것이다. 이러한 〈열하일기〉가 가지고 있는 특성들은 이 작품을 감상함으로써 습득될 수 있다. 그러나 이와 아울러 이 작품을 어떻게 감상을 통해 경험하게 할 것인가는 또 다른 풀어야 할 과제이다.

〈열하일기〉를 교육적으로 경험하게 하기 위해 교육 내용과 방법을 설계해야 한다. 먼저 교육 내용은 〈열하일기〉의 무엇을 경험하게 할 것인가에 대한 답이라고 할 수 있다. 무엇을 경험하게 할 것인가가 정해진다면 이에 따라 교육 방법도 정해질 것이다. 예를 들어 〈열하일기〉의 전체 텍스트를 읽고 감상하게 하는 것을 교육 내용으로 삼는다면 교육 방법은 처음부터 끝까지 이 작품을 읽도록 하는 방법에 초점이 놓일 것이다. 그러나 실질적으로 제도 교육상에서는 제한된 시간과 공간 속에서 이루어져야 하므로 교육의 효율성과 실효성을 모두 고려해야 한다. 작품 전체를 강독할 수 없다면 일부를 발췌해서 제시해야 할 것이다.

---

7) 김종철(2007:24)에서는 이러한 교육의 목표를 '선인의 여행을 재현하거나 문화 콘텐츠로 전환하는 교육'이라고 명명하였다.

이 때 제시되는 작품의 일부는 교육의 목표와 작품의 가치에 따라 결정되어야 할 것이다. 작품 전체를 대표할 수 있는 대목이라든지 전체 내용에 지속적으로 관심을 유발할 수 있는 도입부 성격을 띠는 대목이 선정되는 것이 대부분이다.[8)]

고전 문학에서 경험 교육은 작품의 감상에서 출발한다고 할 때 수많은 고전 문학 작품 중에서 어떠한 내용을 발췌하여 감상하도록 할 것인가라는 일차적인 자료 선택의 문제가 중요한 의미를 지닌다. 이는 교재를 구성하는 문제라고 할 수 있을 것이다.

한편 고전 문학 작품을 감상하는 경험은 새로운 중세의 문자와 문체라는 새로움과의 만남이다. 고전의 표기 체계, 문장, 문체는 낯섦으로 다가올 수밖에 없는데 이는 오늘날 고전문학 교육이 직면한 중대한 문제 가운데 하나이다. 〈열하일기〉와 같이 한문으로 이루어진 작품은 그래도 현대적인 글로 번역하여 제시되기 때문에 다른 한글로 된 작품보다 이해하기 쉬우나 문화적·시대적 배경이 다른 글을 읽고 소통하는 일은 다양한 맥락적 지식을 요하는 복합적 이해 과정을 요구한다. 다음은 〈열하일기〉의 일부를 국역한 문장이다.

> 옛 사람이 강에서 나는 요주를 여지와 같다 하고, 서호를 서자와 같다 하면 어리석은 사람은 다시 말하기를 담채는 용안과 같고 전당은 비연과 같다 하니 어찌 그럴 수 있겠소.[9)]

인용한 위 글은 어떤 뱃사공이 아름다운 경치를 보고 "강산이 그림같

---

8) 교과서에 실린 고전작품 중에서 〈구운몽〉의 경우는 양소유가 각몽하는 대목, 〈춘향전〉은 암행어사 출두하는 대목, 〈홍길동전〉의 경우 길동이 집을 떠나는 대목이 주로 다루어지는데, 모두 이러한 관점이 반영된 것이라 할 수 있다.

9) 昔人, 稱江瑤柱似荔支, 西湖似西子, 有愚人者, 復曰, 淡菜似龍眼, 錢塘似飛燕, 何如爾哉. 〈灤河泛舟記〉

다"라고 표현한 데서 발단하였다. 연암은 강산이 있은 연후에 그림이 있을 수 있는데 오히려 이를 거꾸로 표현한 것은 문제가 있다고 하여 위와 같은 글을 말미에 남겼다. 옛 사람의 표현과 어리석은 사람의 표현을 대비함으로써 뱃사공의 잘못을 지적하는 내용인 것을 짐작할 수 있다.

그러나 위 문장은 해독이 되나 그 뜻을 파악하기가 상당히 어렵다. 먼저 요주는 조개이며 여지는 과일이고, 서호는 호수이며, 서자는 여인의 이름임을 파악해야 일차적인 의미를 알 수 있다. 요주와 서주는 미지의 것이고 여지와 서자는 기지의 것이다. 기지의 것으로 미지의 것을 설명하는 것은 설명의 기본적인 방법 중 하나이다. 그러나 문제는 미지의 것뿐 아니라 기지의 것도 현대의 독자에게는 미지의 것이라는 데에 있다. 물론 위 글은 A를 B와 같다고 하지 않고 B를 A와 같다고 하는데서 발단한 이야기이지만, 오늘날 현대 독자는 A와 B의 선후 관계조차 파악하기 힘든 시대적 · 문화적 배경 속에서 살아가고 있다.

따라서 이 한 문장을 이해하기 위해서는 각각의 단어에 대한 설명, 특정 인물이나 사건에 대한 고사(故事) 등 현대 문학에서는 하지 않아도 될 다양한 부가적 내용들이 필요하게 된다. 장황한 설명과 배경지식 소개가 뒤따르다 보면 정작 작품에 대한 감상은 뒤로 밀리게 된다. 물론 이를 고전 문학이 갖는 독특한 장점이라 볼 수도 있다. 그러나 현대 독자가 이해할 수 없거나 흥미를 가질 수조차 없다면 이는 고전 문학을 소수 집단의 은어로만 남기게 할 것이다.

이러한 까닭에 훈고주석 중심의 교육을 피하기 위해서는 〈열하일기〉의 교육 제재는 독해가 상대적으로 쉬운 내용으로 한정될 수밖에 없다. 어려운 고사나 인명, 용사(用事) 등이 비교적 자주 쓰이지 않는 부분은 아무래도 여행의 이동 경로를 소개하는 부분이나 한 편의 일화가 해당된다. 오늘날 대중적 보급을 목적으로 만들어지거나 중고등학생을 위해 재편집된 현대판 〈열하일기〉들은 대부분 일기체 형식이며, 견문을 기록한 부분으로 구성되어 있음을 눈여겨 볼 필요가 있겠다. 그러한 글 가운데 하나의 목차를 소개하면 다음과 같다.

1. 압록강을 건너며
2. 성경의 이모저모
3. 말 타고 자나면서 흘깃 보다
4. 산해관에서 북경까지
5. 열하를 향해
6. 태학에 머물면서
7. 북경으로 돌아오는 길[10)]

위 목차는 〈도강록〉, 〈성경잡지〉, 〈일신수필〉, 〈관내정사〉, 〈막북행정록〉, 〈태학유관록〉, 〈환연도중록〉과 일치하며 이 7편의 글은 모두 압록강을 건너 청나라에 입국한 후 북경에 도착하기까지와 다시 북경에서 열하를 여행하는 데까지의 여정과 견문을 일기 형식으로 기록한 것이다. 대개 기행문학이 여정을 중심으로 견문과 감상을 기록하는 것을 위주로 하였다면 〈열하일기〉는 일기 형식으로 견문을 기록하는 것 외에 주제별로 통합하여 시화, 잡록, 소초의 형식을 별도로 집성하였으며 이 점이 종래의 연행록과 구별되는 〈열하일기〉만의 문체적 특징이다.[11)] 그런데 주제별로 통합되어 있는 부분은 일기 형식으로 기록된 부분보다 상대적으로 이해하기 어려운 내용들로 이루어져 있다. 당대

10) 한국철학사상연구소(2006), 〈박지원의 열하일기 - 길 가는 대로 붓 가는 대로〉 (Easy 이지 고전 12), 삼성출판사.

11) 김경선(金景善, 1788~1853)은 김창협의 〈연행일기〉가 편년체로, 홍대용의 〈연기〉가 기사체로 이루어진 것과 달리 박지원의 〈열하일기〉는 〈사기 열전〉과 같은 기전체(紀傳體)로 이루어져 있다고 보았다(김명호, 1990:158).

문화적・사회적 지식을 요구하기 때문이다. 이러한 까닭에 오늘날 읽기 편하게 편집된 〈열하일기〉의 경우 견문을 소개하는 일기체 형식의 부분만 발췌하여 재구성한 사례가 많다.

요컨대 문학교육에서 경험 교육은 이를 가능케 하기 위해서 어떤 경험 재료를 제공할 것이라는 문학 경험의 일차적 요소와 경험의 결과로 어떤 의미를 생성시킬 것인가라는 이차적 요소를 고려해야 할 것이다.[12] 특별히 고전문학은 현대인에게 해독이 어려운 난점이 있기 때문에 경험 재료로서 어느 부분을 선택할 것인가가 중요한 문제일 수 있다. 이러한 문제에 대한 연구자의 해답으로 다음 장에서는 〈열하일기〉의 일부분을 제시함으로써 연암이 체험했던 여행의 기록을 일차적 경험 자료로 삼고, 오늘날 독자가 연암의 경험 자료를 통해 얻을 수 있는 경험과 그 의미가 무엇인지 차례로 살펴보도록 하겠다.

3. 연암의 여행 체험

〈열하일기〉에서 〈막북행정록〉은 종전의 〈연행록〉에서 찾아볼 수 없는 특별한 여정을 기록한 책이다. 우여곡절 끝에 북경에 도착한 조선 사신들에게 열하로 이동해서 황제의 만수절 행사에 참가하라는 명이 떨어졌기 때문이다. 그래서 조선 사신들은 부랴부랴 사절단을 다시 꾸려서 열하로 이동하게 되는데 그 때의 여정이 이 부분에 기록되어 있다. 이 여정은 그동안 조선 사신이 다녀보지 않은 새로운 길이라는 점에서 특별하다. 아울러 촉박한 시간에 쫓겨서 목적지인 열하에 도착해야 한다는 부담감이 있는 여정이라는 것도 기존의 여행과 다른 점이다.

12) 일차적・이차적 경험 요소는 고광수(2005:103)의 용어로 이는 각각 경험의 자료와 경험의 결과에 대응한다.

아래 인용된 글은 이러한 상황에서 기록된 〈막북행정록〉 8월 6일자 일화이다. 이 날은 열하까지의 여행 중 두 번째 날로서 이른 아침부터 출발해서 해질 때까지 최대한 많은 거리를 이동하려 했던 특이했던 여정을 기록하고 있다. 일행은 이날 뜻밖의 난관에 부딪히게 되는데 그 때의 상황을 하나의 일화로 아래와 같이 적어 두었다.

> 1 역관이 제독과 통관과 더불어 의논하되,
> "이제 벌써 앞으로 물을 건널 수 없고 물러나도 밥 질 곳이 없이 해가 또한 저무니 어찌하면 좋을까?"
> 하니 통역관 오림포가,
> "여기는 밀운성에서 겨우 5리밖에 안 되는 곳이니 형편으로 보아 다시 성으로 들어가서 물 빠지기를 기다리는 수밖에 없습니다."
> 한다. 오림포는 나이가 일흔이 넘어서 그 중 춥고 주림을 못 견디는 모양이다. 대체 새북 길을 제독 이하의 여러 사람이 전에 가 본 일이 없으므로, 길도 모르고 해는 저물어 사람의 그림자도 드물어지자 그 아득히 갈 바를 모름이 우리와 다름이 없다. 내 먼저 밀운성에 이르렀는데 길 가의 물이 벌써 말 배에 닿았다. …(중략)…
> 2 이 때 밤이 이미 깊어서 집집마다 문이 닫혔으므로, 오림포가 백 번 천 번 두드리고 부르고 한 끝에 겨우 나와서 응대하는 집이 있었으니 그 집이 곧 소씨의 집이었다. 이 고을 아전의 집으로서 훌륭하기가 행궁이나 다름없다. 그 주인은 이미 죽고 다만 열여덟 살 나는 아들이 있는데, 눈매가 맑고 깨끗하여 속세의 풍상을 겪지 않은 사람 같다. 정사가 그를 불러서 청심환 한 개를 주니 그는 무수히 절하나 몹시 놀라서 떨리는 빛이 있다.
> 3 이에 마침 잠이 들었을 때 문을 두드리는 이가 있어 나가 보니, 사람 지껄이는 소리와 말 우는 소리가 요란한데 모두 생전 처음 듣는 소리요, 급기야 문을 열자 벌떼처럼 뜰에 가득 찬 사람들이 이 어디

사람들인가. 그들의 이른바 조선 사람이라고는 이곳에 온 일이 없으므로 북로에서는 처음 보니, 그들은 아마 안남 사람인지 또는 일본, 유구, 섬라 사람인지 분간하지 못하였을 것이다. 뿐만 아니라 그 쓴 모자는 둥근 테가 몹시 넓어서 머리 위에 검은 우산을 받은 것 같으니, 이는 처음 보는 바라. "이 무슨 갓일까 이상하다." 했을 것이며, 그 입은 도포는 소매가 몹시 넓어서 너풀거리는 품이 마치 춤추는 듯하니, 이 또한 처음 보는 바라, "이 무슨 옷이랴, 이상한지고" 했을 것이요. 그 말소리도 혹은 "냠냠"하고 혹은 "니니" 또는 "각각"하니 이 역시 처음 듣는 소리라. "이 무슨 소리랴 야릇한지고" 했을 것이요, 처음으로 보면 비록 주공의 옷과 갓이라도 오히려 놀라울 것이거늘 하물며 우리나라의 그것의 제도가 몹시 크고도 고색이 창연할까보냐. 그리고 사신 이하의 복장이 모두들 달라서 역관들의 복장, 비장들의 복장, 군뇌들의 복장이 각기 따로따로 되어 있고, 역졸 마두들은 맨발벗고 가슴을 풀어 헤치고는 얼굴은 햇볕에 그을리고 옷은 헤어져서 엉덩이를 가리지 못하였으며 왁자하게 지껄거리며 대령하는 소리는 너무도 길게 빼니, "이 모두 처음이라, 이 무슨 예법이랴. 이상하고 야릇한지고." 했을 것이다.

4 그리고 그는 반드시 한 나라 사람이 함께 온 것을 모르고 아마 남만, 북적, 동이, 서융들이 함께 제 집에 들어온 줄로 알았을 것이니, 어찌 놀랍고 떨리지 아니하리요. 비록 깨어 앉았어도 놀라울 것이거늘 하물며 잠결에서리요. 또 더군다나 열여덟 살 약관의 어린 사내랴. 비록 세상 일을 싫도록 겪은 여든 살 노인일지라도 필시 놀라서 와들와들 떨며 졸도하지 않을 수 없을 것이다.[13]

---

13) 任譯與提督通官相與議曰, "今旣前不得渡水, 退無炊飯之店, 日且暮矣. 將奈何?" 烏林哺曰, "此去密雲不過五里, 勢將還入其城, 以俟水退." 烏林哺年七十餘, 尤不勝飢寒, 大抵北塞, 提督以下, 曾所未行, 故不諳程道, 日暮人稀, 其茫然昧所向, 無異我人. 余乃先至密雲城, 道中水, 已沒馬腹矣. …(중략)… 時夜已深矣, 家家關門, 烏林哺百叩千喚, 始有開門出應者, 乃蘇姓家也, 本縣吏目而家舍侈麗, 無異行宮, 縣吏已歿, 獨有十八歲男子. 眉目淸秀, 類不風露者,

[1]은 일행들이 좀 더 열하에 더 가까이 나아가고자 하였으나 강물이 불어서 밀운성으로 돌아온다는 내용을 담고 있다. [2]는 일행 중 하나인 오림포가 숙소를 구하려고 동분서주하다가 소씨 집을 발견하는 내용이다. [3]은 소씨 집에서 나온 중국 청년의 시각에 비춰진 조선 사람들의 모습이다. [4]는 다시 연암의 시각으로 돌아와 중국 청년이 공포에 떨지 않을 수 없었음을 공감하는 내용으로 이루어져있다. 전날 북경에 일행 중 일부를 떼어놓고 떠나오면서 느꼈던 이별에 대한 생각을 기록했다면 오늘 8월 6일 기록은 열하로 가는 데에서 부딪친 새로운 난관에 대해 기록해 둔 것이다.

1) 중세 여행의 어려움

모든 여행이 시간이 흐르면 추억이 되지만 여행 당시에는 유쾌한 일만이 기다리는 것은 아니었다. 특히 북경에서 열하까지의 예정에도 없는 여행은 누구에게나 달가운 일이 아니었다. 여행 중 유달리 호기심이 강했던 연암도 열하에 가보고 싶은 마음이 꼭 있었던 것은 아니었다.

正使招給一丸淸心則, 無數叩拜, 有驚怖戰掉之狀, 盖方其睡際, 有叩門者, 人喧馬鳴, 想應初聞之異聲, 及其開門則蜂擁盈庭者, "是何等人也?" 所謂高麗無因而至此則, 北路之所初見也, 想應莫辨安南日本琉球暹羅, 第其所著帽子, 圓簷太廣, 頂張黑率, 初見矣, "是何冠也?" 異哉所服袍子, 袖袂廣闊, 翩翩欲舞, "初見矣是何衣也? 異哉!" 其聲或 "喃喃","呢呢"或 "閣閣", 初聞矣, "是何語也? 異哉!" 今人初見則, 雖周公之衣冠, 勢所驚異, 況我東之制甚偉且古乎? 然而自使臣以下, 服著各殊, 有譯官一隊服著, 有裨將一隊服著, 有軍牢一隊服著, 而騶卒馬頭輩, 無不跣足袒胸, 面貌焦枯, 布袴綻裂, 不掩臀腿, 喧嘩擾攘, 聲諾太長, 初見矣, "是何禮也? 異哉異哉!" 彼必不識同國同來, 想應分視南蠻北狄東夷西戎都入渠家, 安得不驚怖戰掉, 雖白晝悄悦矣, 況深夜乎, 雖醒坐, 駭惑矣, 況睡際乎, 奚特十八歲弱冠穉男也, 雖八十歲飽閱老翁, 定然驚怖, 而顫顫以卒矣. 〈漠北行程錄〉 初八日壬子(이가원 역(1968) Ⅰ, 613~614면, 리상호 옮김(2004) 상권, 648~649면 참조).

북경까지 오는 여정에 몸이 이미 지쳐있었고, 열하에 찾아갔는데 황제가 이제 본국으로 돌아가라고 명령하면 모처럼 할 수 있었던 북경 구경을 할 수 없게 되는 위험도 감수해야 했기 때문이었다. 그러나 정사(正使)이자 삼종형이었던 박명원이 권유하자 그 제안에 따라 열하로 가는 대열에 합류하게 된다.

열하까지의 여행은 모든 일행이 처음 가는 길이었기에 새로움의 연속이었을 뿐 아니라 황제의 만수절에 맞추어 도착해야 한다는 일정상의 부담감도 존재했다. 이러한 여정 가운데에서도 가장 대표적인 중세 여행의 어려움은 바로 강을 건너는 문제였다.[14] 오늘날 여행을 할 경우에도 물론 적당한 교통편을 구하는 문제가 중요한 일이긴 하지만 중세에 물을 건너는 일만큼 사안이 중대하고 심각한 문제는 아니었다. 특히 오늘날과 같이 교량이 발달한 시대에는 목적지까지 가는 데에 물을 몇 번이나 건너야 하는지 전혀 의식하지 못하는 경우가 많다.

그러나 〈열하일기〉는 첫 권의 시작부터 〈도강록〉 즉 강을 건너는 이야기이다. 연암은 서울에서 압록강에 이르는 여정은 다루지 않고 바로 강을 건너는 대목부터 이야기를 시작하고 있다.[15] 그런데 연암의 중국 여행에서 강을 건너는 일은 대체로 순조롭지 못했다. 〈도강록〉의 첫 부분에서 장마가 계속되자 열흘 동안이나 관에 머물러 있다가 날짜가 촉박해지자 떠나곤 하였다. 그래서 〈막북행정록〉 8월 5일자 기록에도 떠나기 전에 물 건너는 걱정이 앞서서 밤에 비가 오면 관리들이 잠을 자지 못했다고 하였다.

또한 최고의 명문장이라 평가받는 〈일야구도하기〉도 하룻밤에 강을

14) 중세 여행의 어려움을 의 · 식 · 주 문제로 구분하여 〈열하일기〉를 분석한 김혈조(2009)가 있다. 여기에선 도강의 문제는 부각되진 않았다.

15) 물론 서울에서 압록강에 이르는 여정은 새로울 것이 없고 또 연암이 평소 관심 있었던 중국에 대한 기록과 성격을 달리할 수 있기 때문에 이러한 내용을 기록하지 않았을 수 있다.

아홉 번이나 건너야 하는 여행 체험을 기록한 글이다. 현대인들처럼 차량으로 이동하며 대부분의 강을 교각을 건너서 이용하면 전혀 공감할 수 없는 내용인 것이다. 그러나 중세의 여행에서 강을 건너는 일은 대단히 중요하고 위험한 일이었다. 다음과 같은 장면에서 그런 당시의 상황을 이해할 수 있다.

> 강물을 건널 때에 사람들이 모두 고개를 들고 하늘을 우러러 보고 있기에 나는 그들이 모두 하늘을 향해 기도를 올리고 있으려니 생각했다. …(중략)… 그들이 머리를 쳐든 것은 하늘을 향해 기도하는 것이 아니라 아예 물을 피하여 보지 않기 위함이었다. 또한 어느 겨를에 경각간에 달린 목숨을 빌 수 있었으랴.[16)]

연암도 몸소 강을 건너보기 전에는 사람들이 강을 건너면서 왜 하늘을 쳐다보는지 그 이유를 정확하게 알지 못했다. 그러나 자신이 강을 건너는 체험을 하면서 하늘을 쳐다보는 것은 소용돌이치는 물살에 눈이 따라가게 되면 어지럼증이 나서 몸의 중심을 잃을 수 있고 그로 인해 순식간에 몸이 강물에 휩쓸려 떠내려 갈 수 있기 때문이라는 걸 깨달았다. 이러한 지식은 체험을 통해 몸소 터득한 결과이다.[17)] 이를 통해 당시 물을 건너는 일이 여행에 얼마나 장애를 줄 뿐 아니라 생명이 위태로울 수 있는 심각한 일이었음을 보여준다.

위 일화에서는 숙소를 정하는 어려움도 잘 나타나 있다. 물이 길을 막아서 더 이상 나아가지 못하자 오림포는 밀운(密雲)이라는 곳에 가서

---

16) 渡水之際人皆仰首視天, 余意諸人者, 仰首默禱于天 … 其仰首者非禱天也, 乃避水不見爾, 亦奚暇默祈其須臾之命也哉. 〈一夜九渡河記〉 〈山莊雜記〉

17) 비슷한 경험을 담고 있는 일화로 사람들이 물을 건널 때마다 무엇인가 물건을 이고 다니는 것을 이상하게 여겼는데 나중에 그 까닭이 몸이 가벼워 떠내려가지 않고 위함이었음을 깨닫는다는 이야기도 있다. 〈도강록〉 7월 6일.

하룻밤을 보내자고 제안한다. 그 당시에는 숙박시설이 발달하지 못했고 청나라의 법에는 민가에서 잘 수 없어서 점방이나 사당 같은 곳에서 머물러야 했다. 그러나 사신이 묵을 적당한 곳이 없자 민가를 찾아 나서는 대목이 위 일화에 제시되어 있다. 오림포가 집집마다 다니면서 간절하게 문을 두드리자 드디어 한 집에서 문을 열어주었다고 이야기하고 있다.

여기에서 숙박의 문제에 주목할 수 있게 된 것도 특별한 여행 일정 때문이었다. 그간의 여정 중에는 돌발적인 상황이 발생하지 않았고 그래서 숙박의 문제도 그리 긴박하지 않았다. 그러나 열하까지의 여행은 조선 사신 모두에게 초행길이었고 게다가 물이 불어서 계획대로 여정을 마치지 못하고 낯선 밀운이라는 곳에서 숙박해야 하는 문제가 발생하자 급기야 민가를 찾아 헤매는 수고를 해야 했던 것이다. 일반적으로 순탄하게 지나가는 일에 대해서는 주목하지 않는 경우가 많다. 그러나 뜻밖의 일이 벌어질 때 모든 사태와 관계가 새롭게 보이기 시작한다. 여행을 하면서 숙소를 새롭게 정하는 일은 오늘날에도 다반사이지만, 특별히 〈열하일기〉에서 주목한 이유는 이러한 낯선 경험이 새로운 의미를 생성해 내고 있음을 보여주기 때문이다.

2) 역지사지(易地思之)를 통한 타자와 나의 관계 맺기

〈막북행정록〉 8월 6일자 기록이 후세 연구자들에게 주목을 받게 된 이유는 타인의 시선으로 조선인을 바라 본 연암의 독특한 사고방식에 있다. 위 인용문을 따라 읽다보면 연암의 시각에서 중국 청년의 시각으로 관점이 갑자기 전환되는 것을 의아하게 생각할 수 있다.

㉠ 그(숙박하려고 찾아간 민가-필자 주) 주인은 이미 죽고 다만 열여

> 덟 살 나는 아들이 있는데, 눈매가 맑고 깨끗하여 속세의 풍상을 겪지 않은 사람 같다. 정사가 그를 불러서 청심환 한 개를 주니 그는 무수히 절하나 몹시 놀라서 떨리는 빛이 있다.
>
> ㉡ 이에 마침 잠이 들었을 때 문을 두드리는 이가 있어 나가 보니, 사람 지껄이는 소리와 말 우는 소리가 요란한데 모두 생전 처음 듣는 소리요, 급기야 문을 열자 벌떼처럼 뜰에 가득 찬 사람들이 이 어디 사람들인가.

㉠에서는 서술자가 연암이었는데, ㉡으로 넘어오면서 서술자의 목소리가 바뀐 것을 느낄 수 있다. 중세의 고전 산문들이 대개 단일한 화자의 시각에서 서술되는 데에 비해 이렇게 서술자의 시각이 바뀌면서 서술되는 점은 매우 새로운 시도이다. 위 인용문 3의 내용을 살펴보면 물론 주 서술자는 변함없이 연암인 것을 알 수가 있다. 그러나 군데군데 중국 청년의 시각에서 서술되어 있는 부분이 들어가 있다. 조선 사신이 쓰고 있는 갓이라든지 그들의 언어, 의복 그리고 예법 하나하나가 매우 이상하게 여겨졌을 것이라는 가정 하에 중국 청년의 시각에서 대상들을 기술하였다.

이 일화는 소중화(小中華)라고 자부하는 조선의 풍속 역시 중국 청년의 눈에는 오랑캐의 풍속에 불과하다는 점을 보여주는 사례 중 한 가지로 볼 수 있다(김명호, 1990:202). 연암은 조선에서 당시 가지고 있었던 편견 즉 청(淸)은 오랑캐이고 조선은 소중화라는 인식을 깨뜨리기 위한 방편으로 위와 같은 표현 전략을 택하였다는 것이다.

〈열하일기〉를 살펴보면 연암이 낯선 것을 다루는 태도를 엿볼 수 있다. 연암은 평소에도 어떤 대상을 대할 때 그 대상의 입장이 되어서 상상해보는 시도들을 많이 해 보았다. 위 인용문의 바로 하루 전 기록인 〈막북행정록〉 8월 5일자 글에도 이러한 시도를 찾아 볼 수 있다. 이

날 연암은 이별과 관련된 자신의 생각을 피력하였는데, 그 가운데 심양 땅에 소현세자가 억류되어 있고 신하들이 찾아왔다가 떠날 때의 심정을 다음과 같은 방식으로 기록해 두었다.

> 아아 슬프다. 내 비록 이와 벼룩과 같은 미천한 신민(臣民)이건마는 백 년이 지난 오늘에 시험조로 한 번 생각해 볼 때에도 오히려 정신이 싸늘하고 뼈가 저리어 부러질 것 같거늘, 하물며 그 당시 자리에 일어서서 절하고 하직할 즈음이리요. 하물며 그 당시 걸림이 많고 혐의 또한 깊어서 눈물을 참고 소리를 머금으며 얼굴엔 슬픈 표정을 드러내지 못할 때이리요. 하물며 그 당시 머물렀던 신하들이 아득히 떠나가는 행색을 바라볼 때 멀리 바라보아 요동벌은 망망하여 끝이 없고 심양의 짙은 숲은 까마득한데 떠나가는 사람은 콩낱처럼 아물아물해 보이고 걷는 말은 겨자씨만큼 작아져 갈 때 안력(眼力)은 다할 때로 다하고 땅 끝과 물의 끝이 맞닿을 뿐 흔적조차 없어지면 해는 저물어 여관으로 돌아와 누울 때 과연 그들의 가슴 속에는 어떤 설움이 북받쳐 올랐을 것인가?[18]

위 내용은 연암이 100년 전으로 거슬러 올라가서 소현세자의 입장이 되어보고 소현세자를 만나고 돌아가던 당시의 신하의 입장도 되어보아서 그 때의 심정을 상상하며 쓴 글이다. 마치 그 자리에 있었던 것처럼 생생하게 그려낼 수 있다는 것은 그만큼 글쓰기에 있어서 연암의 뛰어난 점이기도 하면서 연암의 대상을 대하는 독특한 사유 방식을 보여주는 것이라 할 수 있다.

---

18) 嗚呼痛哉! 蟣蝨微臣, 試一念之於百年之後, 猶令魂冷如烟, 骨酸欲摧, 而況當時离筵拜辭之際乎? 而況當時畏約無窮, 嫌疑旣深, 忍淚呑聲, 貌藏慘沮者乎? 而況當時從留諸臣之遙望行者, 遼野茫茫, 瀋樹杳杳, 人行如荳, 馬去如芥, 眼力旣窮, 地端水倪, 接天無垠, 日暮掩館, 何以爲心于斯別也? 〈漠北行程錄〉

〈도강록〉에서 악기를 연주하며 지나가는 소경을 보고 "저야말로 평등의 눈을 가진 이가 아니겠는가(彼豈非平等眼耶)"라고 한 말이나, 〈막북행정록〉에서 "정상적인 눈을 가지고 있는 사람은 소경을 위태롭게 여기지만, 정작 소경의 눈에는 어떠한 위태로움도 보이지 않기 때문에 무엇도 위태롭지 않다"는 말에서 알 수 있는 모든 대상을 자신의 입장에서 바라보는 것이 아니라 상대의 입장에서 바라볼 때 좀 더 공평무사(公平無私)하게 볼 수 있음을 강조하였다. 그 공평하게 바라볼 수 있는 인식의 출발점은 바로 연암 사유 방식의 특장(特長)이라고 할 수 있는 상대방의 입장에서 생각하는 역지사지(易地思之)의 태도이다. 즉 나의 관점에서 타인을 보는 것이 아니라 타인의 관점에서 나를 보는 것이다. 자신을 객관적으로 보기란 불가능하지만 가장 근접한 방법인 타인의 시선으로 자신을 바라볼 때 낯선 대상을 객관적으로 살필 수 있고, 도리어 자기 자신을 발견하게 된다는 사실을 여행을 통해 만나는 경험을 통해 보여주고 있다.

4. 독자의 〈열하일기〉 감상 경험

1) 당대의 시선으로 대상을 이해하기

여행 여정의 모든 과정은 낯선 대상과의 만남의 연속이다. 물론 사전에 낯선 대상에 대한 정보를 파악하여 찾아가는 경우도 있지만 이러한 경우에도 아직 실상을 만나보지 못했기 때문에 처음 만나는 낯섦이 존재한다. 이러한 낯선 대상을 대하는 여행객에게는 나름대로의 호기심과 기대가 존재한다. 여행객의 호기심과 여행지의 낯섦이 만날 때 평소에 경험하지 못했던 정서와 감흥을 유발하며 새로운 의미를 만들어 낸다.

문학을 감상하는 현대 독자들의 독서도 이와 같은 방식으로 설명할 수 있을 것이다. 현대 독자는 새로운 작품을 호기심을 가지고 대하게 되며, 작품을 읽어가면서 작품의 낯선 내용들이 익숙해지고 친숙해지는 경험을 하게 된다. 그런데 문학 중에서 고전문학은 어려운 표기 체제나 문화나 배경이 다름으로 인해 독자의 호기심을 떨어뜨리게 된다. 독자가 특별한 노력을 하지 않으면 여전히 낯선 대상으로 남아있을 수밖에 없다. 이러한 문제의식에 고전 문학 교육의 한 방향을 제시한 것이 '역사적 원근법'이다. 올바른 고전 문학 교육을 위해서는 당대의 시대적・문화적 지평에 기반한 교수・학습이 이루어져야 하며, 이러한 과정을 통해서만 학습자들은 우리 시대의 사회적 조건, 의식, 감성에 구속된 상태에서 벗어나 좀 더 개방적인 사고를 할 수 있다(김흥규, 2002).

〈열하일기〉의 감상이 독자에게 주는 일차적인 의미는 중세 여행 체험에 대한 이해이다. 〈열하일기〉는 오늘날에도 흥미를 유발할 수 있는 해외여행에 대한 기록을 담고 있기 때문이다. 이 작품을 통해 당시 여행이 어떤 형태로 이루어졌으며 여행 경로는 어떠했는지 당시의 볼거리는 무엇이었는지 등의 정보를 얻을 수 있다. 앞에서 인용했던 일화를 통해 알 수 있듯이 여행을 통해 겪을 수 있는 어려움들도 파악할 수 있다. 오늘날에는 크게 문제가 되지 않는 강을 건너는 문제라든지 숙소를 정하는 문제가 당시에는 큰 고민거리 중 하나였음을 파악할 수 있을 것이다. 아울러 일화에서 나타나 있지는 않지만 여행 중 식사 문제라든지 의사소통의 문제 등도 유추해 볼 수 있을 것이다.[19]

또한 〈열하일기〉의 감상은 나와 다른 타자에 대한 인식의 지평을 넓혀준다. 일화에서 알 수 있듯이 중국 청년의 눈에 비친 조선 사신들의 행동이나 언어, 의복, 예절 등은 낯설게 느껴지며 때로는 우습게 보일

19) 이러한 문제에 대한 연구는 김혈조(2009:71~116) 참조.

수도 있다. 언어의 경우를 예로 들면 조선의 말을 알지 못하는 중국 청년에게는 "냠냠", "니니", "갸갸"으로 들릴 뿐이다. 이처럼 자신의 틀이나 관념 안에 잘 포착되지 않은 대상을 만났을 때 더욱 그들의 관점과 시선으로 그들을 이해하려는 노력이 필요하고 그 때에 비로소 그들의 말이 스쳐 지나가버리는 소음이 아니라 나에게 의미를 주는 대상이 될 수 있을 것이다.

2) 나 자신을 발견하기

여행은 타지에 가서 타자의 삶을 보고 듣고 느끼고 오는 과정임에도 불구하여 오히려 자신을 발견하고 돌아오는 기회가 된다. 중세 기행문학을 감상하는 것도 궁극적으로는 자신을 다시 발견하는 데에 중점을 두어야 한다.

앞에서 살핀 바와 같이 연암은 공평무사한 시각으로 대상을 바라보기 원했고 그래서 상대방의 입장에서 생각해보는 역지사지의 태도를 견지했던 것으로 보인다. 공평무사한 태도는 상대방의 시선으로 자신을 바라보는 데에서 시작된다는 것을 오늘날 기행문학에서도 확인할 수 있다.

> 북미나 유럽 사람에게서는 고기 내장 삶는 것 같은 냄새가 난다. 일명 노린내다. 아프리카 원주민에게서는 빙초산처럼 톡 쏘는 냄새가 난다. 일생에 딱 3번, 태어날 때, 결혼하기 전날, 그리고 죽을 때 목욕한다는 남미 인디오에게서는 덜 말린 우산에서 나는 것 같은 비릿한 냄새가 난다. …(중략)… 이렇게 냄새에 과민하기까지 한 내게서는 고상하고 향기로운 냄새만 날까? 한국인에게서도 유쾌하지 못한 냄새가 난다고 한다. 그게 어떤 냄새일까 늘 궁금했는데 마침내 그 정체를 확실

히 알 수 있는 기회가 있었다(한비야, 2001:53).

마치 외국인들에게만 냄새가 나고 자신에게는 냄새가 나지 않는다는 착각 속에서 살다가 자신에게도 냄새가 난다는 사실을 발견한다는 일화가 이어진다. 즉 오랫동안 김치와 마늘을 먹지 않고 지내다가 한국 유학생 가정에 방문했을 때 한국인의 냄새를 맡을 수 있었다는 내용이다. 그러나 이러한 깨달음은 쉽게 얻어지지 않는다. 작가 역시 오랫동안 외국 생활을 함으로써 한국인으로서의 정체성이 약해졌을 때 비로소 발견할 수 있었던 깨달음이었기 때문이다. 한국의 음식, 문화에서 벗어나 보니 한국적이라는 것이 무엇인지 깨닫게 된다는 것이다.

인간이 집단생활을 하면서 빈부, 성별, 학력, 지역 간에 다양한 갈등이 발생하였고 이 갈등의 주된 원인은 자기중심적인 세계 인식의 태도라고 한다(김균태, 2006:412). 자기 집단만이 옳다고 주장한다면 결코 상대를 이해할 수도 조화를 이룰 수도 없게 된다. 이러한 자기중심성에서 탈피하기 위해서는 상대의 입장에서 자신을 바라보는 개방적 태도가 요구된다. 이를 통해 진정으로 자신을 발견할 수 있게 된다.

5. 결론

문학 교육은 경험 교육이 주가 되어야 함에도 불구하고 그동안 이 부분에 대한 관심이 소홀했음을 문제로 제기하고 고전기행문학의 대표적 작품이라고 할 수 있는 〈열하일기〉를 대상으로 하여 경험 교육에 대해서 논의하였다. 문학교육에서 경험 교육의 핵심은 감상이며, 교육 내용을 마련하는 작업은 경험의 자료로 무엇을 선택하여 제공할 것인가의 문제에 대한 답을 찾아가는 것이라 할 수 있다. 이에 앞서 경험의 자료가 피교육자들에게 어떠한 의미와 감흥을 유발시킬 수 있을지 밝혀야 할 것이다.

〈열하일기〉는 중세의 여행 체험을 고스란히 담고 있으면서 연암의 독특한 사유 방식을 보여주는 데 그것은 다름 아닌 다른 사람의 시선으로 자신을 바라보는 태도에 있다. 이러한 태도는 당시 조선 사대부들이 가지고 있는 편견을 깨뜨릴 뿐 아니라 오늘날에도 타자화되어 버린 고전문학을 이해하는 하나의 태도가 될 수 있다. 즉 고전 기행문학을 경험할 때 현재의 내가 아닌 당대의 시선으로 작품을 감상하도록 하는 것이다. 또한 기행문학 감상을 통해서 상대를 이해하는 선을 넘어서 자신을 돌아볼 수 있는 계기를 마련하는 것이 경험 교육이 지향해야 할 바이다.

〈열하일기〉는 다양한 표현 기법과 문체, 그리고 여러 양식이 복합적으로 구성된 고전 문학 작품이다. 〈열하일기〉에 수록된 '허생전'은 근대소설이라는 속성으로 감상할 수 있을 것이며, '일야구도하기'는 고전 수필의 하나로 간주하여 감상할 수 있다. 하지만 〈열하일기〉가 기행문학으로서 정체성을 보장받으며 감상되기 위해서는 여정을 중심적으로 다루고 있는 〈도강록〉에서 〈환연도중록〉까지가 다루어질 수 있을 것이다.

그러나 현실적으로 교육 현장에서 모든 부분을 다 다룰 수 없기에 가장 대표적이며 교육 목표에 부합하는 부분을 발췌해야 한다. 이 연구에서는 그러한 부분의 하나로 〈막북행정록〉 8월 6일자 일기를 다루었다. 이 이야기는 하나의 일화로 구성되어 있는데 중세 여행의 어려움과 연암의 대상을 바라보는 태도 등을 엿볼 수 있어서 좋은 자료라고 판단하였다. 또한 현재 독자가 연암의 〈열하일기〉를 감상하기 위해서는 공평무사한 태도를 견지하면서 대상의 의미를 파악해야 할 것이며, 이러한 과정을 통해 궁극적으로 나 자신을 발견하게 되는 여정이 될 것이라 기대한다.

【참고문헌】

박지원, 이가원 역, 『열하일기』 I · II, 민문고, 1968.

박지원, 리상호 역, 『열하일기』 상 · 중 · 하, 보리, 2004.

한비야, 『중국견문록』, 푸른숲, 2001.

고광수, 「문학 감상의 경험 교육적 성격에 대한 예비적 고찰」, 『문학교육학』 16집, 한국문학교육학회, 2005.

김균태, 「세대간의 갈등과 조화 이야기」, 박기석 외, 『열하일기의 재발견』, 월인, 2006.

김대행, 「내용론을 위하여」, 『국어교육연구』 10집, 서울대 국어교육연구소, 2002.

김명호, 『열하일기 연구』, 창작과비평사, 1990.

김혈조, 「『열하일기』를 통해서 본 연행 사신의 의식주 생활」, 『한문학보』 20집, 우리한문학회, 2009.

김흥규, 「고전문학 교육과 역사적 이해의 원근법」, 『한국 고전문학과 비평의 성찰』, 고대출판부, 2002.

염은열, 「고전문학 '무엇'을 경험하게 할 것인가」, 『고전문학의 교육적 발견』, 역락, 2007.

이영호, 「이념 담론의 글쓰기 방법 연구」, 서울대 석사학위논문, 2005.

조희정, 「교과서 수록 고전 제재 변천 연구」, 『문학교육학』 17집, 한국문학교육학회, 2005.

최미숙, 「경험의 재구성으로서의 글쓰기에 관한 연구 - 열하일기를 중심으로」, 『국어교육연구』 3집, 서울대 국어교육연구소, 1996.

최홍원, 「문학교육에서 경험의 재개념화와 교육적 실천을 위한 연구」, 『국어교육학연구』 29집, 국어교육학회, 2007.

제3부

유배체험의 형상화와 그 교육적 의미
- 조선후기 국문 일기 자료를 중심으로

이 승 복

1. 머리말

전근대사회의 독특한 형벌의 하나인 유배는 이른바 태(笞), 장(杖), 도(徒), 유(流), 사(死)의 오형(五刑) 가운데 하나로 사형에 버금가는 중벌이었다. 유배가 중벌로 간주된 이유는 국왕의 특별한 사면령이 없으면 유배지에서 생을 마감해야 했고, 공동체적 생활을 기반으로 하는 사회에서 생활 근거지로부터 격리·고립된다는 것은 생존 자체에 커다란 위협이 될 수 있기 때문이었다.[1] 물론 상황과 여건에 따라 유배인들이 겪는 유배생활은 매우 다양한 차이를 보인다. 하지만 격리와 고립이라는 제약 조건은 정도의 차이는 있겠지만 유배인들로 하여금 심리적, 물리적 고통을 공통적으로 겪도록 했을 것이다.

유배가 다른 지역으로 이동하여 생활하도록 하는 것이기 때문에 유

---

1) 심재우, 「조선전기 유배형과 유배생활」, 『국사관논총』 92, 국사편찬위원회, 2000, 220면 참고.

배체험을 다룬 문학은 기행문학의 하나로 간주될 수 있다. 하지만 유배지로의 여정과 견문을 제시하고, 유배지에서의 생활을 그리더라도 그 모든 것이 형벌을 받는 죄인의 처지에서 서술한 것이기 때문에 유배체험을 다룬 문학은 다른 기행문학과 구별되는 독특한 성격을 지닐 수밖에 없다. 이에 여기에서는 유배체험을 다룬 조선후기 국문 일기 자료에 나타난 유배체험의 양상과 형상화 방식을 검토하여 유배문학이 지닌 특성의 일단과 그 교육적 의미를 살피고자 한다.

유배가 중형임에도 불구하고 상당히 많은 관리들이 유배를 경험했다는 점을 고려하면[2] 유배체험을 다룬 작품은 한문학 자료까지 포함하여 상당수에 이를 것이다. 하지만 여태까지 이에 대한 연구는 주로 유배가사에 집중되어 왔다고 할 수 있다. 따라서 국문 일기류에서 유배체험이 어떻게 다루어지고 있으며, 그 교육적 의미가 무엇인지를 살피는 것은 일단 유배문학에 대한 연구의 폭을 확대하고 교육적 관심을 환기하는 데 어느 정도 기여할 수 있을 것으로 생각한다.

이 글에서는 유배체험을 다룬 국문 일기 가운데 박조수(朴祖壽)의 〈남정일기〉, 김약행(金若行)의 〈적소일기〉, 김신겸(金信謙)의 〈임인유교〉를 대상으로 하였다. 〈남정일기〉는 떠날 때부터 돌아올 때까지의 유배체험을 모두 서술하고 있고, 〈적소일기〉는 유배지에서의 생활을 집중적으로 다루고 있으며, 〈임인유교〉는 유배인의 사사(賜死) 과정을 보여주고 있다. 이 세 작품을 대상으로 한 것은 이처럼 왕환 과정, 유배생활, 그리고 죽음이라는 유배체험의 특징적인 모습들을 이 작품들을 통해 파악할 수 있다고 생각하기 때문이다.[3] 이 작품들에 대해서는 현

2) 얼마나 많은 관리들이 유배를 경험했는지 정확히 파악된 적은 없다. 다만 15~16세기의 경우에는 문집을 남긴 관료 가운데 대략 1/4이 유배를 경험했다는 지적이 있는데(위의 글, 212면) 조선후기에는 당쟁이 격화되었기 때문에 그 비율이 상대적으로 더 높을 가능성이 있다.

3) 유배체험을 다루고 있는 국문 자료는 이외에 작자미상의 〈기사유사〉, 김신겸의

재까지 작자와 창작 배경을 밝히고 작품의 내용을 간략히 소개하는 기초 작업 정도가 이루어졌다.[4] 이제 이들 작품에 제시된 유배체험의 모습을 살펴보기로 한다.

2. 유배체험의 양상

1) 유배와 귀환의 여정: 〈남정일기〉

〈남정일기〉는 유배의 명을 받고 유배지로 가는 과정, 도착한 유배지에서의 생활, 해배되어 돌아오는 과정 등을 모두 기록하고 있다. 현재까지 확인된 국문 일기 자료 가운데 출발에서 귀환까지의 모든 과정을

〈임인유교〉와 제목이 같은 김원행(金元行)의 〈임인유교〉, 유의양(柳義養)의 〈남해문견록〉과 〈북관노정록〉, 그리고 이세보(李世輔)의 〈신도일록〉 등이 있다. 〈기사유사〉와 김원행의 〈임인유교〉는 김신겸의 〈임인유교〉와 마찬가지로 유배인의 사사 과정을 다루고 있다. 그리고 유의양의 두 작품은 유배체험 자체보다는 유배길에 거쳐 간 지역과 유배지에 관련된 역사, 문학, 풍속, 언어 등을 집중적으로 제시한 인문지리서적 성격을 지니고 있으며, 〈신도일록〉은 유배 여정과 유배 생활을 다루면서 한시와 국문시가를 삽입하고, 많은 시조를 말미에 첨부하는 독특한 서술 방식을 보여주고 있다.

4) 〈남정일기〉는 이병기에 의해 그 존재가 처음 알려졌는데(『국문학개론』, 일지사, 1973) 최강현이 작자의 오류를 바로잡고 작품 내용을 간략히 살핀바 있다(「〈남정일기〉를 살핌」, 『월촌 구수영선생 화갑기념논총』, 동간행위원회, 1985). 〈임인유교〉와 〈적소일기〉에 대해서는 이승복이 각각의 창작 배경과 내용을 검토한 바 있다(「『유교』의 서지와 문학적 성격」, 『규장각』 20, 서울대 규장각, 1997; 「〈적소일기〉의 성격과 문학적 가치」, 『고전문학과 교육』 5, 한국고전문학교육학회, 2003). 〈적소일기〉는 김호에 의해 그 내용이 다시 구체적으로 소개된 바 있으며(「18세기 후반 진도로 유배된 선화자 김약행의 삶과 고통: 〈적소일기〉를 중심으로」, 『문헌과 해석』 2004년 여름호, 문헌과해석사), 조동일이 조선후기 기행문을 다루는 과정에서 간략히 언급하기도 하였다(『한국문학통사』 3(제4판), 지식산업사, 2005, 451면).

빠짐없이 다 다루고 있는 경우는 〈남정일기〉가 유일한 것으로 보인다.[5] 이 작품은 박조수(1756~1820)[6]가 자기 조부인 박성원(朴盛源 1711~1779)의 흑산도 유배길을 배행한 체험을 기록한 것이다. 따라서 유배 당사자의 절실한 내면을 확인할 수는 없지만 작품에는 배행자 나름의 체험이 형상화되어 있어 이를 통해 유배의 실상과 유배문학의 성격을 이해하는 데 도움을 받을 수 있다.

이 작품은 1775년 11월 17일부터 이듬해 1월 30일까지 두 달 반에 걸친 유배체험을 담고 있는데 권말의 "무슐 윤뉵월 십ᄉ일 …… 일필셔ᄒ다" 라는 필사기를 통해 작자가 유배에서 돌아온 지 2년이 지난 1778년에 완성한 것임을 알 수 있다. 또 권말에 있는 "집안 녀편ᄂ 므양 흑도 왕환의 간신홈과 게 가 머무던 일을 듯고져 ᄒ야 일긔롤 뻐내라 ᄒ되……" 라는 서술을 통해 아내의 요구에 의해 기록했으며, 그 때문에 한문이 아닌 국문으로 썼다는 사실을 알 수 있다.

작품은 유배의 명이 내리게 된 경위와 과정을 제시하는 데에서 시작하고 있다. 부친상을 막 마친, 작자의 조부 박성원은 영조가 대사간으로 임명하여 부르자 먼저 상소부터 올린다. 그 날이 11월 17일인데 그 해 3월 사헌부 집의 남강로(南絳老)가 이조판서 이담(李潭)을 음흉하고 탐욕스럽다 하여 탄핵하였다가 사형에 처해진 일이 있었다. 박성원은 이 일에 대해 바른 말 하는 언관이 죽음을 당하는 일이 발생하고, 그 과정에서 대신들이 언관을 구하기는커녕 오히려 정청하여 죄를 더하는 사태가 벌어진 것을 통탄하면서 언로를 열고 남강로를 신설해 줄 것을 요청했던 것이다. 그런데 바로 이 상소로 인해 당일 박성원에게 흑산도 위리안치의 명이 내렸다.[7]

---

5) 유의양의 〈북관노정록〉에도 귀로에 대한 서술이 있으나 회령부터 서울까지의 여정은 유배갈 때 갔던 길이라 하여 생략하고 있다.

6) 이병기가 박창수(朴昌壽)로 소개하였으나 최강현이 박조수로 바로잡았다.

작자는 먼저 조부의 상소를 요약하여 제시하고 당시의 정치적 상황을 서술한 다음, 수차의 비답 결과 마침내 위리안치와 삼배도(三倍道) 압송의 명이 내려 숨 돌릴 겨를 없이 서둘러 출발하던 상황을 아래와 같이 서술하고 있다.

> 간원 하인이 옷 알플 헤치고 야동으로 돌녀와 닐오ᄃᆡ 나라히 비답을 다시 ᄒᆞ샤 흑산도로 쳔극ᄒᆞ야 삼비도 ᄒᆞ라 ᄒᆞ여 겨시다 ᄒᆞ니 드ᄅᆞ매 놀나오믈 어이 다 이긔리오 도라보매 쳥직이 김긔삼이라 ᄒᆞᄂᆞᆫ 재 좌의 잇기로 젹소의 ᄒᆞᆫ가지로 뫼시고 갈 일을 일너 제 집의 단녀오라 ᄒᆞ니 긔삼은 곳 ᄋᆞ시 적브터 조부쥬 좌우의 뫼셔 졍이 골육이나 다ᄅᆞ디 아니ᄒᆞ매 제 ᄯᅩᄒᆞᆫ 그러ᄒᆞ여 개연히 허락ᄒᆞ거ᄂᆞᆯ 이에 총〃이 집의 드러와 힝ᄌᆞ와 마필을 쥬변ᄒᆞ랴 [히]되 집의 잇ᄂᆞᆫ 거시 업기 마필만 계요 엇고 조부 금침만 슈습ᄒᆞ여 출이나 힝냥은 쥬변이 업ᄉᆞ니 민망터라 내 ᄯᅩᄒᆞᆫ 의복이 박챡이로되 실인이 본집의 잇고 미처 통ᄒᆞᆯ 길 업서 의복도 가져오디 못ᄒᆞ니 그ᄣᅢ 창황ᄒᆞᆫ 견식을 가히 알너라 문ᄒᆞᆫ이 거의 되얏ᄂᆞᆫ 고로 힝장을 슈습ᄒᆞ여 가지고 창황이 야동으로 도로 가니라 ᄂᆡ외지친이 〃 소문을 듯고 다 모드여 서로 손을 잡고 다 우름 빗분일너라 어ᄂᆞ덧 금부도ᄉᆞ 홍익녈이 문의 니ᄅᆞ러 지촉이 불 ᄀᆞᆺᄒᆞ니 어이 일신돌 지완ᄒᆞ리오 모든 일가로 더브러 니별ᄒᆞᆯ시 나ᄂᆞᆫ 마음이 당황ᄒᆞᆫ디라 ᄉᆞᆯ(슬)픈 줄 ᄭᆡᄃᆞᆺ디 못ᄒᆞ되 도라 면쳔을 ᄉᆡᆼ각ᄒᆞᆫ 즉 가친이 막연이 〃런 줄을 모ᄅᆞ실인이 심히 졀박ᄒᆞ더라 인마를 지촉ᄒᆞ여 즁〃이 동쟉진으로 나아가니 밤이 거의 삼경이나 ᄒᆞ엿더라[8]

그때 서울 집에는 조부와 작자만이 있었고 조모와 부모를 비롯한 다른 식구들은 면천에, 그리고 작자의 부인은 친정에 가 있었기 때문에

---

7) 『영조실록』 51년 3월 15일, 11월 17일조..

8) 『남정일긔』, 9~11면.

유배 준비는 물론, 유배길 배행도 다 작자의 몫이었다. 거듭되는 비답이 불안하여 조부와 함께 조부의 매부가 사는 야동에 나와 있던 작자는 청지기에게 같이 갈 것을 요청하고 타고갈 말과 조부의 금침만 간신히 챙겨 금부도사[9]의 재촉에 떠밀려 한밤중에 서둘러 출발하였던 것이다. 유배지로 가는 동안의 필요 물품과 경비는 자비로 마련해야 하는데[10] 일반적인 경우보다 세 배의 속도로 가야한다는 삼배도의 제약과 가족들이 서로 흩어져 있던 집안 사정 때문에 마음만 급할 뿐 준비가 충분할 수 없었다. 상황이 그러했기에 당시 스무 살에 불과했던 작자로서는 당황하고 절박한 마음에 다른 생각을 할 겨를이 없었다.

작자 일행은 동작진에서 다시 빙고로 가 간신히 배를 얻어 타고 한강을 건넌 후 성환, 공주, 은진, 삼례, 금구, 정읍, 장성, 나주, 무안, 안태도 등에서 자고 마침내 흑산도에 도착하였다. 처음에는 거의 쉬지 않고 말을 달려 첫날은 170리, 둘째 날은 눈길을 헤치고 130리를 갔지만 전교에 삼배도 압송의 명이 없었다는 것이 확인되면서 이후부터는 속도를 다소 늦추게 된다.[11] 여러 고을을 지나는 여행이었지만 "산쉬 명낭ᄒᆞ고 긔셰 웅위ᄒᆞ여 …… 이 길히 근본 호화ᄒᆞᆫ 길히 아니오 ᄯᅩᄒᆞᆫ 치위

---

9) 유배인이 정2품 이상이면 금부도사가, 종2품과 정3품 당상관이면 금부서리가, 그 이하 관직자면 금부나장이 압송하고, 관직이 없는 자는 형조에서 관할하여 역졸들이 교대로 압송하는데 위리안치의 경우는 모두 금부도사가 압송하였다(김경숙, 「조선시대 유배형의 집행과 그 사례」, 『사학연구』 55·56, 한국사학회, 1998, 373~4면 참고). 따라서 박성원을 금부도사가 압송하게 된 것은 그의 품계와 상관없이 그가 위리안치의 죄인이었기 때문이다.

10) 심재우, 앞의 글, 208면 참고.

11) 규장각에 소장되어 있는 『의금부노정기』를 통해 유배지로 가는 여정과 하루에 가는 거리가 정해져 있었던 것을 확인할 수 있는데 대개 하루 평균 80~90리를 가도록 되어있다고 한다(김경숙, 앞의 글, 377~8면 참고). 따라서 삼배도라면 하루에 240~270리를 가야하는데 이는 불가능한 일이기 때문에 실제 삼배도 압송은 정확히 세 배의 속도가 아니라 쉬지 않고 잠을 줄여서 일반적인 유배보다 빠르게 가는 방식으로 이루어졌던 듯하다.

뼈를 침노ᄒᆞ니 엇지 구경홀 ᄯᅳ지 이시리오"[12]라는 작자의 말과 같이 산수를 감상할 상황도 아니고 그럴 마음의 여유도 없었다.

유배길에서 작자 일행을 가장 괴롭힌 것은 날씨였다. 하루 종일 눈을 맞기도 하고, 매서운 추위 속에서 떨기도 하고, 여름 장맛비처럼 쏟아지는 빗속에서 온몸이 얼음덩어리가 되기도 하였다. 바닷가에 도착해서는 심한 눈보라와 바람 때문에 이틀을 묵을 수밖에 없었다. 이때 비로소 작자는 물결 소리와 바람 소리를 들으면서 여태까지의 숨 가쁜 일정 속에서 제대로 느낄 수 없었던 객중 회포에 젖어들 수 있었다. 그러한 회포는 흑산도로 향하는 배 속으로까지 이어지고, 다시 자포자기적 심정으로 변하여 험한 뱃길의 두려움을 느끼지 못하는 상태가 되기도 하였다. 이처럼 작자의 유배 여정은 고통이 연속되면서 가향(家鄕)이 차츰 멀어지는 데에서 오는 서글픔이 확대되어 가는 과정이었던 것이다.

작자는 이러한 유배의 여정에서 여러 사람들의 태도를 새롭게 발견하기도 하였다. 출발하던 날 하인 하나는 술에 취해 한강가에 드러누워 따라가기를 거부하였고, 무안에서는 경황이 없는 가운데에서도 청지기 기삼이 고을 하배를 끼고 탑섬이라는 기생집에 가서 자고 오기도 했던 것이다. 작자는 이를 두고 괴이하다거나 가증스럽다고 하였지만 이는 노주의 명분이 그들의 개인적 욕망까지 규제할 수 없다는 것을 확인시켜 주는 것이라 할 수 있다. 또한 지나는 고을의 수령들은 행찬을 돕기도 하고 말을 빌려주기도 하여 비교적 우호적인 태도를 보였다. 그것은 유배인이 관리일 경우 유배 길목에 있는 지역의 수령들이 유배인에게 말과 음식을 제공하는 것이 관례로 허용되어 있었기 때문이다.[13] 작자 일행의 경우에는 척분이 있는 수령들이 직접 나와 보기도 하고, 사돈인 광주목사는 멀리까지 나와 하루를 같이 보내기도 하였지만 척분이 있

12) 『남정일긔』, 17면.

13) 김경숙, 앞의 글, 380면 참고.

으면서도 전혀 관심을 보이지 않는 수령도 있었다.

이처럼 아랫사람들은 고행길에 참여하기를 거부하기도 하고 참여하더라도 심정적인 공감과는 거리가 먼 태도를 보이기도 하였으며, 수령들은 관례와 척분에 따라 대접하기도 하고 그것을 전연 도외시하기도 하였던 것이다. 곧 작자 일행의 유배길은 시련에 처한 자기들을 대하는 다른 사람들의 태도를 확인하는 여정이기도 했던 것이다.

작자 일행은 12월 1일 흑산도에 도착하였다. 이후 1월 13일 귀환길에 올랐기 때문에 유배지에서의 생활은 40여일에 불과했다. 그런데 출입이 엄격히 제한된 위리안치의 상태에 있어야 했기 때문에 작자의 유배생활은 결코 다양할 수 없었다. 한 마디로 그것은 단조롭고 갑갑한 나날의 연속이었다. 이에 따라 날씨만 제시한 날이 흔하고, 그것도 이틀, 닷새, 혹은 열흘을 한 데 묶어 간략히 제시하기도 하였다. 담뱃불에 눈가장자리를 데인 상처가 어느 정도 나았는지 매일 일기에 기록한 것을 보면 당시의 생활이 얼마나 단조롭고 갑갑한 것이었는지 충분히 짐작할 수 있다.

흑산도에 도착하자마자 금부도사는 작자 일행이 머물 집 주위에 울타리를 두르고 문을 봉하였다. 다시 선전관, 나주목사가 차례로 와서 가시나무를 더 쌓아 캄캄해서 견딜 수 없는 지경이 되었지만 며칠 후 바람에 가시나무와 돌담이 무너져 버렸다. 다시 천극(栫棘)했는지 여부에 대한 언급은 없지만 어쨌든 위리안치 상태에 있었기 때문에 작자는 외부 출입을 하지 않고 찾아오는 별장이나 보수주인과 대화를 나누는 것이 유일한 소일거리였다. 작자는 별장에게서 이곳이 봄부터 여름까지 안개 끼고 습기가 많을 뿐 아니라 지네가 방안 네 벽에 두루 붙어 있고, 뱀이 지붕과 마당에 얽혀 다니고 돌담 틈 사이에 대가리를 내밀고 있다는 말을 듣고는 몹시 심란해하기도 하고, 과세를 하면서는 객중 회포에 잠을 이루지 못하기도 하였다.

이런 상황에서 작자의 간절한 소망은 당연히 하루라도 빨리 집으로 돌아가는 것이었을 것이다. 작자의 거처에서는 배가 들어오는 포구가 내려다보였다. 섬에 배가 들어올 때에는 배에서 고각을 불고 포를 쏘는데 작자는 그 소리를 들을 때면 누가 와서 벌을 더하는 일이 있을까 두려움을 느끼면서도 한편으로는 혹 좋은 기별이 있을지 모른다는 기대감에 부풀기도 하였다.

> 문득 덕뇌 도라오며 고함 질너 ᄀᆞᆯ오ᄃᆡ 진ᄉᆞ님 오시고 녕감 풀녀지시다 ᄒᆞ거ᄂᆞᆯ 젼도히 드러가 일변 조부긔 엿ᄌᆞ오며 일변 긔삼ᄃᆞ려 불혀라 ᄒᆞ니 손을 ᄯᅥ러 ᄒᆞᆫ뭇 셕뉴황을 다 헤치되 불을 ᄲᅥᆨ 혀디 못ᄒᆞ니 그 죠턴 형상을 가히 알너라 …… 바ᄅᆞᆺ 젼날 가마괴 왼집을 ᄲᅡ 지져괴며 울거ᄂᆞᆯ 고이히 넉엿더니 이제 ᄉᆡᆼ각ᄒᆞᆫ 즉 긔 죠흔 징죌넌가 시브더라 대개 여긔 가마괴 유명하여 거긔 사ᄅᆞᆷ이 별호ᄒᆞ기ᄅᆞᆯ 만일 가마괴 울기ᄅᆞᆯ 감고" "ᄒᆞᆫ즉 피련 무ᄉᆞᆫ 일이 잇고 뭇가마괴 감고ᄅᆞᆯ 브ᄅᆞ고 남편작 뫼로셔 북편으로 간즉 젹ᄀᆡᆨ이 피련 플닌다 니ᄅᆞ기 우리 ᄆᆞ양 긔겸[삼]과 더브러 가마괴 울고 나는 것만 보던 일이 어이 녯사ᄅᆞᆷ의 가마괴 머리 셴 것 기ᄃᆞ리기와 다ᄅᆞ지 아니ᄒᆞ리오[14]

조부의 수의와 양식을 가지고 왔던 작자의 부친이 면천에서 다시 돌아와 해배 소식을 전했을 때의 상황이다. 청지기도 너무 좋아 손이 떨려서 불을 켜지 못하였다고 했다. 작자는 까마귀가 울면서 남쪽 산에서 북쪽으로 날아가면 유배객이 풀려난다는 말을 듣고 아랫사람들과 까마귀만 바라보았다고 하여 해배를 고대하던 그간의 심정을 표현하고 있다. 동궁(정조)이 대리청정을 하게 되면서 영조에게 박성원의 해배와 남강로의 신원을 허락 받음으로써 작자는 마침내 단조롭고, 갑갑하고,

---

14) 『남정일긔』, 53~6면.

심란하던 유배생활을 접을 수 있었던 것이다.

1월 13일 마침내 작자는 산 위에 올라 바다를 바라보며 그간의 흉금을 다 털어버리고 나서 배에 올랐다. 이후 도초도, 비금도, 안태도, 나주, 홍덕, 태인, 전주, 삼례, 은진, 공주, 예산 등에서 자고 면천에 이르러 가족들과 상봉한 다음 2월 2일 서울 집에 도착하였다. 유배길은 14일이 걸렸지만 귀환길은 18일이 걸렸다. 시간적으로나 심리적으로 여유가 있었기 때문일 것이다. 실제 작자 일행은 나주 반남에 이르러 조상의 묘에 성묘하고, 조상들을 배향하고 있는 반계서원(潘溪書院)을 찾아 첨배하기도 하고, 친족의 집에서 하룻밤을 묵기도 하였다. 하지만 "셔울 갈 ᄆᆞ옴이 일〃히 삼츄"[15]같아서 마냥 여유를 부릴 수만은 없었다.

돌아오는 과정에도 일행을 대하는 여러 사람들의 태도와 모습이 제시되어 있다. 서울에서 해배 소식을 전하러 오는 세 노비는 배를 타고 오면서 모든 섬에 들어가 개 잡아먹고 술 찾아먹으면서 작자 일행이 출발하는 날에야 흑산도에 도착하였고, 기삼은 유배길에서 만났던 기생을 다시 만나 옛정을 나누고 그곳에 눌러 살까 망설이다가 결국은 눈물로 이별하고 말았다. 작자는 그들의 태도에 통탄해 하기도 하고 웃기도 하는데, 이러한 그들의 모습은 사회적 의미를 지닐 뿐 아니라 작품의 흥미를 더하는 요소로 작용하고 있다.

귀환길에 각 고을의 수령들이 나와 보기도 하고, 음식을 제공하기도 하는 것은 유배길과 마찬가지였다. 나와 보지 않는 수령이 있었던 것도 마찬가지이다. 그러나 갈 때와 올 때의 노정이 달라 분명한 비교가 어렵기는 하지만 귀환길에서 만난 수령들의 대접이 좀 더 융숭했던 듯하다. 영광 다경포에 이르러 배에서 내렸을 때에는 광주와 영광의 인마가 이미 대령하고 있었고, 나주목사와 영광군수가 서로 자기 고을을 지나

15) 위의 책, 64면.

도록 청하기도 하였다. 영광군수는 하처까지 정하여 관곡히 대접하며 쉬어갈 것을 청하기도 하였고, 나주에 사는 친척이 찾아와 동행하면서 자기 집에 유숙할 것을 권하기도 하였다. 광주목사인 사돈은 광주를 거치지 않는 것에 화를 내며 굳이 찾아와 전주 감영까지 동행하였으며, 전주에서는 유배 갈 때 나와 보지 않던 감사가 직접 나와 보고 안부를 묻기도 하였던 것이다. 이러한 수령들의 태도는 유배 죄인에 대한 대접과 해배되어 서울로 올라가는 전직 고위 관리에 대한 대접이 같을 수 없다는 것, 곧 세상인심이 상황에 따라 차이가 있을 수 있다는 것을 보여주는 것이라 할 수 있을 것이다.

2) 유배 생활의 실상: 〈적소일기〉

유배인의 유배 생활은 유배지의 상황, 유배인과 그 지역 수령과의 관계, 그리고 유배인 자신의 경제적・정치적 여건 등에 따라 많은 차이가 있었던 것으로 보인다. 하지만 생활 근거지를 떠나 낯선 곳에 갇혀 살아야 한다는 것 자체가 유배인들에게 심리적인 고통을 안겨주었을 것이고, 여러 환경적 요인은 그러한 고통을 더욱 가중시켰을 것이다. 〈적소일기〉는 바로 그와 같은 유배 생활의 고통스런 실상을 대단히 구체적으로 전하고 있다.

이 작품은 1781년 진도 금갑진에 유배되었던 김약행(1718~1788)이 자신의 유배 생활을 기록한 것이다. 그는 노론의 강경한 정치적 입장을 견지한 인물로 수차의 유배를 경험하였는데 역적 홍양해의 공초에 이름이 거론되었다 하여 금갑진에 유배되었다가 결국 그곳에서 세상을 떠났다.[16] 작품 말미에 "팔년 젹긱의 만단 비감훈 회포롤 이긔디 못호

16) 김약행의 정치적 입장과 그로 인한 수차의 유배에 대해서는 이승복의 앞의 글(2003)에 자세히 제시되어 있다.

야 금갑뎍거록을 디어 도라가는 날의 집안 사름들을 뵈고 닉 고힝 격근 말을 니야기 삼아 니르려 ᄒᆞ니 …… 헛도이 고힝만 격글 ᄯᆞ롬이로다"17) 라고 하여 창작 동기를 밝히고 있다.

작자는 유배지까지의 긴 여정 대신 진도로 유배된 경위를 간략히 제시한 다음, 진도에 들어가는 나루를 건너는 장면부터 기술하고 있다. 유배지에서의 생활을 집중적으로 다루려는 의도 때문이었을 것이다. 진도에 도착한 작자는 벽파정과, 진도에 유배되었던 인사들을 배향하고 있는 봉암서원(鳳巖書院)을 둘러보고 자기 매부가 소개한 유천총의 집을 찾아 하루를 묵은 후 다음날 금갑진에 도착하여 본격적인 유배 생활을 시작하였다. 하지만 그의 유배 생활은 처음부터 순탄하지 못했다.

우선 거처할 곳을 정하고 조석을 이어가는 기본적인 생활 자체가 대단히 힘들었다. 유배지에 도착했지만 만호나 진의 하인들이 작자가 거처할 곳과 보수주인을 정해주지 않아 아들과 금부서리가 직접 찾아 나설 수밖에 없었다. 유배인이 도착하면 당해 고을 수령은 유배인이 거처할 집과 유배인의 관리를 담당할 보수주인을 지정해야 한다.18) 하지만 작자의 경우 관에서 손을 놓고 있었는데 그것은 당시 진도에는 유배객이 너무 많아 사람들이 아무 이익 없는 유배객 맡기를 다 싫어했고 억지로 맡기려 하면 색리들을 원망하고 꾸짖기 일쑤였기 때문이었다.

작자는 아들과 서리가 나서서 비교적 여유가 있고 대접이 후한 집에 들 수 있었다. 하지만 얼마 되지 않아 진의 하인들이 와서 기와집에 머물면서 주인 아이들 글을 가르친다고 트집을 잡고 소란을 부려 비어 있는 서당으로 거처를 옮길 수밖에 없었다. 이후 이러저러한 사정으로 만 7년의 유배 생활 동안 열 번이나 거처를 옮겼다. 해충을 견디기 어려울 뿐 아니라 끼니를 날라 먹기 곤란해서 옮긴 경우도 있고, 금갑진에서

17) 『젹소일긔』, 57면.

18) 심재우, 앞의 논문, 208면 참고.

조금 떨어진 곳에 머물 때에는 혹 배소를 이탈했다 하여 제주도나 추자도 같이 더 먼 곳으로 보낼지 모른다는 생각이 문득 들어 옮긴 경우도 있으며, 주인집 아이가 시환을 앓아서 옮긴 경우도 있었다. 어떤 때에는 새로 찾아간 집의 아낙이 작자를 데리고 간 감색에게 "죽게 된 귀향 달이롤 처 맛긴다 하고 포려훈 소릐를 질너 욕과 쑤딋기롤 긋치디 아니훈"[19]기도 하여 오도 가도 못하는 지경에 빠지기도 하였으며, 두 냥 반에 조금 더 얹어주고 모처럼 집을 마련한 적도 있지만 얼마 되지 않아 그 집이 눈에 무너지기도 하였다. 이처럼 작자는 금갑진의 이곳저곳을 옮겨다니는 고달픈 생활을 할 수밖에 없었다.

양식 마련과 수시로 있는 점고도 작자에게는 커다란 고통이 아닐 수 없었다. 유배인들은 보수주인의 도움을 받기는 하지만 본집에서 양식을 가져오거나 돈을 가져다 곡식을 팔아서 먹는 것이 관례였던 듯하다. 하지만 집이 가난할 뿐 아니라 부임하는 감사들마다 양식과 서찰을 사사로이 통할 수 없도록 금했기 때문에 작자는 먹는 걱정에서 벗어날 수 없었다. 결국에는 환곡을 얻기도 하고, 약간의 선물을 보내 동리 부호에게서 양식을 얻어오기까지 하였다. 또한 초하루 보름의 정기적인 점고에 수십 리 길을 오가는 고생도 견디기 어려운 것이었는데 감사들이 점고를 강화하여 불시 점고를 수시로 당하는 욕을 보기도 하였다. 하지만 작자는 감사들의 금령과 점고 강화가 자기 때문이라 여기면서도 어쨌든 그것이 국법에 의지하여 나온 명령이니만큼 자기로서는 도리를 지켜야 한다고 생각하여 고초와 욕을 무릅쓰고 한결같이 점고에 응하였다.

이처럼 승지와 참의를 지낸 작자로서는 쉽게 견디기 어려운 상황이 반복되었지만 작자는 그것을 겪어야 하는 자신의 고통스런 내면을 장

19) 『젹소일긔』, 35면.

황하게 토로하기보다는 담담한 어조로 당시의 상황을 서술해가고 있다.

고향과 가족을 그리워하는 것은 모든 유배인들의 공통된 심정이었을 것이다. 작자는 유배지에 혼자 머물고 있었기 때문에 찾아오는 가족들과의 만남은 작자에게 커다란 기쁨이었지만 그들이 돌아갈 때 느끼는 허전함과 서글픔은 실로 감당하기 어려웠을 것이다. 하지만 작자는 "…… 쵸챵ᄒᆞ야 가ᄂᆞᆫ 길흘 ᄇᆞ라다가 재ᄅᆞᆯ 너므매 형영이 업서디니 망연ᄒᆞ야 ᄆᆞᄋᆞᆷ이 디향이 업더라"[20]와 같이 몇 마디의 어구에 당시의 심정을 압축하여 제시하고 있다. 사실 이러한 감정 토로의 절제는 작품 전체를 일관하는 작자의 서술 태도이다. 하지만 아내와 아우가 세상을 떠났을 때에는 사정이 다르다. 그것은 그들의 죽음이 주는 충격이 감정의 절제를 어렵게 할 만큼 컸기 때문일 것이다.

> 오십여 년을 ᄒᆡ로ᄒᆞ다가 이리 ᄯᅥ나와 쳔고영결이 될 줄 엇디 아라시며 집이 가난ᄒᆞ기 일ᄉᆡᆼ 동고ᄒᆞ여 긔한을 면치 못ᄒᆞ고 늣게야 과거ᄅᆞᆯ ᄒᆞ야시나 벼ᄉᆞᆯ이 차타치 아니면 ᄒᆞᆫ째 근심을 니ᄌᆞᆯ가 ᄒᆞ엿더니 내 ᄂᆞᆷ과 ᄀᆞᆺ치 셥셰ᄅᆞᆯ 잘ᄒᆞ디 못ᄒᆞ야 ᄌᆞ로 귀향 ᄃᆞᆫ니기로 집이 확낙ᄒᆞ야 산업이 능히 병드니ᄅᆞᆯ 구완치 못ᄒᆞ고 ᄌᆞ식들의 유훈이 무궁ᄒᆞ니 엇디 슬푸디 아니ᄒᆞ며 거문고 줄이 ᄒᆞᆫ 번 ᄭᅳᆫ허디매 다시 닛기 어렵고 부덕의 현명민혜ᄒᆞ믈 ᄉᆡᆼ각ᄒᆞ야도 만나볼 길히 업ᄉᆞ니 만ᄉᆡ 쇽졀이 없고 장ᄉᆞ의도 갈볼 길히 업서 두어 줄 제문을 디어 녕연 압픠 닑으라 ᄒᆞᆫ들 글이 족히 슬프믈 다 펴디 못ᄒᆞ고 늘근 환부의 우우비챵ᄒᆞᆫ 거술 녕혼이 아롬이 잇게 되면 필연 명명 듕 늣기미 이실 ᄃᆞᆺᄒᆞ더라. 삼봉을 즉시 답장 ᄲᅧ 보ᄂᆡ고 셩복을 ᄒᆞ려 ᄒᆞᄃᆡ 뵈ᄅᆞᆯ 살 갑시 업술 ᄲᅮᆫ 아니라 녯말의 지극히 슬픈 ᄃᆡᄂᆞᆫ 문치 업다 ᄒᆞ여시니 ᄋᆡ통ᄒᆞᄂᆞᆫ ᄆᆞ음이 엇디 셩복ᄒᆞ며 아니매 경듕이 이시리오 ᄒᆞ야 셩복을 일우디 못ᄒᆞ나 비회ᄅᆞᆯ 금티 못ᄒᆞ야 쥬인

---

20) 위의 책, 26면.

> 의 집의셔 울녀 ᄒᆞ면 말니고 민망히 넉이고 ᄒᆡ변의나 산듕이나 사ᄅᆞᆷ 업ᄉᆞᆫ 곳의 가셔 우러 슬푸믈 펴나 망쟈ᄂᆞᆫ 홀일이 업고 ᄉᆡᆼ쟈ᄂᆞᆫ 비고ᄅᆞᆯ 견ᄃᆡ여 무심ᄒᆞᆫ 세월을 보낼너라.[21)]

진도에 들어온 지 만 3년이 지난 동짓달 어느 날 집의 하인이 아내의 부고를 전했다. 집안과 아내를 제대로 보살피지 못한 자신을 먼저 탓하면서 죽은 아내를 그리워했다. 가볼 수 없어 제문이라도 지으려 했지만 슬픔을 글로 다 펼 수 없으니 그러한 자기의 마음을 죽은 아내가 알아줄 듯하다고 했다. 베를 살 돈이 없어 성복을 하지 못하나 애통하는 마음이 성복 여하에 달려있겠느냐며 스스로를 위로해 보지만 벅차오르는 슬픔을 참을 수 없어 사람들이 보지 않는 해변이나 산속에 가 혼자 울면서 비통한 심사를 달랜다고 하였다. 절제하기 어려운 애절한 감정이 요동치고 있지만 그것을 두서없이 쏟아내기보다는 마음의 움직임에 따라 하나씩 풀어냄으로써 작자의 고통스런 내면이 한층 선명히 제시되고 있다.

만약 언젠가는 해배되리라는 희망마저 없었다면 작자는 이러한 환경적, 심리적 고통 속에서 진작 좌절하고 말았을 것이다. 그러한 희망은 작자를 지탱해준 유일한 버팀목이었다. 금갑진을 벗어나 있으면 혹 흠이 잡혀 더 먼 곳으로 이배될 수 있다는 우려에서 무리를 해서 억지로 거처를 옮기고, 욕을 참고 점고에 빠지지 않았던 것도 이와 무관하지 않을 것이다. 하지만 그러한 희망은 끝내 이루어지지 못하였다. 유배 이듬해 9월 원자를 책봉하면서 내린 대사령에 많은 사람들이 해배되었지만 소론 대신 서명선(徐命善)의 반대로 작자는 제외되었다. 2년 뒤 세자 책봉 때에도 역시 해배되지 못하였고, 다시 2년 후 세자의 두역이

---

21) 위의 책, 23~5면. 이 인용문은 이승복(2003)이 인용・소개한 바 있는데 조동일은 앞의 책에서 이 대목이 특히 절실하다고 하였다.

나으면 칭경대사가 있으려니 하고 잔뜩 기대했지만 세자가 곧 세상을 떠나 기대가 물거품이 되고 말았다. 하지만 돌아가는 날 집안 사람들에게 보이기 위해 〈적소일기〉를 기록했다는 데에서 알 수 있듯 작자는 죽는 순간까지도 집에 돌아갈 수 있다는 기대를 버리지 않았다.

3) 후명(後命)과 죽음에 이르는 과정: 〈임인유교〉

사화와 당쟁의 와중에서 사약을 받으라는 후명에 따라 유배인이 사사(賜死)되는 경우가 왕왕 있었던바 김신겸의 〈임인유교〉는 그러한 과정을 기록한 작품이다. 죽어야만 한다는 사실을 알게 되면서부터 사약을 마시고 숨이 끊어질 때까지의 모든 과정을 당사자가 직접 기술한다는 것은 현실적으로 생각하기 어렵다. 따라서 이런 작품들은 곁에서 그 과정을 목도한 다른 사람에 의해 이루어졌다.

〈임인유교〉는 『유교(遺教)』라는 책 속에 〈기사유사〉, 그리고 김원행이 기록한 또 다른 〈임인유교〉와 함께 수록되어 있다. 〈기사유사〉는 김수항(金壽恒, 1629~1689)의 죽음을 다루고 있다. 김수항은 숙종 때 기사환국의 와중에서 일차 파직되고, 다시 진도에 유배되었다가 그 해 4월 9일 사사되었다.[22] 김신겸의 〈임인유교〉는 김수항의 큰아들인 김창집(金昌集, 1648~1722)의 죽음을, 김원행의 〈임인유교〉는 김창집의 큰아들인 김제겸(金濟謙, 1680~1722)의 죽음을 다루고 있다. 김창집, 김제겸 부자는 경종 때 벌어진 신임사화로 인해 유배되었다가 죽음을 당했는데 김창업(金昌業)의 셋째 아들인 김신겸이 백부 김창집의 사사 과정을, 김제겸의 셋째 아들 김원행[23]이 자기 부친의 죽음을 각각 기록

22) 〈기사유사〉를 기록한 사람은 김수항의 자손 가운데 어느 한 사람일 것으로 추정되는데 아직 구체적으로 확인되지 못하였다.

23) 김원행은 김창협(金昌協)의 아들인 당숙 김숭겸(金崇謙)에게 출계하였는데 이때

했던 것이다.[24] 이와 같이 『유교』에 수록된 세 작품은 조, 부, 손 삼대가 유배되었다가 사사되는 과정을 기록하고 있는데 여기에서는 내용이 상대적으로 좀 더 풍부한 김신겸의 〈임인유교〉를 검토하기로 한다.

먼저 대체적인 경과를 살펴보자. 유배지인 거제를 떠나 서울 국청으로 압송되던 김창집은 1722년 4월 27일 성주에 도착하여 고마청에 들었다가 저녁 때 남문 밖 성벽 아래에 있는 집으로 옮겼다. 이튿날 사약을 받으려 하다가 후명을 거두고 다시 배소로 돌아가라는 명이 내렸다는 소식을 전해 듣는다. 하지만 초경 무렵 환발배소(還發配所)의 명을 도로 환수한다는 금부 공문이 도착하여 다음날인 29일 새벽 수명하여 세상을 떠났다. 후명을 내렸다가 그 명을 거두고 환발배소하라 했다가 다시 환발배소의 명을 환수한다고 함으로써 김창집은 28일 반나절 동안 죽음에서 삶으로, 다시 삶에서 죽음으로 나아가는 곡절을 겪었던 것이다.

작품은 김창집이 성주에 도착하는 데에서 시작된다. 성주에 머물고 있던 김신겸은 이른 새벽 이곳에 귀양와 있던 민진원(閔鎭遠)에게서 김창집에게 후명이 내려 후명도사가 오고 있다는 소식을 전해 듣고 말을 달려 김창집을 마중하였다. 뚜껑 없이 가장자리에 흰 천을 두른 가마를

에는 생부 김제겸의 배소에 있으면서 그의 사사 과정을 지켜보았다.

24) 이들 삼대의 사사 배경과 그 경위에 대해서는 이승복의 앞의 글(1997)에 구체적으로 제시되어 있다. 이승복이 확인한 바 있듯이 『유교』에 수록된 세 작품 가운데 김신겸의 〈임인유교〉는 한문본이 존재하는데 김신겸의 문집인 『증소집(橧巢集)』 속에 수록되어 있는 〈성산유사(星山遺事)〉가 그것이다. 국문본과 한문본 가운데 어느 것이 먼저 이루어졌는지 현재로서는 확인하기 어렵다. 한문본이 국문본보다 약간 더 구체적으로 서술하고 있는 부분이 있고, 한문본에는 김창집이 당시에 지은 시 7수를 모두 삽입하고 있으나 국문본은 1수만을 수록하고 있다는 점이 다를 뿐 두 본 사이에 내용상 차이는 거의 없다(이승복(1997), 58면 참고). 『증소집』 권10에는 김창집에 관한 〈몽와부군유사(夢窩府君遺事)〉와 〈성산유사〉가 나란히 실려 있고 그 뒤에 김신겸의 발문이 붙어있는데 이 발문을 통해 한문본 〈성산유사〉가 1728년 3월 이전에 이루어졌음을 확인할 수 있다.

타고 오던 김창집은 아직 후명이 내렸다는 사실을 모르고 있었다. 그 사실을 차마 말할 수 없었던 김신겸이, 고마청에 이르러 가마에서 내리는 김창집을 붙들고 통곡하자 김창집은 후명이 내렸느냐고 묻는다. 김신겸이 그렇다고 하자 김창집은 다음과 같이 말한다.

> 쾌ᄒᆞ고 쾌ᄒᆞ다 네 셜워 말나 …… 내 이제 피테ᄒᆞ야 예ᄭᆞ디 니ᄅᆞ러시니 누욕이 볼셔 극ᄒᆞ거니와 그러나 ᄯᅩ 어이 이 형상으로 한강을 건너가 류ᄒᆞ고 옥의 나아가리오 예셔 슈명ᄒᆞ미 도로혀 쾌ᄉᆞ로다 다만 긔ᄉᆞ년은 우리 형데 다ᄉᆞ시 다 무고히 슬하의 뫼셔 죵효ᄅᆞᆯ ᄒᆞ엿더니 나ᄂᆞᆫ ᄒᆞᆫ[25] 졔겸이 이시되 ᄇᆞ야흐로 셩손으로 더브러 노폐예 드러 부지ᄉᆞ싱을 서로 아지 못ᄒᆞ고 ᄯᅩ 동궁의 안위ᄅᆞᆯ 아디 못ᄒᆞ고 붉은 명을 니어 죽디 못ᄒᆞ니 이 질실노 ᄒᆞᆫ결ᄒᆞ미로다[26]

옥에 나아가 욕을 당하느니 여기에서 죽는 것이 쾌하다고 하였다. 다만 아들이 손자와 함께 옥에 갇혀 있어 부자가 서로 살았는지 죽었는지 알지 못하고 동궁(영조)의 안위를 알지 못하는 것이 한이라고 하였다. 치욕을 면하게 되어 다행이라 하면서도 자식에 대한 걱정과 정치에 대한 관심을 떨칠 수는 없었던 것이다.

정치 문제와 관련하여 자기의 태도가 정당한 것이었다는 생각은, 거제에 있을 때 받은 이이명(李頤命)의 편지에 '우리들이 죽어도 부끄러움이 없다'고 한 말을 옳은 말이라 하고, 민진원의 두 손자인 민백상(閔百祥), 민백흥(閔百興)이 찾아왔을 때 '글을 힘써 흉도를 물리치고 종사를 보전하도록 하라'고 당부하며, 또 서울에서 내려온 조카 김언겸(金彦謙)[27]에게서 서울 소식을 듣고 '국가의 불행함은 물론 저희에겐들 어찌

---

25) 둘째 아들 김호겸(金好謙)이 있으나 당숙인 김창숙(金昌肅)에게 출계하였다.

26) 『유교』, 43~5면.

좋겠느냐'고 하는 데에서 볼 수 있다. 그러나 이런 정도의 언급을 제외한 대부분의 내용은 자신과 집안 문제에 대한 생각과 당부, 아들에 대한 걱정으로 채워져 있다.

김창집은 관재(棺材), 수의, 장지, 명정 등 자신의 장례와 관련된 문제와 고조부 신주의 매안(埋安) 등 자신의 죽음 이후 곧바로 실행되어야 할 일들을 묻고, 상의하고, 지시한다. 그러면서 순간순간 떠오르는 생각과 감회를 토로하고, 조카들과 사위는 알고 싶은 궁금한 내용들을 그때그때 물어서 확인하고 있다. 그런데 이러한 대화의 이면에서 죽음을 앞두고 흔들리는 김창집의 마음과 고독을 읽어낼 수 있다.

> ᄯᅩ 니ᄅᆞ시ᄃᆡ 내 셔울 큰경[정]능골 어귀 길ᄀᆞ 피졉난 집의셔 날식 션비 일족 니ᄅᆞ시ᄃᆡ ᄆᆡ양 새배면 창밧씌 향도 소릐 듯기 슬터니라 ᄒᆞ시니 대강 셔쇼문이 갓가오미라 ᄯᅩ 니ᄅᆞ시ᄃᆡ 내 병슐 년간의 ᄒᆞᆫ ᄭᅮᆷ을 ᄭᅮ니 내 무ᄉᆞ 일노 문밧긔셔 ᄃᆡ명ᄒᆞᄂᆞᆫ ᄃᆞᆺᄒᆞ더니 이윽고 나라히셔 후명을 ᄂᆞ리오시매 ᄉᆞ비ᄒᆞᆯ 즈음의 엇듯 셩각휘 뵈니 그 고디 마치 셩 밋치러라 그ᄣᅢ ᄆᆞ음의 심히 측하야 스ᄉᆞ로 ᄆᆞ음의 위루ᄒᆞ야 니ᄅᆞᄃᆡ 이 쥬샹(숙종) ᄣᅢ예야 어이 다시 이런 일이 이시리오 ᄒᆞ얏더니 오ᄂᆞᆯ날 이 집이 셩 미티 이셔 ᄭᅮᆷ 가온대와 방블하니 만식 아니 젼뎡이 잇ᄂᆞᆫ가 ᄯᅩ 한숨ᄒᆞ시며 니ᄅᆞ시ᄃᆡ 사ᄅᆞᆷ이 죽으면 과연 신령이 아ᄂᆞᆫ 일이 잇ᄂᆞᆫ가 언겸이 ᄀᆞᄅᆞᄃᆡ 이런 일이 진실노 알기 어렵습거니와 반ᄃᆞ시 신령이 업ᄉᆞᆯ니 업ᄉᆞ니 령이 이시면 엇디 아ᄅᆞᆷ이 업ᄉᆞ리잇고 티겸이 ᄀᆞᄅᆞᄃᆡ 응당령이 이시나 산 사ᄅᆞᆷ으로 더브러 다ᄅᆞ기ᄂᆞᆫ 감동ᄒᆞ리 이시면 응ᄒᆞ고 샹신은 고요ᄒᆞ야 절노 운용ᄒᆞ디 아니리이다 신겸이 ᄀᆞᄅᆞᄃᆡ 이 말이 올ᄉᆞ오니이다 만일 사ᄅᆞᆷ이 졔ᄉᆞᄒᆞ면 령이 엇디 흠향티 아니며 산이 고ᄒᆞ면 령이 엇디 모ᄅᆞ며 ᄒᆞ믈며 일긔ᄌᆞ손은 더 다ᄅᆞᆯ ᄃᆞᆺᄒᆞ니이다 부군이 ᄃᆡ답ᄒᆞ시ᄃᆡ 그러ᄒᆞᆯ ᄃᆞᆺᄒᆞ다[28]

27) 김창업의 둘째 아들.

사위 민창수(閔昌洙)와 대화하다가 김창집은 밑도 끝도 없이 갑자기 자기가 태어난 곳에 대한 말을 꺼낸다. 하지만 곧 이어 그것과 상관없이 오늘 일을 암시하는 듯한 예전 꿈 이야기를 꺼내고, 다시 한숨을 쉬며 불쑥 사람이 죽으면 영혼이 생전처럼 세상 일을 알 수 있는지 한 마디 던진다. 죽음을 눈앞에 두고 있으려니 과거, 현재, 미래에 대한 파편적인 단상들이 머리 속에 떠오른 것일 것이다.

특히 자기가 죽은 후에도 세상 일을 알 수 있을까 하는 데 생각이 미쳐 불쑥 던진 한 마디에 대해 영혼이 감지 능력이 있다거나, 산 사람이 감동하게 하면 영혼이 응한다거나, 같은 기(氣)를 지닌 자손의 경우는 더 다를 것이라는 조카들의 학술적인 진지한 답변은 오히려 김창집의 고독을 부각시키고 있다고 할 수 있다. 그것은 김창집의 마음을 휩싸고 있던 것은, 죽음이라는 것에 대한 낯설음과 거기에서 느끼는 인간적인 고뇌였지 영혼의 본질에 대한 의문은 아니었을 것이기 때문이다.[29] 조카들과의 대화가 오히려 김창집의 고독을 부각시키는 역할을 하는 경우는 또 있다.

> 신겸이 ᄀᆞᄅᆞᄃᆡ 삼연 아ᄌᆞ바님 어려 겨실 적 힝젹이 무ᄉᆞᆫ 특이ᄒᆞᆫ 뎐ᄒᆞ염즉 ᄒᆞᆫ 일이 잇ᄂᆞ니잇가 니ᄅᆞ시ᄃᆡ 긔록디 못ᄒᆞᆯ다 다만 어려셔브터 ᄉᆞ쇼ᄒᆞ난 ᄆᆞᄃᆡ와 말과 일을 범쇽과 달니 ᄒᆞ려 ᄒᆞ더니라 ᄯᅩ 니ᄅᆞ시ᄃᆡ 내 말녀예 지은 시ᄅᆞᆯ 삼연과 너희 아바님이 샹해 ᄒᆞᄃᆡ 됴흔 거시 만타 ᄒᆞ더니라 내 삼연 ᄒᆞ여 ᄡᅢ 두고져 ᄒᆞ다가 못ᄒᆞ엿노라[30]

김창집과 장례 문제를 상의하던 김신겸이 김창집의 아우인 김창흡

---

28) 『유교』, 63~5면.
29) 이승복(1997), 67면 참고.
30) 『유교』, 49~50면.

(金昌翕)의 어렸을 적 행적에 대해 물었다. 김창집의 여섯 형제 중 김창집을 제외한 모든 사람들이 이미 세상을 떠났고, 김창집도 죽음이 예정되어 있는 상황에서 김창흡에 대해 궁금한 점이 있는 김신겸으로서는 지금 그것을 김창집에게 물을 수밖에 없었을 것이다. 하지만 죽음을 눈앞에 두고 자신의 장례 문제를 생각하고 있던 김창집으로서는 비록 아우이기는 하지만 김창흡에게 생각이 미칠 마음의 여유가 별로 없었을 것이다. 기억하지 못한다고 한 것은 그래서일 것이다. 이어 김창집이 자기가 지은 시를 김창흡으로 하여금 선발하도록 하려다 못하고 말았다고 하여 결국 자신의 문제로 돌아오는 것 역시 그때의 그러한 심적 상태를 보여주는 것이라 할 수 있다. 김신겸으로서는 나름대로 이유가 있어 말을 꺼냈지만 그것이 결과적으로는 김신겸과 김창집의 심리적 거리를 확인시키는 역할을 하게 된 것이다.

김창집은 29일 새벽 후명도사가 수명하기를 독촉하자 습의복을 입고 손톱을 깎는 등 준비를 한다. 그리고 아까 급히 쓰느라 김신겸과 김양겸(金養謙)[31]에게 써준 시의 필획이 바르지 않다며 다시 쓴다. 도사가 밖에서 다시 재촉하자 "(도사가) 됴뎡암의 ᄌᆞ손이면 도라 (사약을 받았던) 저희 한아바님을 ᄉᆡᆼ각디 아니ᄒᆞ고 사ᄅᆞᆷ을 이대도록 핍박ᄒᆞᄂᆞ냐"[32]며 조광조(趙光祖)가 사사될 때 지은 글귀를 인용하여 자기의 지금 마음이 당시 조광조의 비절한 심정과 같다는 내용의 시를 즉석에서 지어 읊는다.[33] 사약을 마신 후 도사에게 이 시를 일러 줌이 어떻겠느냐고 웃으며 말하고는 붓을 들어 그 시를 직접 쓰고 나서 뜰 아래로 내려갔

31) 김창흡의 둘째 아들.

32) 『유교』, 79면.

33) 이때 지은 시가 '愛君如愛父 天日照丹衷 先賢此句語 悲絶古今同'이다. '愛君如愛父 天日照丹衷'은 조광조가 임명시에 가까운 사람들에게 남긴 글에 있는 구절로 이를 들은 사람들이 슬퍼했다는 사실을 율곡(栗谷)이 지은 조광조의 묘지명에서 확인할 수 있다(『정암집(靜菴集)』 부록 권6, 『한국문집총간』 22, 141면 참고).

다. 아무리 죽음이 쾌하다고 했지만 죽음을 재촉하는 도사가 야속하게 느껴졌을 것이고, 선뜻 죽을 자리에 나아가기가 어려웠을지 모른다. 하지만 그런 가운데에서도 마음의 여유를 잃지 않았다.

김창집은 사약을 마신 후 마루에 올라 도사에게 임금의 안부를 묻고 다시 방으로 들어와 모든 사람들의 손을 잡고 "됴히 머믈고 됴히 머믈나"[34]며 영결하였다. 이어 김후겸(金厚謙)[35]을 가리키면서 "이것들이 연좌롤 닙어 멀니 뉴찬ᄒᆞ게 되야시니 블상ᄒᆞ고 블상하다"[36] 하기도 하고, 김신겸이 팔을 붙들자 "네 브딕 살거라"[37]를 반복하다가 멀리 앉아 있던 김용겸(金用謙)[38]의 손을 달라 하여 잡았다 놓고 묘말진초에 숨을 거두었다. 마지막 순간 그에게 남은 것은 자질들의 생사에 대한 걱정이었던 것이다.

3. 유배체험의 형상화와 그 교육적 의미

번잡한 정치 현실에서 벗어난 유배인들은 유배를 통해 스스로를 돌아보며 자신의 학문이나 문학을 보다 높은 수준으로 고양하기도 하였다. 곧 유배라는 형벌이 유배인의 일생에 부정적인 작용만 한 것은 아니었다. 하지만 극히 예외적인 경우를 제외하면 유배체험 자체가 결코 즐거운 것일 수는 없었을 것이다. 우리는 앞의 세 작품을 통해 유배체험의 그러한 모습들을 확인할 수 있었다. 고통스런 유배길은 고향과 멀

34) 『유교』, 81면.
35) 김창흡의 셋째 아들로 계부 김창립(金昌立)에게 출계.
36) 『유교』, 81면.
37) 위의 책, 82면.
38) 김창즙(金昌緝)의 큰 아들.

어지면서 느끼는 서글픔이 심화되는 여정이고, 유배지는 삶의 뿌리를 흔들고 생존을 위협하는 고통, 혹은 죽음의 공간이었다. 유배인들은 그러한 상황에 이리저리 흔들리고 좌절하면서도 해배에 대한 희망으로 스스로를 지탱하기도 하고, 눈앞의 죽음을 의연하게 받아들이면서도 고뇌하는 모습을 숨기지 않기도 하였다. 유배라는 것이 독특한 체험임에는 틀림없으나 유배인들이 주어진 상황에 반응하고, 대응해가는 모습은 우리들로 하여금 삶과 죽음이라는 인간의 보편적이고 본질적인 문제를 생각하도록 한다.[39] 유배체험을 형상화한 작품들이 지니고 있는 의의는 우선 여기에서 찾을 수 있을 것이다.

그런데 앞에서 살핀 세 작품은 작품에 제시된 유배체험의 구체적인 모습이 다를 뿐만 아니라 그것을 보여주는 방식에서도 차이를 보이고 있다. 이러한 형상화 방식의 차이는 작자 개인의 고유한 글쓰기 방식의 차이에 기인하는 것일 수 있다. 하지만 글은 목적, 상황, 독자, 그리고 다루는 내용의 특성 등을 두루 고려하면서 쓰는 것이라 할 때 세 작품에서 확인되는 차이 역시 여기에 기인하는 바가 큰 것으로 보인다. 먼저 목적과 독자의 측면부터 살펴보자.

우선 〈남정일기〉에서는 유배의 부당함을 주장하거나 장황하게 내면의 감정을 토로하는 모습을 찾아보기 어렵다. 곧 유배를 사적인 체험으로만 다루면서 날짜별로 보고 듣고 겪은 것을 그대로 요약・제시하고 있는 것이다. 그리고 그때그때의 심정은 '불쌍하더라', '심히 이상터라', '반갑더라'와 같이 한 두 마디의 어구로 간략히 처리하고 말며, 내적인 갈등이나 고민이 고조될 때에는 '그 회포를 어이 다 기록하리오'와 같이 상황만 제시한 채 자신의 심정에 대한 판단을 아예 독자에게 맡겨버리고 있다. 이에 따라 유배길에 오른 다음부터는 대부분 다음과 같이 비

---

39) 이승복은 『유교』와 〈적소일기〉를 각각 검토하면서 이 작품들의 가치를 이러한 측면에서 간략히 언급한 바 있다(앞의 글(1997), 73면; 앞의 글(2003), 111면).

교적 호흡이 짧은 간결한 문장의 연속으로 이루어져 있다.[40)]

> 십구일 아춤은 일긔 음닝ᄒᆞ더니 오후의 눈이 시작하여 쵸경ᄭᆞ지 오니라 미명의 ᄯᅥ나 천안 새숫막의 니ᄅᆞ러 조반하니 본관은 윤기동이니 윤참판 득지의 아ᄃᆞᆯ이오 쳑의 이시니 젼갈ᄒᆞ고 뭇더라 쥬막 쥬인의 셩은 박가니 젼의 셔울셔 도감포슈 ᄃᆞᆫ니고 동네 이셔 아던 하인이러니 예 와 보니 ᄯᅩᄒᆞᆫ 반갑더라 덕도원 이ᄅᆞ러 졈심ᄒᆞ고 ᄆᆞᆯ 먹여 ᄯᅥ나니 날이 임의 어두엇더라 공쥬 새숫막의 니ᄅᆞ러 잘식 이 날은 빅삽십니를 와시되 ᄃᆞᆰ이 거위 울게 되엿더라 이 날 눈을 죵일 무릅ᄡᅳ고 와 인매곤홀 분 아니라 의복이 다 져〃 넝긔 술을 침노ᄒᆞ니 목우 ᄃᆞ뭇 어러온디라 듕노의 병 날 념네 만터라[41)]

작자가 이러한 방식은 택하게 된 이유는 우선 이 작품이 아내의 요구에 의해 지어졌다는 사실에서 찾을 수 있을 것이다. 아내의 요구에 의해 기록하였다는 것은 일차적인 독자가 예정되어 있었다는 것을 의미한다. 또 그 독자의 요구 사항도 '왕환의 간신함과 게 가 머물던 일'로 정해져 있었다. 이처럼 독자와, 독자의 요구 사항이 어느 정도 결정되어 있었던 만큼 작자는 그것에 가장 적합하다고 생각되는 방식을 선택하였을 것이다. 아내에게 조부의 정당성을 굳이 소리 높여 강조할 필요도 별반 없었을 것이고, 자신의 내면 정서를 장황하게 토로하는 것도 부적절하다고 느꼈을 것이다. 이러한 이유들로 인해 작자는 "셰쇄ᄒᆞᆫ 말과 불긴ᄒᆞᆫ 말과 번거ᄒᆞᆫ 말을 다 ᄲᅢ히고 약간 긔록"[42)]하는 방식으로 유배체험의 전달 자체에 충실하고자 했던 것이라 할 수 있다.

---

40) 이런 점 때문에 이 작품이 문학성을 소홀히 하고 있다는 견해가 제기되기도 하였다(최강현, 앞의 글, 129면).

41) 『남정일긔』, 14~6면.

42) 위의 책, 69면.

〈적소일기〉 역시 돌아가는 날 집안 사람들에게 보이기 위해 지었다는 작자의 진술을 통해 독자를 염두에 두고 씌어졌다는 것을 알 수 있다. 그 집안 사람들에는 부녀자와 아이들이 포함되기에 국문으로 기록하였으리라는 것도 짐작하기 어렵지 않다. 또 유배 동기와 경위를 설명하는 서두의 일부분을 제외하면 유배의 부당성을 주장하는 서술을 찾기 어려우며,[43] 자기의 체험을 있는 그대로 제시하면서 자신의 심정은 한 두 마디의 어구에 집약해서 제시하는 경우가 흔하다. 이런 점들은 일단 〈남정일기〉와 유사하다고 할 수 있다. 하지만 〈적소일기〉에서는 앞 장의 인용문에서 보듯 자신의 내적 갈등과 고민이 길게 묘사되기도 하고, 아래의 예와 같이 유배 생활의 여러 고비들이 비교적 호흡이 긴 문장들을 통해 상당히 구체적으로 제시되고 있어 〈남정일기〉와 많은 차이를 보인다.

> 흉년을 당ᄒᆞ야 처엄은 시개 두 말을 주더니 졈졈 ᄂᆞ려 말 넉 되ᄅᆞᆯ 주ᄃᆡ 넉넉디 못ᄒᆞ야 내 소솔이 불과 나와 니파와 뎨남 세 식구니 죠반 셕듁을 ᄒᆞ야 디내면 말 ᄡᆞᆯ이라도 ᄒᆞᆫᄣᅢ 견ᄃᆡ여 갈 듯 ᄒᆞᄃᆡ 죠셕 ᄣᅢ면 사ᄅᆞᆷ이 어룬 아ᄒᆡ 업시 부억의 ᄂᆞ러 안ᄂᆞ니 가마괴ᄣᅦ ᄀᆞᆺ치 다 음식을 ᄇᆞ라니 죠곰죠곰 ᄂᆞᆫ화 먹여 보ᄂᆡ면 노ᄉᆡᆨ이 업ᄉᆞᄃᆡ 못 먹고 가ᄂᆞ니ᄂᆞᆫ 챵연이 넉일 분 아냐 불평ᄒᆞᆫ 말이 듯기 슬흐니 …… ᄌᆞ연 ᄡᆞᆯ을 원수의셔 더 내야 밥을 디으니 내 비록 냥식이 헤퍼 니우디 못ᄒᆞᆯ믈 걱졍ᄒᆞ나 고단ᄒᆞᆫ 사ᄅᆞᆷ이 ᄡᆞᆯ줌을 앗겨 오ᄂᆞᆫ 사ᄅᆞᆷ을 휘쳑ᄒᆞ면 념치ᄅᆞᆯ 일코 상셩ᄒᆞ기의 머디 아닌 뉴가 밥으로 인연ᄒᆞ야 원언이 나고 인심이 무셔워 혹 불 아니 노흘 줄을 모ᄅᆞ매 밥 ᄂᆞᆫ화 먹ᄂᆞᆫ 거ᄉᆞᆯ 금티 못ᄒᆞ고 냥식이 이러므로 ᄣᅥ러디니 만일 읍ᄂᆡ 뉴쳔총이 진심ᄒᆞ야 빗을 어더 구급디 아니면

---

43) 〈적소일기〉에는 전반적으로 작자의 사대부라는 신분, 노론으로서의 정치적 입지 등 사회적 공인으로서의 면모가 별반 드러나지 않는다(이승복, 앞의 글(2003), 103면).

> 엇디 절냥지탄을 면ᄒᆞ며 …… 관곡을 ᄀᆞ올의 진시 갑디 못ᄒᆞᆯ가 ᄒᆞ야 걱정ᄒᆞ다가 셔울셔 갓가ᄉᆞ로 빗을 어더 보닉여시매 다른 빗은 뎌치고 몬뎌 관곡을 갑프라고 돈을 혜여 감식을 맛디니 관욕 보기롤 쾌히 면ᄒᆞ니라.[44]

그렇다면 이러한 차이는 어디에서 연유하는 것인가. 작자의 개인적 성향의 차이일 수도 있고, 독자들에게 자세한 내용을 전달하려는 의도의 차이일 수도 있다. 하지만 이 문제는 다른 시각에서 바라볼 수도 있을 듯하다.

창작 동기를 제시하고 있는 '팔년 적객의 만단 비감한 회포를 이기지 못하여 금갑적거록을 지어……' 라는 진술에서 이 작품이 작자가 유배된 지 햇수로 팔년이 되는 1788년에 지어졌다는 것을 알 수 있다. 그런데 바로 그 해 1월 18일 작자는 세상을 떠나고 말았다. 따라서 이 작품은 작자가 세상을 떠나기 직전인 1788년 1월 초중순경에 이루어졌음을 알 수 있다.[45] 당시 작자는 의식을 잃고 사경을 헤매는 큰 병에서 간신히 회복된 상태에 있었다. 돌아가는 날 집안 사람들에게 보이기 위해 이 작품을 지었다고 하여 해배의 희망을 버리지는 않고 있었지만 큰 병을 앓고 난 작자는 자신의 목숨이 얼마 남지 않았음을 예견했던 듯하다. 그것은 굳이 이때 그간의 유배생활을 정리하고, 또 창작 동기와 자기의 심회를 밝히는 에필로그적 서술을 말미에 첨부하여 작품이 더 이상 지속되기 어려울 수도 있다는 것을 은연 중 드러내고 있는 데에서 짐작할 수 있다.

따라서 〈적소일기〉는 독자들에게 자기의 유배체험을 전달하기 위해

44) 『젹소일긔』, 49~50면.

45) 이승복(2003), 101면 참고. 이 작품이 1788년에 창작되었다는 것은 『젹소일긔』의 표지 우측 상단과 제1면 권수제 밑에 '무신(戊申)'이라 적혀있는 데에서도 확인할 수 있다.

서뿐 아니라 죽음을 앞둔 작자가 지난 세월을 회고하면서 스스로를 돌아보기 위해 창작했다는 것을 알 수 있다. 자기가 기억하는 중요 사건별로[46] 험난했던 유배 생활을 정리하면서 자신의 태도와 내면을 찬찬히 돌아보기 위해서는 담담한 어조의 호흡이 긴 문장이 적절했을 것이다. 이처럼 이 작품은 전달뿐 아니라 자기 스스로를 확인하기 위한 목적에서 씌어졌기 때문에 독자는 작품 속에서 작자의 인간적 실체를 구체적으로 접하면서 그의 고통과 고민에 공감하게 된다고 할 수 있다.[47]

〈임인유교〉의 본문 속에는 창작 동기에 대한 서술이 없다. 하지만 '～유교(遺敎)'라는 제목에서 이 작품이 집안의 후손들을 일차적인 독자로 상정하고 이루어졌다는 것을 쉽게 짐작할 수 있다.[48] 그런데 작자는 설명을 최대한 줄이고, 김창집과 여러 사람들 사이에 오고간 대화를 있는 그대로 재현하는 데 역점을 두고 있다. 이에 따라 이 작품은 앞 장의 인용문에서 확인할 수 있듯 대부분이 대화로 구성되어 있다. 이는 작자가 김창집의 태도와 말을 철저히 객관적으로 관찰・제시하려

46) 〈적소일기〉는 제목이 '일기'이지만 날짜별 서술이 아니라 막연한 시기만을 제시하거나 아예 그것도 없이 사건을 단위로 서술하고 있다. 이는 작자가 지난 기억을 더듬으며 기록했기 때문일 것이다(이승복, 위의 글, 같은 면 참고). 〈남정일기〉는 유배체험 2년 뒤에 기록한 것이지만 날짜별로 서술되어 있고 매일의 날씨까지 구체적으로 밝히고 있다. 나중에 창작되었으면서도 그러한 서술을 할 수 있었던 것은 유배 당시 기록해둔 별도의 자료가 있었기에 가능했던 것으로 보인다.

47) 이승복은 위의 글에서 〈적소일기〉의 서술적 특성으로 1인칭 내면 서술의 솔직함을 언급한 바 있는데 그러한 내면 서술의 솔직함은 작자가 스스로를 확인하기 위해 이 작품을 쓴 데에서 연유하는 것이라 할 수 있다.

48) 〈몽와부군유사〉와, 〈임인유교〉의 한문본인 〈성산유사〉 두 글에 붙인 김신겸의 발문에는 "마침내 기억을 따라 붓 가는 대로 써서 51개 조목을 이루고 또 그 밑에 〈성산유사〉 한 통을 이어 적었으니 자손들에게 전해 보이고 후대의 군자로 하여금 참고하도록 하고자 한다(遂隨記隨筆 凡爲五十一條 又其下續書星山遺事一通 盖欲傳示子孫 而使後之君子亦得以叅考也)." 라고 하여(『증소집』 권10) 이 작품들의 창작 동기가 일차적으로 후손들에게 보이기 위해서라는 점을 분명히 밝히고 있다.

했다는 것을 의미한다. 이러한 작자의 태도는 서술 과정에서 자기 자신마저도 3인칭화 하고 있는 데에서 보다 분명히 확인할 수 있다.

> ᄉᆞ월 스므 닐웬날 셩줴셔 머므더니 새야올 ᄣᅢ의 댱탁이 민판셔-딘원- 곳으로셔 와 니ᄅᆞᄃᆡ …… ᄒᆞ거늘 내 ᄆᆞᆯ을 지촉ᄒᆞ야 젼진ᄒᆞ다가 십니ᄅᆞᆯ 못 가 힝ᄎᆞᄅᆞᆯ 만나니 부군이 가술 버ᄉᆞ시고 총감토만 쓰시고 두에 업ᄉᆞᆫ 가마의 안자 겨신ᄃᆡ 흰 자리보로 두루와더라 내 ᄆᆞᆯ게 ᄂᆞ려 길ᄭᆞ의 셧더니 부군이 보 틈으로 ᄂᆞᆾ출 보시고 무러 ᄀᆞᄅᆞ시ᄃᆡ 드ᄅᆞ니 네 상줴셔 머믄다 ᄒᆞ더니 어이ᄒᆞ야 예ᄭᆞ디 왓ᄂᆞᆫ다 ᄃᆡᄒᆞ야 ᄀᆞᄅᆞᄃᆡ ᄐᆞᄂᆞᆫ ᄃᆞᆺ 답〃ᄒᆞ야 나아왓ᄂᆞ이다 …… 힝치 져기 멀으신 후 신겸이 챵발과 니명농으로 더부러 ᄆᆞᆯ게 ᄂᆞ려 통곡ᄒᆞ니 ᄣᅢ예 부군이 후명 긔별을 미처 모ᄅᆞ시미라[49]

위는 작품의 서두이다. 밑줄 친 부분에서 보듯 작자는 처음에는 1인칭 시점에서 상황을 서술하다가 금방 주어를 '신겸'으로 바꿔, 다시 말하면 자신을 3인칭화 하여 서술하고 있다. 이후의 서술은 줄곧 이러한 방식으로 이루어진다.[50]

이처럼 이 작품이 작자의 개입을 철저히 차단하는 방식을 취하고 있는 것은 김창집의 죽음이 민감한 정치적 사안과 관련되어 있다는 외적 요인 때문일 수도 있지만 그보다는 직접 보고 들은 것을 그대로 기록하는 것이 직접 나서서 설명하는 것보다 사사 당시의 상황, 사사 당사자의 인품이나 인간적 면모 등을 가장 잘 전달할 수 있으리라는 판단 때문일 것이다.[51] 작자는 자기가 직접 개입하여 설명한다면 그러한 상황이나 모습을 제대로 그려내기 어려울 뿐 아니라 자신이 사사 당사자의

49) 『유교』, 41~2면.

50) 한문본인 〈성산유사〉에서는 처음부터 주어가 '신겸(信謙)'으로 되어 있다.

51) 이승복(1997), 67면 참고.

조카이기 때문에 사사 당사자의 면모를 분식했다는 오해를 받을 수 있다는 우려를 했을지도 모른다. 이에 따라 작자는 생생한 대화의 재현을 통해 독자가 작품 세계를 현실적이고 경험적인 것으로 인식하고, 그러한 작품 세계에 대해 스스로 판단하고 생각하면서 감동을 느끼고 교훈을 얻도록 하는 방식을 선택했을 것으로 짐작된다.

그런데 이러한 형상화 방식의 차이는 글쓰기의 목적, 독자뿐 아니라 구체적인 체험 내용의 특성과도 어느 정도 관련이 있는 듯하다. 〈남정일기〉의 경우 작자가 유배 당사자가 아니고, 또 그가 겪은 체험이 고통스러운 것이기는 하지만 생존 자체를 위협하는 정도는 아니었다. 이런 점 때문에 작자의 유배체험이 내면의 절실한 울림으로 형상화되기는 쉽지 않았을 것이다. 이에 비해 〈적소일기〉의 작자는 삶의 뿌리가 흔들리고 생존을 위협받는 체험을 했다. 그러한 체험은 관련 사실과 정보의 조직만으로 충분히 형상화될 수 있는 것이 아닐 것이다. 따라서 작자가 긴 호흡으로 과거의 상황을 제시하면서 당시 자신의 태도와 내면 등을 찬찬히 되돌아보는 방식을 선택하게 된 데에는 글쓰기의 목적과 상황뿐 아니라 글에 담기는 내용, 즉 작자가 겪은 체험 자체의 특성이 작용하고 있다고 할 수 있다. 〈임인유교〉의 경우 작자는 당사자 주변의 관찰자이지만 그가 목도한 것은 백부의 사사라는 충격적인 사건이었다. 백부의 죽음을 지켜보는 작자로서는 그 엄청난 충격으로 말미암아 그것에 대한 나름의 생각과 감정을 추스르는 것이 결코 쉽지 않았을 것이다. 또한 그 체험은 판단하고 생각하기보다는 백부의 말과 행동 하나하나를 놓치지 않고 관찰하는 데 모든 관심을 기울이는 집중력을 필요로 하는 것이기도 하였다. 이에 따라 작자는 자기의 목소리를 드러내지 않은 채 자기가 목도한 그대로를 기록하게 되었고, 또 그렇게 하는 것이 당시의 상황을 가장 잘 전달할 수 있는 방식이라고 판단했을 것이다.

문학은 본질적으로 인간의 삶을 다루는 것이고, 문학교육의 궁극적인 목표는 다양한 인간의 삶을 이해함으로써 학습자의 주체적 인격을 완성하는 데 있다. 유배는 물론 전근대사회의 독특한 형벌의 하나이다. 하지만 그것을 다룬 문학마저 전근대적이라고 할 수는 없다. 한 인간이 자신이 맞닥뜨린 험난하고 고통스런 상황을 통과하면서 어떻게 반응하고 대응하였는가 하는 것은 결국 인간의 삶과 죽음이라는 본질적인 문제로 환원될 수밖에 없기 때문이다. 따라서 유배체험을 형상화한 문학은 오늘날의 학습자로 하여금 이러한 문제에 대한 이해와 인식의 폭을 넓히고, 자기를 완성해가는 데 충분한 기여를 할 수 있을 것이다. 어쩌면 역사적 인물의 실제 있었던 일이라는 사실이 학습자의 관심과 공감을 이끌어내는 데 보다 유리하게 작용할는지도 모른다.

유배체험을 다룬 문학이 지닌 또 다른 교육적 의미는 그것을 통해 표현의 원리와 방법, 그리고 그 교육에 대한 이해를 심화할 수 있다는 데에서도 찾을 수 있다. 글을 쓴다는 것은 필자가 목적과 상황에 맞게 독자를 고려하면서 필요한 제반 요소들을 동원해 의미를 구성해가는 것일 것이다. 유배체험의 형상화 방식에 대한 앞의 검토를 통해 글은 예상되는 독자에 대한 전달을 주목적으로 독자에게 필요한 정보만을 추리고 조직하는 방식으로 쓸 수도 있고, 예상되는 독자에 대한 전달을 고려하면서도 필자의 자기 확인 내지 자기 실현의 목적을 아울러 구현하기 위해 담담한 어조로 차근차근 풀어가는 방식으로 쓸 수도 있고, 필자의 주관적 개입을 최대한 차단하면서 있는 사실 그대로를 제시함으로써 독자의 자발적인 참여와 판단을 유도하는 방식으로 쓸 수 있다는 것을 확인하였다. 아울러 이러한 차이가 글에 담기는 내용의 특성과도 관련이 있음을 알 수 있었다. 이와 같이 같은 유배체험을 다루더라도 목적과 상황, 그리고 체험의 구체적인 내용과 성격에 따라 다양하고 적절한 형상화 방식을 선택하고 있음이 확인된다는 것은, 유배체험의 형상화 방식에 대한 이해가 표현교육에 직, 간접으로 기여할 수 있음을 시사해준다고 할 수 있을 것이다.

4. 맺음말

이 글에서는 〈남정일기〉, 〈적소일기〉, 〈임인유교〉 등 조선후기 국문일기 자료를 대상으로 작품에 제시된 유배체험의 양상과 그 형상화 방식을 검토하고, 그것이 지닌 교육적 의미를 살폈다. 유배인들은 정도의 차이는 있으나 자신이 자라고 몸담았던 곳으로부터 격리·고립됨으로써 심리적, 물리적 고통을 겪을 수밖에 없었다. 유배인들은 낯선 환경의 고통스런 상황에 나름대로 대응하기도 하고, 좌절하기도 하고, 때로는 그곳에서 목숨을 잃기도 하였다. 그렇기 때문에 유배체험을 형상화하고 있는 작품들은 독자로 하여금 삶과 죽음이라는 인간의 보편적이고 본질적인 문제를 되돌아보게 한다. 문학이 인간의 삶을 다루는 것이고, 문학교육이 학습자로 하여금 다양한 인간의 삶을 접하고 이해하게 함으로써 학습자 자신의 삶을 살지게 하고 인격을 완성하도록 하기 위한 것이라는 점을 고려할 때 인간의 본질적이고 보편적인 문제를 집중적으로 형상화하고 있는 유배문학 작품은 충분한 교육적 의미를 지닌다고 할 수 있다.

유배체험을 다루고 있는 작품들은 목적과 상황, 독자 등을 고려하면서 유배체험을 나름의 독특한 방식으로 형상화하고 있다. 독자에 대한 전달을 주목적으로 필요한 정보만을 간추리고 조직하는 방식으로 쓴 경우도 있고, 독자에 대한 전달을 고려하면서도 작자의 자기 확인 내지 자기 실현을 함께 구현하기 위해 담담한 어조로 차근차근 풀어가는 방식으로 쓴 경우도 있으며, 작자의 주관적 개입을 최대한 차단하면서 상황과 장면을 보고 들은 그대로 제시함으로써 독자의 자발적인 참여와 판단을 유도하는 방식으로 쓴 경우도 있다. 그리고 그러한 각각의 방식은 형상화된 체험의 구체적인 내용이나 성격과도 관련이 있다. 이처럼 유배체험을 형상화하면서 구체적인 목적과 상황, 내용에 따라 그 방식을 달리 선택하고 있다는 것은 이들 작품의 형상화 방식에 대한 이해가 표현교육에 유용하게 활용될 수 있다는 것을 의미하는 것이라 할 수 있다.

【참고문헌】

박조수, 『남졍일긔』, 서울대 규장각 소장본.

김약행, 『젹소일긔』, 김희동 소장본.

김신겸 외, 『유교(遺敎)』, 김충현 소장본.

김신겸, 『증소집(橧巢集)』, 서울대 규장각 소장본.

김경숙, 「조선시대 유배형의 집행과 그 사례」, 『사학연구』 55·56, 한국사학회, 1998.

김경숙, 「조선시대 유배길」, 『역사비평』 67, 역사비평사, 2004.5.

김 호, 「18세기 후반 진도로 유배된 선화자 김약행의 삶과 고통: 〈적소일기〉를 중심으로」, 『문헌과 해석』 2004년 여름, 문헌과해석사.

김희동 편, 『선화자 김약행 선생의 꿈과 생애』, 도서출판 목민, 2003.

심재우, 「조선전기 유배형과 유배생활」, 『국사관논총』 92, 국사편찬위원회, 2000.

유정선, 「예의와 현실 사이의 거리 : 유배가사 〈쾌환재적가〉에 나타난 유배 체험과 글쓰기」, 『한국문화연구』 9, 이화여대, 2006.6.

이승복, 「『유교(遺敎)』의 서지와 문학적 성격」, 『규장각』 20, 서울대 규장각, 1997.

이승복, 「〈적소일기〉의 문학적 성격과 가치」, 『고전문학과 교육』 5, 한국고전문학교육학회, 2003.2.

장덕순, 「유배가사시고」, 『국문학통론』, 신구문화사, 1980.

정연식, 「조선시대 유배생활 - 조선후기 유배가사에 나타난 사례를 중심으로」, 『인문논총』 9, 서울여대 인문과학연구소, 2002.12.
조동일, 『한국문학통사』 3(제4판), 지식산업사, 2005.
조동일, 「유배문학의 특성과 양상」, 『한국문화연구』 9, 이화여대, 2006.6.
지철호, 「조선전기의 유형(流刑)」, 『법사학연구』 8, 한국법사학회, 1985.
최강현, 「〈남정일기〉를 살핌」, 『월촌 구수영선생 화갑기념논총』, 동간행위원회, 1985.2.
최상은, 「유배가사의 작품구조와 현실인식」, 『문학연구』 3, 김동욱 외, 1984.2.

박제가 기행문의 미학

김성룡

1. 머리말

여행의 성격이 18세기에 들면서 크게 변했다는 것은 이제 정설처럼 여겨지고 있다. 조선 중기에 산을 찾는 여행이 역사적 사실이나 자연의 이치를 체감하고 발견하는 '문화 산수'[1] 또는 '인문적 산수'[2] 감상 태도를 보인다면, 조선 후기에는 그것이 미학적 취미적 산수 감상 태도로 바뀐다는 것이다. 고려 시대에도 임춘(林椿)의 관동 여행[3]과 이인로(李仁老)의 청학동 기행과 같이 다분히 유오적(遊娛的) 여행이 있었으므

1) 이상주, 「조선후기 산수평론에 대한 일고찰-화양구곡을 중심으로」, 『한문학보』 14, 2006, 240면.

2) 이지양, 「조선 중기 성리학자의 산수 감상 특징과 그 의미-여헌 장현광의 〈주왕산록〉을 중심으로」, 『고전문학연구』 29, 2006, 477면.

3) 林椿, 『西河集』 5. 「記」, 〈東行記〉, 『한국문집총간』 제1권, 258면 상좌~259하좌. 이하 『총간』으로 표시. 전자검색서비스인 『한국고전번역원』의 검색 엔진을 사용하여 이미지 파일과 대조했다.

로, 18세기의 현상은 16세기에 붐을 이뤘던 철학적 산수 여행으로부터 유오적인 산수 여행의 분위기를 다시 회복한 것으로 생각한다.[4)]

흔히 여행은 그곳에 가는 것이 목적이 아니라 여기를 떠나는 것이 목적으로 하는 일이라고 한다. 중세의 문인들도 번거로운 세사로부터 벗어나 여유를 갖기 위해 여행을 떠난다고 말한다. 하지만 중세의 여행처럼 고단한 일이 또 있을까? 중세의 여행객은 아주 실질적인 위험을 안고 있었다. 첫째, 여행객들이 믿고 의지할 만한 실용적 지도가 전무했다. 축적을 짐작하기도 어려운 노정도(路程圖)나 산천도(山川圖)를 믿어야 하느니[5)] 그 길을 가본 길잡이의 경험이나 지역 주민의 착하고 선량한 심성을 믿어야 했다. 그래서 외지는 그야말로 낯설고 위험한 곳으로 체감된다.

둘째, 중세의 행정과 치안은 지금의 우리가 생각하는 것과는 전연 달랐다. 중세에서 마을을 야만의 바다위에 떠 있는 문명의 섬으로 묘사하는 것은 지나친 것이 아니다. 마을과 마을 사이는 거의 공백지와 다름없고, 길은 문명의 섬을 잇는 위태로운 항로와 같은 것이었다. 거기에는 문명의 지배를 받지 않는 것들, 도적떼나 짐승들이 횡행하곤 했다. 『동국여지승람』에 역원(驛院)과 누정(樓亭)이 고을마다 빠짐없이 기록된 것은 여행객을 보호할 수 있는 이러한 시설에 대한 정보를 제공하기 위함이다.

---

4) 예컨대 송시열이 경영한 화양동의 경우 송시열의 화양구곡 건설 이전에는 화양동의 산수미를 찬양하는 시가 창작되었으나 화양구곡을 건설한 이후에는 송시열을 기리는 것, 이른바 '문화산수'로 바뀌는 것을 볼 수 있다(이상주, 2006, 227면, 240면). 이런 점에서 조선 후기의 산수미 발견은 일종의 재발견 내지 미학적 재성취라고 일컬을 만하다.

5) 진재교, 「이조 후기 문예의 교섭과 공간의 재발견」, 『한문교육연구』 21, 2003은 지도의 제작과 정교화가 백두산 기행과 같은 일도 가능하게 했다고 하지만(507면) 현존하는 지도의 양상으로 미루어보건대 회화와 실용적 노정기의 중간쯤 되는 구실 외에는 실용적인 기능을 발휘했을 것으로 생각하기 어렵다.

중세 사찰 건립이 종교적 목적 외에 사회적 목적을 갖는 근거가 바로 이것이다. 최충이 적은 성환(成歡) 홍경사(弘慶寺) 건사 내력,[6] 김부식이 적은 파주(坡州) 혜음사(惠陰寺) 건사 내력[7] 등을 읽어보면, 고려 중기만 해도 사찰의 건립이 여행객을 보호하려는 것, 즉 여행로를 확보하려는 공권력의 변형 형태였음을 보여주고 있다. 위 혜음사는 조선 시대에는 혜음원(惠陰院)으로 바뀌는데[8] 이는 사찰과 역원이 기능상 분화되지 않았던 단적인 사례가 아닌가 한다.

셋째, 중세의 여행은 대단히 불편했다는 것도 들어야겠다. 중세에 유람을 위한 여행이란 지체가 높거나 부유해야만 가능했다. 우선 이동의 주된 수단인 말과 남여(藍輿), 그리고 걷기부터 살펴보자. 평지라면 걷기와 말 타기도 가능하겠지만 산이라면 사정이 달라진다. 힘들고 어려운 곳일수록 걸을 수 없었거나 걷지 않으려 했을 것이니 남여를 사용하거나 심지어는 업히기까지 했다. 이런 일을 해야 할 노복들이 부족하면 사찰에서 수행하는 승려들을 데려오기도 했다. 승려들은 사대부들의 유산(遊山) 놀이가 시작되면 가마꾼으로 전락하니 실로 사대부의 산행은 불가의 재앙이라고 하지 않을 수 없다.

이들은 어떤 여장을 꾸렸을까? 사대부들은 필연과 서적이 여행의 필

---

6) 崔冲은 "여관을 만들어서 공무로 다니는 사람이나 사사로 다니는 사람을 구제한다."는 취지로 사찰을 건립한다는 것을 밝히고 성환에 도적들이 많아서 弘慶寺를 짓게 되었다고 했다(崔冲, 「奉先弘慶寺記」, 『東文選』 64. 「記」. 이하 특별한 서지 표시가 없는 한, 전자검색서비스인 『한국고전번역원』의 검색 엔진을 사용하여 이미지 파일과 대조했다).

7) 고려 중기라면 어느 정도 고려 왕권이 안정되었을 터이고 또 파주라면 수도 개성과 대도 한양의 사이에 있는 요로이므로 사람의 통행이 빈번한 데에도 호랑이 떼가 몰려다니고 도적들이 은신하여 사람을 해쳐서 1 년에 수 백 명씩 목숨을 잃으므로 거기에 절을 세웠다고 적었다(金富軾, 「惠陰寺新創記」, 『東文選』 64. 「記」).

8) 『新增東國輿地勝覽』 11. 「京畿」, 〈坡州牧〉, 惠陰院. (전자검색서비스인 『한국고전번역원』의 검색 엔진을 사용하여 이미지파일과 대조했다.)

수품인 양 하고는 다른 것은 대수롭지 않다고 여겼으나 옷을 갈아입고 밥을 해 먹는 일은 필수이므로 그렇게 간단한 일은 아니었다. 김종직(金宗直)이 지리산을 여행할 때 참고했다는 『수친서(壽親書)』 곧 『수친양로신서(壽親養老新書)』에는 가마꾼, 심부름꾼, 은전(銀錢) 외에 많은 행장구가 명시되어 있다.[9] 이 모든 것을 가져가거나 그때그때 사야 했는데, 사정이 여의치 않으면 빌려야 했다.

간단하고 짧은 여행에서는 물자를 가져가는 것도 가능했을 것이지만 규모가 크고 긴 여행에서는 일일이 다 준비하기가 어려웠을 것이다. 그러면 사서나 빌려야 하는데 여행에 소용되는 것을 사기 위해서는 화폐경제나 여객을 대상으로 하는 상업적 시설이 늘어야 가능했을 것이다. 그러나 조선 시대에 관광 사업이 그렇게 발달한 것으로 보이지는 않는다. 그러니 해당 지역의 관장들에게서 지원을 받거나 아니면 사찰이나 민간에서 공출하는 경우가 많았다. 양반들의 놀이에 지친 백성들의 원망이 많은 것은 이 때문이다. 후안무치하여 남의 것을 가져다쓰는 데 이골이 난 사람이 아니라면 민간의 작폐를 눈감고 모른 체 할 수는 없었을 것이다.

길을 잃을지도 모르고, 짐승이나 도적의 해를 입을 수도 있고, 실제적인 불편을 감수해야 하기도 했고, 도덕적 비난을 무릅써야 했다면, 여행은 퍽 어려운 일이었을 것이다. 그러다보니 임지 부임이나 사행(使行), 유배(流配), 행향(行香), 폭쇄(曝晒) 등 공무로 연고지를 떠나는 때에는 전별연을 베푼다, 시문을 짓고, 송서류(送序類)를 제작한다 해서 그 일을 떠들썩하게 기리곤 했다.

9) 金宗直, 『佔畢齋集』, 「文集」, 2. 「紀行錄」, 〈遊頭流錄〉; 陳直, 鄒鉉, 『壽親養老新書』, 3. 〈遊山具〉(『文淵閣四庫全書電子版』, 香港: 中文大學出版社, 1999.) "今爲三人 其諸應用物 共爲兩肩三人荷之 操幾杖持 蓋雜使更三人足矣 …… 或可用銀錢一二千……"

사정이 그런데 놀이를 위한 여행이란 호사자의 호기벽(好奇癖)이라는 혐의를 받기 알맞다. 그래서 유상(遊賞)으로서의 여행은 거주 지역 내 승경지나 이름난 대처의 승경에 한정되곤 했던 것이다. 그런데도 즐거움, 유상의 쾌감을 목적으로 한 여행을 했다면, 이토록 실질적인 불편을 감수할 정도의 어떤 절박함 같은 것이 있었지 않았을까 생각하게 하는 것이다. 그게 미학적 근거라면 그 심경, 미적 체험의 내용을 살펴보고 싶은 생각이 드는 것이다.

2. 박제가의 묘향산 여행

1) 묘향산과 여행

박제가(朴齊家, 1750~1805)의 나이 스무 살이던 1769년, 장인 이관상(李觀祥, 1716~1770)이 영변도호부사(寧邊都護府使)가 되었다.[10] 박제가는 무반 출신인 장인이 감영을 경영할 때에 문사(文事)도 돕고 자신의 과거 공부도 겸하여 영변에 따라 갔다. 박제가도 밝히고 있지만 유득공(柳得恭), 이덕무(李德懋) 등 박제가의 지기들은 이 기회에 묘향산(妙香山) 나들이를 다녀오라고 재촉했다.[11] 그해 박제가는 처남 이몽직(李夢直)과 함께 열흘 동안 묘향산 나들이를 다녀왔다.

묘향산은 여러 가지 면에서 특출한 산이다. 이 산은 금강산(金剛山), 지리산(智異山), 구월산(九月山)과 더불어 조선을 대표하는 4대 명산으

10) 『貞蕤閣文集』 3. 「行狀」, 「嘉善大夫行龍驤衛副護軍兼五衛都摠府副摠管李公行狀」, 『한국문집총간』 261. 647면 하우. 묘향산소기에 대한 해제는 안대회 역, 『궁핍한 날의 벗』, 태학사, 2000에 잘 나타나 있다.

11) 『靑莊館全書』 9. 「雅亭遺稿」, 1. 〈端午日 有懷楚亭生遊鐵甕城 寄長篇〉, 『한국문집총간』 257. 160면 하우~하좌.

로 꼽힌다. 어느 산이든 절이 없는 곳은 없을 터인데 묘향산은 특히 사찰의 명산으로 잘 알려져 있다.

묘향산에 사찰이 터를 잡기 시작한 것은 고려 전기로 올라간다. 1028년 탐밀(探密)이 절을 세워 화엄교관(華嚴敎觀)의 도량으로 삼았는데 공부하러 오는 사람들이 너무 많이 찾아오자 새로운 도량을 건설할 것을 결심했다. 이 일을 함께 한 사람이 탐밀의 세속 조카이자 제자인 굉확(宏廓)이다. 이 두 분이 힘을 합쳐 1042년 처음 절로부터 동남쪽으로 100보 떨어진 곳에 보현사를 세웠다. 24개의 전각에 243칸이었다고 하니 규모가 굉장하다. 그 뒤로 3백명의 승려가 안거하면서 염불번경(念佛繙經)을 했다.[12] 과연 고려 전기를 대표하는 서북 제일의 사찰이다. 『동국여지승람(東國輿地勝覽)』에는 보현사가 360개 말사를 두었다고 했다. 조선까지 보현사가 전국 최고의 사찰이었다는 말이다.

묘향산은 단군의 탄생처로 유명하다. 『삼국유사(三國遺事)』에는 묘향산은 태백산(太白山)이라는 이명을 갖고 있고, 거기에 환웅(桓雄)이 하생했다고 기록하고 있다. 단군이 탄생했다는 단군굴은 지금도 남아 있다. 여기에 덧붙여 고구려를 건국할 때에 주몽을 도왔던 오이, 부분노 등이 묘향산 부근의 행인국(荇人國)을 쳐서 무너뜨렸다는 기록도 주목할 필요가 있다.[13]

---

12) 金富軾(高麗)奉宣撰;文公裕(高麗)奉宣書, 〈文敬靖公妙香山普賢寺記帖 v1〉. 한국학중앙연구원 소장 MF35-10386 (한국역사정보통합시스템, 왕실도서관장서각 디지털아카이브에 의함.
http://yoksa.aks.ac.kr/jsp/aa/VolumeList.jsp?aa10up=kh2_je_a_vsu_B15FB^60_000&aa10no=kh2_je_a_vsu_B15FB^60_001)

13) 박제가, 묘향산소기, 김찬순 역, 『기행문선집(1)』, 조선문학예술총동맹출판사, 1964. 이를 저본으로 안대회(2000) 역본이 있다. 안대회(2000)의 번역문은 김찬순(1964)과 다르지 않으나 역문 인용은 이를 저본으로 한다. 다만 몇 군데는 의미에 따라 나의 번역으로 대신했다. 原文 인용의 출처는 안대회(2000)본에 실린 원문으로 한다.

단군 조선과 고구려 건국신화를 사회학적으로 해독하자면, 한반도에 초기 부족국가의 형태가 묘향산 부근에서 갖춰졌다는 의미는 아닐까? 그리고 그러한 부족국가의 형태는 쉽사리 사라지지 않고 단군 조선이 뒤바뀐 지 한참을 지난 고구려 건국 때까지 여전했다는 뜻이 아닐까? 묘향산은 한반도에 출현한 정체(政體)의 발상지라고 확언하기는 어렵다 하더라도 고대 국가 시절에는 한반도 내의 사회적 중심지였다는 것은 분명하다.

유학자의 입장에서 묘향산은 이단과 사설의 연수(淵藪)였으므로 사대부로서는 도학에 대한 사명감마저 느끼게 하는 곳이다. 박제가보다 두 세기 정도 앞서 묘향산을 기행한 이황의 문인 조호익(曺好益, 1545~1609)이 남긴 묘향산 기행 소감에는 사대부로서의 도도한 정신적 무장 같은 것이 드러나는데, 이것은 묘향산이 갖는 이러한 특성으로부터 연유하는 것이다.[14]

앞서 언급했듯이 박제가의 묘향산 탐승은 친구들의 부추김이 큰 동기가 되었다. 그리고 그 산행의 기록을 〈묘향산소기(妙香山小記)〉라는 제목의 기문으로 남겼다. 그 글에서 박제가는 묘향산이 갖고 있는 민족적인 의의나 종교적인 가치 따위에 대해서는 설명적인 필요를 위해 필요한 때 외에는 거의 언급하지 않았다. 박제가에게 중요한 것은 묘향산 탐승이 갖고 있는 미적인 의의이며, 그에 대한 심미적 체험이었던 듯 미적 대상과 심미 체험의 묘사에 주력했다. 이 때 박제가의 나이 스무 살이었으므로 청년기 특유의 고독감이나 단절감과 같은 것은 불안정한 심리 상태도 우수(憂愁)어린 감상적(感傷的) 표현으로 나타나 있다.

〈묘향산소기〉를 언급한 연구도 많고 이를 바로 다룬 연구도 축적되기 시작하고 있다.[15] 그런데 이러한 연구들은 대체로 박제가의 글에 대

---

14) 역문은 이혜순 외, 『조선 중기의 유산기 문학』(집문당, 1997)에 소수.

15) 박제가의 〈묘향산소기〉에 대해서는 정일남, 「묘향산소기 연구」, 『동방한문학』 30,

한 내용의 이해나 보편적인 조선 시대의 산수유기가 갖고 있는 시대적 특성을 분류하는 데 치우친 듯한 느낌이 든다. 18세기에는 산수 평론이 보편화되면서 산수에 대한 미학적 토론이 집중적으로 등장하는데[16] 박제가 기행 체험을 통해서 이러한 미학적 산수 취미를 구성하는 심미 체험을 구성해볼 수 있을 것이다. 이 글은 이를 다룬다.

2) 〈묘향산소기(妙香山小記)〉의 세계

1769년 9월 13일 임진일. 박제가는 영변 도호부의 철옹성(鐵甕城)을 떠나 동월 19일 무술일에 돌아왔다. 모두 7일간의 일정으로 묘향산과 용문산을 다녀왔다. 묘향산까지 가는 일정이 하루가 걸려서 묘향산은 14일 계사일부터 16일 을미일까지 사흘간, 용문산은 17일부터 18일 이틀간 머물렀다. 용문산(龍門山)으로 가는 데 하루, 용문산 유람이 하루, 용문산에서 영변 철옹성으로 돌아오는 데 또 하루가 들었다.

2006에서 본격적으로 다루었으므로 많은 참고가 되었다. 그 외 묘향산 유기에 관해서는 이종은, 「묘향산의 문학적 형상 일고」, 『한양어문』 16, 1998; 신익철, 「조선조 묘향산에 대한 인식과 문학적 형상」, 『반교어문연구』 17, 2004에서 다시 논했다. 현대 문학 연구자들 중에는 김현주, 「근대 초기 기행문의 전개 양상과 문학적 기행문의 "기원" - 국토 기행을 중심으로」, 『현대문학의 연구』 16, 2001에서 국토 기행의 유람적 가치를 문학적 기행문의 기원으로 이해하고자 했다. 고전에 대한 이해가 없는 바탕에서 이뤄진 것이어서 문예문으로서의 기행문의 역사적 이해가 왜곡되었다. 근대 이후의 묘향산 유기를 민족적 가치의 발견과 유람지로의 전락의 과정으로서 이해한 우미영, 「근대 여행의 의미 변이와 식민지/제국의 자기 구성 논리 - 묘향산 기행문을 중심으로」, 『동방학지』 133, 2006의 글은 여행 체험의 근대적 특수성의 문제를 다뤘다.

16) 산수품평에 대해서 이상주(2006: 219)는 趙龜命의 산수서화의 평론을 먼저 꼽는데 이는 서화에 대한 평론이지 산수 체험의 평론은 아닌 것 같다. 하지만 거기서 언급한 金昌協 그룹으로부터 비롯되는 취향임은 분명하다. 안득용(2006: 221)은 김창협 그룹에게서 산수 평론이 본격화되었다고 지적하고 있다. 박희병(1993: 216~217)은 산수기가 산수미의 완상으로 구성된다고 하였으나 목적적 동기를 고려할 때 도학적 산수 취미의 경우는 이와 지향점이 다르다.

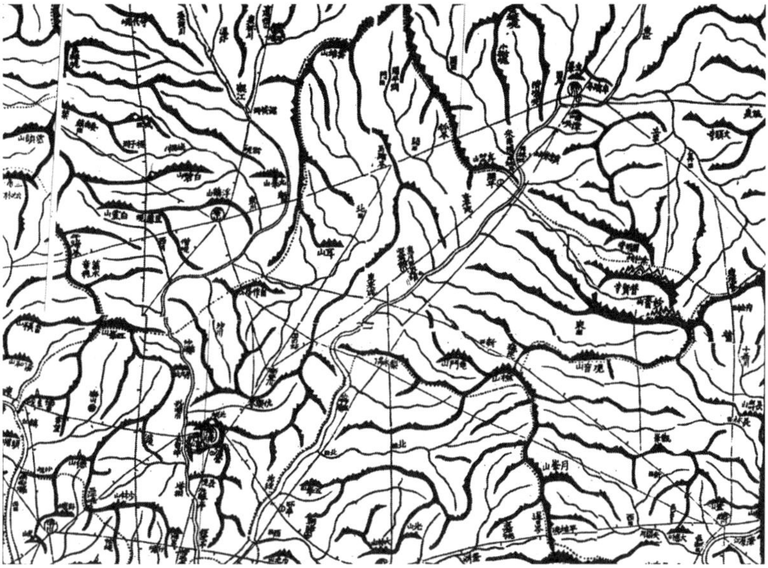

영변 철옹성, 묘향산 보현사, 검산 용문사가 보인다. 이 그림은 『大東輿地圖』를 편집했다.

출발한 첫째날은 석창역(石倉驛)에서 잠을 자고 그 다음날은 석창을 지나 천수대(天水臺)와 사절정(四絶亭)을 바라보면서 어천령(魚川嶺)을 넘고 향산천(香山川)을 따라 보현사(普賢寺)에 들어온 것으로 되어 있다. 이날 박제가는 보현사의 경내를 유람했다. 셋째 날에는 만폭동(萬瀑洞) 우족대(牛足臺) 쪽을 유람했다. 이날 박제가는 단군대(檀君臺)와 단군굴(檀君窟)도 탐방했다. 묘향산 유람 마지막 날에는 인호대(引虎臺) 쪽으로 가서 천신폭포(天紳瀑布)와 산주폭포(散珠瀑布)를 유람했다. 비로봉이나 향로봉에 오르지는 않았지만 묘향산 유람의 정석을 밟은 셈이다.[17] 용문산에 가서는 용문사(龍門寺)와 관해암(觀海菴),

17) 서신혜 황인건, 『오천년 역사 묘향에 오르다』(평단, 2006)는 센세이셔널한 제목으로 묘향산 기행문, 시편들을 잘 정리해 소개했다. 거기에 상원동 등산로와 만폭동 등산로를 소개했다.

백삼(白森)을 유람하고 돌아왔으며 산행의 시간은 하루가 걸렸다.

여행 기간 이레 중에서 산행 기간은 사흘이다. 나흘은 산으로 가는 여정에 소요되었다. 그것도 여행의 정취를 만끽하는 즐거운 일이기는 했지만 정작 산행의 시간이 짧았기에 박제가는 그 아쉬움을 이렇게 말했다.

> 묘향산 구경은 정녕 총총하여 이곳저곳 다 찾아보지 못하였다. 그러나 佛智菴, 見佛寺, 賓鉢寺 같은 이름 난 절과 좋다는 경치는 모두 한 번 돌아보았다. 그러나 길이 끊겨 비로봉과 향로봉을 올라 요동과 황해를 바라보지 못한 것이 유달리 한스럽다.[18]

길면 길다고 할 수 있겠지만, 재촉하면서 길을 잡아 제대로 보지 못했다는 한타는 과장은 아닐 것이다. 특히 묘향산의 최고봉인 향로봉은 오르지 못한 것은 큰 아쉬움이 남았던 모양이다.

이렇듯 아쉬움이 남지만, 박제가는 묘향산 산행에서 무엇을 기대했고, 무엇을 얻었을까? 다음 대목은 묘향산 산행을 돌아보면서 박제가가 토로한 산행 체험의 목적과 방법에 대한 총괄이라고 할 수 있는데, 이를 통해서 산수 체험의 착안처를 짐작할 수 있지 않을까 한다.

> 무릇, 유람이란 아취를 위주로 해야 한다. 날짜의 제약을 받지 않고 아름다운 데를 만나면 바로 멈추고 知己之友를 이끌고 會心處를 찾아야 한다. 복잡하고 떠들썩거리는 유람은 나의 뜻이 아니다. 속된 사람들은 "선방에서 기생을 끼고 시냇물 가에서 풍악을 베푼다. 이야 말로 꽃 아래서 향을 피우며 차 앞에 과자를 놓은 꼴이다. 어떤 이는 와서, "산 중에서 음악을 들으니 어떻던가?" 하고 물었다. 나는, "나의 귀는

18) 안대회(2000: 288).

다만 물소리와 스님의 낙엽 밟는 소리만을 들었노라."고 대답하였다.[19]

취(趣)란, 어떤 것에 있는 깊은 맛[旨趣], 그의 격에 맞는 멋[風致]이라는 의미를 갖고 있다. 산행의 목적으로서 '취'란, 곧 산행에 깃들여 있는 깊은 아름다움만을 구하는 행위라고 할 수 있다. 이를 위해, "(1) 아름다운 곳[會心處]을 만나면, (2) 날짜의 제약을 받지 않고 바로 멈추어서, (3) 知己之友를 이끌고 찾아야 한다." 이것을 '시간과 여정에 매이지 않는 자유로운 상태에서 아름다운 대상물을 만나 깊이 느껴야 한다.'는 말로 옮겨 놓을 수 있다. 일상적 제약으로부터 자유로운 상태에서 미적 대상만을 관조하는 자유로운 마음의 심미적 구동 상태가 바로 취(趣)를 위주로 하는 심미 체험이라는 말이다.

속인들은 이와 달라서 대상이 갖는 고유한 아름다움을 그의 격에 걸맞게 즐기지 못하고 놀이로서 즐기려고 한다. "선방(禪房)에서 기생을 끼고, 시냇물에서 풍악을 베푸려" 하니 그것은 "마치 꽃 아래서 향을 피우는 격이고, 차 앞에 과자를 놓는 꼴이다."

꽃 아래 향을 피우는 것, 차 앞에 과자를 놓는 것은 꽃의 꽃다움, 차의 차다움을 망치는 일인데, 산을 찾아 산의 아름다움을 감상하지 않고, 기생을 끼고 풍악을 잡히는 일은 산의 아름다움을 망치는 일이라는 것이다. 꽃 아래서 향을 피우면, 꽃의 고유한 향을 구분해내지 못하는 것이고, 차 앞에 과자를 놓으면 차 맛이 아닌 과자 맛을 느낄 뿐이다. 비유는 천근(淺近)하지만 의미는 심장하다.

이러한 미적 태도를 산수를 즐기는 일에 적용하면, 우선 산수가 갖고 있는 고유의 맛을 구분해 내어야 하고, 그리고 그 고유한 맛을 즐길 줄

---

19) 안대회(2000: 288).

알아야 하는 일로 된다. 이를 미적 감수성의 문제로 확대하면, 다음과 같은 세 가지의 미학적 명제를 추출할 수 있다.

> 첫째, 어떤 것은 미적 대상으로서는 그것만이 갖고 있는 고유의 맛이 있어야 한다.
> 둘째, 그것을 미적 대상으로서 심미 체험하기 위해서는 그것이 갖고 있는 고유의 맛을 구분해내어야 하는 인식적 변별 능력이 있어야 한다.
> 셋째, 이렇게 변별된 고유의 맛으로부터 유쾌의 감정을 끌어낼 수 있는 심미 체험이 있어야 한다.

산수의 고유한 아름다움 곧 산수의 멋은 추상적이고 관념적인 삶의 태도나 산수로부터 발견하는 진리의 실체 이전에 산수로 현상(現象)된, 현전(現前)하는 산의 아름다움에서 오는 것이다. 그것은 산수로부터 다른 곳으로 눈을 돌리지 않고 그 존재 자체에 주목하는 일이다. 그것이 중요하다. 아름다운 대상은 그것이 환기하고 있는 그것 너머의 어떤 다른 것 때문에 아름다운 것이 아니다. 바로 그것이 우리 감관에 주는 고유의 형식적 특수성 때문에 아름다운 것이 되기 시작한다. 심미 체험은 대상이 갖고 있는 바로 이 고유의 멋[美]에 대한 체험인데, 이는 대상이 갖고 있는 관능적 감각으로부터 출발한다.

3) 회심처의 두 모습

박제가의 말대로 유람객이 그 회심처(會心處)에 이르면 그 발걸음이 떨어지지 않는다. 김창협(金昌協)은 그것을 다음과 같이 묘사했다. 송도 유람 중에 있었던 일이다.

> 매양 마음에 드는 곳[會心處]을 만날 적마다 흔연히 남여에서 내리고는, 앉으면 일어서기를 잊고, 일어서면 가기를 잊으므로 딸린 자들이 가끔 길을 재촉한다. 그 성화를 견딜 수 없어야만 가며 가다가는 또 서곤 한다.[20]

김창협이 그랬던 것처럼 박제가도 회심처를 만나게 되면 남여에서 내려 바장거리며 갈 길을 잊곤 했다. 박제가에게 회심처는 허물어진 고적(古跡)과 호쾌하게 내려 흐르는 폭포였다.

탐밀(探密)이 처음 세운 안심사(安心寺)에는 전국 제일의 부도(浮圖)밭이 있다. 본래 석물(石物)이란 세월이 흐르면 자연스럽게 마멸되어 가기도 하지만, 겨울에 탁본을 뜨느라 언 비를 불에 쪼이는 등 사람의 손을 만나 돌이 터지기도 했으므로 박제가가 들렀을 때 안심사 부도밭의 석물들은 풍상에 시달리고 인재(人災)를 만나 석편(石片)으로 쪼개어져 널려 있었다.

> 비석 밑에 누운 거북 臺石은 장님이 되어 걸터앉았고 머리에 비석을 들고 앉은 용은 다리가 떨어져 나갔다. 안내인은 비문을 읽고 손으로 어루만지면서 古蹟이라고 한다. 옛 것이라는 것은 어디서도 찾을 데가 없음을 한하여 오던 나이다. 그런데 이제 가을 산, 돌조각 사이, 시든 풀, 찬이슬 속에 옛 것이 있지 않는가! 또 옛것이 나와 더불어 무슨 상관이 있다고, 그것을 대하여 서글프고 심란해서 이곳저곳 바장이며 자리를 떠나지 못하고 머뭇거리는 것일까? 빈 산, 떨어지는 해, 끊어진 다리, 흐르는 물, 이곳이야말로 예로부터 옛것을 어루만질 수 있는 곳이로구나![21]

20) 金昌協, 『農巖集』 23. 「記」, 〈游松京記〉, "每遇會心處 輒欣然下輿 坐忘起起忘步 從者輒以前路相迫 至不勝聒乃行" 『총간』, 162. 165면 상우.

21) 안대회(2000: 282).

옛 도시에 남은 과거 문물 전장의 자취, 고동서화(古董書畵)나 잔결의 비편 따위는 모두 사위어 가는 제도와 무너져가는 유물들은 쇠잔한 운명을 보여주는 것 같아 서글픈 감회를 느끼게 한다. 하지만 서재에 앉아 고동서화를 감상하는 상고취미는 서재 안으로 들여와 손바닥 안에 놓인 시간의 조각을 들여다보는 일에 불과할 따름이다.

그러나 그 자신을 거대한 시간의 흐름 속에서 돌아다보게 되면, 예를 들어 조각만 남은 옛 도시의 문물 앞에 서 있거나 수 천 년을 두고 변함이 없을 대자연에 서게 되면, 그 자신의 왜소함을 절감한다. 전에 서재 안에서 손바닥에 쥐었던 것처럼 여겼던 시간은 이제는 거역할 수 없는 대자연의 이법으로 자리하게 된다. 그리고 자기 자신은 시간의 장구한 흐름 속에 자연의 거대한 공간 속에 그저 잠깐 자리를 차지하다가 사라지는 과객일 뿐임을 절감한다. 〈춘야연도리원서(春夜宴桃李園序)〉에서 볼 수 있는 이 우수(憂愁)를 감수성 예민한 청년 박제가는 안심사 부도밭에서 절감하는 것이다.

박제가는 텅 빈 산으로 지는 석양 속에서 방황한다. 텅 빈 골짜기 속에서 얼마나 쓸쓸한지, 석양 앞에서 얼마나 덧없는지, 끊어진 다리 앞에서 얼마나 외로운 지, 도도하게 흐르는 물 앞에서 얼마나 왜소한지 느낀다. 길은 황폐해져 이젠 숲에 묻혀 버리고, 다리는 끊어지고 건널 수 없다. 그 순간 더 이상 갈 곳이 없다는 한계에 직면한다. 한계는 엄연하여 초월은 가능하지 않다. 그것은 인간적 한계에 대한 깊은 자각으로 이어진다.

박제가의 발걸음을 잡은 두 번째의 것은 폭포이다. 폭포에 대한 기록은 박제가의 글만 아니라 대부분의 유산기에 빠짐없이 등장한다는 점을 주목할 필요가 있다. 그 장쾌하고 호쾌함은 자수(自守)와 정양(靜養)을 위주로 공부해온 사대부들의 정신 체험이나 농경의 풍경에서 살아왔던 생활 체험으로부터는 경험하지 못한 독특한 현상이기 때문일 것이다.

萬瀑洞에 앉자 석양이 사람을 비춰 준다. 웅장한 바위가 고개 모양을 한 데를 긴 폭포가 넘어 흐른다. 물줄기가 세 번 꺾이고야 비로소 밑으로 떨어져 바위 뿌리를 짓씹는다. 떨어지는 물줄기가 못 속으로 쏟아져 움푹 들어가고는 다시 솟구쳐 일어나니 고사리 움이 주먹을 움켜쥐고 나오는 것도 같고, 용의 수염도 같다. 범의 발톱인 양 마치 무엇을 움킬 듯하다가 멈칫한다. 뿜어대는 소리를 내고 한번 굽이치더니 그 아래로 서서히 넘쳐 오른다. 주춤하다가 다시 쏟아지니 마치 기침을 하는 것 같다. 가만히 한참을 듣고 있었더니 내 몸 또한 그와 더불어 호흡을 같이하는 느낌이다. 이윽고 잠잠하여 아무 소리도 없는가 하면 다음에는 더욱 사납게 소리친다.[22)]

박제가는 가슴 속의 용동(聳動)을 더 이상 견딜 수 없어 물로 뛰어든다. 물속에서 물장난을 하는 장면은, 물수제비를 띄우는 장면과 함께 치밀하고 아름답게 묘사되어 이 유산기의 명장면으로 꼽을 만하다.

바지를 정강이까지 걷어 젖히고 소매를 팔꿈치 위로 걷어 올렸다. 두건과 버선을 벗어 깨끗한 모래판에 내던진 후 둥글넓적한 바위에 엉덩이를 고이고 잔잔한 물을 앞에 두고 걸터앉았다. 작은 나뭇잎 배는 잠길락 뜰락, 배는 자줏빛, 등은 노랗다. 돌을 싸고 엉킨 이끼는 곱기가 미역과 같다. 발로 물을 쫙 베니 발톱에서 폭포가 일어나고 입으로 물을 뿜었더니 이 사이로 비가 쏟아진다. 두 손으로 물을 허위적거리니 물빛만 번뜩일 뿐 그림자는 보이지 않는다. 눈곱을 떼고 얼굴의 붉은 술기운도 씻었다. 때마침 가을구름 한 덩이가 물에 비치며 나의 정수리를 어루만진다. 많고 많은 나무가 골짜기를 끼고 한 길로 늘어서

22) 안대회(2000: 279~280).

있다. 먼 하늘은 폭포 위에 걸려 있어 목만 늘이면 닿을 성싶다.[23]

그리고 박제가는 폭포를 거슬러 올라갈 생각을 한다. 밑에서 폭포를 거슬러보면, 거대한 물줄기의 압력과 박력 앞에 왜소해지는 경이감을 느끼겠지만, 위에서 폭포를 굽어보면 거칠 것 없이 통쾌하게 흘러내리는 물줄기 속에서 시원한 감정의 유로(流露)를 느끼게 된다. 박제가가 주장했던 것처럼, 위에서 내려다보는 폭포는 또 다른 모습을 보인다.

> 나는 폭포를 거슬러 올라갔나. 바위는 펀펀하고 넓었나. 어지러이 물이 흘러 발을 붙이기가 어려웠다. 남들은 아래서 내가 떨어질까 걱정하면서도 말리지 못하고 바라만 볼 뿐 올라오지 못하였다. 한 걸음 더 올라 머리를 돌려보니 나를 부르는 손과 입을 또렷이 셀 수 있다. 다섯 걸음 올라 머리를 돌려보니 그들의 눈썹이 아직도 나를 향해 치켜져 있다. 열 걸음 뒤에 돌아보니 갓 테두리가 상투처럼 가물거릴 뿐이다. 100보쯤 더 올라가서 돌아보니 저 멀리 洞口의 사람들은 폭포 밑에 와 앉은 듯이 보이고, 폭포 밑의 사람들은 이미 보이지 않았다. 거친 숲에는 길이 끊기고 멀리 해도 낮아졌다. 문득 오싹해지며 겁이 나서 나도 모르게 걸음이 바빠졌다. 밀려갔던 나뭇가지는 얼굴을 때리고 엉켰던 가지는 옷을 찢는다. 쌓인 낙엽 속으로 샘물이 스며 무릎 아래는 진창이다. 그러더니 진창이 끝나고 폭포의 근원이 나타났다. 맑은 샘이 잔잔하여 소리 없이 돌부리를 감아 흐른다. 북쪽으로 큰 골짜기가 내려다보이는데 휑하고도 으슥하다. 붉은 단풍이 골짜기를 가득 채우고 있을 뿐 아무것도 없다. 그 너머에 香爐 上峰이 지척에 솟아 바로 건너올 듯하다. 허공에 길을 만들어 다리 하나 놓으면 건너련만 仙凡이 갈린 양 아득하여 바라만 볼 뿐 갈 수는 없다. 결국 서글픔을 머금고 돌아올 수밖에 없었다.[24]

23) 안대회(2000: 280).

박제가가 돌아와 보니 일행은 이미 일정을 재촉해 떠났다. 일행은 뒤에 남은 박제가를 위해 남여를 한 채 남겨 놓았다. 위험을 무릅쓰고 폭포를 거슬러 가서 위에서 내려다보는 일에 동행한 사람도 없었지만 그 취미를 기다렸다가 들어줄 사람도 없었다. 남여만 한 채 덩그마니 남은 모습에서 박제가는 이런 미적 취미에 따르는 단절감 같은 것을 새삼 느꼈던 것 같다.

3. 박제가 기행문의 미적 특성

1) 기(奇)와 쾌(快)

조선시대 사대부들에게 폭포와 기암은 참 이채로운 정경이 아닐 수 없다. 이 둘은 인간이 무리지어 모여 살고 있던 마을이나 촌락에서는 보기 힘든 것으로서 낯선 것이다. 낯설기 때문에도 그랬겠지만 폭포나 격류, 기암 절벽 따위는 위험한 것이어서 가까이 하기 어렵다. 이렇게 폭포나 기암은 모두 가까이 하기 어려운 낯설음의 감정을 일으킨다. 그것이 기(奇)라고 표현되는 것이다.[25)]

낯설음 외에도 폭포나 기암이 갖는 공통의 감각적 관능은 또 있다. 절벽으로부터 폭포가 쏟아지는 장면은 관찰자의 마음속에 한량없는 수직 하강으로 각인된다. 쏟아지는 물줄기의 한량없는 수직 하강의 한편에는 그것의 배경으로서 견디고 섰는 기암이 있다. 기암은 폭포를 상대

---

24) 안대회(2000: 187~188).

25) 정일남(2006)은 박제가가 신기를 추구하고(289면) 이것은 기괴함으로까지 이어진다고 지적했다(306면). 이러한 경향은 박제가 개인의 심미적인 취미에 그치지 않고 당대의 보편적 현상이 박제가에게, 박제가의 취미 판단으로 발현되어 나타나는 것이라고 생각한다.

로 수직 상승의 대비 효과를 불러일으킨다. 쏟아지는 폭포와 우뚝 솟은 기암은 상호 길항하면서, 한량없는 낙하와 억제할 길 없는 비상의 인상을 전해주는 것이다. 관조자는 수직 하강과 수직 상승의 장쾌함을 느끼게 된다. 그것이 쾌(快)이다.

여기서 사대부의 일상과 공부의 내용을 생각해보자. 사대부들이 교양 습득의 길로써 독서와 심성 수련의 방편으로써 정좌(靜坐)를 얼마나 중시했는지는 새삼 강조할 필요도 없는 일이다. 그 중에서 정좌는 고요히 앉아 자신의 내면을 살피고 들뜬 마음을 가라앉혀 평상심을 회복하는 방법이다.

이 방법이 상(常)을 추구하기 위함임을 주목해야 한다. 상(常)은 곧 정상(正常)이며 통상(通常)이고 일상(日常)이다. 항상(恒常) 있기 마련인 것이고 항상 그대로를 유지하기 위해 노력해야 하는 것이기도 하다. 다시 말해서 사대부들의 정좌는 본래 그대로의 통상적이고 일상적이며 항상 있는 그것을 항상 그대로 늘 간직하기 위한 심성 수련의 방법이었던 것이다.

기(奇)를 좋아하는 호기(好奇)나 그것을 찾아나서는 엽기(獵奇)는 상(常)과는 배치된다. 이황(李滉, 1501~1570)이 산수에서 기이함을 추구하는 일을 경계한 것은 16세기 도학적 산수 취미의 가장 전형적이고 단적인 예를 제시한다고 하겠다.

> 명산을 유람하는 자는 그 說이 본래 '奇'를 위주로 하지만 그 奇라는 것도 각각 일정한 한계[分劑]가 있어야 하고 그 말에도 각각 타당한 바[攸當]가 있어야 합니다. 만약 매양 궤이한 의론을 좋아하고 혹 이를 위해 억지로 설을 지으면 틀림없이 그 형세가 마음이 방탕해져서 돌아올 줄 모르고, 학문이 아무렇게나 흘러가 기이한 것을 추구하는 데에 이를 것이니, 老莊이나 釋氏의 무리들이 이런 사람들입니다. 그러므로

> 내 소견으로는 이와 같은 점들을 다 없애버린 후에야 바야흐로 선을 다했다[盡善]고 생각합니다.[26]

그러므로 산수 취미는 엽기 행각이 아니라 주변 산수에 대한 경건한 산행으로 이어져야 한다. 대체로 이황의 집경제영시는 주거지를 중심으로 경관을 끌어들이려는 구심적 경향을 보이고[27] 이러한 성향은 16세기 이후 급증하는 유일(遺逸)들의 산수 취미에서도 다시 나타난다. 자기가 주거하고 있는 지역의 산수 유람 내지 교유하고 있는 다른 은거 선비들의 은거지 방문 형식으로 유람하는 것이 보편적이었는데[28] 이것이 통상적인 사대부들의 산행의 모습이었다.

이것은 18세기까지도 사대부들의 통상적인 생각이었던 듯하다. 함경도 경성(鏡城)사람 박종(朴琮, 1735~1793)은 박제가의 장인인 이관상의 지우를 입기도 해서 박제가와는 무관하지 않았던 이인데, 이 이가 백두산 여행을 떠날 때의 일이다. 그의 종형(從兄)이 산행을 말리면서 이렇게 말했다.

> 고요히 앉아 상상한다면 한 침상 안에도 스스로 천하강산의 풍경이 있을 것이어늘 하필 험하고 위험한 데를 무릅쓰고 들어가 궁벽한 곳을

---

26) 『退溪集』 권35. 「書」, 〈與金舜擧八元○癸亥〉 『총간』, 30. 290면 하좌~291상우. 이종호(1989)(「퇴계 미학의 기본성격 (상)」, 『퇴계학』 1, 146면)는 이 대목을 두고 이황이 명산의 기이함을 인정했다고 했다. 그러나 문맥을 보거나 이황의 사상으로 보거나 그렇지 않은 것 같다.

27) 김성룡, 『여말선초의 문학사상』, 한길사, 1995, 225~226면. 이러한 경향은 사림들의 산행에서도 찾을 수 있다. 김종직이 지리산을 吾鄕之山으로 부르거나, 이황이 청량산을 吾家山으로 일컫는 것은 이들 산을 정신적 구심점으로 이해하고 있음과 함께 이들의 산행이 구심으로 향하는 도덕적인 숭고함의 체험이라는 정신적 지향을 갖고 있음을 잘 보여준다.

28) 강정화, 「16세기 유일의 산수 인식과 문학적 표출 양상」, 『남명학연구』 23, 2007, 299면; 332면.

> 찾고 기이한 광경을 보아야만 수양하는 방도로 되겠는가. 나는 그대의 뜻을 추측해보건대 점점 허탄한 한 편으로 쏠리는 듯하니 아마도 침착 안정을 주로 하는 품성 수양에는 결함이 있는 것만 같은데 그대는 어떻게 생각하는가?[29]

이 비난은 비단 박종에게 한하는 것은 아닐 것이며 또 이런 생각이 경성 비촌에 살고 있던 한 촌로의 것으로 그치는 것은 아닐 것이다.

물론 상상은 주거지 주변의 작은 여울은 큰 격류가 되고 물결은 격동이 되며 주먹만한 조약돌도 바위가 되고 기암이 되게 만들어 일상을 벗어나게 하는 능력을 갖고 있는 것이 사실이다. 그러나 상상은 자신의 체험을 자료로 한다. 사람들은 기암절벽과 격류나 폭포를 피하여 평온한 환경 속에 촌락을 형성하기 마련이므로 여기서 대부분의 생애를 보냈던 중세인이 발휘한 풍경에 대한 상상력은 지금의 현대인이 생각하는 것보다 훨씬 더 순치되고 길들여진 자연을 바탕으로 이루어지지 않았을까 싶다. 하지만 여행은, 이렇게 길들여진 상상력의 한계를 깨뜨린다. 실제 현실의 폭은 자신이 경험으로 길들여진 생활이 제공하는 상상을 뛰어넘는 것이 다반사이기 때문이다.

박제가보다 조금 뒤의 사람으로서 정치가로 활동했던 이상수(李象秀, 1820~1882)라는 이가 금강산을 유람하면서 쓴 글을 읽어보면, 평소에 상상하던 한계가 어떻게 파탄에 이르는지 아주 생생하게 증언하고 있어 당대 사대부들의 여행 체험에서 나온 미적 감동을 엿볼 수 있다.

---

29) 박종, 〈백두산유록〉, 앞의 김찬순(1964: 14) 역주본에 의함. 〈백두산유록〉은 손혜리, 「당주 박종의 백두산유록 연구」, 『대동한문학』 26, 2007. 대동한문학회에서 연구했다. 무반 양반이면서 사대부 의식을 가진 박종의 기행은 사대부 의식을 대표하는 종형의 세계와 다른 취미로부터 기인했다는 점을 중시하지는 않았다.

> 그러나 사물의 크기가 대단히 크다면 그 변화가 없을 수 없으니 그 것은 사람의 생각으로부터 나올 수 있는 것이 아니다. 하물며, 마음속에 있는 것이 지극히 적은데 갑자기 그것에 맞닥뜨리게 되면 어찌 허둥대지 않을 수 있겠는가.[30]

이상수는 명경대를 지나면서부터 산과 봉우리와 계류가 더욱 기특해지는 것을 경험한다. 수렴동 수렴폭포 속에서 쏟아지는 물, 흩날리는 물보라, 그리고 온 몸을 흔드는 굉음. 물줄기는 장구한 세월을 격렬하게 쏟아 내리고, 기암은 그 물줄기를 온 몸으로 맞으면서도 탑신처럼 우뚝 치밀어 솟아올라 버티고 서 있다. 그 앞에서 이상수는 조그만 돌한 웅큼의 물로써 상상할 수 있던 상상의 한계가 깨어지는 것을 경험한다. 그로 하여금 다시금 놀란 듯이[色然而駭], 엄숙한 듯[莊然而思] 느끼게 했던 그것은 한계를 넘어선 자연이었다. 이렇게 유람에서 만나는 자연은 낯설음과 한량을 넘어섬으로써 일상적 상상의 한계를 넘어선 감동을 준다.

자연은 미끌어져 떨어지거나 급류에 뜻하지 않게 휩쓸려 내려갈 수도 있기에 실제로 위험하다. 폭포 부근에서 다리가 떨려서 가기 어렵다는 말이 단순히 엄살은 아니었을 것이다. 그런 실질적인 위험이 어느 정도 불식되면 비로소 이것은 관조의 대상이 된다. 그것은 인간이 생각하고 추측했던 양을 넘어서는 크기, 힘, 압력으로 압도한다. 양적 한계의 극대치를 관조하는 쾌감, 그것은 칸트의 말로 숭고의 체험이다. 선인들의 일화나 역사, 관념 속에서 찾던 숭고 체험은 이제 유람을 통한 체험으로 전이되어 구체적 자연, 외재적 대상물로 이동한다. 아취[趣]의 멋[味]은 바로 산수자연의 관능적 아름다움 그 자체를 즐기는 일로 된다.

---

30) 이상수, 〈동행산수기〉, 앞의 김찬순(1964: 220) 역주본에 의함.

> 지금 만일 더위에 무거운 짐을 지고 길에 시달린 사람이 가다가 무성한 나무와 맑은 시내를 만난다면 누구든지 시원하고 반가워 차마 놓고 그거 가지는 못한 것이다. 지금 세상에서 복잡한 일에 시달린 사람도 그윽한 숲, 청정한 땅에 수석이 아름다운 데를 가게 되면 또한 시원하고 조하서 차마 놓고 가지 못 할 것이니 이 두 경우가 무슨 다름이 있느냐. 『시경』에도 "뉘 능히 뜨거운 것을 쥐고야 찬물로 헹굴 생각을 아니하랴?"라고 하지 않았는가? 이는 천하 사람의 공통한 심정인 것이다. 그러나 욕심이 심한 자는 딴판 다르니 석공은 돌을 보면 때려서 계란이나 주초를 만들 생각만 하며, 목공은 나무를 보면 베어서 그릇을 만들 생각만 하며 품은 바가 다만 자기의 이익을 생각할 뿐이다. 만일에 저 의관을 차린 부귀한 사람이 절경을 만나게 되면 또 반드시 기생을 이끌고 살진 고기를 굽고 음악을 베풀고 또는 앞잡이를 놓아 서슬 좋게 호령 쳐 길을 물리며 떠들어 댈 것이니 이러고야 이른 바 시원하고 좋은 그 즐거움이 어찌 능히 길 수 있겠는가?[31)]

박제가나 이상수는 19세기에 유행했던 산행놀이를 비판한다. 이해관계를 가진 눈으로 바라보는 자연은 진정한 상자연(賞自然)이 아니기 때문이다. 산수자연이 갖는 아름다움은 그것에만 한하는 특정한 것이다. 산수자연이 다른 대상으로 전용될 때의 산수자연은 다른 것을 목적으로 하는 실용적 수단이 된다. 유용한 것은 쾌적하고 편리한 즐거움을 줄 수는 있지만, 산수자연이 갖고 있는 그 고유의 아름다움에 기인한 쾌감, 미적 감동을 줄 수 없다. 산수자연의 아름다움이란 그것을 목적으로 한 새삼스러운 관조일 때 발견할 수 있다. 그래서 산수자연의 미를 찾아나서는, 즉 낯선 곳에 자리하고 있는 것을 찾아 나서는 행위, 탐승의 행위가 요청된다.

---

31) 이상수, 〈동행산수기〉, 앞의 김찬순(1964: 231) 역주본에 의함.

이제 그 미적 근거를 좀 더 논의하기로 한다.

2) 취(趣)와 미(味)

무엇을 즐긴다는 의미는, 주체로 하여금 즐거움을 준 대상의 영역과, 대상으로부터 촉발되어 주체에 환기된 즐거움의 상태로 나뉜다. 대상이 갖고 있는 고유한 멋이라는 의미에서 취(趣)는 대상으로부터 환기된 즐거움의 상태라는 의미에서의 락(樂)과 서로 구별된다. 가난하거나 부유하거나 주어진 삶을 즐긴다는 것은 그 즐거움의 상태를 말한 것이므로 락(樂)인 것이지 가난에서 취(趣)를 찾는 것은 아니다. 그에 반하여 취(趣)란 즐기되, 대상에 한정하여 즐거움을 찾고 기뻐하는 태도에 가깝다. 골동서화는 락(樂)보다는 취(趣)가 더 어울린다.

산수에서 취(趣)를 발견한다는 것은 산수에 살면서 낙천지명의 삶을 누리려 한다는 뜻과 다르다. 산수에 살면서 낙천지명의 삶을 누릴 때, 산수는 삶의 외적인 환경이 된다. 하지만 산수에서 취를 발견한다는 것은 산수를 취미의 대상, 즐거움의 대상 곧 구체적이고 개별적인 완상물로서 이해한다는 뜻이다. 산수에서 취(趣)를 발견한다는 것은 삶의 외적 조건으로서 환경처럼 둘러져 있던 바로 그것으로부터 미적인 것을 발견한다는 것을 말한다.

산수의 미적 특성, 즉 산수가 갖고 있는 고유의 미는, 지금 눈 앞에 있는 산과 강, 이 자연적 환경 그 자체가 갖고 있는 아름다움이다. 산과 강은 삶의 외적 환경으로서 적당하여 쾌적함을 주기 때문에 좋은 것도 아니고, 가치 있는 다른 어떤 것을 생각나게 하는 연상체(聯想體)의 구실을 하기 때문에 좋은 것도 아니다. 그것은 산과 강으로서 현전(現前)해 있는 그것에 고유한 특성의 아름다움이다. 이것을 발견한다는 것은 산과 강이 갖고 있는 고유의 멋[美]과 개개의 맛[味]을 발견한다는 것이다.

박제가가 맛[味]을 얼마나 중시했는지는 아주 잘 알려진 일이다. 박제가는, "무릇 사물이 변화하여 마음을 움직이고 눈을 즐겁게 하는 것은 모두 맛이다.(凡物之變化端倪 有足以動心悅目者皆味也)"라고 했다. 맛이 있는 것은 모두 쾌를 준다는 것, 즉 맛은 쾌에 대하여 충분조건이라는 말이다. 서구의 미 지각 이론을 연상하게 하는 이러한 논의가 박제가의 글에서 그대로 나타난다. 그것을 박제가는 이렇게 말했다.

> 선발하는 것이란 무엇인가? 그것은 선택하되 서로 섞이지 않는 것이다. 한 가지 일색으로 하는 것이란 선발해서 다시 혼합한 것이니 애초에 뭣 때문에 선발했는가 싶다. 맛이란 무엇인가? 구름 낀 노을과 비단에 놓인 자수를 보지 못했는가? 순식간에 마음과 눈이 함께 옮겨가고 지척지간에도 움츠렸다 펼쳤다 다양하다. 대강 보아 넘기면 그 실정을 얻을 수 없고 자세히 음미하면 그 맛이 무궁하다. 무릇 사물이 변화하여 마음을 움직이고 눈을 즐겁게 하는 것은 모두 맛이다. 입만 일컫는 것이 아니다. 선발한다는데 어째서 맛을 취하는가? 대체로 짜고, 시고, 달고, 쓰고, 매운 다섯 가지의 맛은 혀로부터 얻어서 얼굴에 이르게 되는 것이니 속일 수 없음이 이와 같다. 그렇지 않으면 맛이 아니다. 맛이 없는 것을 먹는 것은 먹지 않은 것과 같다. 그러니 선발하는 법이 어찌 다르겠는가? 온갖 맛을 다 갖춘다는 것은 무엇을 말하는가? 선택을 하되 하나로 하는 것이 아니라 각각 그 하나씩을 든다는 것이다. 신맛은 아는데 단맛은 모르는 사람이라면 맛을 아는 사람이 아니다. 단맛과 신맛을 저울질해 넣고 짠맛과 매운맛을 적당히 얽어서 구구하게 채워 넣는 사람이라면 선발하는 방법을 아는 사람이 아니다. 신맛이 필요할 때는 지극히 신맛을 선택하고, 단맛이 필요할 때에는 지극히 단맛을 선택하는 때에 비로소 맛에 대해서 말할 수 있다.[32)]

구름 낀 노을이든 비단에 놓은 자수든 어떤 사물은 그것을 흥미로운 것으로서 관찰하기 시작할 때까지는 그저 심상한 응시의 대상에 불과하다. 그것에 흥미를 느끼고 바라보기 시작하는 순간, 이 심상한 하늘, 평범한 비단 조각은 자미(滋味)가 넘치는 흥미로운 관찰의 대상물, 곧 미적 대상이 된다. 이러한 미적 대상은 마음을 움직이고 눈을 즐겁게 하는 미적 감동, 곧 쾌(快)를 준다.

이러한 선언에서 두 가지 의미를 찾을 수 있다. 첫째, 미적 감동을 주는 모든 것은 맛을 가지고 있다는 것이다. 그래서 대상을 대강 보아 넘기지 않고 자세히 음미하면 모든 것은 다 그의 맛이 있음을 발견하게 될 것이다. 이것은 중요한 발언이다. 사물마다 모두 맛이 있다는 말은 사물마다 그것을 다른 것으로부터 구별하는 고유한 맛이 있다는 말을 한 것이다. 구름 낀 노을이 주는 맛은 비단에 놓은 자수가 주는 맛과 구별되는 맛이다. 사물마다 맛이 구별되는 것은 본래 스스로 저절로 그런 것이지 그렇게 구별하려고 해서 구별되는 것이 아니다. 사물이 갖고 있는 고유한 맛은 본디 그것이 저절로 간직하고 있는 자연스러우며 당연한 것이다. 이렇게 되면 미적 대상의 고유미는 그 대상의 자연스러우며 당연한 현상이 된다.

둘째, 또한 여기서 미적 대상의 고유미에 대한 두 가지 시사점을 얻을 수 있다. 첫째 서로 다른 사물은 서로 다른 맛, 즉 그것만의 특수한 맛을 갖는다. 그리고 둘째 어떤 사물의 맛이 흐리멍텅하거나 잡다한 게

---

32) 朴齊家,『貞蕤閣文集』1.「序」,〈詩選序〉. “夫選者何 擇之使不相混也 泯然一色則是選而再混也 初何選之有哉 味者何 不見夫雲霞與錦繡歟 頃刻之間 心目俱遷 咫尺之地 舒慘異態 泛觀之不足以得其情 細玩則味無窮也 凡物之變化端倪 有足以動心悅目者皆味也 非獨在口謂之也 選奚取乎味 夫鹹酸甘苦辛五者得之於舌 達乎面目 其不可欺也如此 不如是則非味也 非味之食猶不食 然則選之汯何異哉 百味俱存者何 選非一焉 而又各擧其一也 夫知酸而不知甘者 不知味者也 秤量甘酸 閒架鹹辛 而苟充之者 不知選者也 方其酸時極酸之味而擇焉其甘也極甘之味而擇焉 然後可以語於味矣”『총간』, 261. 603면 상우.

섞여서 그 맛을 알 수 없다면, 그것은 맛이 단순하지 않기 때문이다. 적극적으로 말하자면 고유의 맛은 다른 것과 구별되는 특수한 맛이라는 것이고, 소극적으로 말하자면 고유한 맛은 애매하지 않은 단일한 맛이라는 것이다.

사물이 다르면 맛도 다르고, 쾌감도 다르다. 취미가라면 그 고유의 맛을 선명하고 뚜렷이 표현해내는 사물이야 말로 좋은 맛을 가진 것으로 평가하게 된다. 여기서 말하고 있는 '지극한 맛'이란 다른 것과 구별되는 선명한 맛을 말한다. 그것은 고유한 개성의 맛인데 그것이 아름다운 것이다. 지극한 것은 아름다운 것이지만, 역으로 아름다운 것은 곧 지극한 것이다. 가치적으로 좋은 것은 고유하고 개성적인 것이라는 말이다.

이윤(伊尹)이 탕왕(湯王)을 도와 천하를 통일하면서, 조화(調和)란 다섯 가지의 맛을 선후 다소를 가려 나누어 어울리게 하는 것이라고 하는 정치 철학을 전개했던[33] 이후로 이 오미조화론은 중세 통치 철학의 강령이었다고 할 만하다. 그러나 박제가는 모든 개성적인 것의 개성을 상쇄하여 만들어낸 맛을 조화로운 맛이라고 여기지 않는다. 오히려 박제가는 합성이 아니라 혼합의 상태, 화학적 변화가 아닌 물리적인 연합의 상태, 개개의 것이 그대로 살아 존재하는 상태를 바람직한 미적 상태라고 여긴다.[34]

33) 『呂氏春秋』 14. 「本味」. "調和之事 必以甘酸苦辛鹹 先後多少 其齊甚微"(『文淵閣四庫全書電子版』, 香港: 中文大學出版社, 1999.)

34) 정일남(2004: 75~92)은 박제가의 味論을 혼합적 맛을 강조한 五味調和論이나 흐리멍텅하여 알 수 없는 味外味로서 논의했고 또 박제가가 제시한 際는 곧 中和라고 해석하고 있다(107면). 이 모두 대통일, 화합 등을 결과적 측면을 강조한 것이다. 하지만 박제가는 개개의 것이 갖는 독자적 가치를 뚜렷이 주장하고 있다. 박제가가 주장하는 際란 개개의 것을 서로 구분해주는 그 틈, 사이의 의미를 간직할 때에 이들이 어우러진 조화로운 전체가 가능한 것이지 이러한 것을 무시한 그 흐리멍텅한 사이를 지칭하는 것은 아니다. 송재소(1980: 124~125)도 「박제가의 문

4. 취미(趣味)로부터 심미(審美)로

박제가는 “벽(癖)이 없는 사람은 버림 받은 사람(人無癖焉 棄人也已)”이라고 했다. 벽이란 병적인 집착을 뜻한다고 스스로 말했다. 그런 집착이 없다면 버림받은 자이니 세상에서 자기를 인정받으려면 무엇인가에 병적으로 집착해야 한다고 했다. 이렇게 미쳐야 하는 이유는 독왕(獨往)의 신(神)을 갖추고 전문(專門)의 예(藝)를 갖추기 위해서다. 신(神)과 예(藝)는 도(道)나 덕(德)은 아니다. 도덕을 함양하는 것이 목적이 아니라 신예를 갖추는 것이 목적이므로 중정의 미덕은 적절하지 않다. 오히려 편벽되어야 하는 것이다.

박제가는 당벽(唐癖)이라는 기롱을 받기도 했다. 박제가에게 중국은 미적 모범이었다. 박제가는 이러한 미적 모범을 획득하기 위해 남의 기롱과 세간의 혹평, 심지어 일신의 안녕까지도 위협받았지만 이에 구애되지 않고 당당했다. 박제가는 세련된 문물과 번성한 문화로부터 아름다움이 만들어진다는 믿음을 포기하지 않았다. 이러한 의식은 다음 『북학의(北學議)』 〈고동서화(古董書畵)〉 편에 잘 드러난다.

> 벌레도 꽃에서 사는 것은 날개와 수염에서 향기가 나지만, 더러운 데서 생긴 것은 꿈틀거리는 것이 징그럽기만 하다. 미물도 이와 같으니 사람도 당연히 그러하다. 아름다운 비단옷 속에서 자란 사람은 더러운 먼지 속에 빠진 사람과는 틀림없이 다를 것이다. 나는 우리나라 사람들의 수염과 날개에서 향기가 배어나오지 못할까봐 걱정스럽다.[35]

박제가는 벌레도 더러운 데의 것은 추하고 깨끗한 데의 것은 아름답

학관」, 『한국한문학연구』 5에서 際를 分으로 이해하고자 했다.

35) 朴齊家, 박정주(2005) 역, 『北學議』(서해문집), 「내편」, 〈고동서화〉, 126면.

다고 했다. 더럽고 깨끗함이란 문화의 차이, 세련됨의 차이를 말하는 것이다. 문화적으로 앞선 곳과 뒤떨어진 곳의 차이는 경제와 밀접한 관련이 있다. 부강한 나라의 선진문화는 깨끗하고 쾌적하지만, 빈곤한 나라는 더럽고 불쾌한 것이 된다. 경제의 빈부는 문화문물의 선후로, 그리고 심미의 미추로 이어진다는 것이다.

박제가의 묘향산 체험기는 아름다운 산행을 체험한 기록이라는 점에서 산수미의 미적 체험이 어떠한 내용으로 이루어졌는지를 이해하기에 적절한 텍스트이다. 요약하면, 박제가는 유람하면서 아취를 가장 중요시했다. 박제가가 생각하는 아취 있는 여행은 아름다운 곳[會心處]을 만나면 날짜의 제약을 받지 않고, 바로 멈추어서 지기지우(知己之友)를 이끌고 찾아야 하는 그런 것이다. 또 아름다운 대상은 대상 너머에 있는 다른 것 때문에 아름다운 것이 아니라 바로 그 모양 때문에 아름다운 것이다. 박제가는 산수의 고유미를 즐기는 것은 산수로 현상된, 현존하는 산의 아름다움을 즐기는 것이라 하였다. 그는 자연 자체가 즐거움의 대상이고 심미의 대상이 될 때 그것을 고유의 멋[美]이라 하였고, 이런 면에서의 맛[味]을 중시했다.

유람에서 만나는 자연은 기이함[奇]과 장쾌함[快]을 전해준다. 자연은 상상의 한계를 넘어선 감동을 줌으로써 기이함을 맛보게 하고, 수직의 하강과 상승이라는 장쾌함을 즐기게 한다. 산수에서 취(趣)를 발견한다는 것은 산수가 취미의 대상, 즐거움의 대상이 된 구체적이고 개별적인 완상물을 의미한다. 그리고 심상한 사물로 그치지 않고 미적으로 변화하는 것, 그것이 자연물이든 인공물이든 미적 감동을 주는 것이라면 다 맛이 있는 것이라 하였다.

박제가는 감동과 즐거움을 주는 맛은 그것만의 고유한 맛을 지녀야 한다고 했다. 고유한 맛이란 본디 그것이 저절로 간직하고 있는 자연스럽고 당연한 것이다. 지극한 맛은 선명한 맛이고 고유한 개성의 맛이다. 그것이 아름다운 맛이다. 세상의 모든 것은 고유미를 갖고 있지만 고유색이 다 아름다운 것은 아니다. 박제가가 말한 선명한 맛은 선발의 기준, 즉 미적 평가의 기준을 말한 것이다.

조선 후기를 일관하는 미적 이념의 하나로 개성미와 독창성에 대한 강조라고 한다면 박제가의 주장이야말로 이러한 사상을 가장 잘 보여주고 있다. 박제가의 북학(北學)은 북벌(北伐)에 대한 미학적 모반으로 일관하는데 그 초점은 문화로 모이고 있다. 박제가와 같은 노선의 사람들이 문화적 상대주의에 서 있다는 것도 주목할 만하다. 아울러 감상・여정・견문 중심의 기행문 교육이 미학적 측면에서 심화될 수 있기를 기대한다.

【참고문헌】

徐居正 외, 『東文選』, 『한국고전번역원』.
李荇 외, 『新增東國輿地勝覽』, 『한국고전번역원』.

金富軾(高麗)奉宣撰;文公裕(高麗)奉宣書, 〈文敬靖公妙香山普賢寺記帖 v1〉. 한국학중앙연구원 소장 MF35-10386(한국역사정보통합시스템, 왕실도서관장서각디지털아카이브에 의함.
http://yoksa.aks.ac.kr/jsp/aa/VolumeList.jsp?aa10up=kh2_je_a_vsu_B15FB^60_000&aa10no=kh2_je_a_vsu_B15FB^60_001)
金宗直, 『佔畢齋集』, 『한국문집총간』 12. (『한국고전번역원』에 의함. 이하 『총간』으로 약칭.)
金昌協, 『農巖集』, 『총간』 162.
朴齊家, 박정주(2005) 역, 『北學議』, 서해문집.
朴齊家, 『貞蕤閣文集』, 『총간』 261.

徐居正, 『四佳文集』, 『총간』 11.
李德懋, 『青莊館全書』, 『총간』 257.
林椿, 『西河集』, 『총간』 1.

김찬순 역, 『기행문선집 (1)』, 평양: 조선문학예술총동맹출판사, 1964.
안대회 역, 『궁핍한 날의 벗』, 태학사, 2000.

『呂氏春秋』(『文淵閣四庫全書電子版』, 香港: 中文大學出版社, 1999.)
陳直, 鄒鉉, 『壽親養老新書』(『文淵閣四庫全書電子版』, 香港: 中文大學出版社, 1999.)

김성룡, 『여말선초의 문학사상』, 한길사, 1995.
서신혜·황인건, 『오천년 역사 묘향에 오르다』, 평단, 2006.
이혜순 외, 『조선 중기의 유산기 문학』, 집문당, 1997.
정일남, 『초정 박제가 문학 연구』, 지식산업사, 2004.

강정화, 「16세기 유일의 산수인식과 문학적 표출양상」, 『남명학연구』 23, 2007, 287~341면.
김성룡, 「심성론의 전개와 도문일치의 문학사상」, 『고전문학과 교육』 14, 2007, 5~69면.
김현주, 「근대 초기 기행문의 전개 양상과 문학적 기행문의 "기원" - 국토 기행을 중심으로」, 『현대문학의 연구』 16, 2001, 95~129면.
박희병, 「한국 산수기 연구」, 『고전문학연구』 8, 1993, 210~223면.
손혜리, 「당주 박종의 백두산유록 연구」, 『대동한문학』 26, 2007, 311~346면.
송재소, 「박제가의 문학관」, 『한국한문학연구』 5, 1980, 115~125면.
신익철, 「조선조 묘향산에 대한 인식과 문학적 형상」, 『반교어문연구』 17, 2004, 55~79면.
안득용, 「농연 산수유기 연구」, 『동양한문학연구』 22, 2006, 215~246면.
우미영, 「근대 여행의 의미 변이와 식민지/제국의 자기 구성 논리 - 묘향산 기행문을 중심으로」, 『동방학지』 133, 2006, 311~343면.
이상주, 「조선후기 산수평론에 대한 일고찰 - 화양구곡을 중심으로」, 『한문학보』 14,

2006, 215~244면.
이종은, 「묘향산의 문학적 형상 일고」, 『한양어문』 16, 1998, 47~78면.
이종호, 「퇴계 미학의 기본성격 (상)」, 『퇴계학』 1, 1989, 125~148면.
이지양, 「조선 중기 성리학자의 산수 감상 특징과 그 의미 - 여헌 장현광의 〈주왕산록〉을 중심으로」, 『고전문학연구』 29, 2006, 471~492면.
정일남, 「묘향산소기 연구」, 『동방한문학』 30, 2006, 285~405면.
진재교, 「이조 후기 문예의 교섭과 공간의 재발견」, 『한문교육연구』 21, 2003, 499~530면.

이상수의 속리산유기(俗離山遊記)에 드러나는 의론(議論)의 강화와 그 특징

김 용 남

1. 들어가는 말

산수유기(山水遊記)는 여행자가 자신의 산수 체험을 산문의 형식으로 기록한 글이다. 한국 한문학에서 산수유기는 조선조에 들어와 그것이 하나의 가치 있는 문학작품으로 인식되면서 본격적으로 창작되는데, 대개 17세기 이후에 집중적으로 드러난다. 그 중에는 속리산을 유람하고 남긴 글도 몇 편 있다.

최근 들어 산수유기에 대한 연구도 다각도로 이루어져 이 방면의 연구자들이 참고할 만한 것이 얼마간 축적되면서, 금강산을 비롯하여 지리산・청량산・소백산・삼각산・묘향산・계룡산 등이 산수유기 연구물을 통해 새롭게 부각되었다. 여기에 필자도 속리산유기에 관심을 갖고 글을 쓴 바 있거니와,[1] 이제 산수유기에 대한 연구는 한국 한문학

---

1) 김용남, 「조선후기 속리산유기에 나타난 산수관」, 『개신어문연구』 23집, 개신어문학회, 2005.

연구의 한 축을 형성하게 되었다.

이 글은 조선후기를 대표할만한 산수유기 작가 중의 한 사람인 어당(峿堂) 이상수(李象秀, 1820~1882)의 속리산유기를 검토한 것이다. 예비 작업으로 조선후기 속리산유기의 작가와 작품, 그리고 내용과 구조를 살펴보고, 이를 토대로 이상수의 속리산유기 두 편을 집중 분석하여 여타의 속리산유기와 다른 이상수의 속리산유기에 드러나는 특징적 면모를 살펴보았다.

2. 조선후기 속리산유기

1) 속리산유기의 작가와 작품

속리산은 충북 보은군 내속리면에 위치하며 남한반도의 가운데 산으로 천왕봉을 기준으로 하면 한국의 모든 산이 이곳에서 뻗어나가고 이곳으로 모여든다. 속리산은 신라 때는 '속리악(俗離岳)'으로 불렸고, 아홉 개의 봉우리가 뾰족하게 일어섰기 때문에 '구봉산(九峯山)'으로도 불렸으며,[2] 태백·소백·속리 이 삼산(三山) 중에서도 빼어난 경치로 당연히 으뜸으로 꼽히며 예부터 '소금강(小金剛)'이라 일컬어왔다. 속리산은 또한 '삼파수(三派水)'[3]로도 일찍이 이름이 나 있었다. 남반부 대부

---

2) 『신증동국여지승람』「충청도」 보은현조.

3) 『신증동국여지승람』 속리산에 관한 기록에, 이곳 문장대에서 흐르는 세 갈래 물을 삼파수로 일컬은 후 李東沆의 〈遊俗離山記〉, 鄭經世의 〈俗離山〉(『臥遊錄』 권12) 등 대부분의 속리산유기에도 문장대에 있는 큰 웅덩이에서 물이 솟아 나와 세 갈래로 나뉘어 흐른다고 기록하였다. 이처럼 속리산 삼파수 이야기는 일찍이 『신증동국여지승람』에 기록되어 있는 '문장대설'을 후대의 속리산을 유람하는 사람들이 그대로 따르고 자신들의 유산기에 기록한 지 오래이다. 그러나 박문호는 '천왕봉설'을 주장한바, 그는 〈遊俗離山記〉에서 종전의 주장을 뒤집어 천왕봉의 물이

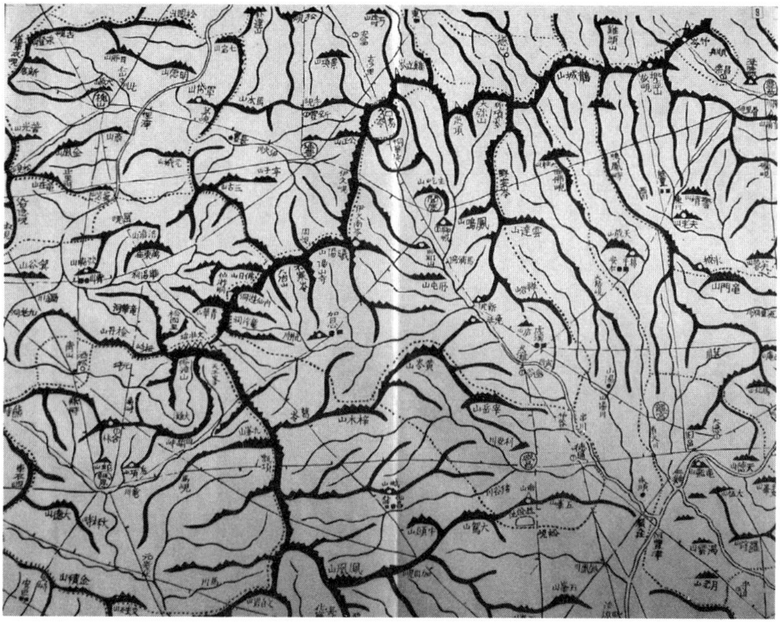

대동여지도에 나타난 속리산 일대

분을 이루는 세 큰 강, 곧 한강·낙동강·금강의 발원지가 바로 속리산에서 흘러내린 세 갈래 물이라는 것이다. 이처럼 속리산은 산세도 빼어나지만 물 때문에 더욱 유명한 산이 되었다. 그리하여 이전부터 시인·묵객·학자·정치가 등 수많은 유람객들이 속리산을 찾아들게 되었다.

속리산유기의 작가와 작품을 창작 순서에 따라 표로 제시하면 다음과 같다.

세 갈래로 갈라져 한강·낙동강·금강이 된다고 하였다.

작가	작품명	창작연도	출전	특기 사항
鄭行錫	俗離南遊錄	1634	『芳谷集』	집이 湖西에 있음
南夢賚	遊俗離山錄	1655	『伊溪集』	栗峯郵官 재직
吳再挺	遊俗離山錄	?	『寒泉堂遺稿』	충북 청원군 文義 송시열의 제자. 權尙夏·李端夏·李喜朝와 동문
李顯益	遊俗離山記	1706	『正菴集』	우암의 정통을 이은 노론학자. 권상하·김창협의 문인
李萬敷	俗離山記	1715~1720	『息山集』	『地行錄』남김
宋敎明	俗離山記	1740	『諫議公遺稿』	유일한 記 1편
姜再恒	俗離山記	1744	『立齋遺稿』	회인현감
趙璥	俗離行記	1747	『荷棲集』	부친의 임소가 충북 沃川
李東沆	遊俗離山記	1787	『遲庵先生文集』	여행을 좋아함
鄭在應	俗離日記	1802	『潛齋集』	충북 괴산군 쌍곡 송강 정철의 8대손
李象秀	遊俗離山記	1850	『峿堂集』	충북 보은군 懷仁 韓元震의 학통을 이은 湖論
	俗離會遇記	1862		
朴文鎬	遊俗離山記	1868	『壺山全書』	충북 보은군 懷仁 李象秀의 문인

이상 속리산유기를 남긴 12명의 작가는 대개 문인이요 학자이다. 이들 중 충북 보은군과 직접적인 관련이 있는 이는 이상수와 박문호 둘이다. 이상수는 태어난 곳은 경기도 파주이나 후에 보은 회인에 와서 20년을 살았고, 박문호는 회인에서 태어나 그곳에서 공부하고 활동하였던 인물이다. 그 밖의 사람들은 대개 보은 가까운 곳에 살았거나, 벼슬살이를 이곳 충북 보은과 인접한 곳에서 했거나, 가족 혹은 친구의 일로 보은 근처에 왔다가 속리산을 유람하게 되는 것이 대부분이다. 오재정은 충북 청원군 문의(文義)에 살았고, 정행석은 집이 호서(湖西)에 있었고, 남몽뢰는 청주의 율봉(栗峯)에서 10여 년을 지냈으며, 이현익은

부친의 임소가 속리산에서 가까운 옥천(沃川)이었다.

한편 속리산유기 작가들 중에는 우암 송시열과 수암 권상하의 학통을 잇는 제자들이 있어 이 지역에 살거나 이 지역을 자주 찾을 수밖에 없는 인물들임을 알 수 있다. 또한 작품의 창작시기를 볼 때 속리산유기는 17세기 초·중반부터 19세기 후반까지 꾸준히 창작되었음을 알 수 있다.

2) 속리산유기의 내용과 구조

일반적으로 유산기는 작가가 유산을 통한 견문과 감흥을 중심으로 서술하는 것이 보통으로, 경물을 핍진하게 묘사하거나 경물에서 촉발된 감흥을 묘사해 내는 것은 유산기의 오랜 전통이다. 또 때로는 유산기가 산행의 일정과 노정을 매우 상세히 기록함으로써 등산 안내서로서의 역할을 톡톡히 하기도 한다. 한편 유산기가 예술적 통일체를 이룩하기 위해서는 경(景)·정(情)·의(議)가 잘 융회되어야 함은 물론이다. 이 중 사경(寫景)과 의론(議論)에 대해서 말한다면, 혹은 사경을 먼저 하고 의론을 하기도 하고, 혹은 의론을 하고 나서 사경을 하기도 하며, 혹은 서술과 의론을 중간 중간에 끼워 넣는 등 그 표현 수법이 다양하다.[4)]

> ① 甲子年 여름 사월 丁巳日에 내가 沃川으로부터 속리산에 들어와 법주사에서 자고 己未日에 虎巖을 따라 문장대에 올랐다가 석문으로 돌아와 수정봉에 앉아서 바라보다가 庚申日에 하산하였다.[5)]

---

4) 진필상 저, 심경호 역, 『한문문체론』, 이회문화사, 2001, 122~124면.

5) 『立齋遺稿』 권13, 〈俗離山記〉. "甲子夏四月丁巳, 余自沃川入山, 宿法住, 己未, 從虎巖登文莊, 還自石門, 坐水晶望焉, 庚申下山".

② 동쪽으로부터 들어가자면, 법주사로부터 시작하여 虎巖과 蟾巖을 따라 복천암을 지나고 중사자암을 지나 문장대에 오른다. 서쪽으로부터 들어가자면, 법주사로부터 시작하여 외석문 내석문을 따라 大巖을 지나 문장대에 이른다. 동쪽으로 들어가면 석문으로 나오고 서쪽으로 들어가면 호암으로 나와 법주사에서 만나게 된다. 문장대의 동쪽으로 나가면 북쪽은 赤裳이 되고 또 서남쪽은 계룡산이 된다. 문장대의 서쪽으로 나가면 九龍이 되고 서북쪽은 한남의 여러 산이 된다.[6]

③ 드디어 조금 쉬고 밥을 먹고는 또 북쪽으로 십여 리를 가서 작은 언덕을 넘어 광야에 닿으니 때는 늦은 봄이었다. 진달래는 아직 시들지 않았고 철쭉은 비로소 꽃봉오리가 생겼다. 백목련은 곱게 빛나고 들판의 물이 목련을 두르고 있어 물과 꽃이 서로 비추고 사람은 그 속을 걸어가는데 그 아름다움이 종종 사람의 눈을 빼앗는다.[7]

④ 마을의 좌우에 숲이 우거진 것이 베를 짜 놓은 듯한데, 겨우 한 길을 통하게 하니 사람이 마치 골짜기 속을 가는 듯했다. 우러러 보니 하늘은 한 필의 비단 같고 햇빛이 때때로 숲의 틈새를 따라 뚫고 비치니 마치 사람의 틈을 엿보는 듯했다.[8]

⑤ 아, 이 하나의 절에 들어간 土木金碧의 공을 헤아려보니 백성들을 괴롭혀 재산을 덜어냄이 크다 할 것이다. 하물며 八域의 廣寺는 가

---

6) 『立齋遺稿』 권13, 〈俗離山記〉. "自東入者, 自法住從虎巖蟾巖, 過福泉歷中獅子抵文莊. 自西入者, 自法住從外石門內石門, 歷大巖抵文莊. 東入者出石門, 西入者出虎巖, 而法住爲總會. 文莊之東出者, 北爲赤裳, 又西南爲鷄龍. 西出者, 爲九龍, 又西北爲漢南諸山".

7) 『荷棲集』 권7, 〈俗離行記〉. "遂小憩且飯, 又北行十餘里, 越小岡以臨曠野, 時則暮春之望也. 鵑化未凋, 躑躅始蕚. 辛夷爛黃, 而野水遶之, 水與花相映帶而人行其中, 其色往往奪目".

8) 『荷棲集』 권7, 〈俗離行記〉. "洞左右林木蒨密如織, 纔通一路, 人如谷中行. 仰視天如疋練, 日光往往從缺處穿照, 如人之隙窺也".

히 그 수를 헤아릴 수 없으니 백성이 어찌 궁하지 않을 수 있겠는가? 우리 조선은 유교를 숭상하고 일찍이 불교를 숭상하지 않아 僧徒들이 스스로 크게 떠벌림이 이와 같았는데, 하물며 임금이 崇奉하는 세상임에랴! 고려대에 사치하고 과함은 가히 알 수가 없다.[9)]

⑥ 골짜기에 바위가 서로 솟아 나온 것이 끊어진 것을 다시 붙인 것 같고, 바위가 층층이 쌓인 모양은 마치 험한 산에 사닥다리를 놓은 듯 하였다. 더욱 높고 험하여 이끼를 잡고 오르기도 했고 돌을 잡고 기어 오르기도 하였고, 혹은 넘어지기도 하고 쓰러지기도 하였다. 비록 그 위험함을 알지 못하였지만 돌아보니 까마득한 아래에 지나가는 사람들이 마치 개미 같았다. 산이 웅장하고 골짜기가 크니 사람의 모습은 더욱 아득하였다.[10)]

⑦ 드디어 갓과 옷을 벗고 꺾여 휘어진 바위틈을 이용하여 위로 올라갔다. 그 틈이 다하면서 바위 표면이 둥글고 평평하여 마치 큰 왕골 자리를 깔아놓은 듯한데 이것이 중대였다. 이 중대 위에는 또 큰 바위가 도끼로 쪼아진 듯하니 이것이 바로 상대였다. 이 상대 위에는 저절로 된 큰 웅덩이가 있는데, 여름에 큰물이 지면 웅덩이가 차서 물이 세 줄기로 나뉘어 흐른다. 북쪽 모서리로 흐르는 것은 용화로 들어가서 괴강의 근원이 되며, 동쪽 모서리로 흐르는 것은 용유로 들어가서 낙강의 근원이 되며, 서쪽 모서리로 흐르는 것은 석문동으로 들어가서 금강의 기원이 된다.[11)]

---

9) 『荷棲集』 권7, 〈俗離行記〉. "噫, 是一刹也, 而計其土木金碧之工, 其勞民而耗財大矣. 況八域之廣寺, 不可勝數, 民安得不窮乎? 我朝敦尙儒敎, 未嘗崇佛, 而僧徒自夸大如此, 況王者崇奉之世乎! 麗代奢淫, 不可知也".

10) 『荷棲集』 권7, 〈俗離行記〉. "谷巖互出, 斷復屬, 層層如梯棧. 愈高愈險, 攀蘿岐石, 或跌或仆. 雖不自知其危, 而顧視在下者, 其行如蟻. 益山雄壑鉅而人形益眇".

11) 『遲庵先生文集』 권7, 〈遊俗離山記〉. "遂解免衣冠, 屈折巖隙而上. 隙盡而石面

⑧ 거사가 말하기를, "그만 두시오. 저 臺石을 쪼아서 붉은 칠을 화려하게 하여 만세토록 그 이름이 오래 남아지기를 어찌 바라지 아니하겠소 마는 돌이 닳아지는 날에는 그 이름도 따라서 다 없어질 것이니 오히려 어떻게 먹이 구원하여 주겠소? 옛날에 冲庵 선생과 大谷 선생이 이 문장대를 사랑하여 지팡이와 신발로 서로 찾으셨건만, 일찍이 이름을 한 글자도 남기지 않으신 것은 대체로 달갑지 않게 생각하셨기 때문에 그렇게 하셨을 것이오. 그런데도 그분들의 빛나는 이름들의 자취는 아직도 이 대 위에 남아서, 우리 후생들로 하여금 구름을 바라보고 이끼를 어루만지며 감상하고 흠모하는 마음을 일으키게 하는 것은, 백세에까지 전할 그 이름들이 이 우주에서 닳아 없어지지 않을 것이기 때문이오. 이름을 남기지 않은 이름이 참으로 큰 이름이라는 것을 그대는 아시오?"12)

①은 강재항(姜再恒, 1689~1756)의 〈俗離山記〉 중 작품 말미에 간단히 기록한 산행 일정과 노정이며, ②는 문장대로 오르는 길과 문장대에서 내려오는 길을 여러 가지로 알기 쉽게 기록한 부분이다.

③~⑥은 조경(趙璥, 1727~1787)의 〈俗離行記〉에서 가려 뽑은 것이다. ③은 옥천에서 출발하여 보은으로 가는 도중 넓은 들판에 이르렀을 때 그곳의 풍광을 묘사한 것이며, ④는 말티재[馬峴]를 지나 현재 상가 밀집지역인 사내리 마을에서 수정교까지 이어지는 숲길의 모습을 표현한 부분이다. ⑤는 속리산 법주사를 보고 그 규모에 놀라워하는 한

圓平如鋪大茵席, 是爲中臺. 臺上又有巨石戍削, 是爲上臺. 上有天成大窪, 夏潦盈科分爲三派水. 北角而溢者, 入於龍華爲槐江之源, 東角而溢者, 入於龍遊爲洛江之源, 西角而溢者, 入於石門洞爲金江之源".

12) 『遲庵先生文集』 권7, 〈遊俗離山記〉. "居士曰, '止矣. 彼斲臺石朱丹交暎者, 豈不欲壽名萬世, 而石磨之日, 名隨埋沒, 尙何墨之恤也? 昔冲庵大谷兩先生, 愛遊玆臺, 笻屐相尋, 而未嘗一字留名, 蓋有不屑而然. 然而遺芬芳躅, 尙在臺上, 使我後生輩, 瞻雲撫苔感想興慕者, 以其百世之名, 不磨於宇宙也. 子知不名之名眞大名也耶?".

편 승도들이 스스로 떠벌리고 불사를 크게 일으켜 오히려 백성들의 삶을 고단하고 궁핍하게 한다는 점에 대해서 매우 비판적인 의론을 개진한 부분이다. ⑥은 중사자암(中獅子庵)에서 하룻밤을 자고 운장대(雲莊臺)로 향하는 험난한 과정을 묘사한 것이다. 이렇듯 조경은 자신의 눈에 보이는 속리산의 모습을 맘껏 감상하고 있는 그대로 느낌 그대로 자세하게 묘사하고 있다. 그냥 지나칠 수도 있는 풍경을 하나도 놓치지 않고 찾아내어 자신의 감흥을 매우 사실적이면서도 생동감 있게 드러내었다. 그리하여 읽는 이로 하여금 아름다운 풍광을 상상할 수 있게 하기도 하고, 마치 눈앞에 놓인 풍경을 함께 바라보고 있는 듯한 착각을 일으킬 정도로 그 묘사가 매우 탁월하다.

⑦~⑧은 이동항(李東沆, 1736~1804)의 〈遊俗離山記〉이다. ⑦은 당시 이동항이 본 지금의 문장대의 모습을 묘사한 부분으로, 문장대를 중대(中臺)와 상대(上臺)로 나누어 기록하였다. 문장대는 예나 지금이나 속리산을 찾는 사람들에게 가장 사랑 받는 명소이다. 이동항도 말했듯 "한번 눈을 뜨면 천리를 바라볼 수 있는 시야여서 가슴속에 꽉 차 있던 티끌을 다 씻어낼 수 있어서"이기도 하지만, 위 인용문에서 드러나듯 '속리산 삼파수'의 근원지로서 유명세를 치르기도 하였다. ⑧은 이동항이 문장대에 올라 눈앞에 펼쳐진 삼한 땅을 바라보며 경탄하자 그의 벗 노광복이 붓에 먹물을 찍어 제명할 것을 청하였을 때, 이에 대한 자신의 생각을 말한 부분이다. 이처럼 이동항은 속리산의 경물을 매우 핍진하게 묘사하면서 또 때로는 경물을 보면서 단순한 묘사가 아니라 거기에서 어떤 이치를 찾아내어 의론을 펴기도 하였다.

위에서 살펴본바 강재항의 속리산유기는 속리산의 형세와 주변 산천의 모습을 간략하면서도 상세히 기술하여 속리산 등산 안내서의 역할을 톡톡히 하고 있다. 조경의 속리산유기는 속리산을 유람하며 사물에 대한 뛰어난 관찰력과 풍부한 감상으로 견문 사실 너머에 있는 작가의

속리산 문장대

주관적 감상까지도 놓치지 않고 매우 서정적으로 보여주고 있는 것이 특징이다. 한편 이동항의 작품은 노정에 따른 속리산의 산세지리에 대한 객관적 관찰과 묘사를 하면서 때로 사물에 의탁하여 작가의 뜻을 펼쳐 보이기도 하였다. 이 세 편의 속리산유기 외에도 대부분의 속리산유기는 일반적인 유산기와 크게 다를 것이 없다. 노정을 따라 견문한 사실을 기록하고 산천경물을 묘사하며 때로 경물에서 촉발된 자신의 의론을 펼쳐 보이는 등 일반 유산기의 서술방식을 따르고 있다. 그러나 이상수의 속리산유기는 분명 차이가 있다. 결론부터 얘기하면, 이상수의 속리산유기는 자신의 의론을 펴는 데 대부분의 지면을 할애하여 의론을 강화하였다.

3. 의론의 강화와 이상수의 속리산유기

이상수는 죽계구로(竹溪九老)[13]의 한 사람인 이연주(李演周, 1791~1867)의 아들이다. 태어나면서부터 몸이 허약하였으나 매우 총명하여 대여섯 살 때부터 선친에게 때때로 글을 배우기 시작했고, 12살이 되어서는 이미 칠서(七書)를 독파하였으며 율시작법(律詩作法)에 익숙할 만큼 재능이 뛰어났다. 이러한 학문적 배경과 타고난 문학적 재능으로 과거에는 관심을 두지 않고 평생 독서하는 선비로서 살아갔다. 이상수는 31세에 가족을 이끌고 파주(坡州)에서 보은 회인(懷仁)의 추동(楸洞)으로 옮겨 50세까지 20년 간 그곳에 살면서 강학활동을 하여 호산 박문호를 비롯하여 많은 제자를 길러내 회인현에 유풍(儒風)을 진작시켜 그곳을 학향(學鄕)으로 만들었다. 그러나 추동에서의 생활 역시 곤궁했으며, 그 후 51세에 청주의 연제(蓮堤)로 거처를 옮겨 이곳에서도 학동을 모아 교육을 하며 회인의 제자들을 함께 돌보는 생활을 하였다.[14]

이상수는 산수를 매우 좋아하였다. 제자인 박문호는 그가 산수(山水)·붕우(朋友)·문장(文章)은 서로 신리(神理)가 유통하는 존재이며 이것이 학문에 도움이 된다고 말하면서 직접 전 국토의 반을 돌아보았다고 하였는데,[15] 실제 이상수는 속리산, 망월산, 금강산, 화양동, 영월,

13) '죽계구로'란 충북 보은군 회북면 죽암리 회인천의 九老潭에 모여 꽃과 단풍을 노래하며 즐기던 회인 고을 내 이름 높던 선비 아홉 사람을 말하니, 곧 吳敬常·梁鍾遠·吳澤瑞·李演周·李羲八·吉履祥·朴來榮·洪錫倫·禹允河이다. 이들은 1861년(철종 12)에 모임을 갖고 봄이면 꽃을 완상하고 가을이면 단풍을 즐기며 음영하기로 하고 그 기념으로 바위 절벽에 '九老'라 각자하였다. 김건식, 『보은의 지맥과 학맥』, 보은문화원, 1999, 307~312면.

14) 김채식, 「어당 이상수의 산수론과 〈동행산수기〉 분석」, 성균관대 석사학위논문, 2001, 8~23면 참조.

15) 『壺山集』 권46, 〈峿堂先生行業記述〉. "嘗曰, 山水朋友文章, 三者神理相流通,

단양 등 그의 발길이 닿지 않은 곳이 없을 정도였다.

이상수가 속리산을 찾게 된 때는 1850년 그의 나이 31세 때이다. 이 때 어당의 부친이 대대로 세거한 파주를 떠나 나이 60에 가족을 이끌고 충북 보은의 회인현 남면 추곡리(楸谷里)로 이사를 와 살게 되자 그가 부친을 모시고 온 것이다. 이상수가 회인에 정착하자 그의 친구가 그가 사는 회인 집에 찾아와, 이때 속리산을 처음 유람하고 〈遊俗離山記〉를 남겼고, 이로부터 12년 후인 1862년 43세에 또 다시 속리산을 찾고 〈俗離會遇記〉를 남겼다. 이 두 작품은 다른 속리산유기에 비해 의론(議論)이 매우 강화되어 있는 것이 특징이다.

1) 삶의 태도에 대한 반성의 촉구: 〈遊俗離山記〉

〈유속리산기〉는 감산(甘山)[16]이라는 친구의 방문에 매우 감격하는 모습부터 보여준다. 하긴 파주에서의 생활을 청산하고 보은의 회인으로 이사한 후 궁핍하고 낙척한 모습으로 하루하루를 보내고 있는 그에게 지기(知己)의 방문은 추운 겨울날 한 줄기 햇살처럼 참으로 고맙고 반가운 일이었을 것이다. 헤진 베옷을 걷고 바람과 서리를 맞으며 족제비와 다람쥐가 다니는 깊은 산길로 자신의 산거(山居)를 찾아준 친구이기에 더욱 고마운 것이리라.

이상수가 감산과 함께 속리산에 가서 본 것은, 9월 8일 법주사를 거쳐 순종대왕태실과 복천암, 9월 9일 수정봉이 전부이다. 그리고 그의 유기에는 이러한 견문 사실을 마치 노선만 긋듯 간단히 얘기하였다. 그러나 마지막 코스인 수정봉을 보고 내려와서는 속리산이 서울을 중심

助資爲學, 不可闕一, 以故先生於國中山水, 殆歷其半".

16) 甘山은 이상수의 친구인 李黃中(1803~1862)이다. 자는 公一이며 甘山은 그의 호이고 본관은 河陰이다.

으로 보면 동서의 이백(二伯) 중의 하나에 해당한다고 평한다.

> 한남의 여러 산이 태백산과 소백산으로부터 와서 달리고 날며 춤추듯 하여 관악산에 이르고 이로써 경성에 조회한다. 속리산은 특별히 크고 이름이 있으니, 비유컨대 동서의 두 우두머리가 몸소 여러 제후들을 거느리고 직분과 공무를 닦기 위해 임금에게 와서 바치는 것과 같으니 반드시 그 사람은 크고 뛰어나며 어질고 또 재주가 있어 바야흐로 그 지위에 걸맞을 것이니 이 산이 영수가 되는 것이 진실로 마땅한 일이다.[17]

이상수는 이 끝에 "다만 문장대에 올라 열수(洌水)의 근원이 나오는 곳을 보지 못하였으나 내가 본 것은 거의 여기에서 그치지 않는다"고 하였는데, '내가 본 것은 거의 여기에서 그치지 않는다' 라는 말이 매우 의미 있게 와 닿는다. 사실 눈으로 보는 것이 다는 아니다. 마음으로 봐야 하는 것이고, 그 끝에 위 인용문과 같이 속리산의 산세를 한 마디로 규정할 수 있는 안목이 또한 중요한 것이다. 다음은 이 작품의 마지막 부분이다.

> 탄식하여 말하기를, 이것이 꿈은 아닌가? 속리산은 진실로 내 의중에 있는 산이었으나 오늘 갑자기 이곳에 이르게 될 줄은 생각지 못하였다. 감산이 친구를 위하여 천리를 수레를 타고 올 줄은. 사람이 세상에 처함에 있어 일은 변하고 항상 뜻밖의 것이 있는 것이며, 생각이라는 것은 늘 눈앞에서 그쳐 한번 그 때를 잃어버리면 마치 흔들리는 바람과 흐르는 물을 가히 쫓을 수 없는 것과 같다. 그런데 오히려 고집하

---

17) 『峿堂集』 권13, 〈遊俗離山記〉. "漢南諸山, 皆自大小白而來, 奔走飛舞至于冠岳, 以朝京城. 俗離特大而有名, 譬猶, 東西二伯, 身摠羣后, 修其職貢, 來享于王, 必其人, 宏偉秀出, 賢而且才者, 方稱厥位, 玆山之爲領袖, 固其宜也".

고 변치 않으면서 자기주장만 믿고 오래가는 것이 또한 슬프지 아니한 가?[18]

이상수는 산천을 유람한 후에는 '약(約)'[19]으로 돌아가야 한다고 하였다. 이때 '약(約)'은 번다한 것을 제거하여 '신리(神理)'만 남게 만드는 과정으로, 오직 신리(神理)만 남아야 내외(內外)가 두 가지 이치가 아님을 알 수 있다고 주장하였다.[20] 그렇다면 그는 애초 유산기를 작성할 때도 자신이 견문한 사실을 죽 나열하는 식은 맞지 않았을 것이다. 견문한 사실을 나열하고 만다는 것은 마치 책방에 널려있는 책과 같아 그저 외물(外物)일뿐 체화되어 내 자신의 것이 되지 않는다는 것을 너무도 잘 알고 있었기 때문이다. 그렇기에 그의 의론은 바로 유람한 후에 '약(約)'을 하는 과정 혹은 단계라고 할 수 있을 것이다.

그렇다면 이상수는 1차 속리산 유람을 통해 무엇을 '약(約)' 하였는가? 우선 위 인용문 앞부분은, 평소 의중에 있던 산이었지만 생각만 할 뿐 가볼 기회가 없었다가 마침 친구의 방문으로 속리산을 보게 되었기에, 이 속리산행을 통해 늘 생각만 하고 결행하지 못하는 삶의 태도에 대해 한번쯤 깊이 생각해 보자는 뜻을 펼친 의론이다. 누구나 마음속에 품은 생각이 있다. 그러나 그 생각이라는 것을 실천으로 옮기는 것이 그리 쉽지 만은 않다. 왜냐하면 우리가 세상을 살다보면 내 뜻대로 되지 않는 일이 무수히 많기 때문이다. 무엇을 해야지 작정해보지만 사람

---

18) 『峿堂集』 권13, 〈遊俗離山記〉. "嘆曰, 此非夢耶? 俗離固吾意中山, 然未敢謂今日遽能至此. 甘山爲故人, 千里命駕, 尤非思慮之所及. 人之處世, 事變常在意外, 思慮常止目前, 一失其時, 若飄風流水之不可追, 猶且執而不化, 恃爲久常, 不亦悲乎?"

19) 여기서 '約'은 『孟子』 「離婁 下」의 "博學而詳說之, 將以反說約也"에서 취한 것으로, 이상수는 유람과 학문의 마지막 단계로 '約'을 강조하여 '내 것으로 만들어야 함'을 말하였다.

20) 김채식, 앞의 글, 50~52면.

의 일이라는 것이 늘 변화무쌍하고 뜻밖의 일이 벌어질 때가 있기 때문에 평소 품어왔던 생각도 여의치 않은 상황 앞에서는 무너질 수밖에 없다. 바로 그러함을 알기에 친구나 산수를 대할 때도 생각으로 그칠 것이 아니라 직접 몸을 움직여 한 번 찾아볼 것, 곧 생각으로 끝날 것이 아니라 결행하는 것이 중요하다는 1차 메시지를 우리에게 던진 것이다.

한편 한번 잃은 기회는 마치 빠르게 지나가는 회오리바람이나 쉬지 않고 흐르는 물과 같아서 다시 잡기가 참으로 어렵다고 하였다. 인생이라는 것은 한번 가면 다시 되돌릴 수 없는 일회적인 것이고, 그 속에서 우리는 다양한 사람들을 만나 관계를 맺으며 살아간다. 인간과 인간이 관계를 맺으며 한세상 살아가는 데 있어 유연하면 얼마나 좋을까? 그러나 그렇지 못할 때가 많다. 그래서 그는 "오히려 고집하고 변하지 않으면서 자기주장만 믿고 오래가는 것이 또한 슬프지 아니한가?"라고 하였다. 한마디로 인간관계와 일의 처리에 있어 조화와 변통이 있어야 한다는 것이 그가 우리에게 던진 2차 메시지일 것이다. 이상 이상수는 〈유속리산기〉에서 평소 우리들의 삶의 태도에 대한 반성을 촉구하고 있으며, 그것을 의론을 통해 보여주고 있다. 이때 의론은 유람 중에 만난 어느 한 경물로 촉발된 것이 아니라 유람을 마치고 난 후 총괄하여 제시하는 형식이다.

한편 이상수는 "이것이 꿈은 아닌가?" 라고 하였다. 물론 이 말은 감산의 방문과 감산과의 속리산 동행에 대한 감격의 말임에 분명하다. 그러면서도 모처럼 찾아온 행운이 내 것이 아닌 것만 같은, 내가 갖고서도 내가 가졌다는 사실을 의심하게 만드는 것은 무엇일까? 이것은 아무래도 그의 삶과 연관해서 생각해 볼 필요가 있을 것 같다. 이상수는 원래 약골로 태어났고 그는 늘 빈궁하였다. 어려서부터 어려운 농사일을 거들고 때로는 남의 집 가정교사로 지내며 근근이 살아갈 수밖에 없었다. 40이 다 되도록 진사(進士)에도 오르지 못하였으니 경세가로서의 꿈은 아예 펴볼 수조차 없었다. 그러니 그는 평생 울울한 심회를 안고 살았다고 할 수 있다. 그야말로 그에게는 '여의치 않은' 일이 많았고, 또 그렇게 살아왔다고 할 수 있다. 그러니 감산과의 속리산 동행조차도 '꿈은 아닌가?' 라고 의심하지 않을 수 없는 것이다. 이처럼 이상수의 〈유속리산기〉는 의론 끝에 울울한 개인적인 심회를 풀어나가는 방향으로 전개되고 있다.

2) 인생의 이치에 대한 깨달음의 촉구: 〈俗離會遇記〉

〈속리회우기〉는 이상수의 나이 43세인 1862년 가을에 속리산에서 친구들과 만나 그 감회를 적은 것이다. 윤은로(尹殷老) · 서여심(徐汝心) · 임군원(任君元)이 서울에서 이곳 속리산에서 가까운 화양동에 들어와 그에게 편지를 보내 속리산 법주사에서 만나기로 약속했던 것이다. 윤은로는 이상수와 함께 파주에서 살면서 시문을 주고받았던 단번(檀樊) 윤치조(尹致祖, 1819~1877)이고, 서여심은 그가 평소 외우(畏友)로 섬기며 우정이 각별하였던 서응순(徐應淳, 1824~1880)이며, 임군원은 이상수가 사림의 숙덕(宿德)으로 존경하며 몇 차례 방문하여 학문을 토론하였던 전재(全齋) 임헌회(任憲晦, 1811~1876)이다. 앞서 살펴본 〈유속리산기〉와 마찬가지로 이 작품 역시 견문 사실을 서술하거나 경치를 묘사하는 다른 속리산유기와는 거리가 멀다. 그 대신 중간중간 혼자만의 심회를 풀어내거나 마치 총평과 같이 끝부분에 길게 의론을 펴는 것에 중점을 두었다.

이상수가 위 세 사람과 속리산을 다시 찾은 것은 1862년 9월 17일이다. 꼭 12년 전 9월에 이상수는 이황중(李黃中)과 함께 속리산을 둘러보고 그 감격을 토로한 바 있는데, 서두부터 그 얘기를 쓰고 있다. "지난 경술년 9월에 감산(甘山)과 더불어 이곳에서 노닐던 일이 어느덧 12

속리산 법주사 석연지

속리산 법주사 금동미륵대불

년이 넘었다. 내 머리는 희어졌고, 감산은 고인이 되었다."[21]고 말이다. 서로 시를 수창하며 속리산을 함께 올랐던 감산을 마침 그 해에 보내고 친구를 잃은 슬픔이 채 가시기도 전에 먼저 간 친구와 12년 전에 함께 했던 속리산 법주사에 이르니 더욱 친구에 대한 정이 사무친 것이다. 삼경이 되자 친구들이 도착했고, 그는 제일 먼저 서울 친구들 안부를 묻는다. 그 끝에 윤은로로부터 윤사정(尹士正)이 죽어 이미 장례를 치렀다는 말을 듣는다. 그 말을 듣자 그는 "내가 놀라 실성하였다"고 하면서, "아아, 인물이 갈수록 사라지는구나!"라고 하였다. 이 한 마디로 그가 얼마나 윤사정이란 인물의 죽음을 안타까워하는지, 그리고 감산에 이어 윤사정마저 먼저 보낸 그의 슬픔을 십분 알 수 있다.

다음날 속리내산에 들어가 잎이 다 떨어져 환히 드러나 거칠고 차갑고 쓸쓸한 가을날 속리산의 모습을 보고 이상수는 개연히 늙어가는 것에 대한 탄식이 생긴다고 하였다.[22] 하긴 이때 어당의 나의 43세, 그의 인생에도 가을이 찾아온 것이다. 더구나 이상수는 '산수의 신리(神理)가 나의 성령(性靈)과 서로 유통한다'고 하였으니, 산수에 가을이 찾아와 조락의 쓸쓸함을 보이는 것이나 그에게 인생의 가을이 찾아와 노쇠의 슬픔을 안겨주는 것이나 다 같은 이치인 것이다.

이상수 일행은 복천암을 지나 상고암에 올랐다가 다시 상환암에 내려와 잤다. 이때 청산(青山)에 있는 후경(厚卿)[23]의 집에 가보자는 윤치조의 제안으로 후경의 집에 방문하였다가 다시 동쪽으로 십리를 가

---

21) 『峿堂集』 권13, 〈俗離會遇記〉. "庚戌之九月, 與甘山遊此, 忽忽踰一紀. 余髮蒼白而甘山爲古人矣".

22) 『峿堂集』 권13, 〈俗離會遇記〉. "翌日入內山, 歲則晏矣. 巖石若益峭而厲, 水泉若益潔而迅,, 刻露荒寒泓淨蕭瑟, 慨然有遲暮之嘆".

23) 厚卿은 李重夏(1846~1917)로 조선 말기의 문신이다. 본관은 전주이고 자는 厚卿, 호는 圭堂 · 坦齋이다. 현감 寅植의 아들로, 佐郎으로서 1882년 증광문과에 병과로 급제하여 홍문관교리가 되었다. 1890년에는 이조참의가 되어 충청도암행어사의 임무를 수행하였고, 지방관리 재직 시 청백염직한 관리로 이름이 높았다.

임헌회의 집에 가서 잠시 머물고, 다시 후경의 집으로 돌아왔다. 이때도 그는 한 친구를 떠올린다. 생각해보니 서울에 있으며 모였을 때 경칠(景七)은 일찍이 있지 않은 적이 없었는데, 지금 없으니 섭섭하다는 것이다.[24] 경칠은 간암(澗菴) 이인석(李寅碩)이다. 윤정현(尹定鉉)의 외조카로 침계에게 자식과 같은 사랑을 받았다. 이상수가 29세에 침계의 집에 가정교사 겸 식객으로 출입할 때 친밀히 교유하였는데 38세의 나이로 요절하자 그는 〈李寬之述〉을 지었다. 이상수는 서울 윤정현의 집에 있을 때 자주 보았던 이인석을 생각하며 아까운 나이에 먼저 세상을 떠난 그에 대한 슬픔의 정을 토로한 것이다. 이 자리에서 은로는 어당의 집을 방문하고자 하는 뜻을 비쳤고, 이에 함께 그의 회인 집으로 간다.

> 은로가 내 山居를 방문하고자 하였고, 여심은 장차 영남으로 가고자 하여 드디어 서로 이별하고, 은로는 말 타기를 물리치고 나와 더불어 달리고 걸어 험한 길을 넘었다. 배가 고프고 목이 마른데 밥은 얻을 곳이 없고 아직 도착하지 못했는데 하늘은 어둡고 깜깜하였다. 내가 냇가의 위험한 징검다리 건너는 것을 이끌어주었고, 비스듬한 고개를 오르고 넘어지고 하여 비로소 도착하니 매우 놀라워했다. 대개 사는 것이 궁한 것은 익숙하였으나 거칠고 춥고 궁벽한 것의 지극함은 말하지 않았기 때문이다. 현미밥에 박주를 내었는데 능히 마실 수 없었고, 잠자리는 토방의 헤진 자리였다.[25]

---

24) 『峿堂集』 권13, 〈俗離會遇記〉. "念在京中聚集, 景七未嘗不在, 今亡矣, 愴然不樂".

25) 『峿堂集』 권13, 〈俗離會遇記〉. "殷老欲訪余山居, 汝心則將之嶺南, 遂相別, 而殷老屛騎與余徒步踰險阻. 飢渴無所得食, 未至而天昏墨. 余導其砯危溪緣, 仄嶺繚繞登頓, 始得到乃大驚. 盖熟知余居窮, 不謂荒寒僻陋至是也. 飯脫粟, 出薄酒, 不能飮, 寢之于土房弊席".

청산에 있는 후경의 집에서 회인 이상수의 집으로 오기까지의 험한 여정을 묘사하였다. 또한 이상수의 가난한 살림살이가 그대로 드러나 있다. 평소 그의 살림을 익숙하게 알고 있던 은로가 매우 놀랄 정도였다고 하니 은로가 생각했던 것보다 그 어려운 정도가 훨씬 심했다는 것을 알 수 있다. 이어 이상수는 다소 길게 의론을 편다.

옛날 내가 殷老와 같은 군에서 서로 어울리다가 내가 남쪽으로 건너오니 은로가 얼마 되지 않아 또한 떠나 서울에서 살았고, 얼마 있다가 厚卿이 또한 남쪽으로 내려오고 君元이 이었으며, 汝心이 최근 다시 서울에 우거하니 마치 부평초가 떠다니고 구름이 흩어지듯 뿔뿔이 나뉘어 서로 합하지 못하였다. 지금 모인 것은 생각하여 미친 바가 아니고, 친구 중 죽은 자도 몇 사람이다. 바야흐로 술은 한창이고 등불은 다 타들어 가는데 서로 바라보며 매우 기뻐하다가도 離合存沒의 느낌이 별안간 가끔씩 이는 것을 막을 수 없었다. 일찍이 氣化가 심히 빨리 가고 人事가 바뀌는 무상함을 탄식하였고, 만나는 곳이 따라서 자주 변하니, 無常한 인간으로 심히 빠른 세월을 맞이하고 자주 변하는 환경을 겪으면 의당 그 기뻐하고 슬퍼함이 끝없이 서로 찾아오는 것을 능히 그만둘 수 없음이라. 부처님이 이른바 '몽환포영'이라는 것도 이 이치 아님이 없다. 그런 까닭에 옛날 달인들은 이에 눈물 흘리지 않을 수 없었다.

이미 제군들은 헤어져 떠났고, 또 부평초가 떠다니고 구름이 흩어지듯 뿔뿔이 나뉘어 서로 합하지 못할 것이니 어젯밤을 좇으려 하나 모두 이미 표홀히 변하여 없고 묵은 자취가 되어버리니 더욱 개탄스럽다. 그러나 천지 안에 가득한 것은 모두 다 변하고 파괴되고 사라지고 없어지는 데로 돌아가니, 애당초 이것을 믿어서 견고한 것으로 삼을 수가 없고, 다만 여기에 함께 변하지 않는 것이 존재하니 우리들이 서로 기대할 것은 이것뿐이다. 하물며 나는 도망하여 암혈에 숨어 살며

> 땔나무하고 소치는 사람들과 여러 마리의 원숭이 새와 섞여 살면서 육체와 정신이 초췌하고 의기가 쓸쓸하니 말에 묵묵한데 들어 줄 자 누구인가?
>
> 잠깐 사이에 소위 마음속의 사람을 보려고 하였는데 볼 수 없고 제군들을 보니 또한 외로움이 심한 자들이다. 은로가 여기 온 것이 텅 빈 골짜기에서 숨어 사는 사람이 발자국 소리를 듣는 것과 무엇이 다르랴. 그 城市에 오래 있으면서도 변하지 않는 것을 볼 수 있는 자이다. 그런즉 속리산이 특별히 길을 빌려 준 것이고 제군들을 보내느라 산기슭에 이른 것이다. 드디어 붓을 적셔 기록하여 은로에게 주고 아울러 제군들에게 준다.[26]

작품의 끝부분으로 온통 작가의 의론으로 채워져 있다. 두 편의 속리산유기에 드러나 있는 어당의 속리산 유람의 동기는 친구의 방문이나 친구와의 약속에 의한 것이었다. 그런 만큼 그의 유기에는 친구의 얘기가 빠지지 않는다. 산행의 의미도 친구로 인해 더욱 각별하게 부여된다. 물론 31세에 감산이 찾아와 속리산에 갔을 때와 감산과 윤사정·이인석이 죽고 난 후 43세에 윤치조·서응순·임헌회 등과 속리산을 찾

---

26) 『峿堂集』 권13, 〈俗離會遇記〉. "昔余與殷老同郡相逐, 余南渡, 殷老尋亦去住于京, 旣而厚卿又南下, 君元繼之, 而汝心近復僑于京, 若萍浮雲散, 落落不相合. 今者之聚, 乃非思議攸及, 而親舊之沒者數人. 方其酒闌燈灺, 往復絡繹, 相視甚歡, 而離合存沒之感, 輒往往間作而不可禦. 嘗歎氣化之徂謝甚疾, 人事之遷改無常, 而所遇之地, 隨而屢變, 以無常迎甚疾而履屢變, 宜其欣戚相尋於無窮, 而莫能已也. 釋氏所謂夢幻泡影者, 未是無理. 故古之達者, 不能不泫然於斯. 旣諸君別去, 又皆萍浮雲散落落不相合, 欲追理疇昔, 皆已飄忽無有, 化爲陳跡, 重可慨也. 然盈天地之內者, 擧歸於變壞澌滅, 初不足據以爲固, 特有不與變者存焉, 友朋相期, 恃此而已. 況余竄伏巖穴, 伍樵牧而羣猿鳥, 形神憔悴, 意氣寂寥, 墨墨乎言, 而聽者誰歟. 俛仰躊躇, 思見所謂意中人, 而不可得, 視諸君, 又踽踽之甚者也. 殷老之來 此, 豈有異於逃空虛而聞足音跫然乎, 可見其城市久而能不變者矣. 然則俗離特爲其借途, 而諸君送之至崖者也. 遂濡筆而記之, 以貽殷老, 並及於諸君焉".

왔을 때의 사정은 조금 다르다. 그러나 친구로 인해 산수를 찾게 된 감회에 유달리 의미를 부여하는 그의 모습은 같다. 그렇기에 의론을 더욱 감회와 긴밀히 얽어서 문장을 써내려가는 것이 이상수 속리산유기의 특징이다.

위 글은 속리산 법주사에서 친구들을 만나 이곳저곳을 둘러보고 내려와 차례로 친구들과 자신의 집을 방문하는 가운데 자연스럽게 도출된 의론이다. 이 의론에는 우선 몇 가지 단어가 눈에 띈다. '부평운산(萍浮雲散)' · '이합존몰(離合存沒)' · '몽환포영(夢幻泡影)' 등이 그것으로, 모두 '인생의 무상'과 연결되는 말이다. 그렇다면 결론부터 얘기해서 이 의론은 인생의 무상에 대한 깊은 철학적 이치를 편 것으로, 그 이치를 이상수가 알고 있고, 친구들도 이 이치를 알아야 한다는 것이다.

이상수는, 은로와 그가 파주에서 함께 살다가 자신이 회인으로 내려오자 은로가 또 서울로 옮겨 살았고, 후경이 또한 청산으로 내려오자 군원이 청산 근처로 와서 살고, 여심은 최근 다시 서울에 우거하게 되니 친구들이 한 번도 한곳에 모여 살지 못하고 뿔뿔이 나뉘어져 서로 합하지 못하는 모습을 '부평운산'으로 비유하였다. 더구나 가까운 친구였던 감산과 윤사정, 그리고 이인석의 죽음을 보면서 더욱 '이합존몰'의 감회에 사로잡혔다. 이상수는 스스로 일찍부터 무상감을 알았다고 하였다. '기(氣)'라는 것은 일반적으로 에너지를 갖는 유동체로서 생명의 근원이다. 그러나 살면서 어찌 기화(氣化)의 성쇠와 인사(人事)의 득실에서 벗어날 수 있겠는가? 이상수의 말대로 우리의 생은 무상한 것으로, 세월이 빨리 흐르는 것을 맞이하고 인사가 자주 변하는 것을 겪는다. 인간의 육신을 포함하여 모든 것이 포착할 수 없는 덧없는 사물이다. 이렇듯 인생의 무상감과 세월의 덧없음을 알기에 생사의 상리(常理)를 터득한 옛날의 달인들이 슬퍼하지 않을 수 없다는 것이다. 여기서 우리는 이상수의 언표를 통해 인생의 철리(哲理)에 대한 깊은 깨달음의 순간을 만나게 된다.

그러고 보니 그가 친구들과 속리산에서 잠시 만났다가 또 헤어져 뿔뿔이 흩어져 서로 합할 수 없으니 어젯밤 친구들과 함께 했던 시간도 잡을 수 없게 되었다. 그래서 그는 "어젯밤을 좇으려 하나 모두 이미 표홀히 변하여 묵은 자취가 되어버렸다"고 하였다. 이처럼 천지 안에 가득한 것 치고 변하지 않는 것이 없듯 우주만물에는 존몰(存沒)과 개락(開落)의 이치가 엄연히 존재한다. 산수가 계절 따라 변하듯 인사 또한 변하지 않는 것이 없다는 것과 사람이 이 세상을 살다가는 것도 따지고 보면 아주 잠깐이라는 것을 그는 잘 알고 있다.

마지막으로 "은로가 여기 온 것이 어찌 텅 빈 골짜기에서 숨어 사는 사람이 발자국 소리를 듣는 것과 무엇이 다르랴?"고 하여 적적하게 홀로 지내다가 반가운 손을 맞이하는 기쁨을 표현하였다. '공곡공음(空谷跫音)'이라 하였던가? 빈 골짜기에 들리는 사람의 발소리이기에 더욱 반갑고 기쁜 것이다. 더구나 궁벽한 곳에서 보잘 것 없는 사람들과 원숭이나 새와 어울려 말없이 살며, 갈수록 육체와 정신이 초췌하고 의기가 쓸쓸한 채 찾아오는 사람 하나 없는 산거 생활로 인해 외로움에 치를 떨었을 법한 그에게, 은로의 반가운 발소리는 그 무엇으로도 형용하기 어려운 것이었을 것이다. 모든 것이 변하지만 그 가운데 그래도 변하지 않는 것이 있다면 벗과 나누는 깊은 정이다. 그래서 성시(城市)에 오래 있으면서도 변치 않고 산골을 찾아 준 은로의 방문에 이토록 감격해 하는 것이다. 자신의 궁벽한 산거(山居)를 찾아 준 은로의 방문이 무상한 세월에 그나마 적지 않은 위로가 되었을 법하다. 이처럼 이상수의 〈속리회우기〉는 인생의 무상과 세월의 덧없음에 대한 일반적인 의론에서 개인적 감회로 이어지면서 자신의 불행한 처지에서 비롯된 흉금을 털어놓는다. 곧 그의 의론은 설리(說理)와 서정(抒情)이 고루 섞여 있다.

이상 〈유속리산기〉와 〈속리회우기〉는 모두 유산 중의 견문 사실에 대해서는 그 골자만 갖추어 간단히 기술하였고, 대신 자신의 의론을 펴는 데 많은 지면을 할애하였다. 그만큼 이상수의 작품에는 눈에 띄게 의론이 확대되어 있다. 그리하여 '의론의 강화' 현상은 이상수 속리산유기의 한 특징이라고 할 수 있는데, 그것은 유람을 마치고 난 후 총괄하여 제시하는 형식의 의론이다.

4. 나오는 말

속리산유기는 17세기 초·중반부터 19세기 후반까지 꾸준히 창작되었다. 속리산유기의 작가는 충북 보은과 직접 관련 있는 인물이거나 아니면 보은 가까운 곳에 살았거나, 벼슬살이를 이곳 충북 보은과 인접한 곳에서 했거나, 가족 혹은 친구의 일로 속리산 근처에 왔었던 사람들이고, 이들 중에는 우암 송시열과 수암 권상하의 학통을 잇는 제자들이 있어 이 지역과 무관할 수 없는 인물들이다. 또한 대부분의 속리산유기는 속리산의 산세지리와 유람 중 견문한 사실을 노정을 따라 기록하고, 산천경물을 매우 핍진하게 묘사하며, 때로 경물에서 촉발된 자신의 의론을 펼쳐 보이는 등 일반적인 유산기의 내용구조와 크게 다르지 않다. 그러나 이상수의 속리산유기는 여타의 속리산유기와는 다르게 자신의 의론을 펴는 것에 중점을 두었다.

이상수는 〈遊俗離山記〉를 통해 늘 생각만 하고 결행하지 못함과 인간관계와 일의 처리에 있어 조화와 변통이 없는 삶의 태도에 대해 한번쯤 깊은 반성을 촉구하는 의론을 펼쳤다. 이를 통해 바람 같고 물 같은 인생을 순하게 살 것을 제안하며, 의론 끝에 울울한 개인적인 심회를 풀어나가는 방향으로 전개하였다. 또한 〈俗離會遇記〉를 통해 가까운 친구들의 죽음과 쓸쓸한 가을 속리산의 모습, 그리고 인생의 가을을 보내고 있는 자신의 모습을 보면서 인생의 무상에 대한 깊은 철학적 이치를 드러내며, 사람들로 하여금 인생의 철리에 대한 깨달음을 촉구하였다. 이는 의론의 강화로 인한 것이다. 한편 친구로 인해 산수를 찾게 된 감회에 유달리 의미를 부여하여 의론을 개인적 감회와 긴밀히 얽어서 썼다.

이상수의 속리산유기는 의론체 산수기에 포함될 수 있을 것이고, '의론의 강화' 현상은 이상수 속리산유기의 한 특징이라고 할 수 있다. 한편 이상수에게 있어 의론은 유람 중에 만난 어느 한 경물로 촉발된 것이 아니라 유람을 마치고 난 후 총괄하여 제시하는 형식의 의론이다.

【참고문헌】

『諫議公遺稿』, 한국학중앙연구원 소장본.
『芳谷集』, 한국학중앙연구원 소장본.
『息山集』, 한국문집총간 178집, 민족문화추진회.
『峿堂集』, 한국학중앙연구원 소장본.
『伊溪集』, 한국학중앙연구원 소장본.
『立齋遺稿』, 한국문집총간 210집, 민족문화추진회.
『正菴集』, 한국학중앙연구원 소장본.
『潛齋集』, 석인본, 1971.
『荷棲集』, 한국문집총간 245집, 민족문화추진회.
『壺山全書』, 아세아문화사, 1987.
『寒泉堂遺稿』, 한국학중앙연구원 소장본.
김건식, 『보은의 지맥과 학맥』, 보은문화원, 1999.
김용남, 「조선후기 속리산유기에 나타난 산수관」, 『개신어문연구』 23집, 개신어문학회, 2005.

김채식, 「어당 이상수의 산수론과 『동행산수기』 분석」, 성균관대 석사학위논문, 2001.

진필상 저, 심경호 역, 『한문문체론』, 이회문화사, 2001.

제4부

구술 여행담의 문학적 성격과 교육적 의의
- 임철호 화자의 〈금강산 여행담〉을 중심으로

신동흔

1. 구비문학과 교술(敎述)

오늘날 구비문학(口碑文學)은 국문학의 기본 영역으로 널리 인정되는 가운데 연구와 교육의 대상이 되고 있다. 그것은 기록문학의 오랜 원천이자 바탕이었으며, 그 자체 민중 문학의 본류로서 생명력을 발휘해 왔다. 전통 사회에 있어 대다수 일반 평민들은 글이 아닌 말을 통하여 삶과 꿈을 표현하고 소통해 왔던 터다.

하지만 구비문학의 범주 내지 존재양상과 관련하여 아직도 많은 오해가 있음을 본다. 그 하나가 구비 교술문학에 대한 것이다. 서정, 서사, 극(희곡)과 더불어 교술 갈래를 문학의 기본 범주로 인정하는 관점이 일반화되었지만, 실질적으로 교술 개념은 기록문학에 한정돼서 적용되고 있음을 본다. 연구의 측면에서도 그러하지만, 교육의 영역에서는 편향성이 더욱 심각하다.

구비 교술문학의 범주 및 성격과 관련하여 특히 산문 담화의 영역이 문제가 된다. 교술민요나 교술무가라는 개념은 있으나, '교술설화'에 준하는 개념은 찾아볼 수 없다. 구비산문이라 하면 곧 신화와 전설, 민담 등 허구적 상상에 기초한 담화로서의 설화(說話)에만 주목하는 것이 오랜 관행이었다. 교술성을 특징으로 하는 사실 차원의 담화는 구비문학 범주 속에서 그 자리를 얻지 못하였다.

이에 대하여 필자는 일련의 논의를 통해 설화와 구별되는 교술적 구술담화에 대한 관심이 필요함을 강조한 바 있다. 교술적 구술담화의 중핵에 해당하는 경험담에 대하여 그 문학적 존재 양상과 성격을 가늠하는 논의를 수행하였고,[1] 구전 이야기의 갈래 체계를 논하면서 신화와 전설, 민담 등의 서사적 담화[설화]와 함께 경험담과 사화, 풍문 등의 교술 담화[실화]를 포괄하는 체계를 천명하였다.[2] 이야기문화의 세대별 양상과 관련하여 경험적 담화의 특성을 살피는 논의도 제출한 바 있다.[3] 이 외에 김현주와 김경섭 등이 일상경험담의 문학적 특성에 관심을 표명하였으며,[4] 천혜숙과 김예선 등은 살아온 이야기(생애담)를 대상으로 그 특성과 의의를 살피는 작업을 수행하였다.[5] 이러한 일련의 논의를 통해 구비 교술 담화의 문학적 정체성은 그 기본 윤곽이 드러난 상태다.

---

1) 신동흔, 「경험담의 문학적 성격에 대한 고찰」, 『구비문학연구』 제4집, 1997.
2) 신동흔, 「구전 이야기의 갈래와 상호관계에 대한 연구」, 『비교민속학』 제22호, 2002.
3) 신동흔, 「이야기문화의 세대별 양상과 경험적 담화」, 『구비문학연구』 제17집, 2003.
4) 김현주, 「일상경험담과 민담의 구술성 연구」, 『구비문학연구』 제4집, 1997; 김경섭, 「설화 연행의 텍스트 언어학적 연구」, 『한국고전연구』 제5집, 1999.
5) 천혜숙, 「여성생애담의 구술사례와 그 의미 분석」, 『구비문학연구』 제4집, 1997; 천혜숙, 「농촌여성 생애담의 주제와 생애인식 양상」, 『한국고전여성문학연구』 2, 2001; 김예선, 「'살아온 이야기'의 문학적 성격과 위상 연구」, 건국대학교 석사학위논문, 2005; 김예선, 「문화콘텐츠로서의 '살아온 이야기' 연구」, 『겨레어문학』 34, 2005.

하지만 구비 교술 담화에 대한 세간의 인식은 아직도 '진입 이전'의 상태에 있는 것으로 보인다. 그 실체에 대한 기본 인식조차 공유되지 못하고 있다. 국문학 연구에 있어서도 그러하지만, 이는 특히 문학 교육의 영역에 있어 더욱 그러하다. 구술 경험담은 구체적 텍스트는 물론이고 기본 개념조차도 교과과정이나 교육내용에 거의 담기지 못하고 있다.[6]

이에 대해 세간의 무관심이나 몰지각을 탓할 수도 있겠으나, 이는 정도(正道)가 아닐 것이다. 그보다는 구비 교술 담화에 대한 논의가 아직도 초보적이고 원론적인 수준에 머물러 있다고 하는 사실에 대한 반성이 필요함을 느낀다. 어떤가 하면 '교술 담화'나 '경험담', '생애담(살아온 이야기)' 등은 그 개념 범주가 너무 커서 밀도 있는 문학적 분석을 기약하기 어려운 것이었다고 할 수 있다. 관심의 초점을 더욱 좁히면서 유형론 차원의, 나아가 작품론 수준의 분석을 수행함으로써 그 문학적 성격을 실체적으로 드러내는 논의가 필요하다. 이를 바탕으로 그 문화적, 교육적 의의를 가늠하는 작업을 수행할 필요가 있다.

이 글에서는 구비 교술담화 가운데 여행담에 초점을 맞추어서, 그 문학적 실체를 보다 구체적으로 드러내는 작업을 수행하고자 한다. 구술 여행담의 양상에 대한 기초적인 논의를 거쳐 특정 여행담 텍스트[7]에 대한 작품론 차원의 분석을 통해 그 문학적 성격과 의미를 드러내려 한

---

6) 이는 현장의 문학교육 외에 문학교육 연구의 측면에 있어서도 마찬가지다. 문학교육 연구에 있어 그간 구비 교술담화에 대한 논의는 거의 전무했다고 해도 과언이 아니다. '여행 체험'을 주제로 한 고전문학교육학회의 기획 연구성과만 하더라도 그 대상이 기행가사와 일기, 산수유기, 소설 등 기록문학으로 한정된 것이었다(예외를 든다면, 다큐멘터리에 주목한 송팔성의 논의 정도를 들 수 있다. 송팔성, 「사적지 기행 다큐멘터리의 담론체계와 글쓰기 방안」, 『고전문학과 교육』, 제12집, 1996 참조).

7) 그 구체적 자료는 안성군 공도면에서 임철호 화자가 구연한 〈금강산 여행담〉이다. 자료에 대한 자세한 사항은 3절에서 제시하기로 한다.

다. 그 논의의 결과는 문학연구 외에 문학교육의 측면에 있어서도 유효한 화두를 이끌어낼 수 있을 것이라 기대한다.

2. 여행 체험과 구비문학

문학에 있어 여행(旅行)이 얼마나 중요한 화두인가에 대해서는 긴 설명이 필요 없을 것이다. 문학은 삶의 특별한 국면을 형상적 언어로 전하는 행위라 할 수 있는바, 여행은 그 '특별함'을 산출하는 넓고도 중요한 통로이다. 나날의 평범한 일상이 펼쳐지는 공간을 벗어나 낯선 사람, 낯선 풍물이 펼쳐지는 '다른 세상'으로 발을 디딜 때, 사람들의 인지와 감성은 특별한 새 국면에 접어들기 마련이다. 그것을 언어적 긴장감을 살려서 생생하게 풀어내면 자연스럽게 여러 형태의 문학 텍스트들이 산출되게 된다. 일컬어 '여행문학' 또는 '기행문학'이다.

기행문학은 기록문학의 전유물처럼 여겨지곤 하지만 이는 사실과 다르다. 경험을 전하는 매재(媒材)로서 글보다 더 원초적이고 보편적인 것이 말이거니와, 이는 여행 경험에 있어서도 예외가 아니니다. 여행을 다녀오고 나면 여행길에서 보고 들은 일과 관련된 수많은 '말'들이 산출되는 것이 상례다. 글쓰기가 보편화된 오늘날의 경우에도 여행 경험은 글보다 말로 소통되는 비율이 훨씬 높다고 할 수 있다. 기행문은 쓰기도 어렵고 한번 쓰면 그만이지만, 여행담은 언제 어디서든 쉽고 자연스럽게 풀어낼 수 있으며, 청자를 바꾸어서 말하고 또 말할 수 있다.

공들여 쓴 기행문에 비하면 여행담은 임의적이고 산만하여 문학적 깊이나 밀도가 떨어지지 않겠는가 의문을 가질 수 있겠다. 이에 대해서는 평균적으로 보아 그러하다고 말하는 것이 옳을 것 같다. 말로써 여행 체험을 전하는 담화 가운데는 문학이라는 이름을 붙이기에 어울리지 않는 거칠고 단편적인 것들이 비일비재하다. 하지만 구술 여행담 가운데는 내용이 길고 알차며 문학적 상상을 풍부하게 불러일으키는 것도 적지 않으니, 그 가치를 일률적으로 낮추어 잡을 일이 아니다. 구술 여행담은 글로 쓴 기행문에 비해 내부의 질적 편차가 크다고 하는 것이 정확한 표현일 것이다.

현재의 상황을 좀 더 살펴보면, 여행담은 그야말로 무한할 정도로 다양 방대하다. 교통수단의 발달로 국내는 물론 수천 수만리 밖의 외국까지 수시로 왕래할 수 있게 되어 사람들의 여행의 양과 폭이 놀랍게 확장되었다. 그 수많은 여행이 크고 작은 이야깃거리를 낳고 있으니, 대한민국에서 단 하루에 소통되는 여행담만 하더라도 어마어마한 분량이 될 것이다. 여행담이 특별한 담화로서 희소가치를 제대로 발휘하지 못할 정도다. 많은 경우 그것은 극히 일상적으로 진술되는 가운데 '소모'되고 있다. 양적 팽창에 반비례하여 질적 밀도는 낮아진 상황이다.

세월을 거슬러 올라가보면, 전통사회 사람들의 삶의 과정에 있어 낯선 곳으로의 여행이란 흔하고 범상한 일이 아니었다. 대부분의 사람들이 좁은 공간적 테두리 속에 갇힌 상태로 나날의 삶을 보냈다. 인구의 대부분을 이룬 농촌 주민들은 그가 속한 마을 안에서 삶을 영위했으니, 가끔 장에 나가거나 이웃 마을에 놀러가는 것이 고작이었다. 상층 남성들은 상대적으로 행동반경이 넓었으나 양반가 여성은 살고 있는 집의 담장 밖으로 나갈 기회조차 얻기 어려웠었다. 옛 시절의 대다수 사람들에게 있어 낯선 곳으로 먼 길을 떠난다는 것은 특별한 일이 아닐 수 없었다.

여행이 이렇게 특별한 일이었던 만큼 거기 얽힌 흥분과 호기심 또한 그만큼 큰 것이었다. 모처럼 여행을 나섰을 때, 그들은 여행길에 보고 들은 것들을 깊은 관심 속에 마음에 새기는 것이었고, 그것을 특별한 이야기로 풀어내는 것이었다. 그러면 다른 사람들은 관심과 호기심 속에 그 이야기를 경청하는 것이다. 어떻든 오늘날과 비교할 때 전통사회의 여행담은 담화에 얽힌 미적 긴장의 밀도가 더욱 높았다고 말할 수 있다. '낯섦'과 '희소성'이 어울려 빚어내는 문학적 감응력이다.

여행은 구조적 측면에서도 중요한 문학적 자질을 내포한다. 경험을 이야기로 전하려 할 때 커다란 걸림돌이 되는 것이 바로 '형태적 불안정성'의 문제다. 일목요연한 짜임새 – 서사구조 – 를 갖춘 설화와 달리, 경험을 전하는 담화는 여러 기억들이 전후맥락 없이 뒤섞여 흩어지거나 엉키기 쉽다. 글을 쓰는 경우라면 가닥을 차분히 정비하고 또 가다듬어서 갈무리해 나갈 수 있겠지만, 현장에서 즉석의 소통이 이루어지는 '말'에 있어서 그것은 쉬운 일이 아니다. 그런데 여행 경험을 전하는 이야기의 경우에는 사정이 꽤 다르다. 여행담은 다른 경험담에 비해 높은 안정성을 지닌다. 긴 이야기들도 흐트러짐 없이 무난하게 구연되곤 한다. 이는 여행담에 담화 내용을 자연스레 한 줄에 꿰는 '여정(旅程)'이라고 하는 튼튼한 끈이 있기 때문이다. 출발지에서 도착지에 이르는 여정이 일종의 스토리라인 역할을 수행하는 것이다.

여행담을 구연함에 있어 화자는 마음속에 위와 같은 일련의 흐름을 갖춰 지니고 있다. 그리하여 그는 편안하고도 안정감 있게 이야기를 풀어나갈 수 있다. 특정 여정에 얽힌 이야기를 맘껏 펼쳐내다가도 언제든 제 길로 돌아갈 수 있다. 상황에 따라서는 일부 여정을 간추려 말하거나 생략해도 그만이다. 그리 하더라도 이야기는 일정 궤도를 따라 순탄하게 진행될 수가 있다. 그러한 안정성은 듣는 사람 편에서도 작용하는 것이어서, 청자는 이야기 가닥이 어떻게 풀리는 것인지에 대해 걱정할 필요 없이 편안하게 구연자의 길을 따라가면 된다. 어떤가 하면 사정상 중간에 이야기를 그친 경우에도 다음에 손쉽게 그 지점으로 찾아 돌아가 사연을 이어나갈 수 있는 것이 여행담의 특성이 된다. 설화에 버금가는 안정된 구연 종목이 되기에 적합한 자질이다.

그렇다면 여행담의 유형 내지 종류는 어떻게 나누어 볼 수 있을까. 이에는 '기행문(紀行文)'에 적용되는 관점이 참고가 될 수 있을 것이다. 기행문을 나누는 방법에는 여러 가지가 있겠는데, 널리 통용되는 두 가지 방법은 글 형식에 따라 나누는 방법과 내용에 따라 나누는 방법이다. 다음과 같은 분류법이 교과서적인 방식으로 제시되고 있다.

- 형식에 의한 분류 - 일기 형식, 서간문 형식, 수필 형식, 보고문 형식, 안내문 형식
- 내용에 의한 분류 - 감상 중심, 견문 중심, 연구 중심

글이란 혼자서 차분히 생각을 다지며 꼼꼼히 써나갈 수 있으며, 작성 후 편집과 퇴고가 가능하다. 그 덕에 형식이나 기법에 미묘한 차이가 있는 다양한 글쓰기 양식이 발달할 수 있었다. 전통 교술 산문의 경우 한문학 범주 내에서만 수십에서 백여 개에 이르는 이질적인 양식[문체]을 설정할 수 있을 정도다. 여행 체험 역시 다양한 양태로 씌어질 수 있어서 수필 형식 외에 일기나 편지 등의 형식으로 그것을 담아낼 수 있었다. 전통사회에서 산수유기(山水遊記) 같은 기행문 양식이 발달했던 것도 그러한 맥락에서 이해할 수 있다. 그러던 것이 현대에 들어와 보고문이나 안내문 형식 등이 새롭게 적용되고 있는 것이라 할 수 있다.

하지만 구술 여행담은 기행문의 경우와 양상이 좀 다르다. 누구나 자유롭게 표현과 소통에 참여한다고 하는 개방성과 보편성을 지니지만,

다양한 형태의 양식화를 이루기에는 조건이 적합지 않다. 기행문과 달리 시공간적 한정성을 지니는 '구연 현장'에서 편집과 퇴고가 제한된 채 즉석 구연의 형태로 사연을 풀어내야 하기 때문이다. 어떤가 하면, 일기나 서간문, 보고문, 안내문 등의 형식은 기본적으로 구술 여행담에 어울리지 않는다. 글과 달리 여행의 감상을 시(詩)나 노래로 표현할 가능성 또한 제한돼 있다. 그리하여 여행담은 대개 여행에서 보고 듣고 느낀 것을 산문으로 자연스럽게 풀어내는 형식, 굳이 규정하자면 '수필(隨筆)'에 준하는 형식으로 구연되는 것이 상례다.

형태적 측면에서 구술 여행담의 종류를 나눈다면, 완결형과 삽화형으로 구분하는 방식이 유용할 것 같다. 앞서 여행담이 '여정'을 축으로 체험의 경과를 전하는 스토리라인을 지니고 있다고 했으나, 일련의 여정을 두루 갖추어 완결된 형태로 구연해야만 하는 것은 아니다. 그것을 잠재적 배경으로 둔 상태에서, 특정 여정에 얽힌 특별한 사연만을 떼어서 구연하는 것이 가능하다. 이때 일련의 여정을 갖추어 구연한 것을 '완결형 여행담', 특정 삽화를 떼어서 구연한 것을 '삽화형 여행담'이라 할 수 있다. 둘을 비교하면, 여행담의 본래적 정체성에 더 잘 어울리는 것은 완결형이라 할 수 있다. 삽화형이 특정 시점에 얽힌 단편적 담화가 될 공산이 큰 데 비해 완결형은 여행에 얽힌 견문과 감상을 더욱 폭넓게 담아낼 수 있기 때문이다. 하지만 삽화형은 그 나름대로의 장점이 있다. 지루한 늘어짐을 피하고 여행에서 특히 의미 있는 요소를 집약적으로 드러낼 수 있다는 점이 그것이다.

구술 여행담을 내용 측면에서 분류함에 있어 앞에 제시한 기행문 분류법의 '감상 중심'과 '견문 중심' 개념을 유효하게 적용할 수 있다. 여행 과정의 견문과 감상이 복합적으로 한데 어울리는 것이 일반적인 경향이겠으나, 그 비중에 차이가 있을 수 있다. 여행과정에서 보고 들은 정보를 타인과 공유하고자 하는 목적성이 두드러진 경우가 있는가 하면, 여행중의 느낌과 감상을 정서적으로 표출하는 데 중심이 놓인 경우가 있다. 전자를 '견문형 여행담'이나 '정보공유형 여행담'으로, 후자를 '감상형 여행담'이나 '정서추억형 여행담'으로 이름붙일 수 있겠다.

구술 여행담을 분류하는 또 다른 중요한 기준은 여행의 성격이다. 사람들이 제 뜻으로 선택한, 삶을 즐기기 위한 떠남이 여행의 본령이라 할 수 있지만, 그와 다른 형태의 길 떠남도 많다. 정착할 곳을 잃고서 타의에 의해 떠도는 유랑이나 피난의 여행이 있으며, 생계를 영위하거나 각종 업무를 수행하기 위한 여행이 있다. 이러한 차이는 여행을 통해 무엇을 어떻게 보고 들으며 무엇을 느끼는가 하는 지점에 큰 편차를 가져오므로 무척 중요한 것이라 할 수 있다. 세 경우를 각기 '유람형 여행담', '유랑형 여행담', '직무형 여행담'으로 지칭하기로 한다.[8] 유람형 여행담에서는 여행의 신기함과 즐거움이 부각되는 데 비하여, 유랑형 여행담에서는 상대적으로 삶의 고난과 괴로움의 요소가 부각될 것이다. 직무형 여행담의 경우에는 업무와 관련되는 경험과 정보에 초점이 맞추어질 가능성이 크다. 하지만 유랑의 과정에서도 뜻밖의 즐거움을 느낄 수 있고, 업무를 위한 여행에서도 짙은 감상에 빠져들 수 있는 것이

8) 김태준은 전통적 기행문학의 주요 범주를 순례의 기행문학과 유람의 기행 문학, 유배의 기행 문학, 사행의 기행 문학으로 나눈 바 있고(김태준, 『한국의 여행문학』, 이화여대 출판부, 2006), 김종철은 여행의 성격에 따라서 사행형(使行型), 유배형(流配型), 유람형(遊覽型), 표류형(漂流型), 피로형(被虜型), 구도형(求道型) 등 여섯 가지로 고전 여행문학의 종류를 나눈 바 있다(김종철, 「중세 여행 체험과 문학교육의 시각」, 『고전문학과 교육』 제13집, 2007, 10~11면). 본문에서 이보다 적은 세 개의 유형을 설정한 것은 과거와 현대를 더 넓게 아우를 수 있는 포괄적 체계를 염두에 둔 것이다. 김태준과 김종철이 나눈 여행문학의 범주를 본문의 세 개 유형 속에 포괄해 본다면, 사행형은 당연히 직무형에 포함될 것이고, 유배형과 표류형, 피로형 등은 타의에 의한 고통스런 길떠남에 해당하는 것이어서 유랑형에 포괄할 수 있다. 직무의 요소와 유람의 요소가 공존하는 구도형(또는 순례형)이 좀 특수한 경우인데, 여행 자체에서 보람과 의미를 찾는 길떠남이라는 점에서 '유람형'에 포괄하는 것이 적합하지 않을까 한다. '유람'이라는 것이 단지 '놀고 즐기는 것'을 뜻하지 않는다는 데 대해서는 따로 부연설명이 필요없으리라 본다.

니 그 성격을 일률적으로 재단할 일은 아니다. 각각의 여행담을 일종의 작품으로 인식하고 개별적 특성을 살피는 관점이 필요하다.

그 밖에 국내 여행과 국외 여행, 단기 여행과 장기 여행, 단독 여행과 공동 여행, 도보 여행과 탈것 여행 등의 차이에 의거해 여행담의 종류를 나눌 수도 있겠으나, 이는 문학적 분류상 큰 의의를 지니지 않는다고 보아 따로 논의하지 않는다.

3. 구술 여행담의 성격과 의의 - 〈금강산 여행담〉의 경우

필자는 여러 차례에 걸친 구비문학 현지답사 과정에서 여행체험에 얽힌 이런저런 이야기들을 들을 수 있었다. 노년세대를 대상으로 한 답사에서 널리 들을 수 있는 대표적인 여행담은 6.25 때의 피난담이었다. 전쟁의 포화 속에서 살길을 찾아 펼쳐졌던 '민족 대이동'이 잊을 수 없는 일로 마음속에 각인되어 이야깃거리를 낳고 있는 터다. 이 외에 징용이나 징병, 이주 등에 따른 일제하의 해외 체험담도 종종 접할 수 있었고, 살길을 찾아 떠돌아다니면서 겪었던 경험을 전해주는 화자들도 있었다.

말하자면 필자는 여행담 가운데 유랑형이나 직무형에 해당하는 것들을 주로 접한 셈이다. 이에 비해 여행담의 본령이라 할 수 있는 유람형 여행담을 전해들은 기억은 그리 많지 않다. 향촌의 노인들에게 유람의 기회가 별로 없었던 때문일 수도 있고, 그런 종류의 이야기가 외지에서 온 젊은 조사자에게 전해주기에 어울리지 않는다고 제보자들이 판단했을 수도 있다. 어쩌면 조사자가 유람에 얽힌 이야기를 힘써 유도하지 않은 것이 가장 큰 이유였을지도 모르겠다.

그런 의미에서 약 20년 전에 경기도 안성의 한 시골 마을에서 전해들은 '금강산 여행담'은 특별한 의미를 지닌다. 화자인 임철호씨는 설화를 요청하여 귀 기울여 듣고 있는 조사자들에게 자청하여 이 이야기를 들려주었는바, 다른 어떤 이야기보다도 공을 들여서 이야기를 구연하였다. 조사자를 비롯한 청중이 두루 즐겁게 구연에 몰입할 수 있었던 길고도 좋은 이야기였다. 이 이야기의 기본 정보는 다음과 같다.[9)]

- 제목 : 금강산 여행담
- 성격 : 유람형, 완결형, 정서추억(+정보공유)형 여행담
- 여행 시기 : 1937년
- 구연일시 : 1988년 6월 1일 저녁
- 구연장소 : 경기도 안성군 공도면 건천리 노인회관
- 구연자 : 임철호, 남·75세
- 조사자 : 민찬, 신동흔, 사진실, 권보드래
- 청중 : 조사자 외에 4~6명

이야기를 들려준 임철호 화자는 뛰어난 구연능력을 갖춘 훌륭한 이야기꾼이었다. 흐트러짐 없이 단정하게 앉은 채로 흥미와 실감을 살려 조리 있게 이야기를 구연해 주었다. 그가 3시간여에 걸쳐 구연한 18편 가량의 이야기 가운데는 서너 편의 전설과 예닐곱 편의 민담이 포함돼 있는데, 내용이 독특하고 흥미로운 것들이 많았다(〈지하국 다녀와 명의 된 이야기〉 등).[10)] 그는 경험담 구연에도 관심이 많아 기이한 체험에 얽힌 짧고 흥미로운 이야기를 대여섯 편 구연하기도 하였다. 그러한 일

---

9) 이 이야기는 신동흔이 경험담에 관한 논의와 관련하여 10년 전에 자료를 공개한 바 있다. 신동흔, 「경험담 자료선」, 『구비문학연구』 제4집, 1997, 535~549면에 녹취 자료 전문이 실려 있다. 이 자료는 약간의 교정을 거쳐 신동흔, 『이야기와 문학적 삶』(월인, 2009), 541-556면에 재수록 되었다.

10) 임철호 화자가 구연한 〈지하국 다녀와 명의 된 이야기〉는 『관악어문연구』 제13집의 「1988년도 서울대학교 학술답사 보고서」, 276~283면에 그 전문이 실려 있다.

련의 구연에 이어서 금강산을 다녀온 이야기를 한번 들어보겠느냐며 꺼낸 것이 위의 〈금강산 여행담〉이다.

〈금강산 여행담〉은 1시간 10분 이르는 긴 시간에 걸쳐 물 흐르듯 유창하게 구연이 진행되었다. 화자는 구연을 진행함에 있어 시종일관 주저함이 없었으며, 여행 당시의 기억이 생생한 듯 얼굴을 빛내며 즐겁고 열띤 태도로 이야기를 구연하였다. 한 마디로 이 이야기는 임철호라는 이야기꾼에게 있어 설화를 포함한 다른 모든 레퍼토리를 뛰어넘는 최고의 구연 종목이었다. 그것은 그 자신에게 소중하고 특별한 의미를 갖는 이야기일 뿐 아니라 청중에게도 충분한 호기심과 놀라움 그리고 공명(共鳴)을 일으키는 이야기였다. 그것은 여행담의 문학적 성격과 가치를 잘 보여주는, 하나의 당당한 '작품'이다.

1) 생생한 형상으로 되살린 여행체험

(1) 그런데 거기는 달구지라구 바쿠가 아마 한 너덧 자 그게 실하다구. 그런 달구지가 댕겨, 거기는. 그런데 그 달구지가, 다른 건 못 댕긴 내력이 뭐냐면, 나뭇등걸이 길 위에 이렇게 올른 게 있어. 그래서 그 달구지는 간철이 안 백히니께 댕기지만 이런 마차는 못 댕겨. 이 간철이 다서(닿아서).

그래 인제 거기서 나무를 실어내여. 나무를 실어내는데. 설계기계를 놨는데, 이 기차 평정목 있잖어? [조사자: 예] 기차 평정목같이 그렇게 나무를 비어가지구서는, 그걸 하러, 비러 댕기는 사람이 있어. 붕어톱이라구 톱날이 이렇게 넓지. 그래가지구 인제 그걸 달구지루 실어다 노머는 설계기계에다가 인제 실쿠서는 이 아래루다가 하산을 시키는데, 이게 케이블카들 구경했으니께 그 식이여. 하나는 올라가구 하나는 내려오구 아주 자동이여. 전기루 하는 게 아녀. 짐 실쿠 그냥 놓으머는 무거운 늠이 매달리니께 개벼운 놈은 빈 구르마니께 그냥 자연

딸려 올러온다구. 그라머는 인저 저게 자 아래가 딱 다면 인제 빈 구르만 이 위가 딱 닿구. 이래가지구 인저 여기서 실쿠 인저, 실으면 가서 그렇게 실어내리구 인저 그러는 거여.

그라구 인저 거기 구경을 하구서는, 산골짝이루 그냥 무작정 들어가는겨. 그런데 강원도가 산중인데두 최고 나무 좋은 데는 거기 가서 구경한 거뱈이 없어. 그 유점사에 들어가는 데는 말여, 전나무 잣나무가 그냥 하늘 파천하게 올러간 것이 아주 저 대나무같이 그냥 쪽 곧게 큰 것이 밀집되듯 했거든.[11]

(2) 그래 인저 돌어댕기다간 한 군데를 가니께 그 약수 이름이 오탁수라고 이름을 져놨어. 그런데 이렇게 손으루두 떼도 떨어질 정도의 썩둥이라고 있어, 돌이. 그런 돌 속에서 그냥 이렇게 찔 찔 찔 흘르는데, 그 왜 바위옷이 있잖어? 바위옷이 이렇게 제법 깔리구 그랬는데, 오망한 데가 꼭 [손으로 모양을 만들며] 요거만 헤여. 오망하게 파인게. 그래 요마만치 고이면 그냥 흘르는 거여. 그런데 물이 많이 나오질 안 혀. 그래 나뭇대기로 저 위 판 바가지 요거만한 거 그 옆댕이 놨어. 그걸루 물 떠먹으라구.

내가 약수를 여러 군데 먹어 봤는데 그런 약수 물은 내 평생 한번뱈에 못 먹어 봤어. 근데 이 물을 고 바가지로 떠가지구서는 보통 이런 물 먹는 식으루다 먹으니께는 물이 그냥 넘어가다가 [손을 목에 갖다 대며] 여기가 그냥 탁 걸리구서는 안 넘어가드라 이 말여. 그래서 인저 바가지를 떼구서는 숨을 돌려가지구서는 물을 삼켰어. 근데 물이 저 쌉싸름해요. 물이 쓰다구. 그래서는 고거 인제 내 처음 먹는 거라 그런가 하구 고담에 또 그렇게 먹을라니께 또 안 넘어가. 또 그냥 물이 쉬

11) 신동흔, 「경험담 자료선」, 『구비문학연구』 제4집, 1997, 537~538면. 이하 본문에 인용한 원문은 이 글(경험담 자료선)에 수록된 것과 문면상 다소간의 차이가 있을 수 있다. 이는 이야기 녹취 자료를 새롭게 점검하는 과정에서 약간의 수정을 거친 데 따른 것이다.

> 어가지구 또 맥히더라구. 그래서 인저 뜨건 물 먹는 식으루 훌훌 이렇게 마셔서 먹구 이라구선 인저, 내려와서 잤는데…
>
> 새벽에 그 저 가화장삼 입고 꼬꾸랑 나팔 불고 징을 치고 철북 치고 그래 저기하는데, 그 산중에 찌렁찌렁 울리는 것이, 절에 가면 뭐 중노릇 하고 싶다는 말이 그짓말이 아녀. 신선 중에 그게 신선여, 내가 볼 때는.
>
> '근데 과연 이런 데서 이 중노릇 하는 것이 참 신선이라면 신선에 들어간다.'[12]

이야기의 전반부에서 뽑은 두 대목이다. 어떤가 하면 여행 과정에서의 견문을 보고 겪고 느낀 그대로 말로 옮긴 것이다. 내용을 살펴보면 특별히 멋지거나 화려한 문학적 수식을 따로 찾아보기 어렵다. 사실에 충실한 진술이다. 그럼에도 이야기를 따라가다 보면 여행지의 풍경이 생생하게 살아옴을 느끼게 된다. (1)에서 사이사이 나뭇등걸이 삐죽 솟은 길을 움직이는 바퀴 큰 달구지의 모습과, 평정목 같은 나무를 싣고 오르내리는 반자동식 '설계기계'의 모습, 대나무처럼 하늘로 솟은 빽빽한 침엽수림의 모습이 생생히 떠오른다. (2)에서는 무른 돌 속을 흐르다가 고인 약수 물과 그 약수가 목에 탁 걸려 놀라는 여행자의 모습이 선명히 다가오며, 새벽이 되자 나팔 소리 종소리가 명랑하게 울려퍼지는 머나먼 산사(山寺)의 풍정이 생생하게 살아온다. 문학적 상상과 정감을 촉발하는 특별한 형상이다.

이 이야기는 전체적으로 실제의 현장적 정취를 생생히 살려낸 리얼리티의 담화라 할 수 있다. 그 리얼리티가 어디에서 오는가 하면 바로 여행의 체험 그 자체에서 온다. 기억 속에 생생한 실체로 각인되어 있는, 여행중에 보고 듣고 행하고 느낀 것들이 그 자체로 형상적으로 재

---

12) 위의 글, 538면.

현되고 있는 것이다. 이때의 형상은 민담과 같은 허구적 담화 속의 형상과는 그 성격이 다르다. 실제의 일이라 하는 무게감도 그렇지만, 위 대목들에는 실제로 겪지 않으면 그려내기 어려운 종류의 디테일이 가득 차 있다. 달구지 길에 나뭇등걸이 삐죽삐죽 솟아 있다는 것, 붕어톱으로 자른 나무가 평정목처럼 쌓여 있다는 것, 약수 흐르는 바위가 손으로 떼면 떨어지는 '썩둥이'라는 것, 쌉싸름한 약수 물이 목에 자꾸 걸려 뜨거운 물 마시듯 했다는 것 등은 모두가 막연한 상상만으로는 짚어낼 수 없는, 실제로 경험한 일이기에 전할 수 있는 사항들이다. 그리하여 그것은 눈에 잡힐 듯한 구체적이고도 실체적인 형상으로서 다가오고 있는 것이다. 경험적 담화 특유의 사실적 형상이다.13)

그 형상은 낯설고 먼 곳, 쉽게 갈 수 없는 특별한 곳의 형상인지라 더욱 내밀한 상상과 정감을 자아낸다. 기억을 간직하고 있는 화자로서는 추억(追憶)에 얽힌 정감이, 그곳을 가보지 못하는 청자로서는 동경(憧憬)에 따른 정감이 솟아나게 된다. 빽빽한 침엽수림 속의 험한 달구지 길, 깊은 산사 한 자락에서 졸졸 흐르는 쌉쌀한 약수……. 가고 싶어도 마음대로 갈 수 없고 보고 싶어도 볼 수 없을 그런 모습인지라 그 형상이 불러일으키는 추억과 동경은 더욱 커진다.14)

어떤가 하면 화자는 여행에서 보고 들은 일을 그리듯 충실히 전달하는 가운데, 그러한 '정감'을 촉발하는 요소를 사이사이에 집어넣고 있는

---

13) 경험적 담화가 구현하는 사실적 형상에 대해서는 신동흔, 앞의 논문(경험담의 문학적 성격에 대한 고찰), 175~178면 참조.

14) 이 이야기가 구연될 1988년 당시는 남북교류가 활성화되기 이전으로 '금강산 여행'은 꿈꾸기 어려운 시절이었다. 그런 만큼 이 이야기가 자아내는 정감은 더욱 큰 것이었다. 꼭 그러한 분단의 상황만이 문제가 아니다. 당시로부터 50년의 시간이 흐른 터이니 그때 달구지 길이 어떻게 변했을지, 그 약수터는 옛모습 그대로일지, 나팔 소리 퍼지던 산사는 어찌 됐을지 등등, 모든 형상이 궁금증을 포함한 짙은 상상을 촉발하는 것이었다. (참고로, 유점사는 전란에 불타 옛 모습을 완전히 잃은 상태에 있다.)

상황이다. (1)의 말미에서 '하늘 파천하게 올라간' 나무들이 '강원도에서 최고 좋은 것'이었다고 한 것이나, (2)에서 '그런 약수는 평생에 한 번뿐'이었다고 하고 음악소리 울려퍼지는 산사의 '중 노릇이 참 신선'이라고 한 것 등이 그것이다. 이렇게 사이사이 여행 당시의 정감을 환기하는 가운데 그 자신 과거의 추억 속으로 젖어드는 한편 청중들로 하여금 호기심과 동경심을 자아내도록 하고 있다. 여행 체험의 사실성과 낯설고 특별한 대상에 대한 상상이 어울려 빚어내는 문학적 효과다.

한 가지 중요한 사실은 이러한 구술 여행담의 진술이 드러내고 있는 미적 형상을 문자가 아닌 육성(肉聲)의 맥락에서 이해할 필요가 있다고 하는 점이다. 문자로 옮겨진 상태만으로 보면 위 대목들이 전하는 형상은 그리 특별한 것으로 보이지 않을 수 있다. 얼핏 웬만한 수준의 기행문과 비교해서 평범하고 밋밋하며 거친 것으로 여겨질 수 있다. 하지만 그것을 문자의 차원에서 비교하는 것은 공평치 않은 일이다. 구술 여행담 텍스트는 현장에서 육성으로 소통되는 것이라고 하는 사실을 한시도 잊어서는 안 된다. 현장의 기운(氣運)이라는 요소는 차치하고, 육성은 그 자체로 글과 다른 저만의 색채와 질감을 지닌다. 화자의 태도와 정감이, '영혼'이 그 속에 깃들어 있다. 그러한 요소가 이야기의 울림을 강하고 생생하게 전해준다.

> (3) 그라구선 인제 그 이튿날 인저, 그 구경을 다 인저 거기 하구서는 또 인저 비루봉을 인저 오게 되는데, 그 주인이 그려.
> "여기 사십 리가 무인지경이니께 변또를 싸가지구 가시라." 이 말여.
> 아 그래서 이 미련한 속에 밥값 비싼 거 이것만 생각하구 말여.
> "저거 밥 팔아먹을라구 그러는 거지." [조사자:웃음]
> "그게 사십리," 여기만 생각하구 말여, "사십리가 먼 길이 워딨느냐?" 이 말여.

나하구 같이 간 친구보구 말여,
"얘, 그냥 가자. 설마 한 때 굶어 죽겄니?"
그래 그냥 왔어.
[목소리에 힘을 주어] 사십리를 볕을 못 보고 왔어, 사십리를. 안 가본 사람은 다 거짓말여. 나는 실지 가봤으니께 내 그거 인저 얘긴데, 사십리는 아니고, 비루봉이 사십린데, 한 약, 한 삼십리는 볕 구경을 못허고 그냥 그늘로 왔다구.[15)]

화자는 이야기를 구연하면서 상황에 따라 목소리의 어조와 강약, 온량(溫涼)에 변화를 준다(그 변화에는 또한 표정과 몸짓이 함께하는 것이 상례다). 위 대목의 밑줄 친 부분은 그러한 변화를 미묘하게, 또는 뚜렷하게 감지할 수 있는 대목들이다. 앞의 두 대사에 미묘한 어조의 차이가 있으며, 목소리에 힘을 준 "사십리를……" 부분에서는 목소리를 크고도 강하게 내어 당시 상황을 강조해 표현하였다. 이러한 음성적 변주를 통해 이야기 속의 형상은, 그리고 그 형상이 전해주는 정감은 더욱 생생하고 다채롭게 살아나게 된다. 위의 대목을, 또한 저 앞의 대목들을 녹음된 음성으로 들어보면 이를 뚜렷이 확인할 수 있을 것이다.

2) 작은 이야기들을 품은 큰 이야기

(4) 그 물 있는 델 가더니 물에 대해서 얘길 허는데, 그 어느 임금적에 난시에 피신을 나와가지구서는 목이 말러 돌어가실 지경인데, 그 뭐 산중에 숲이 우그러지고 뭐 그러니께 뭐 워디가 물이 있는지 알두 못하고 있는 거 아녀? 근데 까마구가 인도를 해가지구선 거길 와서 그 물을 잡췄대. 그래서 그 임금님이, 까마구가 일러줬다구 해서 그 까마

15) 신동흔, 앞의 글(「경험담 자료선」), 543면.

구 오(烏)자 오탁수라는 그, 그 물에 대한 이름을 그때 져줬다는 거여. 그래서 금강산이 인제 그렇게 유명하다구 하는 거구.[16)]

(5) 그 부처님이 인도에서 오십삼불 쉰 시(세) 개가 강원도 금강산이 유명하다는 저기를 듣구서는 거기 와서 절을 이룩할라구 오십삼불이 나와가지구 강원도 금강산에를 말하자머는 그 부처님이 다 돌아대닌 거여. 절 자기네 앉을 자리를 구할라구.

그런데 그 위를 얘기하는데, 그 위로 현재 지금 연못이 있다ᇏ. 그 위를 와보니까 앉을 만한 자리는 되는데, 좁다 이 말여 장소가. 좁아가지구서는 거기서 인저 그 알루다(아래로다) 내려다보니께, 지금 그 유점사 앉은 자리가 큰 연못이었었다ᇏ. 큰 연못인데 그 연못 뚝에 가서 느릅나무가 하나 있었다 이 말여. 그래서 인제 부처님이 거기를 나와 보니께 거기는 절이 앉을 만한 자리거든, 장소가 넓구. 그래가지구 부처님이 뭬라구 했느냐면, 그 연못에 뭐이가 있었냐 하면 구룡(九龍)이 있었어 용이, 아홉이. 아홉이 그 연못에 있었는데, 부처님이 용보고 하는 말이,

"우리가 인도에서 한국에 나와가지구 이 금강산에다가 절을 이룩할랴구 나왔는데 이 위는 장소가 좁구, 여길 와 보니께 여기는 장소가 우리가 앉을 만한 자리니께, 우리가 여기다 절을 이룩할테니 너희는 구룡폭포로 가거라."

말하자면 용보구 이저 가라는 명을 내린 거지. 명령을 내린 거여. 그 느릅나무에 올라앉어서 저길 하는데, 그 용이라는 것이 숨은 조화가 있는 걸루다가 용이 조화를 부려가지구 느릅나물 훌렁 뒤집었다 이 말여. 그래 스냉이(잔 가지)는 인제 물로 들어가구 거꿀로 이렇게 올러솟은 거지. 그런데 오십삼불 부처가 지금 그 형태루 해놨어. 그런데 인제 이 일본눔들이 다 읎앴으니께 지금은 인제 읎어진 거지. 그렇게 됐는

16) 위의 글, 542면.

데 오십삼불이 그 부처가 조화가 있는 저기니깐, 물에 빠져 죽으라고 한 건데 물에 빠져?
그러니께 인저 그 느릅나무 뿌링이 올라앉아가지구서는 그 부처가 부적을 써가지구 네 구튕이다 던졌단 말여. 연못 네 구튕이다. 네 구튕이다 던지니께는 부처님의 조화루 그냥 물이 막 끓어. 물이 끓으니께 이 용이라는 거는 뜨건 데선 못 사는 거 아녀? 그러니까 그때에 할수없이 용이 구룡폭포루다 쫓겨간 거지.[17]

〈금강산 여행담〉은 형태상 완결형 여행담에 해당한다. 출발과 마무리를 포함하여 일련의 여행 과정에 얽힌 사연을 여정의 흐름에 따라 풀어나가고 있다. 그 이야기 흐름을 요약해서 보이면 다음과 같다.

1. 여행의 계획과 출발 (원주 노동현장) - 2. 금강산 초입의 풍정 - 3. 유점사의 풍모와 유점사에 얽힌 사연 - 4. 비로봉을 찾아서 오르고 내리기 - 5. 만물상으로 가는 길 - 6. 만물상의 경치 - 7. 금강산이 품은 보화 - 8. 금강산 개요와 해금강 - 9. 여행의 마무리와 감회

이 일련의 흐름이 이어져 한 편의 완결된 큰 이야기를 이루고 있는 것이 〈금강산 여행담〉인데, 그 각각의 여정은 일정한 틀에 의해 기계적으로 배분되지는 않는다. 특정의 여정, 곧 '유점사'에 얽힌 사연과 그로부터 비로봉을 거쳐 만물상에 올라서기까지의 사연이 크게 확장되어 이야기의 주요부를 이루고 있다. 그러한 확장은 단순한 경치나 풍물 묘사에 의거한 것이 아니다. 그 속에는 다양한 '이야기'들이 담겨 있다.
위에 인용한 (4)와 (5)는 그 전형적인 대목이다. 이 대목들이 전하고 있는 것은 다름 아닌 여행지에 얽힌 전설(傳說)이다. (4)는 유점사 근처

17) 위의 글, 539~540면.

금강산 비로봉

에 있는 오탁수(오탁정)라는 약수에 얽힌 전설로, 지명유래 전설에 해당하는 간단한 이야기이다. (5)는 유점사 창건에 얽힌 유명한 전설의 일부인데, 이 뒤로도 내용이 길고 복잡하게 이어져 나가면서 크고 중요한 이야깃거리 역할을 하고 있다. 용들이 오십삼불에게 쫓겨나 달아나 구룡폭포로 갔다고 하는 널리 알려진 사연 외에 유점사 법당의 화재와 불탑, 연화문에 얽힌 특이하고 놀라운 사연을 생생히 전하고 있다. 그 자체로 설화적 흥미와 의미를 짙게 함축한 이야기가 된다.

명승지에는 다양한 전설이 얽혀 있게 마련이다. 여행을 하다 보면 자연스럽게 그러한 이야기를 접하게 되는데, 많은 경우 잠깐 듣고서 흘려버리기 쉽다. 하지만 이 이야기의 화자는 그것을 기억 속에 뚜렷이 각인한 상태에서 여행담의 주요 요소로 삼고 있다. 예의 구연력을 발휘하여 현지의 전승자 못지않은 수준으로 완전하고도 생생하게 그것을 구연함으로써 이야기의 흡인력을 높이고 있다. 그 의의는 단순히 그 자체의 '흥미'에 그치지 않는다. 그것은 여행의 전체적 정취와 의미를 훌륭히 살려내는 데 큰 기여를 한다. 여행에서 만나게 되는 이런저런 명승과 고적들로 하여금 피상적인 객관적 대상물을 넘어서서 살아있는 문화적 존재로, 깊은 정서적 교감의 대상으로 다가오도록 하는 것이다.

〈금강산 여행담〉에 포괄된 이야기는 전설만이 아니다. 이런 이야기들도 있다.

> (6) 이게 그 옛날에는 사람이 하나만 와두 시켜 주구 둘만 와두 시켜 주구 구경을 다 시켜 줬다 이 말여. 근데 오십삼불 중에 순금으루 맨든 부처를 잃어버렸어. 이게 그래가지구 인저 말하자면 그땐 왜정시대니께 총독부 아녀? 총독부. 지금은 중앙청이라고 불렀지. 상신을 했어. 그래 그 찾으라는 명령을 내렸지. 그때에 애매한 사람 고생 무척 많이 했다는겨. 그걸 찾느라구. 왜정시대에 형사 무조건 일주일 갖다 구류 시킬 수 있어. 종이가 있구 숇구간에 잡어다가. 그렇게 권리가 있었다구. 그래가지구 수상한 사람이라면 그냥 잡아다 일주일 고문시켜서 인저 내보내구 내보내구 해서 약 일년간을 그렇게 했댜. 일년간을 그렇게 했는데, 도저히 찾을 수가 없더라 이 말여. 그래가지구 다시 총독부로 상신을 했어.
>
> "한국 사람은 조살 해두 찾을 수가 없으니께 말여, 일본 사람들 조살하게 해달라"는 그 상신을 했어. 그래서
>
> "일본사람두 그럼 조살 해라."
>
> 인저 중앙청에서, 아 저 총독부에서 인제 명령을 내린 거지. 그래가지구서는 조살 하는데, 약 석 달 만에, 인제 고런 저 지령을 받고 조사한 지 석 달 만에 가 잡었어. 일본 늠을 잡었다 그 말여.[18]

18) 위의 글, 541~542면.

(7) 금강산은 뭐든지 보화여. 무조껀. 뭐든지 보환 것이, 왜정시대에 말하자면 서양… 그때는 서양사람이라구 불렀어. 서양 사람이 감자 시 개를 먹고 돈을 삼원을 줬다는 거여. 감자 시 개를 먹구 돈을 삼 원을 줬으니 그늠우 돈이…, 그 감자가 금여, 금. 감자가 아니라 금이라구. 근데 왜 삼원을 줬느냐 허면 말여, 이제 그 강원도 감자가 말여, 강원도 감자는 아리고 쓴 맛이 읎유. 절대 그런 맛이 읎어. 달다구. 근데 햄경도 감자를 먹어 보면 말여, 누린내가 나구 아리구 말여. 그런데 강원도 감자는 그런 저기가 읎다구. 아주 단 맛이 있다구. 근데 인저 그 때 육로로 걷는 거니까 금강산 구경을 왔는데, 무인지경을 만나가지구 인저, 그 인저 안내자는 데리구 간 거여. 안내자는 데리고 간 건데. 이제 시장한데, 가다 보니께 감자를 궈서 파는 사람이 있다 이 말여. 그래서 감자를 인제 시 개를 인저 먹었어. 먹구서는 뭐이뭐 영어루다 하니께 알아들어? 몰르지. 그래 돈을 일원을 꺼내줬어. 일원을 꺼내주니께 감자 시 개를 먹었는데 돈 일원을 주니 돈 그거 받을 수 있어, 양심상? 못 받지. 그럴 거 아녀? 그래 돈을 많이 주니께 이 사람 못 받은 건데 [조사자:웃음] 멍하니 [웃으며] 쳐다보구, 서루 쳐다보군, 안 받으니께 도루 지갑을 끄내더니 [웃으며] 일원짜리 하나 더 꺼내더니 내밀어 주거던. 그러니께 또 그걸, 아 일원두 안 받었는데 이원을 주니께 더군다나 받을 수 있어? 또 안 받으니께, 시 개를 먹었으니께, 자기 생각에, [조사자:웃음] 시 개를 먹었으니께 아마 이게 하나에 일원씩인가 보다구 또 일원 하나 더 꺼내서 삼원을 끄내니께 그래도 안 받어. 안 받으니께 그때는 돈을 집어 내던지구 영어루다 그냥 중얼중얼하구 가더래여. 그래서, 집어 내던지구 가기 땜이 돈 삼원을 받았대는 거여.[19)]

여행지에 얽혀 있는 실제로 일어났던(또는 그렇다고 전해지는) 일화들을 전한 내용들이다. 이러한 이야기들은 전설과는 또 다른 방식으로

19) 위의 글, 547~548면.

여행지 내지 여행의 의미를 부각한다. 그것은 여행지를 가만히 머물러 있는 것이 아닌 살아 움직이는 현재적 삶의 현장으로 부각시키는 효과를 내고 있다. 전설이 먼 과거와의 심원한 교감의 통로를 마련해 주는 것과 비견되는 특성이다.

여행지의 의미를 당대적 또는 현재적으로 부각시켜 주는 더욱 가깝고 중요한 요소가 있다. 그것이 무엇인가 하면 여행자 자신이 이야기 주인공이 되는 일이다. 여행지 속에서 스스로가 빚어낸 남다른 사연들이 여행의 의미를 살려내고 여행담의 가치와 생명력을 높인다. 좋은 여행담(또는 기행문)의 주요 요건이라 할 수 있는바, 〈금강산 여행담〉의 화자는 그 일을 꽤 잘 수행하고 있다. 앞서 (2)에서 오탁수 대목에서 물이 목에 걸려 넘어가지 않던 모습을 생생히 재현함으로써 하나의 인상적 형상을 만들어낸 사례를 보았거니와, 배를 쫄쫄 곯으며 비로봉을 넘어 만물상으로 향하던 모습을 또한 잊을 수 없는 흥미로운 이야기로 살려내었다. 이 밖에도 비를 만나서 길을 거꾸로 거슬러 올라간 일, 순사에게 잡힐 것을 무릅쓰고 지름길로 서둘러 움직인 일 등과 같은 '자신의 이야기'를 통해 그가 밟아간 여정 속에 의미 있는 자취를 결부시키고 있다. 화자 자신 여행의 정취를 생생히 기억하도록 하는 요소이며, 이야기를 듣는 사람들로 하여금 뒷날 그 길을 찾아보고 싶은 생각이 들게끔 하는 요소이다. 필자만 하더라도 녹음된 〈금강산 여행담〉을 반복해 들으면서 언젠가 금강산을 가게 되면 그 길을 밟아보고 싶다는 마음을 가지게 된 터다.

여정을 축으로 이어지는 하나의 큰 이야기 속에 이렇듯 여러 가지 작은 이야기들을 다양하게 품는 것, 그리하여 여행의 정감과 의미를 다층화하는 것, 그것은 여행문학을 살려내는 주요한 요소일 터 〈금강산 여행담〉은 그것을 풍성하고 흥미롭게 잘 풀어내고 있다. 하나의 훌륭한 여행 문학 작품으로서의 면모다.

3) 민중적 체험의 살아있는 기념비

(8) 내가 스물 니 살 먹던 해여. 스물 니 살 먹던 핸데, 그냥 바람 잡으러 나간 거여. 그러니께 뭐 내가 돈이 있으니 무슨 돈을 가지고 구경을 나간 것두 아니구 무슨 배운 게 있으니 배운 것 가지구 뭐 저기두 아니구 그냥, 이 당시 참 농사꾼이서 나가서 돌어댕기면서 인저, 돈 부는 대로 인저 가지구 댕기면서 쓰는 거지, 불어서 쓰는 거지.
그래면은 그 해가 어느 때냐 허면 중앙, 중앙, 중앙선 말여, 중앙선. 청량리서 원주로 해가지고 저 부산 가는 철로. 그때, 그때 시작허던 해여. 나 스물 니 살 먹던 해 그게 시작한 거여. 그래가지구 내가 원주 **재 뚫는 굴에 가서 일두 해서 인제 돈 벌어가지구선, 돈 그때 돈으루다가 오원인가 벌어가지구… 그때는 밥 한 상에 얼마냐면 싼 데는 십삼 전, 저 십삼 전. 쪼금 더 받는 데 십오 전. 보통 십삼 전 십오 전 했어, 밥 한 상 갑(값)이. 그래서 인제 거기서 인제 돈을 벌어가지군 인제 월급을, 월급을, 말하자면 인제 노임을 찾었는데 오원여, 돈이. 오원인데, 이게 저 경상북도 상주군, [(노인정에 들어서는 노인에게) 어여 와] 상주군 그게 무슨 면이라고 사는 앤데, 나하구 동갑인데, 키는 나보다 차칫 즉은데, 몸뚱이가 똥똥하니 말여, 양 가슴이가 딱 벌어진 눔이 그눔이 기운이 좋아. 근데 이놈이 나하구 같이 가자구 그냥, 들구 매달리는 거라.[20)]

(9) 그래서 인제 거기를 인저 물어 물어 이렇게 간 것이, 그래 점심도 굶은 거여. 점심도 굶구서는 이른 저녁때 거기 떡 들어갔단 말여, 유점사로. 이른 저녁 때 인저 유점사로 들어갔는데, 유점사에 들어가머는, 들어가는 데 문이 지둥만, 이 지둥만 세우구 지둥만 하얗구선 대문은 없구 그냥 해 세운 것이 아래 위 두 군데여. [테이프 교환을 위해

20) 위의 글, 535~536면.

> 잠깐 멈춤] 아래 위 두 군덴데, 거기 여, 여인숙이 있구 여관이 있구 그려. 그런데 여인숙에는 밥값이 하룻밤 자는 데 오십 전이구 여인숙(여관의 잘못임)은 일 원여. 하룻밤 숙박하는 것이. 그러면 십오 전, 십삼 전 하는, [말을 고쳐서] 밥 한 상에 보통 하는데, 하룻 저녁 자는 데 오십 전이니 여간 비싼 거여? 그래 인저 우리는 여인숙에 들구, 남자 둘에 여자 하나 등산객이 왔는데 그 사람들은 인저 여관에 들었단 말여. 여관으루.[21]

〈금강산 여행담〉은 주체와 관점 면에서 그간 우리가 익숙히 보아 왔던 수많은 금강산 유람기와 질적으로 다르다. 그것은 양반 귀족이나 문인 지식인의 여유롭고 고상한 유람과는 거리가 멀다. 무명의 하층 평민이 금강산 여행길에 나서 그 고유의 감성과 세계관을 바탕으로 구구절절한 사연을 풀어낸 이야기다.

위의 (8) 대목은 이야기의 첫머리에 해당하는 대목이다. 화자는 처음부터 자신의 신분과 처지를 명료하게 드러내고 있다. 농사를 짓다가 노동일에 나선 상황에서 노동판에서 만난 동료와 의기투합하여 여행길에 나서게 된 과정을 가감 없이 진솔하게 드러내고 있다. 어찌 보면 일제강점기의 상황에 노동자의 처지로 금강산 여행에 나선다는 게 어울리지 않는 일일 수도 있다. 하지만 그렇기 때문에 더욱 관심이 가는 측면이 크다. 흔치 않은 일인 만큼 그 여행의 경과에 대해 궁금증 섞인 기대를 갖게 되는 것이다.[22]

---

21) 위의 글, 538면.

22) 화자에 대해 좀더 부연설명하면, 임철호 화자는 본래 안성군 금광면 출신으로, 야학에서 공부한 적은 있으나 학교를 다닌 적은 없다고 한다. 젊어서 노동과 장사 등으로 생활을 영위하다가 공도면 건천리에 정착하여 25년째 농사를 짓고 있는 중이었다. 전형적인 서민적 삶을 살아온 분이라 할 수 있다. 화자에 대한 더 많은 정보는 각주 10의 「1988년도 서울대학교 학술답사 보고서」, 269~270면 참조.

이 이야기가 지니는 서민적 담화로서의 특성은 '돈'에 관한 진술을 통해 명료하게 나타난다. 여행비용에 얽힌 사연은 양반 귀족이나 문인 지식인의 기행문에 있어 의식 무의식적으로 회피되곤 하는 부분인데(거기 신경을 쓸 이유가 없거나 또는 그것이 글의 격을 떨어뜨린다는 생각 때문일 것이다), 이 이야기에서는 이와 관련한 진술이 주요한 부분을 이루고 있다. 위의 (8)과 (9)는 그 비근한 사례이다. 이는 화자가 특별히 돈에 관심이 많아서 그리 한 것이라 볼 일이 아니다. 노동을 해서 번 넉넉지 않은 돈으로 여행에 나선 처지로부터, 서민적 정체성으로부터 연유한 자연스러운 현상이라 할 수 있다.

부족한 여비는 여행에 있어 중요한 난관으로 작용하거니와, (9)에서 보듯 제대로 챙겨 먹으며 좋은 곳에 묵지를 못하고 있는 상황이다. 이 정도는 '그런가 보다' 하고 넘어갈 수도 있는 것이라, 어느 지점에 이르러 그것은 이 여행의 흥미롭고도 핵심적인 사연으로 부각된다. 유점사를 출발하여 비로봉을 넘어 만물상으로 향하는 긴 여정을 배를 쫄쫄 곯으며 힘겹게 나아간 사연이 그것이다. 그 출발점은 앞에 인용한 (3) 대목이다. 그리고 다음 대목으로 이어진다.

> (10) 그래 여관을 들어가가지구 인저 주인을 찾아가지구서는 사실 얘기를 했지.
>
> "에 우리가 돈이 많어서 무슨 유람을 댕기는 것두 아니구, 그 객지 나와서 우티기 돌어댕이다 보니까 금강산이 세계에 참 유명하다는 그 참 이름을 듣구서, 역부러도(일부러도) 돈 있는 사람은 구경을 오는데 항차 그 지나게 됐는데 구경을 안 할래야 안 하고 갈 수가 읎다는 생각을 하구선 그래서 여기를 들오다 보니께 노자는 참 몇 푼 안 남구 말여, 아주 시장해서 고통스러우니까 좀 약소한 저기루다가 밥을 두 상만 좀 해줬이면 좋겄다"구 허니께

"아 그러냐"구.

입맛을 쩍쩍 다시더니,

"아주 약소하게 해두 일원은 받어야 되는데…"

거 뭐 우리는 노동자루 댕기는 거니께 옷, 옷 입은 것두 그렇구 별 수 있어? 그러니께,

"사정이 이러다니께 팔십전씩만 내라"구 그려.

"그러면 밥을 두 상을 해준다"구.

그러는데, 아 이늠으 거 십삼전, 십오전 주구 사먹는 늠으 밥을 팔십 전을 주우? 돈은 있는데 사먹을 수가 있어? 그래서,

"그 말씀은 고마운데 그렇게 주구는 참 사먹을 수가 읎구 그러니께, 오십전씩을 드릴테니 좀 해달라"니께, 못한다는겨.

…(중략)…

그래니 우떡해야? 그래선,

"그래, 가자."

그래 할수없이 그냥 털구 나선 거지.[23]

도시락 값 아끼자고 시작한 일이 위에서 보는 바와 같은 난감한 상황으로 이어졌다. 배가 너무나 고팠지만 평소 먹던 값의 네다섯 배를 내고는 도저히 밥을 사먹을 수 없었던 평민 노동자의 마음자리가 너무나 생생하여 마음을 흔든다. 그렇게 계속 나아간 길이 갑작스러운 소나기를 만나 가던 길 되짚어오는 상황으로 이어졌으니 갈수록 태산이었다. 그 정경을 떠올려 보면, 세상에 최고라는 금강산 절경과 배를 쫄쫄 곯는 노동자 여행자의 만남이 빚어내는 부조화 아닌 부조화가 자아내는 재미가 꽤나 쏠쏠하다. 그러한 보기 드문 상황에 의해 여행의 정경이 더욱 특별한 것이 되고 있는 상황이다.

돈과 배고픔에 얽힌 사연 외에 그 뒤에 이어지는 중석 탄광과 순사에

23) 위의 글, 544~545면.

얽힌 사연 또한 이 이야기의 서민적 정체성을 잘 보여준다. 내용을 간단히 소개하면, 비로봉을 내려와 만물상으로 향하는데 빠른 길로 가면 순사에게 잡혀갈 수 있음에도 불구하고 유치장 갈 것을 무릅쓰고 그 길로 급히 발걸음을 옮겼다는 것이다. 노동자의 경우 중석을 훔쳤는가의 여부와 상관없이 무조건 잡혀가는 상황이었다고 하는 대목에서 당시의 차별적 현실을 확인하게 된다. 그 아름다운 명승지 여행길에 계층에 따른 차별이 작용하고 있는 터이니, 생각하면 슬픈 일이다. 하지만 그 상황에 굴하지 않고 꿋꿋이 여행길을 나아가고 있는 두 명의 서민 여행자의 모습이 전해주는 감응이 더욱 크다. 그 여행에, 그리고 이 여행담에 가치를 부가하는 또 하나의 요소이다.

이 이야기의 서민적 정체성은 이렇게 농민 노동자로서의 처지가 잘 반영됐다고 하는 지점에서만 의미를 지니는 것이 아니다. 화자가 하층 평민임에도 불구하고, 아니 오히려 하층 평민이라는 특성을 잘 발휘하여, 여행의 견문과 정취를 보란 듯 드러내고 있는 점을 주목할 필요가 있다.

(11) 그 비루봉이 우트게 생겼느냐면, 학생들은 그, 연 조기 감노(?)란 걸 안 봤으니께 몰러. 그게 천상 감노 꼭대기같이 생겼는데, 이 동쪽 천왕산 쪽은 전(全) 석산여. 석산이루다가 이렇게 올라갔어. 올라갔는데, 하두 산이 되니까(가파르니까) 가기 어려워서 말하자면 이 층층대 뜰 쌓는 식으루다 돌루다 이렇게 뜰을 인저, 계단을 저기하구서는 이쪽하구 이쪽하구 양쪽으루다간 돌에다 구녕을 뚫어가지구서는 쇳, 이 말하자면 쇳대를, 그것이 아마 고부, 고부는 될 거여. 그렇게 되는 거를 이렇게 위로 꾸부리구서는 밑에는 구녕 뚠 데다 늫구서 쎄멘(시멘트)으루다가 공구리를 했어. 공구릴 하구서는, 왜 저 뭣이 저 와야(와이어) 있잖아, 와야? 저저 바쿠 감는 거. 고런 그 말하자면 고리쟁이를

이렇게 걸어가지구 이 구넝에다 너 가지구 양쪽을 다 해놨어. 그러니까 인저 그걸 붙들구 올라가라는 거지. 내려올 때두 붙들구 내려오구.

젊은 사람이나 댕이지 나이 많은 사람은 그거 붙들고 댕이기 어려워. 내가 스물 니 살 먹은 때였었는데 내가 현기증이라는 걸 몰르는 사람이거던. 그런데 코가 달락말락해여, 그짓말 보태면. 어트게 된지. 그래이 을마나 된가 내가 인저 본다고 한 반쯤 올라가서는 돌어서서 오던길 내려다봤는데, 정신이 어찔하더라구 그냥. 얼른 돌아스면서 이, 돌아스면서 이 저기를 짚, 짚었어. 그라구 그 뒤로 돌아다보지 못하고 그 줄을 붙들고 올라갔다구. 그냥, 처음에는 그냥 올라가다가.[24)]

(12) 죽구서 팔, 팔룡이 구룡폭포루 갔는데, 그 구룡폭포루 갈 적에 뚫구 나간 자리두 내가 현지 봤는데, 용은, 말은, 눈에 보이는 게 없댜. 아무 데나, 이게 뭐 전설이라 그렇지 실지가 그럴 리는 없지만, 아무데나 가면 그냥 맥히는 거 없이 그냥, 그냥 간다는 거지. 그런데 꼭 아구리가 [팔을 둥그렇게 만들며] 이만혀. 뚫린 아구리가. 개울 바닥인데, 쭉 미끄러져 이렇게 바위가 내린 덴데, 이렇게 뚫린 것이, 내가 그걸 시어(세어) 봤는데 일곱 개백이 읎어. 여덟 개라야 맞는데. 팔룡이 갔으면 여덟 개라야 맞는데 말여. 일곱 개백에 읎더라두. 일곱 개백에 읎는데 여섯 개는 다 미구(메이구), 장마에 그냥 모래가 자꾸 내려오구 이렇게 저기 되니께 그냥 미였다구. 미구선 딱 하나만 안 민 게 있어. 그건 우트게 됐느냐머는, 위 바위가 이만큼 나왔어. 위 바위가 이만큼 나오구서는, 이 바위가 이만큼 나왔다면 [손으로 그려 보이면서] 물이 여기서 흐르는 물이 이렇게 지나게 돼 있이유(물이 옆쪽으로 흘러내린다는 뜻임). 지나게 되기 땜이(때문에) 여긴 모래가 안 들왔다이 말여.

그래서 청청순데, 내가 이 을마나 깊은가 본다고 사방을 둘레둘레

---

24) 위의 글, 543~544면.

> 보니께 그 전에 장마가 져가지구서는 나무가 그냥 그 씨러져서 죽어 자빠진 게 있는데, 가느스름한 것이 한 서너 발 실히 되는 게 있어. 그 늠을 인저 가쟁일 따내 버리구선 가지구 가서 이눔을 거기다 디밀어 보니께 끗(끝)이 안 다(닿아). 끗이 안 다는데 그때는 무서운 생각이 불뚝 들어가더라구. 그래서 인제 어머 뜨거라구 그냥 빼놓구서 그냥 와번졌는데…25)

위 대목에서 우리가 우선적으로 주목하는 것은 여행자로서 화자가 나타내 보이는 관찰력 내지 행동력이다. 어떤가 하면 그는 금강산이라는 여행지를 단순한 완상(玩賞)의 대상으로 보고 있지 않다. 거리를 두고 바라보면서 '경치가 참으로 좋구나' 하는 식으로 감탄을 하는 대신, 관찰력과 탐구심을 동원하여 여행지와 밀착해 들어가고 있다. (11)에서 비로봉을 향해 놓인 층층대는 그냥 심상하게 지나칠 수도 있는 대상이지만, 화자는 일을 해본 사람의 감각으로 그 구조와 형태를 관찰하여 또렷이 각인한 상태에서 그 모습을 눈에 보이듯 서술하고 있다. 그리하여 비로봉으로 향하는 길의 풍모가 몸과 밀착한 근경(近景)의 형태로 잡혀 오고 있다. 그러한 관찰력은 (12)에 있어서도 잘 발휘되고 있다. 전해들은 전설에 대해 '그렇구나' 하고 넘어갈 수도 있겠지만, 화자는 용이 지났다는 흔적을 실증 차원에서 세세히 관찰하여 묘사하고 있다. 나아가 그는 근처의 기다란 나무를 들고서 물의 깊이를 가늠해 보는 행동력을 보이고 있다. 몸을 움직이면서 생활을 영위해 나가는 농민 노동자다운 모습이 잘 드러난, 민중적 감수성이 발현된 대목이다.

대상에 밀착된 세심한 관찰과 행동력이 나타내는 문학적 효과는 단지 여행지의 모습을 선명하게 부각하는 데 그치지 않는다. 그것은 여행지와의 정서적 교감 속에 여행자를 그 속의 일원이 되도록 한다. 여행

25) 위의 글, 540면.

지와 여행자가 서로 어울려서 하나의 풍경을 이루면서 청자에게 감응을 일으키는 것이다. 화자가 층층대에서 뒤를 돌아보고 정신이 어찔하여 층층대 난간을 잡을 때 청자 또한 마음으로 그것을 함께 잡으며, 화자가 생각보다 깊은 수심에 '어머 뜨거라' 하고 놀라 물러설 때 청자 또한 함께 물러선다. 그런 식으로 그 여행은 단순한 남의 것이 아닌 나의 것으로 살아나게 된다. 완상과 관조의 담론과는 다른 차원의 서민적 역동성이다.

여행의 의미란 단순히 무언가를 보고 듣는 것에 그치지 않는다. 낯선 세상을 찾아 몸을 움직이는 가운데 얻는 모종의 깨달음들이 여행의 가치를 높인다. 특히 그것은 본래 가지고 있던 세계관을 투사한 경우보다 여행의 과정에서 자연스레 우러나온 것일 때 더욱 큰 힘을 내게 된다. 〈금강산 여행담〉은 그러한 인식을 잘 담아내고 있는 이야기다. 이름 없는 한 노동자가 몸과 마음을 열고서 걸어간 여정 속에서 발견하거나 확인한 깨달음의 편린들이 이야기 사이사이에 깃들어 있다. 민중적 철학이라 할 만한 요소들이다.

> (13) 만물상이라는 것이 왜 만물상이냐 허며는 이 세상에 만물의 형체가 다 있어. 돌이 그렇게 생겨 있다구. 그 첫날 보던 날, 돌 하날 가지구 뭐뭐 중으로 보면 중으로 뵈이고 범으로 보면 범으로 뵈이구 그란다는 거 그 사람은 그 금강산 가보두 못헌 사람이구, 그 실지 유점사 절에 들어서 얘기할 적에 그 얘기하든 사람은, 그 사람은 그 사람은 진짜 그 사람은 가 본 사람이더라구. …(중략)…
>
> 아마 에 우리네는 참 저기지만 학생덜(조사자를 지칭함)은, 앞으로 어느 때건 남북통일 되니까, 가보면 과연 내가 그짓말이 아니라는 걸 가봐야 알 거여. 지끔은 모른다구.[26]

---

26) 위의 글, 547면.

(14) 그렇게 금강산이, 그렇게 세계적으로 유명한 산인데, 그게 말은 우리 한국 사람은 부모한테 포악하는 것이 재산 안 물려줬다는 포악을 한다는 건데, 좌우간 미국 같은 선진국가는 세계에 이름난 금강산 구경두 안 시켜주구서 뭘, 말하자면 자식 나무란다는, 그런 포악을 한다는 그런 말이 있어. 근데 우리나라는, 미국이 부국(富國)이라구 해두 전세계 사람이 사흘 먹을 재산이 안 된다는 거여. 전 세계 사람이 먹을, 사흘 먹을 재산이 안 된다는 건데, 우리나라는 금강산 하나만 가져두 석 달을 먹구두 남는다는 그런 보화가 이 금강산에 쌓여 있다는 겨.[27)]

(15) 근데 불이 한 번 나머는, 그 말하자머는 부처에, 얼른 쉽게 얘길 하자면 신(神)이지, 신이 도로 인도로 들어간댜. 본고향으루. 그래 오십 번이 났는데, 오십 번이, 오십 번이 인저 인도로 다 들어갔다는 거지. 부처의 신이. 그라고 인저 셋만 남었다는 거여. 셋만 남았다는 건데, 오십삼, 이제 쉰 시 번이 다 나머는, 쉰 싯이 인도로 들어가구, 다 들어가구, 그때 가야 우리나라가 삼국 조공을 받는다는겨. 세 나라가, 말하자면 인저 조공이라는 것이 그 나라가 인제 우리나라한테, 우리나라가 일본에 매여서 사는 그런 식이루 삼국 조공을 받는다는 그런 거기 전설이 있어.

그런데 그 지끔 내가 인저, 그때 스물 니 살 먹어 내가 일흔다섯이니께, 그렇게 따지면 지금 쉰 한 번이 난 거라구. 내가 인저 내 추측상으루. 그 두 번이 남은 거지. 앞으루, 앞으루 백년이 남은 거여, 따지면. 오십 년만큼 나니까.[28)]

(13)에서 볼 수 있는 것은 세상의 진실에 대한 관점이다. 경험 없이

27) 위의 글, 548면.
28) 위의 글, 541면.

금강산 만물상

늘어놓는 주장이 얼마나 허망한 것인지를 만물상의 사례를 통해 실증하면서, 직접 몸을 움직여 체험을 할 때 실체적 진실과 만날 수 있다는 인식을 천명한다. 남다른 여행 체험에서 우러난 것인 만큼 설복력을 발휘하는 인식이다. 한편 (14)와 (15)에는 여행을 하면서 얻게 된 자부심 내지 희망이 깃들어 있다. 직접 금강산 땅을 밟아나가는 과정에서 우리네 땅이 얼마나 귀한 것인지를 새삼 깨달은 터이고, 여행지에 깃든 전설을 통해 이 나라가 보란 듯이 강대국이 되는 날에 대한 희망을 확인한 상황이다. 그러한 인식을 화자는 여행을 다녀온 지 50년이 지난 시점까지 마음속에 간직하며 거듭 되새기고 있는 것이니, 그것은 화자의 인생에 있어 소중한 정신적 힘으로 작용했던 것이라 할 수 있다. 듣는 사람들의 입장에서도 귀 기울여 경청하면서 공감을 하게 되는 지점이다.

한 농민 노동자의 예사롭지 않았던 여행은 다음과 같은 내용으로 마무리된다.

(16) 그래 내가 그 젊어서 바람을 잡는 바람에 돌어댕기며 구경을 좀 해본 거지. 그래도 인저 금강산 얘길 하며는, 옆으루, 글루 지나면서두 못 봤다는 사람두 더러 만났다구. 그래서 말은 그거 뭐 팔자에 있어야 구경한다구 그런 저 얘기두 있는데 그건 낭설이구, 결심하며는 구경할 수가 있어.29)

남다른 여행이란 것이, 인생을 남다르게 수놓는 일이란 것이 팔자에 정해진 일이 아니라 '결심하면 할 수 있는' 일이라는 것. 맨몸으로 금강산을 일주하면서 얻은 그 인식은 범상히 넘길 수 없는, 인생의 무게를 담고 있는 큰 깨달음이다.

남효온의 〈유금강산기〉, 이원의 〈금강산유람록〉, 정철의 〈관동별곡〉, 이광수의 〈금강산유기〉, 정비석의 〈산정무한〉……. 이름 높은 금강산 여행기가 참으로 많기도 하다. 하지만 어찌 문인 지식인이 멋드러지게 전해주는 정경(情景)이라야만, 양반 사대부가 전해주는 고상한 가르침이라야만 가치를 가질 수 있는 것이겠는가. 세상에 이름이 나지는 않았으되 몸으로 부딪치며 열심히 한평생을 살아온 한 시골 노인이 육성으로 일깨워주는 저깨달음이 그 못지않은 소중한 문학적 가치를 지닌다는 것이 필자의 믿음이다.

---

29) 위의 글, 549면.

4. 구술 여행담과 문학 교육

한 시골 노인의 금강산 여행담을 통해 구술 여행담의 성격을 살펴보았다. 문학적 성격과 가치에 초점을 맞춘 논의였지만, 그것은 동시에 구술 여행담이 지니는 문화적·교육적 가치를 드러내는 과정이기도 했다고 믿는다. 이제 구술 여행담이 교육적으로 어떤 의의를 가질 수 있는지를, 그리고 교육 현장에 어떤 형태로 적용될 수 있을지를 간단히 정리해 보는 것으로 논의를 마무리하기로 한다.

〈금강산 여행담〉과 같은, 지난 세대의 삶과 경험을 간직한 '고전적' 여행담들은 다음과 같은 교육적 의의를 지닌다.

첫째, 그것은 그 자체 당당한 예술적 의의를 지니는 문학 텍스트이다. 체험을 충실히 재현하는 사실의 문학으로서의 교술 산문의 주요 영역을 이룬다. 좋은 여행담을 말하고 또 듣는 것은 문학적 삶의 중요한 과정이다. 그리하여 그것은 문학교육의 소중한 대상이 된다.

둘째, 그것은 글로 쓴 기행문에 비해 더욱 원형적이고 보편적인 형태의 여행 문학이다. 일상생활 속에서 누구나 참여하여 공유할 수 있는 문학으로서의 보편성을 지닌다. 특히 문자생활과 거리가 먼 일반 민중들이 두루 행위 주체가 될 수 있는 '민주적 문학'으로서 그 교육적 의의가 크다.

셋째, 그것은 체험을 어떻게 문학적으로 표현할 것인가 하는 문제와 관련하여 우리의 시야를 넓혀준다. 구술언어의 형상적 가치를 확인하는 한편, 여행을 비롯한 체험 과정에서 보고 느낀 바를 더 효과적으로 말하는 방법을 구성과 표현의 양 측면에서 찾아볼 수 있도록 하는 좋은 교육 자료가 된다.

넷째, 그것은 기록문학이 미처 포착하지 못한 지난 시절의 삶의 자취와 정경을 담고 있다. 특히 지식인이나 문인이 아닌 일반 보통사람의 눈으로 본 여행지의 풍물과 정취를 폭넓게 담아내고 있다는 점에서 의의가 크다. 좋은 여행담을 폭넓게 발굴함으로써 우리 국토가 지니는 문화적 가치를 새롭게 발견하고 확장할 수 있는바, 그것은 교육적으로도 큰 의미를 지닌다.

다섯째, 그것은 세대와 계층과 같은 단절을 넘어서 삶을 소통하고 공유할 수 있는 매개체가 된다. '여행'이라는 자연스럽고도 보편적인 관심사를 통하여, 서로 다른 종류의 삶을 영위해온 사람들이 그 경험과 감성을 나누어 가질 수 있다. 설명이나 토론의 담화에 비해 정서적 설득력이 높은 방식이고, 설화를 위시한 허구적 담화에 비해 체험적 실재성이 높은 방식이다.

고전적 여행담을 비롯한 구술 여행담은 문학 교육의 현장에 다음과 같은 방식으로 적용될 수 있다.

첫째, 좋은 구술 여행담 텍스트를 선정하여 정규 교육 과정에 포함시킬 수 있다. 그리하여 기행문을 다루는 것과 마찬가지의 방식으로 문학적 감상과 분석을 수행하는 것이다. 이때 여행담 텍스트는 문자로 녹취된 형태 외에 육성을 직접 경험할 수 있는 형태로 제공되어야 할 것이다.

둘째, 구술 여행담을 독립된 대상으로 다루는 방식 외에 기행문이나 설화, 소설 등과 비교하는 방식도 유용하다. 동일한 여행지에 대한 체험을 기행문과 구술 여행담이 어떻게 같고 다르게 표현하는지를 견주어 보는 일이나, 같은 구술 담화 내에서 여행담과 민담이 여행이라는 소재를 어떻게 같고 다르게 다루는가를 견주어 보는 일 등은 문학의 형태 및 표현법과 관련하여 교육적으로 중요한 의의를 지닌다.

셋째, 교재에 여행담을 넣어서 감상 자료로 삼는 것 외에 학생들로 하여금 여행담을 현장에서 직접 듣는 기회를 부여할 수 있다. 좋은 화자를 찾아가 함께 이야기를 들을 수도 있고, 학생들로 하여금 주변의 어른들한테서 여행담을 청하여 녹음하도록 할 수도 있다. 이는 일상 현장의 문학을 체험한다는 측면에서, 또한 윗세대와의 문학적 소통을 경험한다는 측면에서 의의를 지닌다.

넷째, 학생들로 하여금 서로의 여행 체험을 구연하고 들어볼 수 있도록 하는 것 또한 가능하고 유효한 방법이다. 직접 여행 체험을 구술하는 과정에서, 그리고 다른 친구들의 구술을 듣는 유의미한 삶의 체험을 문학적으로 표현하는 행위가 지니는 가치를 확인하는 한편, 체험 형상화의 효과적인 방법을 구성과 표현 양 측면에서 체득할 수 있을 것이다. 그것은 특히 '말하기 교육'의 다변화라는 측면에서 큰 의의를 지닌다.

다섯째, 인터넷상의 기행문 등에 구술적 요소를 효과적으로 적용하는 방법을 함께 연구해 볼 수 있다. 학생들이 일상적으로 애용하는 인터넷 공간의 언어는 문자를 기본 매체로 하면서도 구술적 요소를 짙게 지닌다. 그리고 음성적 구술을 실현할 수 있는 길이 점점 넓어지고 있다. 학생들로 하여금 인터넷상에 여행 체험을 남김에 있어 구술 여행담의 요소를 활용할 수 있는 방법을 다각적으로 찾아봄으로써, 생활과 밀착한 문학교육의 한 길을 탐색할 수 있다.

여섯째, 여행 체험의 구술과 영상매체를 서로 접목하는 형태의 표현 작업을 수행하게 할 수 있다. 여행지 사진이나 동영상 등을 편집해서 보이면서 당시의 견문과 감상 등을 구연하는 활동을 통해 보다 입체적인 여행담을 구현해낼 수 있다(물론 음악이나 효과음을 곁들이는 것도 가능하다). 영상편지 형식, 미니드라마 형식, 다큐멘터리 형식 등을 다양하게 적용해 봄으로써 학생들은 글로 쓴 기행문이라는 좁은 틀을 넘어서 살아있는 여행 문학의 새롭고도 넓은 가능성을 확인할 수 있을 것이다.

구술 여행담에 대한 새로운 발견을 통해 우리의 문학적 삶이 더욱 풍부하고 건강해질 수 있게 되기를 기대한다.

【참고문헌】

김경섭, 「설화 연행의 텍스트 언어학적 연구」, 『한국고전연구』 제5집, 1999.
김기영, 『금강산 기행가사 연구』, 아세아문화사, 1999.
김예선, 「'살아온 이야기'의 문학적 성격과 위상 연구」, 건국대 석사학위논문, 2005.
김예선, 「문화콘텐츠로서의 '살아온 이야기' 연구」, 『겨레어문학』 34, 2005.
김종철, 「중세 여행 체험과 문학교육의 시각」, 『고전문학과 교육』 제13집, 2007.
김태준, 『한국의 여행문학』, 이화여대 출판부, 2006.
김현주, 「일상경험담과 민담의 구술성 연구」, 『구비문학연구』 제4집, 1997.
송팔성, 「사적지 기행 다큐멘터리의 담론체계와 글쓰기 방안」, 『고전문학과 교육』 제12집, 1996.
신동흔, 「경험담의 문학적 성격에 대한 고찰」, 『구비문학연구』 제4집, 1997.
신동흔, 「경험담 자료선」, 『구비문학연구』 제4집, 1997.
신동흔, 「구전 이야기의 갈래와 상호관계에 대한 연구」, 『비교민속학』 제22호, 2002.
신동흔, 「이야기문화의 세대별 양상과 경험적 담화」, 『구비문학연구』 제17집, 2003.
신동흔, 『이야기와 문학적 삶』, 월인, 2009.
염은열, 「기행가사의 '공간' 체험이 지닌 교육적 의미」, 『고전문학과 교육』 제12집, 2006.
육석달 · 이남호 편저, 『금강기행문선』, 작가정신, 1999.
정한기, 「19세기 금강산 기행가사에 나타난 사경의 문학교육적 의의」, 『고전문학과 교육』 제12집, 2006.
천혜숙, 「여성생애담의 구술사례와 그 의미 분석」, 『구비문학연구』 제4집, 1997.
천혜숙, 「농촌여성 생애담의 주제와 생애인식 양상」, 『한국고전여성문학연구』 2, 2001.
최강현, 『한국 기행문학 작품 연구』, 국학자료원, 1996.

* **그림-사진 출처**

1. 금강산 비로봉

'물길 따라 구름 따라
(http://blog.naver.com/jing1000?Redirect=Log&logNo=100070271034)'

2. 금강산 만물상

'네이버 포토갤러리(http://photo.naver.com/view/2004102615290393930)'

사적지 기행 다큐멘터리의 담론체계와 글쓰기 방안

송 팔 성

1. 서론

기행 또는 기행문은 여행 중의 견문이나 체험, 감상 등을 적은 글로서 인류가 오랜 세월 동안 향유해 온 글쓰기 양식 중의 하나이다. 여행 체험을 영구화하고자 하는 자기만족적 쓰기 욕구와 이를 대외적으로 과시하고자 하는 표현 욕구가 결합되면서[1] 기행문은 쓰여 졌다. 오늘날 기행문은 표현 욕구적 차원을 넘어서 생산되고 소비되는 문화상품이 되어 지식 콘텐츠산업의 한 영역으로 자리 잡아 가고 있다. 특히 여행 욕구가 다양화되고 심층화되면서 전문적 역사 지식이나 문화 안목을 담고서 전개되는 사적지 기행 콘텐츠들이 큰 호평을 얻고 있다. 문

1) 염은열, 『고전문학과 표현교육론』, 도서출판 역락, 1999, 59~60면에서 중세 시기에 여행이란 제반조건 – 도로사정, 교통사정 등 – 이 오늘날과는 달라서 대단한 물력이 소모되는 진귀한 체험이라고 하였다. 이처럼 여행체험이 희귀한 것이었던 만큼 여행을 자랑하고자 하는 욕구가 기행가사의 표현에 전제되어 있다고 보았다.

화유산 답사기와 같은 기행문들이나 영상물들이 지속적으로 출판되거나 방송되고 있으며 인터넷을 통해서도 게시되고 있는 것이다. 그래서 역사 지식과 여행 체험을 결합시키면서 대중들의 여행 욕구와 지식 욕구를 충족시키고 있다.[2)]

그런데 이렇게 사적지 기행 콘텐츠들이 온라인과 오프라인를 통해 다양하게 제작되고 유통되고 있음에 비해, 그 미디어적 특성이나 글쓰기 실태를 고찰하기 위한 국어국문학계의 연구 논의는 그다지 활발하지 못한 편이다. 특히 영상 콘텐츠의 경우, 더욱 그렇다. 물론 정지사진과 동영상 같은 영상물을 활용하면서 멀티미디어화 되어 있는 사적지 기행 영상콘텐츠들은 어문학적 연구의 대상으로서 적합하지 않다고 여길 수도 있다. 하지만 사적지 기행 영상콘텐츠 역시 기행문이라는 전통적 글쓰기 양식을 기반으로 삼고 있으며, 이러한 글쓰기 방식의 멀티미디어화는 거스를 수 없는 시대적 대세라는 점에서, 그 미디어적 특성이나 글쓰기 방안과 관련된 국어국문학계의 연구 고찰은 긴요하다고 생각된다. 이러한 연구 의도를 견지하고서 본고는 영상 매체와 언어 매체를 두루 활용하며 역사적 공간에 대한 기행 담론을 펼치는 사적지 기행 다큐멘터리에 주목하고자 한다. 그리고 그 담론의 특성 및 구현 양상을 고찰하면서 글쓰기 방안과 관련된 논의를 전개하고자 한다.

2. 다큐멘터리의 담론 체계

오늘날 카메라나 캠코더 같은 영상장비가 개발되면서 여행지에서의

2) 문화유산답사기 형식의 사적지 기행 콘텐츠들은 인터넷 웹 커뮤니티(홈페이지, 카페, 블로그 등)를 통해서도 지속적으로 게재되고 있는데, 주로 에세이 형태의 기행문과 정지사진 위주의 기행 영상이 결합되어 콘텐츠를 구성하고 있다.

견문을 전달하기 위한 언어 의존도는 많이 감소되었다. 사진과 동영상을 통해 여행지에서의 체험을 보다 사실적으로 보여주고 들려줄 수 있게 되었기 때문이다. 하지만 그렇다고 이러한 영상장비가 언어 기능을 대치할 만큼 완전하다고 평가할 수는 없다. 아직도 인간의 시각적 역량에 비해 영상장비의 시현력은 미흡한 면이 적지 않으며, 특히 기행자의 주관적 느낌이나 인식을 직접 전하기에는 절대적으로 불가능하기 때문이다. 따라서 영상과 언어를 결합시켜 기행자가 보고, 듣고, 인지한 바를 효과적으로 표현하고 전달할 수 있는 영상콘텐츠가 출현하는 것은 당연하다고 하겠는 바, 그 대표적 양식 중 하나가 바로 다큐멘터리이다.

다큐멘터리를 구성하는 기본 요소는 다른 영상물들과 마찬가지로 비디오 영상과 오디오 음향이다. 비디오 매체를 통한 빛 보여주기와 오디오 매체를 통한 음 들려주기를 결합시켜 시청각 형상들을 다채롭게 창출하면서 영상담론을 전개해 나가는 것이다. 하지만 이 과정에서 영화나 드라마 같은 영상물들과 달리 다큐멘터리는 인터뷰나 내레이션과 같은 사실적 언어 진술을 통해 보다 직설적으로 언어담론을 구축한다. 인터뷰 담론을 통해 개별적 정보나 지식들을 제공하기도 하고, 내레이션 담론을 통해 주관적 해설을 펼치기도 하는 것이다.[3] 그래서 다양한 성격의 담론을 형성하여 세상을 향해 주장이나 설득을 하기도 하고 지식을 전달하기도 한다. 따라서 이러한 영상 담론이나 언어 담론이 어떻게 작용하면서 전체적 담론을 형성하고 있는지 그 양상을 규명하는 작

3) 때로는 진행자를 활용하여 다큐멘터리를 전개해 나가는 경우도 있다. 이런 경우엔 인터뷰 담론이나 내레이션 담론에 더불어 진행자의 담론이 추가 되게 되는데, KBS 1TV의 역사스페셜 같은 경우가 그 대표적 예이다. 그래서 김훈순, 「텔레비전 역사 다큐멘터리의 영상 역사 쓰기」, 『영상콘텐츠연구』, 커뮤니케이션북스, 2002에선 전문가 인터뷰 담론, 네레이터 담론, 그리고 진행자 담론이라는 서술자의 담론적 위계구조를 설정하고서 TV 역사다큐멘터리의 역사 쓰기 방식을 집중적으로 고찰하였다.

업은, 다큐멘터리의 미디어적 특성이나 진술 방식을 분석하고 고찰하면서 디지털 시대 영상 글쓰기의 새로운 방안을 강구할 수 있는 좋은 연구 방법이 될 수 있다.

최초의 다큐멘터리는 영화였지만[4] 이후 TV가 출현하면서 다큐멘터리의 발전은 비약적으로 진행되었다. TV의 등장으로 인해 다수의 시청자가 확보되고 대량의 제작비가 투입되면서 다큐멘터리 역시 본격적으로 개발되기 시작한 것이다. 그래서 수많은 TV 다큐멘터리 작품들이 창작되고 영역분화가 이루어졌다. 주제에 따라 살펴보면 역사 다큐멘터리/ 사회 다큐멘터리/ 인간 다큐멘터리/ 자연 다큐멘터리/ 문화 다큐멘터리/ 스포츠 다큐멘터리/ 과학 다큐멘터리/ 의학 다큐멘터리/ 탐험 다큐멘터리/ 엔터테인먼트 다큐멘터리/ 환경 다큐멘터리 등의 다양한 다큐멘터리 장르들이 존재한다.[5]

이처럼 광범위해지고 다양해지면서 오늘날 다큐멘터리는 사회적으로 유익한 정보를 제공하거나 대중설득을 위한 교정적 행동을 이끌어내는 것에서, 문화적이고 교육적인 프로그램, 역사적 전기적 또는 자연관찰기나 여행기까지도 포함되는 사실적 내용의 영상물까지 총 망라된다고 정의된다.[6] 그렇지만 다큐멘터리의 기본 속성은 여전히 명확하다. 다큐멘터리는 그 특유의 사실 기록 및 탐구의 담론을 통해 인류의 지적 관심

---

4) 다큐멘터리는 로버트 플레허티가 에스키모의 사냥꾼 나누크의 생활을 2년 동안 기록한 영화 〈북극의 나누크〉가 1922년에 제작되면서 세상에 얼굴을 내밀었다. 에스키모의 환경과 생활상을 기록한 기행 영상물이 다큐멘터리의 효시가 된 것이다. 〈북극의 나누크〉는 최초의 다큐멘터리이면서도 성공적인 작품이었다. 이 영화는 파테 영화사에 의해 미국과 케나다 전국에 배급되어 상업적인 성공을 거두었고 유럽 러시아 일본 등 전 세계에서 상영되었다. 그래서 당대의 영화인 및 1960년대 다큐멘터리 감독들에게 많은 영향을 끼쳤다.

5) 최양묵, 『텔레비전 다큐멘터리 제작론』, 방송문화진흥총서, 한울아카데미, 2003, 40~48면.

6) 방송문화진흥회 편, 『방송대사전』, 나남출판, 1990, 117면.

과 관련된 제 영역들을 조명하고 고찰하여 전달하는 일종의 지식 지향형 언어 담론이다.[7] 카메라를 통해 보여지는 대상을 사실적으로 기록하는 영상담론이며, 더불어 내레이션과 같은 언어 진술 방식을 활용하여 논리적으로 대상을 탐구하고 해석하는 지식 지향형 담론인 것이다.

물론 모든 다큐멘터리 작품들이 시청자들을 향해 지식을 직접 설파하지는 않는다. 사실적 영상 기록과 객관적 정보를 제시하여 시청자들의 지적 관심을 자극하고서 이에 대한 단정적 해석이나 평가는 유보하는 경우가 많다. 그리고 영화나 드라마 같은 비사실적 영상물들처럼 오락적 흥미나 감동을 제공하기도 한다. 그러나 그렇다고 해서 다큐멘터리의 지적 성격이 왜곡되는 것은 아니다. 근본적으로 다큐멘터리는 사실 기록을 통한 사회적 전언이라는 점에서 미학적, 예술적 양식으로 보다는 사실 속에 진실을 담으려는 철학적, 관념적 정신으로 평가되기 때문이다.[8] 따라서 작품 내에서 구체적이고도 실질적인 지식이 적시되지 않을지라도, 다큐멘터리의 제작자나 시청자들은 보다 지적인 관심과 태도로 영상을 통해 투사되는 현상이나 사실들을 성찰하고자 하며, 이로 인해 다큐멘터리는 지식을 형성하고 전달하는 촉매재나 수용체로 기능하게 되는 것이다.

그래서 다큐멘터리의 지식지향적 성격은 본질적이자 태생적이다. 초기의 다큐멘터리들은 민속 지학적 다큐멘터리(ethnographic documentary)로서의 탐사적 성격을 강하게 띠고 있었다. 영상기술의 발전으로 인해

---

7) documentary는 '가르친다'라는 뜻의 라틴어 docere에서 유래한 document가 어원이고, 19세기 옥스퍼드 영어사전에 의하면 documentary라는 용어는 '교육, 훈계, 경고를 의미한다'고 정의되어 있다. 이러한 다큐멘터리의 어원은 다큐멘터리의 속성이 가르치기 위해서 논변을 펼치는 지식지향적 담론임을 암시한다 하겠다.

8) 1948년 제 1회 다큐멘터리 세계 연맹 회의에서는 사실에 입각한 촬영 또는 진실하고 합리적인 재구성을 통해서 현실을 기록하는 모든 방법을 다큐멘터리라 정의하였다(최양묵, 앞의 책, 22면).

예전의 인류학자들이 연필과 노트에 의존하던 것과 달리, 카메라로 서구 바깥에 사는 사람들의 삶을 발굴하고자 하는 학술적 의도나 탐험적 의도로 제작된 것이다. 결국 새로운 공간을 여행하면서 목격하고 체험한 새로운 사실이나 의미들을 영상화하고 지식화 하는 것이 다큐멘터리 본연의 임무였던 것이다.

본 연구에서 고찰하고자 하는 사적지 기행 다큐멘터리 역시 그렇다. 사적지 기행 다큐멘터리는 사적지에 대한 현재적 정보뿐만 아니라 그 이면의 역사적 사실이나 의미, 즉 이제는 보이지 않는 숨겨진 정보를 전달하고자 한다. 그래서 현실적으로 보여지는 것과 그 이면의 감추어진 것을 동시에 조명하고자 한다. '아는 만큼 보인다'는 유명한 언술을 통해서도 확인할 수 있듯이 역사적 지식을 기반으로 현실의 공간을 재조명하고 재해석하고자 하는 것이다. 그 만큼 역사 현장과 관련된 지식의 중요성을 강조하는 양식인 것이다.

따라서 사적지 기행 다큐멘터리는 사적지 속에 숨겨진 역사지식이나 의미를 파헤치고 이를 기행영상을 통해 전달해야 한다는 이중의 과제에 직면하게 된다. 역사지식을 형성하기 위한 언어담론을 적절하게 전개해야 하며, 이를 다큐멘터리의 틀을 통해 효과적으로 영상화해야 하는 것이다. 그런데 역사지식을 영상화함에 있어서는 상당한 주의와 고민이 요구된다. 책이나 논문으로 쓰여지는 역사지식과 달리 영상으로 쓰여지는 역사지식은 영상매체의 특성으로 인해 내용이나 표현에 있어서 많은 차이점이나 문제점이 나타날 수 있기 때문이다.

예를 들어 책이나 논문의 경우, 전달하고자 하는 논지를 공고히 하기 위해서 관련 서적이나 논문을 인용하면서 이를 다각도로 열거하고 제시할 수 있지만, 다큐멘터리의 경우 제한된 숫자의 전문가나 증인의 인터뷰를 논거로 활용한다. 이에 따라 다큐멘터리는 보다 분명하고 간결하게 논지를 전달할 순 있지만 그 사실성이나 정확성에 있어서는 신뢰도가 떨어진다는 문제점이 야기된다. 또 논지를 전개하는 방식에 있어서도 책이나 논문이 서론, 본론, 결론과 같은 지식화 논리체계를 엄격히 고수하면서 해답을 찾고 있음에 비해, 다큐멘터리는 흥미있는 이야기나 사건을 중심으로 해답을 찾아간다. 이에 따라 다큐멘터리는 역사를 보다 재미있게 전달할 순 있지만 자칫 역사적 사실의 본질을 왜곡시키거나 훼손시키는 오류를 범할 수도 있다.[9] 또 문자 기술과 달리 영상으로 역사를 기술하는 경우, 역사의 복잡한 연관관계를 단일구조를 가진 내러티브로 환원시킴으로써 과거 현실의 다양한 측면을 사장시킬 수도 있다.[10]

결국 사적지 기행 다큐멘터리는 숨겨진 역사적 사실을 발굴하고서 이를 올바르게 해석하고 전달할 수 있는 영상 및 언어 담론을 펼쳐야 한다. 그리고 그 과제를 수행하기 위해서 자료의 활용, 프로그램의 구성, 전문가나 증인의 인터뷰, 내레이션 등의 여러 측면에서 마땅한 방법을 찾아야만 한다. 그렇다면 기존의 다큐멘터리는 이러한 과제를 어떻게 수행하고 있는지 TV를 통해 방영된 한 편의 작품을 분석하면서 그 경향을 살펴보기로 하자.

3. 사적지 기행 TV 다큐멘터리의 담론체계 형성 경향

본고에서 분석 대상으로 삼은 작품은 KBS 1TV에서 방영된 교양 프

9) 많은 역사가들이 다큐멘터리 제작자는 역사를 있는 그대로 놓아두어야 한다고 주장한다. 진정한 역사가는 정확성에 관심을 두는 반면에, 영화나 텔레비전 제작자들은 세인의 관심을 끌기 위해 새로운 아이디어나 흥미있는 인물들에 관심을 둘 뿐이라고 비판한다(알랜 로젠탈, 『다큐멘터리 제작론』, 커뮤니케이션북스, 2002, 404면).

10) 김훈순, 앞의 책, 94면.

로그램인 〈영상포엠 - 내 마음의 여행〉, 〈탐진강 갈대밭에서 다산을 만나다〉이다.[11] 17분 50초 분량의 HD 영상으로 제작된 이 작품은 전남 강진의 다산 정약용 유배지라는 저명한 사적지를 여행하면서 그곳에서 꽃피운 다산의 삶과 사상을 조명한 기행 다큐멘터리로서, 이곳을 소개한 기존의 수많은 사적지 기행 콘텐츠들과는[12] 차별되는 탐구 시각을 표방하면서 제작된 최근작이라는 점에서,[13] TV를 통해 방영되는 사적지 기행다큐멘터리의 제작 경향 및 담론체계 형성 양상의 현실태를 살펴볼 수 있는 좋은 연구 대상이라 하겠다. 작품의 전개 내용을 영상과 인터뷰, 그리고 내레이션으로 나누어 순차적으로 정리해 보면 다음과 같다.

	영상	인터뷰	내레이션	비고
(1)	탐진강 갈대밭		탐진강 갈대밭에서 정약용은 무엇을 보았는가	프롤로그
(2)	(제목) 탐진강 갈대밭에서 다산을 만나다			
(3)	버스 이동		유배지, 강진 지역의 위치	서론
(4)	강진 시내 전경			
(5)	다산공원		다산 소개 및 유배의 역사적 배경	
(6)	칠량면		이곳 사람들은 다산을 어떻게 생	

11) 2005년 11월 10일 KBS 1TV 23:40~24:00에 방영된 작품. www.kbs.co.kr/1tv/sisa/poem을 참조 바람.

12) 유홍준, 『나의 문화유산답사기』 1, 창비사, 1993에선 강진을 남도답사 1번지로 선정하고서 다산의 유배행적과 관련된 강진 지역 사적지 기행을 진행하였는데, 이후 수많은 사적지 기행 콘텐츠들이 만들어지게 되는 계기를 제공하였다.

13) 이 프로그램의 제작진은 홈페이지에서 기존의 문화유산 답사기를 지양하고 PD의 시각으로 새롭게 해석하고 조명하겠다는 제작 의도를 표방하고 있다. 그리고 이 작품의 경우, '다산의 좌절과 극복의 현장을 돌아보며, 한 문이 닫히자 더 큰 문을 열어젖힌 한 인간의 부활의 힘을 가을 풍광과 함께 서정적으로 담아본다'라고 하면서 제작 의도를 밝혔다.

	옹기마을		각하고 있을까	
(7)	옹기 제작		부자 옹기 작가 소개. 아들 옹기 제작자의 어려움과 좌절 극복, 그리고 다산	
(8)	인터뷰 - 정영균	다산의 큰산같은 정신적 영향력	다산의 무엇이 그에게 극복의 힘이 되었는가	
(9)	옛 동문 밖		유배 초기 남루한 거처와 역경 소개	
(10)	인터뷰 - 양치중	유배초기에 다산이 겪은 시련		
(11)	옛 우물 터		유배 초기의 하층 경험과 문필 활동	
(12)	탐진강 갈대밭		시 〈애절양〉의 창작 배경	본론1
(13)	인터뷰 - 양광식	〈애절양〉의 일화	〈애절양〉 내용과 다산의 처지	
(14)	시 낭송 - 윤문숙		〈애절양〉의 번역 자막	
(15)	탐진강 갈대밭		다산의 하층경험이 새로운 삶을 이끌어 냈다.	
(16)	갈대밭/백련사		다산의 강진에서의 교우관계는 좌절을 극복하는 큰 힘이 되었다.	
(17)	백련사		여기에서 불교교리는 실학으로 접목되었다.	
(18)	인터뷰 - 법상스님	다산의 사상전환과 불교의 영향		본론 2
(19)	사찰 풍경		사찰생활의 어려웠던 일화와 시 창작	
(20)	시 작품 소개		〈학가래휴지보은산방유작〉의 번역 자막	
(21)	만덕산 전경		만덕산의 10년 거처와 다산 작호 유래 설명	
(22)	다산초당 풍경		이곳에서 대규모 저술활동이 이루어졌다.	본론 3
(23)	인터뷰 - 양광식	다산의 저술활동		

(24)	초상화 / 저술서적		다산은 유학의 관념과 추상에서 벗어나 민초들의 어려움에 입각한 실학 사상을 펼쳤다.	
(25)	다산학당 체험 학습 모습		백성들의 고통은 학문으로 승화되고 계승되었다.	
(26)	인터뷰 - 김중주	지금도 다산은 정신적 지주이다.		
(27)	천일각		이곳에선 강진만이 내려다 보인다.	결론
(28)	탐진강 하구		탐진강에는 민초들의 울음을 껴안고 태산이 된 사람, 다산이 보인다.	
(29)	탐진강 갈대밭		(끝)	

1) 작품의 구성과 담론의 세부 과제

일단 전체적인 구성을 살펴보면 이 작품은 프롤로그에서 출발하여 서론과 본론을 거쳐 결론에 도달하고 있다. 그리고 이 과정에서 '문제-해결' 형식의 담론을 전제하고 있다. 프롤로그의 내레이션 (1)에서 '탐진강 갈대밭에서 정약용은 무엇을 보았는가' 라는 과거사적 문제를 제기하고 난 후, 다시 (3)-(8)의 서론에서 '오늘날 강진 사람들에게 다산은 어떤 존재인가' 하는 현대사적 질문을 제기하고 있으며 그 해답을 (27)-(29)의 결론에서 내리고 있는 것이다. 그리고 그 내부에서 (9)-(15)의 본론 1, (17)-(20)의 본론 2, 그리고 (21)-(26)의 본론 3을 통해 해답을 찾기 위한 사적지 기행담론을 전개하고 있다. 프롤로그와 서론에서 던져진 문제의 해답을 찾기 위한 동문 밖 주막과 백련사, 그리고 만덕산의 다산 초당으로 이어지는 유배지 기행 담론이 펼쳐지고 있는 것이다.

이처럼 과거사와 현대사를 오가는 문젯거리를 제시하고서 그 해답을 찾아가는 구성방식을 취하고 있다는 점에서, 이 작품은 여행지의 볼거리에 주목하는 관광이나 유람 목적의 감상형 기행 다큐멘터리가 아니라, 역사적 사실과 관련된 의미나 진실을 새롭게 파헤치고 해석하려는 탐사형 기행 다큐멘터리라 볼 수 있다. 과거사에 대해 새롭게 문제를 제기하고서 그 해답을 도출하는데서 의의를 찾고 있는 것이다. 이러한 사실은 기존의 시각에서 벗어나 역사적 현장을 새롭게 조명하고 새롭게 해석하겠다는 프로그램 제작진의 의지를 통해서도 잘 확인할 수 있다.

그렇다면 이 작품이 사적지 기행을 통해 탐사하면서 궁극적으로 찾고자 하는 바가 무엇이었는지 파악할 필요가 있다. 그래서 결론의 내레이션 (28)을 보면 '탐진강의 갈대밭에 서면, 민초들의 고통과 울음을 온몸으로 껴안아 비로소 태산이 된 사람, 다산이 보인다' 라는 내레이션이 제시되고 있는 바, 이는 프롤로그와 서론에서 제기된 문제들의 해답을 담은 결론적 요지라 할 수 있다. 다산이 유배지 강진 땅에서 민초들의 수난을 껴안는 애민의식을 갖게 되었고, 그 결과 거대한 학문적 업적을 성취하고서 오늘날까지도 사람들에게 태산처럼 정신적 영향력을 행사하고 있다는 것이다. 결국 '탐진강 갈대밭에서 정약용은 무엇을 보았는가' 라는 프롤로그에서의 질문에 대한 해답으로는 민초들의 고통과 울음을 껴안은 다산의 애민의식이, 그리고 '오늘날 강진 사람들에게 다산은 어떤 존재인가' 라는 서론에서의 질문에 대한 해답으로는 역경을 극복하고서 태산같이 높고 넓은 존재가 된 다산의 정신적 영향력을 각각 제시하고 있는 것이다.[14)]

---

14) 홈페이지에서 이 작품은 전달하고자 하는 내용을 다음과 같은 두 가지로 정리하였다.

1) '애절양' 갈대밭에서 다산을 만나다. 이 가을날, 전남강진의 탐진강 갈대밭은 활짝 꽃피어 햇살에 반짝인다. 바로 이 갈대밭을 지나 다산은 1801년 강진으로 유배를 왔다. 그리고 약 18년의 유배생활 중 이곳에서 '애절양이란 명시를 남겼다. 그 내용은 악법에 시달리는 민초들의 아픔을 통렬하게 고발한 것이었다. 죽은 부모에게도 세금을 물리는 백골징포. 갓난아기에게서까지 받아내던 황구첨정. 이런 가혹한 세금이 부과되던 당시, 자식 많은 한 농부가 견디다 못해 '굶기는 자식을

따라서 이 작품에서 탐사 기행을 통해 구축하고 있는 담론의 첫 번째 과제는 다산의 애민의식이다. 다산이 강진 땅에서 민초들의 삶을 어떻게 인식하였고, 어떻게 껴안았는지를 보여주면서 역사를 조명하는 것이 첫 번째 과제인 것이다. 두 번째 과제는 다산의 정신적 영향력이다. 다산이 오늘날까지도 사람들에게 귀감이 되는 정신적 영향력이 무엇인지 그 실체나 의의를 밝히면서 역사를 해석하는 것이 두 번째 과제인 것이다. 그래서 다산의 유배 역사를 새롭게 조명하고 새롭게 해석하고자 한다. 그럼 이러한 두 가지 과제가 작품 내에서 어떻게 담론화되면서 해결되고 있는지 살펴보기로 하자.

2) 담론체계의 형성 양상과 평가

먼저 다산의 애민의식에 대한 탐사 의도는 이 작품의 도입부인 프롤로그에서부터 명확하게 담론을 형성하고 있다. 탐진강 갈대밭을 배경

줄줄이 낳은 것은 자신의 남근이 죄라며' 그것을 잘랐다. 그러자 아내가 그것을 들고 관가에 가서 호소했으나 듣지 않자, 갈대밭에 나와 며칠동안 통곡했다. 후일 이 사연을 전해들은 다산이 분노와 아픔을 담아 시로 남긴 것이다. 이런 '애절양'과 같은 시의 사연을 담고 있어 가을날 만나는 절경 탐진강 갈대밭은 처연하기 까지 하다(발굴취재한 내용임).

2) 강진이 다산을 태산으로 만들고...18세기 말 정조가 추진한 개혁정책의 중심에 서 있다가 1800년 정조가 갑자기 승하하자 곧바로 강진에 유배당한 다산. 그는 그후 약 18년 간 이곳에서 울분과 좌절의 세월을 견디어 내야 했다. 그리고 가장 밑바닥 생활도 해야 했다. 바로 이런 세월을 통해 그는 고통을 겪는 민초들과 관념이 아니라 온 몸으로 하나가 된다. 그리고 그의 학문이 이 땅의 피와 살을 얻으면서, 그는 비로소 실학의 태산이 된다. 강진이 다산을 태산으로 만든 것이다. 그 유배 현장인 탐진강 갈대밭, 동문 밖 밥집 터, 다산초당 등을 돌아본다. 또한 탐진강변에서 다산 초당이 있는 만덕산을 바라보며 다산을 생각하고 옹기를 빚고 있는 젊은 옹기장이 청년의 좌절과 극복의 삶도 만나 본다. 깊어 가는 가을의 강진 탐진강변 갈대밭에서 우리는 유배의 땅, 고통의 땅을 진실의 힘으로 견디어 부활의 땅으로 만든 참 인간을 만날 것이다.

으로 다산이 이곳에서 무엇을 보았는가 라고 묻고 있는 내레이션 담론 (1)은 보여지는 대상, 즉 클로즈업 되는 갈대들을 일상적인 자연물이 아니라 세차게 불어닥치는 시련 속에서 부대꼈을 무언가로 연상케 한다. 그래서 애민의식과 관련된 담론을 시작할 수 있는 교두보를 마련하고 있다.

이처럼 프롤로그에서 제기된 문제에 대해 그 해답은 본론1에서의 인터뷰와 내레이션 담론을 통해 제시되고 있다. 유배지 강진에서의 첫 번째 기거 공간인 동문 밖 주막을 배경으로 다산이 유배초기에 겪었던 시련과 그 와중에서 하층민들의 어려운 삶을 외면하지 않았으며, 그 결과 애민의식을 담은 비판적 글들이 쓰여지게 되었다고 (11)과 (12)의 내레이션을 통해 진술하고 있다. 그리고 그 증거로 (13)에서 현지 문인의 인터뷰를, (14)에서는 〈애절양〉이라는 작품을 소개하고 있다. 현지문인의 생생한 증언과 탐진강 갈대밭을 배경으로 현지주민이 낭송하는 한시 〈애절양〉을 통해 다산의 애민의식이 얼마나 깊고도 뜨거웠는지를 보여주고 있는 것이다. 결국 다산은 유배지에서 목격한 민초들의 고통스런 삶을 외면하지 않았으며 이러한 애민의식은 새로운 삶으로 이어지게 된다는 (15)의 결론적 담론이 진술되면서 첫 번째 탐사 과제는 마무리되고 있다.

다음으로 다산의 정신적 영향력에 대한 탐사의도는 서론에서부터 담론을 형성하고 있다. (8)의 인터뷰 담론에서 아직도 다산은 현지인들에게 어려움을 극복하는 귀감이 되고 있다는 사실을 제시하면서 어려움에 대처하는 다산의 어떤 모습이 그들에게 영향을 주고 있는지 문제를 제기하고 있다. 그리고 이 문제에 대한 해답을 찾기 위한 담론들이 본론을 통해 형성되고 있다. 다산이 유배지에서 겪었던 어려움의 실상과 그것을 극복하는 과정에서 나타나는 인식의 전환 양상, 그리고 실천적 극복 행위들이 인터뷰와 내레이션 담론을 통해 소개되고 증명되고 있다. (9)와 (19)의 내레이션과 (10)의 인터뷰 담론, 그리고 (20)의 한시 작품을 통해서는 동문 밖과 백련사에서 겪었던 어려움이 소개되었으며, 이러한 어려움은 (15), (17), (24)의 인식 전환과 (11), (19), (22)의 문필 활동으로 이어졌다고 내레이션을 통해 진술되고 있으며, 결국 다산은 애민의식을 학문으로 승화시키면서 역경을 극복하였다고 (24), (25)의 내레이션을 통해 최종 평가되고 있다. 그래서 다산은 아직까지도 현지인들에게 정신적 귀감으로 인식되고 있음을 (26)의 인터뷰 담론을 통해 확인하면서 두 번째 탐사 과제를 마무리 하고 있다.

그렇다면 이렇게 전개되고 형성된 담론들이 정말로 탐사 과제를 제대로 해결하고 있는지, 그래서 과거사를 새롭게 조명하고 해석하고 있는지 따져 볼 필요가 있다. 제작진의 탐사 의도는 위와 같이 서론에서 본론을 거쳐 결론에 이르는 담론 체계를 형성하고 있긴 하지만, 탐사과제를 조명하는 방식이나 해석하는 과정이 타당하고 온전했을 때, 그리고 그것이 새로운 성과로 이어졌다고 평가될 수 있을 때, 애초의 탐사 의도를 완수할 수 있기 때문이다.

먼저 다산의 애민의식을 탐사하고 이를 확인하는 과정에서 논지를 전개하며 담론을 구축하는 방식에 있어서는 큰 문제점이 없어 보인다. 다산은 유배지에서 무엇을 보았는가 라는 문제에 대해서 유배 초기의 동문 밖 생활을 소개하는 내레이션이나 인터뷰 담론은 역사적으로 있었던 다산의 하층 체험 사실을 진술하고 있다는 점에서 별다른 논란의 여지가 없다. 그리고 이러한 어려움 속에서 그만큼 민초들의 삶에 가깝게 다가갈 수 있었다는 증거로 한시 〈애절양〉을 제시한 것은 타당한 일이다. 작품 속에 담겨있는 민초들의 억울하고도 비통한 사연은 당대의 현실을 바라보았던 다산의 시각이자 육성에 다름 아니기 때문이다.

그런데 이 작품이 프롤로그에서 탐진강 갈대밭이라는 자연 공간을 배경으로 다산이 그곳에서 무엇을 보았는가 하고 문제를 제기한 것은 지금까지 다산에 대해 일반적으로 널리 알려진 사실, 그 이상의 무엇인가를 새롭게 제시하고자 하는 의도를 담은 것이라 볼 수 있다. 다산의 유배 여정을 따라가는 사적지 여행 경로 중에서 탐진강 갈대밭은 공식적 사적지가 아니기 때문이다. 탐진강 갈대밭은 동문 밖이나 백련사, 만덕산 다산초당처럼 다산이 직접 머무른 유배 공간이 아니다. 아마도 다산이 멀리서 내려다 보았거나 아니면 사색을 즐겼을만한 공간이다.

그래서 이 작품은 기존의 다산과 관련된 기행 콘텐츠들이 가보지 못하고 이야기 하지 못한 바를[15] 새롭게 거론할 수 있는 여지를 확보하게 되는데, 탐진강 갈대밭에서 낭송되는 〈애절양〉이 바로 그것이다. 관리들의 가혹한 폭정에 부대꼈을 민초들의 아우성을 탐진강 갈대밭으로 형상화하면서 그곳에서 〈애절양〉이 낭송되는 영상을 통해 다산의 애민의식을 극명하게 부각시키고 있는 것이다. 그래서 다산 유배지 기행의 새로운 면모를 보여주고 있다. 결국 이 작품은 탐진강 갈대밭이라는 영상과 한시 〈애절양〉의 결합을 통해 다산의 애민의식을 새롭게 조명하였다고 평가할 만 하다. 특히 문학작품을 적극 활용하여 역사적 상황뿐만이 아니라 그 내면에 담긴 정서까지도 함께 조명하였다는 점에서 더욱 그렇다. 하지만 〈애절양〉은 이미 널리 알려지고 고찰된 작품이라는 점에서 새로운 지식을 창출하는 성과로까지 나아갔다고 평가하기는 어렵다.[16]

---

15) 유홍준, 앞의 책, 42면에서는 탐진강 갈대밭을 다음과 같이 언급하고 있다. "그렇게 그렇게 털털거리며 30여분을 차 속에서 시달릴 때도 차창 밖으로 펼쳐지는 강진만 구강포의 넓은 바다와 키 큰 바다갈대들이 우리 버스의 바퀴까지 올라오는 포구의 정취는 도회인의 몸과 가슴속에 사무치는 스산한 정서를 유발하곤 했다. 그래서 다산초당 입구에서 하차하면 답사객들은 초당으로 올라가는 길로 들어설 생각보다도 내내 오도록 창밖으로 바라본 포구 쪽 갈대밭으로 먼저 눈길이 간다. 특히 정서와 감정이 풍부하다 못해 제어장치가 잘 돌아가지 않는 예술가, 그것도 이름 높은 예술가가 답사객 중에 있으면 영락없이 그쪽으로 달려간다. 그런 사태가 벌어지면 답사일정은 다 망가진다."

다음은 다산의 정신적 영향력를 탐사하면서 구축한 담론을 살펴 볼 차례이다. 다산이 유배지에서 겪었던 어려움의 실상과 그것을 극복하는 과정에서 나타나는 인식의 전환 양상, 그리고 실천적 극복 행위가 잘 조명되고 해석되고 있는지를 평가해야 하는 것이다. 먼저 다산이 유배지에서 겪었던 어려움은 (9)와 (19)의 내레이션과 (10)의 인터뷰 담론, 그리고 (20)의 한시 작품을 통해 소개되고 있다. 그런데 유배초기에 동문 밖에서 겪었을 어려움은 (9)와 (10)의 내레이션과 인터뷰를 통해 어느 정도 공감이 되지만, (19)의 내레이션과 (20)의 한시 작품 〈학가래휴지보은산방유작〉을 통해 제시되는 백련사의 어려움은 그렇게 절실하게 다가오지 않는 편이다. 다산은 유배 도중에 아들 농아를 잃는 비운을 맛보기도 했는데, 백련사에서 기거할 때 아들이 찾아왔지만 숙박할 방을 마련해주지 못해 안타까워하는 한시 작품 정도로는 다산의 유배 역경을 절실하게 조명하였다고 보기에는 미흡한 것이다.

다음으로 이러한 역경을 겪으면서 다산은 새롭게 세상을 보기 시작하였다고 했는데, 이에 따른 세계인식의 변화과정이 본론에서의 유배 경로를 따라가며 (15), (17), (24)에서 진술되었다. 동문 밖에선 하층민을 향한 애민의식이 싹텄고, 백련사에선 혜장선사와의 교류를 통해 불교의 실용성을 인식하였으며, 그 결과 만덕산 다산초당에서는 유학의 관념과 추상에서 벗어난 실학사상을 꽃피웠다고 주장하였다. 즉 정통 유학에서 실학사상으로 나아가는 과정에서 관념과 추상을 벗어던지는 계기를 애민의식과 불교의 실용성 인식에서 찾고 있는 것이다. 그리고

16) 제작진은 이 작품의 제작 과정에서 〈애절양〉을 발굴 취재하였다고 하면서 그 성과와 의의를 강조했지만, 〈애절양〉은 이미 널리 알려진 작품이란 점에서 무엇이 발굴 취재된 것인지 보다 소상한 해명이 필요하다. 〈애절양〉을 소개한 서적으로는 고형렬, 『시 속에 꽃이 피어있네』, 바다출판사, 2002; 박석무, 『다산 정약용 유배지에서 만나다』, 한길사, 2003; 송재소, 『몸은 곤궁하나 시는 썩지 않네』, 한길사, 2003 등을 들 수 있다.

그 증거로 〈애절양〉 같은 작품이나 현지 전문가들의 인터뷰를 제시하고 있다.

그런데 불교의 실용성과 관련해 (18)에서는 명확한 논증이 이루지지 못하고 그저 추측 수준의 인터뷰가 논거로 제시되고 있다. 불교의 실용성이 어떤 것이며, 그것이 어떻게 실학으로 접목되었는지 제대로 밝히지 못한 채 막연한 추측 수준의 견해를 제시하면서 (17)의 단정적 주장을 지원하고 있는 것이다.[17] 다산에 대한 기존의 연구들은 혜장선사가 다산으로부터 유학을 배웠으며, 다산은 혜장선사로부터 차를 배웠다고 이야기하고 있다. 그리고 다산의 실학사상은 청조의 고증학이나 서학의 영향을 받은 것이라는 견해가 제시되고 있음에 비해, 불교의 영향을 받았다는 견해는 아직까지 제시된 바가 없다.[18] 따라서 이 부분에선 다산의 유학사상이 실학사상으로 전환되는 과정에서 불교가 끼친 영향을 제대로 논증하지 못했음에도 불구하고 무리하게 단정적 주장을 펼쳤다고 평가하지 않을 수 없다.

이어서 다산이 역경을 극복하는 실천적 행위로서 (11), (19), (22)에서 문필 활동이 제시되고 있다. 민초들의 고통을 껴안기 위해 〈애절양〉과 같은 사회비판시를 썼으며, 급기야 방대한 실학서 저술의 성과를 이루었다는 것이다. 사실 다산이 유배지에서 휘두를 수 있는 유일하면서도 가장 강력한 무기는 붓이었다. 따라서 애민의식은 자연스럽게 문필

17) 불교교리 자체가 실용주의적이라서 두 분이 나눈 깊은 대화들 속에서 그런 것들을 눈치채고 힌트를 얻어서 자연스럽게 불교공부도 했을 것이고 그분인 지닌 기초적 유학의 토대 위에 불교의 실용주의가 접목되어 학문의 깊이나 사상의 넓이가 깊어졌을 것이다. (법상스님 인터뷰 요지)

18) 다산의 실학사상과 불교의 관계를 살펴보기 위해 금장태, 『다산 정약용, 유학과 서학의 창조적 종합자』, 살림, 2005; 이덕일, 『정약용과 그의 형제들』 1, 2, 김영사, 2004; 장승구, 『정약용과 실천의 철학』, 서광사, 2001; 박석무, 『다산 정약용 유배지에서 만나다』, 한길사, 2003 등의 연구서를 조사해 보았지만 불교의 영향에 대한 논의는 찾을 수 없었다.

활동으로 이어졌으며, 이는 궁극적으로 거대한 학문적 업적을 낳게 되었다. 이런 관점에서 볼 때, 다산은 백성들의 고통을 학문으로 승화시켰다는 (25)의 내레이션 담론은 논리적으로 타당하다. 하지만 이러한 역사적 평가는 오늘날까지도 유효한 다산의 정신적 영향력이 무엇인지를 정확히 설명하기에는 아직 부족한 편이다. 다산의 정신적 영향력은 오늘날까지도 유효하다는 점에서 역사적 사실에 대한 현대적 해석을 요구하고 있지만 그렇지 못하고 있기 때문이다.

다산은 자신의 고통보다도 더 심한 타인의 고통, 즉 백성들의 고통에 몸을 던지고서 그것을 해결하기 위해 혼신의 노력을 다하였다. 당대의 사람들이 상상하기 어려운 거대한 이타주의자의 삶을 산 것이다. 그래서 다산은 더 큰 자아를 성취하고서 태산이 될 수 있었다. 이러한 다산의 이타주의적 삶은 현대인들에게도 고난을 극복하는 귀감이 될 수 있다. 다산처럼 자신보다 더 큰 어려움에 처한 사람을 생각한다면 자신의 어려움은 그만큼 가벼워질 것이고, 타인의 고통을 해결하고자 모든 것을 다 바친 다산을 생각한다면 적어도 자신의 어려움 정도는 스스로 해결할 수 있어야 한다고 의지를 불태울 수 있기 때문이다.

하지만 이 작품에서 다산이 백성들의 고통을 학문으로 승화시켰다는 (25)의 역사적 평가는 현대를 살아가는 사람들에게 너무나 먼 과거의 위업적 사실일 뿐이다. 오늘날까지도 유효한 역사적 힘의 실체라 보기에는 해석이 부족하다. 그래서 다산의 정신적 영향력을 강조하는 (26)의 인터뷰 담론은[19] 현지인들의 맹목적 존경의식을 담고 있을 뿐이며, (28)의 최종 결론 역시 (25)의 역사적 평가를 반복하는 수준에서 그치고 있을 뿐이다. 결국 다산의 정신적 영향력을 규명하고자 하는 언어담

19) "이곳 주민들은 다산 선생님에 대한 18년 동안의 여기 생활이었지만 그 모든 것을 외우고 그러다시피 하시죠. 그래서 다산 선생님하면 아 그분 할 정도로 모든 군민들이 다 그분을 존경하고 그렇습니다."

론은 다산이 유배지에서 역경을 극복해 나가는 과정을 추적하면서 그 역사적 위업과 위인적 면모를 새롭게 조명하고 해석하기 위해 주력하였지만, 논증 과정에서의 소홀함이나 해석의 미흡함으로 인해 탐사 과제를 온전히 수행했다고 평가하기는 힘들다.

3) 담론체계의 형성 경향과 문제점

이상의 분석 결과를 종합해 볼 때 이 작품이 다산의 유배지를 여행하면서 다산의 애민사상과 정신적 영향력을 탐구하여 과거를 새롭게 조명하고 새롭게 해석하고자 한 의도는 절반은 성과가 있었지만 절반은 미흡하였다고 평가된다. 탐진강 갈대밭과 같은 영상이나 문학작품을 활용하여 다산의 유배공간과 의식세계를 새롭게 보여주고 들려주면서 조명함에 있어서는 성과가 있었지만, 다산의 삶과 사상을 새롭게 해석하여 지식을 창출함에 있어서는 여러모로 미흡한 면이 적지 않은 것이다. 즉 영상담론적 측면의 조명하기에는 성과가 있었지만 언어담론적 측면의 해석하기에는 미흡한 편이다.

그런데 이런 분석 결과는 기존의 TV 다큐멘터리에 대한 일반론과는 상반된다는 점에서 검토가 필요하다. 일반적으로 TV는 화면이 작고 선명도가 낮기에 시청자들의 영상에 대한 몰입도가 낮다. 그래서 TV 다큐멘터리는 영상보다는 언어에 의존하는 경향이 강해지면서 해설이 주도적으로 프로그램을 이끌어나간다 라고 평가되고 있다.[20] 즉 보여주기 보다는 해설하기에 주력한다는 것이다. 따라서 위 작품에서 도출된 분석 결과는 기존의 일반론에 대해 재고나 보완을 요구하고 있다. 이 작품에서 조명하기가 성과를 거두고 있는 것은 그만큼 보여주기를 강

20) 김훈순, 앞의 책, 97면.

조합으로써 나타난 결과이기 때문이다. 그리고 그 근거에 대해서는 사적지 기행 다큐멘터리의 기능적 특성과 TV 다큐멘터리의 영상 환경 변화에 대한 고찰을 통해 해명이 가능하기 때문이다.

앞에서도 거론하였듯이, 사적지 기행 다큐멘터리의 주요 임무는 기행과 관련된 역사지식을 영상을 통해 전달하는 것이다. 즉 영상 기행의 틀 속에 역사 지식을 담는 것이다. 따라서 기본적으로 여행 공간을 영상을 통해 보여주는 일을 도외시할 수 없다. 여행지와 관련된 자연 풍광이나 생활풍습을 담은 인상적인 영상이나 문화유적에 대한 영상 사료를 제시하면서 시청자들의 시청 욕구를 충족시켜야만 한다. 더구나 오늘날 여행이 일반화되면서 여행지와 관련된 영상 정보가 넘쳐나고 있는 실정에서 보다 창의적이면서도 강력한 영상을 발굴하고 보여주는 것은 사적지 기행 다큐멘터리의 생존 전략이라 하지 않을 수 없다. 그래서 보여주기에 더욱 주력하지 않을 수 없는 것이다.

보여주기가 강조되는 또 하나의 원인은 기존의 TV가 HDTV로 대체되어가는 영상 환경의 변화에서 찾을 수 있다. HD(High Definition)라는 첨단 고화질의 디지털 영상 환경에서 보여주기 기능이 혁신적으로 강화되고 있는 것이다. 앞에서 고찰된 작품 역시 HD로 제작된 다큐멘터리였다. 그래서 기존 TV의 4배에 달하는 고화질 화면을 통해 사적지의 자연 풍광을 고성능 카메라를 활용해 대형 화면에 세밀하게 시현하기도 하고, 고문서나 문화재 같은 역사 자료들도 극히 정밀하게 표현해내고 있다. TV가 극장 스크린에 못지않은 영상력을 발휘하게 되면서 보여주기가 강화되고 있는 것이다.

그런데 이렇게 보여주기가 혁신적으로 강화되고 있음에 비해 이에 동반되어야 해설하기 방식은 예전에 비해 크게 달라진 부분이 없다. 그래서 작품에 대한 해석하기가 상대적으로 소홀하게 된 면이 없지 않은데 보다 근본적인 원인은 TV 다큐멘터리의 언어담론 형성 방식이나 해설언어 매체의 전달 특성, 그리고 시청여건에서 찾을 수 있다.

먼저 언어담론 형성 방식에 있어서 TV 다큐멘터리는 앞의 작품처럼 '문제－해결' 방식의 구성을 통해 역사적 사실 및 지식에 대한 탐사의도를 강하게 표출하고 있는 경우가 많은데, 실제로 그 해답을 찾아가는 세부 과정에서는 일방적으로 언어담론을 정리하여 단정적으로 진술하는 경향이 많다. 예를 들어 〈탐진강 갈대밭에서 다산을 만나다〉의 본론에서 논지를 전개하는 방식을 살펴보면, 먼저 내레이션 담론을 통해 요지를 제시하고 이를 인터뷰를 통해 확인하고 다시 이를 부연 설명하는 경우를 종종 확인할 수 있다. 구체적 사료나 정보를 기반으로 이를 분석하고 고찰해서 중간 결론을 도출하는 '문제－논증－결론' 방식이 아니라 미리 요지를 단정적으로 전제하고 나서 이를 영상 자료나 인터뷰 정보를 통해서 보완하는 '단정－확인' 방식인 것이다. 따라서 만약에 제시된 자료나 증거가 요지를 뒷받침할 수 없는 경우에는 지식 담론의 사실적 정확성이나 논리적 타당성이 훼손될 수밖에 없게 된다. 앞에서 거론하였듯이 다산의 실학 사상이 실용불교의 영향을 받았다는 요지나 그 증거로 제시되는 인터뷰 정보는 그 대표적 사례이다.

그리고 이러한 단정적 진술 경향은 기존의 TV 다큐멘터리 작품에서 비교적 일반적이라 할만하다. 전문적인 학자들이 다수 참여하여 제작되고 있는 역사 다큐멘터리 프로그램에서도 이러한 진술 경향을 적지 않게 확인할 수 있기 때문이다. 그래서 의도된 지식이나 주장을 시청자들에게 강요하는 경우가 많다는 우려를 자아내기도 한다.[21] 하지만 TV 매체의 일방적 전달 특성으로 인해 시청자들은 단정적 진술 내용의 문

21) 김기덕, 『영상역사학』, 생각의나무, 2005, 94면에서 KBS 1TV 〈역사스페셜〉을 고찰하면서 이 프로그램이 보여주는 '단정적 주장'이나 제목들은 계몽적 성격이 강하다고 평가하면서 이로 인해 시청자들의 성찰적 사고가 저해될 수 있다고 우려하였다.

제점을 알아차리기가 쉽지 않다. 일반적으로 TV 다큐멘터리에서 해설하기를 주도하는 것은 내레이션이라는 청각언어, 즉 말이다. 그런데 말을 통해 전달되는 비실체적이자 소멸적인 청각정보는[22] 문자나 그림, 사진같은 고정형 시각정보에 비해 그 지속성이 현저하게 떨어진다. 그래서 방송에서처럼 일방적으로 전달되는 경우 그 실체를 붙들고 따져볼 수 있을 기회를 확보할 수가 없다.[23] 이에 따라 장시간 지속되는 청각적 음성 내레이션을 들으면서 시청자들은 전달되는 논지를 비판적으로 수렴하기가 힘들다.[24] 충분히 논지를 점검하고 음미하면서 그 진위를 따져볼 만큼 판단의 여유를 갖기 어려운 것이다. 그래서 이에 편승하여 논리적으로 느슨해진 언어담론이 형성되고 전달될 수 있는 것이다. 결국 단정적 진술 방식과 일방적 들려주기 특성으로 인해 충분히 검증되지 않은 자료나 주장이 언어담론의 틀을 갖추고서 무비판적으로 전달될 수 있는 여건이 형성되고, 이로 인해 해설하기의 소홀함이 야기되는 것이다.

이에 더불어 TV 다큐멘터리를 시청하는 시청자 여건에서도 원인을 찾을 수 있다. 기본적으로 TV 다큐멘터리는 대중적 차원의 교양 영상물이다. 사적지 기행 TV 다큐멘터리의 경우, 시청자들의 의식수준이 어느 정도인지 규정할 수는 없지만, 학자나 전문가 수준을 겨냥하여 제작

---

22) 소리는 그것이 막 사라져 갈 때만 존재한다. 소리는 단지 소멸하는 것일 분만 아니라 본질적으로 덧없는 것이다. 그리고 소리란 그런 것이라고 느껴진다(월터 J 옹, 『구술문화와 문자문화』, 문예출판사, 1995, 133면).

23) 문어에서는 완벽하게 문법적인 문장과 표기 관습의 엄격한 준수를 요구하지만, 구어에서는 완결되지 않은 발화나 문법적으로 적절하지 않은 표현 그리고 유창하지 못한 표현이라든가 표준 발음이 아닌 것도 청자에게 인식되지 않은 채 그냥 지나가는 경향이 있다(김대행, 「말과 글의 형태」, 『대학국어작문』, 서울대학교 출판부, 1994. 306면).

24) 실제로 대부분의 시청자들은 5분 이상만 지나면 작품 초반에 제시된 문제의식을 견지하지 못하고 영상이나 내레이션의 흐름에 일방적으로 휩쓸려 가는 경우가 일반적이다. 그래서 TV 뉴스의 경우 한 기사는 일반적으로 3분 이상을 넘지 않는다.

되지 않는다는 것은 능히 짐작할만한 사실이다. 이에 따라 작품의 주제나 깊이가 비전문가적 교양 수준에서 결정될 가능성이 크다. 그 결과, 언어담론의 질적 수준이나 논거 역시 느슨해지게 되는 것이다. 그리고 TV 다큐멘터리를 시청하는 시청환경 역시 극장에서처럼 몰입도가 높지 않다. 일반적으로 밤늦은 시각에 가정에서 편안하게 휴식을 취하면서 프로그램을 시청하는 것이다. 그래서 시청자들은 논지 전개나 논증방식에 치밀하게 관여하지 않는 편이다. 이에 따라 언어담론의 골격만 유지한 채, 세부 논지에 있어서는 다소 소홀한 상태로 작품이 완결되고 방송될 수 있는 것이다.

결국 사적지 기행 TV 다큐멘터리는 사적지를 새롭게 조명하고자 하는 영상담론을 전개함에 있어서는 상당한 역량을 발휘하고 있지만, 언어담론의 형성 방식이나 전달특성, 그리고 시청여건으로 인해 낮은 수준의 지식을 형성한다고 평가된다. 따라서 TV 다큐멘터리의 담론을 보다 온전하게 구현하고자 한다면 담론체계의 형성 방식이나 프로그램 제작 방식을 개선시키고 보완시킬 수 있는 새로운 글쓰기 방안이 강구되어야 한다. 특히 단정적 진술하기나 들려주기의 문제점, 즉 논지를 제대로 검증하지 않으면서 일방적으로 주장하고 전달하는 폐해에 대처하기 위해서는 이를 바로 잡을 수 있는 보다 실질적인 해결 방안이 마련되어야 한다.

4. 사적지 기행 다큐멘터리의 학술적 글쓰기 방안

오늘날 지구촌은 항공기와 인터넷으로 더욱 촘촘하게 연결되면서, 미지의 세계를 향한 다큐멘터리의 탐구 영역이나 주제는 점점 더 제한되어가고 있는 실정이다. 그래서 공간적 탐구에서 시간적 탐구로 그 영역을 바꾸기도 하면서 다큐멘터리는 더욱 전문화되어가고 복합화 되어 간다. 사적지 기행 다큐멘터리 역시 사적지나 역사지식에 대한 다층적인 접근과 이를 총체적으로 고찰할 수 있는 안목을 요구하고 있다. 역사적, 지리적, 문화적, 환경적 제 관점에서 여태까지 알려지지 않았던 숨은 사실이나 의미를 발굴해낼 수 있는 탐사 역량이 요구되는 것이다. 그리고 이를 입증할 수 있는 물증과 논리적 설명도 아울러 요구된다. 즉 보다 전문화된 탐사 결과를 효과적으로 논증하고 전달할 수 있는 언어담론과 글쓰기 방식이 요구되는 것이다.

그런데 기존의 TV 다큐멘터리가 이런 수고를 모두 감당할 수 있으리라고 기대하긴 힘들다. 공공재로서의 방송파가 맡기에는 전문성이 너무 강하고 시청 범위도 매우 제한적이기 때문이다. 그래서 이러한 문제점을 해결하기 위해선 전문적 학술 영상물을 독자적으로 생산하는 독립 다큐멘터리 제작 방식이 활성화 되어야 할 필요가 있다. 방송국과 분리된 독립 프로덕션이나 연구소, 그리고 개인들이 학술적 전문성을 최대한 발휘하며 독립 다큐멘터리를 제작하는 것이다. 그래서 시청률이나 대중적 기호를 고려해야 하는 방송국의 교양 다큐멘터리와 차별되는 전문적 품격의 학술 다큐멘터리를 제작하여 보다 높은 수준의 언어담론을 형성하고 공급해야 한다.25)

하지만 그렇다고 학술다큐멘터리가 TV를 통한 방송 기회를 스스로 차단할 필요는 없다. 전문적 학술연구 성과 말고도 학술다큐멘터리가 맡아야 할 또 하나의 임무는 대중들의 지식 역량을 강화시키는 일이기 때문이다. 그래서 필요한 것은 다큐멘터리의 소통 기능을 강화시키는 일이다. 즉 전문화된 학술적 논지를 보다 효과적으로 대중들에게 소통

25) 독립 다큐멘터리의 제작 방식이나 사회적 활용방법에 대해서는 송팔성, 「한국고전문학 다큐멘터리의 제작 방향에 대한 제언」, 『열린정신 인문학연구』 제6집, 원광대학교 인문학연구소, 2005, 127~129면을 참조 바람.

시킬 수 있는 방안을 마련하는 것이다. 예를 들어 최근의 TV 다큐멘터리 프로그램들은 가상 스튜디오나 컴퓨터 그래픽처럼 첨단 영상기법을 활용하여 시각적 기능을 강화시키면서 전문적 내용에 대한 효과적 소통을 위해 많은 공을 기울이고 있다. 하지만 앞에서 거론했던 바와 같이 일방적 들려주기나 진술하기 같은 청각적 문제점에 대해서는 소홀하게 대처하고 있는 실정이다. 그래서 논자는 글쓰기 방식을 개선시켜 소통의 문제를 해결해 보고자 하는 것이다.

다큐멘터리 제작에 있어서 글쓰기는 영상물의 안팎에서 다양한 방식으로 진행된다. 근본적으로 영상 쓰기는 비디오와 오디오 미디어를 결합시켜 시청각적으로 세계를 재구성하고 정보를 담는 작업이라 하겠는데, 이 과정에서 비디오 쓰기와 오디오 쓰기라는 기본 작업에 더불어 글쓰기라는 인류의 창의적 행위가 영상 안팎의 글쓰기 작업을 통해 긴밀히 활용되게 된다. 따라서 영상 작품은 비디오 쓰기와 오디오 쓰기, 그리고 영상 안팎 글쓰기의 세 영역이 긴밀히 조응된 결과물이라 하겠다.

먼저 영상 밖 글쓰기는 영상 제작의 기본 골격을 마련하는 글쓰기이다. 영상물을 제작하기 전에 기획서를 쓰고 작품을 구성하는 스토리 보드를 제작하는 등의 사전 글쓰기 작업이 이에 해당한다. 따라서 영상 밖 글쓰기는 작품 제작의 설계도와 청사진을 마련하는 포괄적 글쓰기 작업이라 하겠다. 다음으로 영상 내 글쓰기는 작품 내에서 이야기의 골격을 마련하는 글쓰기이다. 오디오 육성 언어들이나 비디오 문자 텍스트들, 즉 인터뷰, 내레이션, 자막들을 활용하여 논지를 전개하고 언어담론을 구축하는 글쓰기이다. 따라서 작품 내에서 언어담론의 형성과 관련된 글쓰기 방식을 개선시키고자 하면 그 실질적 목표는 영상 내 글쓰기라 하겠는데, 그 중에서도 가장 주목해야 할 공략 대상은 작품 전반에서 해설을 펼치며 논지를 전개해 나가는 내레이션이다.

내레이션은 영상을 풍성하게 하면서도 분명하게 하는 것이다. 작품의 방향을 설정하고 영상만으로는 제대로 전달되지 않는 필요한 정보를 제공한다. 간단하지만 효율적인 방식으로 이것이 무엇에 관한 작품이며 어떤 이야기를 하려는지 알 수 있게 해준다.[26] 즉 내레이션은 제작자의 메시지를 직접 전달할 수 있는 영상 내 글쓰기의 요체인 것이다. 하지만 기존의 음성 내레이션은 시청자들에게 이야기하듯이 친근하게 작품의 논지를 전개해 나가는 장점을 갖고 있지만, 앞에서 지적했듯이 장시간 지속되는 일방적 말의 흐름 속에서 논지의 핵심이나 전개 과정을 명료하게 인식시키지 못하고서 느슨하게 수용되는 소통의 문제점을 보여준다. 따라서 이러한 말로 들려주기의 문제점을 해결하기 위해선 내레이션의 논지를 보다 명료하게 전달할 수 있는 방안이 필요하다.

이에 제안해 볼 수 있는 방법은 시각 언어 매체인 문자를 활용하여 음성 내레이션의 소통 한계를 보완하는 것이다. 즉 핵심적 메시지나 전반적 논지 전개 과정을 잘 이해할 수 있도록 영상 내에서 텍스트를 활용하는 것이다. 내레이션의 중요 대목을 문자나 문장으로 시각화하여 시청자들에게 직접 읽게 함으로써 논지의 흐름을 지속적으로 파악할 수 있도록 하며, 제시된 문자 메시지에 대해 주체적 사고를 할 수 있도록 하자는 것이다. 그래서 보고 듣기에만 익숙해진 수동적 시청자들에게 글 읽기를 통한 일종의 주체적 자기 학습을 유도하면서 논지에 대한 비판적 성찰을 할 수 있도록 돕는 것이다.[27]

영상 작품 내에서 텍스트를 활용하는 방식은 생소한 일이 아니다. 텍스트는 자막이라는 용어로서 오랜 세월 동안 활용되어 왔기 때문이다. 하지만 그 용례가 외국어 번역이나 용어 해설정도로 한정되는 보조적

26) 알랜 로젠탈, 앞의 책, 298면.

27) 쓰기나 스크립트에 의해서 코드화된 시각적 표시는 말을 사로잡게 되고, 그 결과 소리 속에서 발전해 온 정밀하고 복잡한 구조나 지시체계의 특수한 복잡성이 그대로 시각적으로 기록될 수 있게 하고, 나아가서 그러한 시각적 기록으로 해서 훨씬 정교한 구조나 지식체계가 산출될 수 있다(월터 J 옹, 앞의 책, 133면).

이거나 소극적인 것이었다. 그러나 최근에 들어서 영상만으로 충분히 전달할 수 없는 메시지를 전달하거나 핵심적 주제를 강조하고자 할 때에 영상 텍스트는 보다 주도적이자 적극적으로 활용되고 있다.[28] 이처럼 영상 내 텍스트의 활용이 활성화되게 된 것은 영상 매체의 발전에 따른 결과이다. HDTV와 같은 고화질의 디지털 영상 수신기나 디지털 영상 편집 기술이 위력을 발휘하게 되면서, 예전보다 더욱 선명해지고 넓어진 영상 위에서 텍스트는 가독성이 높은 서체를 통해 시현되면서 시청자들의 화면 독서력을 돕고 있는 것이다. 그래서 TV 방송물의 예고편이나 공익광고, 그리고 5분 이내의 짧은 동영상물에서는 핵심적인 영상 내 텍스트만으로 내레이션을 구성하여 메시지를 전달하는 경우도 많다. 따라서 사적지 기행 다큐멘터리 역시 영상 내 텍스트를 활용해 탐사 논지의 핵심이나 흐름을 가시화시키면서 청각적 내레이션과 잘 조화시킨다면 매우 유용한 소통 기능을 수행할 수 있으리라 기대된다.

그럼 사적지 기행 다큐멘터리에서 영상 내 텍스트를 활용하여 소통력을 강화시킬 수 있는 실질적 방안으로는 어떤 것이 있을까. 일단 학술적 글쓰기의 기본 틀을 고려하여 다음과 같은 몇 가지 방안을 제시할 수 있다. 먼저 학위 논문의 초입에서 초록을 제시하듯이 도입부분에서 영상 내 텍스트를 활용하여 작품의 논지 전개 방식이나 문제의식을 함축적으로 제시하는 방안이다. 그래서 주요 탐사과제나 기행 과정을 미리 숙지할 수 있도록 선행 학습을 시키는 것이다. 마치 영화의 예고편에서 맛보기 화면과 영상 내 텍스트를 활용하여 작품에 대한 서사적 흥

28) EBS TV의 〈지식채널 e〉는 텍스트 읽기를 활용하면서 지식 학습을 선도하는 읽기형 영상물을 제작하고 있는 대표적 프로그램이다. 이 프로그램은 짧은 시간 동안에 메시지를 전달하고자 하는 경우나, 함축적으로 담론을 제시 또는 마무리하고자 하는 경우, 그리고 영상을 선도하고 보완하고자 하는 경우 등에서 영상 내 텍스트를 다양하게 활용하고 있는 바, 차후로 그 활용 양상 및 원리에 대한 심층적 연구가 요구된다.

미나 이해를 유도하듯이 기행과 관련된 학술적 흥미를 자극하고 더불어 그 풀이 과정에 대한 사전 이해를 돕는 것이다.29)

다음은 학술보고서나 논문의 본문에서처럼 세부 목차나 중간 과제, 그리고 중간 결론 요지를 영상 내 텍스트를 통해 제시하는 방안이다. 그래서 탐사논지의 전개 과정을 단계적이자 순차적으로 이해시키고 학습시키는 것이다. 작품의 차례를 제시한다거나 강조하고 싶은 핵심어나 핵심 내용을 논지의 전개 단계에 맞추어 배치하면서 시청자가 논지의 흐름을 체계적으로 이해할 수 있도록 분절시키고 연결시키는 것이다. 이렇게 하여 논지를 단계별로 정리하고 순차적으로 묶어나가는 구성을 명백하게 시각화한다면 작품의 논지가 주제에서 벗어나거나 논리화 과정에서 오류를 범하는 일이 없도록 통제할 수 있는 장치를 마련할 수 있다. 또 각 시퀀스마다 문제를 제기하고 해결하는 구성 속에서 세부적 문제들과 중간 결론을 영상 내 텍스트를 통해서 명확히 부각시킨다며 일방적으로 단정하여 진술하거나 주장하는 오류 역시 바로 잡을 수 있을 것이다. 그래서 장황스럽게 전개되거나 요식적으로 구성될 수 있는 다큐멘터리의 논지를 보다 긴밀하고 타당하게 구성하도록 강제하여 제작 상의 오류를 제어할 수 있을 뿐만 아니라, 시청자 스스로도 주체적 학습을 할 수 있도록 체계적인 학습 장치를 제공할 수 있다.

다음으로 논문의 본문에서 문헌자료를 인용하듯이 영상 내 텍스트를 통해 가시적으로 핵심 자료를 제시하는 방안이 있다. 관련 논저나 문헌 사료 중에서 전하고자 하는 주된 내용을 영상 내 텍스트를 통해 직접 제시함으로써 학술적 이해를 증진시키는 것이다. 특히 작품 〈탐진강 갈대밭에서 다산을 만나다〉에서의 〈애절양〉처럼 영상 내 텍스트를 활용

29) KBS 1TV의 〈세상은 넓다〉에서는 본격적으로 기행 영상을 제공하기 전에 1분 이내의 분량으로 주요 기행 영상을 요약하여 제시함으로써 시청자들의 사전 이해를 돕고 있다.

해 문학작품을 소개하는 경우, 답사와 관련된 역사적 언어 진술의 구체적 실체를 접할 수 있게 할뿐만 아니라, 이에 내재된 정서까지도 체감할 수 있게 한다는 점에서 매우 유용한 소통 효과를 기대할 수 있다.

결말부분에서도 영상 내 텍스트는 논문의 최종 결론처럼 활용할 수 있다. 작품의 결론이나 에필로그를 통해서 제시하고자 하는 최종적 메시지를 영상 내 텍스트를 활용해 명료하게 전달하는 것이다. 그래서 작품 전반을 통해 전개된 요지를 종합하고 정립하면서 시청자들의 최종적 이해를 도모할 수 있다.

이외에도 영상 내 텍스트는 디자인 기능을 통해 시청자들의 소통 효과를 증진시킬 수 있다. 문자 디자인의 심미적, 정서적 기능을 적극 활용하여 키워드나 강조 메시지에 대한 시각적 호감도를 증대시킬 수 있는 것이다.[30] 특히 사적지 기행 다큐멘터리의 경우, 그 역사적 문화 접근의 취지에 걸맞은 서체를 활용하여 영상 내 텍스트를 구현한다면 보다 친밀감 있게 이해를 도울 수 있을 것이다.

이상의 방안은 학술적 글쓰기의 기본 틀을 고려한 원론적 수준의 영상 내 텍스트 활용 방안이다. 영상과 학술적 글쓰기의 결합, 그것은 디지털 시대의 심화된 지식 욕구를 충족시키기 위한 새로운 과제로서 다큐멘터리뿐만 아니라 언어담론을 펼치는 영상콘텐츠 전반에서 요구되는 과제이다. 차후로 보다 창의적이고 혁신적인 활용 방안이 강구되어야 할 것이다. 더불어 영상 내 텍스트의 활용에 따른 문제점 역시 함께 연구되어야 할 것이다. 작품 내에서 영상 내 텍스트의 과도한 활용은 영상 자체의 품격을 떨어뜨리거나 시청자들의 몰입을 방해하는 장해물이 될 수도 있기 때문이다. 따라서 기존의 청각적 내레이션과 조화를 이룰 수 있는 상호보완적 방안도 함께 마련되어야 할 것이다.

30) 영상 텍스트의 디자인 기능을 가장 강력하게 구사하고 있는 영상 분야는 TV 상업광고라 할 것이다.

5. 결론

서론에서 본 연구는 기행 영상콘텐츠의 글쓰기와 관련된 논의가 필요하다고 주장하였다. 그래서 숨겨진 역사적 사실을 발굴하고서 이를 효과적으로 지식화 하고 전달해야 하는 사적지 기행 다큐멘터리의 담론 형성 과제에 주목하고서, 그 형성 경향을 TV 다큐멘터리 작품을 통해 고찰하였다. 그 결과, 사적지 기행 TV 다큐멘터리는 과거사를 새롭게 조명하여 보여주고자 하는 영상담론의 형성 과제에 있어서는 가시적 성과를 거두고 있지만, 새롭게 해석하여 해설하고자 하는 언어담론의 형성 과제에 있어서는 미흡하다는 평가를 내릴 수 있게 되었다. 새로운 영상 환경 속에서 시각적 보여주기는 강화되고 있음에 비해 단정적 진술이나 일방적 들려주기를 통한 청각적 해설하기의 문제점은 여전히 해소되지 않고 있는 것이다. 그래서 이에 대한 해결책으로 언어담론의 소통력을 강화시키기 위한 학술적 형식의 영상 내 텍스트 쓰기의 필요성과 그 활용방안을 제시하였다.

영상 내 텍스트 쓰기는 영상 글쓰기의 한 방식이다. 글쓰기는 오랜 세월 동안 지식매체의 진화를 선도해 온 핵심적 기능이었다 하겠는데,[31] 이제 디지털 영상시대에 걸맞은 글쓰기의 한 방식으로서 학술적 성격의 영상 내 텍스트 쓰기가 요청되고 있는 것이다. 따라서 이러한 영상 내 텍스트 쓰기를 효과적으로 활용한다면 다큐멘터리 양식의 언어담론 형성 기능이나 학술적 전문성은 보다 심화될 수 있을 것이며,

---

31) 인간이 우주 속에서 자신을 느끼는 방식은 전시대에 걸쳐 진화해 왔다. 구술성에서 문자성으로, 그리고 문자성에서 인쇄와 전자매체에 의한 언어처리로의 이행에 관한 연구는 그와 같은 진화가 쓰기에 의존해 왔다는 것을 분명히 하고 있다. 쓰기는 분할과 소외를 끌어 넣는다. 그리고 이와 더불어 한층 고차적인 통일도 끌어넣는다. 쓰기는 자기 자신이 아는 감각을 강화함으로써 사람들 사이의 상호작용을 북돋는 것이다. 쓰기는 의식을 끌어올린다(월터 J 옹, 앞의 책, 264~266면).

사적지 기행 다큐멘터리가 수행하고자 하는 탐사 기능 역시 효과적으로 수행될 수 있을 것이다. 그래서 높은 수준의 지식 정보를 시청자들에게 제공하여 원활하게 소통시킬 수 있을 것이다.

그러나 본 연구는 많은 작품을 분석하지 못하고 단지 한 편의 TV 다큐멘터리 작품만으로 사적지 기행 다큐멘터리의 일반 경향을 도출하였다는 점에서 지적이나 비판이 제기될 가능성이 크다. 차후로 보다 많은 작품들을 대상으로 본고에서 주장된 바를 검증해야 할 것이다. 그리고 인접 양식들의 글쓰기, 즉 텍스트 방식의 사적지 기행기나 웹 콘텐츠 방식의 사적지 기행물들의 글쓰기 방식도 함께 점검하면서, 기행콘텐츠 전반에 걸친 학술적 글쓰기의 특성이나 효과적 방안을 강구해야 할 것이다.

【참고문헌】

방송문화진흥회 편, 『방송대사전』, 나남출판, 1990.

고형렬, 『시 속에 꽃이 피어있네』,바다출판사, 2002.
금장태, 『다산 정약용, 유학과 서학의 창조적 종합자』, 살림, 2005.
김기덕, 『영상역사학』, 생각의 나무, 2005.
김대행, 「말과 글의 형태」, 『대학국어작문』, 서울대학교 출판부, 1994.
김훈순, 「텔레비전 역사 다큐멘터리의 영상 역사 쓰기」, 『영상콘텐츠연구』, 커뮤니케이션북스, 2002.
박석무, 『다산 정약용 유배지에서 만나다』, 한길사, 2003.
송재소, 『몸은 곤궁하나 시는 썩지 않네』, 한길사, 2003.
송팔성, 「한국고전문학 다큐멘터리의 제작 방향에 대한 제언」, 『열린정신 인문학연구』 제6집, 원광대학교 인문학연구소, 2005.

염은열, 『고전문학과 표현교육론』, 도서출판 역락, 1999.
유홍준, 『나의 문화유산답사기』 1, 창비사, 1993.
이덕일, 『정약용과 그의 형제들』 1,2, 김영사, 2004.
장승구, 『정약용과 실천의 철학』, 서광사, 2001.
최양묵, 『텔레비전 다큐멘터리 제작론』, 방송문화진흥총서, 한울아카데미, 2003.

알랜 로젠탈, 『다큐멘터리 제작론』, 커뮤니케이션북스, 2002.
월터 J 옹, 『구술문화와 문자문화』, 문예출판사, 1995.

www.kbs.co.kr/1tv/sisa/poem

문학을 통한 인문지리적 사고력 교육의 가능성 탐색
- 평양을 배경으로 한 고전소설을 대상으로

황혜진

1. 서론

사고력 교육은 국어교육의 주요 관심사 중 하나이다. 사고력 교육을 표방한 국어교육학 개론서도 나와 있으며,[1] 언어사용기능의 신장을 국어교육의 목표라 여기는 부류도 언어사용기능이 인간의 고등정신능력이라고 할 수 있는 사고력과 관련된 것임을 주장한다.[2] 한편, 언어의 속성에 따라 국어교육의 교육내용을 마련하고자한 연구에서는 사고를 형성하는 언어의 기능에 따라 사고 영역의 교육내용을 제안한 바 있다.[3] 사고력 교육은 국어교육만의 영역은 아니다. 그러나 국어교육은 '언어'를 대상으로 하는 교과라는 점에서 다른 교과의 사고력 교육과는

1) 이삼형 외, 『국어교육학』, 소명, 2000.
2) 노명완·이차숙, 『문식성연구』, 박이정, 2002, 58~60면.
3) 김대행, 「청산별곡과 국어교과학」, 『고전문학과교육』 7, 한국고전문학교육학회, 2004.

차이를 갖는다.

인간의 사고는 대부분 언어로 이루어진다는 점에서 언어는 사고의 도구이기도 하다. 한편, 언어는 사고를 형성하는 기능을 한다. 예를 들면, 상위어를 알게 되는 것은 단지 어휘의 습득에 그치는 것이 아니라 사물을 분류하고 범주화하는 사고를 가능하게 하는 것이다. 이처럼 언어는 인간이 부리는 도구이기도 하면서, 인간을 형성하는 도구라는 이중성을 갖는다.[4] 그렇지만 개별 주체의 의도 실현을 위해 언어의 다양한 기능과 전략을 알게 하고 익숙하게 사용할 수 있게 하는 기능중심의 국어교육은, 인간이 언어를 도구로 '사용'하는 점은 강조하되, 언어가 인간을 형성하는 '정신적 도구'라는 점은 간과한다. 따라서 기능중심의 국어교육관을 가진 이들은 특정 언어 기능과 전략의 습득을 위해 텍스트를 취할 뿐, 텍스트가 경험하게 하는 의미 내용이나 텍스트가 형성하는 사유 형식에 대해서는 큰 관심을 기울이지 않는다.

이 연구는 언어활동을 통한 인간의 변화와 배움이 중요하다는 관점을 갖는다. 사고력 교육도, 사고의 기능과 전략을 익히는 방식이 아니라, 텍스트가 다루고 있는 사고의 영역, 그리고 텍스트가 의미를 구성하는 방식을 배움으로써 학습자의 사고 영역을 확장하고 그 사유 형식을 도야(陶冶)하는 방향으로 이루어져야 한다고 생각한다. 이러한 사고력 교육을 위해 이 연구는 실험적으로, 지역 공간을 문학적으로 표상함으로써 지역성을 창조하는 고전소설을 연구 대상으로 하여 인문지리적 사고력 교육의 가능성을 탐색해 보도록 하겠다.

본고에서 다루려는 연구 자료는 평양을 배경으로 한 고전소설로서,

---

4) 이러한 점이 비고츠키가 언어를 다른 도구와는 다른 '정신적 도구'로 명명했던 이유이다. 이와 관련해서는 다음 참조. L. S. Vygotsky, *Mind in Society: The development of higher Psychological processes*, M. Cole, V. J. Steiner, S. Scribner & E. Souberman (Eds. & Trans.), Harvard University Press, 1978, 조희숙 외 역, 『사회 속의 정신: 고등심리과정의 발달』, 성원사, 1994, 52~55면.

이에 해당하는 작품은 〈옥단춘전〉, 〈부용의 상사곡〉, 〈채봉감별곡〉, 〈이진사전〉, 〈이춘풍전〉 등이 있다. 이들 작품은 평양의 지역성을 문학적으로 표상(representation)한다. 소설에 표상된 지역성은 곧 인간의 마음속에 있는 심리적 공간[心想空間]이자, 자연 그대로가 아니라 인간의 역사와 정신이 창조한 문화(文化)라고 볼 수 있다. 인문지리적 사고력 교육은 이러한 지역에 새겨진 '인간이 만들어내는 문양[人文]', 곧 인문지리(人文地理)를 사고의 대상으로 삼게 하며, 인문지리적 사고의 문화적 수준을 높이는 데 그 목적이 있다.

이러한 관점에서 본고는 평양을 배경으로 한 고전소설을, 인문지리를 탐구하기 위한 유용한 자료인 동시에 인문지리적 사유 형식의 모델이 될 수 있는 범례적인 역할을 하는 것으로 취급할 것이다. 고전소설을 교육 자료로 삼아 인문지리적 사고력 교육의 가능성을 탐색하기 위한 이 연구의 절차는 다음과 같다. 먼저, 본격적인 논의에 앞서 인문지리적 사고력의 교육적 의미를 논할 필요가 있다. 여기서 지리적 사고력의 신장을 목표로 삼는 지리교육과 문학을 통해 인문지리적 사고력을 교육하는 문학교육의 차별성을 밝히고, 사고력 교육이 강조되는 국어교육의 지형도 내에서 인문지리적 사고력이 갖는 위상을 정립하도록 하겠다. 이어서 본격적으로 평양을 배경으로 한 고전소설에 표상된 지역성을 분석하고, 이를 바탕으로 인문지리적 사고력 교육의 설계에서 지표가 되는 항목들을 추출하여 제시하겠다.

2. 문학교육과 인문지리적 사고력

사고력의 사전적 의미는 '생각하는 힘'으로 풀이되며, 국어교육 영역에서 사고력은 주로 인지적 능력을 중심으로 하는 어휘 능력, 사실적 사고 능력, 추리·상상적 사고 능력, 비판적 사고 능력, 논리적 사고 능력으로 규정된다.[5] 한편, 문학교육에서는 학습자가 문학 작품 읽기를 통하여 정서적·심미적·윤리적 감동을 체험하는 것도 중요한 교육내용이기 때문에, 사고력을 정의적 능력으로 확대할 필요가 있음을 지적하기도 하였다.[6] 또한, 사고력중심의 국어교육을 표방한 저서에서는 인지중심적 사고를 '명료화하기, 상세화하기, 객관화하기, 주관화하기'로 나누고, 정의중심적 사고를 '알기, 따지기, 느끼기, 즐기기'로 범주화하였다.[7] 이처럼 사고력의 하위 범주를 다양하게 설정한다고 하여도 이 논의의 주요 개념인 인문지리적 사고력을 기존의 분류에 포함시키는 것은 쉽지 않다.

그리고 인문지리적 사고력이라고 하면, 국어교과가 아니라 지리교과가 담당해야 하는 부분이라고 여기기 쉽다. 지리교육에서는 지리적 사고력의 신장을 교과의 목표로 삼고 있다. 지리교과에서 말하는 지리적 사고란 지리적 사실이나 현상을 지리의 기본개념이나 법칙에 맞추어 생각하는 것이라고 한다.[8] 지리교육에서도 자연지리와 함께 인문지리를 다룬다. 인문지리학은 인간에 의해 창조된 환경을 연구하는 학문으로서, 인종과 인구 분포의 공간적 분석, 인구와 자연 환경과의 관계에 대한 생태학적 분석, 그러한 분석 결과를 토대로 하는 지역 구성 등에 관심이 집중된다. 그리고 인문지리학은 연구 분야에 따라 사회지리학, 인구지리학, 도시지리학, 경제지리학, 정치지리학, 문화지리학, 역사지리학 등으로 세분된다.[9] 이러한 인문지리학에 대한 설명을 참조하면,

---

5) 서울대 국어교육연구소, 『국어교육학사전』, 대교출판, 1999, 380면.

6) 윤여탁, 『리얼리즘의 시 정신과 시교육』, 소명, 2003, 127면.

7) 이삼형 외, 앞의 책.

8) 김연옥, 『사회과 지리교육연구』, 교육과학사, 1992, 69~70면; 임덕순, 『지리교육 원리: 이론과 적용』, 법문사, 1993.

9) R. J. Johnston and Others (eds.), *The Dictionary of Human Geography*, The Free

문학에 의해 창조된 환경을 연구하는 분야를 인문지리학의 하위 분과 중 문학지리학으로 칭할 수 있을 것이다.

전통적인 인문지리학의 주요 연구 대상은, 앞선 설명에서도 확인할 수 있다시피, 인종과 계층, 인구 분포, 자연과의 관계 등 인간의 실제적인 삶이다. 이에 비해 문학 분야의 인문지리학은 지역성을 창조하는 인간의 정신적인 삶에 그 초점을 맞추는 특성을 갖는다. 이로 인해 문학교육은 인문지리적 사고력을 다루되, 인간의 정신문화가 만드는 지리적인 인문 형상을 대상으로 삼는다는 점에서 지리교육과 차별성을 가질 수 있다. 특히 문학교육이 인문지리적 사고력 교육에 긴요한 영역이 되는 근거는 다음과 같다. 첫째, 지역을 배경으로 한 문학 작품에서는 지역성에 대한 구체적인 삶의 감각과 정서가 녹아 있는데, 이는 인문지리의 주요 내용을 구성한다. 둘째, 국어교과의 교육 대상인 인문지리서나 기행문처럼 지역을 주제로 한 텍스트는 인문지리적 사고의 전범(典範)이 된다. 특히, 소설 등에서 지역에 대해 묘사한 부분은 경관의식을 보여줌으로써 지역에 대한 문화적 관념을 추출하기 위한 자료적 가치가 높다.

그래도 여전히 남는 문제는 국어교육 내에서 인문지리적 사고력 교육이 갖는 위상과 관련된 것이다. 이 문제에 접근하기 위해 문학과 사고력의 관계를 살필 필요가 있다. 문학은 사고력이나 상상력 교육의 관점에서 보았을 때 실로 풍부한 효용을 갖는다.[10] 이런 특성으로 인해

Press, 2000, pp.153~155.

10) 소설은 그것이 다루는 제재를 통해 우리 삶에서 중요한 문제를 발견, 분별하게 하는 '도덕적 지혜'를 계발하고, 갈등 상황을 서사적으로 추론하는 능력을 도야시키며, 가치 갈등에 상상적인 해법을 제시하여 '도덕적 상상력'을 확장하게 하는 등 '도덕적 사고력'을 신장시킨다(졸고, 「가치경험을 위한 소설교육 내용 연구」, 서울대 박사학위논문, 2006). 한편, 역사소설은 역사적 사건을 가상 세계에서 다룸으로써, 그 사건을 체험한 사람들의 감정과 인식을 상상적으로 만날 수 있게 하는 '역사적 상상력'을 계발하는 효용을 갖기도 한다(서보영, 「역사소설의 역사적 상상력

문학이 계발하는 사고력을 정의적 혹은 심미적 영역으로 한정하여 그 기능을 범주화하는 것은 어려워 보인다. 이는 기존 사고력 교육의 틀이 내포한 문제이기도 한데, 모든 텍스트에 일반적으로 적용될 수 있는 사고 기능 이외에 특정 텍스트(군)가 계발하는 사고력이 들어설 자리를 마련해 놓고 있지 않기 때문이다. 즉, 모든 텍스트를 읽고 쓰는 데 적용되는 언어 전략 혹은 사고 기능이 아니라면 텍스트의 특수한 의미 내용과 교섭하기 위한 사고력, 텍스트의 의미 경험 결과 생성된 사고력은 국어교육 안에서 설 자리를 잃는 것이다.

이러한 문제는 쉽게 해결될 수는 없는 성격의 것이다. 그러나 논의의 진행을 위해 잠정적인 제안을 하는 방식을 취하도록 하겠다. 사고력 교육은 사고의 기능뿐만 아니라, 지식의 구조적 기강(紀綱)이 되는 '개념'을 중심으로 이루어질 필요가 있다. 이를테면, 지리적 개념은 입지, 장소, 장소내의 관계, 이동, 지역 등인데 이를 지리교육의 5대 근본 주제(basic themes)라고 한다.[11] 국어교육, 문학교육에서도 이러한 교육적 주제들을 선별하여 해당 주제와 관련된 사고력 교육을 시행할 수 있지 않을까 한다. 가령, 소설교육의 주제라면 시간(역사), 공간(지역),[12] 인간, 이념(가치), 정서, 문체(담론) 등이 포함될 수 있을 것이고, 각 주제 영역의 개념들을 중심으로 적절한 교육 제재들을 모을 수 있을 것이다.

교육 연구」, 서울대 석사학위논문, 2006). 문학은 삶을 총체적으로 다루기에 이처럼 다양한 국면과 영역의 사고력의 신장과 세련화 및 사고 영역의 확장에 기여한다.

11) Joint Committee on Geographic Education, *Guideline for Geographic Education*, NCGE & AAG., 1984. 미국의 지리교육계에는 이 주제들을 설정하여 국가 수준의 'Guideline for Geographic Education(지리교육지침)'으로 발표하였다.

12) 염은열도 기행가사 교육의 핵심 개념으로서 '공간'을 제안한 바 있다. 그에 따르면, 기행가사의 '공간'은 공간의 중심에 있는 사람과 그 사람들의 삶, 그리고 공간을 형성한 당대의 문화에 대한 이해의 실마리를 제공해 줄 수 있다고 한다(염은열, 「기행문학의 '공간' 체험이 지닌 교육적 의미」, 한국고전문학교육학회 2006년도 동계학술발표회 논문집, 2006, 19면).

이렇게 개념을 중심으로 교육 내용을 선정, 배열한다고 해도 개념 자체보다는 그 개념을 통해 세상과 자신을 볼 수 있는 안목과 사고력을 갖춘 개인의 형성이 교육의 목표가 되어야 하며, 이러한 교육을 기능중심과 대별되는 개념중심 사고력 교육이라고 칭할 수 있을 것이다.

인문지리적 사고력 교육이라고 명명되지는 않았지만 그간 문학에 표상된 공간성을 교육적 관점에서 논한 연구들이 적지 않다. 염은열은 기행가사를 자료로 대상 인식과 내용 생성의 관계를 연구하여, 이를 표현교육의 교육내용으로 구성한 바 있으며,[13] 기행가사의 문화적 의미를 추출하기도 하고,[14] '공간'을 기행가사 교육의 핵심 개념으로 도입하여 기행문학의 '공간' 체험이 지닌 교육적 의미를 논하기도 하였다.[15] 김종철은, 산천과 문물을 통찰할 수 있는 안목(眼目)을 제공할 범례(範例)로서 근대 이전의 기행문학을 교육 대상으로 삼으면서 기행문학교육의 설계를 위한 지침에 해당하는 항들을 기행문학교육의 과제로 논한 바 있다.[16] 박기석도 고전이 범례로 활용될 수 있다는 시각에서, 〈왕오천축국전(往五天竺國傳)〉을 기행문 글쓰기 방식의 전범으로 가르칠 것을 제안하였다.[17]

선행 연구의 공통적인 시각은 기행문학을 대상으로 공간이나 여행체험에 대한 표현교육의 내용을 마련할 수 있다는 것이다. 본고는 연구

---

13) 염은열, 「대상 인식과 내용 생성의 관계에 대한 표현교육론적 연구」, 서울대 박사학위논문, 1999.

14) 염은열, 「19세기 금강산 가사의 특징과 문화적 의미」, 『고전문학연구』 14, 1998; 염은열, 「19세기 무명씨 금강산가사의 생활문화적 의미」, 『고전문학연구』 별집 8호, 한국고전문학회, 2001.

15) 염은열, 앞의 글, 2006.

16) 김종철, 「근대 이전 기행문학교육의 시각」, 한국고전문학교육학회, 2006년도 동계학술발표회 논문집, 2006.

17) 박기석, 「〈왕오천축국전〉의 문학교육적 의의」, 한국고전문학교육학회, 2006년도 동계학술발표회 논문집, 2006.

대상과 교육적 활용의 측면에서 선행 연구와 차이를 갖는다. 즉, 본고의 연구 대상은 본격적인 기행문학이 아니라 고전소설이며, 이를 표현교육이 아닌 사고력 교육의 입지에서 조명하기에 선행 연구와 구별된다고 볼 수 있다. 그렇지만 이 연구는 기존 연구의 관점을 확장된 범위의 대상에 적용하며 그 교육적 활용 영역을 넓히려 하는 성격의 것이기에 선행 연구의 흐름에서 크게 벗어나는 것은 아니다. 그리고 선행 연구는 근대 이전의 기행문학을 표현교육의 전범으로 다룬다. 본고에서 논하려는 사고력 교육에서도 고전소설은 사고의 대상과 방식에 범례를 제공하는 것으로 취급되기에, 본고는 선행 연구에서 고전문학을 보는 시각을 공유한다고 할 수 있다.

인문지리적 사고력 교육은 '아는 만큼 보인다'는 전제를 갖는다. 보고 생각할 수 있기 위해서는 우선 알아야 한다는 것이다. 그렇다면 무엇을 알아야 하는가라는 문제가 뒤따르는데, 본고에서는 이를 둘로 나눠, 문학 작품에 나타난 지역성의 내용과 그 지역성이 표상되는 방식에 대한 이해로 파악하고자 한다. 전자와 관련해서는, 문학교육에서 '지역'을 주제로 한 교육이 이루어질 수 있는데, 이를 위해 교재 구성에서 공통의 지역적 배경을 갖는 텍스트군을 묶어내는 방식이 유용하다. 더불어, 문학이 지역이나 공간을 표상하는 방식도 인문지리적 사고력 교육의 대상이 된다. 문학이 지역성을 창조하는 형상화 방식은 곧 지역을 사유하는 '정신적 형식(form)'이라고 할 수 있다. 인문지리학의 한 분과로 문학지리학이 성립할 수 있는 까닭도 문학이 고유의 형식으로 창조한 지역성이 경제지리학, 인구지리학 등 다른 분과의 지역성과 구별될 수 있기 때문이다.

그러나 이처럼 인문지리적 사고력의 교육 내용을 나누어 살피더라도 둘은 통합적으로 접근되어야 할 것이다. 문학 작품에 나타난 지역성의 내용도 문학의 형상화 과정을 거쳐 창출된 것이자 문학의 제 형식으로 매개된 것이기 때문이다. 그래서 문학교육의 교육내용으로 도입될 수 있는 '지역'은 의미 내용으로만 접근해야 할 대상이 아니라 반드시 문학적인 형식과 관련해 이해해야 할 성격의 것이다. 이러한 관점에 따라 본고에서는 지역성의 내용과 그 표상 방식을 구분하지 않고 통합적으로 다루려 한다. 이를 위해 이 연구에서는 '평양(平壤)'이라는 지역을 중심으로 소설 작품들을 모으고, 그 소설들이 창조한 지역성의 내용과 그것이 소설적으로 만들어지는 방식을 '형상화된 지역성'이라는 관점에서 통합적으로 살피고자 한다.

3. 소설에 형상화된 평양의 지역성

1) 인간사(人間事)를 펼치는 무대

소설의 지역적인 배경은 인물을 둘러 싼 객관적 환경이다. 객관적인 환경으로서 지역은 그 안에 존재하는 인물에게 행위 가능성과 함께 제약을 부여하는 구조적 밑그림을 제공한다. 평양은 조선과 중국의 사신이 오가는 길목에 자리 잡고 있으며, 함경도와 평안도의 물산이 모두 모이는 곳이자, 상공업이 발달한 경제 도시였다. 이 지역의 최고 권력자인 평안감사는 중앙과는 어느 정도 거리를 두면서 조세, 사법, 행정에 대한 권력을 행사하며, 재정 면에 있어서는 왕 못지않은 부를 축적할 수 있었기에, "평안감사도 제 싫으면 그만"이라는 속담을 낳기도 했다. 김홍도의 그림에서 평양의 부를 바탕으로 대동강변에서 열리는 연희의 규모와 화려함을 짐작할 수 있다.(그림 1) 평양은 물산뿐 아니라 기생도 풍부한 곳이다. 사신 영접과 연희에 필요한 수요와 이들을 먹여 살릴 수 있는 사회적 부가 있었기에 평양기생의 수는 16세기 180여명

[그림 1] 김홍도(1745～1806), 〈평안감사향연도 월야선유(平安監司饗宴圖 月夜船遊)〉 국립중앙박물관 소재.

에 다다랐다. 예부터 개성은 소나무가 많아 송도(松都)라 불리며 절개를 지닌 여성들이 많이 나왔다고 하는 데 비해, 평양은 유흥의 상징인 대동강 버들로 인해 유경(柳京)이라 불리며 풍류를 즐기는 기생이 많은 색향(色鄕)으로 그 명성을 떨쳤다.

그래서 평양의 기생과 관련된 야담(野談)은 상당히 많다. 대표적으로 양녕대군(讓寧大君, 1394～1462), 임제(林悌, 1549～1587), 김이양(金履陽, 1755～1845)의 일화가 있다. 양녕대군은 평양으로 가면서 아우인 세종대왕에게 색향인 평양에 가니 몸조심하라는 충고를 듣는다. 그러나 풍류를 즐기던 양녕대군은 평양 명기인 정향(丁香)과 정을 나누었고, 헤어지는 마당에는 그 치마폭에 시를 써주기도 하였다. 이 치마폭은 평안감사에 의해 곧장 세종대왕에게 보내져, 세종대왕이 평양에서 색을 멀리 했다고 시치미 떼는 양녕대군 앞에 이를 펼쳐냈다는 얘기가 전해진다. 또, "오늘은 찬 비 맞았으니 얼어잘까 하노라"하는 임제의 시조에 한우(寒雨)가 의뭉스럽게, "원앙침(鴛鴦枕) 비취금(翡翠衾) 어듸 두고 얼어 자리/ 오늘은 찬 비 맞았으니 녹아 잘까 하노라."라고 응대하는 시조도 유명하다. 평양 근방의 성천에서 부사를 지낸 김이양은 77세의 나이에 19세 김부용(金芙蓉)을 만나 소실로 들여 서로의 시를 알아주는 지음(知音)의 관계를 맺었다. 이런 일화들은 평양과 관련된 소설을 꾸며내는 작자의 상상력을 자극하는 한편, 〈부용의 상사곡〉에서처럼 이야기의 원재료가 되기도 하였다.

평양에는 기생뿐만 아니라 지기(志氣)를 기르고 견문을 넓히기 위해 평양을 찾는 풍류재자들도 많은 곳이라 이 두 부류의 사람들이 만날 수 있는 가능성이 높았다. 소설은 이러한 가능성을 서사 세계에서 실현시키고 있다. 〈부용의 상사곡〉에 나오는 김유성의 집은 한양 안국동인데, 그는 자신의 배우자를 스스로 찾으려는 마음을 먹고 부친의 부임지였던 평양을 찾아와 이름난 기생인 부용을 만나게 된다. 〈옥단춘전〉에서 이혈룡의 고향도 서울이었으나 옛친구를 찾아 의식(衣食)을 도모하려 평양에 왔다가 평안감사가 된 친구의 곁에서 수발을 들던 기생 옥단춘을 만난다. 〈이진사전〉에서, 이혈룡처럼 도움을 구하기 위해 평안도에 사또로 있는 외척을 찾아왔던 이 진사는 우연히 연광정에서 열리는 백일장에 참여하는 계기로 기생인 경패와 가까워지게 된다. 이처럼 평양은 승경지를 찾는 풍류재자(風流才子)와, 번화한 인물 가운데 옥석(玉石)을 가릴 수 있는 지인지감(知人之鑑)이 있는 기생의 애정담이 펼쳐질 수 있는 무대로서 그 역할을 하고 있다.

평양은 흥미로운 일이 벌어질 수 있는 가능성을 갖고 있는 동시에 소설의 사건 구성에도 관여한다. 〈채봉감별곡〉에서 채봉의 부친은 "평양 ᄀᆞ흔 시골 구셕"는 채봉의 짝이 없을 것이라 생각하고 신랑감을 구하러 서울로 간다. 또 다른 서울행의 목적은 벼슬을 사기 위해서인데, 이 역시 평양 양반의 요부(饒富)한 경제력과 서북출신이 인사에 있어서 차별을 받았던 사정이라는 지역적 특색과 밀접한 연관이 있다. 평양이 서북지방의 부유한 도시라고는 하지만 권력의 중심부에서 비껴나 있으며, 인물의 번화함으로 보자면 서울을 따라 갈 수 없기에 채봉의 부친은 서울로 가는 것이다. 〈옥단춘전〉에서 이혈룡을 배반하고 출세한 친구인 김진희는 평안도 관찰사, 즉, 평안감사의 직분을 맡고 있다. 이혈룡은 사월 초파일 평양감사가 연광정에서 베푸는 화려한 연회에 거지꼴로 나타나며, 그 연회에 참석하였던 옥단춘의 눈에 들어 대동강 사공에 의해 목숨을 구하게 된다. 이후, 암행어사가 되어 평양에 돌아온 이혈룡은 다시 선유 연회장에 출도한다. 이처럼 〈옥단춘전〉에서는 평양이 아니고서는 있을 수 없는 풍물(風物)을 끌어오며 지역적으로 개연성이 있는 사건들로 이야기를 이어가고 있다.

〈부용의 상사곡〉는 부용이 감사가 배설한 선유연에서 평안감사에게 능욕을 당할 위기에 처하자 대동강에 몸을 던지는데 능라도 어부인 최기남이 구해준다. 이렇게 이 작품에서도 평안감사, 대동강 뱃놀이, 능라도 어부(대동강 사공) 등의 평양의 풍물이 사건 진행에 있어 중요한 역할을 한다. 〈이진사전〉에서는 평안감사의 주최로 연광정에서 여는 백일장에서 장원으로 뽑힌 이 진사가 이어진 연회에서 기생 경패를 만나게 되니, 이 역시 평양이 아니라면 있기 힘든 사건이라 하겠다. 한편, 〈이춘풍전〉에서 이춘풍이 장사하러 평양에 오고, 평양 기생인 추월이에게 빠지며, 비장으로 변장하고 평안감사를 따라 온 본처에게 혼쭐이 난다. 이 작품에서도 평양은 사건이 일어나는 지역적 배경이자 사건의 형상을 만드는 재료가 된다. 이처럼 사건과 지역이 긴밀한 관계를 가지기에 평양을 배경으로 한 소설은 평양이라는 지역이 아니라면 있기 힘들거나, 평양을 지역적 배경으로 삼는 것이 가장 적절하다는 느낌을 갖게 한다. 그래서 우리는, 남원과 〈춘향전〉의 관계처럼, 평양 이외의 지역에 살고 있는 채봉을 상상하기 힘들고, 대동강, 연광정 없이 〈옥단춘전〉의 사건을 떠올리기 쉽지 않게 되는 것이다.

지역적인 배경은 인물을 구성하는 데에서도 중요한 역할을 한다. 이 점은 주요 인물을 소개하는 서두에서 산천경개에 대한 서술 이후에 인물이 등장하는 것으로써 확인할 수 있다.

① 어졔 밤 부든 바람 금셩(金聲)이 완연ᄒᆞ다. 모란봉 치운 바람 단풍락엽(丹風落葉)을 흣날녀셔 평양셩즁으로 드러가니 ᄉᆞ졍업시 너머가는 져녁빗에 호올로 셔창을 의지ᄒᆞ야 바람에 붓쳐 ᄯᅥ러지는 락엽을 믹업시 보고 안즌 ᄉᆞ람은 평양셩 외 김진ᄉᆞ(平壤城外金進士)집 쳐녀 ᄎᆡ봉이라. -〈채봉감별곡〉(3)[18]

② 차흡다 조선의 승디강산 의론ᄒᆞ면 평양이 뎨일이라. 쟝셩일면용용수(長成一面溶溶水)와 대야동두뎜뎜산(大野東頭點點山)은 고려 문장 김황원(金黃元)의 졀챵이라. 능라도 연긔 속에 홍엽은 분운(紛紜)ᄒᆞ고 모란봉 느진 비에 황화은 란만ᄒᆞᆫᄃᆡ 대동문 안 ᄒᆞᆫ 모롱이 쇼됴령락ᄒᆞᆫ ᄒᆞᆫ젹은 집 후원 별당 붉은 란간 우희 일위 미인이 운빈(雲鬢)은 삼사ᄒᆞ고 ᄯᅥ 무든 의상에 얼골에 지분(脂粉)을 더ᄒᆞ지 아니ᄒᆞ고 초연히 ᄒᆞᆫ 손으로 턱을 괴오고 시름 업시 안자시니 -〈부용의 상사곡〉(3)[19]

평양을 배경으로 하고 있는 대표적인 두 고전소설은 여주인공을 소개하기에 앞서 평양이라는 지역의 풍경을 파노라마식으로 그려낸다. 이는 마치 영화에서 카메라가 다양한 위치에서 풍경을 담아내다가 인물에 점점 가까이 가는 것과 유사하다. 〈채봉감별곡〉에서는, 모란봉에서 불어오는 서늘한 가을 바람에 단풍 낙엽이 떨어져 평양성에 나부끼는 풍경을 배경으로 그린 후에, 노을을 보며 서창에 비껴 앉은 채봉을 등장시킨다. 〈부용의 상사곡〉의 도입에서도 능라도에 단풍 낙엽이 흩날리며 모란봉에 어지럽게 피어있는 황국화가 밑그림으로 그려진 후, 대동문 안 한적한 집 후원 별당의 난간에 선 부용이 등장한다. 이처럼 미인도(美人圖)에 어울리는 풍경을 갖춘 평양은 인물이 존재하는 배경으로서 도입에서부터 강조되고 있다. 미인도에서 풍경은 미인의 내면

---

18) 〈彩鳳感別曲〉(박문서관, 1913), 활자본고전소설전집(10), 아세아문화사, 1975.

19) 〈芙蓉의 相思曲〉(신구서림, 1913), 활자본고전소설전집(3), 아세아문화사, 1975.

적 아름다움을 암시하는 주요 기제가 될 수 있다는 점을 고려하면 평양이라는 소설의 배경은 인물을 이루는 요소 중의 하나가 된다고 이해할 수 있다.

이 절의 논의를 간단히 정리하자면, 지역이 인간사(人間事)를 만드는 산실(産室)이자, 인간을 형성하는 모체(母體) 역할을 한다는 것이다. 이는 전통적인 동양의 지리학 관념과 밀접한 관련을 맺는다. 현재 지리학에서 자연지리와 인문지리가 대별되지만, 동양적 전통에서는 이 둘이 구분되지 않았다고 한다. 동양에서는 땅을 살아있는 존재로 인식하고, 인간은 땅으로 대표되는 자연의 일부라고 생각해 왔기 때문이다. 그래서 땅은 능동적으로 만물을 키워내는 활력(活力)을 가지며, 이 활력의 후박(厚薄) 정도에 따라 인간의 길흉화복(吉凶禍福)이 정해지는 것이라 여겼다.[20] 이러한 지리관은 단지 풍수설에 입각한 전근대적 사고가 아니라 자연의 이치를 깨닫고 인간생활에 있어서 자연과의 조화가 얼마나 중요한가를 깨닫게 해주는 삶의 지혜인 동시에 실생활에 도움을 주는 삶의 기술로도 평가된다.[21] 평양을 배경으로 하는 고전소설은 지역이 인간 사이의 관계를 만들고, 서사적 삶을 펼치게 하는 바탕이자 인간됨을 형성하는 요소임을 형상적으로 보여줌으로써 이러한 동양적 지리관을 생생하게 구현하고 있다. 이러한 점으로 인해, 고전소설은 지역과 인간사, 지역과 인간을 결합시켜 사유하며, 그 조화를 모색하는 삶의 지혜를 제공하는 원천이 될 수 있다고 판단된다.

---

20) 최영준, 「〈택리지〉: 한국적 인문지리서」, 『진단학보』 69, 진단학회, 1990, 169~170면 참조.

21) 최영준, 앞의 글, 169면.

2) 유정(有情)한 존재인 자연

고전소설에서 지역적인 배경이 단지 인물이 처한 객관적인 환경으로 그 역할을 다하는 것은 아니다. 평양의 풍물과 정취는 인물의 마음을 움직이는 원인을 제공하기도 한다. 이렇게 인물과 자연이 감정적으로 조응하는 관계는 '감정이입적인 공간', '감정투사적 표현' 등으로 연구되기도 하였다.[22] 감정이 이입되거나 투사되는 방향은 주체에서 객체로 향하는 일방적인 것이다. 이로 인해, 고전소설에서 그려진 지역과 풍경을 감정이입, 감정투사로 설명하기에는 미진함이 남는다. 감정이입, 감정투사는 대상에 대한 주체의 작용만을 설명할 뿐, 대상이 외물(外物)로서 주체[內我]에 자극을 가하는 작용을 포괄하지 못하기 때문이다. 평양의 절경은 개별 인간의 감정이 이입된 대상만은 아니다. 오히려 그 자체가 유정(有情)한 존재로 그려져 특정 인간과 인간사에 반응을 하는 듯하다.

> 용낭이 후원 별당 츄슈헌(秋水軒)에 연셕을 비셜ᄒᆞ야 공ᄌᆞᄅᆞᆯ 젼별ᄒᆞᆯ ᄉᆞ이 츄슈헌은 비록 놉지 아니ᄒᆞ나 산을 의지ᄒᆞ야 ᄒᆞᆫ 번을 나 ᄉᆞ면을 둘너보면 부벽루의 아롬다온 경물과 대동강의 ᄆᆞᆰ은 물이 안젼에 버려 잇ᄂᆞᆫ 곳이라. 공ᄌᆞ 용낭의 손을 잇ᄭᅳᆯ고 헌상에 오르니 잇대ᄂᆞᆫ 츈말하초(春末夏初)ㅣ라. 멀니 ᄇᆞ라봄에 락화ᄂᆞᆫ 젹젹ᄒᆞ고 류슈ᄂᆞᆫ 용용ᄒᆞ며 버들 ᄉᆞ이의 ᄭᅬ고리 소ᄅᆡᄂᆞᆫ 간관ᄒᆞ고 시ᄂᆡ가의 방초ᄂᆞᆫ 쳐쳐ᄒᆞ니 심상ᄒᆞᆫ ᄒᆡᆼᄀᆡᆨ이라도 이러한 풍물을 ᄃᆡᄒᆞ면 ᄂᆡᆨ이 살아지고 ᄋᆡ ᄭᅳᆫ허지려든 ᄒᆞ믈며 미인이 옥랑을 보ᄂᆡ며 옥랑이 미인을 리별ᄒᆞᆷ이리오. -〈부용의 상사곡〉(38)

---

22) 신태수, 「고소설의 공간에 대하여」, 『영남어문학』 28, 한민족어문학회, 1995, 223~227면 참조.

부용과 김유성이 있는 곳은 대동문 안 부용집 후원 별당인 추수헌(秋水軒)이다. 이 별당은 부벽루와 대동강을 바라볼 수 있는 전망을 갖고 있다. 이별하기 앞서 별당에 오른 남녀의 눈에 든 경치는 꽃잎이 흩날리는 강 풍경이다. 이 소설의 서술자는 이러한 풍물을 대하면 심상한 행객이라도 넋이 스러지고 애가 끊어지려 함을 강조하며, 미인과 옥랑이 이별하는 데에는 이런 감정이 더 심화될 것임을 이야기한다. 여기서 주목해야 할 것은 인물의 감정이 자연에 이입되었던 것이 아니라 자연이 먼저 인물의 정을 움직이는 주체로 작용한다는 점이다. 자연이 인물의 감정이나 정황을 반영하는 수동적인 존재가 아니라 인물과 다양한 관계를 맺는 자기완결적 주체로 표상된다는 것은 다음과 같은 인용에서도 확인할 수 있다.

① 감히 만류치 못ᄒᆞ고 먼리 나와 젼별ᄒᆞ더라. 이ᄢᅢ 용낭이 뒤뫼희 올나 공ᄌᆞ의 ᄒᆡᆼ진을 ᄇᆞ라보니 텹텹ᄒᆞᆫ 먼산은 느진 볏을 ᄯᅡㅣ여 푸르럿고 망망ᄒᆞᆫ 들빗은 졈은 연긔에 널넛ᄂᆞᆫᄃᆡ ᄒᆞᆫ뎜 푸른 라귀의 가ᄂᆞᆫ 곳이 점점 멀더니 나죵에ᄂᆞᆫ 그 그림ᄌᆞ도 보이지 아니코다. 만수 풀ᄉᆞ이의 ᄉᆡ소ᄅᆡᄂᆞᆫ 바람에 지져괴며 하늘가에 도라가ᄂᆞᆫ 구름은 슯흔 긔ᄉᆡᆨ을 씌엿ᄂᆞᆫ지라. -〈부용의 상사곡〉(42)

② 용낭이 사챵을 의지ᄒᆞ야 길이 탄 왈, 뎌 명월은 응당 우리 공ᄌᆞ의 옥갓흔 얼골을 빗최리로다. 어졔 밤에ᄂᆞᆫ ᄂᆡ 공ᄌᆞ로 더브러 뎌 명월을 ᄃᆡᄒᆞ야 쥬비를 놀니며 졍화ㅣ 무궁ᄒᆞ더니 아지못게라 오ᄂᆞᆯ밤에ᄂᆞᆫ 우리 공ᄌᆡ 어ᄂᆞ 쥬뎜에셔 뎌 달을 ᄃᆡᄒᆞ야 나를 ᄉᆡᆼ각ᄒᆞ시ᄂᆞᆫ고 ᄯᅩ ᄒᆞᆫ숨지며 왈 뎌 명월은 비록 이지러질지라도 다시 둥글 ᄯᅢ 잇거니와 이 일ᄉᆡᆼ은 ᄒᆞᆫ번 리별ᄒᆞ면 다시 모도히기 녜로붓허 쉽지 아니ᄒᆞ니 -〈부용의 상사곡〉(43)

③ ᄉᆞ월 팔일을 당ᄒᆞ야 일긔 적이 더운지라. 긔남이 일엽쇼션을 흘니져어 릉라도 하류로 ᄂᆞ려가 그물을 강즁에 더지고 리파로 더브러

> 션두에 안져 월식을 ᄃᆡᄒᆞ야 주비를 놀니더니 이윽고 ᄃᆞᆯ은 셔산에 지고 거문 안ᄀᆡ 슈면에 ᄃᆞᆯ니며 슯흔 바람이 니러ᄂᆞ거ᄂᆯ 긔남 부부 ㅣ 괴이히 녁이더니 문득 무엇이 ᄇᆡ젼에 다닷치거ᄂᆯ -〈부용의 상사곡〉(74)

①은 부용이 김유성을 전별하는 장면인데, 첩첩한 먼 산이 오후의 햇빛을 따라 푸른 모습과 망망한 들에 널려있는 검은 연기는 임을 보내는 부용의 마음 속 풍경이라고 할 만하다. 더욱이 하늘가에 돌아가는 구름이 슬픈 기색을 띄었다는 것도 부용의 슬픈 마음이 구름에 투영된 것이라 파악된다. 이처럼 자연은 인물의 감정에 따라 그 정취를 달리한다. 감정에 휩싸인 인물이 바라보는 자연에는 이러한 감정이입이 있게 마련이다.

②에서 자연물인 달은 인간사와 비교의 대상이 된다. 어제의 달은 임의 얼굴을 비치고, 자기는 달을 바라보며 임과 함께 술잔을 들었건만 오늘은 임과 헤어져 각기 다른 곳에서 달을 보며 서로를 생각하게 되었다. 또한 부용이 생각하기를, 명월은 이지러져도 다시 둥글 때가 있지만 인생은 한 번 이별한 후, 다시 합쳐지기 쉽지 않다고 했다. 이처럼 자연과 인간을 비교한다는 것은 둘 사이의 거리를 전제로 한다. 그리고 이 거리는 자연을 인간의 확장으로 파악하는 것이 아니라 그 자체의 이법(理法)으로 움직이는 독자적 존재라고 여기는 관념을 드러낸다.

③의 장면은 부용이 대동강에 투신한 후, 능라도 어부인 최기남에게 구출되기 직전에 해당한다. 최기남은 날이 더워 능라도 하류에서 그물을 던져 놓고 자기 부인과 함께 달빛을 대하며 술을 마시고 있었다. 이런 그의 눈앞에는 서산에 지는 달과 수면에 깔리는 검은 안개가 슬픈 바람 등이 어우러진 풍경이 펼쳐진다. 이렇게 최기남의 감정과는 이질적인 풍경은 인물의 감정이입만으로는 설명하기 어렵다. 자연이 스스

로 느낄 수 있는 존재여야만 부용의 투신자살을 슬퍼하여 풍경으로써 자신의 표정을 나타낼 수 있는 것이다.

위에서 살펴보았듯이 자연은 인간과 다종의 관계를 맺고 있다. 자연에는 인간의 감정이 확장되어 반영되기도 하고, 자연은 어느 정도 독립적인 자기 원리를 갖고 있는 대상이기도 하며, 인간사에 스스로 반응하는 주체이기도 하다. 이렇게 자연은 인간의 감정이 투영되는 대상일 뿐만 아니라 스스로 인간적인 반응을 만들어내는 것이기에 자연은 인간처럼 취급되기도 한다.

자연이 유난히 인간의 감정을 가진 것으로 표상되는 작품은 〈옥단춘전〉이다.

① ᄒᆞ놀으 우러러 방셩통곡ᄒᆞ야 왈, "명명ᄒᆞᆫ 쳥천은 져져히 ᄒᆞ감 하옵소셔. 불상ᄒᆞᆫ 리혈룡을 살녀 쥬옵소셔. 경셩에 부모쳐ᄌᆞ 나를 평양에 보낸 후에 쥭게 된 쥴 므로고셔 오날올가 ᄂᆡ일 올가 쥬야장쳔 바라ᄂᆞᆫᄃᆡ ᄂᆡ 팔ᄌᆞ 무슴일노 갈소록 이러ᄒᆞᆫ고 방셩통곡 슬피우니 뉘 아니 슬허ᄒᆞ리요. 산쳔초목이 다 슬허ᄒᆞ더라. -〈옥단춘전〉(481)[23)]

② 일월이 무광ᄒᆞ고 산쳔초목비금주수가 다 슬허ᄒᆞ고 ᄃᆡ동강 말근 물도 흐르지 아니ᄒᆞ고 울넝츌넝 머물드라. -〈옥단춘전〉(483)

③ ᄃᆡ동강 상 일엽션아, ᄂᆞ를 실고 만경청파 둥둥 ᄯᅥ셔 가든 ᄇᆡ야 ᄂᆞ 오ᄂᆞᆫ 줄 모르고셔 어ᄃᆡ 가셔 ᄆᆡ엿ᄂᆞ냐 산수도 ᄉᆡ로웁다. 운무쳥쳔 져 구름은 ᄂᆞ오ᄂᆞᆫ 모양을 보고 뭉실뭉실 피여잇고 범표치창낭 ᄇᆡᆨ고 들은 무심ᄒᆞᆷ도 무심ᄒᆞ다. ᄂᆞ를 어이 모르ᄂᆞᆫ고. 강수ᄂᆞᆫ 은은ᄒᆞ야 건너 산을 둘너잇고 츌림 비죠 져 물ᄉᆡᄂᆞᆫ 농춘화답 쌍을 지여 쌍쌍이 나라들고 -〈옥단춘전〉(491~493)

④ ᄃᆡ동ᄀᆞᆼ 말고 말근 물 바라봄 ᄃᆡ셩통곡ᄒᆞ야 왈, ᄃᆡ동강 말근 물아,

23) 〈玉丹春傳〉(박문서관, 1916), 활자본고전소설전집(4), 아세아문화사, 1975.

날과 무숨 원슈 잇셔 ᄒᆞᆫ번 쥭기 어려운ᄃᆡ 두 번이ᄂᆞᆫ 죽이랴고 이 모양을 식키ᄂᆞ냐 〈옥단춘전〉(502)

①의 대목은 김진희에게 죽음을 당할 위기에 처한 이혈룡이 하늘에 빌며 자기 신세 한탄을 하는 부분이다. 여기서 산천초목은, 그 자리에서 있던 다른 사람들이 이혈룡의 딱한 처지를 듣고 슬퍼하듯이 이혈룡의 말을 듣고 그에 반응한다. ②에서는 같은 상황에 대한 자연의 반응을 일월이 무광하고, 산천초목금수가 슬퍼하며, 대동강 물은 흐르지 않고 울렁출렁 머문다고 보다 구체적으로 표현해 놓았다. 여기에 동원된 자연물의 움직임과 색채는 자연이 자신의 반응을 나타낼 수 있는 '표정'이라고 볼 수 있다. 이렇게 자연이 단지 인물의 감정을 받아 안는 수동적 존재가 아니라 자기 감정을 갖고 인간에 대한 반응을 스스로 나타낼 수 있는 주체이기에 자연은 인간처럼 느껴지기도 한다. 그래서 ③에서 암행어사로 출세한 이혈룡의 말을 듣는 청자의 자리에 놓이게 된 자연물은 이혈룡과 함께 흥을 나눌 수 있는 독자적 존재로 그려진다. ④에서 옥단춘이 대동강에 빠져 죽기 전에 원망의 말을 듣는 대상으로 대동강이 등장하는데 이 역시 자연이 인간적인 감정을 가지는 유정한 존재임을 보여준다.

자연은 스스로 느끼고 인간의 말을 들을 수 있고 그에 대한 반응을 나타내는 존재일 뿐 아니라 인간사에 개입하여 직접 행동할 수 있는 주체이기도 하다. 이혈룡을 배반한 옛 친구인 김진희를 벌하는 것은 인간이 아니라 바로 자연이었다.

어ᄉᆞ도 어진 마음 다시 ᄉᆡᆼ각ᄒᆞ고 ᄒᆞᄂᆞᆫ 말이 데ᄂᆞᆫ 데 죄로 죽을망정 션의를 ᄉᆡᆼ각ᄒᆞ고 녯정을 ᄉᆡᆼ각ᄒᆞ니 ᄂᆡ ᄯᅩᄒᆞᆫ 져와 ᄀᆞᆺ치 죽일 수 차마 업다 ᄒᆞ고 나졸 한 놈 급히 불너 분부ᄒᆞ되 네 급히 ᄇᆡ에 가셔 그 양반

> 물에 한참 너엇다가 거의 쥭게 되거들낭 도로 건져 실고 오라 ᄒᆞ니 나졸놈 쳥령 후 급히 갈 졔 난ᄃᆡ 업ᄂᆞᆫ 뇌셩벽역이 ᄃᆡ작ᄒᆞ며 진희를 잡어 닉여 천벌일셩에 시신도 업셔 졋더라. -〈옥단춘전〉(507)

어사인 이혈룡은 옛정을 생각하여 김진희를 죽일 수 없어, 나졸들에게 자신이 당한 방식대로 물에 빠뜨리긴 하되, 죽기 직전에 도로 건져 살리라고 명령한다. 그런데 나졸들이 명을 받아 가는 사이, 하늘에서 천둥소리와 함께 벼락이 내려 김진희를 벌한다. 불탄 시신도 없는 것으로 보아 하늘이 '잡아갔다'는 표현이 적절하다고 하겠다. 이와 같이 고전소설에서 유정한 존재로 그려지는 자연은 선악을 판단하는 주체이자 인간 같은 행동을 할 정도로 인간화된다.

이 절에서 논의한 내용은 반드시 평양을 배경으로 한 소설에만 국한되는 것은 아니다. 그러나 빼어난 경관을 갖추고 있는 평양의 자연물은 다른 지역의 그것보다 인간의 감정을 이끌어내기 쉽다는 특성을 갖는다. 굳이 백일장을 경치 좋은 야외에서 하는 것도 외물인 자연이 인간의 정을 움직이는 작용을 하기 때문이다. 더구나, 평양은 그 풍경을 언어로 묘사할 수 있으되, 그 풍경이 주는 감흥은 인간의 언어로 표현하기 힘들 정도의 승경지이다. 대동강 풍경을 제재로 시를 쓰려했던 고려의 문장가 김황원(金黃元, 1045~1117)도 위대한 조화를 이루는 자연 앞에서 인간적인 언어의 한계를 깨닫고 통곡하며 부벽루를 내려올 수밖에 없었다.[24] 이처럼 평양의 자연물은 인간의 감정을 끌어내되, 자연

24) 시와 관련된 일화는 다음과 같다. 김황원은 부벽루(浮碧樓)에 올라가, 예부터 지금까지 써 붙인 모든 시를 보고 그 시의(詩意)가 마음에 들지 않아서 서판(書版)을 거두어 불살라 버린 후, 종일 기둥에 기대어 애써 읊었으나 위의 구절밖에 얻지 못해 통곡하며 부벽루에서 내려왔다고 한다. 서거정(1420~1488), 〈東人詩話〉 참조. 해당 원문은 다음과 같다. 金學士黃元登浮碧樓 見古今題詠不滿其意 旋焚其版 終日憑闌苦吟 只得長城一面溶溶水 大野東頭點點山之句 意涸痛哭而去

을 인간의 언어로 표현하는 것이 불가능함을 느끼게 한다. 그래서 평양을 배경으로 한 소설에서는 자연이 인간을 초월해 있는, 자기 감정과 의지를 가진 독자적 존재로 표상되는 경향이 잘 드러나는 것이다.

3) 명승지(名勝地) 중심의 지역관

앞선 두 절은 소설을 통해 창조된 지역성과 관련되나, 이 절에서 논할 것은 주로 소설로 반영된 당대의 지역에 대한 관념이라고 할 수 있다. 이 관념은 그 자체로 존재하는 것이 아니라, 소설을 비롯한 기행문의 여정이나 지리지의 서술을 통해서, 혹은 평양의 지형을 그린 지도나 풍속도 등 문화적 형식을 통해서만 접근할 수 있는 문화적 성격의 것이다. 특히 소설은 당대를 살았던 사람들의 삶의 감각이 녹아 있기에 다른 문화 형식보다 생생한 지리적 관념을 드러낸다. 연대기를 기록한 역사보다 문학이 당대의 역사적 리얼리티를 복원할 수 있는 미시사적인 자료로 가치를 지니는 것과 같은 이치이다.

평양이 배경인 소설의 남주인공들은 〈채봉감별곡〉의 필성을 제외하고는 모두 외지에서 온 사람들이었다. 이들이 평양의 승경을 즐기려는 목적으로 여행을 떠난 것은 아니었으나, 평양 또는 평양 근방을 찾은 이들은 대부분 평양의 명승지를 돌아보는 유람을 행한다. 평안도 암행어사였던 박내겸(朴來謙)도 여정에서 연광정에 들렀다. 그는 "하늘을 찌르는 누각, 어지럽게 정박하여 있는 나루의 커다란 배들, 땅 끝까지 가득한 동네, 강을 따라 계속되는 숲… 빼어난 경치에 이리저리 둘러보느라 정신이 없었으니, 무어라 이름붙일 수 없는 형상이 진실로 평생토록 잊지 못할 장관이었다."라고 기술하고, 임진왜란 때 선조도 피난지에서 돌아오는 도중, "평양을 한번 돌아보고자 한다. 이때 안보면 언제 다시 오겠는가? 한 바퀴 돌면서 방어시설 등을 보려고 하는 것이니,

유람이나 하는 것으로 생각하지는 말아 달라"며 사정을 했다고 기록한다.[25] 특수 임무를 띤 암행어사나 몽진(蒙塵) 중의 임금도 반드시 들렀다는 평양의 명소는 소설 속 인물들에게도 역시 유람의 대상이었다.

〈이진사전〉에서 이 진사는 강서 현감으로 있는 친척의 도움을 구하기 위해 길을 떠난다. 그의 또 다른 목적은 팔도 중에 제일 명구승지(名區勝地)라고 하는 평양을 들려 지기(志氣)를 기르고 흉회(胸懷)를 넓히는 것이었다.

> 평양에 다다르니 십리 장림 푸른 수풀 원긱을 반기는 듯 련광뎡에 올나 셔셔 ᄉ면을 숣혀 보니 릉라도 연긔 속에 양류는 의의ᄒ고 모란봉 구름 아릭 창숑은 울울ᄒ며 부벽루에 빗긴 히에 금슈병풍 둘너잇고 슝령젼의 잠긴 구름 학의 소릭 머러잇고 영명ᄉ 져믄 쇠북 산승이 밧비 가며 딕동강 푸른 물결 졍연이 침벽ᄒ니 이 진짓 뎨일강산이라. -〈이진사전〉(79~80)[26]

그는 평양 경치를 한 눈에 볼 수 있는 연광정에 올라 사면을 둘러보며 경물(景物)을 탐한다. 그가 본 곳은 능라도, 모란봉, 부벽루, 숭령전, 영명사 등 평양의 이름난 누정(樓亭)과 고적(古蹟)이다. 〈이춘풍전〉에서도 부인에게 서약하고 호조에서 돈을 빌려 평양에 장사하러 온 이춘풍도 평양의 경치에 무심하지 않았다.

> 동선령을 바삐 넘어 황주 병영 구경하고, 중화로 평양을 바라보고 형제교를 얼른 지나 십리 장림을 지나 대동강에 다다라서 모란봉 쳐다

---

25) 박내겸, 〈서수록(西繡錄)〉(오수창, 「암행어사의 길 - 1822년 평남 암행어사 박내겸(朴來謙)의 성실과 혼돈」, 『역사비평』, 2005 겨울호 참조.) 서수록은 1822년 평안도 암행어사가 쓴 개인 일기로 규장각에 소재한다.

26) 〈李進士傳〉(회동서관, 1925), 활자본고전소설전집(7), 아세아문화사, 1975.

> 보니 그 아래 부벽루 둘러있고 물색도 좋을시고. 대동문 연광뎡 제일 강산이 여기로다. 기자 단군 이천 년의 보통문 유전일다. 정자도 좋거니와 영명사 극히 좋다. 성내에 들어서니 인가도 번성하고 물색도 번화하다. 춘풍의 거동 보소. 최성루 돌아들어 좌우 산천 구경하고 또 한 편 바라보니 옛마음이 절로 난다. -〈이춘풍전〉(8)[27]

이 진사와 이춘풍의 눈으로 본 평양 풍경은 각 인물의 특성에 따라 조금씩 차이가 난다. 이 진사는 평양의 경치를 한 눈에 볼 수 있는 연광정에서 평양 전체를 조망하며 특정 명소를 회화적으로 표현하였다. 능라도, 모란봉, 부벽루 등의 명소는 그 정취를 돋우는, 안개 낀 수면 위의 버들, 푸른 구름과 소나무, 석양빛에 물든 산천 등과 함께 그려지는 것이다. 이에 비해 이춘풍은 평양의 경치를 완상하는 느긋함 없이 주마간산(走馬看山)격으로 이것저것 좋다는 식으로 경물을 대한다. 이는 아마도 평양을 승경지로 여기기보다는 유흥지로 생각했던 춘풍의 태도와 관련이 있는 듯하다. 그래서 춘풍은 성내의 청루(靑樓)를 보자마자 단단히 고쳐먹었던 옛마음이 절로 나는 것이다.

두 인물의 개성과 태도에 따라 경물이 조금씩 달리 묘사되었지만 명승지를 거점으로 삼아 평양이라는 지역을 그려냄에 있어서는 공통적이다. 지역을 바라보는 데에는 다양한 관점이 있을 수 있다. 행정구역으로 나눌 수 있고, 풍수설에 입각해 그 산천경개를 살필 수도 있다. 그런데 이처럼 명소를 중심으로 지역을 스케치하듯 묘사하는 것은 특징적인 현상이라고 하겠다. 이는 명소의 형태가 시선을 끄는 이유도 있겠지만 명소에 대한 정보를 미리 알고 있는 상태에서 그 모습을 자신의 눈으로 확인하는 견문(見聞)의 문화에서 비롯된 것이라 파악된다. 명소에 대한 정보를 미리 알고 있기에 명소 중심의 여정이 이루어질 수 있고,

27) 〈李春風傳〉(성산본), 김기동·전규태 편, 『이춘풍전』, 서문당, 1994.

[그림 2] 〈해동지도(海東地圖)〉, 평양부(부분), 서울대 규장각 소재.

명소에 대한 자신의 감상을 덧붙이는 유람 체험의 표현이 가능하다. 이처럼 명소를 중심으로 지역을 파악하는 지역관은 명소를 큼직하게 그리고 이름을 명기한 평양지도에서도 시각적으로 확인된다. (그림 2 참조)

명승지 중심의 지역관은 〈부용의 상사곡〉에서도 찾아볼 수 있다. 이 소설은 다른 소설에 비해 인물이 지역 풍물을 완상하는 과정과 그 소회를 자세히 그리고 있다.[28] 김유성의 여정을 살피면, 그는 먼

---

28) 평양에 다다르니 산쳔이 수려ᄒᆞ고 인물이 번화ᄒᆞ야 진실로 명구승지러라. 공ᄌᆡ 라귀에 ᄂᆞ려 거러 셩문에 드러가 김달즁의 집을 차자가니 공ᄌᆡ 수일을 편히 쉬고 각쳐 풍물을 완상ᄒᆞᆯ ᄉᆡ 몬져 슝령뎐(崇靈殿)에 쳠알(瞻謁)ᄒᆞ니 태ᄇᆡᆨ산의 ᄂᆞ린 신인(神人) 유상(遺像)이 완연ᄒᆞ고 긔ᄌᆞ릉에 례비ᄒᆞ니 숑츄(松楸)만 푸르럿고 팔됴유풍(八條遺風) 막연(漠然)이오, 조천굴(朝天窟) 도라드니 텬마(天馬)는 간곳 업고 동명왕의 녯 자최를 무를 곳이 바이 업다.
거름을 도로혀셔 물을 ᄯᆞ라ᄂᆞ려가니 강ᄉᆡᆨ이 광활ᄒᆞ고 슈셰ᄂᆞᆫ 평온ᄒᆞᆫᄃᆡ 벽운은 취수(翠樹)에 어래엿고 량량백구ᄂᆞᆫ 평사에 멀엇스며 금범슈장(錦帆繡帳)은 바람결에 ᄂᆞ붓기ᄂᆞᆫ 곳에 ᄒᆞᆫ 뎡ᄌᆡ 강을 림ᄒᆞ엿스니 취와홍란(翠瓦紅欄)은 반공에 소삿스며 현판에 크게 쎳스되, "뎨일강산(第一江山)"이라 엿스니 이ᄂᆞᆫ 명ᄂᆞ라 ᄯᆡ 한림편수(翰林編修) 쥬지번(朱之蕃)이 죠션에 ᄉᆞ신으로왓다가 이 뎡자에 올ᄂᆞ 풍광을 구경ᄒᆞ고 크게 칭찬ᄒᆞ며 현판을 만ᄃᆞ라 텬하뎨일강산이라 쓰려 ᄒᆞ다가 널ᄋᆞᄃᆡ 우리 즁국의 금릉물ᄉᆡᆨ(金陵物色)이 가히 이에 ᄂᆞ리지 아니리라 하고, 다만 뎨일강산이라 쓴 바이오, 그 후 병화를 당ᄒᆞ야 그네글ᄌᆞ 즁에 물 강(江)ᄌᆞ를 일흠으로 필가(筆家)에 유명ᄒᆞᆫ ᄇᆡᆨ하윤판서순(白下尹判書淳)이 다시 물강ᄌᆞ를 쎳스니 이 곳은 이에 련광뎡(鍊光亭)이라
뎡ᄌᆞ 아래 거마와 ᄉᆞ람이 물쓸듯ᄒᆞ며 뎡자 우의 소인묵ᄀᆡᆨ(騷人墨客)이 무리무리 모혀 안져 혹 시구도 읇쥬어리며 혹 주비(酒杯)ᄅᆞᆯ 놀녀 즐기ᄂᆞᆫ지라. 공ᄌᆡ 그 열요(熱*)ᄒᆞᆷ을 슬히 넉여 다시 ᄃᆡ동문으로 드러오며 좌우를 솗혀보니 쥬란화각(朱欄畵閣)이 동셔로 버렷ᄂᆞᆫᄃᆡ 텹텹(疊疊)ᄒᆞᆫ 비 단쟝은 풍편의 ᄂᆞ붓쳐 상셔의 구름이 니

저 신인(神人)인 단군을 모신 숭령전에 찾아간 후, 기자릉에 참배한다. 이후, 동명왕의 사적이라 추정되는 조천굴에서 지나간 역사에 대한 감회에 젖는다. 그리고 그는 물을 따라 내려가며, 강이 넓고 잔잔한데 강둑에는 푸른 버들이 줄을 잇고 흰 갈매기 모래사장에서 놀며 돛단배들이 유유히 떠다니는 경치를 완상한다. 그러한 강을 바라보며 푸른 기와에 붉은 난간을 한 아름다운 정자가 솟아 있는데, 그 현판에는 "뎨일강산"이라고 쓰여있다. 그 정자 아래는 거마(車馬)와 사람이 물 끓듯 모여 있으며, 정자 위에는 떠들거나 무언가를 쓰는 사람들이 모여 앉아 즐기고 있다. 김유성은 그러한 시끄러움을 피해 대동문으로 들어와 상서로운 구름과 흐릿한 연기가 구슬발에 엉기고 질탕한 풍류와 청아한 노래 소리가 나는 곳에 이른다. 이처럼 김유성은 단군 사당, 기자릉, 조천굴의 역사적 유적을 답사한 후, 대동강변의 경치를 완상하다가 평양 입구인 대동문 안으로 들어와 홍등가를 발견한다.

김유성이 찾아간 곳 역시 평양의 명승지로서 평양 유람에는 빠지지 않고 등장하는 장소이다. 김유성은 각처를 찾아다니며, 지역 소개와 더불어 짧은 감상을 덧붙인다. 이를테면, 기자릉에 찾아가 보니, 소나무, 오동나무만 푸르고 그가 남긴 풍속은 막연하다든지, 동명왕 유적인 조천굴에 가본 후, 천마는 간 곳 없고 동명왕의 옛 자취는 남아 있지 않다는 등 무상한 인간사에 대한 감회를 덧붙인다. 이러한 감회는 역사와 자연을 대비해 인간사의 무상함을 느끼게 하는 한시의 문화적 전통과 관련 깊다. 특히 조천굴에 대한 김유성의 감회는 이색(李穡, 1328~1396)이 〈부벽루〉에서 노래한 "기린마(麒麟馬)는 돌아오지 않으니 천손은 어디에 있느뇨(麒馬去不返 天孫何處遊)"라는 구절의 변형이기도 하다.

러나며 몽몽(濛濛)훈 향연(香煙)은 구살발에 엉긔엿고 딜탕훈 풍류와 쳥아훈 노래 소릭 곳곳이 루디를 흔드눈지라. -〈부용의 상사곡〉(14~16)

한편, 연광정에 대한 소개는 비교적 자세하다. 명나라 사신인 주지번(朱之蕃, 1595~?)이 평양을 들렀다가 연광정에서 본 대동강의 경관에 대해 "天下第一江山"이라고 했다가 '天下'를 뗀 일화,[29] 현판의 '江'자를 명필가 백하 윤순(白下 尹淳, 1680~1741)이 쓴 내력 등이 소상히 서술된다. 김유성의 여정에 대한 서술에서 볼 수 있듯이 평양의 명소는 그 자체의 형태나 위치로 의미를 갖는다기보다는 역사와 문화가 만들어내는 것이다. 그리고 김유성이 그러하였듯, 한 개인은 그러한 명소를 매개로 하여 단군과 동명왕, 기자조선의 역사와 자기를 연결할 수 있으며, 고인(古人)들이 오랜 세월을 거쳐 공동으로 만들어낸 문화에 참여하고 있다는 의식을 가질 수 있었다.

문화에 참여하고자 하는 의식은 "긴 성벽 한쪽 면에는 늠실늠실 강물이요, 큰 들판 동쪽 머리에는 띄엄띄엄 산들일세(長成一面溶溶水 大野東頭點點山)"[30]이라는 고려 시인 김황원의 미완성 시가 여러 소설에서 자주 인용되는 현상에서도 확인된다. 이 시는 〈옥단춘전〉과 〈부용의 상사곡〉, 〈이진사전〉, 〈이춘풍전〉 등에 인용된 것을 비롯하여, 광한루에서 남원의 경치를 완상하기 전에 팔도경개를 개관(槪觀)하던 몽룡도 읊었으며, 박씨를 물고 흥부네를 찾아오던 제비의 여정을 서술한 부분에도 인용된다. 이처럼 이 시는 서사적 맥락에서 굳이 필요한 정보가 아님에도 불구하고 인용되는 경향이 있다. 〈부용의 상사곡〉에서도 소

29) 〈부용의 상사곡〉에서는 주지번이 '천하'라는 글자를 안 쓴 것으로 되어 있으나, 〈택리지〉에 의하면, 주지번은 '天下第一江山'이라고 현판에 썼으나, 병자호란 때 인조에게 항복을 받고 가던 청 태종(淸太宗)이 여기에 들렀다가 중국도 명승지가 많은데 여기가 천하제일 수 없다고 현판을 떼어버리라 명했다고 한다. 그런데 청 태종이 보기에 풍경도 아름답거니와 글씨도 버리기 아까워, '천하'라는 두 글자만 없애버리도록 했다고 한다. 어느 것이 맞는 얘기인지 모르지만, 한 현판을 두고 다른 역사 이야기가 만들어졌다는 것은 흥미로운 현상이다.

30) 시 번역은 현재 연광정 주련에 걸려 있는 번역문을 옮겼다(유홍준, 『나의 북한유산 답사기(상)』, 창작과비평사, 1998, 54면 재인용).

설의 첫 줄을 장식하고 있으며, 〈옥단춘전〉에서는 사공에게 붙잡혀 가면서 바라본 대동강의 풍경을 소묘하는 데 소용되었다. 그렇다고 이 시가 뛰어난 문학성을 가지고 있는 것은 아니다. 서거정도 "늙은이들이 늘 하는 말[老儒常談]"[31]이라고 하였으며, 박지원과 이중환도 김황원의 시는 별것도 아닌데 유명해졌다고 하였다. 그럼에도 이 시가 맥락과 긴밀한 관련 없이도 자주 인용되는 이유에 대해서는 상세히 고찰해 볼 필요가 있다고 판단된다.

평양을 배경으로 삼는 소설은 남녀 간의 이별을 사건 구성에 필수적인 요소로 삼고 있음에도 정지상(鄭知常, ?~1135)의 절창(絶唱), 〈송인(送人)〉이 인용되지 않았음을 볼 때, 이 시가 갖는 장력(張力)을 확인할 수 있다. 『나의 북한 문화유산답사기』를 쓴 유홍준은 제1권에서 평양을 다루면서 이 시와 관련된 회상에 한 장을 할애하였다.[32] 그리고 미완성의 시는 나머지 구를 채우고자하는 독자의 창작 의욕을 불러일으키는 속성을 갖기도 한다. 한시의 매력에 심취한 한 성형외과 의사는 자기 병원 홈페이지의 칼럼에 스스로 이 시에 뒷내용을 완성한 사연을 써 놓았다.[33]

---

31) 서거정, 〈東人詩話〉.

32) 그는 학교를 다니면서 평양에 대한 이야기를 교과서에서 읽은 적이 있는데, 그것이 언제이며 시를 제외한 나머지 부분이 어떤 내용인지 잘 기억이 나지 않았다. 그래서 그는 같은 또래의 지인들을 찾아다니며 그 실체를 확인하려 했으나 이미 오랜 세월이 흐른 뒤라 다른 사람들의 기억도 희미했다. 그러나 신기하게도 다른 사람들도 그런 내용을 언젠가 배웠다는 사실은 모두 기억하고 있었다. 결국, 수소문 끝에 유홍준은 이 시가 초등학교 3학년 국어교과서에 실렸다는 것을 확인하고 교과서 전문을 그대로 옮겨다가 책에 실었다.(유홍준, 「대동강3 - 부벽루와 김황원: 넓은 들 동쪽으로는 먼 산이 점, 점, 점」, 앞의 책, 46~54면.) 이처럼 미완성의 시는 유홍준으로 하여금 집요한 수색을 하게 할 만큼 평양의 심상으로 오래도록 기억된다.

33) 오래 전부터 저는 시인도 아니고 아무 것도 아니지만, 위에 말씀드린 한시의 뒷구절을 생각하며 고쳐 오다가 오늘은 이렇게 써 보았습니다.
春風樓下飄飄吹(춘풍루하 표표취) / 桃花紅葉紛紛散(도화홍엽 분분산)

이처럼 동시대인들도 평양과 관련해 이 시의 깊이 각인된 인상과 이 시의 나머지 구절을 완성하려 하는 의욕을 통해 짐작해 볼 때, 한시문화의 전통 안에서 있는 사람들은 김황원의 못다 이룬 시를 온전히 하고자 하는 마음은 이보다 더 했을 것이리라. 더구나 부벽루에 가서 용용(溶溶)히 흐르는 물과 점점(點點)이 솟아있는 산들을 확인한 후라면, 그러한 경(景)에 이어지는 정(情)을 언어화하려 더욱 고심했을 것임을 상상할 수 있다. 이렇게 이 시는 그 자체의 뛰어난 문학성을 가지고 있어서가 아니라, 그 미완적 형태가 후대인들에게 나머지 부분을 채우려 하는 의욕을 불러일으켰기 때문에, 공동의 기억에 새겨지고 여러 소설에서 자주 인용되는 것이라 할 수 있다.

김황원의 미완성 시를 완성하고자 하는 독자들의 의욕은 곧 소통의 욕구이다. 지역과 인간의 소통, 지역을 매개로 한 인간과 인간의 소통의 욕구는 이 시로 인해 촉발되고 이 시를 완성함으로써 어느 정도 충족되는 것이다. 더불어, 이 시의 의미 완성에 관심을 기울인다는 것은 김황원을 비롯하여, 이 시를 인용하며 그 완성을 바랐던 옛사람들과 함께 만드는 공동의 문화에 참여하는 것을 말한다. 김종철은 김창협(金昌協, 1651~1708)의 〈동유기(東遊記)〉를 인용하며, 당대 문장가 김창협도 다른 사람이 쓴 와유록(臥遊錄)을 휴대하며 여행을 하였을 정도로,

---

봄바람 누각아래 산들산들 불어오니 / 복사꽃 붉은 잎이 어즈러이 흩어지네
기승전결(起承轉結)의 전과 결에 해당되는 부분이니 쓰는 이의 심상(心像)이라든가 혹은 세상살이에 대한 경구(警句)나 관조(觀照)가 녹아 들어가 있는 시구면 얼마나 좋겠습니까만, 저 같은 사람이 가능하기나 한 일이겠습니까? 격식에 잘 맞는지도 모르니 제대로 된 시도 아닐 것이며, 더구나 부벽루 근처엔 가 본 일도 없으니, 그냥 쓴 것이지 살아있는 시(詩)는 더더욱 아닐 것입니다. 저는 시인도 아니면서, 옛 시인이 미완성으로 남긴 이 뒷부분에 대한 생각이 늘 머릿속을 떠나지 않고 있습니다. 바쁜 세상에 별 생각을 다 하면서 산다고 탓하실 분도 있겠지만……. 단지 제가 좋아서 그 생각을 자주 취미 삼아 반추한다는 것을 알면 시(詩)도 저를 욕하지는 않겠지요? - 윤○○ 성형외과의원 홈페이지, 의료 칼럼(http://www.beautyoon.co.kr)

기행문학은 다른 사람의 글을 읽고, 그것을 가지고 현지에서 확인하고, 그런 다음 자신의 견문을 쓰는 여행과 작문의 문화가 있었음을 지적하였다.[34] 명소는 이러한 문화를 일구게 하는 지역적인 매개이며, 명소를 거점으로 한 소통[글쓰기]는 한 개인을 지역성이라는 공동체의 문화를 함께 창조하는 문화 주체로서 자기정체감을 갖게 한다.

4. 결론: 인문지리적 사고력 교육의 방향

언어사용능력을 국어교육의 목표로 삼는 논의에서 강조하듯이 개인의 의도 실현을 위하여 전략적으로 언어활동을 해야 할 삶의 국면은 분명 존재한다. 그렇지만 여러 가지 전략을 선택적으로 사용하면서, 의미를 언어로 입력(encoding), 해독(decoding)하는 정보처리의 과정이 언어생활 전부를 포괄할 수는 없다. 언어활동 및 사고를 정보처리과정이라고 하는 논의는 인간을 정보를 처리하는 컴퓨터를 모델로 이해하기에 문제가 있다고 판단된다. 컴퓨터는 정보를 통해 새로운 정보처리방식을 배우지는 않는다. 미리 프로그램화되어 있는 기능을 반복할 뿐이다. 이를테면, 이 글을 작성하고 있는 '훈글' 프로그램으로 수많은 텍스트를 읽고 쓴다고 한들, 컴퓨터에 저장된 정보량은 많아질지언정 처음 컴퓨터에 깔아 놓은 '훈글' 프로그램이 진화하지는 않는다는 것이다.

그러나 인간은 다르다. 언어활동을 함으로써 그 사람됨과 사유형식이 변한다. 즉, 읽기와 쓰기, 말하기와 듣기를 통해 자기를 형성하는 것이다. 사고력은 사고의 기능을 통해서뿐만 아니라 사고 대상의 의미 내용과 문화적 형식을 경험함을 통해서도 확충·도야된다.[35] 이전에는

34) 김종철, 앞의 글, 2006.

35) 김대행도 사고가 경험을 기반으로 이루어짐을 강조하며, 경험이 바탕이 되지 않고

생각해 보지 못했던 영역을 발견하고 이를 사유의 대상으로 삼는 것, 그리고 개인의 정신적 형식을 도야하게 하는 문화적 형식을 자신의 사유 방법으로 수용하는 것도 사고력 교육에서 주목해야 할 바이다. 사고력 교육에서도 이러한 사고 대상의 영역 확충, 사고 방법의 도야가 없다면, 언어사용기능 교육처럼 몇 가지 사고 기능을 순환, 반복하게 하는 우(愚)를 범하게 될 것이다. 본고는 이러한 사고력 교육을 위하여 문학에 표상된 지역성을 사고의 대상으로 삼고, 문학이 지역성을 표상하는 형상화 방식을 교육되어야 할 사유 형식으로 제안하였다.

또한, 이 연구에서는 그러한 사고력 교육을 위해 고전문학이 유용한 범례가 됨을 강조하였다. 고전은 주체가 홀로 방법론을 정립하고, 가치척도를 만드는 수고를 덜어 주며 시행착오를 줄이는 효용이 있다. 높은 데 올라가기 위해서는 구릉을 딛고, 낮은 데로 내려가기 위해 계곡을 활용하는 것과 같은 이치이다. 이렇게 고전문학을 교육적으로 활용하는 것은 학습자를 수직적으로 전승되는 문화에 입문시키기 권위적 성격을 갖기도 한다. 그러나 이러한 교육이 개인을 구속하는 권위만을 갖는 것은 아니다. 왜냐하면, 전승된 문화를 내면화하는 사회화 과정에서 개인은 한정된 시공간에 속한 존재라는 제약성과 개체라는 한계를 벗어나 자기를 확장하는 자유를 누릴 수 있기 때문이다. 이러한 관점에서 고전문학이 지역을 어떻게 사유하였으며, 인간과 지역의 관계를 어떻게 설정하였는지를 알게 하고, 그것을 학습자의 새로운 사유 가능성으로 수용하게 하는 교육은 가치 있는 문화의 전승을 도모하는 동시에 그것을 통해 현재의 수용자와 문화를 새로이 할 수 있는 법고창신(法古創新)의 실천이라고 할 수 있다.

평양을 배경으로 한 소설들은 평양이라는 지역을 문학적으로 형상화

는 사고가 불가능하다고 하였다(김대행, 앞의 글, 14면).

하였다. 문학 작품에 표상된 지역성의 교육적인 의미를 정리하면 다음과 같다. 첫째, 평양은 인간사가 펼쳐지는 무대로서 사건이 일어날 수 있는 개연성을 제공하고, 사건의 구체적인 형상을 만드는 재료가 되어 이야기 전개에 관여한다. 뿐만 아니라, 평양의 정취는 인물 자체에도 깃들어 있기에 지역은 인물상의 일부가 되기도 한다. 이처럼 지역은 그 안에서 벌어지는 인간사의 무대가 되기도 하고, 그 지역에 터한 인간을 형성하기도 한다. 이를 인문지리적 사고력 교육적으로 변환하자면, 학습자로 하여금 지역의 인문지리를 사고의 대상으로 삼아, 지역에서 일어날 수 있는 인간사, 그리고 그 지역의 특성이 만들어낼 수 있는 인간상 등을 사유할 수 있게 해야 한다는 것이다. 만약 우리가 역사와 문화를 모르는 낯선 도시에 떨어진다면 이러한 사고를 작동시키는 것은 쉽지 않다. 문학은 특정 지역에서 벌어질 수 있는 전형적인 이야기를 빚어내고, 지역성과 결합된 특수한 인간상을 형상화해 낸다. 이러한 문학을 통해 지역은 비로소 인문지리적 사고가 적용되는 대상이 된다.

둘째, 고전소설에서 자연은 인간처럼 유정한 존재로 형상화된다. 자연이라는 수동적 대상에 인간의 감정이 일방적으로 투영되는 것이 아니라, 자연은 스스로 느끼고, 인간에 감응하며, 인간사에 개입하는 행위를 할 수 있는 주체로 다루어지는 것이다. 특히, 평양의 자연은 인간의 언어로 이루 다 그려낼 수 없는 경지의 것이기에 자연이 인간을 초월한 숭고한 가치를 지닌 것으로 여겨진다. 인문지리적 사고력 교육의 관점에서 이러한 자연관은 현재 지배적인 인간중심적 자연관과는 다른 사고의 형식을 제공할 수 있다. 주지하듯, 근대의 자연관은 풍경을 관찰자의 관점으로 객관적으로 묘사하는 데에서 확인할 수 있는 바, 자연과 인간 사이의 감응 관계를 끊어낸 후, 풍경을 묘사하는 것과 동시에 내면 풍경[심리] 묘사도 가능해졌다.[36] 고전소설의 자연관이 반드시 근대적인 것보다 더 나은 것은 아니다. 그렇지만 사고력 교육에서 중요한 것이 다양성을 확보하는 것이라고 할 때,[37] 현재와 다른 자연관은 그 자체로서 사고력 교육의 의의를 지닌다.[38] 또한, 유정한 존재로서 인간에 감응하는 자연관은 전통문화의 일부이기도 하다. 따라서 이러한 자연관에 따라 지역의 자연을 사고하는 정신적 형식을 계발함은 학습자를 공동체 문화에 입문시키는 교육의 중요한 임무가 된다.

마지막으로, 고전소설에서 지역은 명승지를 중심으로 하는 관념적 지도를 그리는 대상이 된다. 고전소설에서 평양을 유람하는 이들은 명소를 중심으로 여정을 짰으며, 그러한 여정은 이미 알고 있는 정보의 확인 및 명소에 집적된 역사와 문화에의 참여라는 의미를 갖는다. 특히, 평양의 경개를 그려낼 때, 김황원의 미완성 시가 자주 인용되는 현상은 고인(古人)이 남긴 정신적 자취를 쫓는 바탕 위에서 새로움을 일구는 인문지리적 문화의 수준을 잘 보여주고 있다. 인문지리적 사고력의 교육의 문화적 원리는 바로 여기에 도출될 수 있을 것이다. 인문지리적 사고력 교육은 비교하기, 분류하기, 관점 바꾸기 등 사고 기능의 반복적 훈련만으로 이루어지는 것이 아니라, 그 사유 대상을 통해 자기를 형성하고, 공동의 문화에 기꺼이 참여하려는 태도의 확립까지 포괄해야 한다. 이런 점에서 인문지리적 사고력은 지역의 인문지리를 구성하는 일원으로서 자기의 문화적 정체성을 만드는 데 소용되는 것이기도 하다. 더욱이, 현시대에도 여전히 민족문제를 해결하지 못한 분단국가인 상황에서 국가 기구의 일환으로 교육제도가 운영되기에, 북한의 수도인 평양의 인문지리에 대한 교육은 실천적 의의를 지닌다.

---

36) 가라타니 고진, 박유하 역, 『일본근대문학의 기원』, 민음사, 1997.

37) 김대행, 「사고력을 위한 문학교육의 설계」, 『국어교육연구』 5, 1998, 10면.

38) 이는 타자성에 대한 교육적 관점과 통하는 바가 있다. 다음과 같은 염은열의 지적은 충분히 음미할 만하다. "문학교육이란 '타자'에 대한 이해를 통해 결국 나와 내가 사는 세상에 대한 이해를 넓히려는 인문학적 기획이며, 따라서 문학 작품의 존재 의의는 타자성이나 인문정신에 놓여있다."(염은열, 앞의 글, 2006)

【참고문헌】

1. 자료

〈芙蓉의 相思曲〉(신구서림, 1913), 활자본고전소설전집(3), 아세아문화사, 1975.
〈玉丹春傳〉(박문서관, 1916), 활자본고전소설전집(4), 아세아문화사, 1975.
〈李進士傳〉(회동서관, 1925), 활자본고전소설전집(7), 아세아문화사, 1975.
〈李春風傳〉(성산본), 김기동·전규태 편, 『이춘풍전』, 서문당, 1994.
〈彩鳳感別曲〉(박문서관, 1913), 활자본고전소설전집(10), 아세아문화사, 1975.
徐居正, 〈東人詩話〉
윤○○ 성형외과의원 홈페이지, 의료 칼럼(http://www.beautyoon.co.kr)

2. 참고논저

김대행, 「사고력을 위한 문학교육의 설계」, 『국어교육연구』 5, 1998
김대행, 「청산별곡과 국어교과학」, 『고전문학과교육』 7, 한국고전문학교육학회, 2004.
김연옥, 『사회과 지리교육연구』, 교육과학사, 1992.
김종철, 「근대 이전 기행문학교육의 시각」, 한국고전문학교육학회, 2006년도 동계학술발표회 논문집, 2006.
노명완·이차숙, 『문식성연구』, 박이정, 2002.
박기석, 「〈왕오천축국전〉의 문학교육적 의의」, 한국고전문학교육학회, 2006년도 동계학술발표회 논문집, 2006.
서울대 국어교육연구소, 『국어교육학사전』, 대교출판, 1999.
신태수, 「고소설의 공간에 대하여」, 『영남어문학』 28, 한민족어문학회, 1995.
염은열, 「19세기 금강산 가사의 특징과 문화적 의미」, 『고전문학연구』 14, 1998.
염은열, 「19세기 무명씨 금강산가사의 생활문화적 의미」, 『고전문학연구』 별집 8호, 한국고전문학회, 2001.
염은열, 「기행문학의 '공간' 체험이 지닌 교육적 의미」, 한국고전문학교육학회 2006년도 동계학술발표회 논문집, 2006.
염은열, 『대상 인식과 내용 생성의 관계에 대한 표현교육론적 연구』, 서울대 박사학위논문, 1999.

오수창, 「암행어사의 길-1822년 평남 암행어사 박내겸(朴來謙)의 성실과 혼돈」, 『역사비평』, 역사비평사, 2005 겨울호.

유홍준, 『나의 북한유산답사기(상)』, 창작과비평사, 1998.

윤여탁, 『리얼리즘의 시 정신과 시교육』, 소명, 2003.

이삼형 외, 『국어교육학』, 소명, 2000.

임덕순, 『지리교육원리 : 이론과 적용』, 법문사, 1993.

최영준, 「〈택리지〉: 한국적 인문지리서」, 『진단학보』 69, 진단학회, 1990.

황혜진, 「가치경험을 위한 소설교육 내용 연구」, 서울대 박사학위논문, 2006.

Johnston, R. J. and Others (eds.), *The Dictionary of Human Geography*, The Free Press, 2000.

Joint Committee on Geographic Education, *Guideline for Geographic Education*, NCGE & AAG., 1984.

Vygotsky, L. S., *Mind in Society: The development of higher Psychological processes*, M. Cole, V. J. Steiner, S. Scribner & E. Souberman (Eds. & Trans.), Harvard University Press, 1978, 조희숙 외 역, 『사회 속의 정신: 고등심리과정의 발달』, 성원사, 1994.

가라타니 고진, 박유하 역, 『일본근대문학의 기원』, 민음사, 1997.

자기서사에 따른 사물의 의미변용과 여행 체험

-『열하일기』를 중심으로

서은아

1. 서론

연암의『열하일기(熱河日記)』는 모두 25편으로 구성되어 있으며, 이 중 15편이 열하와 관련된 기록이다. '열하'란 청나라의 피서궁(避暑宮)이 있는 곳으로, 연암 이전에도 많은 연행록들이 있었지만 열하를 다녀온 것은 연암이 최초이다. 그러므로 연행록이라 하지 않고『열하일기』라는 제목을 붙인 것이다.[1)]

1년 6개월 동안『열하일기』를 읽고 선배들과 토론해가면서 필자에게 흥미로웠던 사실은『열하일기』에 실려 있는 많은 작품들 중에서 각

1) 박기석,「연암 박지원과『열하일기』」,『열하일기의 재발견』, 월인, 2006.12 참조. 『열하일기』 중 열하와 관련된 15편은「경개록(傾蓋錄)」「황교문답(黃敎問答)」「반선시말(班禪始末)」「찰십륜포(札什倫布)」「망양록(望羊錄)」「심세편(審勢編)」「곡정필담(鵠汀筆談)」「행재잡록(行在雜錄)」「산장잡기(山莊雜記)」「환희기(幻戱記)」「피서록(避暑錄)」「구외이문(口外異聞)」「태학유관록(太學留館錄)」「막북행정록(漠北行程錄)」「환연도중록(還燕道中錄)」이다.

자 관심을 갖는 작품도, 동일한 작품에 대한 감상도 저마다 다르다는 것이었다. 처음 『열하일기』를 읽었을 때, 필자에게 감동적인 작품은 〈장대기(將臺記)〉 하나였다. 그런데 필자의 마음에 너무나 와 닿았던 이 작품을 다른 사람들은 눈여겨 봐주지 않았다. 문학치료에서 사용되는 '자기서사(自己敍事)'[2]라는 용어에 대해 진지하게 생각해 보게 된 계기도 이것 때문이었다. 또 하나 필자에게 자기서사에 대해 생각해 볼 기회를 준 것은 〈연애시대〉[3]라는 드라마였다. 평균 시청률이 10% 중반에 머물렀다는 이 드라마가, 작년 한해 필자의 감정을 흔들어놓았다. '이혼한 후 깨닫게 된 사랑'. 필자하고는 너무나 맞지 않는다고 생각되는 이 드라마를 보면서 감정의 흔들림을 느꼈던 건, 흥미로운 경험이었다. 본고는 필자가 작년 한해 생각했던 자기서사에 관한 논의이다.

연암의 『열하일기』를 읽다보면, 우리는 그가 당대나 그 이전, 혹은 그 이후의 사람들과 다른 방식으로 사물을 인식하고 있다는 사실을 확인할 수 있다. 문학치료에서 '우리들의 삶을 구조화하여 운영하는 서사'를 자기서사라고 한다면, 그 이유는 아마 연암의 자기서사에서 찾아질 수 있을 것이다. 이에 본고에서는 먼저 『열하일기』에서 '황금대(黃金臺)'와 '백이숙제(伯夷叔齊)'에 관한 연암의 인식을 살펴봄으로써, 개인의 자기서사에 의해 사물(事物)의 의미가 어떻게 변용되는지 확인해 보고자 한다. 연암에게서 사물의 의미가 변용된다는 것은 동일한 사물을 연암과는 다르게 바라보는 대다수 사람들과의 비교를 통해 드러날 것이다.

다음으로 여행 체험이라는 것이 개인의 자기서사를 발현시키는데,

---

2) 자기서사란 문학치료에서 사용되는 용어로 '우리들의 삶을 구조화하여 운영하는 서사'를 말한다(정운채, 「서사의 힘과 문학치료방법론의 밑그림」, 『고전문학과 교육』 제8집, 한국고전문학교육학회, 2004.8).

3) 연애시대(2006년 4월 3일~2006년 5월 23일 방송종료) http://tv.sbs.co.kr/yeonae/

연암 박지원

어떠한 영향을 줄 수 있을지 논의해 보고자 한다. 필자는 『열하일기(熱河日記)』를 읽으면서, 『연암집(燕巖集)』[4]을 읽을 때보다 연암이라는 사람에 대해 친근한 느낌을 받을 수 있었다. 그 이유는 아마도 기행문이 작가의 자기서사가 잘 드러나는 문학양식이기 때문일 것이다. 과연 여행 체험이 개인의 자기서사를 드러내는데 효과적으로 작용할 수 있을까? 본고에서는 동일한 날(1764년 3월 19일)의 사건이 다른 시각으로 기술되고 있는 『열하일기(熱河日記)』「관내정사(關內程史)」'7월 27일'의 기록과 『연암집(燕巖集)』 제3권 「공작관문고(孔雀館文稿)」 내 〈초구기(貂裘記)〉를 비교해봄으로써, 이 문제에 대한 답을 구하고자 한다.

문학치료에서 관건이 되는 것은 내담자의 자기서사를 이끌어내는 일이다. 만약 여행 체험이 개인의 자기서사를 발현시키는데 영향을 줄 수 있다면, 여행 체험이 바탕이 된 기행문 또한 문학치료 현장에서 효과적으로 사용될 수 있을 것이다. 이에 본고에서는 연암의 『열하일기』처럼 개인의 자기서사가 바탕이 된 기행문이 문학치료에서는 어떻게 이용될 수 있을지, 그 이용방안을 고찰해 보고자 한다. 문학치료와 문학교육과의 연관성은 「고전문학 교육과 문학치료」[5]라는 논문에서 이미 밝혀진

---

4) 본고에서 『연암집』이라 칭하는 것은, 1932년 박영철(朴榮喆)이 편한 활자본 『연암집』 17권 6책 중 제1권부터 제10권까지를 의미한다. 제11권부터 제15권까지는 『열하일기』가 수록되어 있으며, 제16권과 제17권은 『과농소초』이다. 이에 열하일기와 연암집을 모두 『 』로 처리했다.

5) 문학치료에서 '작품'과 '치료자'와 '내담자'의 관계는 문학교육에서 '작품'과 '가르치는 이'와 '배우는 이'의 관계로 환원될 수 있다(정운채, 「고전문학과 교육과 문학치

바 있다. 그러므로 이러한 동질성을 바탕으로 할 때, 본고에서 이야기되는 내용들은 문학교육에서 또한 적용 가능할 것이다.

2. 자기서사에 따른 사물의 의미 변용

본장에서는 『열하일기』에서 '황금대(黃金臺)'와 '백이숙제(伯夷叔齊)'에 관한 연암의 인식을 살펴봄으로써 개인의 자기서사에 의해 사물(事物)의 의미가 어떻게 변용될 수 있는지 확인해 보고자 한다. 그런데 이 두 가지 사물에 관한 연암의 인식만으로 연암의 자기서사가 어떤 것이라고 단정할 수는 없다. 다만 본장에서는 연암의 사물을 인식하는 태도가 다른 사람들과 다르다는 것을 이 두 가지 사물에 관한 인식을 예로 하여 증명해 보고자 한다. 이러한 과정을 통해 연암이 가지고 있는 자기서사의 특징을 대강이나마 짐작해볼 수 있을 것이다.

1) 황금대(黃金臺)

〈황금대(黃金臺)〉 〈황금대기(黃金臺記)〉는 『열하일기』 내 「황도기략(黃圖紀略)」에 실려 있는 것으로 〈황금대〉가 연암이 황금대를 찾아보기까지의 과정을 기록한 것이라면, 〈황금대기〉는 황금대에 다녀온 연암이 자신의 심사(心思)를 기록한 글이다.

'황금대'는 연(燕)나라 소왕(昭王)이 황금을 누대 위에 올려두고 천하의 어진 선비들을 맞이하려고 했던 것에서 붙여진 이름이다. 조선시대 중국 사신행차 과정에서 황금대는 늘 어진 군주의 일을 추억하는 장소

료」, 『국어교육』 113호, 한국어교육학회, 2004.2).

로 기려졌으며, 누대 위에 올려놓았다는 황금 1천 냥 또한 덕 있는 사람에 대한 폐백(幣帛)을 후하게 하기 위한 것으로, 조선시대 제가들에 의해 매우 긍정적으로 평가되었다. 그런데 황금대를 바라보는 조선시대 제가들의 이러한 시각은 연암에게서 그 의미가 변용된다. 조선시대 제가들과 연암의 시각차를 확인해보기 위해, 다음과 같은 자료를 제시한다.

> "연 나라 소왕(昭王)이 행한 정사와 발언에 대해서, 삼가 모르겠습니다만 성상께서는 과연 어떻게 생각하고 계십니까?" 하니, 상이 이르기를, "매우 좋다고 여기고 있다." 하자, 박규수가 아뢰기를, "그렇습니다. 소왕이 연 나라가 잔파된 뒤를 이어받아 선군(先君)의 복수를 하려고 하였는데, 그 치욕을 씻기 위해서는 먼저 반드시 나라를 다스려 백성을 안정시켜야만 가능했습니다. 그런데 반드시 먼저 현인을 구한 뒤에야 또 함께 나라를 다스려 백성을 안정시킬 수 있었기 때문에 겸손한 말과 후한 폐백을 가지고 현사(賢士)를 초빙했던 것입니다. 그러다가 곽외를 만나 또 '몸소 섬길 수 있을 만큼 가장 훌륭한 이가 누구인가?' 하고 묻는 등 현인을 구하려는 마음이 이와 같았기 때문에, 마침내 악의(樂毅)와 같은 현인을 얻어서 드디어는 제(齊) 나라를 격파하여 치욕을 씻고 복수를 하였으니, 참으로 영주(英主)라 하겠습니다."…… 연 나라 소왕이 나라가 결딴난 때를 당하여 치욕을 씻을 뜻을 품고 현사를 얻어 몸소 섬기는 일을 급선무로 삼으면서 마치 육웅과 태공에 대해 문왕과 무왕이 행했던 것처럼 하였습니다. 그러했기 때문에 황금의 누대(樓臺)를 쌓고는 마치 제자가 스승을 예우하는 것처럼 비를 들고 청소하면서 끝내 국정(國政)을 새롭게 펼쳤으니, 그러고 보면 치도를 구하는 임금의 방도로서는 자기를 낮추고 현인을 예우하는 것보다 앞서는 것은 없다고 하겠습니다." 하고, 박규수가 아뢰기를, "황금대는, 누대를 쌓고서 그 위에 황금 1천 냥을 놔두어 천하의 현사들을 영접했기 때문에 후대

> 의 사람들이 그 누대를 일컬어 황금대라고 한 것입니다. 지금 중국의 황성(皇城)은 바로 연(燕) 나라의 국도(國都)였는데, 황금대의 유지(遺址)가 아직도 남아 있습니다. 그런데 그곳에서 소왕이 현인을 구하였기 때문에 호고(好古)의 인사들이 그곳을 지날 때면 반드시 올라가 보고는 감회를 일으키곤 합니다. 신 역시 지난해에 사명(使命)을 받들고 연경(燕京)에 갔을 적에 그곳에 들른 적이 있습니다."[6)]

이것은 『조선왕조실록』 '고종 2년 을축(1865년) 윤5월 12일'의 것으로, 임금과 신하들 사이의 대화를 통해 황금대에 대한 조선시대 제가들의 시각이 잘 드러난다. 예문에 나타난 신하들의 생각을 정리해보면 다음과 같다. 첫째, 나라를 다스리고 백성을 안정시키는 데는 현인을 구해 등용하는 것이 제일 중요하다. 둘째, 연소왕은 겸손한 말과 후한 폐백으로 현사(賢士)를 초빙하였고 결국 악의라는 현인(賢人)을 얻어 제나라에 복수할 수 있었다. 셋째, 연소왕이 황금대에 황금 1천 냥을 올려놓고 현인을 구하려고 한 것은 제자가 스승을 예우하는 것과 같은 행위이며 그러기에 호고(好古)의 인사들이 황금대를 지날 때면 감회를 일으킨다. 이들은 모두 '현인을 구하기 위해 황금도 아끼지 않은' 연소왕의 행위를 매우 긍정적으로 평가하고 있다.

그러나 연암은 〈황금대기〉에서 "누대 위의 황금은 없어졌건만 국사(國士)는 오지 않는다.(臺上之黃金盡而國士不來)"고 하여, 인의(仁義)가 아닌 황금(黃金)으로 구할 수 있는 현인이라면 그는 이미 현인이 아님을 이야기한다. 연(燕)나라 소왕(昭王)은 황금으로 악의(樂毅)라는 현인을 구했고, 악의는 5년 동안 제(齊)나라 70여 성을 함락시켜 소왕

---

6) 『조선왕조실록』 고종 2년 을축(1865, 동치 4) 윤5월 12일(을해) 맑음. 〈관물헌에서 권강할 때 강관 박규수 등이 입시하여 『통감』을 진강하였다〉 또 『조선왕조실록』 고종 2년 을축(1865, 동치 4) 윤5월 14일(정축) 비. 〈관물헌에서 권강할 때 강관 김영작 등이 입시하여 『통감』을 진강하였다〉에도 이와 비슷한 이야기가 나온다.

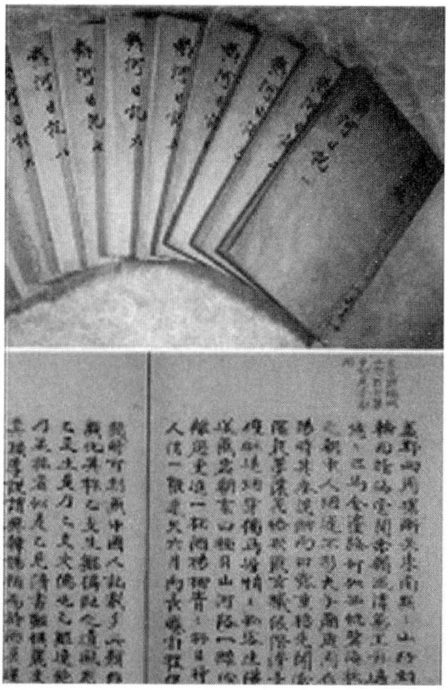

『열하일기』

은 선군(先君)의 원수를 갚을 수 있었다. 조선시대 제가들이 주목한 것이 이러한 악의의 공적이라면, 연암이 주목한 것은 이후 악의의 행적이다. 소왕의 뒤를 이은 혜왕은 악의를 매우 시기하였는데, 제나라 전단(田單)은 이를 알고 수백 명의 첩자를 연나라로 들여보내 혜왕과 악의를 이간질한다. 원래 악의를 싫어하던 혜왕은 그 말을 믿고 악의를 소환하는데, 악의는 연나라로 돌아가면 자신이 죽을 것이라고 판단해 조(曺)나라로 망명한다. 연암은 악의가 연나라의 충신(忠臣)이 되지 못한 이유를 '황금으로 구한 사람'이라는 것에서 찾고 있다.

앞에서 제시한 『조선왕조실록』의 기록은 연암 사후의 것이다. 특히 예문에 등장하는 박규수는 연암의 손자로, 그는 "지난해 연경(燕京)에 갔을 때 그곳에 들른 적이 있다."고 하며 여전히 황금대가 역사적으로 의미 있는 고적임을 이야기한다. 또한 『조선왕조실록』 '윤5월 14일' 기록에도 김영작이 "신이 연전에 사명(使命)을 받들고 연경(燕京)에 들어가서 보니 황금대의 유지(遺址)가 아직도 남아 있었는데, 사람으로 하여금 회고(懷古)의 느낌을 불러일으키게 하는 바가 있었습니다."라고 말하는 부분이 있다. 그러므로 황금대를 바라보는 조선시대 제가들의 긍정적인 시각은 연암 사후에도 계속 이어져 내려오는 것이다.

그러나 연암은 〈황금대〉에서 『술이기(述異記)』를 인용하면서 황금대가 연왕의 옛 성 가운데 있다고 하지만 연왕의 옛 성이 어느 곳에 있는지도 알 수 없는데, 어떻게 황금대를 찾을 수 있겠느냐고 반문하며, "지방 사람들은 현사대(賢士臺) 혹은 초현대(招賢臺)라고 불렀다.(土人呼爲賢士臺 亦謂之招賢臺)"고 하여 황금대가 고유명사가 아닌 보통명사라는 것을 강조한다. 또 『태평어람(太平御覽)』을 인용하면서 "연나라 소왕이 천금을 대 위에 두고 천하의 현사를 초청했다 하여 황금대라고 했으니, 뒷날 세상 사람들이 함부로 그 이름을 전할 뿐 실제 황금대가 없었음을 넉넉히 알 수 있다.(燕昭王置千金于臺上 以延天下士 謂之黃金臺 則後世徒傳其名而無其臺可知也)"고 적고 있다. 이러한 연암의 기술은 황금대라는 것이 애초 존재하지 않았을 수도 있음을 은연중 암시하는 것이다. 이어 연암이 〈황금대〉 〈황금대기〉에서 묘사한 황금대의 모습은 "조양문(朝陽門)을 나서서 연못을 따라 남쪽에 두어 길 되는 허물어진 둔덕(出朝陽門 循壕而南 有數丈頹阜)"으로 보잘 것 없는 황량한 언덕일 뿐이다. 이것이 황금대를 대하는 연암의 태도이다.

연암은 〈황금대기〉에서 '황금대'보다 황금대 위에 올려놓았다는 '황금'에 주목한다. 연암은 황금으로 현인을 구해 선군의 복수를 하려고 한 소왕의 행위를 이야기하고, 황금으로 원수를 갚으려고 한 자들을 열거한 다음, 황금을 차지하기 위해 사람을 죽이고 사람에게 죽임을 당한 역사적인 사건들을 나열한다. 그리고 더 많은 금을 차지하기 위해 남을 해(害)하다, 결국 황금은 그대로 남긴 채 죽은 세 도적 이야기를 꺼낸다. 연암은 〈황금대기〉에서 사람 사이의 재앙(災殃)은 돈으로 인해 생겨난다는 것을 지적하며, "아무런 이유 없이 돈이 앞에 이르렀을 때 두려워하라."[7]는 말로 재화에 대한 인간의 과도한 욕망을 경계한다.

재화에 대한 연암의 이러한 생각은 『열하일기(熱河日記)』 내 다른 부분에서도 나타난다. 먼저 「관내정사(關內程史)」 '8월 1일 정미(丁未)'

7) 無故而忽然至前 驚若雷霆 嚴若鬼神 行遇草蛇 未有不髮竦而卻立者也

피서산장

에 보면, “6국의 선비들이 임금에게 자신의 의견을 선전할 때는 모두 걸・주를 욕하지만, 그 실에 있어서는 궁궐을 옥과 구슬로 꾸몄다.(六國之士遊說其君 未始不叱桀罵紂 而所謂瓊其宮而瑤其臺者)”고 하면서 “장화대나 황금대 역시 아방궁의 윤곽에 지나지 않는다.(適足爲章華金臺之副本 則章華金臺未始非阿房之白描耳)”고 이야기한다. 또 「옥갑야화(玉匣夜話)」에서도 당대 최고 갑부인 변승업이 자손에게 경계하기를 “나라의 권세를 잡고 자신의 사사로운 이익을 꾀하는 사람치고 그 권세가 삼대를 가는 사람이 없다.(吾所事公卿多 獨秉國論爲家計者 鮮及三世矣)”고 하면서, 재앙이 미치지 않도록 재화를 흩어버렸기에 그 자손들은 가난했지만 번창했다고 이야기한다. 이어 〈허생전(許生傳)〉에서 또한 허생은 돈 50만 냥을 바다에 내던진 후, 온 나라 안을 돌아다니며 가난하고 하소연할 곳 없는 사람들에게 돈을 나누어준다. 그리고 “재물로써 얼굴빛을 좋게 꾸미는 것은 그대들이나 할 일이지, 만 냥이 아무리 중한들 어찌 도(道)를 살찌게 한단 말이야.(以財粹面 君輩事耳 萬金

何肥於道哉)"라고 하여 돈이 삶의 목적이 아니라 생활을 영위하기 위한 수단임을 이야기한다.

연암은 실존 여부조차 불분명한 황금대보다 실존하는 재화에 관심을 보인다. 그리고 재화가 삶의 목적이 아니라 삶을 영위하기 위한 수단임을 이야기하며, 재화에 대한 인간의 과도한 욕망을 경계한다. 이는 배금주의(拜金主義, mammonism)에 대한 비판이라고 할 수 있다. 연암은 〈황금대기〉에서 인의(仁義)가 아닌 황금(黃金)으로 구할 수 있는 현인이라면 그는 이미 현인이 아님을 이야기하며, 다른 사람들이 현인(賢人)이라고 칭송한 악의(樂毅)에 대해서도 '황금으로 구한 사람이기에 연나라의 충신이 되지 못한 인물'이라는 부정적인 평가를 내리고 있다.[8] 조선시대 제가들이 중시한 것이 세상에서 제일 귀하다는 황금까지 아끼지 않고 현인을 구하려고 한 연소왕의 행위라면, 연암은 황금을 수단으로 현인을 구하려고 한 연소왕의 행위가 잘못된 것임을 지적하고 자신의 이익을 추구하기 위해 나라를 옮겨 다니는 사람들의 행태를 비판하고 있다. 실존하는 것에 대한 관심, 재화보다 도덕적 가치를 우선시하는 것은 연암이 가지고 있는 자기서사의 한 단면이다.

2) 백이숙제(伯夷叔齊)

'백이숙제'는 유가(儒家)에서 청절지사(淸節之士)로 떠받드는 인물이며, 충의와 절개의 상징이다. 권협의 『연행록(燕行錄)』 '정유년(1597, 선조 30) 4월'에는 "지나는 길에 이제묘(夷齊廟)의 유상(遺像)을 뵈었는데, 늠연히 엄숙했다. 박부(薄夫)인 내가 저녁이 다 지나도록 청풍대(淸

8) 〈황금대〉와 관련해서는 "졸고, 「『열하일기』에 나타난 황금대의 의미변용과 재화에 대한 연암의 시각」, 『태릉어문』 제14집, 2006.12."에서 좀 더 자세히 논의되고 있다.

風臺)에 의지하여 있으니, 나도 모르게 모발이 곤두서려 한다. 지금부터 선생(백이숙제) 때까지는 몇 천 년이 지났는데도 능히 사람으로 하여금 이렇게까지 존경심을 일으키게 하니, 참으로 맹자(孟子)가 이른바 백세(百世) 뒤에도 듣는 자는 홍기(興起)하지 않는 이가 없다는 것이로다.(歷謁夷齊廟 遺像凜然可肅 薄夫終夕徙倚淸風臺 不覺毛髮欲豎 去先生幾千載 而能使人起敬如此 信乎孟子所謂百世之下 聞者莫不興起也)"라는 구절이 있으며, 『조선왕조실록』 '숙종 27년 신사(1701, 강희 40)'에는 "얼마 전에 해주 유생(儒生) 최침(崔沈) 등의 상소로 인해 이제묘(夷齊廟)의 선액(宣額)을 청한 것을 특별히 윤허하고, 이어서 어필로 써서 액호를 내려 보낸 것은, 애오라지 성인들의 깨끗한 풍모를 생각하여 천년 동안 우러러 존경하는 뜻을 깃들게 함이다."라는 구절이 있다.

이것을 보면 백이와 숙제는 몇 천 년이 지났지만 사람으로 하여금 존경심을 일으키는 대상이며, 성인의 깨끗한 풍모를 보여주기에 우러러 존경하게 되는 대상이다. 그리고 지금까지도 백이와 숙제는 충의(忠義)와 절개(節槪)의 대표적인 상징으로 사용되고 있다. 그런데 연암에게서 백이와 숙제는 희화(戱畵)의 대상이 되고 있다.

본고에서 분석의 대상으로 삼은 자료는 「관내정사(關內程史)」 '7월 27일' 기록 중 '백이숙제'와 관련된 부분이다. 연암은 백이숙제의 사당인 이제묘(夷齊廟)에 관해서는 26일 〈이제묘기(夷齊廟記)〉에서 이미 다루고 있다. 27일 일기에서는 전날 이제묘에서 고사리 닭찜을 먹고 체한 것을 실마리로, 백이숙제에 관한 이야기를 이끌어내고 있다. 연암이 옆 사람들에게 "가을에 고사리나물이 어디서 났느냐?"고 묻자 "이제묘에서 점심을 먹는 것은 전례이고, 이곳에서는 으레 고사리나물을 차리며, 어느 철에라도 고사리 국을 끓여 일행에게 내놓는 것이 준례"라는 답변이 돌아온다. 그러면서 "고사리나물을 차려내지 못해 서장관에게 곤장을 맞고 냇가에 앉아 '백이숙제, 백이숙제. 네가 나와 무삼 원수냐.' 며 통곡한 한 건량관의 이야기"가 이어진다. 서유문의 『무오연행록(戊午燕行錄)』 제6권 '기미년(1799, 정조 23) 2월 15일'[9]이나 작자미상의 『계산기정(薊山紀程)』 제4권 '복로(復路) 갑자이월(甲子二月) 8일'[10]에도 이 일화가 나오는 걸 보면, 이것은 이제묘와 관련해 우스운 이야기로 으레 등장하는 것이다. 고사리를 준비하지 못해 상관에게 곤장을 맞은 건량관에게 백이숙제의 절의(節義)나 충절(忠節)은 관심 밖의 일이다. 그에게 그들은 괜히 고사리는 캐먹다 죽어, 천년이 지난 자신에게 해를 끼치는 귀찮은 존재일 뿐이다.

여기에 새로운 이야기가 덧붙여진다. "소인이 들으니 고사리는 고기 반찬만 못하고 백이, 숙제도 고사리를 캐먹다가 죽었다니 고사리는 정말 사람 잡는 독물인가보다."라는 하인의 발언과 태휘라는 마두가 설익은 풋대추를 따먹고 복통에 몸부림을 치던 중 잠결에 "고사리나물 독에 사람이 죽었다"는 말을 듣고 "백이, 숙채가 사람을 죽인다."고 한 이야기가 이어지면서 사람들은 한바탕 웃게 된다. 백이숙제의 상징성을 알지 못하는 이들의 관심은 '고사리를 먹고 죽었다'는 것과 '고사리나물이 독이 있는지의 여부'이다. 유가에서 절의와 충절의 표상인 '백이숙제'는 응축의 원리에 의해 '백이숙채(熟菜)', 즉 '익혀서 만든 나물요리'로 희화

9) 부사가 크게 노하여 마두를 잡아들여 꾸짖고 곤장을 쳐서, 마두가 죄를 입고 물러 이제 문밖에 앉아 볼기를 어루만지며 통곡하기를, '백이숙제(伯夷叔齊)가 내게 무슨 원수이런고? 이미 죽으려 하면 문득 죽을 것이지, 수양산(首陽山) 고사리는 무슨 일로 캐었던고? 천년 후에 내게 해를 끼쳤도다.' 하더라 하니, 웃음이 터져 밥이 튀어나옴을 깨닫지 못할러라.

10) 연전에 한 사행은 주방에서 고사리를 빼버렸으므로 사신이 그 주자(廚子)를 곤장 치니 주자가 나와서 울며, '죽으려면 그냥 죽지 어찌하여 고사리를 캐어 먹어 1000년이 넘는 오늘 나를 이 지경이 되게 하는가.' 하여 말이 지극히 우스웠다(年前一使行廚房闕蕨薇焉 使臣杖其廚子 廚子出而哭曰 死便死矣 胡爲採薇而食之 千載下 使我至此云 語極絶倒).

(戱畵)되고 백이숙제의 권위가 땅으로 추락하는 순간 사람들은 웃음을 통해 쾌감을 발산한다.[11)]

다음으로 연암은 자신의 경험으로 이야기를 이어간다. 명나라 의종이 죽은 지 2주갑(二周甲) 되는 3월 19일(1764년, 甲申), 글방 선생은 아이들 수십 명을 데리고 서대문 밖 우암 송시열선생의 집을 방문한다. 그곳에는 우암의 유품인 초피 두루막을 끄집어내어 어루만지며 비분강개하여 우는 자도 있었고, 팔뚝을 뽐내며 서쪽을 향해 '되놈'이라고 욕질하는 자도 있었다. 글방 선생은 여수를 차리고 고사리나물에 술 대신 꿀물을 타 꽃 항아리에 담아 놓았는데, 항아리 바닥에는 '대명성화년제(大明成化年製)'라고 쓰여 있었다. 이는 술잔을 따르는 자마다 고개를 숙여 안을 들여다보고, '춘추의 의리를 잊지 말자는 것'이었다. 우암의 집에서 초피 두루막을 어루만지며 비분강개하는 사람이나 청나라를 '오랑캐'라고 욕하는 사람, 그리고 글방 선생은 모두 성리학의 명분론과 존왕양이(尊王攘夷)의 춘추의리(春秋義理)를 중요시하는 사람들이다. 그러기에 그들은 북벌론의 이념적 지주였던 우암의 유상 앞에서 비분강개하고 있다. 그런데 이들이 떠받드는 '춘추의리'는 아이들의 시에 의해 무참히 깨어진다.

한 아이가 "무왕이 만약 패하여 죽었더라면/ 천년을 두고 주왕(紂王)에게는 역적이 되었을 것을/ 여망은 백이를 구해 보냈는데도/ 어이하여 역적을 보호했다 하지 않는가/ 오늘날 춘추의 뜻도/ 되놈이 보기엔 되놈의 역적일 걸(武王若敗崩 千載爲紂賊 望乃扶夷去 何不爲護逆 今日春秋義 胡看爲胡賊)"이라는 시를 짓는데, 이 시에서 '충신'과 '역적'은 고정된 것이 아니라 상대적인 것으로 해석되고 글방 선생이 떠받드는

11) 보통 한마디로 된 유머들은 이런 응축의 원리가 사용된다. 예를 들어 '노무현'을 '뇌무현'으로, '이회창'을 '이회충'으로, '노사모'를 '뇌사모'로, '꽃을 든 남자'를 '고출 든 남자'로 표현하는 것이 이런 응축의 원리가 이용된 것이다.

'춘추의리'의 명분은 땅으로 떨어진다. 이어 다른 아이가 "고사리 아무리 캐야 배부르지 않아/ 백이는 마침내 굶어 죽었네/ 꿀물은 술보다 훨씬 달아/ 이걸 마시고 죽는다면 어찌 원통치 않으라(採薇不眞飽 伯夷終餓死 蜜水甘過酒 飮此亡則冤)"라고 시를 짓는데, 이 아이 또한 백이의 절개보다 고사리를 캐먹다 굶어 죽었다는 쓸데없는 사실에 집중하고 있다.

분석 대상 자료에서 연암은 백이숙제에 대해 한마디도 자신의 생각을 언급하고 있지 않다. 그러나 백이숙제를 희화화하는 이러한 일화들을 모아놓은 걸 보면, 연암의 생각 또한 이야기를 들으며 웃고 즐기는 사람들과 다르지 않을 것이다. 연암은 이러한 이야기들을 통해 청나라가 중원을 지배한 지 백여 년이 지났지만, 아직도 '춘추의리'에 사로잡혀 청의 실체를 인정하지 않은 채 명분만을 중요시하는 사람들을 비판한다.[12] 연암의 '춘추의리'에 대한 비판은 「일신수필(馹迅隨筆)」 '7월 15일' 기록에도 잘 드러난다. 우리나라 인사들이 북경에서 돌아온 사람들을 만날 때는 으레 "이번 걸음에 구경한 것 가운데 제일 장관이 무엇인가?"라고 묻는데, 이에 대한 대답이 일류인사(上士), 중류인사(中士), 삼류인사(下士)가 다르다는 것이다.[13] 그러면서 연암은 자신은 삼류인

12) 박기석, 「『열하일기』를 통해 본 연암의 대청의식과 〈호질〉의 주제」, 『국어교육』 94호, 한국국어교육연구회, 1997, 참조.

13) 먼저 일류인사는 "도무지 볼 것이 없다"고 하며, "황제를 비롯하여 장상, 대신과 모든 관원, 그리고 선비, 서민들도 모두 머리를 깎았으니, 비록 공덕이 은주(殷周)와 같고 부강이 진한(秦漢)에 지난다 하더라도 백성이 생긴 이래 아직 머리 깎은 천자는 없었으니, 비록 뛰어난 학문과 문장과 박식을 지녔다고 하더라도 한번 머리를 깎으면 곧 오랑캐요, 오랑캐면 개돼지이니 우리가 그 개돼지에게 무엇이 볼 것이 있겠습니까?" 한다. 중류인사는 "신성한 나라가 어지러워지고 산천이 비린내 나는 고장으로 변했으며, 성인의 업적이 묻혀버리고, 말이 오랑캐의 것으로 변하여 볼 만한 것이 없다."고 하며 "진실로 10만의 군사를 얻을 수 있다면 산해관 안으로 달려가 중원을 깨끗이 소탕한 뒤에야 장관을 이야기 할 수 있을 것"이라고 한다.

사이기에 "장관은 기와 조각에 있고, 장관은 똥 덩어리에 있다고 말하겠다."고 하여 보잘것없는 물건을 잘 이용하여 삶을 윤택하게 하는 그들의 자세를 부러워하고 있다. 연암이 중요시하는 것은 명분이 아니라, 실리이기에 절개를 지키며 고사리를 캐먹다 죽은 백이숙제 또한 연암에게는 비판적으로 받아들여지는 것이다.

그러나 이러한 비판이 연암이 이용후생을 중시하는 실학자였기 때문이라고 단정할 수는 없다. 왜냐하면 연암과 두터운 친분을 유지했던 홍대용의 경우도 『담헌서(湛軒書)』 외집(外集) 9권 「연기(燕記)」 〈이제묘(夷齊廟)〉에서 백이숙제에 대한 기록을 남겼지만, 여기에는 백이숙제의 소상을 보면서 "바라만 보아도 맑은 바람이 사람의 속을 씻어 내릴 것만 같았다.(望之若淸風灑人也)"고 하여 백이숙제에 대한 존경을 표하고 있기 때문이다.[14] 그러므로 백이숙제를 희화의 대상으로 만들고 있는 연암의 행위는 그만의 독특한 대상인식이며, 여기에는 명분보다 실리를 중요시하는 그의 자기서사가 작용하고 있다.

3. 여행 체험이 자기서사 발현에 미치는 영향

그렇다면 동일한 사물을 다른 사람들과 다르게 바라보는 『열하일기(熱河日記)』 내 연암의 인식은 단지 연암이 독특한 자기서사를 가졌기 때문일까? 바꾸어 말하면 『열하일기』 이외 『연암집』에 실려 있는 다른 글들에서도 이러한 연암의 인식태도를 발견해 낼 수 있을까? 만약 그렇

---

14) 물론 이 글에도 "사당 앞에 두어 길 높이의 조그만 언덕을 우리나라 사람들이 망령되게 수양산(首陽山)이라 부른다."는 구절이나 "일을 벌여서 하기를 좋아하는 사람들이 마른 고사리를 가지고 일행에게 바치는 것이 전례이다."라는 것에서는 본질보다는 이념이나 형식에 얽매이려는 사람들에 대한 비판이 드러난다.

지 않다면 여행 체험이 연암의 자기서사를 드러내는데, 영향을 준 것일까? 본장에서는 이 문제에 대한 답을 구해보고자 한다.

앞서 2장에서 '백이숙제'와 관련된 자료로 제시했던 『열하일기(熱河日記)』「관내정사(關內程史)」'7월 27일' 기록과 관련된 것으로, 『연암집(燕巖集)』 제3권 「공작관문고(孔雀館文稿)」에는 〈초구기(貂裘記)〉라는 글이 있다. 이 〈초구기〉 또한 연암이 예전 자신의 경험이라고 이야기한 날(1764년 3월 19일)의 사건이 기록되어 있다. 그러나 그 어조는 『열하일기』와 사뭇 다르다.

〈초구기(貂裘記)〉는 효종이 심양에 볼모로 가있다 돌아온 후 명나라 왕실 보존에 뜻을 두고, 우암 송시열 선생을 초빙하여 빈사(賓師)의 예로써 대우하며, 명나라의 원수를 갚고 인조의 치욕을 씻을 방법을 도모하였다는 것으로 이야기가 시작된다. 하루는 우암이 대궐에서 숙직하고 있을 때 세자가 왕이 손수 쓴 편지를 직접 전해주고, 선생이 조정에 입시(入侍)하자 왕은 초구를 하사하며 "연계(燕薊)에는 추위가 일찍 오니 이것으로 바람과 눈을 막을 수 있을 것"이라고 한다. 우암은 앞으로 10년 동안 인구를 늘리고 물자를 비축해 대의(大義)를 천하에 떨칠 것을 약속한다. 그러나 효종이 승하하고, 우암은 깊은 산속으로 들어가 가슴을 치고 하늘에 부르짖으며 초구에 눈물을 흘렸고, 배우는 사람들과 더불어 춘추대의(春秋大義)를 강론하며 선왕(先王, 효종)의 뜻을 밝혔다는 이야기가 이어진다. 이후 1764년 3월 19일에 있었던 연암의 경험이 제시된다.

> 3월 19일은 열황제가 사직을 위해 순절(殉節)하신 날이다. 숭정(崇禎) 기원(紀元) 이후 세 번째 돌아오는 갑신년(1764, 영조 40)에 임금께서 여러 신하를 거느리고 친히 대보단에 제사를 지냈다. 이에 즈음하여 마을 안의 부형들이 성(城) 서쪽에 있는 송씨의 우사(寓舍)로 가

> 서, 선생의 초상에 절하고 초구를 꺼내어 대청 가운데에 펼쳐 놓고 서로 탄식하며 눈물을 흘렸다. 그리고는 모두 나에게 부탁하기를, "곡부(曲阜)의 공자 후손들은 공자가 신던 신발을 보배로 여겼고, 정호(鼎湖)의 신하들은 떨어진 황제(黃帝)의 활을 안고 울었다네. 더구나 이 초구는 선왕께서 하사하시고 선생께서 받으신 것이 아닌가. 더더구나 열황제가 순절하신 때가 바로 이해요 이날이 아닌가!" 하기에, 내가 감히 사양하지 못하고 마침내 공손히 손 모아 큰절하며 수락하였다.[15]

열황제가 순절한 날, 마을 안 부형(父兄)들은 우암 송시열 선생의 집을 방문해 선생의 초상에 절을 하고, 임금께 하사받은 초구를 꺼내 펼쳐놓고 탄식하며 눈물을 흘린다. 부형들은 연암에게 우암 선생의 유품인 초구에 대한 글을 지어주기를 청하고, 연암은 공손히 손을 모아 큰절로 그들의 제의를 수락한 뒤 이 글을 지었다는 것이다. 또 연암은 이 글 말미에 자신의 시[16]를 덧붙이는데, 시구 가운데 '명나라의 천자가

---

15) 박지원 지음, 신호열·김명호 옮김, 『국역 연암집 1』, 민족문화추진회, 2005, 314~319면.
三月十九日 烈皇帝殉社之日也 崇禎紀元後爲三甲申 上率群臣 親祀大報壇 於是里中之父兄 至宋氏城 西之寓舍 拜先生之像 出貂裘 陳之於中堂 相與歎息流涕 咸屬某曰 曲阜之後世 寶其遺履 鼎湖之群臣 泣其墜弓 則況是裘也 先王之賜而先生之所受歟 況乎其是年而是日歟 某不敢辭 乃拜手稽首

16) 우리 선왕에게도/ 위에 임금 있었나니/ 대명의 천자님은/ 우리 임금의 임금일레/ 선왕에게 신하 있었나니/ 이름은 시열 자는 영보라/ 천자님께 충성하길/ 제 임금께 충성하듯 했네/ 선왕에게 원수 있었나니/ 저 건주 오랑캐라/ 어찌 단지 사감(私憾) 때문이리/ 대국의 원수로세/ 왕께서 복수코자/ 대로 불러 상의하며/ 힘쓸지어다/ 초구를 하사하노라 하셨네/ 서리 만난 갖옷은/ 북쪽 변방에서 빛을 발했을 텐데/ 큰 공을 못 이룬 채/ 왕이 문득 승하하셨네/ 대로는 상심하여/ 갖옷 안고 눈물 흘리니/ 그 눈물 땅에 가득/ 벽옥으로 변했고야/ 갖옷 아니면 추워서가 아니라/ 미처 입지 못한 때문이요/ 선왕께서 내린 명령/ 좌절된 때문일레/ 오늘 저녁이 어느 땐고/ 세 번째 돌아온 갑신년이라/ 우리는 망한 명나라의 백성이요/ 선왕은 성인이셨네(維我先王 亦維有君 大明天子 我君之君 先王有臣 時烈英甫 忠于天子 如忠其主 先王有仇 維彼建州 豈獨我私 大邦之讎 王欲報之 大老與謀 王曰懋哉 賜汝貂裘 秋毫唧霜 紫塞騰光 大功未集 王遽陟方 大老其寒 抱裘而泣 其

효종의 임금이었다' '효종의 원수가 청나라 오랑캐다' '우리들은 망한 명나라의 백성이다'라는 표현을 보면, 연암 역시 우암선생의 초구를 어루만지며 '춘추의리'를 다짐하는 이들과 별반 다르지 않다. 그렇다면 이 글과 전혀 다른 어조를 보이는 『열하일기』 내 '7월 27일'의 기록은 어떻게 설명될 수 있을까?

아마 그것은 연암이 글을 지을 당시 그를 둘러싼 분위기가, 그의 글에 영향을 주었을 것이다. 앞서 『열하일기』에서 보이는 분위기는 '백이숙제'를 '백이숙채'로까지 희화화하며, 권위와 충절의 표상인 그들을 일개 농담의 대상으로 삼아 웃고 즐기는 것이었다. 그러기에 연암은 자신의 경험 속에서 '충신'과 '역적'이 상대적인 것으로 해석되고 '춘추의리'의 명분이 땅으로 추락한 아이의 시를 이끌어내, 명분보다 실리를 우선시하는 자신의 자기서사를 드러낸다. 그러나 이 〈초구기〉가 지어질 당시 연암을 둘러싼 분위기는 '춘추대의'라는 사회적 서사[17]에 의해 연암의 자기서사가 억압되고 있는 상황이다. 그렇기에 연암은 자신의 자기서사를 감춘 채, 사회적 서사에 동조하는 글을 짓고 있다.

이러한 점에서 여행 체험이나 여행지에서의 분위기는 개인을 억압하

涙滿地 化而爲碧 匪裘不溫 未服是矣 先王之命 命槃是矣 今夕何辰 甲其三申明之遺民 先王聖人)

17) 본고에서 사용된 '사회적 서사'란, 사회적으로 통용되는 서사적 맥락이라는 의미로 그 사회를 지배하는 분위기, 관념 등을 의미하는 용어로 사용되었다. S.프로이트에 의해 시작된 정신분석학에서는 지형학적 모델로 무의식의 구조를 설명하는데, '의식－전의식－무의식'이 지형학적 모델의 요지이다. 차후 프로이트는 이러한 지형학적 모델을 역동적 정신 구조론으로 구체화시키는데, 이것이 '자아(ego)－초자아(super ego)－이드(id)'의 3원적 기능이다. 이드(무의식적 충동)의 욕구가 그 결과로 발생하는 긴장이나 불쾌를 피하고자 할 때 의식의 표면에 발생하는 것이 자아이며, 사회적 규범에 따라 주어지는 상벌· 금지 등에 의해 개인의 내부에 생기는 정사(正邪)를 판별할 수 있는 능력이 초자아(超自我)이다. 필자가 생각하는 '사회적 서사'란 개인의 '자기서사'의 발현을 억압하는, 역동적 정신 구조론에서 '자아'를 비판하는 '초자아'의 기능, 정도가 될 것이다.

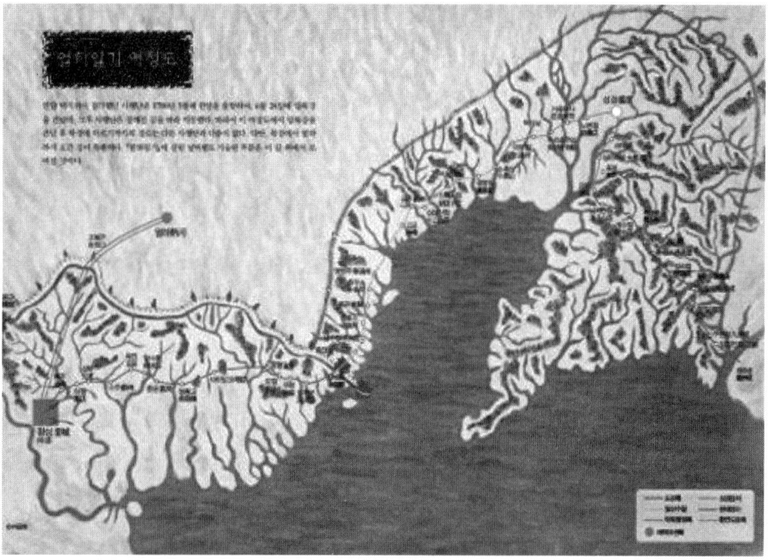

『열하일기』 여정도

는 사회적 서사의 강도를 줄여줌으로써, 개인의 자기서사를 발현시키는 데 도움을 준다. 『열하일기』「도강록(渡江錄)」'27일' 기록에는 연암이 우리나라와 중국의 국경이 되는 책문을 통과하면서, 잘 정돈되고 규모 있는 중국의 모습에 부러움과 질투심을 느끼고 자신의 마음상태를 점검하는 내용이 있다. 연암은 아직 청나라의 문물을 만분의 일도 보지 못했는데 시기와 질투의 마음이 일어나는 것은, 견문(見聞)이 좁은 탓이라며 자신을 책(責)하고 있다. 청나라의 문물과 제도, 이용후생(利用厚生)하는 삶의 자세에 대한 연암의 부러움은 『열하일기』 곳곳에서 드러난다. 연암이 지금까지 '실리보다는 명분을 중요시'하는 조선의 사회적 분위기 속에서 자신의 자기서사를 억압해 왔다면, 이제 연암은 이용후생(利用厚生)을 당연시하는 자유로운 청나라의 사회적 분위기 속에서 '명분보다는 실리를 앞세우는' 자신의 자기서사를 마음껏 드러내고 있는 것이다.

그렇다면 연암의 의식을 억압해 온 당시 조선의 사회적 분위기, 즉 사회적 서사란 무엇일까? 『연암집(燕巖集)』 제7권 「종북소선(鍾北小選)」 〈북학의서(北學議序)〉에는 다음과 같은 내용이 있다.

> 우리나라 선비들은 한쪽 구석 땅에서 편벽된 기운을 타고나서, 발은 대륙의 땅을 밟아 보지 못했고 눈은 중원의 사람을 보지 못했고, 나고 늙고 병들고 죽을 때까지 제 강역(疆域)을 떠나 본 적이 없다. 그래서 학의 다리가 길고 까마귀의 빛이 검듯이 각기 제가 물려받은 천성대로 살았고, 우물의 개구리나 밭의 두더지마냥 제가 사는 곳이 제일인 양 여기고 살아왔다.…… 하물며 그 규모의 광대함과 심법(心法)의 정미(精微)함과 제작(制作)의 굉원(宏遠)함과 문장(文章)의 찬란함이 아직도 삼대 이래 한, 당, 송, 명의 고유한 관례를 보존하고 있음에랴. 우리를 저들과 비교해 본다면 진실로 한 치의 나은 점도 없다. 그럼에도 단지 머리를 깎지 않고 상투를 튼 것만 가지고 스스로 천하에 제일이라고 하면서 "지금의 중국은 옛날의 중국이 아니다."라고 말한다. 그 산천은 비린내 노린내 천지라 나무라고, 그 인민은 개나 양이라고 욕을 하고, 그 언어는 오랑캐 말이라고 모함하면서, 중국 고유의 훌륭한 법과 아름다운 제도마저 배척해 버리고 만다.……요컨대 이를 남들에게 말할 수가 없으니, 남들은 물론 믿지를 않을 것이고 믿지 못하면 당연히 우리에게 화를 낼 것이다. 화를 내는 성품은 편벽된 기운을 타고난 데서 말미암은 것이요, 그 말을 믿지 못하는 원인은 중국의 산천을 비린내 노린내 난다고 나무란 데 있다.[18]

---

18) 박지원 지음, 신호열·김명호 옮김, 『국역 연암집 2』, 민족문화추진회, 2005, 157~159면.
得偏氣於一隅之土 足不蹈函夏之地 目未見中州之人 生老病死 不離疆域 則鶴長烏黑 各守其天 蛙井蚡田 獨信其地…… 況其規模之廣大 心法之精微 制作

이것은 박제가의 『북학의(北學議)』에 붙은 서문으로, 연암이 신축년(1781년, 정조 5년)에 지은 글이다. 연암은 이 글에서 "우리나라 선비들은 구석진 땅에서 편벽된 기운을 타고났기에 자신이 사는 곳을 제일이라고 여기며 살아왔고, 청나라가 지배하고 있는 중국은 예전의 중국이 아니라 이미 비린내, 노린내가 나는 곳이라고 나무란다."고 이야기한다. 그러기에 '청나라의 규모의 광대함과 심법(心法)의 정미(精微)함과 제작(制作)의 굉원(宏遠)함과 문장(文章)의 찬란함'을 우리나라 선비들에게 이야기할 수도 없거니와, 이야기한다 해도 그들은 믿지 않으며, 믿지 못하면 오히려 청나라의 우수함을 이야기하는 자신들에게 화를 낼 것이라는 것이다. 즉 명나라가 망하고 청나라가 중원을 지배한 지 130여 년이 되었지만 아직까지도 명나라를 종주국(宗主國)이라 여기고, 청나라의 지배 이후 옛날 중국의 문물제도는 모두 오랑캐로 변해버렸다고 믿으며, 비록 힘이 모자라 오랑캐를 몰아내고 옛날 중국의 모습을 회복시킬 수는 없지만 스스로를 소중화(小中華)라 칭하며 명나라의 문화를 지키려는 사회적 분위기. 이것이 당시 연암이 살았던 조선사회에서 통용되던 사회적 서사인 것이다.

여행 체험이 사회적 서사의 억압에서 벗어나 개인에게 표현의 자유를 준다는 것은 비단 조선시대라는 특수한 시대적 상황에서만은 아니다. 1960년대의 대표적인 단편소설 김승옥의 『무진기행』[19]에도 다음과 같은 구절이 있다.

之宏遠 文章之煥爀 猶存三代以來漢唐宋明固有之故常哉 以我較彼 固無寸長 而獨以一撮之結 自賢於天下曰 今之中國 非古之中國也 其山川則罪之以腥羶 其人民則辱之以犬羊 其言語則誣之以侏離 幷與其中國固有之良法美制而攘斥之…… 要之不可以語人人 固不信矣 不信則固將怒我 怒之性 由偏氣 不信之端 在罪山川

19) 김승옥, 『무진기행』, 범우사, 2007.

> 무진에 오기만 하면 내가 하는 생각이란 항상 그렇게 엉뚱한 공상들이었고 뒤죽박죽이었던 것이다. 다른 어느 곳에서도 하지 않았던 엉뚱한 생각을, 나는, 무진에서는 아무런 부끄럼 없이, 거침없이 해내곤 했었던 것이다.[20]

이 작품에서 주인공 나는 여행지인 무진에서 서울에서의 생활을 잠시 잊은 채 하인숙이라는 여성을 만나 사랑을 나눈다. 그는 그녀에게서 잊고 있었던 자신의 옛 모습을 발견하고, 사랑을 느끼며, 함께 서울로 올라갈 것을 약속한다. 이후 서울로 상경하라는 아내의 전보를 받고 그는 비로소 자신의 현실을 직시하게 되지만, 애써 현실을 외면한 채 "갑자기 떠나게 되었고, 그녀를 사랑하며, 준비가 되는 대로 서울로 올라와 달라는 소식을 전하겠다."는 내용의 편지를 쓴다. 그러나 곧 편지를 찢고, 그는 심한 부끄러움을 느낀 채 무진을 떠난다. 즉 주인공 나는 여행지 무진에서 펼쳐진 인숙과의 사랑을, 여행자에게 주어지는 자유 때문에 잠시 흔들렸던 것이라고 치부(置簿)한 채, 다시 서울의 일상으로 되돌아가는 것이다. 이 작품에서 서울이 일상적인 공간이라면, 무진은 일상을 벗어난 공간이다. 이처럼 여행 체험은 개인을 억압하고 있는 사회적 분위기나 일상에서 벗어나, 여행을 하는 사람에게 심리적 자유를 준다.

정조(正祖)는 연암의 『열하일기』에서 보이는 참신한 문장에 대해 그것이 소품 소설이나 의고문체(擬古文體)에서 나온 잡문체라 규정하고 정통적 고문(古文)을 문장의 모범으로 삼게 하였는데, 이것이 이른바 '문체반정(文體反正)'이다. 『연암집(燕巖集)』 제2권 「연상각선본(煙湘閣選本)」 〈원서(原書)〉에는 "요즈음 문풍(文風)이 이와 같이 된 것은 그 근본을 따져 보면 모두 박 아무개의 죄다. 『열하일기』는 내 이미 익

20) 위의 책, 117면.

히 보았으니 어찌 감히 속이고 숨길 수 있겠느냐? 이 자는 바로 법망에서 빠져나간 거물이다. 『열하일기』가 세상에 유행한 뒤에 문체가 이와 같이 되었으니 당연히 결자해지(結者解之)하게 해야 한다."[21]는 정조의 언급이 있다. 즉 문체반정의 중심에 있는 것은 연암의 『열하일기』이다.

이렇듯 『열하일기(熱河日記)』는 청나라의 발전된 문물과 제도, 자신이 평소 생각하던 이용후생(利用厚生)의 삶의 모습을 여행을 통해 경험한 연암이, 당시 조선의 사회적 서사에서 벗어나 여행지인 청나라의 자유로운 분위기 속에서 자신의 자기서사를 마음껏 발현해내고 있는 작품인 것이다.

4. 기행문을 이용한 문학치료

그렇다면 연암의 『열하일기(熱河日記)』처럼 개인의 자기서사가 바탕이 된 기행문은 문학치료에 어떻게 이용될 수 있을까? 이 문제에 대해 생각해보며 본고를 마무리 하고자 한다.

내담자의 심리를 알아내는 방법으로 '과제통각검사(課題統覺檢査, thematic apperception test, TAT)'[22]라 명명되는 검사가 있다. 이 검사는 내담자의 문학적인 창조성을 자극하여, 그가 상상한 내용 속에서 무의식의 복합(complex)을 분석해낸다. 이 검사에서는 주로 인물이 등장하는 모호한 그림(20~30매)을 내담자에게 보여준 후, 자유로운 이야기를 꾸며내게 하고, 의미 부여의 방법이나 이야기의 전개방법 혹은 표현

21) 박지원 지음, 신호열·김명호 옮김, 『국역 연암집 1』, 민족문화추진회, 2005, 136면. 近日文風之如此 原其本則莫非朴某之罪也 熱河日記 予旣熟覽 焉敢欺隱 此是漏網之大者 熱河記行于世後 文體如此 自當使結者解之

22) 미국의 머리(Murray, H. A.)와 모건(Morgan, C. D.)이 창안한 검사방법으로, 다른 말로 '주제통각검사(主題統覺檢査)' '테마해명검사'라고도 불린다.

방법을 분석함으로써 그 속에 투사된 내담자의 마음속 희망·사상·감정 따위를 알아낸다. 이 검사를 통해 내담자가 의식하지 못하는 마음의 응어리나 숨은 욕구를 찾아내기도 하고, 내담자의 인격(personality) 전체를 진단하기도 한다. 간단히 말하면 그림 카드를 통해 내담자의 이야기를 이끌어낸 후, 그 이야기를 분석하여 내담자의 심리적 문제를 발견하는 방법이다.

그렇다면 '과제통각검사'에서 내담자가 그림카드를 보면서 떠오르는 생각을 이야기하는 것처럼, 기행문은 작가가 여행을 하는 동안 새로운 사물(낱장의 카드)을 보면서 자기서사를 바탕으로 자신에게 떠오르는 생각을 기술하고 있다. 그러므로 내담자에게 여행 체험을 통해 본인에게 떠오르는 생각을 기술하게 하는 것은, 치료자가 내담자의 자기서사를 진단해낼 수 있는 하나의 방법이 될 수 있다. 그리고 내담자 또한 글쓰기 체험을 통해 스스로를 통찰해 볼 수 있는 기회를 가질 수 있다.[23] 여행 체험이 개인을 억압하고 있는 사회적 분위기나 일상에서 벗어나 여행을 하는 사람에게 심리적 자유를 준다고 할 때, 내담자는 좀 더 자유롭고 편안한 분위기 속에서 자신의 자기서사를 드러낼 수 있을 것이다.

또한 『열하일기』처럼 이미 작품화된 기행문을 내담자에게 제시할 수도 있다. 기행문이란 이미 다른 사람의 여행 체험, 즉 작가의 자기서사가 바탕이 되어 쓰인 글이다. 그러므로 기행문을 쓴 작가의 자기서사와

23) 박기석 교수는 연암 박지원의 「방경각외전」에 실려 있는 〈민옹전〉 〈광문자전〉 〈김신선전〉 등 20세 전후에서 30대 초반에 이루어진 작품들이, 연암 스스로가 우울증이라는 자신의 심리적 장애를 극복하기 위한 수단으로 창작되었다는 것을 밝힌 바 있다. 이러한 논의는 작품을 저술하는 행위가 심리적 장애를 치료하는 수단이 될 수 있음을 증명해 보인 것이다. 연암의 경우가 글쓰기 체험을 통한 '적극적인 자기치료(自己治療)'의 예라면, 본고에서 이야기하는 것은 '소극적인 자기치료(自己治療)'라고 할 수 있다(박기석, 「문학치료학 연구 서설」, 『문학치료연구』 제1집, 한국문학치료학회, 2004.8).

그것을 읽는 내담자의 자기서사가 일치할 수도, 그렇지 않을 수도 있다. 만약 작가의 자기서사와 내담자의 자기서사가 일치하는 부분이 많다면, 내담자는 작가의 생각에 공감(共感, sympathy)하면서 자신의 생각을 드러낼 것이다. 반면 작가의 자기서사와 내담자의 자기서사가 일치하는 부분이 적다면 내담자는 작가의 생각을 비판하면서 자신의 생각을 드러낼 것이다. 이 두 경우 모두 내담자의 자기서사를 진단하고 내담자의 통찰(洞察, insight)을 가능하게 한다는 점에서, 유용하게 사용될 수 있을 것이다.[24]

본고에서는 기행문을 이용한 문학치료의 가능성만을 탐색해 보았을 뿐, 실제 내담자에게 적용해보는 작업은 이루어지지 못하였다. 실제 내담자를 대상으로 한 실험이 이루어지고 그 결과가 입증되었을 때, 기행문을 이용한 문학치료는 그 타당성을 인정받을 수 있을 것이다. 이것은 차후 연구과제로 남겨둔다.

【참고문헌】

1. 자료

박지원 저, 민족문화추진회 역, 『국역 열하일기』, 고전국역총서 18~19, 1966.

박지원 저, 리상호 역, 『열하일기』, 보리, 2004.

24) 볼프강 이저는 "문학 텍스트는 '빈자리'를 포함하고 있고, 독자는 그것을 '의미'로 채운다."고 이야기한다. 문학치료에서 이 빈자리를 채우는 것은 내담자의 '자기서사'이며, 독서과정이란 문학치료에서 내담자가 치료자와의 대화를 통해 '자기서사'를 드러내고, '자기서사'의 문제를 발견하고, '자기서사'를 수정해가는 과정이 될 것이다. 이 부분에 대해서는 "졸고, 「『열하일기』 내 〈장대기〉 〈강녀묘기〉를 대상으로 살펴 본 독서행위와 문학치료의 관계」, 『문학치료연구』 제8집, 2008.02."에서 보다 구체적으로 논의되고 있다.

박지원 저, 신호열·김명호 옮김, 『국역 연암집 1·2』, 민족문화추진회, 2005.
이재호 외 역, 『국역 연행록 선집』, 민족문화추진위원회, 1976.

2. 논문

김재환, 『임상심리검사의 이해』, 학지사, 2006.
김혈조, 「연암체(燕巖體)의 성립과 정조(正祖)의 문체반정(文體反正)」, 『한국한문학연구』 6집, 한국한문학회, 1982.
박기석, 『박지원문학연구』, 삼지원, 1984.
박기석, 「『열하일기』를 통해 본 연암의 대청의식과 〈호질〉의 주제」, 『국어교육』 94호, 한국국어교육연구회, 1997.
박기석, 「연암 박지원의 열하일기(熱河日記)」, 『문학과 교육』 제6호, 1998년 겨울호.
박기석, 「문학치료학 연구 서설」, 『문학치료연구』 제1집, 한국문학치료학회, 2004.8.
박기석, 「연암 박지원과 『열하일기』」, 『열하일기의 재발견』, 월인, 2006.12.
서은아, 「『열하일기』에 나타난 황금대의 의미변용과 재화에 대한 연암의 시각」, 『태릉어문』 제14집, 2006.12.
정 민, 「황금대기를 통해 본 연암의 글쓰기 방법」, 『고전문학연구』 제20집, 한국고전문학회, 2001.12.
정운채, 「고전문학 교육과 문학치료」, 『국어교육』 113호, 한국어교육학회, 2004.2.
정운채, 「서사의 힘과 문학치료방법론의 밑그림」, 『고전문학과 교육』 제8집, 한국고전문학교육학회, 2004.8.
정운채, 『문학치료의 이론적 기초』, 문학과 치료, 2006.09.
한국문학치료학회, 『문학치료연구』 제1~7집, 2004.08~2007.08.

3. 그림-사진 출처

1) 연암 박지원
박찬우 소장본
(http://www.designdb.com/tradition/DP_XXQX_imageView.asp?code1=03&code2=03&code3=002&seq=00148)
2) 열하일기
'경천애인(敬天愛人) 희당샘'
(http://blog.naver.com/zmundori?Redirect=Log&logNo=80072634217)

3) 피서산장

'신병주의 '역사에서 길을 찾다'', 세계일보 2009년 7월 28일
(http://www.segye.com/Articles/Issue/Issues/Article.asp?aid=20090728003381&subctg1=&subctg2=&sid=3000220&)

4) 『열하일기』 여정도

박지원, 고미숙, 김풍기, 길진숙, 『세계 최고의 여행기, 열하일기』(상)(하), 그린비, 2008.

중세 여행 체험과 문학교육

초판 1쇄 인쇄 2012년 3월 26일 **초판 1쇄 발행** 2012년 3월 30일
지은이 한국고전문학교육학회
펴낸이 박성복 **펴낸곳** 도서출판 월인
등록번호 제6-0364호 등록일 1998. 5. 4.
주소 142-879 서울특별시 강북구 노해로25길 61
Tel (02) 912-5000 Fax (02) 900-5036
E-mail worinnet@hanmail.net Homepage http://www.worin.net

ISBN 978-89-8477-509-1 93810

값 25,000원